目　次

巻頭2色刷

- 年末調整の手順表 ……………………………… 1
- 各種控除のチェックポイント一覧表 …………… 2
- 令和3年分の各種控除額の合計額の早見表 …… 5
- 控除額の合計額の早見表の具体的な使い方 …… 6
- 控除額の合計額の早見表の使用例 ……………… 8
- 〔参　考〕令和3年分
　　　　　所得者等の態様別所得控除内訳一覧表 … 10
- 〔参　考〕令和3年分
　　　　　扶養控除額等の金額一覧表 …………… 11
- 〔参　考〕令和3年分基礎控除額の表 ………… 11
- 〔参　考〕令和3年分の配偶者控除額及び …… 12
　　　　　配偶者特別控除額の一覧表
- 令和3年分の年末調整等のための給与所得控除後
  の給与等の金額の表 …………………………… 13
- 令和3年分の所得税の税率の表 ………………… 22
- 令和3年分の年末調整のための算出所得税額の速
  算表 ……………………………………………… 23
- 令和3年分の給与所得の源泉徴収税額表
  （月額表）……………………………………… 24
- 令和3年分の給与所得の源泉徴収税額表
  （日額表）……………………………………… 31
- 令和3年分の賞与に対する源泉徴収税額
  の算出率の表 …………………………………… 38
- 各種保険料額表等
  - 健康保険・厚生年金保険標準報酬月額保険料額
    表 ……………………………………………… 40
  - 協会けんぽの特定保険料率及び基本保険料率 … 43
  - 厚生年金基金標準報酬月額保険料額表 ……… 44
  - 雇用保険の被保険者負担額の算定 …………… 46
  - 印紙保険料額表（日雇労働者用保険料額表）… 47
  - 健康保険法第3条第2項被保険者の保険料日額
    表 ……………………………………………… 48

（注）本書は令和3年7月30日現在の所得税法等関係法令の規定に基づいて作成しています。

第1部　年末調整のしかた

第1　年末調整とは？ ……………………………………… 49

1　年末調整はなぜ必要か ……………………………………… 49
2　令和3年分の年末調整における留意事項等 ……………… 51
　(1)　税務関係書類における押印義務の改正 …………………… 51
　(2)　源泉徴収関係書類の電磁的提供に係る改正 ……………… 51
　(3)　e-Taxによる申請等の拡充 ………………………………… 51
　(4)　年末調整手続の電子化 ……………………………………… 52
3　年末調整の対象となる人とならない人 …………………… 53
　(1)　年末調整の対象となる人 …………………………………… 53
　(2)　年末調整の対象とならない人 ……………………………… 54
4　年末調整の対象となる給与 ………………………………… 56
5　年末調整を行う時 …………………………………………… 59

第2　年末調整の実務 ……………………………………… 61

1　年末調整の手順と使用する用紙等 ………………………… 61
　(1)　年末調整の手順のあらまし ………………………………… 61
　(2)　年末調整に使用する用紙等 ………………………………… 64
2　各種控除額の確認 …………………………………………… 66
　(1)　社会保険料控除額の集計と確認 …………………………… 68
　(2)　小規模企業共済等掛金控除額の確認 ……………………… 74
　(3)　生命保険料控除額の確認 …………………………………… 79
　(4)　地震保険料控除額の確認 …………………………………… 91
　(5)　控除対象扶養親族などの確認 ……………………………… 99
　　〔控除対象扶養親族〕 ………………………………………… 102
　　〔障害者〕 ……………………………………………………… 110
　　〔寡　婦〕 ……………………………………………………… 113
　　〔ひとり親〕 …………………………………………………… 115
　　〔勤労学生〕 …………………………………………………… 118
　(6)　基礎控除額の確認 …………………………………………… 121
　(7)　配偶者控除額及び配偶者特別控除額の確認 ……………… 123
　(8)　所得金額調整控除額の計算 ………………………………… 132
　(9)　(特定増改築等)住宅借入金等特別控除額の確認 ……… 135
3　本年分の給与の金額と徴収税額の集計 …………………… 156
　　〔特殊な給与、現物給与等の取扱い〕 ……………………… 160
4　令和3年分年税額の計算 …………………………………… 178
　(1)　年調年税額の計算方法 ……………………………………… 178
　(2)　年調年税額の計算例 ………………………………………… 181

【本年最後に支給する普通給与又は賞与に対する税額計
算を省略して年末調整をする例】
① 控除対象配偶者に該当する人がいる人の場合[ケース1]… 182
② 控除対象配偶者に該当する人がいる人の場合[ケース2]… 184
③ 独身の人の場合 …………………………………………… 186
④ 中途就職した人で前職のある人の場合 ………………… 188
⑤ 本年の中途で主たる給与の支払者が入れ替わった
人の場合 …………………………………………………… 191
⑥ （特定増改築等）住宅借入金等特別控除額のある
人の場合 …………………………………………………… 194

【本年最後に支給する普通給与又は賞与に対する税額計
算を省略しないで年末調整をする例】
⑦ 同居特別障害者である一般の控除対象配偶者に該
当する人がいる人の場合 ………………………………… 196
⑧ 給与が高額なため配偶者控除の適用が受けられな
い人の場合 ………………………………………………… 198
⑨ 本年中の合計所得金額の見積額が高額なため基礎
控除額が変わる人の場合 ………………………………… 201
⑩ 年の中途で控除対象扶養親族の数に異動があった
人の場合 …………………………………………………… 205
⑪ 大学入学のための費用を会社が負担している人の
場合 ………………………………………………………… 208
⑫ 年末調整後に給与の追加払があった人の場合 ………… 211
⑬ 年の中途で非居住者から居住者になった人の場合 …… 214

【本年最後に支給する普通給与よりも先に支給する賞与
で年末調整を行い、その賞与に対する税額計算を省略
する例】
⑭ 賞与で年末調整を行い、後に支払う給与の支給額が
見積額と異なった人の場合 ……………………………… 216
⑮ ひとり親に該当する人の場合 …………………………… 220

5 過不足額の精算 ……………………………………………… 222
⑴ 過納額の精算 ……………………………………………… 223
⑵ 不足額の精算 ……………………………………………… 228
⑶ 年末調整の再調整と税額の精算 ………………………… 231

第3 年末調整終了後の整理事務 ……………………… 234

1 不足額の納付 ………………………………………………… 234
2 源泉徴収票の作成、交付及び提出 ………………………… 237

第2部　1月の源泉徴収事務

第1　法定調書の作成と提出 ··········· 240

1　給与所得の源泉徴収票と給与支払報告書 ··········· 241
2　退職所得の源泉徴収票と特別徴収票 ··········· 253
3　公的年金等の源泉徴収票 ··········· 257
4　報酬、料金、契約金及び賞金の支払調書 ··········· 260
5　不動産の使用料等の支払調書 ··········· 265
6　不動産等の譲受けの対価の支払調書 ··········· 268
7　不動産等の売買又は貸付けのあっせん手数料の支払調書 ··········· 272
8　合計表の作成と提出 ··········· 274
9　給与支払報告書（総括表） ··········· 279

第2　給与所得者の扶養控除等申告書の受理と検討 ··········· 280

1　給与所得者の扶養控除等申告書 ··········· 280
2　従たる給与についての扶養控除等申告書 ··········· 282
3　地方税法の規定による給与所得者の扶養親族等申告書 ··········· 283

第3　社会保障・税番号制度（マイナンバー制度）について ··········· 286

第4　源泉徴収簿の作成 ··········· 290

付録1　給与所得者の確定申告 ··········· 291
1　確定申告をしなければならない人 ··········· 291
2　確定申告をすれば税金の還付を受けられる人 ··········· 293

付録2　電子計算機等による年末調整 ··········· 295
1　年末調整のためのプログラム作成上の留意点 ··········· 295
2　電子計算機等による令和3年分の年末調整の計算方法 ··········· 296

付録3　賞与に対する税額の計算方法 ··········· 299
1　「算出率の表」と「月額表」との適用区分 ··········· 299
2　「算出率の表」を適用する場合の税額の求め方 ··········· 300
3　「月額表」を適用する場合の税額の求め方 ··········· 302
4　年末調整を行う月に支払う賞与に対する税額計算の特例 ··········· 307

付録4　災害被害者に対する救済 ··········· 308
1　給与、公的年金等又は報酬・料金の支払を受ける人の場合 ··········· 309
2　源泉徴収義務者の場合 ··········· 314

付録5　国外居住親族に係る扶養控除等の適用 ··········· 316

付録6　源泉控除対象配偶者及び同一生計配偶者について ··········· 318

付録7　年末調整手続の電子化 ··········· 325

付録8　令和4年から変わる事項（退職所得課税の見直し） ··········· 328

付録9　源泉徴収事務に必要な用語の解説 ··········· 330

付録10　年末調整の質問260に答える ··········· 357

年末調整の手順表

年税額を求めるための準備

1 保険料控除申告書の受理 （68～98ページ）
→ 保険料控除申告書の内容確認
確認
- 社会保険料の控除額（申告分）
- 小規模企業共済等掛金の控除額（申告分）
- 生命保険料の控除額
- 地震保険料の控除額

2 扶養控除等申告書の受理 （99～120ページ）
→ 扶養控除等申告書の内容確認
確認
- 一般の控除対象扶養親族、特定扶養親族、同居老親等である老人扶養親族、同居老親等以外の老人扶養親族の数
- 一般の障害者、特別障害者、同居特別障害者、寡婦、ひとり親、勤労学生に該当の有無、該当数

申告書提出者のマイナンバー（個人番号）の本人確認

3 基礎控除申告書、配偶者控除等申告書、所得金額調整控除申告書の受理 （121～134ページ）
→ 所得金額調整控除申告書の内容確認
→ 配偶者控除等申告書の内容確認
→ 基礎控除申告書の内容確認

4 （特定増改築等）住宅借入金等特別控除申告書の受理 （135～155ページ）
→ （特定増改築等）住宅借入金等特別控除申告書の内容確認

5 給与総額、徴収税額等の集計 （156～177ページ）
→ 本年分の給与総額の集計
→ 給与から差し引いた社会保険料等の集計
→ 徴収税額（算出税額）の集計

年税額の計算（178～180ページ）

6 給与所得控除後の給与等の金額（調整控除後） ←「給与所得控除後の給与等の金額の表」で給与所得控除後の給与等の金額を求める

差引

7 所得控除額の合計額：社会保険料の控除額／小規模企業共済等掛金の控除額／生命保険料の控除額／地震保険料の控除額

8 扶養控除額及び障害者等の控除額の合計額 ←「各種控除額の合計額の早見表」で各種控除額の合計額を求める

9 基礎控除額

10 配偶者（特別）控除額

11 課税給与所得金額

12 算出所得税額 ←「算出所得税額の速算表」により算出所得税額を求める

差引

13 （特定増改築等）住宅借入金等特別控除額

14 年調所得税額

×102.1％

15 年調年税額

比較 ↕

16 徴収税額

17 過納額又は不足額

過不足額の精算

18 過納額の精算 （223～228ページ）

19 給与の支払者からの還付

20 給与の支払者において還付できないようなときは「年末調整過納額還付請求書兼 残存過納額明細書」を税務署に提出

還付

18 不足額の精算 （228～230ページ）

19 本年最後の給与から徴収

20 特別な場合は徴収の繰延べを税務署長へ申請して翌年徴収

納付 （234～236ページ）

各種控除のチェックポイント一覧表

	控除の種類	控除　額	適用要件のポイント	確認のポイント	参照ページ
所	社会保険料控除	支払った保険料の全額	❶健康保険、厚生年金保険、雇用保険、国民健康保険、高齢者の医療の確保に関する法律の規定による保険料、介護保険、国民年金などの保険料又は掛金であること。 ❷給与の支払を受ける人又はその人と生計を一にする配偶者その他の親族が負担すべきものであること。 ❸給与の支払を受ける人自身が本年中に実際に支払ったものであること。 ❹国民年金の保険料及び国民年金基金の掛金については、保険料等を支払ったことの証明書類の提出又は提示があること。	❶控除の対象となる社会保険料か。 ❷給与からまだ差し引かれていない社会保険料を集計に含めていないか。 ❸未払のものや1年超の前納（法令の規定に基づく一定の前納を除きます。）のものは除かれているか。 ❹中途就職者の前の勤務先で差し引かれた社会保険料も集計しているか。 ❺国民年金の保険料及び国民年金基金の掛金については、金額の多少にかかわらず、証明書類が確認できるか。 ❻2年前納された国民年金の保険料について、給与の支払を受ける人本人が、各年分の保険料に相当する額を各年において控除する方法を選択した場合は、各年分に対応する社会保険料控除証明書が、年分ごとに切り取られ、添付されているか。	68
得	小規模企業共済等掛金控除	支払った掛金の全額	❶独立行政法人中小企業基盤整備機構と契約した共済契約（旧第2種共済契約を除きます。）の掛金、確定拠出年金法に規定する企業型年金加入者掛金若しくは個人型年金加入者掛金又は地方公共団体の心身障害者扶養共済制度の掛金であること。 ❷給与の支払を受ける人自身が本年中に実際に支払ったものであること。 ❸本人が直接掛金を支払っている場合、証明書類の提出又は提示があること。	❶未払のものや1年超の前納のものは除かれているか。 ❷前納減額金は支払った掛金の額から差し引かれているか。 ❸本人が直接支払ったものについては、金額の多少にかかわらず、証明書類が確認できるか。	74
控	生命保険料控除	最高限度　……12万円 ※1. 平成23年12月31日以前に締結した保険契約等を「旧契約」、平成24年1月1日以後に締結した保険契約等を「新契約」といいます。 ※2. 一般の生命保険料については(A)、(B)、(C)のうち最も大きい金額、個人年金保険料については(D)、(E)、(F)のうち最も大きい金額がそれぞれの控除額となりますが、介護医療保険料の控除額を加えた控除額の合計額は最高12万円が限度となります。	❶生存又は死亡に基因して一定額の保険金等が支払われる一定の生命保険契約等（年金を給付する定めのあるものを含みます。）、あるいは疾病若しくは身体の傷害により入院して医療費を支払ったことなどに基因して保険金が支払われる一定の保険契約等に基づき支払った保険料や掛金であること。 ❷一般の生命保険料及び介護医療保険料については、保険金等の受取人の全てが給与の支払を受ける人又はその配偶者やその他の親族であること。また、個人年金保険料については、年金の受取人が給与の支払を受ける人又はその配偶者が生存している場合にはこれらの人のいずれかであること。 ❸給与の支払を受ける人自身が本年中に実際に支払ったものであること。 ❹旧契約の一般の生命保険料については、一契約の保険料が9,000円を超えるものについて、それ以外の保険料については、金額の多少にかかわらず全てのものについて、証明書類又はその証明書類に記載すべき事項を記録した電子証明書等に係る電磁的記録印刷書面の提出若しくは提示又は電子データの提供があること。	❶控除の対象となる生命保険契約等又は個人年金保険契約等か。 ❷控除額は、一般の生命保険料、介護医療保険料又は個人年金保険料の区分ごとに、それぞれ正しく計算されているか。特に、一般の生命保険料及び個人年金保険料については、旧契約と新契約とに正しく区分されて計算されているか。 ❸保険金などの受取人に他人等が入っていないか。 ❹未払のものや前納のものは除かれているか。 ❺剰余金の分配や割戻金の割戻しがある場合には、これらの金額が支払った保険料から差し引かれているか。 ❻旧契約の一般の生命保険料については、一契約の保険料が9,000円を超えるものについて、それ以外の保険料については、金額の多少にかかわらず全てのものについて、証明書類、その証明書類に記載すべき事項を記録した電子証明書等に係る電磁的記録印刷書面又は電子データが確認できるか。	79
除	地震保険料控除	❶地震保険料だけの場合………最高50,000円 ❷旧長期損害保険料だけの場合………最高15,000円 ❸地震保険料・旧長期損害保険料の両方の場合…最高50,000円	❶地震若しくは噴火又はこれらによる津波を直接又は間接の原因とする火災、損壊、埋没又は流失による損害により生じた損失の額を塡補する保険金又は共済金が支払われる損害保険契約等に係る地震等損害部分の保険料又は掛金であること。 ❷保険の目的物とされる家屋や家財は、給与の支払を受ける人又はその人と生計を一にする配偶者やその他の親族が所有して常時居住している家屋や、これらの人の所有している生活に通常必要な家財であること。 ❸給与の支払を受ける人自身が本年中に実際に支払ったものであること。 ❹証明書類又はその証明書類に記載すべき事項を記録した電子証明書等に係る電磁的記録印刷書面の提出若しくは提示又は電子データの提供があること。	❶控除の対象となる地震保険契約等か。 ❷控除額が地震保険と旧長期損害保険との区分に応じて計算されているか。 ❸未払のものや前納のものは除かれているか。 ❹剰余金の分配や割戻金の割戻しがある場合には、これらの金額が支払った保険料から差し引かれているか。 ❺金額の多少にかかわらず、証明書類、その証明書類に記載すべき事項を記録した電子証明書等に係る電磁的記録印刷書面又は電子データが確認できるか。	91

生命保険料控除 控除額表

	旧契約のみ	新契約のみ	新旧両方
一般の生命保険料	(A)最高5万円	(B)最高4万円	(C)最高4万円
介護医療保険料	―	最高4万円	―
個人年金保険料	(D)最高5万円	(E)最高4万円	(F)最高4万円
合計適用限度額		最高12万円	

— 2 —

控除の種類	控除額	適用要件のポイント	確認のポイント	参照ページ
配偶者控除	一般の控除対象配偶者 最高 ………38万円 老人控除対象配偶者 最高 ………48万円 〔給与の支払を受ける人の合計所得金額に応じ、控除額が調整される。〕	〔控除対象配偶者〕 ❶婚姻の届出をしている配偶者であること。 ❷給与の支払を受ける人と生計を一にしていること。 ❸配偶者の本年中の合計所得金額が48万円以下であること。 ❹給与の支払を受ける人の本年中の合計所得額が1,000万円以下であること。 〔老人控除対象配偶者〕 控除対象配偶者のうち、年齢70歳以上の人（昭和27年1月1日以前に生まれた人）。	❶婚姻届を提出していない、いわゆる内縁関係の人を対象にしていないか。 ❷配偶者であっても、青色事業専従者として給与の支払を受ける人又は白色事業専従者を対象にしていないか。 ❸他の所得者が扶養親族とした人を対象にしていないか。 ❹共働き（パートやアルバイト等の収入がある場合を含みます。）の人は控除対象配偶者の所得要件を満たしているか。 ❺控除額は、給与の支払を受ける人の合計所得金額に応じて正しく計算されているか。 ❻国外居住親族（非居住者である親族をいいます。以下同じです。）に該当する場合、「親族関係書類」及び「送金関係書類」の添付又は提示があるか。	123
配偶者特別控除	最高 ………38万円 〔給与の支払を受ける人の合計所得金額と配偶者の合計所得金額に応じ、控除額が調整される。〕	〔配偶者特別控除の対象となる配偶者〕 ❶婚姻の届出をしている配偶者であること。 ❷給与の支払を受ける人と生計を一にしていること。 ❸配偶者の本年中の合計所得金額が48万円超133万円以下であること。 ❹給与の支払を受ける人の本年中の合計所得金額が1,000万円以下であること。	❶婚姻届を提出していない、いわゆる内縁関係の人を対象にしていないか。 ❷配偶者であっても、青色事業専従者として給与の支払を受ける人又は白色事業専従者を対象にしていないか。 ❸共働き（パートやアルバイト等の収入がある場合を含みます。）の人は配偶者特別控除の対象となる配偶者の所得要件を満たしているか。 ❹控除額は、給与の支払を受ける人の合計所得金額と配偶者の合計所得金額に応じて正しく計算されているか。 ❺夫婦の双方がお互いに配偶者特別控除の適用を受けていないか。 ❻国外居住親族に該当する場合、「親族関係書類」及び「送金関係書類」の添付又は提示があるか。	123
扶養控除	一般の控除対象扶養親族 ………38万円 特定扶養親族………63万円 老人扶養親族 ●同居老親等である老人扶養親族 ………58万円 ●同居老親等以外の老人扶養親族 ………48万円	〔扶養親族〕 ❶給与の支払を受ける人と生計を一にしていること。 ❷配偶者以外の親族又はいわゆる里子若しくは養護老人であること。 ❸扶養親族の本年中の合計所得金額が48万円以下であること。 〔控除対象扶養親族〕 扶養親族のうち、年齢16歳以上の人（平成18年1月1日以前に生まれた人）。 〔特定扶養親族〕 控除対象扶養親族のうち、年齢19歳以上23歳未満の人（平成11年1月2日から平成15年1月1日までの間に生まれた人）。 〔老人扶養親族〕 控除対象扶養親族のうち、年齢70歳以上の人（昭和27年1月1日以前に生まれた人）。 〔同居老親等〕 老人扶養親族のうち、給与の支払を受ける人又はその配偶者の直系尊属（父母や祖父母など）で、給与の支払を受ける人又はその配偶者のいずれかとの同居を常況としている人。	❶就職、結婚等で控除対象扶養親族の数に異動はないか。 ❷扶養親族の所得要件を満たしているか。 ❸年齢16歳未満の人（平成18年1月2日以後に生まれた人）を控除対象扶養親族に含めていないか。 ❹同居老親等の特例の適用を忘れていないか。 ❺国外居住親族に該当する場合、「親族関係書類」及び「送金関係書類」の添付又は提示があるか。	99
障害者控除	一般の障害者………27万円 特別障害者………40万円 同居特別障害者 ………75万円	〔一般の障害者、特別障害者〕 ❶給与の支払を受ける人自身、同一生計配偶者又は扶養親族が障害者であること。 ❷障害者又は特別障害者の要件に該当すること。 〔同居特別障害者〕 同一生計配偶者又は扶養親族のうち特別障害者に該当する人で、給与の支払を受ける人、その配偶者又は給与の支払を受ける人と生計を一にするその他の親族のいずれかとの同居を常況としている人。	❶対象となる人は、給与の支払を受ける人自身、同一生計配偶者又は扶養親族か。 ❷特別障害者についての判定は正しく行われているか。 ❸同居特別障害者の特例の適用を忘れていないか。 ❹国外居住親族に該当する場合、「親族関係書類」及び「送金関係書類」の添付又は提示があるか。	110

	控除の種類	控 除 額	適用要件のポイント	確認のポイント	参照ページ
所得控除	寡 婦 控 除	27万円	〔寡婦〕 ❶給与の支払を受ける人自身が寡婦であること。 ❷寡婦の範囲に該当すること。 ❸夫と離婚してから結婚していない人は、扶養親族を有すること。 ❹本年中の合計所得金額が500万円以下であること。 ❺事実上婚姻関係と同様の事情にあると認められる人がいないこと。	❶ひとり親に該当しないか。 ❷給与所得だけの人については、本年中の給与の収入金額が6,777,778円以下であるか。	113
	ひとり親控除	35万円	〔ひとり親〕 ❶給与の支払を受ける人自身がひとり親であること。 ❷ひとり親の範囲に該当すること。 ❸生計を一にする子（所得が48万円以下の人）を有すること。 ❹本年中の合計所得金額が500万円以下であること。 ❺事実上婚姻関係と同様の事情にあると認められる人がいないこと。	❶生計を一にする子がいるか。 ❷生計を一にする子は他の所得者の同一生計配偶者や扶養親族になっていないか。また、生計を一にする子の所得が48万円を超えていないか。 ❸給与所得だけの人については、本年中の給与収入金額が6,777,778円以下であるか。	115
	勤労学生控除	27万円	〔勤労学生〕 ❶給与の支払を受ける人自身が勤労学生であること。 ❷特定の学校の学生、生徒又は児童であること。 ❸本年中の合計所得金額が75万円以下であること。 ❹合計所得金額のうち給与所得等以外の所得に係る金額が10万円以下であること。 ❺専修学校や各種学校の生徒又は職業訓練生は、証明書があること。	❶特定の学校の学生又は生徒かどうか。 ❷専修学校や各種学校の生徒又は職業訓練生については、文部科学大臣等の証明書の写しと学校長の証明書類が確認できるか。 ❸卒業した年に申告をしている人はいないか。 ❹給与所得だけの人については、本年中の給与の収入金額が130万円以下であるか。	118
	基 礎 控 除	最高　48万円 〔給与の支払を受ける人の合計所得金額に応じ、控除額が調整される。〕	給与の支払を受ける人の合計所得金額が2,500万円を超えていないこと。	控除額は、給与の支払を受ける人の合計所得金額に応じて正しく計算されているか。	121
税額控除	（特定増改築等）住宅借入金等特別控除	令和3年分の年末調整における控除額は 平成19年1月1日以後令和2年12月31日以前に居住の用に供した場合……居住の用に供した日の属する年により、最高限度額8万円～60万円	❶居住用家屋の新築の日、新築家屋若しくは中古家屋の取得の日又は一定の増改築等を行った日から6か月以内に自分の居住の用に供していること。 ❷取得した住宅又は増改築等した住宅の床面積が一定範囲内のものであること。 ❸控除を受ける最初の年分についての控除は、確定申告によっているものであること。 ❹本年の合計所得金額が3,000万円以下であること。 ❺居住の用に供した日から本年12月31日まで引き続き自分の居住の用に供していること。 ❻控除を受ける場合には、金融機関等が発行した「住宅取得資金に係る借入金の年末残高等証明書」を添付又は電子データの提供があること。 (注) 特定増改築等住宅借入金等特別控除の適用を受ける場合の要件等については、135ページ以降で確認してください。	❶その住宅の取得者と申告者が同一人であるか。 ❷控除を受けようとする年分について合計所得金額が3,000万円を超えていないか。 ❸本年12月31日まで引き続きその住宅に居住しているか。 ❹金融機関等が発行した「住宅取得資金に係る借入金の年末残高等証明書」を添付又は電子データの提供をしているか。	135
その他	所得金額調整控除	最高　15万円 〔給与の支払を受ける人の給与の収入金額に応じた金額が控除される。〕	❶給与の支払を受ける人の年末調整の対象となる給与の収入金額が850万円を超える見込みがあること。 ❷給与の支払を受ける人が特別障害者に該当する場合又は年齢23歳未満の扶養親族、特別障害者である同一生計配偶者若しくは特別障害者である扶養親族を有していること。	❶扶養親族の所得要件を満たしているか。 ❷特別障害者についての判定は正しく行われているか。	132

令和３年分の扶養控除額及び障害者等の控除額の合計額の早見表

① 控除対象扶養親族の数に応じた控除額

人　数	控　　除　　額	人　　数	控　　除　　額
1　人	380,000 円	5　人	1,900,000 円
2　人	760,000	6　人	2,280,000
3　人	1,140,000	7　人	2,660,000
4　人	1,520,000	8 人 以 上	7人を超える1人につき380,000円を 2,660,000円 に加えた金額

② 障害者等がいる場合の控除額の加算

② 障害者等がいる場合の控除額の加算	イ	同居特別障害者に当たる人がいる場合	1人につき	750,000 円
	ロ	同居特別障害者以外の特別障害者に当たる（人がいる）場合	1人につき	400,000 円
	ハ	一般の障害者、寡婦又は勤労学生に当たる（人がいる）場合	左の一に該当するとき 各	270,000 円
	ニ	給与の支払を受ける人（所得者）がひとり親に当たる場合		350,000 円
	ホ	同居老親等に当たる人がいる場合	1人につき	200,000 円
	ヘ	特定扶養親族に当たる人がいる場合	1人につき	250,000 円
	ト	同居老親等以外の老人扶養親族に当たる人がいる場合	1人につき	100,000 円

◎ 控除額の合計額は、「①」欄及び「②」欄により求めた金額の合計額となります（この合計額を、源泉徴収簿の「年末調整」欄の「扶養控除額及び障害者等の控除額の合計額⑱」欄に記載します。）。

◎ 「①」欄の控除対象扶養親族の数には、控除対象配偶者の数は含みません。

◎ 同一生計配偶者に係る障害者控除は、「②」欄に含めて計算します。

◎ 配偶者控除額及び配偶者特別控除額については、「令和３年分　給与所得者の配偶者控除等申告書」により求め、源泉徴収簿の「年末調整」欄の「配偶者（特別）控除額⑰」欄に記載します。

◎ 基礎控除額については、「令和3年分　給与所得者の基礎控除申告書」により求め、源泉徴収簿の「年末調整」欄の「基礎控除額⑲」欄に記載します。

（注）「②」欄のイからトまでの控除額は次のようになっています。
　(1)「イ」欄の750,000円‥‥‥障害者控除額（同居特別障害者）の750,000円
　(2)「ロ」欄の400,000円‥‥‥障害者控除額（特別障害者）の400,000円
　(3)「ハ」欄の270,000円‥‥‥障害者控除額（一般の障害者）、寡婦控除額又は勤労学生控除額の270,000円
　(4)「ニ」欄の350,000円‥‥‥ひとり親控除額の350,000円
　(5)「ホ」欄の200,000円‥‥‥控除対象扶養親族が同居老親等に該当する場合の扶養控除額の割増額200,000円（580,000円－380,000円）
　(6)「ヘ」欄の250,000円‥‥‥控除対象扶養親族が特定扶養親族に該当する場合の扶養控除額の割増額250,000円（630,000円－380,000円）
　(7)「ト」欄の100,000円‥‥‥控除対象扶養親族が同居老親等以外の老人扶養親族に該当する場合の扶養控除額の割増額100,000円（480,000円－380,000円）

「令和3年分の扶養控除額及び障害者等の控除額の合計額の早見表」の具体的な使い方

【「令和3年分の扶養控除額及び障害者等の控除額の合計額の早見表」の使い方】

1　まず、控除対象扶養親族の数の合計を求め、「①　控除対象扶養親族の数に応じた控除額」の人数欄に対応する控除額を求めます。

　※　控除対象扶養親族の数には、控除対象配偶者の数は含みません。

2　次に、同一生計配偶者や扶養親族のうちに障害者等に該当する人がいる場合や給与の支払を受ける人（所得者）が障害者等に該当する場合には、「②　障害者等がいる場合の控除額の加算額」の「イ」欄から「ト」欄までに掲げる控除額の加算額の合計額を求めます。

3　1及び2で求めた金額の合計額を源泉徴収簿の「年末調整」欄の「扶養控除額及び障害者等の控除額の合計額⑱」欄に記入します。

凡　例

□	給与の支払を受ける人（所得者）（※の金額は所得者の合計所得金額（見積額）を示します。）	同居老親	同居老親等である老人扶養親族
配	一般の控除対象配偶者（※の金額は配偶者の合計所得金額（見積額）を示します。）	老扶	同居老親等以外の老人扶養親族
老配	老人控除対象配偶者（※の金額は配偶者の合計所得金額（見積額）を示します。）	障	一般の障害者
配特	配偶者特別控除の対象となる配偶者（※の金額は配偶者の合計所得金額（見積額）を示します。）	同障	同居特別障害者
扶	一般の控除対象扶養親族	特障	同居特別障害者以外の特別障害者
扶（△）	扶養親族のうち年齢16歳未満の人	寡	寡婦
特扶	特定扶養親族	ひとり	ひとり親

	事例	早見表の当てはめる欄		求める控除額の合計額	（参考）配偶者（特別）控除額※　源泉徴収簿の⑰欄に記載します。
		「①控除対象扶養親族の数に応じた控除額」欄※　配偶者の数は含みません。	「②障害者等がいる場合の控除額の加算額」欄		
1　所得者が障害者、寡婦又は勤労学生でない場合	(1)　控除対象配偶者、配偶者特別控除の対象となる配偶者及び控除対象扶養親族がいない人 □	なし	―	①　　　　―　　円 ②　　　　―　　円 計　　　　―　　円	―
	(2)　控除対象配偶者がいる人 ※900万円以下 □ ― 配 ※48万円以下	なし	―	①　　　　―　　円 ②　　　　―　　円 計　　　　―　　円	380,000円
	(3)　控除対象配偶者と控除対象扶養親族がいる人 ※900万円以下 □ ― 配 ※48万円以下／扶	1人	―	①　380,000　円 ②　　　　―　　円 計　380,000　円	380,000円

― 6 ―

事例	早見表の当てはめる欄		求める控除額の合計額	(参考)配偶者(特別)控除額 ※源泉徴収簿の⑰欄に記載します。
	「①控除対象扶養親族の数に応じた控除額」欄 ※配偶者の数は含みません。	「②障害者等がいる場合の控除額の加算額」欄		
1 勤労学生でない場合 所得者が障害者、寡婦又は (4) 一般の障害者である控除対象配偶者と控除対象扶養親族がいる人 ※900万円超950万円以下 ※48万円以下 配=障 扶 扶	2人	ハ	① 760,000円 ②-ハ1人 270,000円 計 1,030,000円	260,000円
(5) 控除対象配偶者、特定扶養親族及び同居老親等以外の老人扶養親族がいる人 ※900万円以下 ※48万円以下 配 扶=特扶 扶=老扶	2人	ヘ及びト	① 760,000円 ②-ヘ1人 250,000円 ②-ト1人 100,000円 計 1,110,000円	380,000円
(6) 老人控除対象配偶者と同居特別障害者である控除対象扶養親族がいる人 ※900万円以下 ※48万円以下 老配 扶=同障	1人	イ	① 380,000円 ②-イ1人 750,000円 計 1,130,000円	480,000円
(7) 同居老親等である控除対象扶養親族がいる人 扶=同居老親	1人	ホ	① 380,000円 ②-ホ1人 200,000円 計 580,000円	—
(8) 同居特別障害者以外の特別障害者である16歳未満の扶養親族と控除対象扶養親族がいる人 扶=特障 扶	1人	ロ	① 380,000円 ②-ロ1人 400,000円 計 780,000円	—
2 ある場合 所得者が一般の障害者で (1) 控除対象配偶者、配偶者特別控除の対象となる配偶者及び控除対象扶養親族がいない人 =障	なし	ハ	① —円 ②-ハ 270,000円 計 270,000円	—
(2) 配偶者特別控除の対象となる配偶者と控除対象扶養親族がいる人 ※900万円以下 ※130万円超133万円以下 配特 扶 =障	1人	ハ	① 380,000円 ②-ハ 270,000円 計 650,000円	30,000円
3 所得者が寡婦である場合 (1) 控除対象扶養親族がいない人 =寡	なし	ハ	① —円 ②-ハ 270,000円 計 270,000円	—
(2) 控除対象扶養親族がいる人 =寡 扶 扶	2人	ハ	① 760,000円 ②-ハ 270,000円 計 1,030,000円	—
4 所得者がある場合 ひとり親で 控除対象扶養親族がいる人 =ひとり 扶	1人	ニ	① 380,000円 ②-ニ 350,000円 計 730,000円	—

控除額の合計額の早見表の使用例

| 氏名 | (フリガナ) スズキ ハジメ 鈴木 一 (生年月日 明・大・昭・平・令 47年12月25日) | 整理番号 | 39 |

	区　　　　分	金　　額	税　　額
	給料・手当等 ①	7,785,000 円	③ 231,150 円
	賞　与　等 ④	3,490,000	⑥ 543,282
	計 ⑦	11,275,000	774,432
	給与所得控除後の給与等の金額 ⑨	9,325,000	所得金額調整控除の適用
	所得金額調整控除額 ((⑦-8,500,000円)×10% マイナスの場合は0) (1円未満切上げ、最高150,000円) ⑩	150,000	有・無 (※ 適用有の場合は⑩に記載)
	給与所得控除後の給与等の金額(調整控除後) (⑨-⑩) ⑪	7,175,000	

年末調整

社会保険料等控除額	給与等からの控除分 (②+⑤) ⑫	1,692,394	配偶者の合計所得金額 (430,000 円)
	申告による社会保険料の控除分 ⑬	0	
	申告による小規模企業共済等掛金の控除分 ⑭	0	旧長期損害保険料支払額 (円)
生命保険料の控除額 ⑮		120,000	⑭のうち小規模企業共済等掛金の金額 (円)
地震保険料の控除額 ⑯		12,800	
配偶者(特別)控除額 ⑰		260,000	⑭のうち国民年金保険料等の金額 (円)
扶養控除額及び障害者等の控除額の合計額 ⑱		1,280,000	
基礎控除額 ⑲		480,000	
所得控除額の合計額 (⑫+⑬+⑭+⑮+⑯+⑰+⑱+⑲) ⑳		3,845,194	
差引課税給与所得金額(⑪-⑳)及び算出所得税額 ㉑	(1,000円未満切捨て) 5,329,000	㉒ 638,300
(特定増改築等)住宅借入金等特別控除額 ㉓		0
年調所得税額 (㉒-㉓、マイナスの場合は0) ㉔		638,300
年調年税額 (㉔×102.1%) ㉕		(100円未満切捨て) 651,700
差引 超過額 又は不足額 (㉕-⑧) ㉖		122,732
	本年最後の給与から徴収する税額に充当する金額 ㉗	19,330
超過額の精算	未払給与に係る未徴収の税額に充当する金額 ㉘	
	差引還付する金額 (㉖-㉗-㉘) ㉙	103,402
	同上のうち 本年中に還付する金額 ㉚	103,402
	翌年において還付する金額 ㉛	
不足額の精算	本年最後の給与から徴収する金額 ㉜	
	翌年に繰り越して徴収する金額 ㉝	

差引徴収税額

| 19,060 |
| 19,060 |
| 19,060 |
| 19,330 |
| 19,330 |
| 19,330 |
| 19,330 |
| 19,330 |
| 19,330 |
| 19,330 |
| ▲103,402 |
| 102,657 |
| 216,420 |
| 224,205 |

（注）　⑮欄は「配偶者控除等申告書」から控除額を転記します。

— 8 —

760,000 ＋ 270,000 ＋ 250,000 ＝ 1,280,000

令和３年分の扶養控除額及び障害者等の控除額の合計額の早見表

① 控除対象扶養親族の数に応じた控除額

人	数	控　除　額		人	数	控　除　額	
1	人	380,000	円	5	人	1,900,000	円
2	人	760,000		6	人	2,280,000	
3	人	1,140,000		7	人	2,660,000	
4	人	1,520,000		8人以上		7人を超える1人につき380,000円を2,660,000円に加えた金額	

② 障害者等がいる場合の控除額の加算額

イ	同居特別障害者に当たる人がいる場合	1人につき	750,000	円
ロ	同居特別障害者以外の特別障害者に当たる（人がいる）場合	1人につき	400,000	円
ハ	一般の障害者、寡婦又は勤労学生に当たる（人がいる）場合	左の一に該当するとき　各	270,000	円
ニ	給与の支払を受ける人(所得者)がひとり親に当たる場合		350,000	円
ホ	同居老親等に当たる人がいる場合	1人につき	200,000	円
ヘ	特定扶養親族に当たる人がいる場合	1人につき	250,000	円
ト	同居老親等以外の老人扶養親族に当たる人がいる場合	1人につき	100,000	円

〔参 考〕令和３年分 所得者等の態様別所得控除内訳一覧表

区　　　分			控　除　額 (万円)	内　　訳
所 得 者 本 人	通　常		0	－
	一般の障害者に該当する場合		27	障害者控除（27万円）
	寡婦に該当する場合		27	寡婦控除（27万円）
	勤労学生に該当する場合		27	勤労学生控除（27万円）
	ひとり親に該当する場合		35	ひとり親控除（35万円）
	特別障害者に該当する場合		40	特別障害者控除（40万円）
控除対象 扶養親族	一　般 （16歳〜18歳） （23歳〜69歳）	通　常	38	扶養控除（38万円）
		一般の障害者	65	扶養控除（38万円）＋障害者控除（27万円）
		特別障害者　非 同 居	78	扶養控除（38万円）＋特別障害者控除（40万円）
		特別障害者　同 居	113	扶養控除（38万円）＋同居特別障害者控除（75万円）
	特定扶養親族 （19歳〜22歳）	通　常	63	特定扶養控除（63万円）
		一般の障害者	90	特定扶養控除（63万円）＋障害者控除（27万円）
		特別障害者　非 同 居	103	特定扶養控除（63万円）＋特別障害者控除（40万円）
		特別障害者　同 居	138	特定扶養控除（63万円）＋同居特別障害者控除（75万円）
	老人扶養親族 （70歳以上）	通　常　一　般	48	老人扶養控除（48万円）
		通　常　同居老親等	58	老人扶養控除（48万円）＋老親同居割増（10万円）
		一般の障害者　一　般	75	老人扶養控除（48万円）＋障害者控除（27万円）
		一般の障害者　同居老親等	85	老人扶養控除（48万円）＋老親同居割増（10万円）＋障害者控除（27万円）
		特別障害者　非 同 居	88	老人扶養控除（48万円）＋特別障害者控除（40万円）
		特別障害者　同居　一　般	123	老人扶養控除（48万円）＋同居特別障害者控除（75万円）
		特別障害者　同居　同 居 老親等	133	老人扶養控除（48万円）＋老親同居割増（10万円）＋同居特別障害者控除（75万円）
同 一 生 計 配 偶 者	通　常		0	－
	一般の障害者		27	障害者控除（27万円）
	特別障害者　非 同 居		40	特別障害者控除（40万円）
	特別障害者　同 居		75	同居特別障害者控除（75万円）
控除対象扶養親族以外の 扶養親族 （年齢16歳未満の扶養親族）	通　常		0	－
	一般の障害者		27	障害者控除（27万円）
	特別障害者　非 同 居		40	特別障害者控除（40万円）
	特別障害者　同 居		75	同居特別障害者控除（75万円）

（注）　この表には、基礎控除、配偶者控除及び配偶者特別控除は含まれていません。

〔参 考〕令和３年分　扶養控除額等の金額一覧表

控　除　の　種　類			控　除　額
(1)　扶養控除 16歳以上 （平18年1月1日 以前生）	一　般　の　控　除　対　象　扶　養　親　族		380,000円
	特　定　扶　養　親　族 19歳以上23歳未満（平11年1月2日～平15年1月1日生）		630,000円
	老人扶養親族 70歳以上（昭27年1月 1日以前生）	同居老親等以外の者	480,000円
		同　居　老　親　等	580,000円
(2)　障害者控除	一　　般　　の　　障　　害　　者		270,000円
	特　　別　　障　　害　　者		400,000円
	同　居　特　別　障　害　者		750,000円
(3)　寡　　　　　　婦　　　　　　控　　　　　　除			270,000円
(4)　ひ　　と　　り　　親　　控　　除			350,000円
(5)　勤　労　学　生　控　除			270,000円

（注）　この表には、基礎控除、配偶者控除及び配偶者特別控除は含まれていません。

〔参 考〕令和３年分　基礎控除額の表

給与の支払を受ける人の合計所得金額	控　除　額
2,100万円以下	48万円
2,400万円超　　2,450万円以下	32万円
2,450万円超　　2,500万円以下	16万円

（注）合計所得金額が2,500万円を超える場合は、基礎控除の適用を受けることはできません。

〔参考〕令和3年分の配偶者控除額及び配偶者特別控除額の一覧表

		給与の支払を受ける人の合計所得金額 (給与所得だけの場合の給与の支払を受ける人の給与等の収入金額(注3))			【参考】配偶者の収入が給与所得だけの場合の配偶者の給与等の収入金額
		900万円以下 (1,095万円以下)	900万円超 950万円以下 [1,095万円超 1,145万円以下]	950万円超 1,000万円以下 [1,145万円超 1,195万円以下]	
配偶者控除	配偶者の合計所得金額 48万円以下	38万円	26万円	13万円	1,030,000円以下
	老人控除対象配偶者	48万円	32万円	16万円	
配偶者特別控除	配偶者の合計所得金額 48万円 95万円以下	38万円	26万円	13万円	1,030,000円超 1,500,000円以下
	95万円超 100万円以下	36万円	24万円	12万円	1,500,000円超 1,550,000円以下
	100万円超 105万円以下	31万円	21万円	11万円	1,550,000円超 1,600,000円以下
	105万円超 110万円以下	26万円	18万円	9万円	1,600,000円超 1,667,999円以下
	110万円超 115万円以下	21万円	14万円	7万円	1,667,999円超 1,751,999円以下
	115万円超 120万円以下	16万円	11万円	6万円	1,751,999円超 1,831,999円以下
	120万円超 125万円以下	11万円	8万円	4万円	1,831,999円超 1,903,999円以下
	125万円超 130万円以下	6万円	4万円	2万円	1,903,999円超 1,971,999円以下
	130万円超 133万円以下	3万円	2万円	1万円	1,971,999円超 2,015,999円以下
	133万円超	0円	0円	0円	2,015,999円超

(注)1 給与の支払を受ける人の合計所得金額が1,000万円を超える場合には、配偶者控除及び配偶者特別控除の適用を受けることができません。

2 夫婦の双方がお互いに配偶者特別控除の適用を受けることはできませんので、いずれか一方の配偶者は、この控除の適用は受けられません。

3 所得金額調整控除の適用がある場合は、括弧内の各金額に15万円を加えてください。また、給与所得者の特定支出控除の適用を受ける場合も括弧内の各金額とは異なりますので、ご注意ください。

令和3年分の年末調整等のための給与所得控除後の給与等の金額の表

(一)　　　　　　　　　　　　　　　　　　　　　　　　　　　　　　　　（～2,171,999円）

給与等の金額 以上	未満	給与所得控除後の給与等の金額	給与等の金額 以上	未満	給与所得控除後の給与等の金額	給与等の金額 以上	未満	給与所得控除後の給与等の金額
円 551,000円未満	円	円 0	円 1,772,000	円 1,776,000	円 1,163,200	円 1,972,000	円 1,976,000	円 1,300,400
			1,776,000	1,780,000	1,165,600	1,976,000	1,980,000	1,303,200
			1,780,000	1,784,000	1,168,000	1,980,000	1,984,000	1,306,000
			1,784,000	1,788,000	1,170,400	1,984,000	1,988,000	1,308,800
			1,788,000	1,792,000	1,172,800	1,988,000	1,992,000	1,311,600
551,000	1,619,000	給与等の金額から550,000円を控除した金額	1,792,000	1,796,000	1,175,200	1,992,000	1,996,000	1,314,400
			1,796,000	1,800,000	1,177,600	1,996,000	2,000,000	1,317,200
			1,800,000	1,804,000	1,180,000	2,000,000	2,004,000	1,320,000
			1,804,000	1,808,000	1,182,800	2,004,000	2,008,000	1,322,800
			1,808,000	1,812,000	1,185,600	2,008,000	2,012,000	1,325,600
1,619,000	1,620,000	1,069,000	1,812,000	1,816,000	1,188,400	2,012,000	2,016,000	1,328,400
1,620,000	1,622,000	1,070,000	1,816,000	1,820,000	1,191,200	2,016,000	2,020,000	1,331,200
1,622,000	1,624,000	1,072,000	1,820,000	1,824,000	1,194,000	2,020,000	2,024,000	1,334,000
1,624,000	1,628,000	1,074,000	1,824,000	1,828,000	1,196,800	2,024,000	2,028,000	1,336,800
1,628,000	1,632,000	1,076,800	1,828,000	1,832,000	1,199,600	2,028,000	2,032,000	1,339,600
1,632,000	1,636,000	1,079,200	1,832,000	1,836,000	1,202,400	2,032,000	2,036,000	1,342,400
1,636,000	1,640,000	1,081,600	1,836,000	1,840,000	1,205,200	2,036,000	2,040,000	1,345,200
1,640,000	1,644,000	1,084,000	1,840,000	1,844,000	1,208,000	2,040,000	2,044,000	1,348,000
1,644,000	1,648,000	1,086,400	1,844,000	1,848,000	1,210,800	2,044,000	2,048,000	1,350,800
1,648,000	1,652,000	1,088,800	1,848,000	1,852,000	1,213,600	2,048,000	2,052,000	1,353,600
1,652,000	1,656,000	1,091,200	1,852,000	1,856,000	1,216,400	2,052,000	2,056,000	1,356,400
1,656,000	1,660,000	1,093,600	1,856,000	1,860,000	1,219,200	2,056,000	2,060,000	1,359,200
1,660,000	1,664,000	1,096,000	1,860,000	1,864,000	1,222,000	2,060,000	2,064,000	1,362,000
1,664,000	1,668,000	1,098,400	1,864,000	1,868,000	1,224,800	2,064,000	2,068,000	1,364,800
1,668,000	1,672,000	1,100,800	1,868,000	1,872,000	1,227,600	2,068,000	2,072,000	1,367,600
1,672,000	1,676,000	1,103,200	1,872,000	1,876,000	1,230,400	2,072,000	2,076,000	1,370,400
1,676,000	1,680,000	1,105,600	1,876,000	1,880,000	1,233,200	2,076,000	2,080,000	1,373,200
1,680,000	1,684,000	1,108,000	1,880,000	1,884,000	1,236,000	2,080,000	2,084,000	1,376,000
1,684,000	1,688,000	1,110,400	1,884,000	1,888,000	1,238,800	2,084,000	2,088,000	1,378,800
1,688,000	1,692,000	1,112,800	1,888,000	1,892,000	1,241,600	2,088,000	2,092,000	1,381,600
1,692,000	1,696,000	1,115,200	1,892,000	1,896,000	1,244,400	2,092,000	2,096,000	1,384,400
1,696,000	1,700,000	1,117,600	1,896,000	1,900,000	1,247,200	2,096,000	2,100,000	1,387,200
1,700,000	1,704,000	1,120,000	1,900,000	1,904,000	1,250,000	2,100,000	2,104,000	1,390,000
1,704,000	1,708,000	1,122,400	1,904,000	1,908,000	1,252,800	2,104,000	2,108,000	1,392,800
1,708,000	1,712,000	1,124,800	1,908,000	1,912,000	1,255,600	2,108,000	2,112,000	1,395,600
1,712,000	1,716,000	1,127,200	1,912,000	1,916,000	1,258,400	2,112,000	2,116,000	1,398,400
1,716,000	1,720,000	1,129,600	1,916,000	1,920,000	1,261,200	2,116,000	2,120,000	1,401,200
1,720,000	1,724,000	1,132,000	1,920,000	1,924,000	1,264,000	2,120,000	2,124,000	1,404,000
1,724,000	1,728,000	1,134,400	1,924,000	1,928,000	1,266,800	2,124,000	2,128,000	1,406,800
1,728,000	1,732,000	1,136,800	1,928,000	1,932,000	1,269,600	2,128,000	2,132,000	1,409,600
1,732,000	1,736,000	1,139,200	1,932,000	1,936,000	1,272,400	2,132,000	2,136,000	1,412,400
1,736,000	1,740,000	1,141,600	1,936,000	1,940,000	1,275,200	2,136,000	2,140,000	1,415,200
1,740,000	1,744,000	1,144,000	1,940,000	1,944,000	1,278,000	2,140,000	2,144,000	1,418,000
1,744,000	1,748,000	1,146,400	1,944,000	1,948,000	1,280,800	2,144,000	2,148,000	1,420,800
1,748,000	1,752,000	1,148,800	1,948,000	1,952,000	1,283,600	2,148,000	2,152,000	1,423,600
1,752,000	1,756,000	1,151,200	1,952,000	1,956,000	1,286,400	2,152,000	2,156,000	1,426,400
1,756,000	1,760,000	1,153,600	1,956,000	1,960,000	1,289,200	2,156,000	2,160,000	1,429,200
1,760,000	1,764,000	1,156,000	1,960,000	1,964,000	1,292,000	2,160,000	2,164,000	1,432,000
1,764,000	1,768,000	1,158,400	1,964,000	1,968,000	1,294,800	2,164,000	2,168,000	1,434,800
1,768,000	1,772,000	1,160,800	1,968,000	1,972,000	1,297,600	2,168,000	2,172,000	1,437,600

給与所得控除後の給与等の金額の算出表

— 13 —

(二) (2,172,000円～2,771,999円)

給与等の金額		給与所得控除後の給与等の金額	給与等の金額		給与所得控除後の給与等の金額	給与等の金額		給与所得控除後の給与等の金額
以上	未満		以上	未満		以上	未満	
円	円	円	円	円	円	円	円	円
2,172,000	2,176,000	1,440,400	2,372,000	2,376,000	1,580,400	2,572,000	2,576,000	1,720,400
2,176,000	2,180,000	1,443,200	2,376,000	2,380,000	1,583,200	2,576,000	2,580,000	1,723,200
2,180,000	2,184,000	1,446,000	2,380,000	2,384,000	1,586,000	2,580,000	2,584,000	1,726,000
2,184,000	2,188,000	1,448,800	2,384,000	2,388,000	1,588,800	2,584,000	2,588,000	1,728,800
2,188,000	2,192,000	1,451,600	2,388,000	2,392,000	1,591,600	2,588,000	2,592,000	1,731,600
2,192,000	2,196,000	1,454,400	2,392,000	2,396,000	1,594,400	2,592,000	2,596,000	1,734,400
2,196,000	2,200,000	1,457,200	2,396,000	2,400,000	1,597,200	2,596,000	2,600,000	1,737,200
2,200,000	2,204,000	1,460,000	2,400,000	2,404,000	1,600,000	2,600,000	2,604,000	1,740,000
2,204,000	2,208,000	1,462,800	2,404,000	2,408,000	1,602,800	2,604,000	2,608,000	1,742,800
2,208,000	2,212,000	1,465,600	2,408,000	2,412,000	1,605,600	2,608,000	2,612,000	1,745,600
2,212,000	2,216,000	1,468,400	2,412,000	2,416,000	1,608,400	2,612,000	2,616,000	1,748,400
2,216,000	2,220,000	1,471,200	2,416,000	2,420,000	1,611,200	2,616,000	2,620,000	1,751,200
2,220,000	2,224,000	1,474,000	2,420,000	2,424,000	1,614,000	2,620,000	2,624,000	1,754,000
2,224,000	2,228,000	1,476,800	2,424,000	2,428,000	1,616,800	2,624,000	2,628,000	1,756,800
2,228,000	2,232,000	1,479,600	2,428,000	2,432,000	1,619,600	2,628,000	2,632,000	1,759,600
2,232,000	2,236,000	1,482,400	2,432,000	2,436,000	1,622,400	2,632,000	2,636,000	1,762,400
2,236,000	2,240,000	1,485,200	2,436,000	2,440,000	1,625,200	2,636,000	2,640,000	1,765,200
2,240,000	2,244,000	1,488,000	2,440,000	2,444,000	1,628,000	2,640,000	2,644,000	1,768,000
2,244,000	2,248,000	1,490,800	2,444,000	2,448,000	1,630,800	2,644,000	2,648,000	1,770,800
2,248,000	2,252,000	1,493,600	2,448,000	2,452,000	1,633,600	2,648,000	2,652,000	1,773,600
2,252,000	2,256,000	1,496,400	2,452,000	2,456,000	1,636,400	2,652,000	2,656,000	1,776,400
2,256,000	2,260,000	1,499,200	2,456,000	2,460,000	1,639,200	2,656,000	2,660,000	1,779,200
2,260,000	2,264,000	1,502,000	2,460,000	2,464,000	1,642,000	2,660,000	2,664,000	1,782,000
2,264,000	2,268,000	1,504,800	2,464,000	2,468,000	1,644,800	2,664,000	2,668,000	1,784,800
2,268,000	2,272,000	1,507,600	2,468,000	2,472,000	1,647,600	2,668,000	2,672,000	1,787,600
2,272,000	2,276,000	1,510,400	2,472,000	2,476,000	1,650,400	2,672,000	2,676,000	1,790,400
2,276,000	2,280,000	1,513,200	2,476,000	2,480,000	1,653,200	2,676,000	2,680,000	1,793,200
2,280,000	2,284,000	1,516,000	2,480,000	2,484,000	1,656,000	2,680,000	2,684,000	1,796,000
2,284,000	2,288,000	1,518,800	2,484,000	2,488,000	1,658,800	2,684,000	2,688,000	1,798,800
2,288,000	2,292,000	1,521,600	2,488,000	2,492,000	1,661,600	2,688,000	2,692,000	1,801,600
2,292,000	2,296,000	1,524,400	2,492,000	2,496,000	1,664,400	2,692,000	2,696,000	1,804,400
2,296,000	2,300,000	1,527,200	2,496,000	2,500,000	1,667,200	2,696,000	2,700,000	1,807,200
2,300,000	2,304,000	1,530,000	2,500,000	2,504,000	1,670,000	2,700,000	2,704,000	1,810,000
2,304,000	2,308,000	1,532,800	2,504,000	2,508,000	1,672,800	2,704,000	2,708,000	1,812,800
2,308,000	2,312,000	1,535,600	2,508,000	2,512,000	1,675,600	2,708,000	2,712,000	1,815,600
2,312,000	2,316,000	1,538,400	2,512,000	2,516,000	1,678,400	2,712,000	2,716,000	1,818,400
2,316,000	2,320,000	1,541,200	2,516,000	2,520,000	1,681,200	2,716,000	2,720,000	1,821,200
2,320,000	2,324,000	1,544,000	2,520,000	2,524,000	1,684,000	2,720,000	2,724,000	1,824,000
2,324,000	2,328,000	1,546,800	2,524,000	2,528,000	1,686,800	2,724,000	2,728,000	1,826,800
2,328,000	2,332,000	1,549,600	2,528,000	2,532,000	1,689,600	2,728,000	2,732,000	1,829,600
2,332,000	2,336,000	1,552,400	2,532,000	2,536,000	1,692,400	2,732,000	2,736,000	1,832,400
2,336,000	2,340,000	1,555,200	2,536,000	2,540,000	1,695,200	2,736,000	2,740,000	1,835,200
2,340,000	2,344,000	1,558,000	2,540,000	2,544,000	1,698,000	2,740,000	2,744,000	1,838,000
2,344,000	2,348,000	1,560,800	2,544,000	2,548,000	1,700,800	2,744,000	2,748,000	1,840,800
2,348,000	2,352,000	1,563,600	2,548,000	2,552,000	1,703,600	2,748,000	2,752,000	1,843,600
2,352,000	2,356,000	1,566,400	2,552,000	2,556,000	1,706,400	2,752,000	2,756,000	1,846,400
2,356,000	2,360,000	1,569,200	2,556,000	2,560,000	1,709,200	2,756,000	2,760,000	1,849,200
2,360,000	2,364,000	1,572,000	2,560,000	2,564,000	1,712,000	2,760,000	2,764,000	1,852,000
2,364,000	2,368,000	1,574,800	2,564,000	2,568,000	1,714,800	2,764,000	2,768,000	1,854,800
2,368,000	2,372,000	1,577,600	2,568,000	2,572,000	1,717,600	2,768,000	2,772,000	1,857,600

(三) (2,772,000円~3,371,999円)

給与等の金額 以上 / 未満	給与所得控除後の給与等の金額	給与等の金額 以上 / 未満	給与所得控除後の給与等の金額	給与等の金額 以上 / 未満	給与所得控除後の給与等の金額
円 / 円	円	円 / 円	円	円 / 円	円
2,772,000 / 2,776,000	1,860,400	2,972,000 / 2,976,000	2,000,400	3,172,000 / 3,176,000	2,140,400
2,776,000 / 2,780,000	1,863,200	2,976,000 / 2,980,000	2,003,200	3,176,000 / 3,180,000	2,143,200
2,780,000 / 2,784,000	1,866,000	2,980,000 / 2,984,000	2,006,000	3,180,000 / 3,184,000	2,146,000
2,784,000 / 2,788,000	1,868,800	2,984,000 / 2,988,000	2,008,800	3,184,000 / 3,188,000	2,148,800
2,788,000 / 2,792,000	1,871,600	2,988,000 / 2,992,000	2,011,600	3,188,000 / 3,192,000	2,151,600
2,792,000 / 2,796,000	1,874,400	2,992,000 / 2,996,000	2,014,400	3,192,000 / 3,196,000	2,154,400
2,796,000 / 2,800,000	1,877,200	2,996,000 / 3,000,000	2,017,200	3,196,000 / 3,200,000	2,157,200
2,800,000 / 2,804,000	1,880,000	3,000,000 / 3,004,000	2,020,000	3,200,000 / 3,204,000	2,160,000
2,804,000 / 2,808,000	1,882,800	3,004,000 / 3,008,000	2,022,800	3,204,000 / 3,208,000	2,162,800
2,808,000 / 2,812,000	1,885,600	3,008,000 / 3,012,000	2,025,600	3,208,000 / 3,212,000	2,165,600
2,812,000 / 2,816,000	1,888,400	3,012,000 / 3,016,000	2,028,400	3,212,000 / 3,216,000	2,168,400
2,816,000 / 2,820,000	1,891,200	3,016,000 / 3,020,000	2,031,200	3,216,000 / 3,220,000	2,171,200
2,820,000 / 2,824,000	1,894,000	3,020,000 / 3,024,000	2,034,000	3,220,000 / 3,224,000	2,174,000
2,824,000 / 2,828,000	1,896,800	3,024,000 / 3,028,000	2,036,800	3,224,000 / 3,228,000	2,176,800
2,828,000 / 2,832,000	1,899,600	3,028,000 / 3,032,000	2,039,600	3,228,000 / 3,232,000	2,179,600
2,832,000 / 2,836,000	1,902,400	3,032,000 / 3,036,000	2,042,400	3,232,000 / 3,236,000	2,182,400
2,836,000 / 2,840,000	1,905,200	3,036,000 / 3,040,000	2,045,200	3,236,000 / 3,240,000	2,185,200
2,840,000 / 2,844,000	1,908,000	3,040,000 / 3,044,000	2,048,000	3,240,000 / 3,244,000	2,188,000
2,844,000 / 2,848,000	1,910,800	3,044,000 / 3,048,000	2,050,800	3,244,000 / 3,248,000	2,190,800
2,848,000 / 2,852,000	1,913,600	3,048,000 / 3,052,000	2,053,600	3,248,000 / 3,252,000	2,193,600
2,852,000 / 2,856,000	1,916,400	3,052,000 / 3,056,000	2,056,400	3,252,000 / 3,256,000	2,196,400
2,856,000 / 2,860,000	1,919,200	3,056,000 / 3,060,000	2,059,200	3,256,000 / 3,260,000	2,199,200
2,860,000 / 2,864,000	1,922,000	3,060,000 / 3,064,000	2,062,000	3,260,000 / 3,264,000	2,202,000
2,864,000 / 2,868,000	1,924,800	3,064,000 / 3,068,000	2,064,800	3,264,000 / 3,268,000	2,204,800
2,868,000 / 2,872,000	1,927,600	3,068,000 / 3,072,000	2,067,600	3,268,000 / 3,272,000	2,207,600
2,872,000 / 2,876,000	1,930,400	3,072,000 / 3,076,000	2,070,400	3,272,000 / 3,276,000	2,210,400
2,876,000 / 2,880,000	1,933,200	3,076,000 / 3,080,000	2,073,200	3,276,000 / 3,280,000	2,213,200
2,880,000 / 2,884,000	1,936,000	3,080,000 / 3,084,000	2,076,000	3,280,000 / 3,284,000	2,216,000
2,884,000 / 2,888,000	1,938,800	3,084,000 / 3,088,000	2,078,800	3,284,000 / 3,288,000	2,218,800
2,888,000 / 2,892,000	1,941,600	3,088,000 / 3,092,000	2,081,600	3,288,000 / 3,292,000	2,221,600
2,892,000 / 2,896,000	1,944,400	3,092,000 / 3,096,000	2,084,400	3,292,000 / 3,296,000	2,224,400
2,896,000 / 2,900,000	1,947,200	3,096,000 / 3,100,000	2,087,200	3,296,000 / 3,300,000	2,227,200
2,900,000 / 2,904,000	1,950,000	3,100,000 / 3,104,000	2,090,000	3,300,000 / 3,304,000	2,230,000
2,904,000 / 2,908,000	1,952,800	3,104,000 / 3,108,000	2,092,800	3,304,000 / 3,308,000	2,232,800
2,908,000 / 2,912,000	1,955,600	3,108,000 / 3,112,000	2,095,600	3,308,000 / 3,312,000	2,235,600
2,912,000 / 2,916,000	1,958,400	3,112,000 / 3,116,000	2,098,400	3,312,000 / 3,316,000	2,238,400
2,916,000 / 2,920,000	1,961,200	3,116,000 / 3,120,000	2,101,200	3,316,000 / 3,320,000	2,241,200
2,920,000 / 2,924,000	1,964,000	3,120,000 / 3,124,000	2,104,000	3,320,000 / 3,324,000	2,244,000
2,924,000 / 2,928,000	1,966,800	3,124,000 / 3,128,000	2,106,800	3,324,000 / 3,328,000	2,246,800
2,928,000 / 2,932,000	1,969,600	3,128,000 / 3,132,000	2,109,600	3,328,000 / 3,332,000	2,249,600
2,932,000 / 2,936,000	1,972,400	3,132,000 / 3,136,000	2,112,400	3,332,000 / 3,336,000	2,252,400
2,936,000 / 2,940,000	1,975,200	3,136,000 / 3,140,000	2,115,200	3,336,000 / 3,340,000	2,255,200
2,940,000 / 2,944,000	1,978,000	3,140,000 / 3,144,000	2,118,000	3,340,000 / 3,344,000	2,258,000
2,944,000 / 2,948,000	1,980,800	3,144,000 / 3,148,000	2,120,800	3,344,000 / 3,348,000	2,260,800
2,948,000 / 2,952,000	1,983,600	3,148,000 / 3,152,000	2,123,600	3,348,000 / 3,352,000	2,263,600
2,952,000 / 2,956,000	1,986,400	3,152,000 / 3,156,000	2,126,400	3,352,000 / 3,356,000	2,266,400
2,956,000 / 2,960,000	1,989,200	3,156,000 / 3,160,000	2,129,200	3,356,000 / 3,360,000	2,269,200
2,960,000 / 2,964,000	1,992,000	3,160,000 / 3,164,000	2,132,000	3,360,000 / 3,364,000	2,272,000
2,964,000 / 2,968,000	1,994,800	3,164,000 / 3,168,000	2,134,800	3,364,000 / 3,368,000	2,274,800
2,968,000 / 2,972,000	1,997,600	3,168,000 / 3,172,000	2,137,600	3,368,000 / 3,372,000	2,277,600

(四)　　（3,372,000円～3,971,999円）

給与等の金額		給与所得控除後の給与等の金額	給与等の金額		給与所得控除後の給与等の金額	給与等の金額		給与所得控除後の給与等の金額
以上	未満		以上	未満		以上	未満	
円	円	円	円	円	円	円	円	円
3,372,000	3,376,000	2,280,400	3,572,000	3,576,000	2,420,400	3,772,000	3,776,000	2,577,600
3,376,000	3,380,000	2,283,200	3,576,000	3,580,000	2,423,200	3,776,000	3,780,000	2,580,800
3,380,000	3,384,000	2,286,000	3,580,000	3,584,000	2,426,000	3,780,000	3,784,000	2,584,000
3,384,000	3,388,000	2,288,800	3,584,000	3,588,000	2,428,800	3,784,000	3,788,000	2,587,200
3,388,000	3,392,000	2,291,600	3,588,000	3,592,000	2,431,600	3,788,000	3,792,000	2,590,400
3,392,000	3,396,000	2,294,400	3,592,000	3,596,000	2,434,400	3,792,000	3,796,000	2,593,600
3,396,000	3,400,000	2,297,200	3,596,000	3,600,000	2,437,200	3,796,000	3,800,000	2,596,800
3,400,000	3,404,000	2,300,000	3,600,000	3,604,000	2,440,000	3,800,000	3,804,000	2,600,000
3,404,000	3,408,000	2,302,800	3,604,000	3,608,000	2,443,200	3,804,000	3,808,000	2,603,200
3,408,000	3,412,000	2,305,600	3,608,000	3,612,000	2,446,400	3,808,000	3,812,000	2,606,400
3,412,000	3,416,000	2,308,400	3,612,000	3,616,000	2,449,600	3,812,000	3,816,000	2,609,600
3,416,000	3,420,000	2,311,200	3,616,000	3,620,000	2,452,800	3,816,000	3,820,000	2,612,800
3,420,000	3,424,000	2,314,000	3,620,000	3,624,000	2,456,000	3,820,000	3,824,000	2,616,000
3,424,000	3,428,000	2,316,800	3,624,000	3,628,000	2,459,200	3,824,000	3,828,000	2,619,200
3,428,000	3,432,000	2,319,600	3,628,000	3,632,000	2,462,400	3,828,000	3,832,000	2,622,400
3,432,000	3,436,000	2,322,400	3,632,000	3,636,000	2,465,600	3,832,000	3,836,000	2,625,600
3,436,000	3,440,000	2,325,200	3,636,000	3,640,000	2,468,800	3,836,000	3,840,000	2,628,800
3,440,000	3,444,000	2,328,000	3,640,000	3,644,000	2,472,000	3,840,000	3,844,000	2,632,000
3,444,000	3,448,000	2,330,800	3,644,000	3,648,000	2,475,200	3,844,000	3,848,000	2,635,200
3,448,000	3,452,000	2,333,600	3,648,000	3,652,000	2,478,400	3,848,000	3,852,000	2,638,400
3,452,000	3,456,000	2,336,400	3,652,000	3,656,000	2,481,600	3,852,000	3,856,000	2,641,600
3,456,000	3,460,000	2,339,200	3,656,000	3,660,000	2,484,800	3,856,000	3,860,000	2,644,800
3,460,000	3,464,000	2,342,000	3,660,000	3,664,000	2,488,000	3,860,000	3,864,000	2,648,000
3,464,000	3,468,000	2,344,800	3,664,000	3,668,000	2,491,200	3,864,000	3,868,000	2,651,200
3,468,000	3,472,000	2,347,600	3,668,000	3,672,000	2,494,400	3,868,000	3,872,000	2,654,400
3,472,000	3,476,000	2,350,400	3,672,000	3,676,000	2,497,600	3,872,000	3,876,000	2,657,600
3,476,000	3,480,000	2,353,200	3,676,000	3,680,000	2,500,800	3,876,000	3,880,000	2,660,800
3,480,000	3,484,000	2,356,000	3,680,000	3,684,000	2,504,000	3,880,000	3,884,000	2,664,000
3,484,000	3,488,000	2,358,800	3,684,000	3,688,000	2,507,200	3,884,000	3,888,000	2,667,200
3,488,000	3,492,000	2,361,600	3,688,000	3,692,000	2,510,400	3,888,000	3,892,000	2,670,400
3,492,000	3,496,000	2,364,400	3,692,000	3,696,000	2,513,600	3,892,000	3,896,000	2,673,600
3,496,000	3,500,000	2,367,200	3,696,000	3,700,000	2,516,800	3,896,000	3,900,000	2,676,800
3,500,000	3,504,000	2,370,000	3,700,000	3,704,000	2,520,000	3,900,000	3,904,000	2,680,000
3,504,000	3,508,000	2,372,800	3,704,000	3,708,000	2,523,200	3,904,000	3,908,000	2,683,200
3,508,000	3,512,000	2,375,600	3,708,000	3,712,000	2,526,400	3,908,000	3,912,000	2,686,400
3,512,000	3,516,000	2,378,400	3,712,000	3,716,000	2,529,600	3,912,000	3,916,000	2,689,600
3,516,000	3,520,000	2,381,200	3,716,000	3,720,000	2,532,800	3,916,000	3,920,000	2,692,800
3,520,000	3,524,000	2,384,000	3,720,000	3,724,000	2,536,000	3,920,000	3,924,000	2,696,000
3,524,000	3,528,000	2,386,800	3,724,000	3,728,000	2,539,200	3,924,000	3,928,000	2,699,200
3,528,000	3,532,000	2,389,600	3,728,000	3,732,000	2,542,400	3,928,000	3,932,000	2,702,400
3,532,000	3,536,000	2,392,400	3,732,000	3,736,000	2,545,600	3,932,000	3,936,000	2,705,600
3,536,000	3,540,000	2,395,200	3,736,000	3,740,000	2,548,800	3,936,000	3,940,000	2,708,800
3,540,000	3,544,000	2,398,000	3,740,000	3,744,000	2,552,000	3,940,000	3,944,000	2,712,000
3,544,000	3,548,000	2,400,800	3,744,000	3,748,000	2,555,200	3,944,000	3,948,000	2,715,200
3,548,000	3,552,000	2,403,600	3,748,000	3,752,000	2,558,400	3,948,000	3,952,000	2,718,400
3,552,000	3,556,000	2,406,400	3,752,000	3,756,000	2,561,600	3,952,000	3,956,000	2,721,600
3,556,000	3,560,000	2,409,200	3,756,000	3,760,000	2,564,800	3,956,000	3,960,000	2,724,800
3,560,000	3,564,000	2,412,000	3,760,000	3,764,000	2,568,000	3,960,000	3,964,000	2,728,000
3,564,000	3,568,000	2,414,800	3,764,000	3,768,000	2,571,200	3,964,000	3,968,000	2,731,200
3,568,000	3,572,000	2,417,600	3,768,000	3,772,000	2,574,400	3,968,000	3,972,000	2,734,400

（五） (3,972,000円～4,571,999円)

給 与 等 の 金 額		給与所得控除後の給与等の金額	給 与 等 の 金 額		給与所得控除後の給与等の金額	給 与 等 の 金 額		給与所得控除後の給与等の金額
以　　上	未　　満		以　　上	未　　満		以　　上	未　　満	
円	円	円	円	円	円	円	円	円
3,972,000	3,976,000	2,737,600	4,172,000	4,176,000	2,897,600	4,372,000	4,376,000	3,057,600
3,976,000	3,980,000	2,740,800	4,176,000	4,180,000	2,900,800	4,376,000	4,380,000	3,060,800
3,980,000	3,984,000	2,744,000	4,180,000	4,184,000	2,904,000	4,380,000	4,384,000	3,064,000
3,984,000	3,988,000	2,747,200	4,184,000	4,188,000	2,907,200	4,384,000	4,388,000	3,067,200
3,988,000	3,992,000	2,750,400	4,188,000	4,192,000	2,910,400	4,388,000	4,392,000	3,070,400
3,992,000	3,996,000	2,753,600	4,192,000	4,196,000	2,913,600	4,392,000	4,396,000	3,073,600
3,996,000	4,000,000	2,756,800	4,196,000	4,200,000	2,916,800	4,396,000	4,400,000	3,076,800
4,000,000	4,004,000	2,760,000	4,200,000	4,204,000	2,920,000	4,400,000	4,404,000	3,080,000
4,004,000	4,008,000	2,763,200	4,204,000	4,208,000	2,923,200	4,404,000	4,408,000	3,083,200
4,008,000	4,012,000	2,766,400	4,208,000	4,212,000	2,926,400	4,408,000	4,412,000	3,086,400
4,012,000	4,016,000	2,769,600	4,212,000	4,216,000	2,929,600	4,412,000	4,416,000	3,089,600
4,016,000	4,020,000	2,772,800	4,216,000	4,220,000	2,932,800	4,416,000	4,420,000	3,092,800
4,020,000	4,024,000	2,776,000	4,220,000	4,224,000	2,936,000	4,420,000	4,424,000	3,096,000
4,024,000	4,028,000	2,779,200	4,224,000	4,228,000	2,939,200	4,424,000	4,428,000	3,099,200
4,028,000	4,032,000	2,782,400	4,228,000	4,232,000	2,942,400	4,428,000	4,432,000	3,102,400
4,032,000	4,036,000	2,785,600	4,232,000	4,236,000	2,945,600	4,432,000	4,436,000	3,105,600
4,036,000	4,040,000	2,788,800	4,236,000	4,240,000	2,948,800	4,436,000	4,440,000	3,108,800
4,040,000	4,044,000	2,792,000	4,240,000	4,244,000	2,952,000	4,440,000	4,444,000	3,112,000
4,044,000	4,048,000	2,795,200	4,244,000	4,248,000	2,955,200	4,444,000	4,448,000	3,115,200
4,048,000	4,052,000	2,798,400	4,248,000	4,252,000	2,958,400	4,448,000	4,452,000	3,118,400
4,052,000	4,056,000	2,801,600	4,252,000	4,256,000	2,961,600	4,452,000	4,456,000	3,121,600
4,056,000	4,060,000	2,804,800	4,256,000	4,260,000	2,964,800	4,456,000	4,460,000	3,124,800
4,060,000	4,064,000	2,808,000	4,260,000	4,264,000	2,968,000	4,460,000	4,464,000	3,128,000
4,064,000	4,068,000	2,811,200	4,264,000	4,268,000	2,971,200	4,464,000	4,468,000	3,131,200
4,068,000	4,072,000	2,814,400	4,268,000	4,272,000	2,974,400	4,468,000	4,472,000	3,134,400
4,072,000	4,076,000	2,817,600	4,272,000	4,276,000	2,977,600	4,472,000	4,476,000	3,137,600
4,076,000	4,080,000	2,820,800	4,276,000	4,280,000	2,980,800	4,476,000	4,480,000	3,140,800
4,080,000	4,084,000	2,824,000	4,280,000	4,284,000	2,984,000	4,480,000	4,484,000	3,144,000
4,084,000	4,088,000	2,827,200	4,284,000	4,288,000	2,987,200	4,484,000	4,488,000	3,147,200
4,088,000	4,092,000	2,830,400	4,288,000	4,292,000	2,990,400	4,488,000	4,492,000	3,150,400
4,092,000	4,096,000	2,833,600	4,292,000	4,296,000	2,993,600	4,492,000	4,496,000	3,153,600
4,096,000	4,100,000	2,836,800	4,296,000	4,300,000	2,996,800	4,496,000	4,500,000	3,156,000
4,100,000	4,104,000	2,840,000	4,300,000	4,304,000	3,000,000	4,500,000	4,504,000	3,160,000
4,104,000	4,108,000	2,843,200	4,304,000	4,308,000	3,003,200	4,504,000	4,508,000	3,163,200
4,108,000	4,112,000	2,846,400	4,308,000	4,312,000	3,006,100	4,508,000	4,512,000	3,166,400
4,112,000	4,116,000	2,849,600	4,312,000	4,316,000	3,009,600	4,512,000	4,516,000	3,169,600
4,116,000	4,120,000	2,852,800	4,316,000	4,320,000	3,012,800	4,516,000	4,520,000	3,172,800
4,120,000	4,124,000	2,856,000	4,320,000	4,324,000	3,016,000	4,520,000	4,524,000	3,176,000
4,124,000	4,128,000	2,859,200	4,324,000	4,328,000	3,019,200	4,524,000	4,528,000	3,179,200
4,128,000	4,132,000	2,862,400	4,328,000	4,332,000	3,022,400	4,528,000	4,532,000	3,182,400
4,132,000	4,136,000	2,865,600	4,332,000	4,336,000	3,025,600	4,532,000	4,536,000	3,185,600
4,136,000	4,140,000	2,868,800	4,336,000	4,340,000	3,028,800	4,536,000	4,540,000	3,188,800
4,140,000	4,144,000	2,872,000	4,340,000	4,344,000	3,032,000	4,540,000	4,544,000	3,192,000
4,144,000	4,148,000	2,875,200	4,344,000	4,348,000	3,035,200	4,544,000	4,548,000	3,195,200
4,148,000	4,152,000	2,878,400	4,348,000	4,352,000	3,038,400	4,548,000	4,552,000	3,198,400
4,152,000	4,156,000	2,881,600	4,352,000	4,356,000	3,041,600	4,552,000	4,556,000	3,201,600
4,156,000	4,160,000	2,884,800	4,356,000	4,360,000	3,044,800	4,556,000	4,560,000	3,204,800
4,160,000	4,164,000	2,888,000	4,360,000	4,364,000	3,048,000	4,560,000	4,564,000	3,208,000
4,164,000	4,168,000	2,891,200	4,364,000	4,368,000	3,051,200	4,564,000	4,568,000	3,211,200
4,168,000	4,172,000	2,894,400	4,368,000	4,372,000	3,054,400	4,568,000	4,572,000	3,214,400

（六）　　　　　　　　　　　　　　　　　　　　　　　　　　　　　　（4,572,000円～5,171,999円）

給与等の金額		給与所得控除後の給与等の金額	給与等の金額		給与所得控除後の給与等の金額	給与等の金額		給与所得控除後の給与等の金額
以上	未満		以上	未満		以上	未満	
円	円	円	円	円	円	円	円	円
4,572,000	4,576,000	3,217,600	4,772,000	4,776,000	3,377,600	4,972,000	4,976,000	3,537,600
4,576,000	4,580,000	3,220,800	4,776,000	4,780,000	3,380,800	4,976,000	4,980,000	3,540,800
4,580,000	4,584,000	3,224,000	4,780,000	4,784,000	3,384,000	4,980,000	4,984,000	3,544,000
4,584,000	4,588,000	3,227,200	4,784,000	4,788,000	3,387,200	4,984,000	4,988,000	3,547,200
4,588,000	4,592,000	3,230,400	4,788,000	4,792,000	3,390,400	4,988,000	4,992,000	3,550,400
4,592,000	4,596,000	3,233,600	4,792,000	4,796,000	3,393,600	4,992,000	4,996,000	3,553,600
4,596,000	4,600,000	3,236,800	4,796,000	4,800,000	3,396,800	4,996,000	5,000,000	3,556,800
4,600,000	4,604,000	3,240,000	4,800,000	4,804,000	3,400,000	5,000,000	5,004,000	3,560,000
4,604,000	4,608,000	3,243,200	4,804,000	4,808,000	3,403,200	5,004,000	5,008,000	3,563,200
4,608,000	4,612,000	3,246,400	4,808,000	4,812,000	3,406,400	5,008,000	5,012,000	3,566,400
4,612,000	4,616,000	3,249,600	4,812,000	4,816,000	3,409,600	5,012,000	5,016,000	3,569,600
4,616,000	4,620,000	3,252,800	4,816,000	4,820,000	3,412,800	5,016,000	5,020,000	3,572,800
4,620,000	4,624,000	3,256,000	4,820,000	4,824,000	3,416,000	5,020,000	5,024,000	3,576,000
4,624,000	4,628,000	3,259,200	4,824,000	4,828,000	3,419,200	5,024,000	5,028,000	3,579,200
4,628,000	4,632,000	3,262,400	4,828,000	4,832,000	3,422,400	5,028,000	5,032,000	3,582,400
4,632,000	4,636,000	3,265,600	4,832,000	4,836,000	3,425,600	5,032,000	5,036,000	3,585,600
4,636,000	4,640,000	3,268,800	4,836,000	4,840,000	3,428,800	5,036,000	5,040,000	3,588,800
4,640,000	4,644,000	3,272,000	4,840,000	4,844,000	3,432,000	5,040,000	5,044,000	3,592,000
4,644,000	4,648,000	3,275,200	4,844,000	4,848,000	3,435,200	5,044,000	5,048,000	3,595,200
4,648,000	4,652,000	3,278,400	4,848,000	4,852,000	3,438,400	5,048,000	5,052,000	3,598,400
4,652,000	4,656,000	3,281,600	4,852,000	4,856,000	3,441,600	5,052,000	5,056,000	3,601,600
4,656,000	4,660,000	3,284,800	4,856,000	4,860,000	3,444,800	5,056,000	5,060,000	3,604,800
4,660,000	4,664,000	3,288,000	4,860,000	4,864,000	3,448,000	5,060,000	5,064,000	3,608,000
4,664,000	4,668,000	3,291,200	4,864,000	4,868,000	3,451,200	5,064,000	5,068,000	3,611,200
4,668,000	4,672,000	3,294,400	4,868,000	4,872,000	3,454,400	5,068,000	5,072,000	3,614,400
4,672,000	4,676,000	3,297,600	4,872,000	4,876,000	3,457,600	5,072,000	5,076,000	3,617,600
4,676,000	4,680,000	3,300,800	4,876,000	4,880,000	3,460,800	5,076,000	5,080,000	3,620,800
4,680,000	4,684,000	3,304,000	4,880,000	4,884,000	3,464,000	5,080,000	5,084,000	3,624,000
4,684,000	4,688,000	3,307,200	4,884,000	4,888,000	3,467,200	5,084,000	5,088,000	3,627,200
4,688,000	4,692,000	3,310,400	4,888,000	4,892,000	3,470,400	5,088,000	5,092,000	3,630,400
4,692,000	4,696,000	3,313,600	4,892,000	4,896,000	3,473,600	5,092,000	5,096,000	3,633,600
4,696,000	4,700,000	3,316,800	4,896,000	4,900,000	3,476,800	5,096,000	5,100,000	3,636,800
4,700,000	4,704,000	3,320,000	4,900,000	4,904,000	3,480,000	5,100,000	5,104,000	3,640,000
4,704,000	4,708,000	3,323,200	4,904,000	4,908,000	3,483,200	5,104,000	5,108,000	3,643,200
4,708,000	4,712,000	3,326,400	4,908,000	4,912,000	3,486,400	5,108,000	5,112,000	3,646,400
4,712,000	4,716,000	3,329,600	4,912,000	4,916,000	3,489,600	5,112,000	5,116,000	3,649,600
4,716,000	4,720,000	3,332,800	4,916,000	4,920,000	3,492,800	5,116,000	5,120,000	3,652,800
4,720,000	4,724,000	3,336,000	4,920,000	4,924,000	3,496,000	5,120,000	5,124,000	3,656,000
4,724,000	4,728,000	3,339,200	4,924,000	4,928,000	3,499,200	5,124,000	5,128,000	3,659,200
4,728,000	4,732,000	3,342,400	4,928,000	4,932,000	3,502,400	5,128,000	5,132,000	3,662,400
4,732,000	4,736,000	3,345,600	4,932,000	4,936,000	3,505,600	5,132,000	5,136,000	3,665,600
4,736,000	4,740,000	3,348,800	4,936,000	4,940,000	3,508,800	5,136,000	5,140,000	3,668,800
4,740,000	4,744,000	3,352,000	4,940,000	4,944,000	3,512,000	5,140,000	5,144,000	3,672,000
4,744,000	4,748,000	3,355,200	4,944,000	4,948,000	3,515,200	5,144,000	5,148,000	3,675,200
4,748,000	4,752,000	3,358,400	4,948,000	4,952,000	3,518,400	5,148,000	5,152,000	3,678,400
4,752,000	4,756,000	3,361,600	4,952,000	4,956,000	3,521,600	5,152,000	5,156,000	3,681,600
4,756,000	4,760,000	3,364,800	4,956,000	4,960,000	3,524,800	5,156,000	5,160,000	3,684,800
4,760,000	4,764,000	3,368,000	4,960,000	4,964,000	3,528,000	5,160,000	5,164,000	3,688,000
4,764,000	4,768,000	3,371,200	4,964,000	4,968,000	3,531,200	5,164,000	5,168,000	3,691,200
4,768,000	4,772,000	3,374,400	4,968,000	4,972,000	3,534,400	5,168,000	5,172,000	3,694,400

(七)　　　　　　　　　　　　　　　　　　　　　　　　　　　　　　　　（5,172,000円～5,771,999円）

給与等の金額		給与所得控除後の給与等の金額	給与等の金額		給与所得控除後の給与等の金額	給与等の金額		給与所得控除後の給与等の金額
以上	未満		以上	未満		以上	未満	
円	円	円	円	円	円	円	円	円
5,172,000	5,176,000	3,697,600	5,372,000	5,376,000	3,857,600	5,572,000	5,576,000	4,017,600
5,176,000	5,180,000	3,700,800	5,376,000	5,380,000	3,860,800	5,576,000	5,580,000	4,020,800
5,180,000	5,184,000	3,704,000	5,380,000	5,384,000	3,864,000	5,580,000	5,584,000	4,024,000
5,184,000	5,188,000	3,707,200	5,384,000	5,388,000	3,867,200	5,584,000	5,588,000	4,027,200
5,188,000	5,192,000	3,710,400	5,388,000	5,392,000	3,870,400	5,588,000	5,592,000	4,030,400
5,192,000	5,196,000	3,713,600	5,392,000	5,396,000	3,873,600	5,592,000	5,596,000	4,033,600
5,196,000	5,200,000	3,716,800	5,396,000	5,400,000	3,876,800	5,596,000	5,600,000	4,036,800
5,200,000	5,204,000	3,720,000	5,400,000	5,404,000	3,880,000	5,600,000	5,604,000	4,040,000
5,204,000	5,208,000	3,723,200	5,404,000	5,408,000	3,883,200	5,604,000	5,608,000	4,043,200
5,208,000	5,212,000	3,726,400	5,408,000	5,412,000	3,886,400	5,608,000	5,612,000	4,046,400
5,212,000	5,216,000	3,729,600	5,412,000	5,416,000	3,889,600	5,612,000	5,616,000	4,049,600
5,216,000	5,220,000	3,732,800	5,416,000	5,420,000	3,892,800	5,616,000	5,620,000	4,052,800
5,220,000	5,224,000	3,736,000	5,420,000	5,424,000	3,896,000	5,620,000	5,624,000	4,056,000
5,224,000	5,228,000	3,739,200	5,424,000	5,428,000	3,899,200	5,624,000	5,628,000	4,059,200
5,228,000	5,232,000	3,742,400	5,428,000	5,432,000	3,902,400	5,628,000	5,632,000	4,062,400
5,232,000	5,236,000	3,745,600	5,432,000	5,436,000	3,905,600	5,632,000	5,636,000	4,065,600
5,236,000	5,240,000	3,748,800	5,436,000	5,440,000	3,908,800	5,636,000	5,640,000	4,068,800
5,240,000	5,244,000	3,752,000	5,440,000	5,444,000	3,912,000	5,640,000	5,644,000	4,072,000
5,244,000	5,248,000	3,755,200	5,444,000	5,448,000	3,915,200	5,644,000	5,648,000	4,075,200
5,248,000	5,252,000	3,758,400	5,448,000	5,452,000	3,918,400	5,648,000	5,652,000	4,078,400
5,252,000	5,256,000	3,761,600	5,452,000	5,456,000	3,921,600	5,652,000	5,656,000	4,081,600
5,256,000	5,260,000	3,764,800	5,456,000	5,460,000	3,924,800	5,656,000	5,660,000	4,084,800
5,260,000	5,264,000	3,768,000	5,460,000	5,464,000	3,928,000	5,660,000	5,664,000	4,088,000
5,264,000	5,268,000	3,771,200	5,464,000	5,468,000	3,931,200	5,664,000	5,668,000	4,091,200
5,268,000	5,272,000	3,774,400	5,468,000	5,472,000	3,934,400	5,668,000	5,672,000	4,094,400
5,272,000	5,276,000	3,777,600	5,472,000	5,476,000	3,937,600	5,672,000	5,676,000	4,097,600
5,276,000	5,280,000	3,780,800	5,476,000	5,480,000	3,940,800	5,676,000	5,680,000	4,100,800
5,280,000	5,284,000	3,784,000	5,480,000	5,484,000	3,944,000	5,680,000	5,684,000	4,104,000
5,284,000	5,288,000	3,787,200	5,484,000	5,488,000	3,947,200	5,684,000	5,688,000	4,107,200
5,288,000	5,292,000	3,790,400	5,488,000	5,492,000	3,950,400	5,688,000	5,692,000	4,110,400
5,292,000	5,296,000	3,793,600	5,492,000	5,496,000	3,953,600	5,692,000	5,696,000	4,113,600
5,296,000	5,300,000	3,796,800	5,496,000	5,500,000	3,956,800	5,696,000	5,700,000	4,116,800
5,300,000	5,304,000	3,800,000	5,500,000	5,504,000	3,960,000	5,700,000	5,704,000	4,120,000
5,304,000	5,308,000	3,803,200	5,504,000	5,508,000	3,963,200	5,704,000	5,708,000	4,123,200
5,308,000	5,312,000	3,806,400	5,508,000	5,512,000	3,966,400	5,708,000	5,712,000	4,126,400
5,312,000	5,316,000	3,809,600	5,512,000	5,516,000	3,969,600	5,712,000	5,716,000	4,129,600
5,316,000	5,320,000	3,812,800	5,516,000	5,520,000	3,972,800	5,716,000	5,720,000	4,132,800
5,320,000	5,324,000	3,816,000	5,520,000	5,524,000	3,976,000	5,720,000	5,724,000	4,136,000
5,324,000	5,328,000	3,819,200	5,524,000	5,528,000	3,979,200	5,724,000	5,728,000	4,139,200
5,328,000	5,332,000	3,822,400	5,528,000	5,532,000	3,982,400	5,728,000	5,732,000	4,142,400
5,332,000	5,336,000	3,825,600	5,532,000	5,536,000	3,985,600	5,732,000	5,736,000	4,145,600
5,336,000	5,340,000	3,828,800	5,536,000	5,540,000	3,988,800	5,736,000	5,740,000	4,148,800
5,340,000	5,344,000	3,832,000	5,540,000	5,544,000	3,992,000	5,740,000	5,744,000	4,152,000
5,344,000	5,348,000	3,835,200	5,544,000	5,548,000	3,995,200	5,744,000	5,748,000	4,155,200
5,348,000	5,352,000	3,838,400	5,548,000	5,552,000	3,998,400	5,748,000	5,752,000	4,158,400
5,352,000	5,356,000	3,841,600	5,552,000	5,556,000	4,001,600	5,752,000	5,756,000	4,161,600
5,356,000	5,360,000	3,844,800	5,556,000	5,560,000	4,004,800	5,756,000	5,760,000	4,164,800
5,360,000	5,364,000	3,848,000	5,560,000	5,564,000	4,008,000	5,760,000	5,764,000	4,168,000
5,364,000	5,368,000	3,851,200	5,564,000	5,568,000	4,011,200	5,764,000	5,768,000	4,171,200
5,368,000	5,372,000	3,854,400	5,568,000	5,572,000	4,014,400	5,768,000	5,772,000	4,174,400

(八) (5,772,000円～6,371,999円)

給与等の金額		給与所得控除後の給与等の金額	給与等の金額		給与所得控除後の給与等の金額	給与等の金額		給与所得控除後の給与等の金額
以上	未満		以上	未満		以上	未満	
円	円	円	円	円	円	円	円	円
5,772,000	5,776,000	4,177,600	5,972,000	5,976,000	4,337,600	6,172,000	6,176,000	4,497,600
5,776,000	5,780,000	4,180,800	5,976,000	5,980,000	4,340,800	6,176,000	6,180,000	4,500,800
5,780,000	5,784,000	4,184,000	5,980,000	5,984,000	4,344,000	6,180,000	6,184,000	4,504,000
5,784,000	5,788,000	4,187,200	5,984,000	5,988,000	4,347,200	6,184,000	6,188,000	4,507,200
5,788,000	5,792,000	4,190,400	5,988,000	5,992,000	4,350,400	6,188,000	6,192,000	4,510,400
5,792,000	5,796,000	4,193,600	5,992,000	5,996,000	4,353,600	6,192,000	6,196,000	4,513,600
5,796,000	5,800,000	4,196,800	5,996,000	6,000,000	4,356,800	6,196,000	6,200,000	4,516,800
5,800,000	5,804,000	4,200,000	6,000,000	6,004,000	4,360,000	6,200,000	6,204,000	4,520,000
5,804,000	5,808,000	4,203,200	6,004,000	6,008,000	4,363,200	6,204,000	6,208,000	4,523,200
5,808,000	5,812,000	4,206,400	6,008,000	6,012,000	4,366,400	6,208,000	6,212,000	4,526,400
5,812,000	5,816,000	4,209,600	6,012,000	6,016,000	4,369,600	6,212,000	6,216,000	4,529,600
5,816,000	5,820,000	4,212,800	6,016,000	6,020,000	4,372,800	6,216,000	6,220,000	4,532,800
5,820,000	5,824,000	4,216,000	6,020,000	6,024,000	4,376,000	6,220,000	6,224,000	4,536,000
5,824,000	5,828,000	4,219,200	6,024,000	6,028,000	4,379,200	6,224,000	6,228,000	4,539,200
5,828,000	5,832,000	4,222,400	6,028,000	6,032,000	4,382,400	6,228,000	6,232,000	4,542,400
5,832,000	5,836,000	4,225,600	6,032,000	6,036,000	4,385,600	6,232,000	6,236,000	4,545,600
5,836,000	5,840,000	4,228,800	6,036,000	6,040,000	4,388,800	6,236,000	6,240,000	4,548,800
5,840,000	5,844,000	4,232,000	6,040,000	6,044,000	4,392,000	6,240,000	6,244,000	4,552,000
5,844,000	5,848,000	4,235,200	6,044,000	6,048,000	4,395,200	6,244,000	6,248,000	4,555,200
5,848,000	5,852,000	4,238,400	6,048,000	6,052,000	4,398,400	6,248,000	6,252,000	4,558,400
5,852,000	5,856,000	4,241,600	6,052,000	6,056,000	4,401,600	6,252,000	6,256,000	4,561,600
5,856,000	5,860,000	4,244,800	6,056,000	6,060,000	4,404,800	6,256,000	6,260,000	4,564,800
5,860,000	5,864,000	4,248,000	6,060,000	6,064,000	4,408,000	6,260,000	6,264,000	4,568,000
5,864,000	5,868,000	4,251,200	6,064,000	6,068,000	4,411,200	6,264,000	6,268,000	4,571,200
5,868,000	5,872,000	4,254,400	6,068,000	6,072,000	4,414,400	6,268,000	6,272,000	4,574,400
5,872,000	5,876,000	4,257,600	6,072,000	6,076,000	4,417,600	6,272,000	6,276,000	4,577,600
5,876,000	5,880,000	4,260,800	6,076,000	6,080,000	4,420,800	6,276,000	6,280,000	4,580,800
5,880,000	5,884,000	4,264,000	6,080,000	6,084,000	4,424,000	6,280,000	6,284,000	4,584,000
5,884,000	5,888,000	4,267,200	6,084,000	6,088,000	4,427,200	6,284,000	6,288,000	4,587,200
5,888,000	5,892,000	4,270,400	6,088,000	6,092,000	4,430,400	6,288,000	6,292,000	4,590,400
5,892,000	5,896,000	4,273,600	6,092,000	6,096,000	4,433,600	6,292,000	6,296,000	4,593,600
5,896,000	5,900,000	4,276,800	6,096,000	6,100,000	4,436,800	6,296,000	6,300,000	4,596,800
5,900,000	5,904,000	4,280,000	6,100,000	6,104,000	4,440,000	6,300,000	6,304,000	4,600,000
5,904,000	5,908,000	4,283,200	6,104,000	6,108,000	4,443,200	6,304,000	6,308,000	4,603,200
5,908,000	5,912,000	4,286,400	6,108,000	6,112,000	4,446,400	6,308,000	6,312,000	4,606,400
5,912,000	5,916,000	4,289,600	6,112,000	6,116,000	4,449,600	6,312,000	6,316,000	4,609,600
5,916,000	5,920,000	4,292,800	6,116,000	6,120,000	4,452,800	6,316,000	6,320,000	4,612,800
5,920,000	5,924,000	4,296,000	6,120,000	6,124,000	4,456,000	6,320,000	6,324,000	4,616,000
5,924,000	5,928,000	4,299,200	6,124,000	6,128,000	4,459,200	6,324,000	6,328,000	4,619,200
5,928,000	5,932,000	4,302,400	6,128,000	6,132,000	4,462,400	6,328,000	6,332,000	4,622,400
5,932,000	5,936,000	4,305,600	6,132,000	6,136,000	4,465,600	6,332,000	6,336,000	4,625,600
5,936,000	5,940,000	4,308,800	6,136,000	6,140,000	4,468,800	6,336,000	6,340,000	4,628,800
5,940,000	5,944,000	4,312,000	6,140,000	6,144,000	4,472,000	6,340,000	6,344,000	4,632,000
5,944,000	5,948,000	4,315,200	6,144,000	6,148,000	4,475,200	6,344,000	6,348,000	4,635,200
5,948,000	5,952,000	4,318,400	6,148,000	6,152,000	4,478,400	6,348,000	6,352,000	4,638,400
5,952,000	5,956,000	4,321,600	6,152,000	6,156,000	4,481,600	6,352,000	6,356,000	4,641,600
5,956,000	5,960,000	4,324,800	6,156,000	6,160,000	4,484,800	6,356,000	6,360,000	4,644,800
5,960,000	5,964,000	4,328,000	6,160,000	6,164,000	4,488,000	6,360,000	6,364,000	4,648,000
5,964,000	5,968,000	4,331,200	6,164,000	6,168,000	4,491,200	6,364,000	6,368,000	4,651,200
5,968,000	5,972,000	4,334,400	6,168,000	6,172,000	4,494,400	6,368,000	6,372,000	4,654,400

(九)　　（6,372,000円～20,000,000円）

給与等の金額		給与所得控除後の給与等の金額	給与等の金額		給与所得控除後の給与等の金額	給与等の金額		給与所得控除後の給与等の金額
以上	未満		以上	未満		以上	未満	
円	円	円	円	円	円	円	円	
6,372,000	6,376,000	4,657,600	6,492,000	6,496,000	4,753,600	6,600,000	8,500,000	給与等の金額に90％を乗じて算出した金額から1,100,000円を控除した金額
6,376,000	6,380,000	4,660,800	6,496,000	6,500,000	4,756,800			
6,380,000	6,384,000	4,664,000	6,500,000	6,504,000	4,760,000			
6,384,000	6,388,000	4,667,200	6,504,000	6,508,000	4,763,200			
6,388,000	6,392,000	4,670,400	6,508,000	6,512,000	4,766,400			
6,392,000	6,396,000	4,673,600	6,512,000	6,516,000	4,769,600	8,500,000	20,000,000	給与等の金額から1,950,000円を控除した金額
6,396,000	6,400,000	4,676,800	6,516,000	6,520,000	4,772,800			
6,400,000	6,404,000	4,680,000	6,520,000	6,524,000	4,776,000			
6,404,000	6,408,000	4,683,200	6,524,000	6,528,000	4,779,200			
6,408,000	6,412,000	4,686,400	6,528,000	6,532,000	4,782,400			
6,412,000	6,416,000	4,689,600	6,532,000	6,536,000	4,785,600	20,000,000円		18,050,000円
6,416,000	6,420,000	4,692,800	6,536,000	6,540,000	4,788,800			
6,420,000	6,424,000	4,696,000	6,540,000	6,544,000	4,792,000			
6,424,000	6,428,000	4,699,200	6,544,000	6,548,000	4,795,200			
6,428,000	6,432,000	4,702,400	6,548,000	6,552,000	4,798,400			
6,432,000	6,436,000	4,705,600	6,552,000	6,556,000	4,801,600			
6,436,000	6,440,000	4,708,800	6,556,000	6,560,000	4,804,800			
6,440,000	6,444,000	4,712,000	6,560,000	6,564,000	4,808,000			
6,444,000	6,448,000	4,715,200	6,564,000	6,568,000	4,811,200			
6,448,000	6,452,000	4,718,400	6,568,000	6,572,000	4,814,400			
6,452,000	6,456,000	4,721,600	6,572,000	6,576,000	4,817,600			
6,456,000	6,460,000	4,724,800	6,576,000	6,580,000	4,820,800			
6,460,000	6,464,000	4,728,000	6,580,000	6,584,000	4,824,000			
6,464,000	6,468,000	4,731,200	6,584,000	6,588,000	4,827,200			
6,468,000	6,472,000	4,734,400	6,588,000	6,592,000	4,830,400			
6,472,000	6,476,000	4,737,600	6,592,000	6,596,000	4,833,600			
6,476,000	6,480,000	4,740,800	6,596,000	6,600,000	4,836,800			
6,480,000	6,484,000	4,744,000						
6,484,000	6,488,000	4,747,200						
6,488,000	6,492,000	4,750,400						

（備考）　給与所得控除後の給与等の金額を求めるには、その年中の給与等の金額に応じ、まず、この表の「給与等の金額」欄の該当する行を求め、次にその行の「給与所得控除後の給与等の金額」欄に記載されている金額を求めます。この金額が、その給与等の金額についての給与所得控除後の給与等の金額です。この場合において、給与等の金額が6,600,000円以上の人の給与所得控除後の給与等の金額に1円未満の端数があるときは、これを切り捨てた額をもってその求める給与所得控除後の給与等の金額とします。

令和3年分の所得税の税率の表

課税給与所得金額	税　率
1,950,000円以下の金額	100分の5
1,950,000円を超え　3,300,000円以下の金額	100分の10
3,300,000円　〃　6,950,000円　〃	100分の20
6,950,000円　〃　9,000,000円　〃	100分の23
9,000,000円　〃　18,000,000円　〃	100分の33
18,000,000円　〃　40,000,000円　〃	100分の40
40,000,000円を超える金額	100分の45

（注）　実際の税額計算に当たっては、次の速算表を使用すると便利です。

令和3年分の年末調整のための算出所得税額の速算表

課税給与所得金額（A）		税　率（B）	控除額（C）	税額＝(A)×(B)−(C)
	1,950,000円以下	5%	—	(A)×5%
1,950,000円超	3,300,000円 〃	10%	97,500円	(A)×10%−97,500円
3,300,000円 〃	6,950,000円 〃	20%	427,500円	(A)×20%−427,500円
6,950,000円 〃	9,000,000円 〃	23%	636,000円	(A)×23%−636,000円
9,000,000円 〃	18,000,000円 〃	33%	1,536,000円	(A)×33%−1,536,000円
18,000,000円 〃	18,050,000円 〃	40%	2,796,000円	(A)×40%−2,796,000円

（注）　1　課税給与所得金額に1,000円未満の端数があるときは、これを切り捨てます。
　　　　2　課税給与所得金額が18,050,000円を超える場合は、年末調整の対象となりません。

速年
算税
表額

令和3年分の給与所得の源泉徴収税額表（月額表）

(一) 月額表　　　　　　　　　　　　　　　　　　　　　　（～166,999円）

その月の社会保険料等控除後の給与等の金額 以上	未満	甲 扶養親族等の数 0人	1人	2人	3人	4人	5人	6人	7人	乙 税額
円 88,000 円未満	円	円 0	円 0	円 0	円 0	円 0	円 0	円 0	円 0	円 その月の社会保険料等控除後の給与等の金額の3.063％に相当する金額
88,000	89,000	130	0	0	0	0	0	0	0	3,200
89,000	90,000	180	0	0	0	0	0	0	0	3,200
90,000	91,000	230	0	0	0	0	0	0	0	3,200
91,000	92,000	290	0	0	0	0	0	0	0	3,200
92,000	93,000	340	0	0	0	0	0	0	0	3,300
93,000	94,000	390	0	0	0	0	0	0	0	3,300
94,000	95,000	440	0	0	0	0	0	0	0	3,300
95,000	96,000	490	0	0	0	0	0	0	0	3,400
96,000	97,000	540	0	0	0	0	0	0	0	3,400
97,000	98,000	590	0	0	0	0	0	0	0	3,500
98,000	99,000	640	0	0	0	0	0	0	0	3,500
99,000	101,000	720	0	0	0	0	0	0	0	3,600
101,000	103,000	830	0	0	0	0	0	0	0	3,600
103,000	105,000	930	0	0	0	0	0	0	0	3,700
105,000	107,000	1,030	0	0	0	0	0	0	0	3,800
107,000	109,000	1,130	0	0	0	0	0	0	0	3,800
109,000	111,000	1,240	0	0	0	0	0	0	0	3,900
111,000	113,000	1,340	0	0	0	0	0	0	0	4,000
113,000	115,000	1,440	0	0	0	0	0	0	0	4,100
115,000	117,000	1,540	0	0	0	0	0	0	0	4,100
117,000	119,000	1,640	0	0	0	0	0	0	0	4,200
119,000	121,000	1,750	120	0	0	0	0	0	0	4,300
121,000	123,000	1,850	220	0	0	0	0	0	0	4,500
123,000	125,000	1,950	330	0	0	0	0	0	0	4,800
125,000	127,000	2,050	430	0	0	0	0	0	0	5,100
127,000	129,000	2,150	530	0	0	0	0	0	0	5,400
129,000	131,000	2,260	630	0	0	0	0	0	0	5,700
131,000	133,000	2,360	740	0	0	0	0	0	0	6,000
133,000	135,000	2,460	840	0	0	0	0	0	0	6,300
135,000	137,000	2,550	930	0	0	0	0	0	0	6,600
137,000	139,000	2,610	990	0	0	0	0	0	0	6,800
139,000	141,000	2,680	1,050	0	0	0	0	0	0	7,100
141,000	143,000	2,740	1,110	0	0	0	0	0	0	7,500
143,000	145,000	2,800	1,170	0	0	0	0	0	0	7,800
145,000	147,000	2,860	1,240	0	0	0	0	0	0	8,100
147,000	149,000	2,920	1,300	0	0	0	0	0	0	8,400
149,000	151,000	2,980	1,360	0	0	0	0	0	0	8,700
151,000	153,000	3,050	1,430	0	0	0	0	0	0	9,000
153,000	155,000	3,120	1,500	0	0	0	0	0	0	9,300
155,000	157,000	3,200	1,570	0	0	0	0	0	0	9,600
157,000	159,000	3,270	1,640	0	0	0	0	0	0	9,900
159,000	161,000	3,340	1,720	100	0	0	0	0	0	10,200
161,000	163,000	3,410	1,790	170	0	0	0	0	0	10,500
163,000	165,000	3,480	1,860	250	0	0	0	0	0	10,800
165,000	167,000	3,550	1,930	320	0	0	0	0	0	11,100

（二）　　　　　　　　　　　　　　　　　　　　　　　　　　　　　（167,000円～289,999円）

その月の社会保険料等控除後の給与等の金額		甲								乙
		扶　養　親　族　等　の　数								
以　上	未　満	0　人	1　人	2　人	3　人	4　人	5　人	6　人	7　人	
		税					額			税　額
円	円	円	円	円	円	円	円	円	円	円
167,000	169,000	3,620	2,000	390	0	0	0	0	0	11,400
169,000	171,000	3,700	2,070	460	0	0	0	0	0	11,700
171,000	173,000	3,770	2,140	530	0	0	0	0	0	12,000
173,000	175,000	3,840	2,220	600	0	0	0	0	0	12,400
175,000	177,000	3,910	2,290	670	0	0	0	0	0	12,700
177,000	179,000	3,980	2,360	750	0	0	0	0	0	13,200
179,000	181,000	4,050	2,430	820	0	0	0	0	0	13,900
181,000	183,000	4,120	2,500	890	0	0	0	0	0	14,600
183,000	185,000	4,200	2,570	960	0	0	0	0	0	15,300
185,000	187,000	4,270	2,640	1,030	0	0	0	0	0	16,000
187,000	189,000	4,340	2,720	1,100	0	0	0	0	0	16,700
189,000	191,000	4,410	2,790	1,170	0	0	0	0	0	17,500
191,000	193,000	4,480	2,860	1,250	0	0	0	0	0	18,100
193,000	195,000	4,550	2,930	1,320	0	0	0	0	0	18,800
195,000	197,000	4,630	3,000	1,390	0	0	0	0	0	19,500
197,000	199,000	4,700	3,070	1,460	0	0	0	0	0	20,200
199,000	201,000	4,770	3,140	1,530	0	0	0	0	0	20,900
201,000	203,000	4,840	3,220	1,600	0	0	0	0	0	21,500
203,000	205,000	4,910	3,290	1,670	0	0	0	0	0	22,200
205,000	207,000	4,980	3,360	1,750	130	0	0	0	0	22,700
207,000	209,000	5,050	3,430	1,820	200	0	0	0	0	23,300
209,000	211,000	5,130	3,500	1,890	280	0	0	0	0	23,900
211,000	213,000	5,200	3,570	1,960	350	0	0	0	0	24,400
213,000	215,000	5,270	3,640	2,030	420	0	0	0	0	25,000
215,000	217,000	5,340	3,720	2,100	490	0	0	0	0	25,500
217,000	219,000	5,410	3,790	2,170	560	0	0	0	0	26,100
219,000	221,000	5,480	3,860	2,250	630	0	0	0	0	26,800
221,000	224,000	5,560	3,950	2,340	710	0	0	0	0	27,400
224,000	227,000	5,680	4,060	2,440	830	0	0	0	0	28,400
227,000	230,000	5,780	4,170	2,550	930	0	0	0	0	29,300
230,000	233,000	5,890	4,280	2,650	1,040	0	0	0	0	30,300
233,000	236,000	5,990	4,380	2,770	1,140	0	0	0	0	31,300
236,000	239,000	6,110	4,490	2,870	1,260	0	0	0	0	32,400
239,000	242,000	6,210	4,590	2,980	1,360	0	0	0	0	33,400
242,000	245,000	6,320	4,710	3,080	1,470	0	0	0	0	34,400
245,000	248,000	6,420	4,810	3,200	1,570	0	0	0	0	35,400
248,000	251,000	6,530	4,920	3,300	1,680	0	0	0	0	36,400
251,000	254,000	6,640	5,020	3,410	1,790	170	0	0	0	37,500
254,000	257,000	6,750	5,140	3,510	1,900	290	0	0	0	38,500
257,000	260,000	6,850	5,240	3,620	2,000	390	0	0	0	39,400
260,000	263,000	6,960	5,350	3,730	2,110	500	0	0	0	40,400
263,000	266,000	7,070	5,450	3,840	2,220	600	0	0	0	41,500
266,000	269,000	7,180	5,560	3,940	2,330	710	0	0	0	42,500
269,000	272,000	7,280	5,670	4,050	2,430	820	0	0	0	43,500
272,000	275,000	7,390	5,780	4,160	2,540	930	0	0	0	44,500
275,000	278,000	7,490	5,880	4,270	2,640	1,030	0	0	0	45,500
278,000	281,000	7,610	5,990	4,370	2,760	1,140	0	0	0	46,600
281,000	284,000	7,710	6,100	4,480	2,860	1,250	0	0	0	47,600
284,000	287,000	7,820	6,210	4,580	2,970	1,360	0	0	0	48,600
287,000	290,000	7,920	6,310	4,700	3,070	1,460	0	0	0	49,700

(三)   (290,000円～439,999円)

その月の社会保険料等控除後の給与等の金額		甲 扶養親族等の数								乙
以上	未満	0人	1人	2人	3人	4人	5人	6人	7人	税額
		税					額			税額
円	円	円	円	円	円	円	円	円	円	円
290,000	293,000	8,040	6,420	4,800	3,190	1,570	0	0	0	50,900
293,000	296,000	8,140	6,520	4,910	3,290	1,670	0	0	0	52,100
296,000	299,000	8,250	6,640	5,010	3,400	1,790	160	0	0	52,900
299,000	302,000	8,420	6,740	5,130	3,510	1,890	280	0	0	53,700
302,000	305,000	8,670	6,860	5,250	3,630	2,010	400	0	0	54,500
305,000	308,000	8,910	6,980	5,370	3,760	2,130	520	0	0	55,200
308,000	311,000	9,160	7,110	5,490	3,880	2,260	640	0	0	56,100
311,000	314,000	9,400	7,230	5,620	4,000	2,380	770	0	0	56,900
314,000	317,000	9,650	7,350	5,740	4,120	2,500	890	0	0	57,800
317,000	320,000	9,890	7,470	5,860	4,250	2,620	1,010	0	0	58,800
320,000	323,000	10,140	7,600	5,980	4,370	2,750	1,130	0	0	59,800
323,000	326,000	10,380	7,720	6,110	4,490	2,870	1,260	0	0	60,900
326,000	329,000	10,630	7,840	6,230	4,610	2,990	1,380	0	0	61,900
329,000	332,000	10,870	7,960	6,350	4,740	3,110	1,500	0	0	62,900
332,000	335,000	11,120	8,090	6,470	4,860	3,240	1,620	0	0	63,900
335,000	338,000	11,360	8,210	6,600	4,980	3,360	1,750	130	0	64,900
338,000	341,000	11,610	8,370	6,720	5,110	3,480	1,870	260	0	66,000
341,000	344,000	11,850	8,620	6,840	5,230	3,600	1,990	380	0	67,000
344,000	347,000	12,100	8,860	6,960	5,350	3,730	2,110	500	0	68,000
347,000	350,000	12,340	9,110	7,090	5,470	3,850	2,240	620	0	69,000
350,000	353,000	12,590	9,350	7,210	5,600	3,970	2,360	750	0	70,000
353,000	356,000	12,830	9,600	7,330	5,720	4,090	2,480	870	0	71,100
356,000	359,000	13,080	9,840	7,450	5,840	4,220	2,600	990	0	72,100
359,000	362,000	13,320	10,090	7,580	5,960	4,340	2,730	1,110	0	73,100
362,000	365,000	13,570	10,330	7,700	6,090	4,460	2,850	1,240	0	74,200
365,000	368,000	13,810	10,580	7,820	6,210	4,580	2,970	1,360	0	75,200
368,000	371,000	14,060	10,820	7,940	6,330	4,710	3,090	1,480	0	76,200
371,000	374,000	14,300	11,070	8,070	6,450	4,830	3,220	1,600	0	77,100
374,000	377,000	14,550	11,310	8,190	6,580	4,950	3,340	1,730	100	78,100
377,000	380,000	14,790	11,560	8,320	6,700	5,070	3,460	1,850	220	79,000
380,000	383,000	15,040	11,800	8,570	6,820	5,200	3,580	1,970	350	79,900
383,000	386,000	15,280	12,050	8,810	6,940	5,320	3,710	2,090	470	81,400
386,000	389,000	15,530	12,290	9,060	7,070	5,440	3,830	2,220	590	83,100
389,000	392,000	15,770	12,540	9,300	7,190	5,560	3,950	2,340	710	84,700
392,000	395,000	16,020	12,780	9,550	7,310	5,690	4,070	2,460	840	86,500
395,000	398,000	16,260	13,030	9,790	7,430	5,810	4,200	2,580	960	88,200
398,000	401,000	16,510	13,270	10,040	7,560	5,930	4,320	2,710	1,080	89,800
401,000	404,000	16,750	13,520	10,280	7,680	6,050	4,440	2,830	1,200	91,600
404,000	407,000	17,000	13,760	10,530	7,800	6,180	4,560	2,950	1,330	93,300
407,000	410,000	17,240	14,010	10,770	7,920	6,300	4,690	3,070	1,450	95,000
410,000	413,000	17,490	14,250	11,020	8,050	6,420	4,810	3,200	1,570	96,700
413,000	416,000	17,730	14,500	11,260	8,170	6,540	4,930	3,320	1,690	98,300
416,000	419,000	17,980	14,740	11,510	8,290	6,670	5,050	3,440	1,820	100,100
419,000	422,000	18,220	14,990	11,750	8,530	6,790	5,180	3,560	1,940	101,800
422,000	425,000	18,470	15,230	12,000	8,770	6,910	5,300	3,690	2,060	103,400
425,000	428,000	18,710	15,480	12,240	9,020	7,030	5,420	3,810	2,180	105,200
428,000	431,000	18,960	15,720	12,490	9,260	7,160	5,540	3,930	2,310	106,900
431,000	434,000	19,210	15,970	12,730	9,510	7,280	5,670	4,050	2,430	108,500
434,000	437,000	19,450	16,210	12,980	9,750	7,400	5,790	4,180	2,550	110,300
437,000	440,000	19,700	16,460	13,220	10,000	7,520	5,910	4,300	2,680	112,000

(四)　　（440,000円～589,999円）

その月の社会保険料等控除後の給与等の金額		甲								乙
		扶養親族等の数								
		0 人	1 人	2 人	3 人	4 人	5 人	6 人	7 人	
以上	未満	税					額			税額
円	円	円	円	円	円	円	円	円	円	円
440,000	443,000	20,090	16,700	13,470	10,240	7,650	6,030	4,420	2,800	113,600
443,000	446,000	20,580	16,950	13,710	10,490	7,770	6,160	4,540	2,920	115,400
446,000	449,000	21,070	17,190	13,960	10,730	7,890	6,280	4,670	3,040	117,100
449,000	452,000	21,560	17,440	14,200	10,980	8,010	6,400	4,790	3,170	118,700
452,000	455,000	22,050	17,680	14,450	11,220	8,140	6,520	4,910	3,290	120,500
455,000	458,000	22,540	17,930	14,690	11,470	8,260	6,650	5,030	3,410	122,200
458,000	461,000	23,030	18,170	14,940	11,710	8,470	6,770	5,160	3,530	123,800
461,000	464,000	23,520	18,420	15,180	11,960	8,720	6,890	5,280	3,660	125,600
464,000	467,000	24,010	18,660	15,430	12,200	8,960	7,010	5,400	3,780	127,300
467,000	470,000	24,500	18,910	15,670	12,450	9,210	7,140	5,520	3,900	129,000
470,000	473,000	24,990	19,150	15,920	12,690	9,450	7,260	5,650	4,020	130,700
473,000	476,000	25,480	19,400	16,160	12,940	9,700	7,380	5,770	4,150	132,300
476,000	479,000	25,970	19,640	16,410	13,180	9,940	7,500	5,890	4,270	134,000
479,000	482,000	26,460	20,000	16,650	13,430	10,190	7,630	6,010	4,390	135,600
482,000	485,000	26,950	20,490	16,900	13,670	10,430	7,750	6,140	4,510	137,200
485,000	488,000	27,440	20,980	17,140	13,920	10,680	7,870	6,260	4,640	138,800
488,000	491,000	27,930	21,470	17,390	14,160	10,920	7,990	6,380	4,760	140,400
491,000	494,000	28,420	21,960	17,630	14,410	11,170	8,120	6,500	4,880	142,000
494,000	497,000	28,910	22,450	17,880	14,650	11,410	8,240	6,630	5,000	143,700
497,000	500,000	29,400	22,940	18,120	14,900	11,660	8,420	6,750	5,130	145,200
500,000	503,000	29,890	23,430	18,370	15,140	11,900	8,670	6,870	5,250	146,800
503,000	506,000	30,380	23,920	18,610	15,390	12,150	8,910	6,990	5,370	148,500
506,000	509,000	30,880	24,410	18,860	15,630	12,390	9,160	7,120	5,490	150,100
509,000	512,000	31,370	24,900	19,100	15,880	12,640	9,400	7,240	5,620	151,600
512,000	515,000	31,860	25,390	19,350	16,120	12,890	9,650	7,360	5,740	153,300
515,000	518,000	32,350	25,880	19,590	16,370	13,130	9,890	7,480	5,860	154,900
518,000	521,000	32,840	26,370	19,900	16,610	13,380	10,140	7,610	5,980	156,500
521,000	524,000	33,330	26,860	20,390	16,860	13,620	10,380	7,730	6,110	158,100
524,000	527,000	33,820	27,350	20,880	17,100	13,870	10,630	7,850	6,230	159,600
527,000	530,000	34,310	27,840	21,370	17,350	14,110	10,870	7,970	6,350	161,000
530,000	533,000	34,800	28,330	21,860	17,590	14,360	11,120	8,100	6,470	162,500
533,000	536,000	35,290	28,820	22,350	17,840	14,600	11,360	8,220	6,600	164,000
536,000	539,000	35,780	29,310	22,840	18,080	14,850	11,610	8,380	6,720	165,400
539,000	542,000	36,270	29,800	23,330	18,330	15,090	11,850	8,630	6,840	166,900
542,000	545,000	36,760	30,290	23,820	18,570	15,340	12,100	8,870	6,960	168,400
545,000	548,000	37,250	30,780	24,310	18,820	15,580	12,340	9,120	7,090	169,900
548,000	551,000	37,740	31,270	24,800	19,060	15,830	12,590	9,360	7,210	171,300
551,000	554,000	38,280	31,810	25,340	19,330	16,100	12,860	9,630	7,350	172,800
554,000	557,000	38,830	32,370	25,890	19,600	16,380	13,140	9,900	7,480	174,300
557,000	560,000	39,380	32,920	26,440	19,980	16,650	13,420	10,180	7,630	175,700
560,000	563,000	39,930	33,470	27,000	20,530	16,930	13,690	10,460	7,760	177,200
563,000	566,000	40,480	34,020	27,550	21,080	17,200	13,970	10,730	7,900	178,700
566,000	569,000	41,030	34,570	28,100	21,630	17,480	14,240	11,010	8,040	180,100
569,000	572,000	41,590	35,120	28,650	22,190	17,760	14,520	11,280	8,180	181,600
572,000	575,000	42,140	35,670	29,200	22,740	18,030	14,790	11,560	8,330	183,100
575,000	578,000	42,690	36,230	29,750	23,290	18,310	15,070	11,830	8,610	184,600
578,000	581,000	43,240	36,780	30,300	23,840	18,580	15,350	12,110	8,880	186,000
581,000	584,000	43,790	37,330	30,850	24,390	18,860	15,620	12,380	9,160	187,500
584,000	587,000	44,340	37,880	31,410	24,940	19,130	15,900	12,660	9,430	189,000
587,000	590,000	44,890	38,430	31,960	25,490	19,410	16,170	12,940	9,710	190,400

— 27 —

（五） (590,000円～739,999円)

その月の社会保険料等控除後の給与等の金額		甲								乙
		扶養親族等の数								
以上	未満	0 人	1 人	2 人	3 人	4 人	5 人	6 人	7 人	税額
円	円	円	円	円	円	円	円	円	円	円
590,000	593,000	45,440	38,980	32,510	26,050	19,680	16,450	13,210	9,990	191,900
593,000	596,000	46,000	39,530	33,060	26,600	20,130	16,720	13,490	10,260	193,400
596,000	599,000	46,550	40,080	33,610	27,150	20,690	17,000	13,760	10,540	194,800
599,000	602,000	47,100	40,640	34,160	27,700	21,240	17,280	14,040	10,810	196,300
602,000	605,000	47,650	41,190	34,710	28,250	21,790	17,550	14,310	11,090	197,800
605,000	608,000	48,200	41,740	35,270	28,800	22,340	17,830	14,590	11,360	199,300
608,000	611,000	48,750	42,290	35,820	29,350	22,890	18,100	14,870	11,640	200,700
611,000	614,000	49,300	42,840	36,370	29,910	23,440	18,380	15,140	11,920	202,200
614,000	617,000	49,860	43,390	36,920	30,460	23,990	18,650	15,420	12,190	203,700
617,000	620,000	50,410	43,940	37,470	31,010	24,540	18,930	15,690	12,470	205,100
620,000	623,000	50,960	44,500	38,020	31,560	25,100	19,210	15,970	12,740	206,700
623,000	626,000	51,510	45,050	38,570	32,110	25,650	19,480	16,240	13,020	208,100
626,000	629,000	52,060	45,600	39,120	32,660	26,200	19,760	16,520	13,290	209,500
629,000	632,000	52,610	46,150	39,680	33,210	26,750	20,280	16,800	13,570	211,000
632,000	635,000	53,160	46,700	40,230	33,760	27,300	20,830	17,070	13,840	212,500
635,000	638,000	53,710	47,250	40,780	34,320	27,850	21,380	17,350	14,120	214,000
638,000	641,000	54,270	47,800	41,330	34,870	28,400	21,930	17,620	14,400	214,900
641,000	644,000	54,820	48,350	41,880	35,420	28,960	22,480	17,900	14,670	215,900
644,000	647,000	55,370	48,910	42,430	35,970	29,510	23,030	18,170	14,950	217,000
647,000	650,000	55,920	49,460	42,980	36,520	30,060	23,590	18,450	15,220	218,000
650,000	653,000	56,470	50,010	43,540	37,070	30,610	24,140	18,730	15,500	219,000
653,000	656,000	57,020	50,560	44,090	37,620	31,160	24,690	19,000	15,770	220,000
656,000	659,000	57,570	51,110	44,640	38,180	31,710	25,240	19,280	16,050	221,000
659,000	662,000	58,130	51,660	45,190	38,730	32,260	25,790	19,550	16,330	222,100
662,000	665,000	58,680	52,210	45,740	39,280	32,810	26,340	19,880	16,600	223,100
665,000	668,000	59,230	52,770	46,290	39,830	33,370	26,890	20,430	16,880	224,100
668,000	671,000	59,780	53,320	46,840	40,380	33,920	27,440	20,980	17,150	225,000
671,000	674,000	60,330	53,870	47,390	40,930	34,470	28,000	21,530	17,430	226,000
674,000	677,000	60,880	54,420	47,950	41,480	35,020	28,550	22,080	17,700	227,100
677,000	680,000	61,430	54,970	48,500	42,030	35,570	29,100	22,640	17,980	228,100
680,000	683,000	61,980	55,520	49,050	42,590	36,120	29,650	23,190	18,260	229,100
683,000	686,000	62,540	56,070	49,600	43,140	36,670	30,200	23,740	18,530	230,400
686,000	689,000	63,090	56,620	50,150	43,690	37,230	30,750	24,290	18,810	232,100
689,000	692,000	63,640	57,180	50,700	44,240	37,780	31,300	24,840	19,080	233,600
692,000	695,000	64,190	57,730	51,250	44,790	38,330	31,860	25,390	19,360	235,100
695,000	698,000	64,740	58,280	51,810	45,340	38,880	32,410	25,940	19,630	236,700
698,000	701,000	65,290	58,830	52,360	45,890	39,430	32,960	26,490	20,030	238,200
701,000	704,000	65,840	59,380	52,910	46,450	39,980	33,510	27,050	20,580	239,700
704,000	707,000	66,400	59,930	53,460	47,000	40,530	34,060	27,600	21,130	241,300
707,000	710,000	66,960	60,480	54,020	47,550	41,090	34,620	28,150	21,690	242,900
710,000	713,000	67,570	61,100	54,630	48,160	41,700	35,230	28,760	22,300	244,400
713,000	716,000	68,180	61,710	55,250	48,770	42,310	35,850	29,370	22,910	246,000
716,000	719,000	68,790	62,320	55,860	49,390	42,920	36,460	29,990	23,520	247,500
719,000	722,000	69,410	62,930	56,470	50,000	43,540	37,070	30,600	24,140	249,000
722,000	725,000	70,020	63,550	57,080	50,610	44,150	37,690	31,210	24,750	250,600
725,000	728,000	70,630	64,160	57,700	51,220	44,760	38,300	31,820	25,360	252,200
728,000	731,000	71,250	64,770	58,310	51,840	45,370	38,910	32,440	25,970	253,700
731,000	734,000	71,860	65,380	58,920	52,450	45,990	39,520	33,050	26,590	255,300
734,000	737,000	72,470	66,000	59,530	53,060	46,600	40,140	33,660	27,200	256,800
737,000	740,000	73,080	66,610	60,150	53,670	47,210	40,750	34,270	27,810	258,300

— 28 —

（六）　　　　　　　　　　　　　　　　　　　　　　　　　　　　　　　　　　　　（740,000円～3,499,999円）

その月の社会保険料等控除後の給与等の金額		甲								乙
		扶　養　親　族　等　の　数								
		0 人	1 人	2 人	3 人	4 人	5 人	6 人	7 人	
以　上	未　満	税　　　　　　　　　　　　　　　　　額								税　　額
740,000円		円 73,390	円 66,920	円 60,450	円 53,980	円 47,520	円 41,050	円 34,580	円 28,120	円 259,800
740,000円を超え 780,000円に満たない金額		740,000円の場合の税額に、その月の社会保険料等控除後の給与等の金額のうち 740,000円を超える金額の20.42％に相当する金額を加算した金額								259,800 円に、その月の社会保険料等控除後の給与等の金額のうち 740,000円を超える金額の40.84％に相当する金額を加算した金額
780,000円		円 81,560	円 75,090	円 68,620	円 62,150	円 55,690	円 49,220	円 42,750	円 36,290	
780,000円を超え 950,000円に満たない金額		780,000円の場合の税額に、その月の社会保険料等控除後の給与等の金額のうち 780,000円を超える金額の23.483％に相当する金額を加算した金額								
950,000円		円 121,480	円 115,010	円 108,540	円 102,070	円 95,610	円 89,140	円 82,670	円 76,210	
950,000円を超え 1,700,000円に満たない金額		950,000円の場合の税額に、その月の社会保険料等控除後の給与等の金額のうち 950,000円を超える金額の33.693％に相当する金額を加算した金額								
1,700,000円		円 374,180	円 367,710	円 361,240	円 354,770	円 348,310	円 341,840	円 335,370	円 328,910	円 651,900
1,700,000円を超え 2,170,000円に満たない金額		1,700,000円の場合の税額に、その月の社会保険料等控除後の給与等の金額のうち 1,700,000円を超える金額の40.84％に相当する金額を加算した金額								651,900 円に、その月の社会保険料等控除後の給与等の金額のうち 1,700,000円を超える金額の45.945％に相当する金額を加算した金額
2,170,000円		円 571,570	円 565,090	円 558,630	円 552,160	円 545,690	円 539,230	円 532,760	円 526,290	
2,170,000円を超え 2,210,000円に満たない金額		2,170,000円の場合の税額に、その月の社会保険料等控除後の給与等の金額のうち 2,170,000円を超える金額の40.84％に相当する金額を加算した金額								
2,210,000円		円 593,340	円 586,870	円 580,410	円 573,930	円 567,470	円 561,010	円 554,540	円 548,070	
2,210,000円を超え 2,250,000円に満たない金額		2,210,000円の場合の税額に、その月の社会保険料等控除後の給与等の金額のうち 2,210,000円を超える金額の40.84％に相当する金額を加算した金額								
2,250,000円		円 615,120	円 608,650	円 602,190	円 595,710	円 589,250	円 582,790	円 576,310	円 569,850	
2,250,000円を超え 3,500,000円に満たない金額		2,250,000円の場合の税額に、その月の社会保険料等控除後の給与等の金額のうち 2,250,000円を超える金額の40.84％に相当する金額を加算した金額								

（七） （3,500,000円～）

その月の社会保険料等控除後の給与等の金額	甲								乙
	扶 養 親 族 等 の 数								
	0 人	1 人	2 人	3 人	4 人	5 人	6 人	7 人	
以 上　　未 満	税　　　　　　　　　　　　　　　　額								税　　額
3,500,000円	円 1,125,620	円 1,119,150	円 1,112,690	円 1,106,210	円 1,099,750	円 1,093,290	円 1,086,810	円 1,080,350	651,900 円 に、その月の社会保険料等控除後の給与等の金額のうち1,700,000円を超える金額の45.945％に相当する金額を加算した金額
3,500,000円を超える金額	3,500,000円の場合の税額に、その月の社会保険料等控除後の給与等の金額のうち3,500,000円を超える金額の45.945％に相当する金額を加算した金額								
扶養親族等の数が7人を超える場合には、扶養親族等の数が7人の場合の税額から、その7人を超える1人ごとに1,610円を控除した金額									従たる給与についての扶養控除等申告書が提出されている場合には、当該申告書に記載された扶養親族等の数に応じ、扶養親族等1人ごとに1,610円を、上の各欄によって求めた税額から控除した金額

(注) この表における用語の意味は、次のとおりです。

1　「扶養親族等」とは、源泉控除対象配偶者及び控除対象扶養親族をいいます。

2　「社会保険料等」とは、所得税法第74条第2項（社会保険料控除）に規定する社会保険料及び同法第75条第2項（小規模企業共済等掛金控除）に規定する小規模企業共済等掛金をいいます。

(備考) 税額の求め方は、次のとおりです。

1　「給与所得者の扶養控除等申告書」（以下この表において「扶養控除等申告書」といいます。）の提出があった人

(1)　まず、その人のその月の給与等の金額から、その給与等の金額から控除される社会保険料等の金額を控除した金額を求めます。

(2)　次に、扶養控除等申告書により申告された扶養親族等（その申告書に記載がされていないものとされる源泉控除対象配偶者を除きます。また、扶養親族等が国外居住親族である場合には、親族に該当する旨を証する書類が扶養控除等申告書に添付され、又は当該書類が扶養控除等申告書の提出の際に提示された扶養親族等に限ります。）の数が7人以下である場合には、(1)により求めた金額に応じて「その月の社会保険料等控除後の給与等の金額」欄の該当する行を求め、その行と扶養親族等の数に応じた甲欄の該当欄との交わるところに記載されている金額を求めます。これが求める税額です。

(3)　扶養控除等申告書により申告された扶養親族等の数が7人を超える場合には、(1)により求めた金額に応じて、扶養親族等の数が7人であるものとして(2)により求めた税額から、扶養親族等の数が7人を超える1人ごとに1,610円を控除した金額を求めます。これが求める税額です。

(4)　(2)及び(3)の場合において、扶養控除等申告書にその人が障害者（特別障害者を含みます。）、寡婦、ひとり親又は勤労学生に該当する旨の記載があるときは、扶養親族等の数にこれらの一に該当するごとに1人を加算した数を、扶養控除等申告書にその人の同一生計配偶者又は扶養親族のうちに障害者（特別障害者を含みます。）又は同居特別障害者（障害者（特別障害者を含みます。）又は同居特別障害者が国外居住親族である場合には、親族に該当する旨を証する書類が扶養控除等申告書に添付され、又は当該書類が扶養控除等申告書の提出の際に提示された障害者（特別障害者を含みます。）又は同居特別障害者に限ります。）に該当する人がいる旨の記載があるときは、扶養親族等の数にこれらの一に該当するごとに1人を加算した数を、それぞれ(2)及び(3)の扶養親族等の数とします。

2　扶養控除等申告書の提出がない人（「従たる給与についての扶養控除等申告書」の提出があった人を含みます。）

その人のその月の給与等の金額から、その給与等の金額から控除される社会保険料等の金額を控除し、その控除後の金額に応じた「その月の社会保険料等控除後の給与等の金額」欄の該当する行と乙欄との交わるところに記載されている金額（「従たる給与についての扶養控除等申告書」の提出があった場合には、その申告書により申告された扶養親族等（その申告書に記載がされていないものとされる源泉控除対象配偶者を除きます。）の数に応じ、扶養親族等1人ごとに1,610円を控除した金額）を求めます。これが求める税額です。

— 30 —

令和3年分の給与所得の源泉徴収税額表（日額表）

(一) 日 額 表

(～6,999円)

その日の社会保険料等控除後の給与等の金額		甲								乙	丙
		扶 養 親 族 等 の 数									
		0 人	1 人	2 人	3 人	4 人	5 人	6 人	7 人		
以 上	未 満	税					額			税 額	税 額
円 2,900 円未満	円	円 0	円 0	円 0	円 0	円 0	円 0	円 0	円 0	円 その日の社会保険料等控除後の給与等の金額の3.063%に相当する金額	円 0
2,900	2,950	5	0	0	0	0	0	0	0	100	0
2,950	3,000	5	0	0	0	0	0	0	0	100	0
3,000	3,050	10	0	0	0	0	0	0	0	100	0
3,050	3,100	10	0	0	0	0	0	0	0	110	0
3,100	3,150	15	0	0	0	0	0	0	0	110	0
3,150	3,200	15	0	0	0	0	0	0	0	110	0
3,200	3,250	20	0	0	0	0	0	0	0	110	0
3,250	3,300	20	0	0	0	0	0	0	0	110	0
3,300	3,400	25	0	0	0	0	0	0	0	120	0
3,400	3,500	30	0	0	0	0	0	0	0	120	0
3,500	3,600	35	0	0	0	0	0	0	0	120	0
3,600	3,700	40	0	0	0	0	0	0	0	130	0
3,700	3,800	45	0	0	0	0	0	0	0	130	0
3,800	3,900	50	0	0	0	0	0	0	0	130	0
3,900	4,000	55	0	0	0	0	0	0	0	140	0
4,000	4,100	60	5	0	0	0	0	0	0	140	0
4,100	4,200	65	10	0	0	0	0	0	0	160	0
4,200	4,300	70	15	0	0	0	0	0	0	170	0
4,300	4,400	75	20	0	0	0	0	0	0	190	0
4,400	4,500	80	25	0	0	0	0	0	0	200	0
4,500	4,600	85	30	0	0	0	0	0	0	220	0
4,600	4,700	85	35	0	0	0	0	0	0	230	0
4,700	4,800	90	35	0	0	0	0	0	0	260	0
4,800	4,900	90	40	0	0	0	0	0	0	270	0
4,900	5,000	95	40	0	0	0	0	0	0	280	0
5,000	5,100	100	45	0	0	0	0	0	0	300	0
5,100	5,200	100	50	0	0	0	0	0	0	310	0
5,200	5,300	105	55	0	0	0	0	0	0	330	0
5,300	5,400	110	55	5	0	0	0	0	0	340	0
5,400	5,500	110	60	5	0	0	0	0	0	360	0
5,500	5,600	115	65	10	0	0	0	0	0	370	0
5,600	5,700	120	65	15	0	0	0	0	0	390	0
5,700	5,800	125	70	15	0	0	0	0	0	400	0
5,800	5,900	125	75	20	0	0	0	0	0	420	0
5,900	6,000	130	75	25	0	0	0	0	0	440	0
6,000	6,100	135	80	30	0	0	0	0	0	470	0
6,100	6,200	135	85	30	0	0	0	0	0	510	0
6,200	6,300	140	90	35	0	0	0	0	0	540	0
6,300	6,400	150	90	40	0	0	0	0	0	580	0
6,400	6,500	150	95	40	0	0	0	0	0	610	0
6,500	6,600	155	100	45	0	0	0	0	0	650	0
6,600	6,700	160	100	50	0	0	0	0	0	680	0
6,700	6,800	165	105	50	0	0	0	0	0	710	0
6,800	6,900	165	110	55	5	0	0	0	0	750	0
6,900	7,000	170	110	60	5	0	0	0	0	780	0

(二)   (7,000円～11,999円)

その日の社会保険料等控除後の給与等の金額		甲 扶養親族等の数								乙	丙
以上	未満	0人	1人	2人	3人	4人	5人	6人	7人	税額	税額
円 7,000	円 7,100	円 175	円 115	円 65	円 10	円 0	円 0	円 0	円 0	円 810	円 0
7,100	7,200	175	120	65	15	0	0	0	0	840	0
7,200	7,300	180	125	70	15	0	0	0	0	860	0
7,300	7,400	185	125	75	20	0	0	0	0	890	0
7,400	7,500	185	130	75	25	0	0	0	0	920	0
7,500	7,600	190	135	80	30	0	0	0	0	960	0
7,600	7,700	195	135	85	30	0	0	0	0	990	0
7,700	7,800	200	140	85	35	0	0	0	0	1,020	0
7,800	7,900	200	150	90	40	0	0	0	0	1,060	0
7,900	8,000	205	150	95	40	0	0	0	0	1,090	0
8,000	8,100	210	155	100	45	0	0	0	0	1,120	0
8,100	8,200	210	160	100	50	0	0	0	0	1,150	0
8,200	8,300	215	165	105	50	0	0	0	0	1,190	0
8,300	8,400	220	165	110	55	5	0	0	0	1,230	0
8,400	8,500	220	170	110	60	5	0	0	0	1,260	0
8,500	8,600	225	175	115	65	10	0	0	0	1,300	0
8,600	8,700	230	175	120	65	15	0	0	0	1,330	0
8,700	8,800	235	180	120	70	15	0	0	0	1,360	0
8,800	8,900	235	185	125	75	20	0	0	0	1,400	0
8,900	9,000	240	185	130	75	25	0	0	0	1,430	0
9,000	9,100	245	190	135	80	25	0	0	0	1,460	0
9,100	9,200	245	195	135	85	30	0	0	0	1,490	0
9,200	9,300	250	200	140	85	35	0	0	0	1,530	0
9,300	9,400	255	200	150	90	40	0	0	0	1,560	3
9,400	9,500	255	205	150	95	40	0	0	0	1,590	6
9,500	9,600	260	210	155	100	45	0	0	0	1,630	10
9,600	9,700	265	210	160	100	50	0	0	0	1,670	13
9,700	9,800	270	215	160	105	50	0	0	0	1,710	17
9,800	9,900	270	220	165	110	55	0	0	0	1,750	20
9,900	10,000	275	220	170	110	60	5	0	0	1,780	24
10,000	10,100	280	225	175	115	65	10	0	0	1,800	27
10,100	10,200	290	230	175	120	65	15	0	0	1,830	31
10,200	10,300	300	235	180	125	70	20	0	0	1,850	34
10,300	10,400	305	240	185	125	75	20	0	0	1,880	38
10,400	10,500	315	240	190	130	80	25	0	0	1,910	41
10,500	10,600	320	245	195	135	85	30	0	0	1,940	45
10,600	10,700	330	250	195	140	85	35	0	0	1,970	49
10,700	10,800	340	255	200	150	90	40	0	0	2,000	53
10,800	10,900	345	260	205	150	95	40	0	0	2,040	56
10,900	11,000	355	260	210	155	100	45	0	0	2,070	60
11,000	11,100	360	265	215	160	105	50	0	0	2,110	63
11,100	11,200	370	270	215	165	105	55	0	0	2,140	67
11,200	11,300	380	275	220	170	110	60	5	0	2,170	70
11,300	11,400	385	280	225	170	115	60	10	0	2,220	74
11,400	11,500	400	290	230	175	120	65	15	0	2,250	77
11,500	11,600	405	295	235	180	125	70	15	0	2,280	81
11,600	11,700	415	305	235	185	125	75	20	0	2,320	84
11,700	11,800	425	310	240	190	130	80	25	0	2,350	88
11,800	11,900	430	320	245	190	135	80	30	0	2,380	91
11,900	12,000	440	330	250	195	140	85	35	0	2,420	95

(三)　　　（12,000円～16,999円）

その日の社会保険料等控除後の給与等の金額		甲								乙	丙
		扶養親族等の数									
以上	未満	0人	1人	2人	3人	4人	5人	6人	7人	税額	税額
		税						額			
円	円	円	円	円	円	円	円	円	円	円	円
12,000	12,100	445	335	255	200	150	90	35	0	2,450	99
12,100	12,200	455	345	255	205	150	95	40	0	2,480	103
12,200	12,300	465	350	260	210	155	100	45	0	2,520	106
12,300	12,400	470	360	265	210	160	100	50	0	2,550	110
12,400	12,500	480	370	270	215	165	105	55	0	2,580	113
12,500	12,600	485	375	275	220	170	110	55	5	2,610	117
12,600	12,700	495	385	280	225	170	115	60	10	2,640	120
12,700	12,800	505	395	285	230	175	120	65	10	2,680	124
12,800	12,900	510	405	295	230	180	120	70	15	2,740	127
12,900	13,000	520	415	305	235	185	125	75	20	2,790	131
13,000	13,100	525	420	310	240	190	130	75	25	2,850	134
13,100	13,200	535	430	320	245	190	135	80	30	2,900	138
13,200	13,300	545	435	325	250	195	140	85	30	2,960	141
13,300	13,400	550	445	335	250	200	140	90	35	3,010	146
13,400	13,500	560	455	345	255	205	150	95	40	3,070	149
13,500	13,600	565	460	350	260	210	155	95	45	3,120	153
13,600	13,700	575	470	360	265	210	160	100	50	3,190	156
13,700	13,800	585	475	365	270	215	165	105	50	3,240	160
13,800	13,900	590	485	375	270	220	165	110	55	3,300	164
13,900	14,000	600	495	385	275	225	170	115	60	3,360	168
14,000	14,100	605	500	395	285	230	175	115	65	3,410	172
14,100	14,200	615	510	405	295	230	180	120	70	3,470	176
14,200	14,300	625	515	410	300	235	185	125	70	3,520	180
14,300	14,400	635	525	420	310	240	185	130	75	3,580	184
14,400	14,500	645	535	430	315	245	190	135	80	3,630	188
14,500	14,600	650	540	435	325	250	195	135	85	3,700	192
14,600	14,700	660	550	445	335	250	200	140	90	3,750	197
14,700	14,800	675	555	450	340	255	205	150	90	3,810	201
14,800	14,900	690	565	460	350	260	205	155	95	3,870	205
14,900	15,000	705	575	470	355	265	210	160	100	3,920	209
15,000	15,100	725	580	475	365	270	215	160	105	3,980	213
15,100	15,200	740	590	485	375	270	220	165	110	4,030	217
15,200	15,300	755	595	490	380	275	225	170	110	4,090	221
15,300	15,400	770	605	500	395	285	225	175	115	4,150	225
15,400	15,500	785	615	510	400	290	230	180	120	4,210	229
15,500	15,600	805	620	515	410	300	235	180	125	4,260	233
15,600	15,700	820	635	525	420	310	240	185	130	4,320	237
15,700	15,800	835	640	530	425	315	245	190	130	4,370	241
15,800	15,900	850	650	540	435	325	245	195	135	4,430	246
15,900	16,000	865	660	550	440	330	250	200	140	4,480	250
16,000	16,100	890	670	555	450	340	255	200	150	4,530	254
16,100	16,200	905	690	565	460	350	260	205	155	4,590	258
16,200	16,300	920	705	570	465	355	265	210	155	4,650	262
16,300	16,400	935	720	580	475	365	265	215	160	4,700	266
16,400	16,500	950	735	590	480	370	270	220	165	4,750	270
16,500	16,600	970	750	595	490	380	275	220	170	4,810	274
16,600	16,700	985	770	605	500	395	280	225	175	4,860	278
16,700	16,800	1,000	785	610	505	400	290	230	175	4,910	282
16,800	16,900	1,015	800	620	515	410	300	235	180	4,960	286
16,900	17,000	1,030	815	635	520	415	305	240	185	5,020	290

（四） (17,000円～21,999円)

その日の社会保険料等控除後の給与等の金額		甲								乙	丙
		扶養親族等の数									
		0 人	1 人	2 人	3 人	4 人	5 人	6 人	7 人		
以上	未満	税					額			税　額	税　額
円	円	円	円	円	円	円	円	円	円	円	円
17,000	17,100	1,050	830	640	530	425	315	240	190	5,070	295
17,100	17,200	1,065	850	650	540	435	320	245	195	5,130	299
17,200	17,300	1,080	865	655	545	440	330	250	195	5,180	303
17,300	17,400	1,095	885	670	555	450	340	255	200	5,240	307
17,400	17,500	1,110	900	685	560	455	345	260	205	5,290	311
17,500	17,600	1,135	915	700	570	465	355	260	210	5,340	315
17,600	17,700	1,150	935	715	580	475	360	265	215	5,380	319
17,700	17,800	1,165	950	735	585	480	370	270	215	5,430	323
17,800	17,900	1,180	965	750	595	490	380	275	220	5,480	327
17,900	18,000	1,195	980	765	600	495	385	280	225	5,530	331
18,000	18,100	1,215	995	780	610	505	400	290	230	5,580	335
18,100	18,200	1,230	1,015	795	620	515	405	295	235	5,630	339
18,200	18,300	1,245	1,030	815	625	520	415	305	235	5,680	344
18,300	18,400	1,260	1,045	830	640	530	425	310	240	5,730	348
18,400	18,500	1,280	1,065	845	650	540	430	320	245	5,780	352
18,500	18,600	1,300	1,080	865	655	545	440	330	250	5,830	356
18,600	18,700	1,315	1,100	890	670	555	450	340	255	5,870	360
18,700	18,800	1,335	1,115	905	690	565	460	350	260	5,920	364
18,800	18,900	1,350	1,140	925	710	575	470	355	265	5,970	368
18,900	19,000	1,375	1,160	940	725	585	475	365	270	6,020	372
19,000	19,100	1,395	1,175	960	745	590	485	375	275	6,070	376
19,100	19,200	1,410	1,195	980	760	600	495	385	280	6,120	384
19,200	19,300	1,430	1,210	995	780	610	505	400	290	6,170	393
19,300	19,400	1,445	1,230	1,015	800	620	515	405	295	6,220	401
19,400	19,500	1,465	1,250	1,030	815	635	520	415	305	6,270	409
19,500	19,600	1,485	1,265	1,050	835	640	530	425	315	6,320	417
19,600	19,700	1,500	1,285	1,070	850	650	540	435	325	6,360	425
19,700	19,800	1,520	1,300	1,085	870	660	550	445	335	6,410	433
19,800	19,900	1,535	1,320	1,105	895	675	560	450	340	6,460	442
19,900	20,000	1,555	1,340	1,125	910	695	565	460	350	6,510	450
20,000	20,100	1,575	1,355	1,145	930	715	575	470	360	6,570	458
20,100	20,200	1,590	1,380	1,165	945	730	585	480	370	6,610	466
20,200	20,300	1,615	1,395	1,180	965	750	595	490	380	6,660	474
20,300	20,400	1,630	1,415	1,200	985	765	605	495	385	6,710	482
20,400	20,500	1,650	1,435	1,215	1,000	785	610	505	400	6,760	491
20,500	20,600	1,670	1,450	1,235	1,020	805	620	515	410	6,810	499
20,600	20,700	1,685	1,470	1,255	1,035	820	635	525	420	6,850	507
20,700	20,800	1,705	1,485	1,270	1,055	840	645	535	430	6,900	515
20,800	20,900	1,720	1,505	1,290	1,075	855	655	540	435	6,950	523
20,900	21,000	1,740	1,525	1,305	1,090	880	665	550	445	7,000	531
21,000	21,100	1,760	1,540	1,325	1,110	900	680	560	455	7,060	540
21,100	21,200	1,775	1,560	1,345	1,130	915	700	570	465	7,100	548
21,200	21,300	1,795	1,575	1,365	1,150	935	720	580	475	7,150	556
21,300	21,400	1,810	1,595	1,385	1,170	950	735	585	480	7,180	564
21,400	21,500	1,830	1,620	1,400	1,185	970	755	595	490	7,210	572
21,500	21,600	1,855	1,635	1,420	1,205	990	770	605	500	7,250	580
21,600	21,700	1,870	1,655	1,440	1,220	1,005	790	615	510	7,280	589
21,700	21,800	1,890	1,670	1,455	1,240	1,025	810	625	520	7,310	597
21,800	21,900	1,905	1,690	1,475	1,260	1,040	825	635	525	7,340	605
21,900	22,000	1,925	1,710	1,490	1,275	1,060	845	645	535	7,380	613

— 34 —

（五）　　　（22,000円～56,999円）

その日の社会保険料等控除後の給与等の金額		甲 扶養親族等の数								乙	丙
以上	未満	0 人	1 人	2 人	3 人	4 人	5 人	6 人	7 人	税額	税額
円	円	円	円	円	円	円	円	円	円	円	円
22,000	22,100	1,945	1,725	1,510	1,295	1,080	860	655	545	7,410	621
22,100	22,200	1,960	1,745	1,530	1,310	1,095	885	670	555	7,440	629
22,200	22,300	1,980	1,760	1,545	1,330	1,115	905	685	565	7,480	638
22,300	22,400	1,995	1,780	1,565	1,350	1,135	920	705	570	7,510	646
22,400	22,500	2,015	1,800	1,580	1,370	1,155	940	720	580	7,550	654
22,500	22,600	2,035	1,815	1,600	1,390	1,175	955	740	590	7,590	662
22,600	22,700	2,050	1,835	1,625	1,405	1,190	975	760	600	7,620	670
22,700	22,800	2,070	1,855	1,640	1,425	1,210	995	775	610	7,650	678
22,800	22,900	2,085	1,875	1,660	1,445	1,225	1,010	795	615	7,700	687
22,900	23,000	2,110	1,895	1,675	1,460	1,245	1,030	810	625	7,750	695
23,000	23,100	2,130	1,910	1,695	1,480	1,265	1,045	830	640	7,800	703
23,100	23,200	2,145	1,930	1,715	1,495	1,280	1,065	850	650	7,850	711
23,200	23,300	2,165	1,945	1,730	1,515	1,300	1,085	865	660	7,900	719
23,300	23,400	2,180	1,965	1,750	1,535	1,315	1,100	890	675	7,950	727
23,400	23,500	2,200	1,985	1,765	1,550	1,335	1,125	905	690	8,000	736
23,500	23,600	2,220	2,000	1,785	1,570	1,355	1,140	925	710	8,070	744
23,600	23,700	2,235	2,020	1,805	1,590	1,375	1,160	945	730	8,120	752
23,700	23,800	2,255	2,040	1,825	1,615	1,395	1,180	965	750	8,170	760
23,800	23,900	2,275	2,060	1,850	1,635	1,415	1,200	985	770	8,220	768
23,900	24,000	2,295	2,080	1,870	1,655	1,435	1,220	1,005	790	8,270	776
24,000円		2,305	2,095	1,880	1,665	1,445	1,230	1,015	800	8,320	785
24,000円を超え26,000円に満たない金額		\multicolumn{8}{}{24,000円の場合の税額に、その日の社会保険料等控除後の給与等の金額のうち24,000円を超える金額の20.42％に相当する金額を加算した金額}								8,320円に、その日の社会保険料等控除後の給与等の金額のうち24,000円を超える金額の40.84％に相当する金額を加算した金額	785円に、その日の社会保険料等控除後の給与等の金額のうち24,000円を超える金額の10.21％に相当する金額を加算した金額
26,000円		2,715	2,505	2,290	2,075	1,855	1,640	1,425	1,210		989
26,000円を超え32,000円に満たない金額		\multicolumn{8}{}{26,000円の場合の税額に、その日の社会保険料等控除後の給与等の金額のうち20,000円を超える金額の23.483％に相当する金額を加算した金額}									989円に、その日の社会保険料等控除後の給与等の金額のうち26,000円を超える金額の20.42％に相当する金額を加算した金額
32,000円		4,125	3,915	3,700	3,485	3,265	3,050	2,835	2,620		2,214
32,000円を超え57,000円に満たない金額		\multicolumn{8}{}{32,000円の場合の税額に、その日の社会保険料等控除後の給与等の金額のうち32,000円を超える金額の33.693％に相当する金額を加算した金額}									2,214円に、その日の社会保険料等控除後の給与等の金額のうち32,000円を超える金額の25.525％に相当する金額を加算した金額

（六） (57,000円〜)

その日の社会保険料等控除後の給与等の金額	甲								乙	丙
	扶 養 親 族 等 の 数								税　額	税　額
以 上　　未 満	0 人	1 人	2 人	3 人	4 人	5 人	6 人	7 人		
	税					額				
57,000円	円 12,550	円 12,340	円 12,125	円 11,910	円 11,690	円 11,475	円 11,260	円 11,045	円 21,800	円 8,595
57,000円を超え 72,500円に満たない金額	57,000円の場合の税額に、その日の社会保険料等控除後の給与等の金額のうち57,000円を超える金額の40.84％に相当する金額を加算した金額								21,800円に、その日の社会保険料等控除後の給与等の金額のうち57,000円を超える金額の45.945％に相当する金額を加算した金額	8,595円に、その日の社会保険料等控除後の給与等の金額のうち57,000円を超える金額の33.693％に相当する金額を加算した金額
72,500円	円 19,060	円 18,845	円 18,635	円 18,420	円 18,200	円 17,985	円 17,770	円 17,555		
72,500円を超え 73,500円に満たない金額	72,500円の場合の税額に、その日の社会保険料等控除後の給与等の金額のうち72,500円を超える金額の40.84％に相当する金額を加算した金額									
73,500円	円 19,655	円 19,440	円 19,225	円 19,010	円 18,790	円 18,575	円 18,360	円 18,150		
73,500円を超え 75,000円に満たない金額	73,500円の場合の税額に、その日の社会保険料等控除後の給与等の金額のうち73,500円を超える金額の40.84％に相当する金額を加算した金額									
75,000円	円 20,450	円 20,235	円 20,020	円 19,805	円 19,585	円 19,375	円 19,160	円 18,945		
75,000円を超え 116,500円に満たない金額	75,000円の場合の税額に、その日の社会保険料等控除後の給与等の金額のうち75,000円を超える金額の40.84％に相当する金額を加算した金額									
116,500円	円 37,400	円 37,185	円 36,970	円 36,755	円 36,535	円 36,325	円 36,110	円 35,895		円 28,643
116,500円を超える金額	116,500円の場合の税額に、その日の社会保険料等控除後の給与等の金額のうち116,500円を超える金額の45.945％に相当する金額を加算した金額									28,643円に、その日の社会保険料等控除後の給与等の金額のうち116,500円を超える金額の40.84％に相当する金額を加算した金額

（七）

その日の社会保険料等控除後の給与等の金額	甲									乙	丙
	扶　養　親　族　等　の　数									税　額	税　額
	0　人	1　人	2　人	3　人	4　人	5　人	6　人	7　人			
以　上　　未　満	税							額		税　　額	税　　額
扶養親族等の数が7人を超える場合には、扶養親族等の数が7人の場合の税額から、その7人を超える1人ごとに50円を控除した金額										従たる給与についての扶養控除等申告書が提出されている場合には、当該申告書に記載された扶養親族等の数に応じ、扶養親族等1人ごとに50円を、上の各欄によって求めた税額から控除した金額	―

（注）この表における用語の意味は、次のとおりです。

1　「扶養親族等」とは、源泉控除対象配偶者及び控除対象扶養親族をいいます。

2　「社会保険料等」とは、所得税法第74条第2項（社会保険料控除）に規定する社会保険料及び同法第75条第2項（小規模企業共済等掛金控除）に規定する小規模企業共済等掛金をいいます。

（備考）税額の求め方は、次のとおりです。

1　「給与所得者の扶養控除等申告書」（以下この表において「扶養控除等申告書」といいます。）の提出があった人

(1)　まず、その人のその日の給与等の金額から、その給与等の金額から控除される社会保険料等の金額を控除した金額を求めます。

(2)　次に、扶養控除等申告書により申告された扶養親族等（その申告書に記載がされていないものとされる源泉控除対象配偶者を除きます。また、扶養親族等が国外居住親族である場合には、親族に該当する旨を証する書類が扶養控除等申告書に添付され、又は当該書類が扶養控除等申告書の提出の際に提示された扶養親族等に限ります。）の数が7人以下である場合には、(1)により求めた金額に応じて「その日の社会保険料等控除後の給与等の金額」欄の該当する行を求め、その行と扶養親族等の数に応じた甲欄の該当欄との交わるところに記載されている金額を求めます。これが求める税額です。

(3)　扶養控除等申告書により申告された扶養親族等の数が7人を超える場合には、(1)により求めた金額に応じて、扶養親族等の数が7人であるものとして(2)により求めた税額から、扶養親族等の数が7人を超える1人ごとに50円を控除した金額を求めます。これが求める税額です。

(4)　(2)及び(3)の場合において、扶養控除等申告書にその人が障害者（特別障害者を含みます。）、寡婦、ひとり親又は勤労学生に該当する旨の記載があるときは、扶養親族等の数にこれらの一に該当するごとに1人を加算した数を、扶養控除等申告書にその人の同一生計配偶者又は扶養親族のうちに障害者（特別障害者を含みます。）又は同居特別障害者（障害者（特別障害者を含みます。）又は同居特別障害者が国外居住親族である場合には、親族に該当する旨を証する書類が扶養控除等申告書に添付され、又は当該書類が扶養控除等申告書の提出の際に提示された障害者（特別障害者を含みます。）又は同居特別障害者に限ります。）に該当する人がいる旨の記載があるときは、扶養親族等の数にこれらの一に該当するごとに1人を加算した数を、それぞれ(2)及び(3)の扶養親族等の数とします。

2　扶養控除等申告書の提出がない人（「従たる給与についての扶養控除等申告書」の提出があった人を含みます。）

(1)　(2)に該当する場合を除き、その人のその日の給与等の金額から、その給与等の金額から控除される社会保険料等の金額を控除し、その控除後の金額に応じて「その日の社会保険料等控除後の給与等の金額」欄の該当する行を求め、その行と乙欄との交わるところに記載されている金額（「従たる給与についての扶養控除等申告書」の提出があった場合には、その申告書により申告された扶養親族等（その申告書に記載がされていないものとされる源泉控除対象配偶者を除きます。）の数に応じ、扶養親族等1人ごとに50円を控除した金額）を求めます。これが求める税額です。

(2)　その給与等が所得税法第185条第1項第3号（労働した日ごとに支払われる給与等）に掲げる給与等であるときは、その人のその日の給与等の金額から、その給与等の金額から控除される社会保険料等の金額を控除し、その控除後の金額に応じて「その日の社会保険料等控除後の給与等の金額」欄の該当する行を求め、その行と丙欄との交わるところに記載されている金額を求めます。これが求める税額です。

　　ただし、継続して2か月を超えて支払うこととなった場合には、その2か月を超える部分の期間につき支払われる給与等は、労働した日ごとに支払われる給与等には含まれませんので、税額の求め方は1又は2(1)によります。

令和3年分の賞与に対する

賞与の金額に乗ずべき率	甲 扶養親族							
	0 人		1 人		2 人		3 人	
	前 月 の 社 会 保 険 料 等 控							
%	以 上	未 満	以 上	未 満	以 上	未 満	以 上	未 満
	千円	千円	千円	千円	千円	千円	千円	千円
0.000	68 千円未満		94 千円未満		133 千円未満		171 千円未満	
2.042	68	79	94	243	133	269	171	295
4.084	79	252	243	282	269	312	295	345
6.126	252	300	282	338	312	369	345	398
8.168	300	334	338	365	369	393	398	417
10.210	334	363	365	394	393	420	417	445
12.252	363	395	394	422	420	450	445	477
14.294	395	426	422	455	450	484	477	510
16.336	426	520	455	520	484	520	510	544
18.378	520	601	520	617	520	632	544	647
20.420	601	678	617	699	632	721	647	745
22.462	678	708	699	733	721	757	745	782
24.504	708	745	733	771	757	797	782	823
26.546	745	788	771	814	797	841	823	868
28.588	788	846	814	874	841	902	868	931
30.630	846	914	874	944	902	975	931	1,005
32.672	914	1,312	944	1,336	975	1,360	1,005	1,385
35.735	1,312	1,521	1,336	1,526	1,360	1,526	1,385	1,538
38.798	1,521	2,621	1,526	2,645	1,526	2,669	1,538	2,693
41.861	2,621	3,495	2,645	3,527	2,669	3,559	2,693	3,590
45.945	3,495 千円以上		3,527 千円以上		3,559 千円以上		3,590 千円以上	

(注) この表における用語の意味は、次のとおりです。

1 「扶養親族等」とは、源泉控除対象配偶者及び控除対象扶養親族をいいます。

2 「社会保険料等」とは、所得税法第74条第2項（社会保険料控除）に規定する社会保険料及び同法第75条第2項（小規模企業共済等掛金控除）に規定する小規模企業共済等掛金をいいます。

　また、「賞与の金額に乗ずべき率」の賞与の金額とは、賞与の金額から控除される社会保険料等の金額がある場合には、その社会保険料等控除後の金額をいいます。

(備考) 賞与の金額に乗ずべき率の求め方は、次のとおりです。

1 「給与所得者の扶養控除等申告書」（以下この表において「扶養控除等申告書」といいます。）の提出があった人（4に該当する場合を除きます。）

⑴ まず、その人の前月中の給与等（賞与を除きます。以下この表において同じです。）の金額から、その給与等の金額から控除される社会保険料等の金額（以下この表において「前月中の社会保険料等の金額」といいます。）を控除した金額を求めます。

⑵ 次に、扶養控除等申告書により申告された扶養親族等（その申告書に記載がされていないものとされる源泉控除対象配偶者を除きます。また、扶養親族等が国外居住親族である場合には、親族に該当する旨を証する書類が扶養控除等申告書等に添付され、又は当該書類が扶養控除等申告書の提出の際に提示された扶養親族等に限ります。）の数と⑴により求めた金額とに応じて甲欄の「前月の社会保険料等控除後の給与等の金額」欄の該当する行を求めます。

⑶ ⑵により求めた行と「賞与の金額に乗ずべき率」欄との交わるところに記載されている率を求めます。これが求める率です。

源泉徴収税額の算出率の表

等 の 数								乙	
4 人		5 人		6 人		7 人 以 上		前月の社会保険料等控除後の給与等の金額	
除 後 の 給 与 等 の 金 額									
以 上	未 満	以 上	未 満	以 上	未 満	以 上	未 満	以 上	未 満
千円	千円	千円	千円	千円	千円	千円	千円	千円	千円
210 千円未満		243 千円未満		275 千円未満		308 千円未満			
210	300	243	300	275	333	308	372		
300	378	300	406	333	431	372	456		
378	424	406	450	431	476	456	502		
424	444	450	472	476	499	502	523	222千円未満	
444	470	472	496	499	521	523	545		
470	503	496	525	521	547	545	571		
503	534	525	557	547	582	571	607		
534	570	557	597	582	623	607	650		
570	662	597	677	623	693	650	708		
662	768	677	792	693	815	708	838	222	293
768	806	792	831	815	856	838	880		
806	849	831	875	856	900	880	926		
849	896	875	923	900	950	926	978		
896	959	923	987	950	1,015	978	1,043	293	524
959	1,036	987	1,066	1,015	1,096	1,043	1,127		
1,036	1,409	1,066	1,434	1,096	1,458	1,127	1,482		
1,409	1,555	1,434	1,555	1,458	1,555	1,482	1,583		
1,555	2,716	1,555	2,740	1,555	2,764	1,583	2,788	524	1,118
2,716	3,622	2,740	3,654	2,764	3,685	2,788	3,717		
3,622 千円以上		3,654 千円以上		3,685 千円以上		3,717 千円以上		1,118 千円以上	

2　1の場合において、扶養控除等申告書にその人が障害者（特別障害者を含みます。）、寡婦、ひとり親又は勤労学生に該当する旨の記載があるときは、扶養親族等の数にこれらの一に該当するごとに1人を加算した数を、扶養控除等申告書にその人の同一生計配偶者又は扶養親族のうちに障害者（特別障害者を含みます。）又は同居特別障害者（障害者（特別障害者を含みます。）又は同居特別障害者が国外居住親族である場合には、親族に該当する旨を証する書類が扶養控除等申告書に添付され、又は当該書類が扶養控除等申告書の提出の際に提示された障害者（特別障害者を含みます。）又は同居特別障害者に限ります。）に該当する人がいる旨の記載があるときは、扶養親族等の数にこれらの一に該当するごとに1人を加算した数を、それぞれ扶養親族等の数とします。

3　扶養控除等申告書の提出がない人（「従たる給与についての扶養控除等申告書」の提出があった人を含み、4に該当する場合を除きます。）

(1)　その人の前月中の給与等の金額から前月中の社会保険料等の金額を控除した金額を求めます。

(2)　(1)により求めた金額に応じて乙欄の「前月の社会保険料等控除後の給与等の金額」欄の該当する行を求めます。

(3)　(2)により求めた行と「賞与の金額に乗ずべき率」欄との交わるところに記載されている率を求めます。これが求める率です。

4　前月中の給与等の金額がない場合や前月中の給与等の金額が前月中の社会保険料等の金額以下である場合又はその賞与の金額（その金額から控除される社会保険料等の金額がある場合には、その控除後の金額）が前月中の給与等の金額から前月中の社会保険料等の金額を控除した金額の10倍に相当する金額を超える場合には、この表によらず、平成24年3月31日財務省告示第115号（平成31年3月29日財務省告示第97号改正）第3項第1号イ(2)若しくはロ(2)又は第2号の規定により、月額表を使って税額を計算します。

5　1から4までの場合において、その人の受ける給与等の支給期が月の整数倍の期間ごとと定められているときは、その賞与の支払の直前に支払を受けた若しくは支払を受けるべき給与等の金額又はその給与等の金額から控除される社会保険料等の金額をその倍数で除して計算した金額を、それぞれ前月中の給与等の金額又はその金額から控除される社会保険料等の金額とみなします。

健康保険・厚生年金保険　標準報酬月額保険料額表

令和2年9月分（10月納付分）からの健康保険・厚生年金保険の保険料額表

・健康保険料率：令和2年3月分〜　適用　　・厚生年金保険料率：令和2年9月分〜　適用
・介護保険料率：令和2年3月分〜　適用　　・子ども・子育て拠出金率：令和2年4月分〜　適用

（東京都）　　　（単位：円）

標準報酬		報酬月額		全国健康保険協会管掌健康保険料				厚生年金保険料（厚生年金基金加入員を除く）	
				介護保険第2号被保険者に該当しない場合		介護保険第2号被保険者に該当する場合		一般、坑内員・船員	
				9.87%		11.66%		18.300%※	
等級	月額			全額	折半額	全額	折半額	全額	折半額
		円以上	円未満						
1	58,000	〜	63,000	5,724.6	2,862.3	6,762.8	3,381.4		
2	68,000	63,000 〜	73,000	6,711.6	3,355.8	7,928.8	3,964.4		
3	78,000	73,000 〜	83,000	7,698.6	3,849.3	9,094.8	4,547.4		
4(1)	88,000	83,000 〜	93,000	8,685.6	4,342.8	10,260.8	5,130.4	16,104.00	8,052.00
5(2)	98,000	93,000 〜	101,000	9,672.6	4,836.3	11,426.8	5,713.4	17,934.00	8,967.00
6(3)	104,000	101,000 〜	107,000	10,264.8	5,132.4	12,126.4	6,063.2	19,032.00	9,516.00
7(4)	110,000	107,000 〜	114,000	10,857.0	5,428.5	12,826.0	6,413.0	20,130.00	10,065.00
8(5)	118,000	114,000 〜	122,000	11,646.6	5,823.3	13,758.8	6,879.4	21,594.00	10,797.00
9(6)	126,000	122,000 〜	130,000	12,436.2	6,218.1	14,691.6	7,345.8	23,058.00	11,529.00
10(7)	134,000	130,000 〜	138,000	13,225.8	6,612.9	15,624.4	7,812.2	24,522.00	12,261.00
11(8)	142,000	138,000 〜	146,000	14,015.4	7,007.7	16,557.2	8,278.6	25,986.00	12,993.00
12(9)	150,000	146,000 〜	155,000	14,805.0	7,402.5	17,490.0	8,745.0	27,450.00	13,725.00
13(10)	160,000	155,000 〜	165,000	15,792.0	7,896.0	18,656.0	9,328.0	29,280.00	14,640.00
14(11)	170,000	165,000 〜	175,000	16,779.0	8,389.5	19,822.0	9,911.0	31,110.00	15,555.00
15(12)	180,000	175,000 〜	185,000	17,766.0	8,883.0	20,988.0	10,494.0	32,940.00	16,470.00
16(13)	190,000	185,000 〜	195,000	18,753.0	9,376.5	22,154.0	11,077.0	34,770.00	17,385.00
17(14)	200,000	195,000 〜	210,000	19,740.0	9,870.0	23,320.0	11,660.0	36,600.00	18,300.00
18(15)	220,000	210,000 〜	230,000	21,714.0	10,857.0	25,652.0	12,826.0	40,260.00	20,130.00
19(16)	240,000	230,000 〜	250,000	23,688.0	11,844.0	27,984.0	13,992.0	43,920.00	21,960.00
20(17)	260,000	250,000 〜	270,000	25,662.0	12,831.0	30,316.0	15,158.0	47,580.00	23,790.00
21(18)	280,000	270,000 〜	290,000	27,636.0	13,818.0	32,648.0	16,324.0	51,240.00	25,620.00
22(19)	300,000	290,000 〜	310,000	29,610.0	14,805.0	34,980.0	17,490.0	54,900.00	27,450.00
23(20)	320,000	310,000 〜	330,000	31,584.0	15,792.0	37,312.0	18,656.0	58,560.00	29,280.00
24(21)	340,000	330,000 〜	350,000	33,558.0	16,779.0	39,644.0	19,822.0	62,220.00	31,110.00
25(22)	360,000	350,000 〜	370,000	35,532.0	17,766.0	41,976.0	20,988.0	65,880.00	32,940.00
26(23)	380,000	370,000 〜	395,000	37,506.0	18,753.0	44,308.0	22,154.0	69,540.00	34,770.00
27(24)	410,000	395,000 〜	425,000	40,467.0	20,233.5	47,806.0	23,903.0	75,030.00	37,515.00
28(25)	440,000	425,000 〜	455,000	43,428.0	21,714.0	51,304.0	25,652.0	80,520.00	40,260.00
29(26)	470,000	455,000 〜	485,000	46,389.0	23,194.5	54,802.0	27,401.0	86,010.00	43,005.00
30(27)	500,000	485,000 〜	515,000	49,350.0	24,675.0	58,300.0	29,150.0	91,500.00	45,750.00
31(28)	530,000	515,000 〜	545,000	52,311.0	26,155.5	61,798.0	30,899.0	96,990.00	48,495.00
32(29)	560,000	545,000 〜	575,000	55,272.0	27,636.0	65,296.0	32,648.0	102,480.00	51,240.00
33(30)	590,000	575,000 〜	605,000	58,233.0	29,116.5	68,794.0	34,397.0	107,970.00	53,985.00
34(31)	620,000	605,000 〜	635,000	61,194.0	30,597.0	72,292.0	36,146.0	113,460.00	56,730.00
35(32)	650,000	635,000 〜	665,000	64,155.0	32,077.5	75,790.0	37,895.0	118,950.00	59,475.00
36	680,000	665,000 〜	695,000	67,116.0	33,558.0	79,288.0	39,644.0		
37	710,000	695,000 〜	730,000	70,077.0	35,038.5	82,786.0	41,393.0		
38	750,000	730,000 〜	770,000	74,025.0	37,012.5	87,450.0	43,725.0		
39	790,000	770,000 〜	810,000	77,973.0	38,986.5	92,114.0	46,057.0		
40	830,000	810,000 〜	855,000	81,921.0	40,960.5	96,778.0	48,389.0		
41	880,000	855,000 〜	905,000	86,856.0	43,428.0	102,608.0	51,304.0		
42	930,000	905,000 〜	955,000	91,791.0	45,895.5	108,438.0	54,219.0		
43	980,000	955,000 〜	1,005,000	96,726.0	48,363.0	114,268.0	57,134.0		
44	1,030,000	1,005,000 〜	1,055,000	101,661.0	50,830.5	120,098.0	60,049.0		
45	1,090,000	1,055,000 〜	1,115,000	107,583.0	53,791.5	127,094.0	63,547.0		
46	1,150,000	1,115,000 〜	1,175,000	113,505.0	56,752.5	134,090.0	67,045.0		
47	1,210,000	1,175,000 〜	1,235,000	119,427.0	59,713.5	141,086.0	70,543.0		
48	1,270,000	1,235,000 〜	1,295,000	125,349.0	62,674.5	148,082.0	74,041.0		
49	1,330,000	1,295,000 〜	1,355,000	131,271.0	65,635.5	155,078.0	77,539.0		
50	1,390,000	1,355,000 〜		137,193.0	68,596.5	162,074.0	81,037.0		

※厚生年金基金に加入している方の厚生年金保険料率は、基金ごとに定められている免除保険料率（2.4%〜5.0%）を控除した率となります。

加入する基金ごとに異なりますので、免除保険料率および厚生年金基金の掛金については、加入する厚生年金基金にお問い合わせください。

◆介護保険第2号被保険者は、40歳から64歳までの方であり、健康保険料率（9.87%）に介護保険料率（1.79%）が加わります。
◆等級欄の（　）内の数字は、厚生年金保険の標準報酬月額等級です。
　4(1)等級の「報酬月額」欄は、厚生年金保険の場合「93,000円未満」と読み替えてください。
　35(32)等級の「報酬月額」欄は、厚生年金保険の場合「635,000円以上」と読み替えてください。
◆令和2年度における全国健康保険協会の任意継続被保険者について、標準報酬月額の上限は、300,000円です。

○被保険者負担分（表の折半額の欄）に円未満の端数がある場合
　①事業主が、給与から被保険者負担分を控除する場合、被保険者負担分の端数が50銭以下の場合は切り捨て、50銭を超える場合は切り上げて1円となります。
　②被保険者が、被保険者負担分を事業主へ現金で支払う場合、被保険者負担分の端数が50銭未満の場合は切り捨て、50銭以上の場合は切り上げて1円となります。
　（注）①、②にかかわらず、事業主と被保険者間で特約がある場合には、特約に基づき端数処理をすることができます。
○納入告知書の保険料額
　納入告知書の保険料額は、被保険者個々の保険料額を合算した金額になります。ただし、合算した金額に円未満の端数がある場合は、その端数を切り捨てた額となります。
○賞与にかかる保険料額
　賞与に係る保険料額は、賞与額から1,000円未満の端数を切り捨てた額（標準賞与額）に、保険料率を乗じた額となります。
　また、標準賞与額の上限は、健康保険は年間573万円（毎年4月1日から翌年3月31日までの累計額。）となり、厚生年金保険と子ども・子育て拠出金の場合は月間150万円となります。
○子ども・子育て拠出金
　事業主の方は、児童手当の支給に要する費用等の一部として、子ども・子育て拠出金を負担いただくことになります。（被保険者の負担はありません。）
　この子ども・子育て拠出金の額は、被保険者個々の厚生年金保険の標準報酬月額および標準賞与額に、拠出金率（0.36%）を乗じて得た額の総額となります。

● 上記の表は東京都の保険料額表です。他の道府県については全国健康保険協会のホームページでお調べください。

健康保険・厚生年金保険　標準報酬月額保険料額表

令和3年3月分（4月納付分）からの健康保険・厚生年金保険の保険料額表

- 健康保険料率：令和3年3月分〜　適用
- 介護保険料率：令和3年3月分〜　適用
- 厚生年金保険料率：平成29年9月分〜　適用
- 子ども・子育て拠出金率：令和2年4月分〜　適用

（東京都）　　　　　　　　　　　　　　　　　　　　　　　　　　　　　　　　　　　　　　（単位：円）

標準報酬 等級	月額	報酬月額		全国健康保険協会管掌健康保険料				厚生年金保険料（厚生年金基金加入員を除く）	
				介護保険第2号被保険者に該当しない場合 9.84%		介護保険第2号被保険者に該当する場合 11.64%		一般、坑内員・船員 18.300%※	
		円以上	円未満	全額	折半額	全額	折半額	全額	折半額
1	58,000	～	63,000	5,707.2	2,853.6	6,751.2	3,375.6		
2	68,000	63,000 ～	73,000	6,691.2	3,345.6	7,915.2	3,957.6		
3	78,000	73,000 ～	83,000	7,675.2	3,837.6	9,079.2	4,539.6		
4(1)	88,000	83,000 ～	93,000	8,659.2	4,329.6	10,243.2	5,121.6	16,104.00	8,052.00
5(2)	98,000	93,000 ～	101,000	9,643.2	4,821.6	11,407.2	5,703.6	17,934.00	8,967.00
6(3)	104,000	101,000 ～	107,000	10,233.6	5,116.8	12,105.6	6,052.8	19,032.00	9,516.00
7(4)	110,000	107,000 ～	114,000	10,824.0	5,412.0	12,804.0	6,402.0	20,130.00	10,065.00
8(5)	118,000	114,000 ～	122,000	11,611.2	5,805.6	13,735.2	6,867.6	21,594.00	10,797.00
9(6)	126,000	122,000 ～	130,000	12,398.4	6,199.2	14,666.4	7,333.2	23,058.00	11,529.00
10(7)	134,000	130,000 ～	138,000	13,185.6	6,592.8	15,597.6	7,798.8	24,522.00	12,261.00
11(8)	142,000	138,000 ～	146,000	13,972.8	6,986.4	16,528.8	8,264.4	25,986.00	12,993.00
12(9)	150,000	146,000 ～	155,000	14,760.0	7,380.0	17,460.0	8,730.0	27,450.00	13,725.00
13(10)	160,000	155,000 ～	165,000	15,744.0	7,872.0	18,624.0	9,312.0	29,280.00	14,640.00
14(11)	170,000	165,000 ～	175,000	16,728.0	8,364.0	19,788.0	9,894.0	31,110.00	15,555.00
15(12)	180,000	175,000 ～	185,000	17,712.0	8,856.0	20,952.0	10,476.0	32,940.00	16,470.00
16(13)	190,000	185,000 ～	195,000	18,696.0	9,348.0	22,116.0	11,058.0	34,770.00	17,385.00
17(14)	200,000	195,000 ～	210,000	19,680.0	9,840.0	23,280.0	11,640.0	36,600.00	18,300.00
18(15)	220,000	210,000 ～	230,000	21,648.0	10,824.0	25,608.0	12,804.0	40,260.00	20,130.00
19(16)	240,000	230,000 ～	250,000	23,616.0	11,808.0	27,936.0	13,968.0	43,920.00	21,960.00
20(17)	260,000	250,000 ～	270,000	25,584.0	12,792.0	30,264.0	15,132.0	47,580.00	23,790.00
21(18)	280,000	270,000 ～	290,000	27,552.0	13,776.0	32,592.0	16,296.0	51,240.00	25,620.00
22(19)	300,000	290,000 ～	310,000	29,520.0	14,760.0	34,920.0	17,460.0	54,900.00	27,450.00
23(20)	320,000	310,000 ～	330,000	31,488.0	15,744.0	37,248.0	18,624.0	58,560.00	29,280.00
24(21)	340,000	330,000 ～	350,000	33,456.0	16,728.0	39,576.0	19,788.0	62,220.00	31,110.00
25(22)	360,000	350,000 ～	370,000	35,424.0	17,712.0	41,904.0	20,952.0	65,880.00	32,940.00
26(23)	380,000	370,000 ～	395,000	37,392.0	18,696.0	44,232.0	22,116.0	69,540.00	34,770.00
27(24)	410,000	395,000 ～	425,000	40,344.0	20,172.0	47,724.0	23,862.0	75,030.00	37,515.00
28(25)	440,000	425,000 ～	455,000	43,296.0	21,648.0	51,216.0	25,608.0	80,520.00	40,260.00
29(26)	470,000	455,000 ～	485,000	46,248.0	23,124.0	54,708.0	27,354.0	86,010.00	43,005.00
30(27)	500,000	485,000 ～	515,000	49,200.0	24,600.0	58,200.0	29,100.0	91,500.00	45,750.00
31(28)	530,000	515,000 ～	545,000	52,152.0	26,076.0	61,692.0	30,846.0	96,990.00	48,495.00
32(29)	560,000	545,000 ～	575,000	55,104.0	27,552.0	65,184.0	32,592.0	102,480.00	51,240.00
33(30)	590,000	575,000 ～	605,000	58,056.0	29,028.0	68,676.0	34,338.0	107,970.00	53,985.00
34(31)	620,000	605,000 ～	635,000	61,008.0	30,504.0	72,168.0	36,084.0	113,460.00	56,730.00
35(32)	650,000	635,000 ～	665,000	63,960.0	31,980.0	75,660.0	37,830.0	118,950.00	59,475.00
36	680,000	665,000 ～	695,000	66,912.0	33,456.0	79,152.0	39,576.0		
37	710,000	695,000 ～	730,000	69,864.0	34,932.0	82,644.0	41,322.0		
38	750,000	730,000 ～	770,000	73,800.0	36,900.0	87,300.0	43,650.0		
39	790,000	770,000 ～	810,000	77,736.0	38,868.0	91,956.0	45,978.0		
40	830,000	810,000 ～	855,000	81,672.0	40,836.0	96,612.0	48,306.0		
41	880,000	855,000 ～	905,000	86,592.0	43,296.0	102,432.0	51,216.0		
42	930,000	905,000 ～	955,000	91,512.0	45,756.0	108,252.0	54,126.0		
43	980,000	955,000 ～	1,005,000	96,432.0	48,216.0	114,072.0	57,036.0		
44	1,030,000	1,005,000 ～	1,055,000	101,352.0	50,676.0	119,892.0	59,946.0		
45	1,090,000	1,055,000 ～	1,115,000	107,256.0	53,628.0	126,876.0	63,438.0		
46	1,150,000	1,115,000 ～	1,175,000	113,160.0	56,580.0	133,860.0	66,930.0		
47	1,210,000	1,175,000 ～	1,235,000	119,064.0	59,532.0	140,844.0	70,422.0		
48	1,270,000	1,235,000 ～	1,295,000	124,968.0	62,484.0	147,828.0	73,914.0		
49	1,330,000	1,295,000 ～	1,355,000	130,872.0	65,436.0	154,812.0	77,406.0		
50	1,390,000	1,355,000 ～		136,776.0	68,388.0	161,796.0	80,898.0		

※厚生年金基金に加入している方の厚生年金保険料率は、基金ごとに定められている免除保険料率（2.4％〜5.0％）を控除した率となります。

加入する基金ごとに異なりますので、免除保険料率および厚生年金基金の掛金については、加入する厚生年金基金にお問い合わせください。

◆ 介護保険第2号被保険者は、40歳から64歳までの方であり、健康保険料率（9.84％）に介護保険料率（1.80％）が加わります。
◆ 等級欄の（ ）内の数字は、厚生年金保険の標準報酬月額等級です。
　4(1)等級の「報酬月額」欄は、厚生年金保険の場合「93,000円未満」と読み替えてください。
　35(32)等級の「報酬月額」欄は、厚生年金保険の場合「635,000円以上」と読み替えてください。
◆ 令和3年度における全国健康保険協会の任意継続被保険者について、標準報酬月額の上限は、300,000円です。

○被保険者負担分（表の折半額の欄）に円未満の端数がある場合
　①事業主が、給与から被保険者負担分を控除する場合、被保険者負担分の端数が50銭以下の場合は切り捨て、50銭を超える場合は切り上げて1円となります。
　②被保険者が、被保険者負担分を事業主へ現金で支払う場合、被保険者負担分の端数が50銭未満の場合は切り捨て、50銭以上の場合は切り上げて1円となります。
　（注）①、②にかかわらず、事業主と被保険者間で特約がある場合には、特約に基づき端数処理をすることができます。

○納入告知書の保険料額
　納入告知書の保険料額は、被保険者個々の保険料額を合算した金額になります。ただし、合算した金額に円未満の端数がある場合は、その端数を切り捨てた額となります。

○賞与にかかる保険料額
　賞与に係る保険料額は、賞与額から1,000円未満の端数を切り捨てた額（標準賞与額）に、保険料率を乗じた額となります。
　また、標準賞与額の上限は、健康保険は年間573万円（毎年4月1日から翌年3月31日までの累計額。）となり、厚生年金保険と子ども・子育て拠出金の場合は月間150万円となります。

○子ども・子育て拠出金
　事業主の方は、児童手当の支給に要する費用等の一部として、子ども・子育て拠出金を負担いただくことになります。（被保険者の負担はありません。）
　この子ども・子育て拠出金の額は、被保険者個々の厚生年金保険の標準報酬月額および標準賞与額に、拠出金率（0.36％）を乗じて得た額の総額となります。

● 上記の表は東京都の保険料額表です。他の道府県については全国健康保険協会のホームページでお調べください。

厚生年金保険　標準報酬月額保険料額表

○令和2年9月分（10月納付分）からの厚生年金保険料額表

(単位：円)

標準報酬		報　酬　月　額			一　般・坑　内　員・船　員 （厚生年金基金加入員を除く）	
					全　　額 18.300%	折　半　額 9.150%
等級	月　額	円以上		円未満		
1	88,000		～	93,000	16,104.00	8,052.00
2	98,000	93,000	～	101,000	17,934.00	8,967.00
3	104,000	101,000	～	107,000	19,032.00	9,516.00
4	110,000	107,000	～	114,000	20,130.00	10,065.00
5	118,000	114,000	～	122,000	21,594.00	10,797.00
6	126,000	122,000	～	130,000	23,058.00	11,529.00
7	134,000	130,000	～	138,000	24,522.00	12,261.00
8	142,000	138,000	～	146,000	25,986.00	12,993.00
9	150,000	146,000	～	155,000	27,450.00	13,725.00
10	160,000	155,000	～	165,000	29,280.00	14,640.00
11	170,000	165,000	～	175,000	31,110.00	15,555.00
12	180,000	175,000	～	185,000	32,940.00	16,470.00
13	190,000	185,000	～	195,000	34,770.00	17,385.00
14	200,000	195,000	～	210,000	36,600.00	18,300.00
15	220,000	210,000	～	230,000	40,260.00	20,130.00
16	240,000	230,000	～	250,000	43,920.00	21,960.00
17	260,000	250,000	～	270,000	47,580.00	23,790.00
18	280,000	270,000	～	290,000	51,240.00	25,620.00
19	300,000	290,000	～	310,000	54,900.00	27,450.00
20	320,000	310,000	～	330,000	58,560.00	29,280.00
21	340,000	330,000	～	350,000	62,220.00	31,110.00
22	360,000	350,000	～	370,000	65,880.00	32,940.00
23	380,000	370,000	～	395,000	69,540.00	34,770.00
24	410,000	395,000	～	425,000	75,030.00	37,515.00
25	440,000	425,000	～	455,000	80,520.00	40,260.00
26	470,000	455,000	～	485,000	86,010.00	43,005.00
27	500,000	485,000	～	515,000	91,500.00	45,750.00
28	530,000	515,000	～	545,000	96,990.00	48,495.00
29	560,000	545,000	～	575,000	102,480.00	51,240.00
30	590,000	575,000	～	605,000	107,970.00	53,985.00
31	620,000	605,000	～	635,000	113,460.00	56,730.00
32	650,000	635,000	～		118,950.00	59,475.00

○ **厚生年金保険料率（平成29年9月1日～　適用）**
　　一般・坑内員・船員の被保険者等　…**18.300%**　（厚生年金基金加入員　…**13.300%～15.900%**）
○ **子ども・子育て拠出金率（令和2年4月1日～　適用）　…0.36%**
　　[参考]平成31年4月分～令和2年3月分までの期間は0.34%
　　※子ども・子育て拠出金については事業主が全額負担することとなります。

● 平成29年9月分（10月納付分）から、一般の被保険者と坑内員・船員の被保険者の方の厚生年金保険料率が同率となりました。

● 被保険者負担分（厚生年金保険料額表の折半額）に円未満の端数がある場合
　①事業主が、給与から被保険者負担分を控除する場合、被保険者負担分の端数が５０銭以下の場合は切り捨て、
　　５０銭を超える場合は切り上げて１円となります。
　②被保険者が、被保険者負担分を事業主へ現金で支払う場合、被保険者負担分の端数が５０銭未満の場合は切り捨て、
　　５０銭以上の場合は切り上げて１円となります。
　（注）①、②にかかわらず、事業主と被保険者の間で特約がある場合には、特約に基づき端数処理をすることができます。

● 納入告知書の保険料額について
　　納入告知書の保険料額は、被保険者個々の保険料額を合算した金額となります。ただし、その合算した金額に
　円未満の端数がある場合は、その端数を切り捨てた額となります。

● 賞与に係る保険料について
　　賞与に係る保険料は、賞与額から１，０００円未満の端数を切り捨てた額（標準賞与額）に、保険料率を乗じた額
　になります。また、標準賞与額には上限が定められており、厚生年金保険と子ども・子育て拠出金は1ヶ月あたり
　１５０万円が上限となります。

● 子ども・子育て拠出金について
　　厚生年金保険の被保険者を使用する事業主の方は、児童手当等の支給に要する費用の一部として子ども・子育て拠出金
　を全額負担いただくことになります。この子ども・子育て拠出金の額は、被保険者個々の厚生年金保険の標準報酬月額
　及び標準賞与額に拠出金率（０．36%）を乗じて得た額の総額となります。

● 全国健康保険協会管掌健康保険の都道府県別の保険料率については、全国健康保険協会の各都道府県支部にお問
　い合わせください。また、全国健康保険協会管掌健康保険の保険料率及び保険料額表は、全国健康保険協会から
　示されております。

● 健康保険組合における保険料額等については、加入する健康保険組合へお問い合わせください。

※　厚生年金保険料率は平成29年9月1日以降は、18.3%で固定されました。

協会けんぽの特定保険料率及び基本保険料率

　事業主・被保険者の方の令和3年3月分（同年4月30日納付期限分）からの一般保険料率、特定保険料率及び基本保険料率、任意継続被保険者の方の令和3年4月分からの一般保険料率は、下記の表のようになります。

都道府県	一般保険料率	特定保険料率	基本保険料率	都道府県	一般保険料率	特定保険料率	基本保険料率
北 海 道	10.45%	3.53%	6.92%	滋 賀 県	9.78%	3.53%	6.25%
青 森 県	9.96%	3.53%	6.43%	京 都 府	10.06%	3.53%	6.53%
岩 手 県	9.74%	3.53%	6.21%	大 阪 府	10.29%	3.53%	6.76%
宮 城 県	10.01%	3.53%	6.48%	兵 庫 県	10.24%	3.53%	6.71%
秋 田 県	10.16%	3.53%	6.63%	奈 良 県	10.00%	3.53%	6.47%
山 形 県	10.03%	3.53%	6.50%	和歌山県	10.11%	3.53%	6.58%
福 島 県	9.64%	3.53%	6.11%	鳥 取 県	9.97%	3.53%	6.44%
茨 城 県	9.74%	3.53%	6.21%	島 根 県	10.03%	3.53%	6.50%
栃 木 県	9.87%	3.53%	6.34%	岡 山 県	10.18%	3.53%	6.65%
群 馬 県	9.66%	3.53%	6.13%	広 島 県	10.04%	3.53%	6.51%
埼 玉 県	9.80%	3.53%	6.27%	山 口 県	10.22%	3.53%	6.69%
千 葉 県	9.79%	3.53%	6.26%	徳 島 県	10.29%	3.53%	6.76%
東 京 都	9.84%	3.53%	6.31%	香 川 県	10.28%	3.53%	6.75%
神奈川県	9.99%	3.53%	6.46%	愛 媛 県	10.22%	3.53%	6.69%
新 潟 県	9.50%	3.53%	5.97%	高 知 県	10.17%	3.53%	6.64%
富 山 県	9.59%	3.53%	6.06%	福 岡 県	10.22%	3.53%	6.69%
石 川 県	10.11%	3.53%	6.58%	佐 賀 県	10.68%	3.53%	7.15%
福 井 県	9.98%	3.53%	6.45%	長 崎 県	10.26%	3.53%	6.73%
山 梨 県	9.79%	3.53%	6.26%	熊 本 県	10.29%	3.53%	6.76%
長 野 県	9.71%	3.53%	6.18%	大 分 県	10.30%	3.53%	6.77%
岐 阜 県	9.83%	3.53%	6.30%	宮 崎 県	9.83%	3.53%	6.30%
静 岡 県	9.72%	3.53%	6.19%	鹿児島県	10.36%	3.53%	6.83%
愛 知 県	9.91%	3.53%	6.38%	沖 縄 県	9.95%	3.53%	6.42%
三 重 県	9.81%	3.53%	6.28%				

厚生年金基金　標準報酬月額保険料額表

厚生年金保険料率（厚生年金基金加入・一般被保険者）　平成29年9月　〜　適用

厚生年金保険（厚生年金基金加入者：一般被保険者）

年金等級	月額	免除率50 保険料 133.00/1000	免除率49 保険料 134.00/1000	免除率48 保険料 135.00/1000	免除率47 保険料 136.00/1000	免除率46 保険料 137.00/1000	免除率45 保険料 138.00/1000	免除率44 保険料 139.00/1000	免除率43 保険料 140.00/1000	免除率42 保険料 141.00/1000	免除率41 保険料 142.00/1000	免除率40 保険料 143.00/1000	免除率39 保険料 144.00/1000	免除率38 保険料 145.00/1000	免除率37 保険料 146.00/1000
1	88,000	11,704.00	11,792.00	11,880.00	11,968.00	12,056.00	12,144.00	12,232.00	12,320.00	12,408.00	12,496.00	12,584.00	12,672.00	12,760.00	12,848.00
2	98,000	13,034.00	13,132.00	13,230.00	13,328.00	13,426.00	13,524.00	13,622.00	13,720.00	13,818.00	13,916.00	14,014.00	14,112.00	14,210.00	14,308.00
3	104,000	13,832.00	13,936.00	14,040.00	14,144.00	14,248.00	14,352.00	14,456.00	14,560.00	14,664.00	14,768.00	14,872.00	14,976.00	15,080.00	15,184.00
4	110,000	14,630.00	14,740.00	14,850.00	14,960.00	15,070.00	15,180.00	15,290.00	15,400.00	15,510.00	15,620.00	15,730.00	15,840.00	15,950.00	16,060.00
5	118,000	15,694.00	15,812.00	15,930.00	16,048.00	16,166.00	16,284.00	16,402.00	16,520.00	16,638.00	16,756.00	16,874.00	16,992.00	17,110.00	17,228.00
6	126,000	16,758.00	16,884.00	17,010.00	17,136.00	17,262.00	17,388.00	17,514.00	17,640.00	17,766.00	17,892.00	18,018.00	18,144.00	18,270.00	18,396.00
7	134,000	17,822.00	17,956.00	18,090.00	18,224.00	18,358.00	18,492.00	18,626.00	18,760.00	18,894.00	19,028.00	19,162.00	19,296.00	19,430.00	19,564.00
8	142,000	18,886.00	19,028.00	19,170.00	19,312.00	19,454.00	19,596.00	19,738.00	19,880.00	20,022.00	20,164.00	20,306.00	20,448.00	20,590.00	20,732.00
9	150,000	19,950.00	20,100.00	20,250.00	20,400.00	20,550.00	20,700.00	20,850.00	21,000.00	21,150.00	21,300.00	21,450.00	21,600.00	21,750.00	21,900.00
10	160,000	21,280.00	21,440.00	21,600.00	21,760.00	21,920.00	22,080.00	22,240.00	22,400.00	22,560.00	22,720.00	22,880.00	23,040.00	23,200.00	23,360.00
11	170,000	22,610.00	22,780.00	22,950.00	23,120.00	23,290.00	23,460.00	23,630.00	23,800.00	23,970.00	24,140.00	24,310.00	24,480.00	24,650.00	24,820.00
12	180,000	23,940.00	24,120.00	24,300.00	24,480.00	24,660.00	24,840.00	25,020.00	25,200.00	25,380.00	25,560.00	25,740.00	25,920.00	26,100.00	26,280.00
13	190,000	25,270.00	25,460.00	25,650.00	25,840.00	26,030.00	26,220.00	26,410.00	26,600.00	26,790.00	26,980.00	27,170.00	27,360.00	27,550.00	27,740.00
14	200,000	26,600.00	26,800.00	27,000.00	27,200.00	27,400.00	27,600.00	27,800.00	28,000.00	28,200.00	28,400.00	28,600.00	28,800.00	29,000.00	29,200.00
15	220,000	29,260.00	29,480.00	29,700.00	29,920.00	30,140.00	30,360.00	30,580.00	30,800.00	31,020.00	31,240.00	31,460.00	31,680.00	31,900.00	32,120.00
16	240,000	31,920.00	32,160.00	32,400.00	32,640.00	32,880.00	33,120.00	33,360.00	33,600.00	33,840.00	34,080.00	34,320.00	34,560.00	34,800.00	35,040.00
17	260,000	34,580.00	34,840.00	35,100.00	35,360.00	35,620.00	35,880.00	36,140.00	36,400.00	36,660.00	36,920.00	37,180.00	37,440.00	37,700.00	37,960.00
18	280,000	37,240.00	37,520.00	37,800.00	38,080.00	38,360.00	38,640.00	38,920.00	39,200.00	39,480.00	39,760.00	40,040.00	40,320.00	40,600.00	40,880.00
19	300,000	39,900.00	40,200.00	40,500.00	40,800.00	41,100.00	41,400.00	41,700.00	42,000.00	42,300.00	42,600.00	42,900.00	43,200.00	43,500.00	43,800.00
20	320,000	42,560.00	42,880.00	43,200.00	43,520.00	43,840.00	44,160.00	44,480.00	44,800.00	45,120.00	45,440.00	45,760.00	46,080.00	46,400.00	46,720.00
21	340,000	45,220.00	45,560.00	45,900.00	46,240.00	46,580.00	46,920.00	47,260.00	47,600.00	47,940.00	48,280.00	48,620.00	48,960.00	49,300.00	49,640.00
22	360,000	47,880.00	48,240.00	48,600.00	48,960.00	49,320.00	49,680.00	50,040.00	50,400.00	50,760.00	51,120.00	51,480.00	51,840.00	52,200.00	52,560.00
23	380,000	50,540.00	50,920.00	51,300.00	51,680.00	52,060.00	52,440.00	52,820.00	53,200.00	53,580.00	53,960.00	54,340.00	54,720.00	55,100.00	55,480.00
24	410,000	54,530.00	54,940.00	55,350.00	55,760.00	56,170.00	56,580.00	56,990.00	57,400.00	57,810.00	58,220.00	58,630.00	59,040.00	59,450.00	59,860.00
25	440,000	58,520.00	58,960.00	59,400.00	59,840.00	60,280.00	60,720.00	61,160.00	61,600.00	62,040.00	62,480.00	62,920.00	63,360.00	63,800.00	64,240.00
26	470,000	62,510.00	62,980.00	63,450.00	63,920.00	64,390.00	64,860.00	65,330.00	65,800.00	66,270.00	66,740.00	67,210.00	67,680.00	68,150.00	68,620.00
27	500,000	66,500.00	67,000.00	67,500.00	68,000.00	68,500.00	69,000.00	69,500.00	70,000.00	70,500.00	71,000.00	71,500.00	72,000.00	72,500.00	73,000.00
28	530,000	70,490.00	71,020.00	71,550.00	72,080.00	72,610.00	73,140.00	73,670.00	74,200.00	74,730.00	75,260.00	75,790.00	76,320.00	76,850.00	77,380.00
29	560,000	74,480.00	75,040.00	75,600.00	76,160.00	76,720.00	77,280.00	77,840.00	78,400.00	78,960.00	79,520.00	80,080.00	80,640.00	81,200.00	81,760.00
30	590,000	78,470.00	79,060.00	79,650.00	80,240.00	80,830.00	81,420.00	82,010.00	82,600.00	83,190.00	83,780.00	84,370.00	84,960.00	85,550.00	86,140.00
31	620,000	82,460.00	83,080.00	83,700.00	84,320.00	84,940.00	85,560.00	86,180.00	86,800.00	87,420.00	88,040.00	88,660.00	89,280.00	89,900.00	90,520.00
32	650,000	86,450.00	87,100.00	87,750.00	88,400.00	89,050.00	89,700.00	90,350.00	91,000.00	91,650.00	92,300.00	92,950.00	93,600.00	94,250.00	94,900.00

厚生年金基金　標準報酬月額保険料額表

厚生年金保険料率（厚生年金基金加入・一般被保険者）　平成29年9月　～　適用

年金等級	月額	免除率36 保険料 147.00 /1000	免除率35 保険料 148.00 /1000	免除率34 保険料 149.00 /1000	免除率33 保険料 150.00 /1000	免除率32 保険料 151.00 /1000	免除率31 保険料 152.00 /1000	免除率30 保険料 153.00 /1000	免除率29 保険料 154.00 /1000	免除率28 保険料 155.00 /1000	免除率27 保険料 156.00 /1000	免除率26 保険料 157.00 /1000	免除率25 保険料 158.00 /1000	免除率24 保険料 159.00 /1000
1	88,000	12,936.00	13,024.00	13,112.00	13,200.00	13,288.00	13,376.00	13,464.00	13,552.00	13,640.00	13,728.00	13,816.00	13,904.00	13,992.00
2	98,000	14,406.00	14,504.00	14,602.00	14,700.00	14,798.00	14,896.00	14,994.00	15,092.00	15,190.00	15,288.00	15,386.00	15,484.00	15,582.00
3	104,000	15,288.00	15,392.00	15,496.00	15,600.00	15,704.00	15,808.00	15,912.00	16,016.00	16,120.00	16,224.00	16,328.00	16,432.00	16,536.00
4	110,000	16,170.00	16,280.00	16,390.00	16,500.00	16,610.00	16,720.00	16,830.00	16,940.00	17,050.00	17,160.00	17,270.00	17,380.00	17,490.00
5	118,000	17,346.00	17,464.00	17,582.00	17,700.00	17,818.00	17,936.00	18,054.00	18,172.00	18,290.00	18,408.00	18,526.00	18,644.00	18,762.00
6	126,000	18,522.00	18,648.00	18,774.00	18,900.00	19,026.00	19,152.00	19,278.00	19,404.00	19,530.00	19,656.00	19,782.00	19,908.00	20,034.00
7	134,000	19,698.00	19,832.00	19,966.00	20,100.00	20,234.00	20,368.00	20,502.00	20,636.00	20,770.00	20,904.00	21,038.00	21,172.00	21,306.00
8	142,000	20,874.00	21,016.00	21,158.00	21,300.00	21,442.00	21,584.00	21,726.00	21,868.00	22,010.00	22,152.00	22,294.00	22,436.00	22,578.00
9	150,000	22,050.00	22,200.00	22,350.00	22,500.00	22,650.00	22,800.00	22,950.00	23,100.00	23,250.00	23,400.00	23,550.00	23,700.00	23,850.00
10	160,000	23,520.00	23,680.00	23,840.00	24,000.00	24,160.00	24,320.00	24,480.00	24,640.00	24,800.00	24,960.00	25,120.00	25,280.00	25,440.00
11	170,000	24,990.00	25,160.00	25,330.00	25,500.00	25,670.00	25,840.00	26,010.00	26,180.00	26,350.00	26,520.00	26,690.00	26,860.00	27,030.00
12	180,000	26,460.00	26,640.00	26,820.00	27,000.00	27,180.00	27,360.00	27,540.00	27,720.00	27,900.00	28,080.00	28,260.00	28,440.00	28,620.00
13	190,000	27,930.00	28,120.00	28,310.00	28,500.00	28,690.00	28,880.00	29,070.00	29,260.00	29,450.00	29,640.00	29,830.00	30,020.00	30,210.00
14	200,000	29,400.00	29,600.00	29,800.00	30,000.00	30,200.00	30,400.00	30,600.00	30,800.00	31,000.00	31,200.00	31,400.00	31,600.00	31,800.00
15	220,000	32,340.00	32,560.00	32,780.00	33,000.00	33,220.00	33,440.00	33,660.00	33,880.00	34,100.00	34,320.00	34,540.00	34,760.00	34,980.00
16	240,000	35,280.00	35,520.00	35,760.00	36,000.00	36,240.00	36,480.00	36,720.00	36,960.00	37,200.00	37,440.00	37,680.00	37,920.00	38,160.00
17	260,000	38,220.00	38,480.00	38,740.00	39,000.00	39,260.00	39,520.00	39,780.00	40,040.00	40,300.00	40,560.00	40,820.00	41,080.00	41,340.00
18	280,000	41,160.00	41,440.00	41,720.00	42,000.00	42,280.00	42,560.00	42,840.00	43,120.00	43,400.00	43,680.00	43,960.00	44,240.00	44,520.00
19	300,000	44,100.00	44,400.00	44,700.00	45,000.00	45,300.00	45,600.00	45,900.00	46,200.00	46,500.00	46,800.00	47,100.00	47,400.00	47,700.00
20	320,000	47,040.00	47,360.00	47,680.00	48,000.00	48,320.00	48,640.00	48,960.00	49,280.00	49,600.00	49,920.00	50,240.00	50,560.00	50,880.00
21	340,000	49,980.00	50,320.00	50,660.00	51,000.00	51,340.00	51,680.00	52,020.00	52,360.00	52,700.00	53,040.00	53,380.00	53,720.00	54,060.00
22	360,000	52,920.00	53,280.00	53,640.00	54,000.00	54,360.00	54,720.00	55,080.00	55,440.00	55,800.00	56,160.00	56,520.00	56,880.00	57,240.00
23	380,000	55,860.00	56,240.00	56,620.00	57,000.00	57,380.00	57,760.00	58,140.00	58,520.00	58,900.00	59,280.00	59,660.00	60,040.00	60,420.00
24	410,000	60,270.00	60,680.00	61,090.00	61,500.00	61,910.00	62,320.00	62,730.00	63,140.00	63,550.00	63,960.00	64,370.00	64,780.00	65,190.00
25	440,000	64,680.00	65,120.00	65,560.00	66,000.00	66,440.00	66,880.00	67,320.00	67,760.00	68,200.00	68,640.00	69,080.00	69,520.00	69,960.00
26	470,000	69,090.00	69,560.00	70,030.00	70,500.00	70,970.00	71,440.00	71,910.00	72,380.00	72,850.00	73,320.00	73,790.00	74,260.00	74,730.00
27	500,000	73,500.00	74,000.00	74,500.00	75,000.00	75,500.00	76,000.00	76,500.00	77,000.00	77,500.00	78,000.00	78,500.00	79,000.00	79,500.00
28	530,000	77,910.00	78,440.00	78,970.00	79,500.00	80,030.00	80,560.00	81,090.00	81,620.00	82,150.00	82,680.00	83,210.00	83,740.00	84,270.00
29	560,000	82,320.00	82,880.00	83,440.00	84,000.00	84,560.00	85,120.00	85,680.00	86,240.00	86,800.00	87,360.00	87,920.00	88,480.00	89,040.00
30	590,000	86,730.00	87,320.00	87,910.00	88,500.00	89,090.00	89,680.00	90,270.00	90,860.00	91,450.00	92,040.00	92,630.00	93,220.00	93,810.00
31	620,000	91,140.00	91,760.00	92,380.00	93,000.00	93,620.00	94,240.00	94,860.00	95,480.00	96,100.00	96,720.00	97,340.00	97,960.00	98,580.00
32	650,000	95,550.00	96,200.00	96,850.00	97,500.00	98,150.00	98,800.00	99,450.00	100,100.00	100,750.00	101,400.00	102,050.00	102,700.00	103,350.00

雇用保険の被保険者負担額の算定

●雇用保険の被保険者負担額は、労働者（被保険者）に支払われた賃金額に被保険者負担率をかけて算定します。
●令和3年4月1日から令和4年3月31日までの雇用保険料率等は、以下のとおりです。

事 業 の 種 類	雇用保険料率	事業主負担率	被保険者負担率
一 般 の 事 業	9/1000	6/1000	3/1000
農 林 水 産・ 清酒製造の事業	11/1000	7/1000	4/1000
建 設 の 事 業	12/1000	8/1000	4/1000

印紙保険料額表（日雇労働者用保険料額表）

印紙の種類	賃 金 日 額 区 分	保険料額	保険料の負担額	
			事業主	被保険者
第 1 級	11,300円以上	176円	88円	88円
第 2 級	8,200円以上11,300円未満	146円	73円	73円
第 3 級	8,200円未満	96円	48円	48円

健康保険法第3条第2項被保険者の保険料日額表

日雇特例被保険者の方の保険料額（令和3年4月分～）

（単位：円）

標準賃金日額		賃金日額		保険料日額					
				介護保険第2号被保険者に該当しない場合			介護保険第2号被保険者に該当する場合		
				10.00%（平均保険料率）			11.80%（平均保険料率＋介護保険料率）		
等級	日額			金額	日雇特例被保険者が負担する額	事業主が負担する額	金額	日雇特例被保険者が負担する額	事業主が負担する額
		円以上	円未満						
第1級	3,000	～	3,500	390	150	240	450	175	275
第2級	4,400	3,500 ～	5,000	570	220	350	670	255	415
第3級	5,750	5,000 ～	6,500	740	285	455	880	335	545
第4級	7,250	6,500 ～	8,000	940	360	580	1,110	425	685
第5級	8,750	8,000 ～	9,500	1,140	435	705	1,350	515	835
第6級	10,750	9,500 ～	12,000	1,400	535	865	1,650	630	1,020
第7級	13,250	12,000 ～	14,500	1,730	660	1,070	2,040	780	1,260
第8級	15,750	14,500 ～	17,000	2,050	785	1,265	2,420	925	1,495
第9級	18,250	17,000 ～	19,500	2,380	910	1,470	2,810	1,075	1,735
第10級	21,250	19,500 ～	23,000	2,770	1,060	1,710	3,270	1,250	2,020
第11級	24,750	23,000 ～		3,230	1,235	1,995	3,820	1,460	2,360

◆保険料日額（金額）の計算方法

①…標準賃金日額×平均保険料率（注）

②…①の10円未満を切り捨てる

③…①×31／100

④…③の10円未満を切り捨てる

⑤…②＋④＝保険料日額（金額）

◆日雇特例被保険者と事業主の負担額

②×1／2＝日雇特例被保険者負担額

②×1／2＋④＝事業主負担額

◆賞与に係る保険料について

　賞与に係る保険料は、賞与額の1,000円未満の端数を切り捨てた額（標準賞与額）に、平均保険料率（注）を乗じた額になります。

　また、標準賞与額には、40万円の上限が定められています。

（注）40歳以上65歳未満の方（介護保険第2号被保険者）は、医療に係る平均保険料率に介護保険料率が加わります。

（注）端数整理により、計算結果が整合しない場合があります。

第1部 年末調整のしかた

第1 年末調整とは？

1 年末調整はなぜ必要か

─────────────〔ポイント〕───────
年末調整は、1年間の給与に対する源泉徴収税額の過不足額の精算です。
─────〔ポイント〕─────────────────

年末調整とは、給与の支払者がその年最後に給与の支払をする際に、給与の支払を受ける人の一人一人について、その年1年間の給与の総額を合計して、その給与の総額に対して納めなければならない税額（これを**年税額**といいます。）を計算し、その年税額と既に月々（日々）の給与の支払の際に源泉徴収をしてきた税額の合計額とを比較して過不足額を精算する事務のことをいいます。この事務は通常年末に行われますので、これを「年末調整」と呼んでいます。

ところで、所得税は、本来、申告納税を建前としていますから、例えば、個人で事業を営んでいるような人の場合には、自分で1年間の所得とその所得に対して納めなければならない税額を計算し、翌年2月16日から3月15日までに確定申告をして納税をすることになっています。

これに対して、給与の支払を受ける人については、毎月（日）の給与の支払を受ける都度、その支払額に応じて所得税及び復興特別所得税の源泉徴収が行われますが、この毎月（日）徴収された税額の合計額は、次のようないくつかの理由により、1年間の給与所得に対する年税額とは一致しないのが普通です。

そこで、給与の支払者が年末調整を行うことにより、この不一致を精算することになっています。

① **税額表の作り方によるもの**　源泉徴収の際に使用する税額表のうち月額表や日額表は、年間を通して毎月（日）の給与の金額に変動がないものとして作成されており、また、1年間で控除する給与所得控除額や配偶者控除額（配偶者が源泉控除対象配偶者に該当する場合）、配偶者特別控除額（配偶者が源泉控除対象配偶者に該当する場合）、扶養控除額、基礎控除額、障害者等の控除額などの所得控除額をそれぞれ月割額、日割額にして控除した上で毎月（日）の給与の源泉徴収税額が算出されています。年の中途で給与の金額に変動があったり、1年間を通じて勤務しなかった場合などには、1年間の所得に対する税率よりも低い税率によって計算した税額が徴収されたり、1年間を通じれば全額受けられる各種の控除の一部しか受けていないことに

50　第1　年末調整とは？

なったりするため、年末調整の際にその差額が調整されて過不足額が生じます。

　　また、月額表等には、老人控除対象配偶者や老人扶養親族の控除額、障害者等の控除額が実際の控除額ではなく一般の控除対象扶養親族の控除額と同額として織り込まれていますので、これらの控除を受ける場合には、年末調整の際にその差額が調整されて過不足額が生ずることになります。

② **扶養親族等の数の異動によるもの**　　結婚や控除対象扶養親族等であった人の就職などにより、年の中途で扶養親族等の数に異動があった場合でも、毎月（日）の源泉徴収では、その異動後の支払分から修正するだけで、遡って各月の源泉徴収税額を修正することとされていないため、1年間で控除する配偶者控除額、配偶者特別控除額、扶養控除額などの所得控除額につきその年分について控除が受けられるのに実際は受けていない月（日）が生じたり、あるいはその逆の場合が生じたりするなど、年の中途で扶養親族等の数が異動すると、年末調整の際にその差額が調整されて過不足額が生ずることになります。

③ **賞与の支給額等によるもの**　　「賞与に対する源泉徴収税額の算出率の表」の税率は、前月分の給与の金額を基にして求めることになっていますので、前月分の給与の多寡によって税率が高かったり低かったりします。また、その税率は、年に5か月分の賞与が支払われる場合を一応の基準として計算されていますので、賞与がこれよりも多かったり少なかったりすると、年末調整の際にその差額が調整されて過不足額が生ずることになります。

④ **生命保険料控除、地震保険料控除等によるもの**　　生命保険料控除、地震保険料控除及び小規模企業共済等掛金控除の所得控除(注)、所得金額調整控除並びに（特定増改築等）住宅借入金等特別控除の税額控除は、月々（日々）の源泉徴収の際には控除しないで、年末調整の際に一括して控除することになっていますので、これらの控除によって過納額が生じます。

　　(注)　月々の給与から差し引かれるものに係る控除を除きます。

　なお、給与の支払を受ける人のうちでも、高額な所得のある人は給与の他にも所得があって自分で確定申告をしており、確定申告によっても源泉徴収をされた税額が精算されることが多いと考えられます。このような人についてまで給与の支払者が年末調整を行うことは、いたずらに（二重に）精算の手数を掛けるだけとなります。

　そこで、1年間の給与の収入金額が2,000万円を超える人については、たとえ給与の他に所得がない場合でも、その給与について年末調整を行わないで、自分で確定申告をして、源泉徴収をされた税額の精算を行うことになっています。

　このような人や他に所得があるため確定申告をしなければならない人を除いて、給与の支払を受ける大部分の人は、年末調整によって1年間の所得税及び復興特別所得税の納税が完了することになり、確定申告をする必要がなくなるわけですから、年末調整の事務は正確であることが要求されます。

2　令和3年分の年末調整における留意事項等

(1)　税務関係書類における押印義務の改正

　税務署長等に提出する源泉所得税関係書類について、押印を要しないこととされました。

　このため、保険料控除申告書などの年末調整の際に使用する書類についても、従業員等に押印をしていただく必要はありません。

(2)　源泉徴収関係書類の電磁的提供に係る改正

　給与等、退職手当等又は公的年金等（以下(2)において「給与等」といいます。）の支払を受ける人が、給与等の支払者に対し、次に掲げる申告書の書面による提出に代えてその申告書に記載すべき事項の電磁的方法による提供を行う場合の要件であるその給与等の支払者が受けるべき税務署長の承認が不要とされました。

　イ　給与所得者の扶養控除等申告書

　ロ　従たる給与についての扶養控除等申告書

　ハ　給与所得者の配偶者控除等申告書

　ニ　給与所得者の基礎控除申告書

　ホ　給与所得者の保険料控除申告書

　ヘ　給与所得者の住宅借入金等を有する場合の所得税額の特別控除申告書

　ト　所得金額調整控除申告書

　チ　退職所得の受給に関する申告書

　リ　公的年金等の受給者の扶養親族等申告書

　なお、上記の電磁的方法による提供を行う場合には、給与等の支払者が

① 電磁的方法による提供を適正に受けることができる措置を講じていること

② 提供を受けた記載事項について、その提供をした給与等の支払を受ける人を特定するための必要な措置を講じていること

③ 提供を受けた記載事項について、電子計算機の映像面への表示及び書面への出力をするための必要な措置を講じていること

の全てを満たす必要があります。

(3)　e-Taxによる申請等の拡充

　税務署長等に対する申請等のうちe-Taxによりその申請等に係る書面に記載すべき事項を入力して送信することができないものについて、書面による提出に代えて、スキャナにより読み取る方法等により作成した電磁的記録（いわゆる「イメージデータ」）を送信することにより行うことができることとされました。

52 第1 年末調整とは？

(4) 年末調整手続の電子化

給与の支払を受ける人がその支払者に提出する控除申告書（「給与所得者の保険料控除申告書」や「給与所得者の（特定増改築等）住宅借入金等特別控除申告書」をいいます。以下同じです。）に、従来は書面（ハガキ等）で添付していた保険料控除証明書等に代えて、保険会社等から交付を受けた控除証明書等のデータ（以下「控除証明書等データ」といいます。）を添付して提出することができます。

また、年末調整手続において、給与の支払を受ける人が控除証明書等データを用いて簡便・正確に控除申告書を作成することができる「年末調整控除申告書作成用ソフトウェア」（「年調ソフト」）(注)が無償提供されています。

詳しくは、「付録7　年末調整手続の電子化」（325ページ）を参照してください。

(注)　年調ソフトには主に以下の機能があります。
　①　保険会社等から交付を受けた控除証明書等データをインポートすることにより、控除申告書の所定の項目に控除証明書等データの内容を自動入力する機能
　②　保険料控除等の控除額を自動計算し、控除申告書を作成する機能
　③　作成した控除申告書をデータ出力する機能

第1　年末調整とは？　53

3　年末調整の対象となる人とならない人

（1）　年末調整の対象となる人

―――――――――――――――――〔ポイント〕―――――
① 　本年最後の給与の支払をする時において「給与所得者の扶養控除等申告書」を提出している人のうち、本年中の給与の総額が2,000万円以下の人が年末調整の対象となります。
② 　「給与所得者の扶養控除等申告書」の提出が遅れていても、本年最後の給与の支払をする時までに提出されていれば年末調整を行います。
―――――――〔ポイント〕―――――――――――――――

　年末調整は、給与の支払者が、給与の支払を受ける人の一人一人についてその年1年間の給与の総額が確定したところで行いますが、必ずしも給与の支払を受ける人の全てについて行うわけではありません。

　年末調整は、本年最後の給与の支払をする時において「給与所得者の扶養控除等申告書」を提出している人のうち、本年中に支払うべきことが確定した給与の総額（本年の中途から就職した人で、就職前に他の給与の支払者から支払を受けた給与を通算して年末調整を行う人の場合（57ページ参照）には、その通算する給与も含めた給与の総額）が2,000万円以下の人について行います（所法190、所令311）。

　「給与所得者の扶養控除等申告書」は、その年最初の給与の支払を受ける日（年の中途で就職した人の場合には、就職して最初に給与の支払を受ける日）の前日までに、扶養親族等の有無にかかわらず主たる給与の支払者に提出することになっています（所法194①）が、この提出が遅れた場合であっても、その年最後の給与の支払をする時までに提出されていれば、年末調整を行います。

　具体的には、次の表に掲げる人のうち、本年中に支払うべきことが確定した給与の総額が2,000万円以下の人が年末調整の対象となります。

年末調整の対象となる人	① 　引き続き勤務している人で、年末調整を行う時までに「給与所得者の扶養控除等申告書」を提出している人
	② 　本年の中途から就職した人で、年末調整を行う時までに「給与所得者の扶養控除等申告書」を提出している人
	③ 　いわゆる日雇労働者などで日額表の丙欄によって所得税及び復興特別所得税の源泉徴収を受けていた人（以下「丙欄適用者」といいます。）で、雇用期間の延長などにより、継続して2か月を超えて給与の支払を受けることとなったため、本年の中途から丙欄適用者でなくなり、年末調整を行う時までに「給与所得者の扶養控除等申告書」を提出している人
	④ 　本年の中途で国外勤務から国内勤務となって帰国し居住者となった人で、年末調整を行う時までに「給与所得者の扶養控除等申告書」を提出している人
	⑤ 　本年の中途で死亡により退職した人で、その死亡の時までに「給与所得者の扶養控除等申告書」を提出している人
	⑥ 　本年の中途で国外に転勤のため出国し非居住者となった人で、その出国の時までに「給与所得者の扶養控除等申告書」を提出している人

年末調整の対象となる人	⑦　本年の中途で著しい心身の障害のため退職した人のうち、その退職の時期からみて本年中に再就職することができないと認められ、かつ、退職後本年中に給与の支払を受けることとなっていない人で、その退職の時までに「給与所得者の扶養控除等申告書」を提出している人 ⑧　いわゆるパートタイマーとして働いている人などが退職した場合で、本年中に支払を受ける給与の総額が103万円以下である人（退職後本年中に他の勤務先等から給与の支払を受けると見込まれる人を除きます。）で、その退職の時までに「給与所得者の扶養控除等申告書」を提出している人 ⑨　12月に支給期の到来する給与の支払を受けた後に退職した人で、その退職の時までに「給与所得者の扶養控除等申告書」を提出している人 ⑩　本年最後の給与が11月以前に支払われる人で、年末調整を行う時までに「給与所得者の扶養控除等申告書」を提出している人

(注)1　上記①～⑩に該当する人であっても、本年中に災害により被害を受け、災害減免法の規定により本年中の給与に対する源泉所得税及び復興特別所得税の徴収猶予又は還付を受けた人は、年末調整の対象とはならず、確定申告をする必要があります（災免法3⑥）。

　　　2　外国人の労働者であっても、国内に住所又は引き続いて1年以上の居所を有することにより居住者となる人については、上記の表により年末調整の対象となる人かどうかを判定します。

（2）　年末調整の対象とならない人

　年末調整の対象となる人の範囲は(1)で説明したように、本年最後の給与の支払をする時までに「給与所得者の扶養控除等申告書」を提出している人のうち、本年中に支払うべきことが確定した給与の収入金額が2,000万円以下の人などに限られています。したがって、それ以外の次の表に掲げる人は年末調整の対象とならない人ということになります。

　なお、これらの人については、本年最後に支払をする給与についても、通常の月（日）の給与と同じように所得税及び復興特別所得税を源泉徴収しなければなりません。

①　本年最後の給与の支払をする時までに「給与所得者の扶養控除等申告書」を提出していない人	この申告書を提出していない人は、次のイ又はロのいずれかに該当する人と考えられます。 イ　2か所以上から給与の支払を受けており、「給与所得者の扶養控除等申告書」を他の給与の支払者に提出している人（税額表の乙欄適用者） ロ　他に給与の支払を受けていないが、「給与所得者の扶養控除等申告書」を提出していない人（税額表の乙欄適用者） 　イに該当する人については、「給与所得者の扶養控除等申告書」の提出先の給与の支払者から支払を受けた給与につき、その支払者のところで年末調整が行われ、「給与所得者の扶養控除等申告書」の提出先以外の給与の支払者から支払を受けた給与については、原則として、本人の確定申告によって源泉徴収された税額の精算が行われることになります。 　また、ロに該当する人については、「給与所得者の扶養控除等申告書」の提出がないままでは年末調整を行うことはできませんので、この申告書の提出を単に失念しているのであれば、本年最後の給与の支払をする時までに本人からこの申告書の提出を受け、年末調整を行うのがよいと思われます。

② 本年中に支払うべきことが確定した給与の総額が2,000万円を超える人	「給与所得者の扶養控除等申告書」を提出している人であっても、本年中に支払うべきことが確定した給与の総額（本年の中途から就職した人で、就職前に他の給与の支払者から支払を受けた給与を通算して年末調整を行うこととなる人の場合には、その通算する給与を含めた総額）が2,000万円を超える人については、年末調整を行いません。 　このような人は、給与以外に他の所得が全くない場合であっても、本人が税務署に確定申告書を提出して、源泉徴収された税額の精算を行うことになります。
③ 丙欄適用者	「丙欄適用者」については、年末調整は行いません。 　日額表の丙欄の源泉徴収税額は、その人の実際の就労日数や控除対象扶養親族などの有無に関係なく、あらかじめ就労日数は1か月のうち22日であるとし、また、控除対象扶養親族などは、控除対象配偶者のほかに控除対象扶養親族が2人いるものとして計算されていますので、もともと「給与所得者の扶養控除等申告書」を提出する必要がないことになっており、年末調整も行わないことになっています。 　(注)　日額表の丙欄は、原則として、同一の雇用主から継続して2か月を超えて給与の支払を受けない場合に限り適用されることになっていますので、雇用期間の延長などにより継続して2か月を超えて給与の支払を受けることとなり丙欄適用者でなくなった人で、その2か月を超えて支払を受ける給与につき「給与所得者の扶養控除等申告書」を提出している人については、その提出前にその雇用主から支払を受けた丙欄適用の給与も含めて年末調整を行うことになります。
④ 被災給与所得者	災害により被害を受け、災害減免法の規定により、本年中の給与に対する源泉所得税及び復興特別所得税の徴収猶予又は還付を受けた人は、確定申告書を提出して税額の精算を行うことになっていますので、これらの人については、「給与所得者の扶養控除等申告書」が提出されている場合であっても、年末調整は行いません。
⑤ 本年の中途で退職した人	本年の中途で退職した人（死亡により退職した人など(1)の表の⑤、⑦、⑧及び⑨に掲げる人を除きます。）については、「給与所得者の扶養控除等申告書」が提出されている場合であっても、年末調整は行いません。 　このような人が退職後再就職した場合には、再就職先の給与の支払者が「給与所得者の扶養控除等申告書」の提出を受け、前の給与の支払者から支払を受けた給与も含めて年末調整を行うことになります。 　また、再就職しなかった場合には、本人が税務署に確定申告書を提出して、退職時までの給与について源泉徴収された税額を精算することになります。
⑥ 非居住者	国内に住所を有さず、かつ、現在まで引き続いて1年以上の居所も有しない人を「非居住者」といいますが、非居住者に国内において支払われる給与（原則として日本国内での勤務に対応する給与に限ります。）については、その支払の際に20.42％の税率で所得税及び復興特別所得税の源泉徴収をすることによって課税が完了しますので、年末調整は行いません。 　非居住者が年の中途から居住者になった場合でも、非居住者であった期間内に支払われた給与については、年末調整の対象とはなりません。

56　第1　年末調整とは？

4　年末調整の対象となる給与

─────────────────────────────〔ポイント〕───────
　本年中に支払うことが確定した給与が対象となります。
───────〔ポイント〕───────────────────────────────

　年末調整は、本年最後の給与の支払をする時までに「給与所得者の扶養控除等申告書」を提出している人に対し、本年中に支払うべきことが確定した次に掲げる給与の総額について行います（所法190、所令311）。

①　年末調整を行う主たる給与の支払者が本年中に支払う給与

(注)　「主たる給与の支払者」とは、「給与所得者の扶養控除等申告書」の提出先の給与の支払者をいいます。

②　本年の中途まで主たる給与の支払者であった他の給与の支払者が、主たる給与の支払者でなくなった日までに支払った給与

　「本年中に支払うべきことが確定した給与」とは、本年1月1日から12月31日までの間にその給与の支払を受ける人にとって収入することが確定した給与をいいます。したがって、実際に本年中に支払が行われたかどうかには関係なく、未払となっているものであっても、本年中に支給期日の到来した給与は年末調整の対象になりますし、逆に実際に本年中に支払った給与であっても、昨年中に支給期日の到来した未払給与を本年に繰り越して支払ったものは、昨年の年末調整の対象になり、本年の年末調整の対象にはなりません。

　この給与を収入することが確定する時期については、次によることとされています（所法36①、所基通36―9）。

給 与 の 支 給 形 態 等	収 入 す る こ と が 確 定 す る 時 期
(1)　契約又は慣習その他株主総会の決議等により支給日が定められている給与	その定められた支給日
(2)　支給日が定められていない給与	その支給を受けた日
(3)　役員に対する賞与	役員に対する賞与のうち、株主総会の決議等によりその算定の基礎となる利益に関する指標の数値が確定し支給金額が定められるものその他利益を基礎として支給金額が定められるものについては、その決議等があった日 　ただし、その決議等が支給する金額の総額だけを定めるにとどまり、各人ごとの具体的な支給金額を定めていない場合には、各人ごとの支給金額が具体的に定められた日
(4)　給与規程の改訂が既往にさかのぼって実施されたため、既往の期間に対応して支払われる新旧給与の差額に相当する給与	その支給日が定められているものについては、その定められた支給日 　その日が定められていないものについては、その改訂の効力が生じた日
(5)　いわゆる認定賞与	その支給日があらかじめ定められているものについては、その定められた支給日 　その日が定められていないものについては、現実にその支給を受けた日（その日が明らかでない場合

	には、その支給が行われたと認められる事業年度の終了の日)

　通常の場合には、年末調整を行う給与の支払者が「給与所得者の扶養控除等申告書」の提出を受けて支払った本年分の給与(いわゆる甲欄給与)について年末調整を行えばよいことになりますが、年末調整の対象となる給与には、主たる給与の支払者が本年中に支払う給与のほか、本年の中途まで主たる給与の支払者であった者が主たる給与の支払者でなくなった日までに支払った給与も含まれることになっています(所法190、所令311、所基通190—2)。したがって、本年の中途からこの申告書を提出した人の場合や本年の中途で就職した人で就職前に他の給与の支払者にこの申告書を提出して給与の支払を受けていた人などの場合には、年末調整を行う給与の支払者が「給与所得者の扶養控除等申告書」の提出を受ける前に支払った本年分の給与(いわゆる乙欄給与又は丙欄給与)や、就職前に他の給与の支払者が支払った本年分の給与も、それぞれ含めて年末調整を行うことになります。

　この年末調整の対象となる給与の範囲を図示すれば、次のようになります。

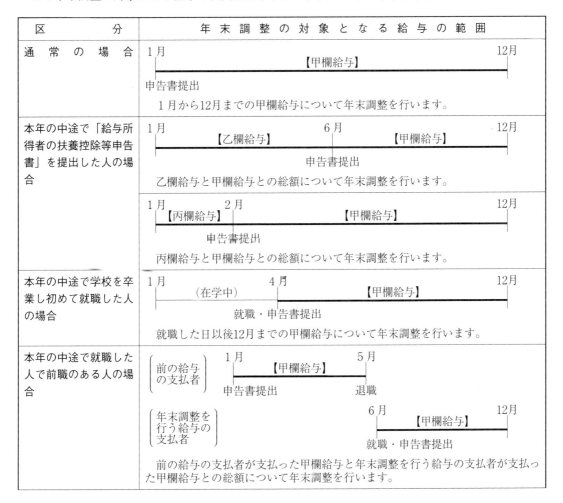

58 第1 年末調整とは?

区　　　　分	年末調整の対象となる給与の範囲
本年の中途で主たる給与の支払者が入れ替わった場合	A社　1月　　　　　　　　　　　　　　6月　　　　　　　　　　　12月 　　　　　①【甲欄給与】　　　　　　　②【乙欄給与】 　　　申告書提出　　　　　　　　申告書の提出先をB社へ変更 B社　1月　　　　　　　　　　　　　　6月　　　　　　　　　　　12月 　　　　　③【乙欄給与】　　　　　　　④【甲欄給与】 　　　　　　　　　　　申告書提出 　A社が支払った①の甲欄給与とB社が支払った③の乙欄給与及び④の甲欄給与との総額についてB社で年末調整を行います。
本年の中途で居住者となった人の場合	1月　　　　　　　　　　　4月　　　　　　　　　　　　　　　　12月 　　　（非居住者）　　　　　　　　（居住者）【甲欄給与】 　　　　国外勤務　　　　申告書提出 　居住者となった日以後12月までの甲欄給与について年末調整を行います。
本年の中途で非居住者となった人の場合	1月　　　　　　　　　　　　　　　　　　9月　　　　　　　　　12月 　　　　　（居住者）　【甲欄給与】　　　　　（非居住者） 申告書提出　　　　　　　　　　　　　　出国　　国外勤務 　居住者であった1月から9月までの甲欄給与について年末調整を行います。
本年の中途で死亡により退職した人の場合	1月　　　　　　　　　　　6月 　　　【甲欄給与】 申告書提出　　　　　　死亡退職 　1月から死亡による退職時までの甲欄給与について年末調整を行います。
本年の中途で著しい心身の障害のため退職した人の場合	1月　　　　　　　　　　　　　　　　　10月 　　　　　　【甲欄給与】 申告書提出　　　　　　　　　　　障害退職 　その退職の時期からみて本年中に再就職することができないと認められ、かつ、退職後本年中に給与の支払を受けることとなっていない人の場合には、1月から障害退職時までの甲欄給与について年末調整を行います。
本年の中途でパートタイマーとして働いている人が退職した場合	1月　　　　　　　　　　　　　　　　　　11月 　　　　　　【甲欄給与】 申告書提出　　　　　　　　　　　　退職 　いわゆるパートタイマーとして働いている人などが本年の中途で退職した場合で、本年中に支払を受ける給与の総額が103万円以下である人（退職後本年中に他の勤務先等から給与の支払を受けると見込まれる人を除きます。）の場合には、1月から退職時までの甲欄給与について年末調整を行います。
12月中に支給期の到来する給与の支払を受けた後に退職した人の場合	1月　　　　　　　　　　　　　　　12月20日　12月25日 　　　　　　【甲欄給与】 申告書提出　　　　　　　　　　　　支給期　退職 　1月から退職時までの甲欄給与について年末調整を行います。
11月以前に本年最後の給与の支払を受ける人	1月　　　　　　4月　　　　　　7月　　　　　　10月　　　12月 　　　　　　　　　【甲欄給与】 （支給期①）　　（支給期②）　　（支給期③）　（支給期④本年最後） 　支給期①から支給期④までの本年中の甲欄給与の総額について年末調整を行います。

5　年末調整を行う時

―――――――――――〔ポイント〕―――――
　年末調整は、原則として、本年最後の給与を支払う時に行いますが、12月分の普通給与よりも賞与を先に支払うときは、その賞与を支払う時に年末調整を行うことができます。
―――――〔ポイント〕――――――――――――

　年末調整は、給与の支払者が本年最後の給与を支払う時に行います。

　したがって、通常は12月中に年末調整を行うことになりますが、12月中に普通給与と賞与とを別々の日に支払うというように、2回以上にわたって給与を支払う場合には、最も遅い給与を支払う際に年末調整を行うのが原則です。

　しかし、本年最後に支払う給与が賞与以外の普通給与であって、同じ月中にその普通給与を支払う前に賞与を支払うという場合には、その賞与を本年最後の給与とみて、賞与を支払う際にその後に支払う普通給与の見積額及びこれに対する徴収税額の見積額を含めたところで年末調整を行ってもよいことになっています（所基通190―6）。

　したがって、例えば、12月15日に賞与を支払い、25日に普通給与を支払うというような場合には、12月15日に賞与を支払う際に、25日に支払う普通給与の見積額及びこれに対する徴収税額の見積額を含めたところで年末調整を行うことができます。その場合、普通給与の実際の支給額がその見積額と異なることとなったときは、その普通給与を支払う際に、年末調整の再計算を行います。

　(注)　年末調整を行う月（通常は12月）に、賞与を先に支払い、普通給与を後で支払う場合には、上記のように賞与を支払う際にその後に支払う普通給与を含めて年末調整を行ってもよいことになっていますが、これとは別に、所得税法においては、このような場合の賞与に対する税額計算の特例として、先に支払う賞与から通常の計算方法により計算した税額を徴収しただけでは、その後に行う年末調整の際（普通給与を支払う際）に不足額が生ずると見込まれる場合には、その賞与から徴収する税額は、通常の計算方法により計算した税額と年末調整の際に生ずると見込まれる不足額との合計額とすることができることとされています（所法186③）。この特例は、年末調整により不足額が生ずると見込まれる場合にだけその不足額の見込額を賞与に対する税額として徴収することができるというものであって、過納額の還付についてまでは定めていませんが、上記本文の取扱いによれば、それによって不足額の徴収を行うことも、また、過納額の還付を行うこともできます。

　なお、通常の場合には12月が本年最後の給与を支払う時となりますので、年末調整は年末に行いますが、この「本年最後の給与を支払う時」は、給与の支払者を基準としてみるのではなく、給与の支払を受ける人を基準としてみることになっています。

　したがって、次のような人については、それぞれ次の時に年末調整を行うことになります（所基通190―1）。

60　第1　年末調整とは？

特 別 な 時 期 に 年 末 調 整 を 行 う 人	年末調整を行う時
①　年の中途で死亡により退職した人	退職の時
②　年の中途で国外に転勤することとなったため出国し非居住者となった人	出国の時
③　年の中途で著しい心身の障害のため退職した人のうち、その退職の時期からみて本年中に再就職することができないと認められ、かつ、退職後本年中に給与の支払を受けることとなっていない人	退職の時
④　いわゆるパートタイマーとして働いている人などが年の中途で退職した場合で、本年中に支払を受ける給与の総額が103万円以下である人（退職後本年中に他の勤務先等から給与の支払を受けると見込まれる場合を除きます。）	退職の時
⑤　12月中に支給期の到来する給与の支払を受けた後に退職した人	退職の時
⑥　11月以前に本年最後の給与の支払を受ける人	本年最後の給与を支払う時

第2　年末調整の実務

1　年末調整の手順と使用する用紙等

（1）　年末調整の手順のあらまし

―――――――――――――――――――――〔ポイント〕―――

年末調整は、次の順序で行います。

① 各種控除額の確認

② 本年分の給与の金額と徴収税額の集計

③ 課税給与所得金額の計算

④ 年調年税額の計算

⑤ 過不足額の計算と精算

⑥ 源泉徴収票や合計表等の提出

―――〔ポイント〕―――――――――――――――――――

　年末調整とは、月々（日々）の給与の支払の都度源泉徴収をしてきた税額の合計額と本年分の給与の総額に対する年税額とを比較して過不足があるときに、その過不足額を精算することをいいますから、月々（日々）の徴収税額の集計や年税額の計算が中心になります。この年税額の計算をするに当たっては、いくつかの準備を行わなければなりませんし、また、年税額の計算後は、過不足額の精算を行わなければなりません。このように、年末調整はいくつかの段階に分かれますので、その手順と主な内容をはじめによく理解しておくことが大切です。

　年末調整の手順は、巻頭の折込みの「年末調整の手順表」のとおりですが、これからその順序に従ってその内容を説明します。

62　第2　年末調整の実務

(1) 各種控除額の確認	…	所得控除にはいくつかの種類がありますが、年税額の計算を正しく行うために は、これらの控除を正しく行わなければなりません。したがって、年税額の計算を行う前に、まず、各人に適用される控除の種類やその控除額を確認しておくことが必要です。
(2) 本年分の給与の金額と徴収税額の集計	…	次に、具体的な計算のはじめとして、月々（日々）支払った給与の金額（年末調整を行うときに支払う本年最後の給与の金額も含めます。）とその給与に対する源泉徴収税額とを、各人別に備え付けている「**源泉徴収簿**」によってそれぞれ集計し、本年分の給与の総額とそれに対する徴収税額の合計額を求めます。
(3) 課税給与所得金額の計算	…	(2)により集計した給与の総額について「令和3年分の年末調整等のための給与所得控除後の給与等の金額の表」（以下「**給与所得控除後の金額の算出表**」といいます。）によって給与所得控除後の給与等の金額（所得金額調整控除の適用がある場合は、その控除額を控除した後の金額）を求め、その金額から(1)により確認した各種控除の額を差し引いて課税給与所得金額を算出します。
(4) 年調年税額の計算	…	(3)により課税給与所得金額を算出した後、その金額を基にして「令和3年分の年末調整のための算出所得税額の速算表」（以下「**算出所得税額速算表**」といいます。）によって算出所得税額を求めます。 　次に、（特定増改築等）住宅借入金等特別控除の適用が受けられる人については、上記によって求めた算出所得税額から更に（特定増改築等）住宅借入金等特別控除額を控除した金額が、年調所得税額となります。この場合、算出所得税額よりも（特定増改築）住宅借入金等特別控除額の方が多いときは、（特定増改築等）住宅借入金等特別控除額は算出所得税額にとどめ、控除しきれない部分の金額は切り捨てます（なお、（特定増改築等）住宅借入金等特別控除の適用がない人は、算出所得税額が年調所得税額になります。）。 　最後に、年調所得税額に**102.1％を乗じて、復興特別所得税を含む年調年税額**を算出します。これが給与について課される所得税及び復興特別所得税の額となります。

第2　年末調整の実務　63

(5) 過不足額の計算と精算	⋯

(2)により集計した徴収税額の合計額と(4)により求めた年調年税額とを比較して過不足額を計算し、過納額は還付し、不足額は徴収して精算します。

なお、精算の結果は、徴収高計算書（納付書）に記載して原則として翌年1月10日（納期の特例の承認を受けている源泉徴収義務者は翌年1月20日）までに納付します（納付する税額がないときでも、給与支給額などを記載した徴収高計算書（納付書）は所轄の税務署に、e-Taxにより送信又は郵便若しくは信書便により送付又は提出します。）。

(6) 源泉徴収票や合計表等の提出	⋯

年末調整の計算が終わったら、翌年1月末までに、各人別にその結果を記載した「給与所得の源泉徴収票（給与支払報告書）」を作成して本人に交付するとともに、「給与所得の源泉徴収票」は「給与所得の源泉徴収票等の法定調書合計表」を添付して所轄の税務署へ、「給与支払報告書」は「給与支払報告書（総括表）」を添付して本人の住所地の市区町村へそれぞれ提出します。

(注)　「給与所得の源泉徴収票」の税務署への提出は、給与等の支払金額が一定のものに限られます（詳しくは242ページの「源泉徴収票の提出の範囲」をご確認下さい。）。

64　第2　年末調整の実務

（2）　年末調整に使用する用紙等

　年末調整を行うために必要な下記の一覧表に掲げた申告書の用紙等は、⑨及び⑬を除き、国税庁ホームページ（https://www.nta.go.jp）に掲載されています。

　⑨の住宅借入金等特別控除申告書は、給与の支払を受ける人の確定申告に基づいて、それぞれその人の住所地の所轄の税務署から本人あてに直接送付されています。

　㊟　⑬の徴収高計算書（納付書）は、所轄の税務署から交付されます。

　なお、①から③までの「算出所得税額速算表」、「給与所得控除後の金額の算出表」及び「早見表」は、この本の巻頭に掲げてあります。

　㊟　基礎控除を適用するためには、「給与所得者の基礎控除申告書」の提出を受ける必要がありますので、
　　ご注意ください。

〔年末調整に使用する年税額速算表・用紙等一覧表〕

略　　称	正　式　の　名　称	説　　　　　明
①　算出所得税額速算表	・令和3年分の年末調整のための算出所得税額の速算表	課税給与所得金額を基にして、算出所得税額を求めるときに使用します。
②　給与所得控除後の金額の算出表	・令和3年分の年末調整等のための給与所得控除後の給与等の金額の表	給与等の総額を基にして、給与所得控除後の給与等の金額を求めるときに使用します。
③　早見表	・令和3年分の扶養控除額及び障害者等の控除額の合計額の早見表	扶養控除等申告書に基づく控除額の合計額を求めるときに使用します。
④　扶養控除等申告書	・令和3年分　給与所得者の扶養控除等（異動）申告書	この申告書は、既に各人から提出されているはずですが、この申告書を提出できる人でまだ提出していない人や、この申告書の提出後、扶養親族などに異動があった人で異動申告書をまだ提出していない人については、年末調整の時までに提出してもらうことが必要です。
⑤　基礎控除申告書	・令和3年分　給与所得者の基礎控除申告書	これらの申告書は、年末調整を行う時までに提出してもらう必要がありますから、早めに準備して、各人に配付しておいてください。
⑥　配偶者控除等申告書	・令和3年分　給与所得者の配偶者控除等申告書	
⑦　所得金額調整控除申告書	・令和3年分　所得金額調整控除申告書	
⑧　保険料控除申告書	・令和3年分　給与所得者の保険料控除申告書	

⑨	住宅借入金等特別控除申告書	・令和3年分　給与所得者の（特定増改築等）住宅借入金等特別控除申告書 （注）「平成33年分」と記載されたものを含みます。	この申告書は、控除を受ける最初の年分について確定申告により（特定増改築等）住宅借入金等特別控除を受けた人が、その後の年分について年末調整の際に（特定増改築等）住宅借入金等特別控除を受ける場合に使用するもので、確定申告を行った年の翌年に控除を受けることとなる各年分の申告書が一括して税務署から所得者本人に送付されていますので、その控除を受けようとする人から、所要事項を記載して提出してもらうことになります。
⑩	年末調整過納額還付請求書兼残存過納額明細書	・源泉所得税及び復興特別所得税の年末調整過納額還付請求書兼残存過納額明細書（委任状を含む。）	この用紙は、年末調整による過納額を給与の支払者が還付しきれない場合にだけ使用するものですから、必要となったときに国税庁ホームページ（https://www.nta.go.jp）から印刷するか、税務署で交付を受けてください。
⑪	徴収繰延承認申請書	・年末調整による不足額徴収繰延承認申請書	この用紙は、年末調整による不足額を本年最後に支払う給与から一度に徴収すると、給与の手取額が著しく少なくなる特別な場合にだけ必要なものですから、必要となったときに国税庁ホームページ（https://www.nta.go.jp）から印刷するか、税務署で交付を受けてください。
⑫	源泉徴収簿	・令和3年分　給与所得に対する源泉徴収簿　退職所得	この用紙は、年末調整のためだけに使用するものではなく、月々の源泉徴収に当たっても使用するものですが、まだ備え付けていない場合には、整備しておかないと年末調整を行うのに不便が生じます。 　なお、この用紙は、源泉徴収の便宜のために備え付けておくものですから、国税庁ホームページ（https://www.nta.go.jp）に掲載されている様式と異なるものであっても差し支えありません。
⑬	徴収高計算書（納付書）	・給与所得、退職所得等の所得税徴収高計算書（納付書）	この用紙は、月々の徴収税額を納付するときに使用しているものですが、年末調整が終わった後、過不足額を精算し、12月分の徴収税額を納付する際にも必要になります（納付する税額がないときでも、税務署へ提出します。）ので、手元になければ税務署で交付を受けて用意しておく必要があります。
⑭	源泉徴収票	・令和3年分　給与所得の源泉徴収票 ・令和3年分　退職所得の源泉徴収票	「源泉徴収票」は、年末調整が終わった後、その結果を記載して給与の支払を受ける人に交付するほか、「合計表」を添付して「支払調書」と一緒に令和4年1月31日までに所轄の税務署に提出しなければなりませんので、これらの用紙もあらかじめ準備しておく必要があります。 　なお、「給与支払報告書」は、その人の住所地の市区町村へ提出しなければなりません。
⑮	支払調書	・令和3年分　報酬、料金、契約金及び賞金の支払調書 ・令和3年分　不動産の使用料等の支払調書　など	
⑯	合計表	・令和3年分　給与所得の源泉徴収票等の法定調書合計表	

66　第2　年末調整の実務

2　各種控除額の確認

―――――――――――――――――――――――〔ポイント〕―――――

　各種控除のうち、年末調整の際に適用を受けることができるのは、給与所
得の所得金額等から控除されるものが13、所得税額から控除されるものが1
の合計14の控除です。

―――――〔ポイント〕―――――――――――――――――――――――

　所得金額又は所得税額から控除できる各種の控除には次のものがあります。これらの控除のうち(1)、(2)、(7)、(17)、(a)から(m)まで及び(o)から(t)までの控除は、確定申告の際にだけその適用を受けることができることになっています。

〔各種控除額の種類〕

アンダーラインを付したものが年末調整の際に適用を受けることができる控除です。

所得金額等から控除できるもの	参照頁	所得税額から控除できるもの	参照頁
(1)　雑損控除（所法72）	—	(a)　配当控除（所法92）	—
(2)　医療費控除（所法73、措法41の17の2）	—	(b)　外国税額控除（所法95）	—
(3)　社会保険料控除（所法74）	68	(c)　試験研究を行った場合の所得税額の特別控除（措法10）	—
(4)　小規模企業共済等掛金控除（所法75）	74	(d)　高度省エネルギー増進設備等を取得した場合の所得税額の特別控除（措法10の2③）	—
(5)　生命保険料控除（所法76）	79		
(6)　地震保険料控除（所法77）	91		
(7)　寄附金控除（所法78、措法41の18①、41の18の2①、41の19）	—	(e)　中小事業者が機械等を取得した場合の所得税額の特別控除（措法10の3③）	—
(8)　障害者控除（所法79）	110	(f)　地域経済牽引事業の促進区域内において特定事業用機械等を取得した場合の所得税額の特別控除（措法10の4③）	—
(9)　寡婦控除（所法80）	113		
(10)　ひとり親控除（所法81）	115		
(11)　勤労学生控除（所法82）	118	(g)　地方活力向上地域等において特定建物等を取得した場合の所得税額の特別控除（措法10の4の2③）	—
(12)　配偶者控除（所法83）	123		
(13)　配偶者特別控除（所法83の2）	123		
(14)　扶養控除（所法84、措法41の16）	99	(h)　地方活力向上地域等において雇用者の数が増加した場合の所得税額の特別控除（措法10の5）	—
(15)　基礎控除（所法86）	121		
(16)　所得金額調整控除（子ども・特別障害者等を有する者等）（措法41の3の3①、41の3の4）	132	(i)　特定中小事業者が経営改善設備を取得した場合の所得税額の特別控除（措法10の5の2③）	—
(17)　所得金額調整控除（年金等）（措法41の3の3②）	—	(j)　特定中小事業者が特定経営力向上設備等を取得した場合の所得税額の特別控除（措法10の5の3③）	—

所得金額等から控除できるもの	参照頁	所得税額から控除できるもの	参照頁
		(k)　給与等の引上げ及び設備投資を行った場合等の所得税額の特別控除（措法10の5の4）	—
		(l)　認定特定高度情報通信技術活用設備を取得した場合の所得税額の特別控除（措法10の5の4の2③）	—
		(m)　革新的情報産業活用設備を取得した場合の所得税額の特別控除（旧措法10の5の5③）	—
		(n)　事業適応設備を取得した場合等の所得税額の特別控除（措法10の5の6）	—
		(o)　(特定増改築等）住宅借入金等特別控除（措法41、41の2、41の2の2、41の3の2）	135
		(p)　政党等寄附金特別控除（措法41の18②）	—
		(q)　認定NPO法人等寄附金特別控除（措法41の18の2）	—
		(r)　公益社団法人等寄附金特別控除（措法41の18の3）	—
		(s)　住宅耐震改修特別控除(措法41の19の2）	—
		(t)　住宅特定改修特別税額控除（措法41の19の3）	—
		(u)　認定住宅新築等特別税額控除（措法41の19の4）	—

年末調整に当たっては、まず、年税額の計算上、給与所得の所得金額等又は所得税額から控除される各種の控除について、それぞれ控除の要件に該当するかどうか、必要な書類はあるか、控除額はいくらかといった確認を行います。各種控除のうち、年末調整の際に適用を受けることができるのは、給与所得の所得金額等から控除されるものが13、所得税額から控除されるものが1の合計14の控除です。

※　所得金額調整控除は、給与所得控除後の給与等の金額から控除することとされています（措法41の3の4①)。

68　第2　年末調整の実務

（1）　社会保険料控除額の集計と確認

―――――――――――――――――――――――――――〔ポイント〕―――――
① 　給与から天引きした社会保険料は、保険料控除申告書で申告する必要は
　ありませんので、源泉徴収簿に記入しておき年末調整の際に集計します。
② 　本人が直接支払った社会保険料は、「給与所得者の保険料控除申告書」
　により申告した全額が控除されますので、その申告の内容を確認します。
―――――〔ポイント〕―――――

　給与の支払を受ける人が、本年中に、社会保険料が給与から差し引かれている場合や、その人又は
その人と生計を一にする配偶者その他の親族が負担すべき社会保険料を直接その人が支払っている場
合には、その社会保険料の全額を社会保険料控除額として、その人の給与所得の所得金額（給与所得
控除後の給与等の金額（調整控除後））から控除することができます（所法74）。

　この社会保険料のうち、健康保険や厚生年金保険、雇用保険の保険料のように、**給与から差し引い
ている社会保険料**は、特別な手続を要しないでその1年間の合計額を年末調整の際に控除することに
なっていますから、年末調整の準備はその差し引いた金額を集計するだけで済みます。

　しかし、国民健康保険や国民年金などの保険料や保険税、掛金のように、**給与の支払を受ける人が
直接自分で支払っている社会保険料**は、その人の申告に基づいて控除することになっていますから、
給与の支払者は、年末調整を行う時までに「給与所得者の保険料控除申告書」の提出を受けて、その
直接支払っている社会保険料の金額を記載内容から確認しなければなりません。

　なお、社会保険料控除には、生命保険料控除や地震保険料控除のような控除額の上限がなく、給与
から差し引いた金額と直接所得者本人が支払った金額の全額が所得金額から控除されることになって
います。

　（注）1　国税庁ホームページに掲載されている「給与所得者の保険料控除申告書」は、1枚の用紙で社会保
　　　　険料控除、小規模企業共済等掛金控除、生命保険料控除及び地震保険料控除の申告ができるようにな
　　　　っています。
　　　2　「給与所得者の保険料控除申告書」は、給与の支払者を経由して源泉徴収義務者の納税地の税務署
　　　　へ提出することとされていますが、給与の支払者に受理された日に税務署長に提出されたものとみな
　　　　され、税務署長から提出を求められるまでの間は、申告書を受理した給与の支払者が保存するものと
　　　　されています。
　　　　　ただし、この申告書の提出期限の属する年の翌年の1月10日の翌日から7年を経過する日後におい
　　　　ては、保存する必要はありません（所規76の3）。

⑴　**控除の対象となる社会保険料の範囲**　　　社会保険料控除の対象となる社会保険料は、次に掲げ
　る保険料や掛金です（所法74②、所令208、措法41の7②）。

　　なお、在勤手当（所法9①七）に係るもの、会社などで任意に設けている共済制度の掛金は、
　社会保険料控除の対象にはなりません。

　　①　健康保険、雇用保険、船員保険又は農業者年金の保険料で被保険者として負担するもの

　　②　健康保険法附則又は船員保険法附則の規定により被保険者が承認法人等に支払う負担金

③ 　国民健康保険の保険料又は国民健康保険税

④ 　高齢者の医療の確保に関する法律の規定による保険料（後期高齢者医療制度の保険料）

⑤ 　介護保険法の規定による介護保険料

⑥ 　国民年金の保険料で被保険者として負担するもの及び国民年金基金の加入員として負担する掛金

⑦ 　厚生年金保険の保険料で被保険者として負担するもの及び存続厚生年金基金の加入員として負担する掛金

⑧ 　労働者災害補償保険の特別加入者として負担する保険料

⑨ 　国家公務員共済組合法又は地方公務員等共済組合法の規定による掛金（地方公務員等共済組合にあっては特別掛金を含みます。）

⑩ 　私立学校教職員共済法の規定により加入者として負担する掛金

⑪ 　恩給法の規定による納金

⑫ 　地方公共団体の条例により組織された互助会が行う職員の相互扶助に関する制度で一定の要件を備えているものとして所轄税務署長の承認を受けた制度に基づき、その互助会の構成員である職員が負担する掛金

⑬ 　公庫等の復帰希望職員の掛金

(注)　①及び②には、船員の雇用の促進に関する特別措置法の規定により船員保険法の被保険者とみなされた労務供給船員が支払う船員保険の保険料を含みます。

(2)　**給与から差し引いた社会保険料の集計と記入**　　健康保険の保険料や厚生年金保険の保険料、雇用保険の保険料など給与の支払をする際にその給与から差し引いた社会保険料は、月々（日々）の控除額が源泉徴収簿の「社会保険料等の控除額」欄に記入されていますので、これを集計し、その合計額を源泉徴収簿の「社会保険料等控除額（給与等からの控除分）⑫」欄に記入します。

(注)　小規模企業共済等掛金のうち一定のものについては、社会保険料と同様に月々の給与から差し引くこととされています。そのため源泉徴収簿の「社会保険料等の控除額」欄には、月々の給与から差し引かれる社会保険料と合計して、その小規模企業共済等掛金の金額も記入するようになっています。

70　第2　年末調整の実務

令和3年分　給与所得に対する源泉徴収簿

給退職所得に対する源泉徴収簿

甲欄
乙欄

所属	総務課	職名	総務係長	住所

区分	月区分	支給月日	総支給金額	社会保険料等の控除額	社会保険料等控除後の給与等の金額	引税額
給料・手当等	1	25	363,000	55,017	307,983	4,760
	2		363,000	55,017	307,983	760
	3		363,000	55,017	307,983	760
	4	26	368,000	54,996	313,004	000
	5	25	368,000	54,996	313,004	000
	6		368,000	54,996	313,004	000
	7	26	368,000	54,996	313,004	000
	8		368,000	54,996	313,004	000
	9	24	368,000	54,996	313,004	000
	10	25	368,000	54,996	313,004	000
	11	25	368,000	54,996	313,004	000
	12	24	368,000	54,996	313,004	818
	計	①	4,401,000	② 660,015	3,740,985	
賞与等	6	6 30	779,000	118,953	660,047	156
	12	12 20	852,000	130,100	721,900	9,482
	計	④	1,631,000	⑤ 249,053	1,381,947	

（合計）

氏名	（フリガナ）トシマ イチロウ　豊島 一郎 （生年月日 明・大・昭・平・令 52年6月11日）	整理番号	24

引税額　前年の年末調整に基づき繰り越した過不足額 　円

同上の税額につき 月別 還付又は徴収した税額 差引残高 月別 還付又は徴収した税額 差引残高

扶養控除等の申告

区分	金額	税額
給料・手当等 ①	4,401,000	③ 43,280
賞与等 ④	1,631,000	⑥ 56,438
計 ⑦	6,032,000	⑧ 99,718
給与所得控除後の給与等の金額 ⑨	4,385,600	
所得金額調整控除額（（⑦−8,500,000円）×10%、マイナスの場合は0）⑩	0	所得金額調整控除の適用 有・無
給与所得控除後の給与等の金額（調整控除後）（⑨−⑩）⑪	4,385,600	
社会保険料等控除額 給与等からの控除分（②＋⑤）⑫	909,068	配偶者の合計所得金額（ 0 円）
申告による社会保険料の控除分 ⑬	0	旧長期損害保険料支払額（ 円）
申告による小規模企業共済等掛金の控除分 ⑭	0	⑫のうち小規模企業共済等掛金の金額（ 円）
生命保険料の控除額 ⑮	107,500	
地震保険料の控除額 ⑯	50,000	⑬のうち国民年金保険料等の金額（ 円）
配偶者（特別）控除額 ⑰	380,000	
扶養控除額及び障害者等の控除額の合計額 ⑱	1,010,000	
基礎控除額 ⑲	480,000	
所得控除額の合計額（⑫＋⑬＋⑭＋⑮＋⑯＋⑰＋⑱＋⑲）⑳	2,936,568	
差引課税給与所得金額（⑪−⑳）及び算出所得税額 ㉑	1,449,000	㉒ 72,450
（特定増改築等）住宅借入金等特別控除額 ㉓		
年調所得税額（㉒−㉓、マイナスの場合は0）㉔		72,450
年調年税額（㉔×102.1%）㉕		73,900
差引超過額又は不足額（㉕−⑧）㉖		25,818
超過額の精算 本年最後の給与から徴収する税額に充当する金額 ㉗		
未払給与に係る未徴収の税額に充当する金額 ㉘		
差引還付する金額（㉖−㉗−㉘）㉙		25,818
うち 本年中に還付する金額 ㉚		25,818
翌年において還付する金額 ㉛		
不足額の精算 本年最後の給与から徴収する金額 ㉜		
翌年に繰り越して徴収する金額 ㉝		

第2　年末調整の実務　71

〔給与から差し引いた社会保険料の確認に当たっての注意事項〕

注　意　事　項	説　　　　　　　　　　　　　　　明
給与から差し引いていない社会保険料	社会保険料の集計は、本年中に実際に本人の給与から差し引いた社会保険料を基にして行いますから、差し引くべきものを実際に差し引いていない場合は、その額を除いて集計します（所基通74・75―1(1)）。
直接本人から徴収した社会保険料	健康保険や厚生年金保険、雇用保険の保険料のように、通常給与から差し引くことになっている社会保険料を、たまたま給与の支払がないことなどのため、直接本人から徴収し、退職手当から差し引き、又は労働基準法に規定する休業補償のような非課税所得から差し引いている場合であっても、その社会保険料は、給与から差し引いた社会保険料に含めて集計します（所基通74・75―3）。
給与の支払者が負担した社会保険料	給与の支払を受ける人が負担することになっている社会保険料を給与の支払者が負担している場合には、その金額は含めないで集計します。ただし、給与の支払者が法定又は認可の割合を超えて負担している場合で、その割合を超える部分の金額が給与として課税されたものは、その課税された金額は、その人が支払ったものとして給与から差し引いた社会保険料に含めて集計します（所基通74・75―4）。
在勤手当に対応する社会保険料	所得税が課されない在勤手当に対応する社会保険料は、社会保険料控除の対象とはなりません（所法74②）。 　在勤手当に対応する社会保険料とは、在勤手当を含めた給与の総額について計算される社会保険料の金額から、在勤手当を支払わないものとした場合に計算される社会保険料の金額を差し引いた金額に相当する社会保険料をいいます（所基通74・75―5）。
中途就職者の社会保険料	本年の中途で就職した人のうち、前の勤務先に「給与所得者の扶養控除等申告書」を提出していた人については、前の勤務先で支払を受けた給与も含めて年末調整を行いますが、この場合、前の勤務先で給与から差し引かれた社会保険料は、年末調整の際の社会保険料控除の対象となります。したがって、その人が前の給与の支払者から交付を受けた「給与所得の源泉徴収票」などで確認した金額も含めて集計します。

(3)　**給与の支払を受ける人が直接支払った社会保険料の確認と記入**　　　給与の支払を受ける人本人が、本年中にその人やその人と生計を一にする配偶者その他の親族の負担すべき社会保険料を

72　第2　年末調整の実務

直接支払っている場合には、その金額についても社会保険科控除の対象となりますから、年末調整を行う時までに、その人から「給与所得者の保険料控除申告書」の提出を受け、その内容を確認します。

確認した控除額は、源泉徴収簿の「社会保険料等控除額（申告による社会保険料の控除分）⑬」欄に記入します。

(注)　介護保険の保険料については、年齢40歳から64歳までの人は健康保険や国民健康保険の保険料に介護保険料相当額が含まれており、年齢65歳以上の人は原則として公的年金等から介護保険料が特別徴収（天引き）されることになっています。

〔申告された社会保険料の確認に当たっての注意事項〕

注　意　事　項	説　　　　　　　　　　　　明
未払の社会保険料	控除の対象となる社会保険料は、本年中に実際に支払った社会保険料に限られますから、納付期日が到来していても支払っていないものは控除の対象とはなりません。逆に、前年に未払となっていたものを本年になって支払った場合には、本年分の控除の対象となります（所基通74・75—1(1)）。
扶養親族等の負担すべき社会保険料	給与の支払を受ける人本人が、給与の支払を受ける人と生計を一にする配偶者その他の親族が負担することになっている社会保険料を支払った場合には、その支払った社会保険料も控除の対象となります（所法74①）。 (注)　介護保険の保険料及び後期高齢者医療制度の保険料で年金から特別徴収（天引き）された保険料は、その保険料を支払った人は年金の受給者自身となりますから、その年金の受給者の社会保険料として控除できます。 　また、後期高齢者医療制度の保険料について、本人と生計を一にする親族が負担すべき保険料を本人が口座振替により支払った場合には、保険料を支払った本人の社会保険料として控除できます。
前納した社会保険料	翌年以後に納付期日が到来する社会保険料を一括して支払ったいわゆる「前納保険料」については、次の算式によって計算した金額が、本年中に支払った社会保険料として社会保険料控除の対象となります（各年分に相当する額を各年において控除する方法）（所基通74・75—1(2)）。 前納保険料の総額 （割引があるときは、割引後の金額）　×　$\dfrac{\text{前納保険料に係る本年中に到来する納付期日の回数}}{\text{前納保険料に係る納付期日の総回数}}$ (注)　「前納保険料」とは、各納付期日が到来するごとに社会保険料に充当するものとしてあらかじめ納付した金額で、まだ充当されない残額があるうちに年金等の給付事由が生じたことなどにより社会保険料の納付を要しないこととなった場合に、その残額に相当する金額が返還されることになっているものをいいます。

注　意　事　項	説　　　　　　　　　　　　　　　　　　明
	ただし、前納の期間が1年以内であるもの及び法令に一定期間の社会保険料を前納することができる旨の規定がある場合における当該規定に基づき前納したものについては、その人がその前納保険料の全額を「給与所得者の保険料控除申告書」に記載して申告した場合には、その全額を本年の年末調整の際に控除の対象としても差し支えないことになっています（納めた年に全額控除する方法）（所基通74・75―2）。 　2年前納された国民年金保険料について、各年分の保険料に相当する額を各年において控除する方法を選択される場合は、各年分に対応する社会保険料控除証明書を本人自らが年分ごとに切り取り保険料控除申告書に添付して給与の支払者へ提出又は提示することとなっています。
療養の費用	国民健康保険によって療養の給付を受けた人が負担する療養の費用は、告知書等により納付したものでも、国民健康保険の保険料又は国民健康保険税ではありませんから、社会保険料控除の対象にはなりません（所基通74・75―6）。 　㊟　この「療養の費用」は、確定申告によって控除される医療費控除の対象となります。
支払をした旨を証する書類（証明書類）	国民年金の被保険者として負担する保険料及び国民年金基金の加入員として負担する掛金について社会保険料控除を受けるため「給与所得者の保険料控除申告書」を提出する場合には、その提出の際、支払った保険料等の多少に関係なく、それらの「支払をした旨を証する書類」（証明書類）を添付して提出又は提示する必要があります（所法196②、所令319）。 　ここでいう証明書類とは、厚生労働省又は各国民年金基金が発行した保険料等の領収書や証明書などをいいます。 ㊟　国民年金の保険料及び国民年金基金の掛金については、証明書類が必要ですが、これら以外の保険料等については必要はありません。
証明書類の確認ができない場合	証明書類が必要な場合において、証明書類が確認できない場合には、原則としてその保険料又は掛金は年末調整において控除の対象にできません。ただし、翌年1月31日までに証明書類を提出することを条件として、控除をしたところで年末調整を行ってもよいことになっています。この場合、翌年1月31日までに証明書類の提出又は提示がなかったときは、その社会保険料を控除しないところで年末調整の再計算を行い、不足額は2月1日以後に支払をする給与から順次徴収しなければなりません（所基通196―1）。

74　第2　年末調整の実務

（2）　小規模企業共済等掛金控除額の確認

――――――――――――――――――――――〔ポイント〕―――
① 独立行政法人中小企業基盤整備機構と契約した共済契約の掛金や企業型
年金又は個人型年金の加入者掛金、地方公共団体の心身障害者扶養共済制
度の掛金が対象となります。
② 給与から差し引かれた掛金は、保険料控除申告書で申告する必要はあり
ませんので、給与から控除する社会保険料と共に源泉徴収簿に記入してお
き年末調整の際に集計します。
③ 本人が直接支払った掛金は、申告により支払金額の全額が控除されます
が、支払証明書の添付が必要です。
―――― 〔ポイント〕――――――――――――――――――――――

　給与の支払を受ける人が本年中に小規模企業共済等掛金を支払った場合には、その掛金の額（前納
減額金がある場合には、その金額を控除した額）を小規模企業共済等掛金控除額として、その人の給与
所得の所得金額（給与所得控除後の給与等の金額（調整控除後））から控除することができます（所法75
①）。

　この小規模企業共済等掛金のうち、**給与から差し引いた掛金**は、特別な手続を要しないでその1年
間の合計額がそのまま年末調整の際に控除されることになっていますから、年末調整の準備はその差
し引いた金額を集計するだけで済みます。

　しかし、**給与の支払を受ける人が直接自分で支払っている掛金**は、その人の申告に基づいて控除す
ることになっていますから、給与の支払者は、年末調整を行う時までに「給与所得者の保険料控除申
告書」の提出を受けて、その直接支払っている掛金の金額を記載内容から確認しなければなりません。

　この集計又は申告によって確認した控除額は、源泉徴収簿の「社会保険料等控除額」欄のうちの
「給与等からの控除分⑫」「申告による小規模企業共済等掛金の控除分⑭」欄にそれぞれ記入します。

㊟ 給与から差し引いた小規模企業共済等掛金の金額は、源泉徴収簿の「社会保険料等控除額（給与等から
の控除分）⑫」欄に社会保険料の金額と合計して記入するようになっています。したがって、年末調整の
際の集計額も社会保険料との合計額となります。

○ **控除の対象となる小規模企業共済等掛金**　　　小規模企業共済等掛金控除の対象となる小規模企
業共済等掛金とは、①独立行政法人中小企業基盤整備機構と契約した共済契約（旧第2種共済契約
を除きます。）に基づく掛金、②確定拠出年金法に規定する企業型年金加入者掛金又は個人型年金加
入者掛金（iDeCoの掛金など）及び③地方公共団体が条例の規定により実施するいわゆる心身障害者
扶養共済制度で一定の要件を備えているものに基づく掛金で、本年中に支払ったものです（所法75
②、所令208の2、所令20②）。

　この控除には、社会保険料控除と同じように控除額の上限がなく、給与から差し引いた金額と直
接本人が支払った金額の全額が所得金額から控除されることになっています。

㊟1　上記の独立行政法人中小企業基盤整備機構と契約した共済契約に基づく掛金を支払っている人のう

第2　年末調整の実務　75

ち、年末調整の際に控除を受けることとなる人は、主として小規模企業に該当する法人の役員です。

2　独立行政法人中小企業基盤整備機構と契約した旧第2種共済契約に基づいて支払った掛金は、生命保険料控除の対象となります（昭62大蔵省告示159号（最終改正平30財務省告示243号））。

3　上記の「地方公共団体が条例の規定により実施するいわゆる心身障害者扶養共済制度で一定の要件を備えているものに基づく掛金」とは、次のいずれにも該当する制度による掛金をいいます（所令20②）。

イ　地方公共団体の条例において、心身障害者を扶養する人を加入者とし、その加入者が地方公共団体に掛金を納付し、その地方公共団体が心身障害者の扶養のための給付金を定期に支給することを定めている制度（脱退一時金の支給に係る部分を除きます。）であること。

ロ　心身障害者の扶養のための給付金（その給付金の支給開始前に心身障害者が死亡した場合に加入者に対して支給される弔慰金を含みます。）のみを支給するものであること。

ハ　給付金の額は、心身障害者の生活のために通常必要とされる費用を満たす金額（弔慰金にあっては、掛金の累積額に比して相当と認められる金額）を超えず、かつ、その額について、特定の人につき不当に差別的な取扱いをしないこと。

ニ　給付金（弔慰金を除きます。）の支給は、加入者の死亡、重度の障害、その他地方公共団体の長が認定した特別の事故を原因として開始されるものであること。

ホ　給付金（弔慰金を除きます。）の受取人は、心身障害者又はニの事故発生後において心身障害者を扶養する人とするものであること。

ヘ　給付金に関する経理は、他の経理と区分して行い、かつ、掛金その他の資金が銀行その他の金融機関に対する運用の委託、生命保険への加入その他これらに準ずる方法を通じて確実に運用されるものであること。

〔源泉徴収簿の「年末調整」欄への転記例〕

令和3年分　給与所得者の保険料控除申告書

所轄税務署長	給与の支払者の名称（氏名）	有限会社　名古屋商事	（フリガナ）あなたの氏名	ミズノ　タロウ 水野太郎		記載のしかたはこちら
○○ 税務署長	給与の支払者の法人番号		あなたの住所又は居所	○○市○○9-2-1	保	
	給与の支払者の所在地（住所）	○○市○○3-3-1				

保険料控除

社会保険料控除

社会保険の種類	保険料支払先の名称	保険料を負担することになっている人 氏名／あなたとの続柄	あなたが本年中に支払った保険料の金額
		合計（控除額）	

小規模企業共済等掛金控除

種類	あなたが本年中に支払った掛金の金額
独立行政法人中小企業基盤整備機構の共済契約の掛金	120,000
確定拠出年金法に規定する企業型年金加入者掛金	
確定拠出年金法に規定する個人型年金加入者掛金	
心身障害者扶養共済制度に関する契約の掛金	
合計（控除額）	120,000

計算式Ⅰ（新保険料等用）※

A、C又はDの金額	控除額の計算式
20,000円以下	A、C又はDの全額
20,001円から40,000円まで	(A、C又はD)×1/2＋10,000円
40,001円から80,000円まで	(A、C又はD)×1/4＋20,000円
80,001円以上	一律に40,000円

計算式Ⅱ（旧保険料等用）※

B又はEの金額	控除額の計算式
25,000円以下	B又はEの全額
25,001円から50,000円まで	(B又はE)×1/2＋12,500円
50,001円から100,000円まで	(B又はE)×1/4＋25,000円
100,001円以上	一律に50,000円

※ 控除額の計算において算出した金額に1円未満の端数があるときは、その端数を切り上げます。

		分	金額	税額
年末調整	給料・手当等	①	円	③ 円
	賞与等	④		⑥
	計	⑦		⑧
	給与所得控除後の給与等の金額	⑨		所得金額調整控除の適用 有・無（※ 適用有の場合は⑩に記載）
	所得金額調整控除額（(⑨-8,500,000円)×10%、マイナスの場合は0）	⑩	（1円未満切上げ　最高150,000円）	
	給与所得控除後の給与等の金額（調整控除後）	⑪		
	社会保険料等控除額　給与等からの控除分（②+⑤）	⑫		配偶者の合計所得金額
	申告による社会保険料の控除分	⑬		（　　　　円）
	申告による小規模企業共済等掛金の控除分	⑭	120,000	旧長期損害保険料支払額
	生命保険料の控除額	⑮		（　　　　円）
	地震保険料の控除額	⑯		⑬のうち小規模企業共済等掛金の金額
	配偶者（特別）控除額	⑰		（　　　　円）
	扶養控除額及び障害者等の控除額の合計額	⑱		⑬のうち国民年金保険料等の金額
	基礎控除額	⑲		（　　　　円）
	所得控除額の合計額（⑫+⑬+⑭+⑮+⑯+⑰+⑱+⑲）	⑳		
	差引課税給与所得金額（⑪-⑳）及び算出所得税額	㉑（1,000円未満切捨て）	㉒	
	（特定増改築等）住宅借入金等特別控除額	㉓		
	年調所得税額（㉒-㉓、マイナスの場合は0）	㉔		
	年調年税額（㉔×102.1%）	㉕（100円未満切捨て）		
	差引超過額又は不足額（㉕-⑧）	㉖		
超過額の精算	本年最後の給与から徴収する税額に充当する金額	㉗		
	未払給与に係る未徴収の税額に充当する金額	㉘		
	差引還付する金額（㉖-㉗-㉘）	㉙		
	同上のうち　本年中に還付する金額	㉚		
	翌年において還付する金額	㉛		
不足額の精算	本年最後の給与から徴収する金額	㉜		
	翌年に繰り越して徴収する金額	㉝		

第2　年末調整の実務　77

〔控除額の確認に当たっての注意事項〕

注　意　事　項	説　　　　　　　　　　明
未払の掛金	控除の対象となる小規模企業共済等掛金は、本年中に実際に支払った小規模企業共済等掛金に限られますから、納付期日が到来していても支払っていないものは控除の対象とはなりません。逆に、前年に未払となっていたものを本年になって支払った場合には、本年分の控除の対象となります（所基通74・75—1(1)）。
前納した掛金	翌年以後に納付期日が到来する小規模企業共済等掛金を一括して支払ったいわゆる「前納掛金」については、次の算式によって計算した金額が、本年中に支払った小規模企業共済等掛金として控除の対象となります（各年分に相当する額を各年において控除する方法）（所基通74・75—1(2)）。 $\left(\begin{array}{l}\text{前納掛金の総額}\\\text{前納減額金があるときは}\\\text{その金額を控除した額}\end{array}\right) \times \dfrac{\text{前納掛金に係る本年中に到来する納付期日の回数}}{\text{前納掛金に係る納付期日の総回数}}$ 　㊟　「前納掛金」については、72ページの「前納した社会保険料」の㊟を参照してください。 　ただし、前納の期間が1年以内であるもの及び法令に一定期間の小規模企業共済等掛金を前納することができる旨の規定がある場合における当該規定に基づき前納したものについては、その人がその前納掛金の全額を「給与所得者の保険料控除申告書」に記載して申告した場合には、その全額を本年の年末調整の際に控除の対象としても差し支えないことになっています（各年分に相当する額を各年において控除する方法）（所基通74・75—2）。
給与の支払者が負担した掛金	給与の支払を受ける人が負担することになっている小規模企業共済等掛金を給与の支払者が負担している場合には、その金額は全て給与として課税されますので、その人が支払った小規模企業共済等掛金として控除の対象となります（所基通74・75—4㊟）。
支払をした旨を証する書類（証明書類）	給与から差し引かれている小規模企業共済等掛金については、「支払をした旨を証する書類」（証明書類）を添付する必要はありません。給与の支払を受ける人が直接自分で支払っている掛金については、「給与所得者の保険料控除申告書」の提出の際に支払った掛金の多少にかかわらず、その証明書類を添付して提出又は提示する必要があります（所法196②、所令319）。

78　第2　年末調整の実務

注　意　事　項	説　　　　　　　　　　　　　　　　　明
証明書類の確認ができ ない場合	証明書類が必要な場合において、証明書類が確認できない場合には、原則と してその掛金は年末調整において控除の対象にできません。ただし、翌年1月 31日までに証明書類を提出することを条件として、控除をしたところで年末調 整を行ってもよいことになっています。この場合、翌年1月31日までに証明書 類の提出又は提示がなかったときは、その小規模企業共済等掛金を控除しない ところで年末調整の再計算を行い、不足額は2月1日以後に支払をする給与か ら順次徴収しなければなりません（所基通196―1）。

第2　年末調整の実務　79

（3）　生命保険料控除額の確認

――――――〔ポイント〕――――――
①　対象となる生命保険料には、一般の生命保険料、介護医療保険料及び個人年金保険料の区分があります。
②　控除額には一定の限度額があり、また、支払った保険料が旧生命保険料の場合は1契約9,000円を超えるものについて、旧生命保険料以外の保険料については全てのものについて、支払をした旨の証明書が必要です。
――――――〔ポイント〕――――――

　給与の支払を受ける人が、本年中に生命保険契約等に基づく保険料や掛金（以下「保険料等」といいます。）を支払った場合には、その支払った一般の生命保険料、介護医療保険料及び個人年金保険料の区分ごとに、それぞれ支払った保険料等の金額の合計額（剰余金の分配又は割戻金の割戻しがある場合には、これらの金額を控除した金額）に基づいて、次の表の計算式によって計算した金額を合計した額（限度額12万円）が生命保険料控除額として給与所得の所得金額（給与所得控除後の給与等の金額（調整控除後））から控除されます（所法76①～④）。

(注)　生命保険料の控除額は、次の表により計算した一般の生命保険料の控除額（①、②、③のうち最も大きい金額）、介護医療保険料の控除額及び個人年金保険料の控除額（④、⑤、⑥のうち最も大きい金額）の合計額となります。
　なお、一般の生命保険料の控除額、介護医療保険料の控除額及び個人年金保険料の控除額の合計額が12万円を超える場合には、生命保険料の控除額は12万円が限度となります。

保　険　料　の　区　分		控　除　額
一般の生命保険料	(1)　支払った新生命保険料について控除の適用を受ける場合（(3)の場合を除く）	計算式Ⅰに当てはめて計算した金額（①）
	(2)　支払った旧生命保険料について控除の適用を受ける場合（(3)の場合を除く）	計算式Ⅱに当てはめて計算した金額（②）
	(3)　支払った新生命保険料及び旧生命保険料の両方について控除の適用を受ける場合[注1]	上記①及び②の金額の合計額（上限4万円）（③）
介護医療保険料		計算式Ⅰに当てはめて計算した金額
個人年金保険料	(1)　支払った新個人年金保険料について控除の適用を受ける場合（(3)の場合を除く）	計算式Ⅰに当てはめて計算した金額（④）
	(2)　支払った旧個人年金保険料について控除の適用を受ける場合（(3)の場合を除く）	計算式Ⅱに当てはめて計算した金額（⑤）
	(3)　支払った新個人年金保険料及び旧個人年金保険料の両方について控除の適用を受ける場合[注1]	上記④及び⑤の金額の合計額（上限4万円）（⑥）

80 第2 年末調整の実務

【計算式Ⅰ（新生命保険料、介護医療保険料又は新個人年金保険料を支払った場合）】

支払った保険料等の金額	控 除 額
20,000円以下	支払った保険料等の金額の全額
20,001円から40,000円まで	$\left(\begin{array}{l}\text{支払った保険料等}\\\text{の金額の合計額}\end{array}\right) \times \dfrac{1}{2} + 10,000円$
40,001円から80,000円まで	$\left(\begin{array}{l}\text{支払った保険料等}\\\text{の金額の合計額}\end{array}\right) \times \dfrac{1}{4} + 20,000円$
80,001円以上	一律に40,000円

【計算式Ⅱ（旧生命保険料又は旧個人年金保険料を支払った場合）】

支払った保険料等の金額	控 除 額
25,000円以下	支払った保険料等の金額の全額
25,001円から50,000円まで	$\left(\begin{array}{l}\text{支払った保険料等}\\\text{の金額の合計額}\end{array}\right) \times \dfrac{1}{2} + 12,500円$
50,001円から100,000円まで	$\left(\begin{array}{l}\text{支払った保険料等}\\\text{の金額の合計額}\end{array}\right) \times \dfrac{1}{4} + 25,000円$
100,001円以上	一律に50,000円

(注)1 支払った旧生命保険料又は旧個人年金保険料の金額が6万円を超える場合には、③又は⑥の金額よりも②又は⑤の金額の方が大きくなりますので、②又は⑤の金額が控除額となります。
　　2 控除額の計算において算出した金額に1円未満の端数があるときは、その端数を切り上げます。

　生命保険料控除は、給与の支払を受ける人からの申告に基づいて控除することになっていますから、給与の支払者は、あらかじめ給与の支払を受ける人に「給与所得者の保険料控除申告書」の用紙を配付しておき、年末調整を行う時までに申告書の提出を受けて、その記載内容や控除額の計算に誤りがないかを確認しなければなりません。

　申告書の確認を了したら、生命保険料控除額を源泉徴収簿の「生命保険料の控除額⑮」欄に記入します。

(1) **控除の対象となる生命保険契約等の範囲**　　生命保険料控除の対象となる生命保険契約等は、次に掲げる生命保険契約等のうち、保険金、共済金その他の給付金（以下「保険金等」といいます。）の受取人の全てが給与の支払を受ける人又はその配偶者やその他の親族（個人年金保険料については給与の支払を受ける人又はその配偶者。）となっているものです（所法76⑤～⑨、所令209、210、210の2、昭62大蔵省告示159号（最終改正平30財務省告示243号）、平22金融庁告示36号、平22農林水産省告示535号（最終改正平28農林水産省告示864号））。

　　① 生命保険会社又は外国生命保険会社等と締結した保険契約のうち生存又は死亡に基因して一定額の保険金等が支払われるもの（外国生命保険会社等と締結した保険契約については

国内で締結したものに限ります。）

② 郵政民営化法等の施行に伴う関係法律の整備等に関する法律第2条の規定による廃止前の簡易生命保険法第3条に規定する簡易生命保険契約（以下「旧簡易生命保険契約」といいます。）

③ 次の組合等と締結した生命共済に係る契約又はこれに類する共済に係る契約（以下「生命共済契約等」といいます。）

・ 農業協同組合又は農業協同組合連合会（以下「農協等」といいます。）

・ 漁業協同組合、水産加工業協同組合又は共済水産業協同組合連合会（以下「漁協等」といいます。）

・ 消費生活協同組合連合会

・ 共済事業を行う特定共済組合、火災共済の再共済の事業を行う協同組合連合会又は特定共済組合連合会

・ 神奈川県民共済生活協同組合、教職員共済生活協同組合、警察職員生活協同組合、埼玉県民共済生活協同組合、全国交通運輸産業労働者共済生活協同組合又は電気通信産業労働者共済生活協同組合

・ 全国理容生活衛生同業組合連合会

・ 独立行政法人中小企業基盤整備機構

④ 生命保険会社、外国生命保険会社等、損害保険会社又は外国損害保険会社等と締結した疾病又は身体の傷害その他これらに類する事由により保険金等が支払われる保険契約のうち、病院又は診療所に入院して医療費を支払ったことその他の一定の事由（以下「医療費等支払事由」といいます。）に基因して保険金等が支払われるもの（外国生命保険会社等又は外国損害保険会社等と締結した保険契約については国内で締結したものに限ります。）

⑤ 確定給付企業年金に係る規約

⑥ 適格退職年金契約

(2) **控除の対象となる各種生命保険料の範囲と区分**　　生命保険料控除の対象となる「一般の生命保険料」、「介護医療保険料」及び「個人年金保険料」は、次のとおりです（所法76①〜③、⑤〜⑨）。

イ　一般の生命保険料

生命保険料控除の対象となる「一般の生命保険料」とは、生命保険会社又は損害保険会社等と締結した一定の生命保険契約等に基づいて支払った次の保険料等（ロの「介護医療保険料」及びハの「個人年金保険料」を除きます。）をいい、契約等の締結日に応じて「新生命保険料」と「旧生命保険料」とに区分されます。

82　第2　年末調整の実務

区分	内　容	契約等の範囲
新生命保険料	平成24年1月1日以後に生命保険会社等と締結した右の保険契約等に基づいて支払った保険料等 (注)　右の1〜3の契約等に係るものにあっては生存又は死亡を基因して一定額の保険金等を支払うことを約する部分に係る保険料等などの一定のものに限ります。	1　(1)①に掲げる契約 2　(1)②に掲げる契約のうち生存又は死亡に基因して一定額の保険金等が支払われるもの 3　(1)③に掲げる契約のうち生存又は死亡に基因して一定額の保険金等が支払われるもの 4　(1)⑤及び⑥に掲げる契約等
旧生命保険料	平成23年12月31日以前に生命保険会社等と締結した右の保険契約等に基づいて支払った保険料等	1　(1)①に掲げる契約 2　(1)②に掲げる契約 3　(1)③に掲げる契約 4　(1)④に掲げる契約 5　(1)⑤及び⑥に掲げる契約等

　　ロ　介護医療保険料

　　　　生命保険料控除の対象となる「介護医療保険料」とは、生命保険会社等と締結した一定の生命保険契約等に基づいて支払った次の保険料等（イの「新生命保険料」を除きます。）をいいます。

区分	内　容	契約等の範囲
介護医療保険料	平成24年1月1日以後に生命保険会社等と締結した右の保険契約等に基づいて支払った保険料等のうち、医療費等支払事由に基因して保険金等を支払うことを約する部分に係るものなど一定のもの	1　(1)④に掲げる契約 2　疾病又は身体の傷害その他これらに類する事由に基因して保険金等が支払われる(1)②又は③に掲げる契約のうち医療費等支払事由に基因して保険金等が支払われるもの

　　ハ　個人年金保険料

　　　　生命保険料控除の対象となる「個人年金保険料」とは、年金を給付する定めのある一定の生命保険契約等（退職年金を給付する定めのあるものは除かれます。）のうち、一定の要件を満たすものに基づいて支払った次の保険料等をいい、契約等の締結日に応じて「新個人年金保険料」と「旧個人年金保険料」とに区分されます。

区分	内　容	契約等の範囲
新個人年金保険料	平成24年1月1日以後に生命保険会社等と締結した右の保険契約等に基づいて支払った保険料等	次の契約で年金の給付を目的とするもの 1　(1)①に掲げる契約 2　(1)②に掲げる契約のうち生存又は死亡に基因して一定額の保険金等が支払われるもの 3　(1)③に掲げる契約のうち生存又は死亡に基因して一定額の保険金等が支払われるもの (注)　傷害特約や疾病特約等が付されている契約の場合には、その特約に関する要件を除いたところで所定の要件等を満たす契約に該当するかどうかを判定します。
旧個人年金保険料	平成23年12月31日以前に生命保険会社等と締結した右の保険契約等に基づいて支払った保険料等	

第2　年末調整の実務　83

また、個人年金保険料の対象となる保険契約等ごとの要件は、次の表のとおりです。

区　　分	契　約　の　範　囲	契　約　の　要　件
1　上記(1)①の契約 （所令211一）	契約の内容が次のイからニまでの要件を満たすもの イ　年金以外の金銭の支払（剰余金の分配及び解約返戻金の支払は除かれます。）は、被保険者が死亡し又は重度の障害に該当することとなった場合に限り行うものであること。 ロ　イの金銭の額は、その契約の締結日以後の期間又は支払保険料の総額に応じて逓増的に定められていること。 ハ　年金の支払は、その支払期間を通じて年1回以上定期に行うものであり、かつ、年金の一部を一括して支払う旨の定めがないこと。 ニ　剰余金の分配は、年金支払開始日前に行わないもの又はその年の払込保険料の範囲内の額とするものであること。	1　年金の受取人（所法76⑧一） 　保険料等の払込みをする者又はその配偶者が生存している場合には、これらの者のいずれかとするものであること。 2　保険料等の払込方法（所法76⑧二） 　年金支払開始日前10年以上の期間にわたって定期に行うものであること。 3　年金の支払方法（所法76⑧三、所令212） 　年金の支払は、次のいずれかとするものであること。 ①　年金の受取人の年齢が60歳に達した日以後の日で、その契約で定める日以後10年以上の期間にわたって定期に行うものであること。 　(注)　契約で定める日は、次の日以後とすること。 　　イ　1月から6月までの間に60歳となる者……前年の7月1日 　　ロ　7月以後に60歳となる者……その年の1月1日 ②　年金の受取人が生存している期間にわたって定期に行うものであること。 ③　①の年金の支払のほか、被保険者の重度の障害を原因として年金の支払を開始し、かつ、年金の支払開始日以後10年以上の期間にわたって、又はその者が生存している期間にわたって定期に行うものであること。 (注)　個人年金保険料に該当するかどうかは、支払に関する証明書類の記載により確認することができます。
2　旧簡易生命保険契約 （所令211二）	契約の内容が1のイからニまでの要件を満たすもの	
3　農協等・漁協等と締結した生命共済契約等 （所令211三、所規40の7）	契約の内容が1のイからニまでの要件に相当する要件のほか、次に掲げる要件を満たすもの イ　組合の定める年金共済契約に係る共済規程は、その年金共済契約に係る約款を全国連合会が農林水産大臣の承認を受けて定める約款と同一の内容のものとする旨の定めがあるものであること。 ロ　農協等・漁協等が年金共済契約により負う共済責任は、その組合がその組合を会員とする全国連合会との契約により連帯して負担していること。	
4　3以外の生命共済契約等 （所令211四、昭61大蔵省告示155号（最終改正平10大蔵省告示307号））	次の要件を満たすものとして、財務大臣の指定する全国労働者共済生活協同組合連合会又は教職員共済生活協同組合と締結したもの イ　㋑年金の給付を目的とする生命共済事業に関し、適正に経理の区分が行われていること、㋺その事業の継続が確実であると見込まれること、㋩その契約による掛金の安定運用が確保されていること。 ロ　年金の額及び掛金の額が適正な保険数理に基づいて定められており、かつ、その	

84　第2　年末調整の実務

区　　分	契　約　の　範　囲	契　約　の　要　件
	契約の内容が1のイからニまでに掲げる要件に相当する要件を満たしていること。	

(3)　**控除の対象とならない生命保険契約等**　　次に掲げる保険料又は掛金は、生命保険料控除の対象となりません（所法76⑤〜⑦、所令209、措法4の4②）。

 ①　保険期間又は共済期間が5年に満たない生命保険契約の保険料又は生命共済契約の共済掛金で、次に掲げるもの（これらの生命保険契約又は生命共済契約は、通常「貯蓄保険（共済）」などといわれています。）

  イ　被保険者又は被共済者が保険期間又は共済期間の満了の日に生存している場合にだけ保険金又は共済金が支払われるもの

  ロ　被保険者又は被共済者が保険期間又は共済期間の満了の日に生存している場合か、保険期間又は共済期間中に災害、特定の感染症その他これらに類する特別の事由で死亡した場合にだけ保険金又は共済金が支払われるもの

 ②　傷害保険契約の保険料又は掛金

 ③　海外旅行期間内に発生した疾病又は身体の傷害等に基因して保険金等が支払われる生命保険契約等の保険料又は掛金

 ④　外国生命保険会社等と国外で締結した生命保険契約等の保険料又は掛金

 ⑤　勤労者財産形成貯蓄契約、勤労者財産形成年金貯蓄契約又は勤労者財産形成住宅貯蓄契約に基づく生命保険契約の保険料又は生命共済契約の共済掛金

〔**申告された生命保険料の確認に当たっての注意事項**〕

注　意　事　項	説　　　　　　　　　明
保険金等の受取人の範囲	控除の対象となるのは、一般の生命保険料又は介護医療保険料の場合は、保険金等の受取人の全てが給与の支払を受ける人又はその配偶者やその他の親族であるものに限られます。また、個人年金保険料の場合は、年金の受取人は、給与の支払を受ける人又はその配偶者が生存している場合には、これらの者のいずれかであることが必要です。 　なお、保険金等の受取人である親族（又は年金の受取人である配偶者）は、給与の支払を受ける人と生計を一にしていなくてもよく、また、控除の対象となる控除対象配偶者や扶養親族でなくてもよいことになっています。 　(注)　親族に該当するかどうかは、保険料又は掛金を払い込んだ時の現況によって判定します。なお、「親族」の範囲については、109ページの「親族表」を参照してください。
分配を受けた剰余金等	生命保険会社等と締結した生命保険契約等については、契約後一定の期間を経過すると剰余金の分配や割戻金の割戻し（いわゆる契約者配当）が支払われる場

第2　年末調整の実務　85

注　意　事　項	説　　　　　　　　　　　　　　　明
	合があります。この剰余金の分配や割戻金の割戻しを受けたり、又は分配を受ける剰余金や割戻しを受ける割戻金を保険料等の払込みに充てたりした場合には、控除の対象となる保険料等の金額は、一般の生命保険料、介護医療保険料又は個人年金保険料の区分ごとに合計したその年中に支払った生命保険料の金額から、それぞれの保険料の区分に対応するその年中の剰余金や割戻金の金額の合計額を差し引いた残額となります（所法76①～③）。 　例えば、一般の生命保険料について、甲生命保険会社と締結したAの契約については剰余金の分配を受けるだけであり、乙生命保険会社と締結したBの契約については保険料等を支払っているだけであるような場合は、Bの保険料等の金額からAの契約について受けた剰余金の額を控除した金額が生命保険料控除の対象となります（所基通76―6）。 ㊟　剰余金の分配や割戻金の割戻しで、保険料等の払込みを要しなくなった後、保険金等の支払開始の日以後に支払を受けるものは、上記の生命保険料の金額から控除する剰余金や割戻金には該当しないものとされています（所基通76―5）。
いわゆる据置配当	剰余金や割戻金を保険約款等に定めるところにより生命保険会社等に積み立てておくいわゆる据置配当で、契約者からの申出により随時払戻しが受けられるものは、実際にその支払を受ける時期にかかわらず、その積立てをした時に剰余金の分配又は割戻金の割戻しがあったものとされます（所基通76―7）。 　したがって、このような据置配当をした年分については、支払った保険料等の金額からその年に積立てをした金額を控除した金額が生命保険料控除の対象となります。
財形貯蓄契約又は財形年金（住宅）貯蓄契約に基づく生命保険料	勤労者財産形成貯蓄契約、勤労者財産形成年金貯蓄契約又は勤労者財産形成住宅貯蓄契約に基づく生命保険の保険料又は生命共済の共済掛金については、生命保険料控除の対象とはなりません（措法4の4②）。
団体扱いにより減額された保険料	いわゆる団体扱いによって保険料等を払い込んだ場合で、保険料等の額が減額されるときは、その減額後の金額が支払った生命保険料として生命保険料控除の対象となります（所基通76―3(4)）。
個人年金保険契約等の特約に基づく保険料又は掛金	平成23年12月31日以前に締結した個人年金保険契約等に疾病又は身体の傷害その他これらに類する事由に基因して保険金等を支払う旨の特約が付されている場合において、その特約に基づく保険料等は個人年金保険料には該当しませんが、生命保険契約等の保険料等であることに変わりはありませんので、一般の生命保険料（旧生命保険料）として生命保険料控除の対象となります（所基通76―2）。

86　第2　年末調整の実務

注　意　事　項	説　　　　　　　　　明
未払の生命保険料等	生命保険料控除の対象となる保険料等は、本年中に実際に支払った保険料等に限られますから、払込期日が到来していても未払の状態になっており実際に支払っていないものは控除の対象になりません。逆に、前年以前に払込期日が到来していて本年になってから支払ったものは、控除の対象となります（所基通76―3(1)）。
親族等が契約者である生命保険契約等の保険料又は掛金	控除の対象となる保険料等は、給与の支払を受ける人自身が締結した生命保険契約等の保険料等だけに限りません。給与の支払を受ける人以外の人が締結した契約の保険料等であっても、給与の支払を受ける人自身がその生命保険料等を支払ったことが明らかな場合には、控除の対象として差し支えありません。 　例えば、妻や子供が契約者となっている生命保険契約等であっても、その妻や子供に所得がなく、給与の支払を受ける夫がその保険料等を支払っている場合には、その保険料等は夫の生命保険料控除の対象となります。ただし、この場合にも、その生命保険契約等の保険金の受取人の全てが給与の支払を受ける人又はその配偶者その他の親族（個人年金保険料の場合は、年金の受取人が給与の支払を受ける人か、又はその配偶者）でなければなりません。
給与の支払者が負担した生命保険料	控除の対象となる生命保険料は、給与の支払を受ける人自身が支払った生命保険料に限られます。しかし、給与の支払者が給与の支払を受ける人のために支払った生命保険料で、例えば、その負担した生命保険料の金額（他にも給与の支払を受ける人のために社会保険料や損害保険料を給与の支払者が負担している場合には、それらとの合計額）の月割額が300円を超えるなどのため、給与として課税されたものについては、その人が支払った保険料等として生命保険料控除の対象となります（所基通36―32、76―4）。
振替貸付けにより払込みに充当された金額	いわゆる振替貸付けにより保険料等の払込みに充当された金額は、支払った生命保険料等の金額として生命保険料控除の対象となります（所基通76―3(2)）。 　なお、振替貸付けにより保険料等の払込みに充当された金額を後日返済しても、その返済した金額は生命保険料控除の対象とはなりません。 　(注)　いわゆる「振替貸付け」とは、払込期日までに保険料等の払込みがない契約を有効に継続させるため、保険約款等に定めるところにより保険会社等が保険料等の払込みに充当するために貸付けを行い、その保険料等の払込みに充当する処理を行うことをいいます。
前納した生命保険料	翌年以後に払込期日が到来する保険料等を一括して払い込んだいわゆる「前納保険料」については、次の算式によって計算した金額が、本年中に支払った保険料等として生命保険料控除の対象となります（所基通76―3(3)）。

注 意 事 項	説　　　　　　　　明
	$$\left(\begin{array}{c}\text{前納保険料の総額}\\ \text{割引があるときは、}\\ \text{割引後の金額}\end{array}\right) \times \frac{\text{前納保険料に係る本年中に}}{\text{到来する払込期日の回数}}{\text{前納保険料に係る払込期日の総回数}}$$ ㊟　「前納保険料」とは、各払込期日が到来するごとに保険料等の払込みに充当するものとしてあらかじめ保険会社等に払い込んだ金額で、まだ充当されない残額があるうちに保険事故が生じたことなどにより保険料等の払込みを要しないこととなった場合に、その残額に相当する金額が返還されることとなっているものをいいます。
支払をした旨を証する書類（証明書類）	「給与所得者の保険料控除申告書」を提出する際には、本年中に支払った保険料等の金額が、一般の生命保険料のうち旧生命保険料の場合は一つの契約について9,000円を超えるものについて、また、旧生命保険料以外の保険料の場合はその金額の多少にかかわらず全てのものについて、生命保険料等の「支払をした旨を証する書類」（証明書類）又はその証明書類に記載すべき事項を記録した電子証明書等に係る電磁的記録印刷書面を添付して提出又は提示する必要があります（所法196②、所令319）。 　旧生命保険料の場合の9,000円というのは「支払った保険料又は掛金の金額」をいいますから、剰余金の分配などを受け、又は分配を受ける剰余金などを保険料の払込みに充てている場合には、支払った保険料又は掛金の金額からその剰余金などの金額を控除した残額が9,000円を超えるものということになります。 　なお、9,000円を超えるかどうかは、一つの契約ごとに判定することになっていますので、例えば、控除を受けようとする一般の生命保険料の総額が1万円の場合であっても、それが6,000円と4,000円の2契約であるようなときは、証明書類は必要はありません。また、控除を受けようとする旧生命保険料が5,000円と1万円の2口で合計1万5,000円であるような場合には、1万円の契約については証明書類が必要ですが、5,000円の契約については証明書類は必要ありません。 　また、「給与所得者の保険料控除申告書」に記載すべき事項を電子データにより提供する場合、その申告書に添付すべき証明書類等の提出又は提示に代えて、その証明書類等に記載されるべき事項が記録された情報で電子証明書等が付されたものをその申告書に記載すべき事項と併せて電子データにより給与の支払者に提供することができます（所法198⑤、所令319条の2②）。 ㊟1　「電子証明書等」とは、証明書類の発行者（保険会社等）の電子署名及びその電子署名に係る電子証明書をいいます（所令262②、319①三）。 　　2　「電磁的記録印刷書面」とは、電子証明書に記録された情報の内容とその内容が記録された二次元コードが付された出力書面をいいます（所令262①、319①）。 　※　電子証明書等から電磁的記録印刷書面を作成することができるシステムは、

注　意　事　項	説　　　　　　　　　　　　　　明
	国税庁ホームページ（https://www.nta.go.jp）に掲載されています。
証明書類の内容	証明書類は、生命保険会社等が発行した保険料の領収証書又は本年中に支払った保険料等の金額及び保険契約者の氏名などを証明するため特に発行した書類となりますが、次に掲げるような保険料等については、それぞれ次の書類でよいこととされています。 1　契約時に払い込んだ第1回の保険料等については、保険料仮領収証書（ただし、月払契約のものを除きます。）（所基通196—3） 2　月払契約の保険料等で本年9月30日以前に契約したものについては、本年中に支払った保険料等の金額の記載に代え、次に掲げる事項を記載した書類（所基通196—4(1)） 　①　その契約に基づいて支払うべき1か月分の保険料等の金額。ただし、本年中にその金額に異動があった場合（保険期間が1年ごとに更改される短期保険契約について更改があった場合を含みます。）には、その異動前及び異動後の1か月分の保険料等の金額並びにその異動があった月 　②　本年中に分配を受けた剰余金又は割戻しを受けた割戻金の額 　③　本年中に契約したもの（短期保険契約にあっては、旧契約の期間の満了により更改されたものを除きます。）については、その契約締結の月 　④　本年中に失効、解約又は契約期間の満了（短期保険契約にあっては、旧契約の期間の満了後契約が更改される場合を除きます。）により払込みがなくなったものについては、最後の支払月 3　月払契約の保険料等で本年10月1日以後に新規に契約したものについては、第1回の保険料仮領収証書（所基通196—4(2)） 4　勤務先を対象とする団体特約により払い込んだ一般の生命保険料や個人年金保険料については、勤務先の代表者又はその代理人が、「給与所得者の保険料控除申告書」に記載されている生命保険料の金額、保険契約者の氏名等に誤りがないことにつき確認を行った上、その申告書などに確認した旨を明らかにしておけば、証明書類の提出等があったものとされます（所基通196—2）。
証明書類の確認ができ　ない場合	証明書類が必要な場合において、証明書類が確認できない場合には、その保険料等は、原則として年末調整では控除の対象にはできません。 　例えば、旧生命保険料1万円、6,000円、4,000円の3口合計2万円について生命保険料控除の申告をした人が証明書類の必要な1万円の契約について証明書類が確認できない場合には、1万円の契約は控除の対象にはできませんが、他の2口の契約は証明書類を確認する必要はありませんから控除の対象になります。 　ただし、翌年の1月31日までに証明書類を提出することを条件として、控除をしたところで年末調整を行ってもよいことになっています。この場合、翌年1月

注　意　事　項	説	明
	31日までに証明書類が提出されなかったときは、その生命保険料を控除の対象としないところで年末調整の再計算を行い、不足額は2月1日以後に支払をする給与から順次徴収しなければなりません（所基通196―1）。	

90 第2 年末調整の実務

〔源泉徴収簿の「年末調整」欄への転記例〕

（4） 地震保険料控除額の確認

〔ポイント〕
① 住宅や生活に通常必要な家屋や家財を保険の目的とするいわゆる地震保険の保険料や掛金が対象になります。
② 平成18年12月31日までに締結した一定の長期損害保険契約等に係る保険料又は掛金について経過措置があり地震保険料控除の対象になります。
③ 控除額には一定の限度額があり、また、支払った保険料の金額に関係なく、支払証明書が必要です。

〔ポイント〕

　給与の支払を受ける人が、その人又はその人と生計を一にする配偶者その他の親族が所有している家屋・家財のうち一定のものを保険や共済の目的とし、かつ、地震若しくは噴火又はこれらによる津波を直接又は間接の原因とする火災、損壊、埋没又は流失による損害（以下「地震等損害」といいます。）により、これらの資産について生じた損失の額を塡補する保険金又は共済金が支払われる損害保険契約等に基づく保険料又は掛金のうち地震等損害部分の保険料や掛金（以下「**地震保険料**」といいます。）を本年中に支払った場合には、その支払った地震保険料の金額の合計額（剰余金の分配又は割戻金の割戻しがある場合には、これらの金額を控除した金額）に応じ、次の表の金額が地震保険料控除額として給与所得の所得金額（給与所得控除後の給与等の金額（調整控除後））から控除されます（所法77①）。

　なお、平成18年12月31日までに締結した長期損害保険契約等（以下「旧長期損害保険契約」といいます。）に基づく保険料又は掛金（以下「旧長期損害保険料」といいます。）を支払った場合には、これら旧長期損害保険料のうち一定の金額については、地震保険料控除の対象となる金額に含めることができます（平18改正法附則10②）。

　(注)　平成18年度の税制改正前の所得税法第77条第1項に規定する損害保険契約等のうち、保険期間又は共済期間の満了後に満期返戻金を支払う旨の特約のある契約等でこれらの期間が10年以上のものであり、かつ、平成19年1月1日以後に契約の変更をしていないものに限られます。また、その契約等の保険期間又は共済期間の始期が平成19年1月1日以後であるものは除かれます。

	支払った保険料等の区分	支払った保険料等の金額		地震保険料の控除額
①	地震保険料等に係る契約の全てが地震等損害により保険金や共済金が支払われる損害保険契約等に該当するものである場合	—	—	その年中に支払った地震保険料の金額の合計額（最高5万円）
②	地震保険料等に係る契約の全てが旧長期損害保険契約に該当するものである場合	旧長期損害保険料の金額の合計額	10,000円以下	その合計額
			10,000円超 20,000円以下	$\left(\begin{array}{l}\text{支払った保険料等}\\\text{の金額の合計額}\end{array}\right) \times \frac{1}{2} + 5,000\text{円}$
			20,000円超	一律に15,000円
③	①と②がある場合	①、②それぞれ計算した金額の合計額	50,000円以下	その合計額
			50,000円超	一律に5万円

92 第2 年末調整の実務

(注)1 この表における地震保険料等には、地震保険料控除の対象となる地震保険料及び旧長期損害保険料を含みます。

2 一つの損害保険契約等が、地震等損害により保険金や共済金が支払われる損害保険契約等と旧長期損害保険契約のいずれの契約区分にも該当する場合には、選択によりいずれか一方の契約区分にのみ該当するものとして、地震保険料控除の控除額を計算します。

3 地震保険料の控除額の計算において算出した金額に1円未満の端数があるときは、その端数を切り上げます。

　地震保険料控除は、生命保険料控除と同じように、年末調整の時に給与の支払を受ける人からの申告によって控除することになっています。

　この申告は、「給与所得者の保険料控除申告書」により行うことになっていますから、給与の支払者は、この控除を受けようとする人にあらかじめこの申告書の用紙を配付しておき、年末調整を行う時までに申告書の提出を受けて、その記載内容や控除額の計算に誤りがないかを確認しなければなりません。

　確認した地震保険料控除額は、源泉徴収簿の「地震保険料の控除額⑯」欄に記入します。

　また、旧長期損害保険料の支払がある人については、源泉徴収票を作成する際に必要となりますので、その支払額を源泉徴収簿の「旧長期損害保険料支払額」欄に記入しておきます。

(1) **控除の対象となる保険料等の範囲**　　地震保険料控除の対象となる保険料等は、給与の支払を受ける人又はその人と生計を一にする配偶者その他の親族が所有している家屋で常時その居住の用に供するものや、これらの人が有する生活に通常必要な家財のうち一定のものを保険や共済の目的としている損害保険契約等のうち、次に掲げる契約に附帯して締結されるもの又はその契約と一体となって効力を有する保険契約若しくは共済に係る契約に基づいて支払った地震等損害部分の保険料等です（所法77②、所令214、平18財務省告示139号（最終改正平30財務省告示244号））。

① 損害保険会社又は外国損害保険会社等と締結した保険契約のうち、一定の偶然の事故によって生ずることのある損害を塡補するもの（損害保険会社又は外国損害保険会社等の締結した疾病又は身体の損害により保険金が支払われる一定の保険契約は除かれます。また、外国損害保険会社等と締結した保険契約については国内で締結したものに限ります。）

② 農業協同組合又は農業協同組合連合会と締結した建物更生共済契約又は火災共済契約

③ 農業共済組合又は農業共済組合連合会と締結した火災共済契約又は建物共済契約

④ 漁業協同組合、水産加工業協同組合又は共済水産業協同組合連合会と締結した建物若しくは動産の共済期間中の耐存を共済事故とする共済契約又は火災共済契約

⑤ 火災等共済組合と締結した火災共済契約

⑥ 消費生活協同組合連合会と締結した火災共済契約又は自然災害共済契約

⑦ 消費生活協同組合法第10条第1項第4号の事業を行う次に掲げる法人と締結した自然災害共済契約

Ⓐ　教職員共済生活協同組合　　　　　　Ⓑ　全国交通運輸産業労働者共済生活協同組合
　Ⓒ　電気通信産業労働者共済生活協同組合

(2)　**地震保険料控除の対象とならない保険料等**　　　　控除の対象となる地震保険料は、地震等損害により一定の家屋や家財に生じた損失を塡補する保険金等が支払われる損害保険契約等に基づくものに限られていますので、身体の傷害等に基因して保険金等が支払われるものは、地震保険料控除の対象とはなりません。

　　また、地震等損害に係る保険料に該当する場合であっても、外国損害保険会社等と国外で締結した損害保険契約に基づく保険料や財形貯蓄保険契約等に基づく損害保険の保険料及び次に掲げる保険料又は掛金は、地震保険料控除の対象となりません（所法77、所令213、措法4の4②）。

　　イ　地震等損害により臨時に生ずる費用又はその家屋等の取壊し若しくは除去に係る費用その他これらに類する費用に対して支払われる保険金又は共済金に係る保険料又は掛金

　　ロ　一の損害保険契約等の契約内容につき、次の算式により計算した割合が$\frac{20}{100}$未満とされている場合におけるその損害保険契約等に係る地震等損害部分の保険料又は掛金（イに掲げるものを除きます。）

$$\frac{地震等損害により家屋等について生じた損失の額を塡補する保険金又は共済金の額^{(注3)}}{火災^{(注1)}による損害により家屋等について生じた損失の額を塡補する保険金又は共済金の額^{(注2)}} < \frac{20}{100}$$

　　　　(注)1　「火災」は、地震若しくは噴火又はこれらによる津波を直接又は間接の原因とするものを除きます。
　　　　　2　損失の額を塡補する保険金又は共済金の額の定めがない場合には、その火災により支払われることとされている保険金又は共済金の限度額とします。
　　　　　3　損失の額を塡補する保険金又は共済金の額の定めがない場合には、その地震等損害により支払われることとされている保険金又は共済金の限度額とします。
　　　　　4　損害保険契約等において地震等損害により家屋等について生じた損失の額を塡補する保険金又は共済金の額が、地震保険に関する法律施行令第2条《保険金額の限度額》に規定する金額（原則として家屋については5,000万円、家財については1,000万円）以上とされている保険契約については、上記計算式にかかわらず地震保険料控除の対象となります。

〔申告された地震保険料の確認に当たっての注意事項〕

注　意　事　項	説　　　　　　　　　　　明
剰余金の分配、割戻金等	損害保険契約等について、剰余金の分配や割戻金の割戻しがある場合には、契約上の地震保険料の金額からその剰余金又は割戻金の額を差し引いた残額が控除の対象となる地震保険料となります（所法77①）。 　なお、いわゆる団体扱いにより地震保険料を払い込んだ場合で、地震保険料の額が減額されるときは、その減額後の額が控除の対象となる地震保険料となります（所基通76—3(4)、77—7）。

94　第2　年末調整の実務

注　意　事　項	説　　　明
財形貯蓄契約、財形年金貯蓄契約又は財形住宅貯蓄契約に基づく地震保険料	勤労者財産形成貯蓄契約、勤労者財産形成年金貯蓄契約又は勤労者財産形成住宅貯蓄契約に基づく損害保険の保険料については、地震保険料控除の対象とはなりません（措法4の4②）。
未払の地震保険料	控除の対象となる地震保険料は、本年中に実際に支払ったものに限られますから、払込期日が到来していても支払っていないものは、控除の対象とはなりません。逆に前年以前に払込期日が到来していて本年になってから支払ったものは、控除の対象となります（所基通76—3(1)、77—7）。
責任開始日前に支払った地震保険料	損害保険契約等に基づく責任開始日前に支払った地震保険料については、現実の支払の日によらず、その責任開始日に支払われたものとして控除の対象となる地震保険料を計算します（所基通77—3）。 ⒲　「責任開始日」とは、損害保険契約等に基づいて保険会社等に損害に対する填補責任が生ずる日をいいます。
給与の支払者が負担した地震保険料	控除の対象となる地震保険料は、給与の支払を受ける人自身が支払ったものに限られます。しかし、給与の支払者が給与の支払を受ける人のために支払った地震保険料で、給与として課税されたものについては、その人が支払った地震保険料として控除の対象となります（所基通76—4、77—7）。
親族等が契約者である損害保険の保険料	控除の対象となる地震保険料は、給与の支払を受ける人自身が契約した損害保険契約等の保険料には限られませんから、給与の支払を受ける人以外の人（例えば、その配偶者など）が契約したものの地震保険料であっても、給与の支払を受ける人自身が実際に支払ったことが明らかな場合には、控除の対象とすることができます。
振替貸付けにより地震保険料の払込みに充当された金額	いわゆる振替貸付けにより地震保険料の払込みに充当された金額は、支払った地震保険料として控除の対象となります（所基通76—3(2)、77—7）。 　なお、振替貸付けにより保険料等の払込みに充当された金額を後日返済しても、その返済した金額は地震保険料控除の対象となりません。 ⒲　いわゆる「振替貸付け」の意義については、91ページの「振替貸付けにより払込みに充当された金額」の⒲を参照してください。
前納した地震保険料	翌年以後に払込期日が到来する地震保険料を一括して払い込んだいわゆる「前納保険料」については、次の算式により計算した金額が、本年中に支払った地震保険料の金額として控除の対象となります（所基通76—3(3)、77—7）。 $\left(\begin{array}{c}\text{前納保険料の総額}\\(\text{割引があるときは、}\\\text{割引後の金額})\end{array}\right) \times \dfrac{\text{前納保険料に係る本年中に到来する払込期日の回数}}{\text{前納保険料に係る払込期日の総回数}}$

注　意　事　項	説　　　　　　　　　　　　　　明
	㊟　「前納保険料」の意義については、86ページの「前納した生命保険料」の㊟を参照してください。
保険や共済の目的とされる家屋・家財の範囲	家屋や家財を保険又は共済の目的とする損害保険契約等は、給与の支払を受ける人又はその人と生計を一にする配偶者その他の親族が所有して常時居住している家屋や、これらの人が所有し生活の用に供する生活に通常必要な家具、じゅう器、衣服その他の家財（宝石、貴金属、書画、骨とうなどで1個又は1組の価額が30万円を超えるものは除かれます。）を保険又は共済の目的としているものに限られます（所法9①九、77①、所令25）。
賃借住宅等について支払った地震保険料	地震保険料控除の対象となるものは、給与の支払を受ける人又はその人と生計を一にする配偶者その他の親族が所有している家屋や家財について支払った地震保険料に限られますから、賃借している家屋や家財について賃借している人が支払った地震保険料は、控除の対象にはなりません。
賦払契約により購入した資産について支払った地震保険料	代金を賦払の方法で支払って取得する分譲家屋や家財については、その契約において代金完済後でなければ所有権を移転しないこととされているものであっても、その家屋や家財を常時居住の用又は日常の生活の用に供しているときは、その家屋や家財について支払った地震保険料は控除の対象にすることができます（所基通77―1）。
居住用と事業用の併用住宅に係る地震保険料	居住用に対応する部分の保険料のみが地震保険料控除の対象となりますので、居住用資産と事業用の家屋、商品等とが一括して保険等の目的とされているような場合には、その損害保険契約等に基づき支払った地震保険料については、次の計算式により控除の対象となる金額を求めます（所基通77―5）。 (1)　居住の用と事業等の用とに併用する資産が保険等の目的とされた資産に含まれていない場合 $$その契約に基づいて支払った地震保険料の金額 \times \frac{居住用資産に係る保険金額又は共済金額}{その契約に基づく保険金額又は共済金額の総額}$$ (2)　居住の用と事業等の用とに併用する資産が保険等の目的とされた資産に含まれている場合 $$居住用資産につき(1)により計算した金額 + \left\{ その契約に基づいて支払った地震保険料の金額 \times \frac{居住の用と事業等の用とに併用する資産に係る保険金額又は共済金額}{その契約に基づく保険金額又は共済金額の総額} \times 左の資産を居住の用に供している割合 \right\}$$ ㊟　店舗併用住宅のように居住の用に供している部分が一定しているものについては、次の割合を居住の用に供している割合として差し支えありません。 $$\frac{居住の用に供している部分の床面積}{その家屋の総床面積}$$ 　なお、家屋を居住の用と事業等の用とに併用している場合であっても、その家屋の全体のおおむね90％以上を居住の用に供しているときは、その家屋について支払った地震保険料の全額を地震保険料控除の対象にすることができます（所基通77―6）。

96　第2　年末調整の実務

注　意　事　項	説　　　　　　　　　明
支払をした旨を証する書類（証明書類）	地震保険料について「給与所得者の保険料控除申告書」を提出する際には、地震保険料の金額の多少にかかわらず、損害保険会社等が発行した地震保険料の「支払をした旨を証する書類」（証明書類）又はその証明書類に記載すべき事項を記録した電子証明書等に係る電磁的記録印刷書面を添付して提出又は提示する必要があります（所法196②、所令319八）。 　なお、「給与所得者の保険料控除申告書」に記載すべき事項を電子データにより提供する場合、その申告書に添付すべき証明書類等の提出又は提示に代えて、その証明書類等に記載されるべき事項が記録された情報で電子証明書等が付されたものをその申告書に記載すべき事項と併せて電子データにより給与の支払者に提供することができます（所法198⑤、所令319条の2②）。 　(注)　「電子証明書等」及び「電磁的記録印刷書面」については、87ページの「支払をした旨を証する書類（証明書類）」の(注)を参照してください。 　※　電子証明書等から電磁的記録印刷書面を作成することができるシステムは、国税庁ホームページ（https://www.nta.go.jp）に掲載されています。
証明書類の内容	1　証明書類は、損害保険会社等が、本年中に支払った地震保険料の金額、保険契約者の氏名、保険の種類及びその目的などを証明するため特に発行した書類又はこれらの事項が記載されている保険料領収証書等をいいます（所基通196—6）。 　(注)　住宅や家財とそれ以外の資産とが共に同一の保険の目的となっている場合で、住宅や家財の地震保険料とそれ以外の資産の地震保険料とが区分されていないときは、これらの証明書類にその損害保険契約等に基づく保険金額の総額及び住宅や家財についての保険金額を記載することになっています（所基通196—8）。 2　月払契約の地震保険料については、本年中に支払った地震保険料の金額の記載に代え、次に掲げる事項を記載すればよいことになっています（所基通196—7）。 　(1)　その契約に基づいて支払うべき1か月分の地震保険料の金額。ただし、本年中に契約の更改等が行われて1か月分の地震保険料の金額に異動があった場合には、その異動前及び異動後の1か月分の地震保険料の金額とその異動があった月 　(2)　本年中に分配を受けた剰余金若しくは割戻しを受けた割戻金の額又はこれらの金額を控除した後の本年中の実際払込金額の計算方法 　(3)　本年中に締結された契約（旧契約の期間の満了により更改された契約を除きます。）については、その締結の月 　(4)　本年中に失効、解約又は契約期間の満了（旧契約の期間の満了後契約が更改される場合を除きます。）により払込みがなくなったものについては、最

注　意　事　項	説　　　　　　　　　　　　明
	後の支払月 3　勤務先を対象とする団体特約により支払った地震保険料については、勤務先の代表者又はその代理人が「給与所得者の保険料控除申告書」に記載されている地震保険料の金額、保険契約者の氏名等に誤りがないことにつき確認を行った上、その申告書などに確認した旨を明らかにしておけば、証明書類の提出等があったものとされます（所基通196―2）。
証明書類の確認ができない場合	証明書類が確認できない場合には、その地震保険料は、原則として年末調整において控除の対象にできません。ただし、翌年1月31日までに証明書類を提出することを条件として、控除をしたところで年末調整を行ってもよいことになっています。この場合、翌年1月31日までに証明書類が確認できなかったときは、その地震保険料を控除しないところで年末調整の再計算を行い、不足額は2月1日以後に支払をする給与から順次徴収しなければなりません（所基通196―1）。

98 第2 年末調整の実務

〔源泉徴収簿の「年末調整」欄への転記例〕

（5） 控除対象扶養親族などの確認

――――――――――――――――――――――――〔ポイント〕―――――
　既に提出されている「給与所得者の扶養控除等申告書」の記載事項に異動
があるかどうかを確認します。
―――――〔ポイント〕―――――――――――――――――――――――――

　給与の支払を受ける人は、毎年最初に給与の支払を受けるときまでに、扶養控除、障害者控除、寡婦控除、ひとり親控除、勤労学生控除の各控除の控除対象者の有無や控除対象者に該当する事実などを記載した「給与所得者の扶養控除等申告書」を給与の支払者に提出しなければならないことになっており、給与の支払者は、その申告に基づいてこれらの控除をすることになっています。また、年の中途で控除対象扶養親族の数などに異動があった場合には、その都度異動事項を申告することになっています。

　したがって、この申告が当初から誤りなく行われており、その後の異動事項についても間違いなく申告されていれば、年末調整の際に改めてこれらの控除について確認を行う必要はなく、この申告に基づいて年末調整を行えばよいのですが、実際には当初の申告が誤っている例や、年の中途で異動があったにもかかわらず、その申告を忘れている例も少なくありません。

　そこで、年末調整を誤りなく行うために、改めて申告内容の確認を行い、控除の対象となる控除対象扶養親族、障害者等の数などを明らかにしておくことが重要です。

　控除対象扶養親族、障害者等の数などの確認は、給与の支払を受ける人から提出されている「給与所得者の扶養控除等申告書」に基づいて、次のような手順で行います。

100 第2 年末調整の実務

確認の手順

各人の異動事項について申告書の訂正をする

↓

異動事項の確認と源泉徴収簿の補正

イ 既に提出されている申告書をいったん各人に返すなどして、申告書に記載した事項に誤りや申告漏れとなっている事項がないかどうかを確認してもらい、訂正すべき点を訂正したうえで、再提出してもらいます。特に次のような異動があった人については、その異動の申告が確実に行われているかどうか注意する必要があります。

(イ) 本年の中途で、控除対象扶養親族であった家族の就職や結婚等によって控除対象扶養親族の数が減少した人。

(ロ) 本年の中途で、本人が寡婦、ひとり親又は勤労学生に該当することとなり、又は該当しないことになった人。

(ハ) 本年の中途で、本人、同一生計配偶者や扶養親族が障害者に該当することになった人。

ロ 次に、再提出された申告書を検討したうえ、源泉徴収簿の「扶養控除等の申告」欄の記載が正しく行われているかどうかを確認し、必要に応じて補正します。

(注) 申告書の内容の検討に当たっては、103ページ以下の各種の諸控除の「確認に当たっての注意事項」で説明してある事項に注意してください。

年末調整において、配偶者控除又は配偶者特別控除の適用を受けるためには、「給与所得者の配偶者控除等申告書」を給与の支払者に提出する必要があります。したがって、「給与所得者の扶養控除等申告書」の「源泉控除対象配偶者」欄への記載の有無にかかわらず、配偶者控除又は配偶者特別控除については、「給与所得者の配偶者控除等申告書」の提出を受けてください。

なお、同一生計配偶者に係る障害者控除の適用を受けるためには、「給与所得者の扶養控除等申告書」に所定の事項を記載し、給与の支払者に提出する必要があります。

第2　年末調整の実務　101

〔源泉徴収簿の「扶養控除等の申告」欄への転記例〕

令和3年分　給与所得者の扶養控除等（異動）申告書

給与の支払者の名称（氏名）　西部商事株式会社
あなたの氏名　千葉五郎

給与の支払者の法人（個人）番号　1 1 2 2 3 3 4 4 5 5 6 6
あなたの個人番号　1 1 2 2 3 3 4 4 5 5 6 6

給与の支払者の所在地（住所）　○○市○○3-3-4
あなたの住所又は居所　○○市××23

氏名	あなたとの続柄	生年月日	住所又は居所	異動月日及び事由
チバ イチロウ 千葉一郎	子	17・5・17	○○市××23	
チバ キヨ 千葉キヨ	母	32・7・5	〃	令3.3.31 退職により増加

(注)　この記載例の申告者には、生計を一にする配偶者がいますが、合計所得金額が950,000円を超える見込みのため、源泉控除対象配偶者の欄に記載がありません。

〔控除対象扶養親族〕

――――――――――――――――――― 〔ポイント〕 ―――――
① 扶養控除の対象となる控除対象扶養親族は、扶養親族のうち、年齢16歳
　以上の人です。
② 扶養親族は、給与の支払を受ける人と生計を一にする親族で合計所得金
　額が48万円以下の人です。
③ 特定扶養親族又は老人扶養親族（同居老親等を含みます。）に該当する
　控除対象扶養親族については、割増控除が受けられます。
④ 特定扶養親族は、控除対象扶養親族のうち年齢19歳以上23歳未満の人で
　す。
⑤ 老人扶養親族は、控除対象扶養親族のうち年齢70歳以上の人です。
⑥ 同居老親等は、老人扶養親族のうち、所得者又はその配偶者の直系尊属
　で、所得者又はその配偶者のいずれかとの同居を常況としている人です。
⑦ 控除対象扶養親族が年の中途で亡くなった場合でも扶養控除は受けられ
　ます。
――――― 〔ポイント〕 ―――――――――――――――――――

〔控除の概要〕

　控除対象扶養親族に該当する親族、里子又は養護老人のいる人は、控除対象扶養親族の数に応じ、
次により計算した金額の控除が受けられます（所法84、措法41の16）。
(1) 一般の控除対象扶養親族については、1人につき……………………………………38万円
(2) 特定扶養親族については、1人につき…………………………………………………63万円
(3) 同居老親等以外の老人扶養親族については、1人につき……………………………48万円
(4) 同居老親等については、1人につき……………………………………………………58万円

　これらの控除額は「令和3年分の扶養控除額及び障害者等の控除額の合計額の早見表」によって、
他の控除と一括して控除額の合計額を求めることができます。

　(注) 早見表には基礎控除額が含まれていませんのでご注意ください（基礎控除額については、「給与所得者
　　の基礎控除申告書」により計算します。）。

第2 年末調整の実務 103

〔控除対象扶養親族（扶養親族）の確認に当たっての注意事項〕

注意事項	説明
控除対象扶養親族の意義	控除対象扶養親族とは、扶養親族のうち、年齢16歳以上の人（平成18年1月1日以前に生まれた人）をいいます（所法2①三十四の二）。 　扶養親族とは、本年12月31日（年の中途で死亡した人については、死亡の時）の現況において、給与の支払を受ける人の親族（配偶者を除きます。）、児童福祉法の規定により里親に養育を委託された児童（以下「里子」といいます。）及び老人福祉法の規定により養護受託者に養護を委託された老人（以下「養護老人」といいます。）で、給与の支払を受ける人と生計を一にする人（青色事業専従者として給与の支払を受ける人及び白色事業専従者（以下「青色事業専従者等」といいます。）を除きます。）のうち、合計所得金額が48万円以下の人をいいます（所法2①三十四、85③）。
特定扶養親族の意義	特定扶養親族とは、控除対象扶養親族のうち年齢19歳以上23歳未満の人（平成11年1月2日から平成15年1月1日までの間に生まれた人）をいいます（所法2①三十四の三）。
老人扶養親族の意義	老人扶養親族とは、控除対象扶養親族のうち年齢70歳以上の人（昭和27年1月1日以前に生まれた人）をいいます（所法2①三十四の四）。
同居老親等の意義	1　同居老親等とは、老人扶養親族のうち給与の支払を受ける人又はその配偶者（以下「所得者等」といいます。）の直系尊属（父母、祖父母など）で、その所得者等のいずれかとの同居を常況としている人をいいます（措法41の16）。 2　所得者等の直系尊属である老人扶養親族（以下「老親等」といいます。）が同居老親等に該当するかどうかについては、例えば、次のような場合には、それぞれ次のように取り扱われます。 ⑴　所得者等との同居を常況としている老親等が、病気などの治療のため、たまたま入院していることにより、所得者等と別居している場合……同居老親等に該当します。 　※　老親等が老人ホームなどへ入所している場合には、その老人ホームが居所となりますので、所得者等と同居しているとはいえません。 ⑵　その老親等が所得者等の居住する住宅の同一敷地内にある別棟の建物に居住している場合……その老親等が所得者等と食事を一緒にするなど日常生活を共にしているときは同居老親等に該当します。 ⑶　給与の支払を受ける人が転勤したことに伴いその住所を変更したため、その老親等が所得者等と別居している場合……同居老親等に該当しません。

104　第2　年末調整の実務

注　意　事　項	説　　　　　　　　　　　　明
親族の範囲	親族とは、6親等内の血族、配偶者及び3親等内の姻族をいいます（民法725）。この親族の範囲については、109ページの「親族表」を参照してください。
「生計を一にする」の意義	扶養親族は、給与の支払を受ける人と生計を一にする親族（配偶者を除きます。）、里子又は養護老人でなければなりませんが、「生計を一にする」とは、必ずしも同一の家屋に起居していることをいうものではありません。したがって、例えば、修学あるいは療養の都合で別居している場合であっても、常に生活費や学資金、療養費等の送金が行われている場合や、修学等の余暇には起居を共にすることを常例としているような場合には、生計を一にしているということになります（所基通2─47(1)）。 　また、親族が同一の家屋に起居している場合には、明らかに互いに独立した生活を営んでいると認められる場合を除き、これらの親族は生計を一にするものとして取り扱われます（所基通2─47(2)）。
里子の範囲	扶養親族となる里子は、その里子が扶養親族に該当するかどうかを判定する時の現況において、原則として、年齢が18歳未満の人に限られます（所基通2─49）。
養護老人の範囲	扶養親族となる養護老人は、その養護老人が扶養親族に該当するかどうかを判定する時の現況において、原則として、年齢が65歳以上の人に限られます（所基通2─49）。
年の中途で死亡した親族等	年の中途で亡くなった親族、里子又は養護老人については、亡くなった時の現況によって扶養親族に該当するかどうかを判定します（所法85③）。
複数の所得者の扶養親族に該当する人の取扱い	同一世帯に複数の所得者がいることにより、複数の所得者の扶養親族に該当する人がいる場合には、その世帯内の扶養親族に該当する人が複数であれば、それらの人をそれぞれの所得者で分けて申告することができますが、扶養親族に該当する1人の人を複数の所得者が重複して申告することはできません（所法85⑤、所令219）。
年の中途で死亡した者の控除対象扶養親族が再婚等をした場合	年の中途において死亡した所得者の控除対象扶養親族として控除された者であっても、その後その年中において他の所得者の控除対象配偶者や配偶者特別控除の対象となる配偶者又は控除対象扶養親族にも該当する者については、その他の所得者の控除対象配偶者や配偶者特別控除の対象となる配偶者又は控除対象扶養親族として控除することができます（所基通83～84─1）。
合計所得金額の意義	1　「合計所得金額」とは、純損失又は雑損失の繰越控除、居住用財産の買換え等の場合の譲渡損失の繰越控除及び特定居住用財産の譲渡損失の繰越控除を適用しないで計算した総所得金額、上場株式等に係る配当所得等について、申告分離課税の適用を受けることとした場合のその配当所得等の金額（上場株式等

注　意　事　項	説	明

に係る譲渡損失の損益通算の適用がある場合には、その適用後の金額及び上場株式等に係る譲渡損失の繰越控除の適用がある場合には、その適用前の金額）、土地・建物等の譲渡所得の金額（長期譲渡所得の金額（特別控除前）と短期譲渡所得の金額（特別控除前））、一般株式等に係る譲渡所得等の金額、上場株式等に係る譲渡所得等の金額（上場株式等に係る譲渡損失の繰越控除又は特定中小会社が発行した株式に係る譲渡損失の繰越控除の適用がある場合には、その適用前の金額）、先物取引に係る雑所得等の金額（先物取引の差金等決済に係る損失の繰越控除の適用がある場合には、その適用前の金額）、退職所得金額（２分の１後）及び山林所得金額（特別控除後）の合計額をいいます（所法２①三十ロ、措法８の４③一、31③一、32④、37の10⑥一、37の11⑥、37の12の２④⑧、37の13の2⑨、41の5⑫一、41の5の2⑫一、41の14②一、41の15④）。

　なお、この計算に当たっては、次の２に掲げるような所得税が課されない所得、源泉分離課税により源泉徴収だけで納税が完結するものや特定の配当所得などは含める必要はありません（所基通２―41(1)、措通３―１ほか）。また、税法に規定する所得計算の特例（租税特別措置法に規定する課税長期譲渡所得金額又は課税短期譲渡所得金額の計算における特別控除額の控除に係る特例を除きます。）の適用を受ける場合には、その適用後の所得の金額を基にして合計所得金額を計算します（所基通２―41(2)）。

所 得 の 種 類	所 得 の 金 額 の 計 算	合 計 所 得 金 額
利子所得(一部分離)	収入金額	
配当所得(一部分離)	収入金額－負債の利子	
不動産所得(総　合)	総収入金額－必要経費	
事 業 所 得(総　合)	総収入金額－必要経費	
給 与 所 得(総　合)	収入金額－給与所得控除額	総所得金額
一 時 所 得(総　合)	総収入金額－支出金額－特別控除額	$\times \frac{1}{2}$
雑 所 得(一部分離)	総収入金額－必要経費 公的年金等の収入金額－公的年金等控除額	
土地・建物等以外の譲渡所得(総合)	総収入金額 $-\left(取得費+\dfrac{譲渡}{費用}\right)-\dfrac{特別控}{除　額} <\dfrac{短期}{長期}$	$\times \frac{1}{2}$
退 職 所 得(分　離)	(収入金額－退職所得控除額)$\times\frac{1}{2}$又は 収入金額―退職所得控除額	退職所得金額
山 林 所 得(分　離)	総収入金額－必要経費－特別控除額	山林所得金額
土地・建物等の譲渡所得(分離)	総収入金額－（取得費＋譲渡費用）	土地・建物等の譲渡所得の金額

106　第2　年末調整の実務

注　意　事　項	説　　　　　　　明
	上場株式等に係る配当所得等（分離）　収入金額－負債の利子 → 損益通算 → 上場株式等に係る配当所得等の金額 上場株式等に係る譲渡所得等（分離）　総収入金額－必要経費等 → 損益通算 → 上場株式等に係る譲渡所得等の金額 一般株式等に係る譲渡所得等（分離）　総収入金額－必要経費等 → 一般株式等に係る譲渡所得等の金額 先物取引に係る雑所得等（分離）　総収入金額－必要経費等 → 先物取引に係る雑所得等の金額

2　上記1の「合計所得金額」には、次に掲げるような所得は含まれません。

(1) 所得税が課されない次のような所得（所基通2―41(1)）

　　イ　遺族の受ける恩給及び年金（死亡した人の勤務に基づいて支給されるものに限ります。）（所法9①三ロ）

　　ロ　生活用動産の売却による所得（所法9①九）

　　ハ　障害者等の郵便貯金の利子所得（旧所法9の2①）

　　ニ　障害者等の少額預金の利子所得等（所法10①）

　　ホ　障害者等の少額公債の利子（措法4①）

　　ヘ　労働基準法の規定により支給される休業補償（所法9①三イ、所令20①二）

　　ト　非課税口座内の少額上場株式等に係る配当所得（措法9の8）

　　チ　未成年者口座内の少額上場株式等に係る配当所得（措法9の9）

　　リ　非課税口座内の少額上場株式等に係る譲渡所得等（措法37の14）

　　ヌ　未成年者口座内の少額上場株式等に係る譲渡所得等（措法37の14の2）

(2) 租税特別措置法の規定によって分離課税等とされる次の所得

　　イ　源泉分離課税とされる利子所得又は配当所得

　　ロ　確定申告をしないことを選択した次の利子等（措法8の5）

　　　㋑　特定公社債の利子

　　　㋺　公社債投資信託（その設定に係る受益権の募集が一定の公募により行われたもの又はその受益権が金融商品取引所に上場若しくは外国金融商品市場において売買されているものに限ります。）

　　　㋩　公募公社債等運用投資信託の収益の分配

　　　㋥　国外一般公社債等の利子等以外の国外公社債等の利子等

　　ハ　確定申告をしないことを選択した次の配当等（措法8の5）

　　　㋑　上場株式等の配当等（特定株式投資信託の収益の分配を含みます。）

　　　㋺　公募証券投資信託の収益の分配（公社債投資信託及び特定株式投資信

注　意　事　項	説　　　　　　　　　　　　　　明
	託を除きます。）

　　　　㈦　特定投資法人の投資口の配当等

　　　　㈬　公募投資信託の収益の分配（証券投資信託、特定株式投資信託及び公募公社債等運用投資信託を除きます。）

　　　　㈭　公募特定受益証券発行信託の収益の分配

　　　　㈮　特定目的信託の社債的受益権の剰余金の配当（公募のものに限ります。）

　　　　㈯　上記㋑～㈮以外の配当等で、１銘柄について１回に支払を受けるべき金額が10万円に配当計算期間の月数（最高12か月）を乗じてこれを12で除して計算した金額以下の配当等

　　ニ　源泉徴収選択口座を通じて行った上場株式等の譲渡による所得等で確定申告をしないことを選択したもの（措法37の11の４）

　　ホ　源泉分離課税とされる懸賞金付預貯金等の懸賞金等（措法41の９）

　　ヘ　源泉分離課税とされる定期積金の給付補塡金等（措法41の10）

　　ト　源泉分離課税とされる割引債の償還差益（措法41の12）

　⑶　その他支給の根拠となる法律において非課税とされる次のような公的給付

　　①　雇用保険法第10条に基づき支給される求職者給付

　　②　健康保険法第101条の規定に基づき支給される出産育児一時金

　　③　雇用保険法第61条の７の規定に基づき支給される育児休業給付金

３　したがって、給与所得だけを有する扶養親族、給与所得以外に分離課税とされる利子所得又は配当所得等や一定の配当所得だけしかない扶養親族の場合には、本年中の給与の収入金額が103万円以下であれば合計所得金額（この場合には、給与所得控除額55万円を控除した後の給与所得の金額）は48万円以下となりますので、その扶養親族は、他の要件を満たしている限り、控除対象扶養親族に該当することになります。

　　また、公的年金等に係る雑所得だけの場合には、本年中の公的年金等の収入金額が158万円以下（年齢65歳未満の人は108万円以下）、内職等による所得だけの場合には、本年中の内職等の収入金額が103万円以下であれば合計所得金額が48万円以下となりますので、控除対象扶養親族に該当することになります。

　　なお、公的年金等に係る雑所得は、その年中の公的年金等の収入金額から受給者の年齢や公的年金等の収入金額に応じた公的年金等控除額を控除した残額とされています。

〔公的年金等に係る雑所得の計算〕

　　公的年金等の収入金額－公的年金等控除額＝公的年金等に係る雑所得の金額

　　なお、公的年金等控除額は、令和３年分については次のようになっています。

108 第2 年末調整の実務

注 意 事 項	説　明

① 65歳以上の人の公的年金等控除額

公的年金等の収入金額(A)	公的年金等に係る雑所得以外の所得に係る合計所得金額		
	1,000万円以下	1,000万円超 2,000万円以下	2,000万円超
330万円以下	110万円	100万円	90万円
330万円超　　410万円以下	(A)×25% ＋27万5,000円	(A)×25% ＋17万5,000円	(A)×25% ＋7万5,000円
410万円超　　770万円以下	(A)×15% ＋68万5,000円	(A)×15% ＋58万5,000円	(A)×15% ＋48万5,000円
770万円超　1,000万円以下	(A)×5% ＋145万5,000円	(A)×5% ＋135万5,000円	(A)×5% ＋125万5,000円
1,000万円超	195万5,000円	185万5,000円	175万5,000円

② 65歳未満の人の公的年金等控除額

公的年金等の収入金額(A)	公的年金等に係る雑所得以外の所得に係る合計所得金額		
	1,000万円以下	1,000万円超 2,000万円以下	2,000万円超
130万円以下	60万円	50万円	40万円
130万円超　　410万円以下	(A)×25% ＋27万5,000円	(A)×25% ＋17万5,000円	(A)×25% ＋7万5,000円
410万円超　　770万円以下	(A)×15% ＋68万5,000円	(A)×15% ＋58万5,000円	(A)×15% ＋48万5,000円
770万円超　1,000万円以下	(A)×5% ＋145万5,000円	(A)×5% ＋135万5,000円	(A)×5% ＋125万5,000円
1,000万円超	195万5,000円	185万5,000円	175万5,000円

国外居住親族に該当する場合

　控除対象扶養親族が、非居住者に該当する場合には、扶養控除の適用に当たり、①給与の支払を受ける人の親族であることを明らかにする「親族関係書類」及び②給与の支払を受ける人がその年において当該控除対象扶養親族の生活費又は教育費に充てるための支出を必要の都度行ったことを明らかにする「送金関係書類」の提示又は提出を受ける必要があります。

第2　年末調整の実務　109

〔扶養控除等（異動）申告書の記入例〕

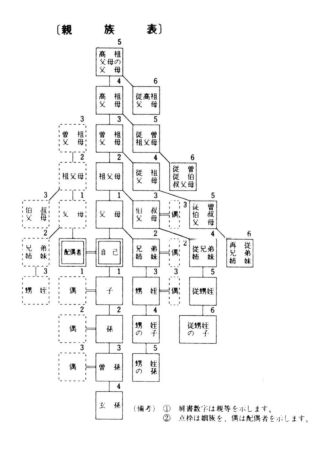

〔親族表〕

（備考）① 肩書数字は親等を示します。
② 点枠は姻族を、偶は配偶者を示します。

110　第2　年末調整の実務

〔障　害　者〕

―――――――――――――――〔ポイント〕―――――

① 障害者（特別障害者）は、給与の支払を受ける人だけでなく、その人の
同一生計配偶者や扶養親族も控除の対象になります。
② 控除対象扶養親族に該当しない年齢16歳未満の扶養親族も控除の対象に
なります。

―――――〔ポイント〕――――――――――――――――――

〔控除の概要〕

　障害者控除は、給与の支払を受ける人自身が障害者（特別障害者）に該当する場合だけでなく、その人の同一生計配偶者や扶養親族が障害者（特別障害者、同居特別障害者）に該当する場合には、次により計算した金額の控除が受けられます（所法79）。

(1)　一般の障害者については、1人につき………………27万円

(2)　特別障害者については、1人につき………………40万円

(3)　同居特別障害者については、1人につき………………75万円

　なお、これらの控除も、年末調整の際には「令和3年分の扶養控除額及び障害者等の控除額の合計額の早見表」によって、他の控除と一括して控除額の合計額を求めることができます。

〔障害者（特別障害者）の確認に当たっての注意事項〕

注　意　事　項	説　　　　　　　　　　明
障害者（特別障害者）の意義	障害者（特別障害者）とは、本年12月31日（年の中途で死亡した人については、死亡の時）の現況において、次のいずれかに該当する人をいいます（所法2①二十八、二十九、85①②、所令10）。 (1)　精神上の障害により事理を弁識する能力を欠く常況にある人――これに当たる人は、全て特別障害者になります。 (2)　児童相談所、知的障害者更生相談所、精神保健福祉センター又は精神保健指定医から知的障害者と判定された人――このうち、重度の知的障害者と判定された人は、特別障害者になります。 (3)　精神保健及び精神障害者福祉に関する法律の規定により精神障害者保健福祉手帳の交付を受けている人――このうち、障害等級が1級の人は、特別障害者になります。 (4)　身体障害者福祉法の規定により交付を受けた身体障害者手帳に、身体上の障害がある者として記載されている人――このうち、障害の程度が1級又は2級の人は、特別障害者になります。 (5)　戦傷病者特別援護法の規定による戦傷病者手帳の交付を受けている人――こ

注　意　事　項	説　　　　　　　　　　　　　　　　　　　明
	のうち、障害の程度が恩給法別表第 1 号表ノ 2 の特別項症から第三項症までの人は、特別障害者になります。 (6)　原子爆弾被爆者に対する援護に関する法律第11条第 1 項の規定による厚生労働大臣の認定を受けている人——これに当たる人は、全て特別障害者になります。 (7)　常に就床を要し、複雑な介護を要する人——これに当たる人は、全て特別障害者になります。 (8)　精神又は身体に障害のある年齢65歳以上の人（昭和32年 1 月 1 日以前に生まれた人）で、その障害の程度が上記の(1)、(2)又は(4)に該当する人と同程度である人として市町村長、特別区の区長や福祉事務所長（以下「市町村長等」といいます。）の認定を受けている人——このうち、上記の(1)、(2)又は(4)に掲げる特別障害者と同程度の障害のある人として市町村長等の認定を受けている人は、特別障害者になります。
同一生計配偶者の意義	同一生計配偶者とは、給与の支払を受ける人と生計を一にする配偶者（青色事業専従者等を除きます。）で、合計所得金額が48万円以下の人をいいます（所法 2 ①三十三）。
同居特別障害者の意義	同居特別障害者とは、同一生計配偶者又は扶養親族のうち、特別障害者に該当する人で、給与の支払を受ける人、その配偶者又は給与の支払を受ける人と生計を一にするその他の親族のいずれかとの同居を常況としている人をいいます（所法79③）。
障害者（特別障害者）として取り扱うことができる人	身体障害者手帳の交付を受けていない人又は戦傷病者手帳の交付を受けていない人であっても、次のいずれにも該当する人は障害者として取り扱うことができます。また、この場合、その障害の程度が明らかに特別障害者と同程度であると認められる人は、特別障害者に該当するものとして差し支えありません（所基通 2 —38）。 (1)　本年分の「給与所得者の扶養控除等申告書」を提出する時において、これらの手帳の交付を申請中であるか、又はこれらの手帳の交付を受けるための身体障害者福祉法第15条第 1 項若しくは戦傷病者特別援護法施行規則第 1 条第 4 号に規定する医師の診断書を有していること。 (2)　本年12月31日その他障害者であるかどうかを判定すべき時の現況において、明らかにこれらの手帳に記載され、又はその交付を受けられる程度の障害があると認められること。

112 第2 年末調整の実務

注　意　事　項	説　　　　　　　　　　　　　明
常に就床を要し、複雑な介護を要する人	「常に就床を要し、複雑な介護を要する人」とは、本年12月31日その他障害者であるかどうかを判定すべき時の現況において、引き続き6か月以上にわたり身体の障害により就床を要し、介護を受けなければ自ら排便等をすることができない程度の状態にあると認められる人をいいます（所基通2—39）。
国外居住親族に該当する場合	障害者が、非居住者に該当する場合には、障害者控除の適用に当たり、①給与の支払を受ける人の親族であることを明らかにする「親族関係書類」及び②給与の支払を受ける人がその年において当該障害者の生活費又は教育費に充てるための支出を必要の都度行ったことを明らかにする「送金関係書類」の提示又は提出を受ける必要があります。

〔寡　　婦〕

────────────────────────〔ポイント〕────
① 寡婦は、給与の支払を受ける人本人に限られます。
② 寡婦は、次のイ又はロのいずれかに該当する人をいいます（ひとり親に
　該当する人を除きます。）。
　イ　夫と離婚した後婚姻をしていない人で、**扶養親族を有すること、合計
　　所得金額が500万円以下であること及び事実上婚姻関係と同様の事情に
　　あると認められる人がいないことの全てを満たす人**
　ロ　夫と死別した後婚姻をしていない人又は夫の生死の明らかでない人で、
　　合計所得金額が500万円以下であること及び事実上婚姻関係と同様の事
　　情にあると認められる人がいないことの全ての要件を満たす人
────────────〔ポイント〕────

〔控除の概要〕

　寡婦控除は、給与の支払を受ける人自身が寡婦に該当する場合にだけ受けられます。寡婦に該当す
る人は、27万円の控除が受けられます（所法80①）。この控除額も、「令和３年分の扶養控除額及び障
害者等の控除額の合計額の早見表」によって、他の控除と一括して控除額の合計額を求めることがで
きます。

〔寡婦の確認に当たっての注意事項〕

注　意　事　項	説　　　　　　　　　　　　　明
寡婦の意義	寡婦とは、給与の支払を受ける人が、本年12月31日（年の中途で死亡した人について は、死亡の時）の現況において次のいずれかに該当する人をいいます（ひとり親に該当する人を除きます。）（所法２①三十、85①）。 ⑴　夫と離婚した後婚姻をしていない人で、次のイ、ロ及びハのいずれにも該当する人 　イ　扶養親族を有すること。 　ロ　合計所得金額が500万円以下であること。 　ハ　その人と事実上婚姻関係と同様の事情にあると認められる人がいないこと。 ⑵　夫と死別した後婚姻をしていない人又は夫の生死の明らかでない人で、次のイ及びロのいずれにも該当する人 　イ　合計所得金額が500万円以下であること。 　ロ　その人と事実上婚姻関係と同様の事情にあると認められる人がいないこと。 　　なお、「夫の生死が明らかでない人」とは、次に掲げる人の妻をいいます（所令11）。 　⑷　太平洋戦争終結の当時陸海軍に属していた人で、まだ国内に帰らない人 　⑼　⑷に掲げる人以外の人で、太平洋戦争終結の当時国外にいてまだ国内に

注　意　事　項	説　　　　　　　明
	帰らず、かつ、その帰らないことについて(イ)に掲げる人と同様の事情があると認められる人
	(ハ)　船舶が沈没し、転覆し、滅失し若しくは行方不明となった際、現にその船舶に乗っていた人若しくは船舶に乗っていてその船舶の航行中に行方不明となった人又は航空機が墜落し、滅失し若しくは行方不明となった際、現にその航空機に乗っていた人若しくは航空機に乗っていてその航空機の航行中に行方不明となった人で、3か月以上その生死が明らかでない人
	(ニ)　(ハ)に掲げる人以外の人で、死亡の原因となるべき危難に遭遇した人のうち、その危難が去った後1年以上その生死が明らかでない人
	(ホ)　(イ)から(ニ)までのいずれかに該当する人のほか、3年以上その生死が明らかでない人
	(注)1　上記の「夫」、「離婚」又は「婚姻」は、いずれも民法の規定に従います。このため、いわゆる内縁関係であった人は寡婦に該当しません。
	2　上記(2)の(ハ)又は(ニ)の危難に遭遇した人で、同一の危難に遭遇した他の人について既に死亡が確認されているなど、その危難の状況からみて生存していることが期待できないと認められる人については、その危難があった時からこれらに掲げる人に該当するものとして差し支えないことになっています。この場合には、後日その人の生存が確認されたときであっても、さかのぼって判定の変更はしないことになっています（所基通2－42）。
	3　上記の合計所得金額の意義については、控除対象扶養親族のところで説明してありますので、104ページを参照してください。例えば、給与所得だけの場合は、本年中の給与の収入金額が6,777,778円以下であれば、合計所得金額が500万円以下になります。
	4　上記の(1)及び(2)の「その人と事実上婚姻関係と同様の事情にあると認められる人」とは、次の人をいいます。
	①　その人が住民票に世帯主と記載されている人である場合には、その人と同一の世帯に属する人の住民票に世帯主との続柄が世帯主の<u>未届の夫</u>である旨その他の世帯主と事実上婚姻関係と同様の事情にあると認められる続柄である旨の記載がされた人
	②　その人が住民票に世帯主と記載されている人でない場合には、その人の住民票に世帯主との続柄が世帯主の<u>未届の妻</u>である旨その他の世帯主と事実上婚姻関係と同様の事情にあると認められる続柄である旨の記載がされているときのその世帯主
配偶者控除の適用を受ける者が寡婦にも該当する場合	年の中途において夫と死別した人が、その年において寡婦に該当するときは、たとえその人が死別した夫について配偶者控除の適用を受ける場合であっても、寡婦控除の適用を受けることができます（所基通80－1）。

〔ひ と り 親〕

――――――――――――――――――――――― 〔ポイント〕 ―――――
① ひとり親は、給与の支払を受ける人本人に限られます。
② ひとり親は、現に婚姻をしていない人又は配偶者の生死の明らかでない
人で、一定の生計を一にする子を有すること、合計所得金額が500万円以
下であること及び事実上婚姻関係と同様の事情にあると認められる人がい
ないことの全てを満たすことが要件とされます。
――――― 〔ポイント〕 ―――――――――――――――――――――

〔控除の概要〕

ひとり親控除は、給与の支払を受ける人自身がひとり親に該当する場合にだけ受けられます。

ひとり親に該当する人は、35万円の控除が受けられます（所法81①）。この控除額も、「令和3年分
の扶養控除額及び障害者等の控除額の合計額の早見表」によって、他の控除と一括して控除額の合計
額を求めることができます。

116　第2　年末調整の実務

〔ひとり親の確認に当たっての注意事項〕

注　意　事　項	説　　　　　　　　　　明
ひとり親の意義	ひとり親とは、給与の支払を受ける人が、現に婚姻をしていない人又は配偶者の生死が明らかでない人で、本年12月31日（年の中途で死亡した人については、死亡の時）の現況において次のいずれにも該当する人をいいます（所法2①三十一、85①）。 (1)　その人と生計を一にする子（他の人の同一生計配偶者又は扶養親族とされている人を除き、その年分の総所得金額、退職所得金額及び山林所得金額の合計額が48万円以下の子に限ります。）を有すること。 (2)　合計所得金額が500万円以下であること。 (3)　その人と事実上婚姻関係と同様の事情にあると認められる人がいないこと。 　なお、「配偶者の生死が明らかでない人」とは、次に掲げる人の配偶者をいいます（所令11の2①）。 　イ　太平洋戦争終結の当時陸海軍に属していた人で、まだ国内に帰らない人 　ロ　イに掲げる人以外の人で、太平洋戦争終結の当時国外にいてまだ国内に帰らず、かつ、その帰らないことについてイに掲げる人と同様の事情があると認められる人 　ハ　船舶が沈没し、転覆し、滅失し若しくは行方不明となった際、現にその船舶に乗っていた人若しくは船舶に乗っていてその船舶の航行中に行方不明となった人又は航空機が墜落し、滅失し若しくは行方不明となった際、現にその航空機に乗っていた人若しくは航空機に乗っていてその航空機の航行中に行方不明となった人で、3か月以上その生死が明らかでない人 　ニ　ハに掲げる人以外の人で、死亡の原因となるべき危難に遭遇した人のうち、その危難が去った後1年以上その生死が明らかでない人 　ホ　イからニまでのいずれかに該当する人のほか、3年以上その生死が明らかでない人 (注)1　上記の「婚姻」又は「配偶者」は、いずれも民法の規定に従います。 　　2　上記ハ又はニの危難に遭遇した人で、同一の危難に遭遇した人について既に死亡が確認されているなど、その危難の状況からみて生存していることが期待できないと認められる人については、その危難があった時からこれらに掲げる人に該当するものとして差し支えないことになっています。この場合には、後日その人の生存が確認されたときであっても、さかのぼって判定の変更はしないことになっています（所基通2―42）。 　　3　上記(2)の合計所得金額の意義については、控除対象扶養親族のところで説明してありますので、104ページを参照してください。例えば、給与所得だけの場合は、本年中の給与の収入金額が6,777,778円以下であれば、合計所

注　意　事　項	説　　明
	得金額が500万円以下になります。 4　上記(3)の「その人と事実上婚姻関係と同様の事情にあると認められる人」とは、次の人をいいます。 ①　その人が住民票に世帯主と記載されている人である場合には、その人と同一の世帯に属する人の住民票に世帯主との続柄が世帯主の<u>未届の夫又は未届の妻</u>である旨その他の世帯主と事実上婚姻関係と同様の事情にあると認められる続柄である旨の記載がされた人 ②　その人が住民票に世帯主と記載されている人でない場合には、その人の住民票に世帯主との続柄が世帯主の<u>未届の夫又は未届の妻</u>である旨その他の世帯主と事実上婚姻関係と同様の事情にあると認められる続柄である旨の記載がされているときのその世帯主
配偶者控除の適用を受ける者がひとり親にも該当する場合	年の中途において夫又は妻と死別した人が、その年においてひとり親に該当するときは、たとえその人が死別した夫又は妻について配偶者控除の適用を受ける場合であっても、ひとり親控除の適用を受けることができます（所基通81―1）。

118　第2　年末調整の実務

〔勤　労　学　生〕

─────────────────────────────── 〔ポイント〕 ───────
①　勤労学生は、給与の支払を受ける人本人に限られます。
②　専修学校や各種学校の生徒及び認定職業訓練を受ける訓練生については
　証明書類の添付が必要です。
─────── 〔ポイント〕 ───────────────────────────────

〔控除の概要〕

　勤労学生控除は、給与の支払を受ける人自身が勤労学生に該当する場合にだけ受けられます。控除
対象配偶者や扶養親族のうちに勤労学生の対象となる学校等に通学する人がいても、これらの人は控
除の対象とはなりません。

　勤労学生に該当する人は、27万円の控除が受けられます（所法82①）。この控除額も、「令和3年分
の扶養控除額及び障害者等の控除額の合計額の早見表」によって、他の控除と一括して控除額の合計
額を求めることができます。

〔勤労学生の確認に当たっての注意事項〕

注　意　事　項	説　　　　　　　　　　　　　　　　　明
勤労学生の意義	勤労学生とは、給与の支払を受ける人が、本年12月31日（年の中途で死亡した人については、死亡の時）の現況において次に掲げる学生、生徒、児童又は訓練生に該当する人で、自己の勤労に基づいて得た事業所得、給与所得、退職所得又は雑所得（これらの所得を「給与所得等」といいます。）のある人のうち、本年分の合計所得金額が75万円以下であって、かつ、合計所得金額のうち給与所得等以外の所得の金額が10万円以下である人をいいます（所法2①三十二、85①、所令11の3）。 ⑴　学校教育法第1条に規定する学校（小学校、中学校、義務教育学校、高等学校、中等教育学校、特別支援学校、大学、高等専門学校）の学生、生徒又は児童 ⑵　国、地方公共団体、私立学校法第3条に規定する学校法人、同法第64条第4項（私立専修学校及び私立各種学校）の規定により設立された法人又は次に掲げる者の設置した専修学校や各種学校の生徒で、次の項で説明する一定の要件に該当する課程を履修している人 　イ　独立行政法人国立病院機構　　　ル　一般社団法人 　ロ　独立行政法人労働者健康安全機構　ヲ　一般財団法人 　ハ　日本赤十字社　　　　　　　　　ワ　医療事業を行う農業協同組合連合会

注 意 事 項	説　　　　　　　　　明
	ニ　商工会議所　　　　　　カ　医療法人 ホ　健康保険組合　　　　　　ヨ　学校教育法第124条（専修学校）又は ヘ　健康保険組合連合会　　　　　第134条（各種学校）に規定する学校の ト　国民健康保険団体連合会　　　　うち、教育水準を維持するための教員の チ　国家公務員共済組合連合会　　　数その他の文部科学大臣が定める基準を リ　社会福祉法人　　　　　　　　満たすものを設置する者 ヌ　宗教法人 (3)　職業訓練法人が行う認定職業訓練を受ける訓練生で、次の項で説明する一定の要件に該当する課程を履修している人 (注)　合計所得金額の意義については、控除対象扶養親族のところで説明してありますので104ページを参照してください。例えば、所得が給与所得だけの人の場合には、給与の収入金額が130万円以下であれば、合計所得金額は75万円以下となります。
一定の要件に該当する課程	一定の要件に該当する課程とは、その課程が次のいずれの区分に属するかに応じ、それぞれ次の要件に該当する課程をいいます（所令11の3②）。 (1)　専修学校の高等課程及び専門課程 　イ　職業に必要な技術の教授をすること。 　ロ　修業期間が1年以上であること。 　ハ　1年の授業時間数が800時間以上であること（夜間その他特別な時間において授業を行う場合には、1年の授業時間数が450時間以上であり、かつ、修業期間を通ずる授業時間数が800時間以上であること。）。 　ニ　授業が年2回を超えない一定の時期に開始され、かつ、終期が明確に定められていること。 (2)　(1)以外の課程 　イ　(1)のイ及びニに掲げる要件 　ロ　修業期間（普通科、専攻科その他これらに類する区別された課程があり、それぞれの修業期間が1年以上であって一つの課程に他の課程が継続する場合には、これらの課程の修業期間を通算した期間）が2年以上であること。 　ハ　1年の授業時間数（普通科、専攻科その他これらに類する区別された課程がある場合には、それぞれの課程の授業時間数）が680時間以上であること。
証明書類	前記の「勤労学生の意義」の(2)に掲げる専修学校や各種学校の生徒、(3)の認定職業訓練を受ける訓練生が、勤労学生控除を受けようとする場合には、「給与所得者の扶養控除等申告書」に勤労学生に関する事項を記載するほか、在学する学校の学校長又は職業訓練法人の代表者から交付を受けた次の証明書等が必要です（所法194③、所令316の2①、所規47の2⑦、73の2①）。

120 第2 年末調整の実務

注 意 事 項	説 明
	① その人の在学する学校又は職業訓練法人の設置する課程が、上記の「一定の要件に該当する課程」の(1)又は(2)のいずれの区分に属するかに応じ、それぞれ(1)又は(2)に掲げる要件に該当する旨の文部科学大臣又は厚生労働大臣の証明書類の写し (注) 前記の「勤労学生の意義」の(2)ヨに該当する者が設置する課程の場合は、この証明書類の写しのほか、その専修学校又は各種学校が文部科学大臣が定める基準を満たすものである旨の文部科学大臣の証明書類の写しが必要となります。 ② その人がその課程を履修する生徒又は訓練生である旨の学校長又は職業訓練法人の代表者の証明書類 (注) 専修学校や各種学校の生徒又は認定職業訓練を受ける訓練生が勤労学生に該当するかどうかは、「給与所得者の扶養控除等申告書」に上記①及び②の証明書類の有無により判定することになります。
夜間部の学生、通信教育生	勤労学生控除の対象となる勤労学生は、学校教育法第1条に規定する学校の学生等である限り、昼間部の学生等であるか夜間部の学生等であるかは問いません。また、同条に規程する学校の学生又は生徒には、通信教育生でその課程を履修した後は通信教育生以外の一般の学生等と同一の資格を与えられるものも含まれます(所基通2—43)。
学校教育法第1条に規定する学校の判定	学校教育法第1条に規定する学校であるかどうかは、その名称に小学校、中学校、中等教育学校、義務教育学校、高等学校、大学、高等専門学校、特別支援学校、盲学校、ろう学校又は養護学校の名称が付されているかどうかにより判定することができます。

第2　年末調整の実務　121

（6）　基礎控除額の確認

――――――――――――――――――――〔ポイント〕―――――
①　基礎控除を適用するためには、給与の支払を受ける人から「給与所得者の基礎控除申告書」の提出を受ける必要があります。
②　控除の適用は、給与の支払を受ける人の合計所得金額が2,500万円以下の場合に限られます。
―――――〔ポイント〕――――――――――――

　給与の支払を受ける人の合計所得金額が2,500万円以下である場合には、その合計所得金額に応じた控除額が給与所得の所得金額（給与所得控除後の給与等の金額（調整控除後））から控除されます（所法86）。

　基礎控除額は次の〔令和3年分の基礎控除額の表〕のとおりですが、国税庁ホームページに掲載されている「給与所得者の基礎控除申告書」を使えば、給与の支払を受ける人の合計所得金額に応じた控除額を求めることができます。提出を受けた「給与所得者の基礎控除申告書」で給与の支払を受ける人の合計所得金額に応じた正しい控除額で申告が行われているかどうかを確かめます。

(注)1　合計所得金額の意義については、控除対象扶養親族のところで説明してありますので104ページを参照してください。
　2　年末調整において、基礎控除を適用するためには、給与の支払を受ける人から「給与所得者の基礎控除申告書」の提出を受ける必要があります。
　3　基礎控除額については、「令和3年分の扶養控除額及び障害者等の控除額の合計額の早見表」により求めることはできません。この控除額については、「令和3年分　給与所得者の基礎控除申告書」により計算することになります。
　4　国税庁ホームページに掲載されている「給与所得者の基礎控除申告書」、「給与所得者の配偶者控除等申告書」、「所得金額調整控除申告書」については、3様式の兼用様式となっています。

〔令和3年分の基礎控除額の表〕

合計所得金額	基礎控除額
2,400万円以下	48万円
2,400万円超　2,450万円以下	32万円
2,450万円超　2,500万円以下	16万円

(注)　給与の支払を受ける人の合計所得金額が2,500万円を超える場合には、基礎控除の適用を受けることができません。

　基礎控除は、生命保険料控除や地震保険料控除などの場合と同じように、年末調整の時に給与の支払を受ける人からの申告に基づいて控除することになっていますから、給与の支払者は、この控除の適用を受けようとする人にあらかじめ「給与所得者の基礎控除申告書」の用紙を配付しておき、年末調整を行う時までに申告書の提出を受けて、その記載内容や控除額に誤りがないかを確認しなければ

122　第2　年末調整の実務

なりません。

　申告書の確認を了したら、基礎控除額を源泉徴収簿の「基礎控除額⑲」欄に記入します。

○　**基礎控除額の計算等の順序**　　基礎控除額は、「給与所得者の基礎控除申告書」で求めることができるようになっており、その計算等の順序は次の1～3のとおりとなります。

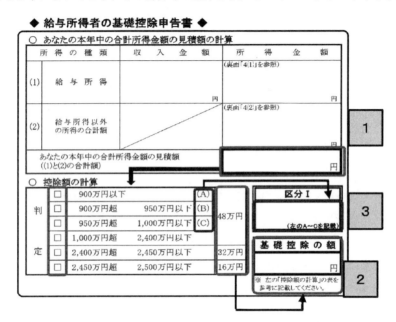

1　給与の支払を受ける人の合計所得金額の見積額の計算

　「あなたの本年中の合計所得金額の見積額の計算」の表の(1)欄及び(2)欄を記載し、それらの合計額を「あなたの本年中の合計所得金額の見積額（(1)と(2)の合計額）」欄に記載します。

2　給与の支払を受ける人の合計所得金額の区分の判定及び控除額の記載

　上記1で計算した合計額を基に「控除額の計算」の表の「判定」欄の「900万円以下(A)」から「2,450万円超2,500万円以下」までの該当する□にチェックを付け、判定結果に対応する控除額を「基礎控除の額」欄に記載します。

3　「区分Ⅰ」欄の記載

　上記2の判定結果が「900万円以下(A)」から「950万円超1,000万円以下(C)」までに該当する場合は、A、B又はCの判定結果を「区分Ⅰ」欄に記載します。

　㊟　「区分Ⅰ」欄は、配偶者控除又は配偶者特別控除の控除額の計算において使用しますので、配偶者控除又は配偶者特別控除の適用を受けない場合は、「区分Ⅰ」欄を記載する必要はありません。

第2　年末調整の実務　123

（7）　配偶者控除額及び配偶者特別控除額の確認

──────────────────────〔ポイント〕───────
① 　生計を一にする配偶者（合計所得金額が133万円以下の人に限ります。）
　を有する場合に、控除の対象となります。
② 　給与の支払を受ける人の合計所得金額と配偶者の合計所得金額に応じた
　金額が控除されます。
③ 　控除の適用は、給与の支払を受ける人の合計所得金額が1,000万円以下
　の場合に限られます。
④ 　老人控除対象配偶者に該当する控除対象配偶者については、配偶者控除
　について割増控除が受けられます。
⑤ 　老人控除対象配偶者は、控除対象配偶者のうち年齢70歳以上の人です。
⑥ 　控除対象となる配偶者が年の中途で死亡した場合でも、配偶者控除や配
　偶者特別控除を受けられます。
───────〔ポイント〕───────

　給与の支払を受ける人（合計所得金額が1,000万円以下の人に限ります。）が、生計を一にする配偶者
（合計所得金額が133万円以下の人に限ります。）を有する場合には、給与の支払を受ける人の合計所得金
額と配偶者の合計所得金額に応じた控除額が給与所得の所得金額（給与所得控除後の給与等の金額（調
整控除後））から控除されます（所法83①、83の2①）。

　配偶者控除額及び配偶者特別控除額は次の〔令和3年分の配偶者控除額及び配偶者特別控除額の一
覧表〕のとおりですが、国税庁ホームページに掲載されている「給与所得者の配偶者控除等申告書」
を使えば給与の支払を受ける人の合計所得金額と配偶者の合計所得金額に応じた控除額を求めること
ができます。提出を受けた「給与所得者の配偶者控除等申告書」で給与の支払を受ける人の合計所得
金額と配偶者の合計所得金額に応じた正しい控除額で申告が行われているかどうかを確かめます。

（注）1 　配偶者控除とは、給与の支払を受ける人（合計所得金額が1,000万円以下の人に限ります。）が控除
　　　対象配偶者を有する場合に、その給与の支払を受ける人の所得金額の合計額から38万円（配偶者が老
　　　人控除対象配偶者の場合は、48万円）を限度として、給与の支払を受ける人の合計所得金額に応じた
　　　金額を控除するというものです（所法83）。
　　2 　配偶者特別控除とは、給与の支払を受ける人（合計所得金額が1,000万円以下の人に限ります。）が
　　　生計を一にする配偶者（青色事業専従者等を除き、合計所得金額が133万円以下の人に限ります。）で
　　　控除対象配偶者に該当しない人を有する場合に、その給与の支払を受ける人の所得金額の合計額から
　　　38万円を限度として、給与の支払を受ける人の合計所得金額と配偶者の合計所得金額に応じた金額を
　　　控除するというものです（所法83の2）。
　　3 　合計所得金額の意義については、控除対象扶養親族のところで説明してありますので104ページを参
　　　照してください。
　　4 　年末調整において、配偶者控除又は配偶者特別控除を適用するためには、給与の支払を受ける人か
　　　ら「給与所得者の配偶者控除等申告書」の提出を受ける必要があります。
　　5 　配偶者控除額及び配偶者特別控除額については、「令和3年分の扶養控除額及び障害者等の控除額の
　　　合計額の早見表」により求めることはできません。これらの控除額については、「令和3年分　給与所
　　　得者の配偶者控除等申告書」により計算することになります。

124　第2　年末調整の実務

6　国税庁ホームページに掲載されている「給与所得者の基礎控除申告書」、「給与所得者の配偶者控除等申告書」、「所得金額調整控除申告書」については、3様式の兼用様式となっています。

〔令和3年分の配偶者控除額及び配偶者特別控除額の一覧表〕

		給与の支払を受ける人の合計所得金額（給与所得だけの場合の給与の支払を受ける人の給与等の収入金額（注3））			【参考】配偶者の収入が給与所得だけの場合の配偶者の給与等の収入金額
		900万円以下（1,095万円以下）	900万円超950万円以下〔1,095万円超1,145万円以下〕	950万円超1,000万円以下〔1,145万円超1,195万円以下〕	
配偶者控除	配偶者の合計所得金額48万円以下	38万円	26万円	13万円	1,030,000円以下
	老人控除対象配偶者	48万円	32万円	16万円	
配偶者特別控除	配偶者の合計所得金額　48万円超　95万円以下	38万円	26万円	13万円	1,030,000円超1,500,000円以下
	95万円超　100万円以下	36万円	24万円	12万円	1,500,000円超1,550,000円以下
	100万円超　105万円以下	31万円	21万円	11万円	1,550,000円超1,600,000円以下
	105万円超　110万円以下	26万円	18万円	9万円	1,600,000円超1,667,999円以下
	110万円超　115万円以下	21万円	14万円	7万円	1,667,999円超1,751,999円以下
	115万円超　120万円以下	16万円	11万円	6万円	1,751,999円超1,831,999円以下
	120万円超　125万円以下	11万円	8万円	4万円	1,831,999円超1,903,999円以下
	125万円超　130万円以下	6万円	4万円	2万円	1,903,999円超1,971,999円以下
	130万円超　133万円以下	3万円	2万円	1万円	1,971,999円超2,015,999円以下
	133万円超	0円	0円	0円	2,015,999円超

(注)1　給与の支払を受ける人の合計所得金額が1,000万円を超える場合には、配偶者控除及び配偶者特別控除の適用を受けることができません。

2　夫婦の双方がお互いに配偶者特別控除の適用を受けることはできませんので、いずれか一方の配偶者は、この控除の適用は受けられません。

3　所得金額調整控除の適用がある場合は、括弧内の各金額に15万円を加えてください。

　　また、給与所得者の特定支出控除の適用を受ける場合も括弧内の各金額とは異なりますので、ご注意ください。

配偶者控除及び配偶者特別控除は、生命保険料控除や地震保険料控除などの場合と同じように、年末調整のときに給与の支払を受ける人からの申告に基づいて控除することになっていますから、給与の支払者は、これらの控除の適用を受けようとする人にあらかじめ「給与所得者の配偶者控除等申告書」の用紙を配付しておき、年末調整を行う時までに申告書の提出を受けて、その記載内容や控除額に誤りがないかを確認しなければなりません。

確認した配偶者控除額又は配偶者特別控除額は、源泉徴収簿の「配偶者（特別）控除額⑰」欄に記入します。

○ **控除の対象となる配偶者**　　配偶者控除及び配偶者特別控除の対象となる「生計を一にする配偶者」には、青色事業専従者等は含まれません。

また、夫婦の双方がお互いに配偶者特別控除の適用を受けることはできませんので、いずれか一方の配偶者は、配偶者特別控除の適用は受けられません。

なお、配偶者の合計所得金額が133万円超のときは、配偶者控除及び配偶者特別控除の適用を受けることはできません。

(注)1　給与の支払を受ける人の配偶者がその人の同一生計配偶者に該当し、かつ、他の給与の支払を受ける人の扶養親族にも該当する場合には、その配偶者は、これらのうちいずれか一にのみ該当するものとみなされます（所法85④）。

2　配偶者の所得が給与所得だけの場合には本年中の給与の収入金額が201万6千円以上のとき、また、配偶者の所得が公的年金等に係る雑所得だけの場合には本年中の公的年金等の収入金額が243万円超（年齢65歳未満の人は214万円超）のときは、配偶者の合計所得金額が133万円超となりますので、配偶者控除及び配偶者特別控除の適用を受けられないことになります。

3　公的年金等に係る雑所得の金額の計算については、控除対象扶養親族のところで説明してありますので107ページを参照してください。

4　次のような公的給付は合計所得金額には含まれません。
① 雇用保険法第10条に基づき支給される求職者給付
② 健康保険法第101条の規定に基づき支給される出産育児一時金
③ 雇用保険法第61条の7の規定に基づき支給される育児休業給付金

126　第2　年末調整の実務

○　**配偶者控除額及び配偶者特別控除額の計算等の順序**　　配偶者控除額及び配偶者特別控除額は、配偶者控除等申告書で求めることができるようになっており、その計算等の順序は次の1～5のとおりとなります。

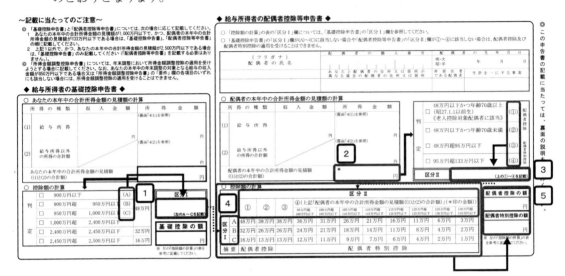

1　給与の支払を受ける人の合計所得金額の見積額の計算

　　「給与所得者の基礎控除申告書」の「あなたの本年中の合計所得金額の見積額（(1)と(2)の合計額）」欄及び「区分Ⅰ」欄を記載します（記載に当たっては、122ページの「○　基礎控除額の計算等の順序」を参照してください。）。

2　配偶者の合計所得金額の見積額の計算（＊）

　　「配偶者の本年中の合計所得金額の見積額の計算」の表の(1)欄及び(2)欄を記載し、それらの合計額を「配偶者の本年中の合計所得金額の見積額（(1)と(2)の合計額）」欄に記載します。

3　配偶者の合計所得金額の区分の判定及び「区分Ⅱ」欄の記載

　　上記2で計算した合計額及び「配偶者の生年月日」欄を基に「判定」欄の「48万円以下かつ年齢70歳以上（昭27．1．1以前生）」から「95万円超133万円以下」までの該当する□にチェックを付け、①、②、③又は④の判定結果を「区分Ⅱ」欄に記載します。

4　配偶者控除額又は配偶者特別控除額の算出

　　「控除額の計算」の表に、上記1の判定による区分（A～C）及び上記3の判定による区分（①～④）を当てはめ、配偶者控除額又は配偶者特別控除額を求めます。

5　「配偶者控除の額」欄又は「配偶者特別控除の額」欄への記載

　　上記4により求めた配偶者控除額又は配偶者特別控除額を「配偶者控除の額」欄又は「配偶者特別控除の額」欄に記載します。

　㊟　区分Ⅱが①又は②の場合は「配偶者控除の額」欄に該当する控除額を記載し、区分Ⅱが③又は④の場合は「配偶者特別控除の額」欄に該当する控除額を記載します。

〔控除額の確認に当たっての注意事項〕

注　意　事　項	説　　　　　　　　　　明
控除対象配偶者の意義	控除対象配偶者とは、本年12月31日（年の中途で死亡した人については、死亡の時）の現況において、給与の支払を受ける人と生計を一にしている配偶者（青色事業専従者等を除き、合計所得金額が48万円以下の人に限ります。）のうち、合計所得金額が1,000万円以下の給与の支払を受ける人の配偶者をいいます（所法2①三十三の二、85③）。
老人控除対象配偶者の意義	老人控除対象配偶者とは、控除対象配偶者のうち年齢70歳以上の人（昭和27年1月1日以前に生まれた人）をいいます（所法2①三十三の三）。
配偶者の範囲	配偶者とは、民法の規定による配偶者をいいます。婚姻届を提出していない、いわゆる内縁関係の人は、たとえ家族手当等を支給されている場合であっても、控除対象配偶者には該当しません（所基通2―46）。
「生計を一にする」の意義	控除の対象となる配偶者は、給与の支払を受ける人と生計を一にする配偶者でなければなりませんが、「生計を一にする」とは、必ずしも同一の家屋に起居していることをいうものではありません。したがって、例えば、勤務や療養等の都合で別居している場合であっても、常に生活費や療養費等を送金している場合や、勤務等の余暇には起居を共にすることを常例としているような場合には、生計を一にしているということになります（所基通2―47(1)）。 　また、親族が同一の家屋に起居している場合には、明らかに互いに独立した生活を営んでいると認められる場合を除き、これらの親族は生計を一にするものとして取り扱われます（所基通2―47(2)）。
年の中途で死亡した配偶者	年の中途で死亡した配偶者については、死亡時の現況によって控除対象配偶者や配偶者特別控除の対象となる配偶者に該当するかどうかを判定します（所法85③）。 　したがって、例えば年のはじめに提出する「給与所得者の扶養控除等申告書」において、配偶者の本年中の合計所得金額の見積額が95万円を超えるため源泉控除対象配偶者として申告していなかった場合でも、死亡時の現況により見積もった本年中の合計所得金額が48万円以下であれば、その配偶者は控除対象配偶者に該当し、合計所得金額が48万円超133万円以下であれば、その配偶者は配偶者特別控除の対象となる配偶者に該当することになります（給与の支払を受ける人の合計所得金額が1,000万円以下の場合に限ります。）（所基通85―1）。
再婚により本年中に配偶者が2人いることになる場合	本年の中途で配偶者と死別し、その後本年中に再婚した場合には、その人については、本年は配偶者が2人いることになりますが、控除対象配偶者や配偶者特別控除の対象となる配偶者として配偶者控除や配偶者特別控除の適用を受けられるのは、そのうちの1人だけに限られ、他の配偶者については配偶者控除や配偶者特別控除の適用を受けられません（所令220①）。この場合において、死別した配偶者又は再婚した配偶者が、これらの配偶者と生計を一にする他の所得者の扶養親族にも該当するときは、控除対象配偶者とされた人以外の配偶者はその他の所得者の扶養親族には該当しないものとされ、また、所得者がこれらの配偶者のいずれをも控除対象配偶者としないときは、これらの配偶者のうち1人に限り、

128　第2　年末調整の実務

注　意　事　項	説　　　　　　　　　明
	当該他の所得者の扶養親族とされます（所令220②）。ただし、死別した配偶者が死亡時まで生計を一にする他の所得者の扶養親族として申告されていた場合には、その死別した配偶者はそのまま他の所得者の扶養親族として控除が認められ、また、再婚した配偶者は、その人の控除対象配偶者又は他の所得者の扶養親族として、いずれかの控除が認められることになっています（所令220③）。
配偶者が他の所得者の扶養親族にも該当する場合	同一世帯に所得者が2人以上いる場合には、1人の所得者の配偶者をその所得者の同一生計配偶者又は他の所得者の扶養親族のいずれとすることもできますが、1人の配偶者を2人以上の所得者が各自の同一生計配偶者又は扶養親族として重複して申告することはできません（所令218）。
年の中途で死亡した者の控除対象配偶者や配偶者特別控除の対象となる配偶者が再婚等した場合	年の中途において死亡した所得者の控除対象配偶者や配偶者特別控除の対象となる配偶者として控除された者であっても、その後その年中において他の所得者の控除対象配偶者や配偶者特別控除の対象となる配偶者又は控除対象扶養親族にも該当する者については、その他の所得者の控除対象配偶者や配偶者特別控除の対象となる配偶者又は控除対象扶養親族として控除することができます（所基通83〜84−1）。
控除額の計算	給与の支払を受ける人の合計所得金額と生計を一にする配偶者の合計所得金額に応じた金額が控除されることになっていますから、控除額が正しく計算されているかどうかを確認する必要があります。 　なお、給与の支払を受ける人の合計所得金額が1,000万円を超える場合には、配偶者控除及び配偶者特別控除の適用を受けることはできません。 　また、配偶者の合計所得金額が48万円を超える場合には、配偶者控除の適用を受けることができず、配偶者の合計所得金額が48万円以下の場合又は133万円を超える場合には配偶者特別控除の適用を受けることはできません。 ㊟　上記の合計所得金額の意義については、控除対象扶養親族のところで説明してありますので、104ページを参照してください。例えば所得が給与所得だけの人の場合には、給与の収入金額が1,195万円（所得金額調整控除の適用がある場合は1,210万円）を超えるのであれば、合計所得金額は1,000万円を超え、給与の収入金額が103万円を超えるのであれば、合計所得金額は48万円を超え、給与の収入金額が201万6千円以上であれば合計所得金額は133万円を超えることとなります。
①　給　与　所　得	イ　俸給、給料、賞与や賃金（パートタイマーやアルバイトとして支払を受けるものを含みます。）は、給与所得となります。 ロ　給与所得の金額は、給与等の収入金額から給与所得控除額を控除した後の金額となります。 　なお、給与等の収入金額が161万9千円未満のときは、給与所得控除額は55万円（給与等の収入金額を限度とします。）となります。 　また、所得金額調整控除や特定支出控除の適用がある場合は、それらの控除額を控除する必要があります。
②　事　業　所　得	イ　農業、林業、水産養殖業、製造業、卸売業、小売業や金融業などのサービス業のほか対価を得て継続的に行う事業による所得は事業所得となります。

第2　年末調整の実務　129

注 意 事 項	説 明
所得の種類及び収入・必要経費の範囲等	ロ　事業所得の金額は、総収入金額から必要経費を控除した後の金額となります。 ハ　必要経費になるものは、上記イの事業の収入を得るために必要な売上原価や販売費・一般管理費その他の費用です。 ニ　家内労働法に規定する家内労働者、外交員、集金人、電力量計の検針人その他特定の者に対して継続的に人的役務の提供を行うことを業務とする人（家内労働者等）が有する事業所得及び雑所得の必要経費の額の合計額については、最低55万円（収入金額を限度とし、他に給与所得を有する場合には、給与所得控除額を控除した残額とします。）が認められています。 ③　雑　所　得 イ　原稿料や印税、講演料、放送出演料、貸金の利子、生命保険契約等に基づく年金など他のいずれの所得にも該当しない所得や恩給（一時恩給を除きます。）、国民年金、厚生年金、共済年金などの公的年金等は、雑所得となります。 ロ　雑所得の金額は、次のⓘと㋺を合計した金額となります。 　ⓘ　公的年金等に係る雑所得……収入金額から公的年金等控除額を控除した残額 　㋺　公的年金等以外の雑所得……総収入金額から必要経費を控除した金額 ハ　公的年金等控除額は、受給者の年齢や公的年金等の収入金額と公的年金等に係る雑所得以外の所得に係る合計所得金額に応じて計算した金額が認められています。 　㊟　公的年金等控除額については、控除対象扶養親族のところで説明してありますので107ページを参照してください。 ニ　家内労働者等の必要経費の特例については、②事業所得のニと同様です。 ④　配　当　所　得 イ　株主や出資者が法人から受ける剰余金や、利益の配当、剰余金の分配、投資法人からの金銭の分配、投資信託（公社債投資信託及び公募公社債等運用投資信託以外のもの）及び特定受益証券発行信託の収益の分配などに係る所得は、配当所得となります。 ロ　配当所得の金額は、収入金額からその元本を取得するために要した負債の利子（株式等の取得のために借り入れた負債の利子のうち、その株式等の譲渡所得等に係るものを除きます。）を控除した後の金額となります。 ハ　配当所得のうち、源泉分離課税とされる私募公社債等運用投資信託及び特定目的信託（社債的受益権に限ります。）の収益の分配については、収入金額に含まれません。 ニ　配当所得のうち、確定申告をしないことを選択した次のものについては、収入金額に含まれません。 　ⓘ　上場株式等の配当等（特定株式投資信託の収益の分配を含みます。） 　㋺　公募証券投資信託（公社債投資信託及び特定株式投資信託を除きます。）の収益の分配 　㋩　特定投資法人の投資口の配当等 　㊁　公募投資信託（証券投資信託、特定株式投資信託及び公募公社債等運用投資信託を除きます。）の収益の分配 　㋭　公募特定受益証券発行信託の収益の分配 　㋬　特定目的信託の社債的受益権の剰余金の配当（公募のものに限ります。） 　㋣　上記ⓘ～㋬以外の配当等で、1銘柄について1回の金額が10万円に配当計

注　意　事　項	説　　　　　明

<table>
<tr><td rowspan="7">所得の種類及び収入・必要経費の範囲等</td><td>⑤不動産所得</td><td>イ　不動産の貸付けに際し受け取る権利金や頭金、更新料、名義書換料も不動産所得になります。ただし、借地権などの設定により一時に受ける権利金や頭金などについては、譲渡所得や事業所得になる場合があります。
ロ　不動産所得の金額は、総収入金額から必要経費を控除した後の金額となります。
ハ　必要経費になるものは、貸し付けた不動産についての修繕費、損害保険料、租税公課、減価償却費や借入金利子などです。</td></tr>
</table>

算期間の月数（最高12か月）を乗じてこれを12で除して計算した金額以下の配当等

⑤不動産所得

イ　不動産の貸付けに際し受け取る権利金や頭金、更新料、名義書換料も不動産所得になります。ただし、借地権などの設定により一時に受ける権利金や頭金などについては、譲渡所得や事業所得になる場合があります。

ロ　不動産所得の金額は、総収入金額から必要経費を控除した後の金額となります。

ハ　必要経費になるものは、貸し付けた不動産についての修繕費、損害保険料、租税公課、減価償却費や借入金利子などです。

⑥退職所得

イ　退職手当、一時恩給その他の退職により一時に受ける給与などの所得のほか、社会保険制度等に基づく一時金や適格退職年金契約に基づく退職一時金も退職所得となります。

ロ　退職所得の金額は、収入金額から退職所得控除額を控除した残額の2分の1に相当する金額となります(注)。

　(注)　退職手当等が特定役員退職手当等に該当する場合には、退職所得の金額は、収入金額から退職所得控除額を控除した残額に相当する金額となります。

　　なお、令和4年分以後の所得税については、退職手当等が短期退職手当等に該当する場合で、収入金額から退職所得控除額を控除した残額が300万円を超える場合の退職所得の金額は、150万円とその残額から300万円を控除した金額との合計額となります。

ハ　退職所得控除額は、勤続年数を基にして次の算式によって計算します。

　(イ)　普通退職の場合

　　勤続年数が20年以下の場合……………………40万円×勤続年数（80万円に満たない場合には80万円）

　　　〃　　20年を超える場合…………………70万円×（勤続年数−20年）+800万円

　(ロ)　障害者になったことに直接基因して退職した場合

　　　　　　　　　　…（イによって計算した金額）+100万円

⑦①〜⑥以外の所得

その他の所得には、次のようなものがあります。

・譲渡所得

　　土地、建物、機械、ゴルフ会員権、金地金、書画、骨とうなどの資産の譲渡による所得

・山林所得

　　山林（所有期間5年超）の伐採又は譲渡による所得

・一時所得

　　賞金や懸賞当せん金、競馬・競輪の払戻金（営利を目的とする継続的行為から生じたものを除きます。）、生命保険契約等に基づく一時金、損害保険契約等に基づく満期返戻金、遺失物拾得の報労金などによる所得

・総合課税又は申告分離課税の対象となる利子所得

　(注)　預貯金の利子などの源泉分離課税の対象となるもの及び特定公社債の利子などの申告分離課税の対象となるもので確定申告をしないことを選択したものは、収入金額に含まれません。

注　意　事　項	説　　　　　　　明
	・申告分離課税を選択した上場株式等に係る配当所得等 （注）　確定申告をしないことを選択した配当等は、収入金額に含まれません。 ・申告分離課税の適用を受けた一般株式等に係る譲渡所得等又は上場株式等に係る譲渡所得等 （注）　源泉徴収選択口座を通じて行った上場株式等の譲渡による所得等で、確定申告をしないことを選択した所得等は、収入金額に含まれません。 ・先物取引に係る雑所得等
国外居住親族に該当する場合	生計を一にする配偶者が、年末調整の時において非居住者に該当する場合には、配偶者控除又は配偶者特別控除の適用に当たり、①給与の支払を受ける人の親族であることを明らかにする「親族関係書類」及び②給与の支払を受ける人がその年において当該控除対象となる配偶者の生活費又は教育費に充てるための支出を必要の都度行ったことを明らかにする「送金関係書類」の提示又は提出を受ける必要があります。 　なお、「給与所得者の扶養控除等申告書」を提出する際に非居住者である配偶者に係る「親族関係書類」を提出又は提示している場合には、「親族関係書類」の提出又は提示は不要です。

〔参考：非居住者である配偶者に係る親族関係書類等の提出時期〕

　非居住者である配偶者について、配偶者控除等の適用を受けるための「親族関係書類」及び「送金関係書類」の給与等の支払者への提出又は提示の時期は、それぞれ次のとおりとなります。

区　　分	扶養控除等申告書の提出時 （最初に給与の支払を受ける日の前日まで）	配偶者控除等申告書の提出時 （年末調整の時まで）
「源泉控除対象配偶者」又は「障害者に該当する同一生計配偶者」 （扶養控除等申告書に記載した場合）	親族関係書類	送金関係書類
上記以外の配偶者 （年末調整の際に控除を受ける場合）	―	親族関係書類＋送金関係書類

132 第2 年末調整の実務

（8） 所得金額調整控除額の計算

―――――――――――――――――――――――――――〔ポイント〕―――――
① 給与の支払を受ける人の給与の収入金額に応じた金額が控除されます。
② 年末調整における控除の適用は、給与の支払を受ける人の年末調整の対象となる給与の収入金額が850万円を超える場合で、給与の支払を受ける人が特別障害者に該当する場合又は年齢23歳未満の扶養親族、特別障害者である同一生計配偶者若しくは特別障害者である扶養親族を有する場合に限られます。
――――――〔ポイント〕―――――――――――――――――――――――――――

　給与の支払を受ける人（その年中の年末調整の対象となる給与の収入金額が850万円を超える人に限ります。）が、特別障害者に該当する場合又は年齢23歳未満の扶養親族、特別障害者である同一生計配偶者若しくは特別障害者である扶養親族を有する場合には、給与の支払を受ける人の給与所得の金額から15万円を限度として、給与の収入金額（1,000万円を超える場合には、1,000万円）から850万円を控除した金額の100分の10に相当する金額が給与所得の金額から控除されます（措法41の3の3）。

(注)1　年末調整において、所得金額調整控除を適用するためには、給与の支払を受ける人から「所得金額調整控除申告書」の提出を受ける必要があります。
　　2　国税庁ホームページに掲載されている「給与所得者の基礎控除申告書」、「給与所得者の配偶者控除等申告書」、「所得金額調整控除申告書」については、3様式の兼用様式となっています。

　所得金額調整控除は、生命保険料控除や地震保険料控除などの場合と同じように、年末調整の時に給与の支払を受ける人からの申告に基づいて控除することになっていますから、給与の支払者は、この控除の適用を受けようとする人にあらかじめ「所得金額調整控除申告書」の用紙を配付しておき、年末調整を行う時までに申告書の提出を受けて、その記載内容に誤りがないかを確認しなければなりません。

　控除した所得金額調整控除額は、源泉徴収簿の「所得金額調整控除額⑩」欄において計算し、その控除額をその欄に記入します。

第2　年末調整の実務　133

〔源泉徴収簿の「年末調整」欄への転記例（基礎控除、配偶者控除及び所得金額調整控除の適用を受ける場合）〕

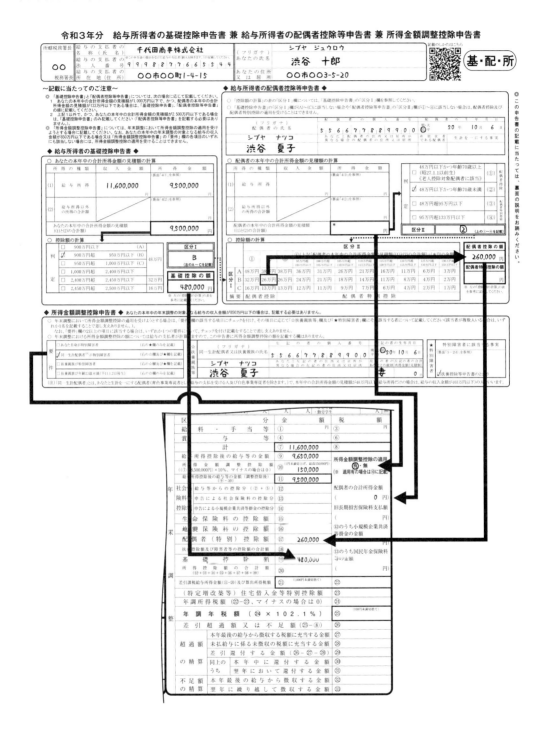

134 第2 年末調整の実務

〔源泉徴収簿の「年末調整」欄への転記例（基礎控除及び配偶者特別控除の適用を受ける場合）〕

令和3年分 給与所得者の基礎控除申告書 兼 給与所得者の配偶者控除等申告書 兼 所得金額調整控除申告書

所轄税務署長　○○　税務署長

給与の支払者の名称（氏名）	西武商事株式会社
給与の支払者の法人番号	1 1 2 2 3 3 4 4 5 5 6 6
給与の支払者の所在地（住所）	○○市○○3-3-4

（フリガナ）チバ ゴロウ
あなたの氏名 千葉 五郎
あなたの住所又は居所 ○○市××23

基・配・所

~記載に当たってのご注意~

◆ 給与所得者の基礎控除申告書 ◆

○ あなたの本年中の合計所得金額の見積額の計算

	所得の種類	収入金額	所得金額
(1)	給与所得	6,596,000	4,836,800
(2)	給与所得以外の所得の合計額		
	あなたの本年中の合計所得金額の見積額（(1)と(2)の合計額）		4,836,800

○ 控除額の計算

判定		(A)	区分Ⅰ
☑	900万円以下		A
□	900万円超 950万円以下 (B)	48万円	
□	950万円超 1,000万円以下 (C)		基礎控除の額
□	1,000万円超 2,400万円以下		
□	2,400万円超 2,450万円以下	32万円	480,000
□	2,450万円超 2,500万円以下	16万円	

◆ 給与所得者の配偶者控除等申告書 ◆

| 配偶者の氏名 | 4 4 5 5 6 6 7 7 8 8 9 9 | 配偶者の生年月日 明・大・昭 60 1 2 |
| 千葉 明子 | | 生計を一にする事実 |

○ 配偶者の本年中の合計所得金額の見積額の計算

	所得の種類	収入金額	所得金額
(1)	給与所得	1,580,000	1,030,000
(2)	給与所得以外の所得の合計額		
	配偶者の本年中の合計所得金額の見積額（(1)と(2)の合計額）	*	1,030,000

判定
□	48万円以下かつ年齢70歳以上（昭27.1.1以前生）《老人控除対象配偶者に該当》	(1)
□	48万円以下かつ年齢70歳未満	(2)
□	48万円超95万円以下	(3)
☑	95万円超133万円以下	(4)

区分Ⅱ ④

○ 控除額の計算　区分Ⅱ

区分Ⅰ	①	②	③	④
A	48万円 38万円 38万円	100万円超 105万円以下 36万円	31万円	26万円

配偶者特別控除の額 310,000

摘要 配偶者控除 配偶者特別控除

◆ 所得金額調整控除申告書 ◆ あなたの本年中の年末調整の対象となる給与の収入金額が850万円以下の場合は、記載する必要はありません。

（注）「同一生計配偶者」とは、あなたと生計を一にする配偶者（青色事業専従者として給与の支払を受ける人及び白色事業専従者を除きます。）で、本年中の合計所得金額の見積額が48万円以下（給与所得だけの場合は給与の収入金額が103万円以下）の人をいいます。

		額	税	額
給料・手当等	①	円	③	円
賞　与　等	④		⑥	
計	⑦		⑧	
給与所得控除後の給与等の金額	⑨		所得金額調整控除の適用 有・無（※ 適用有の場合は⑩に記載）	
所得金額調整控除額（(⑦-8,500,000円)×10%、マイナスの場合は0）	⑩	（1円未満切上げ、最高150,000円）		
給与所得控除後の給与等の金額（調整控除後）（⑨-⑩）	⑪			
社会保険料等の控除分（②+⑤）	⑫		配偶者の合計所得金額	
申告による社会保険料の控除分	⑬		(1,030,000)	
申告による小規模企業共済等掛金の控除分	⑭		旧長期損害保険料支払額	
生命保険料の控除額	⑮		⑫のうち小規模企業共済等掛金の金額	
地震保険料の控除額	⑯			
配偶者（特別）控除額	⑰	310,000		円
扶養控除額及び障害者等の控除額の合計額	⑱		⑬のうち国民年金保険料等の金額	
基礎控除額	⑲	480,000	(円)	
所得控除額の合計額（⑫+⑬+⑭+⑮+⑯+⑰+⑱+⑲）	⑳			
差引課税給与所得金額（⑪-⑳）及び算出所得税額	㉑	（1,000円未満切捨て）	㉒	
（特定増改築等）住宅借入金等特別控除額	㉓			
年調所得税額（㉒-㉓、マイナスの場合は0）	㉔			
年調年税額（㉔×102.1%）	㉕	（100円未満切捨て）		
差引超過額又は不足額（㉕-⑧）	㉖			
超過額の精算	本年最後の給与から徴収する税額に充当する金額	㉗		
	未払給与に係る未徴収の税額に充当する金額	㉘		
	差引還付する金額（㉖-㉗-㉘）	㉙		
	同上のうち	本年中に還付する金額	㉚	
		翌年において還付する金額	㉛	
不足額の精算	本年最後の給与から徴収する金額	㉜		
	翌年に繰り越して徴収する金額	㉝		

（9）（特定増改築等）住宅借入金等特別控除額の確認

──────────────── 〔ポイント〕 ────────

① 控除額は、給与の支払を受ける人から提出された「給与所得者の（特定増改築等）住宅借入金等特別控除申告書」によって確認します。
② （特定増改築等）住宅借入金等特別控除を受ける最初の年分については、確定申告によらなければなりませんが、その後の年分については、年末調整の際に控除が受けられます。
③ 本年分の合計所得金額が3,000万円を超える人は、控除は受けられません。
④ 居住用財産の譲渡所得の特別控除や居住用財産の買換えの場合の課税の特例等の適用を受けた場合には、（特定増改築等）住宅借入金等特別控除は受けられません。

──────── 〔ポイント〕 ────────────────

※ ここでは、主に令和３年分の年末調整に関係する事項を記載しておりますのでご留意ください。

給与の支払を受ける人が（特定増改築等）住宅借入金等特別控除[注1]の適用を受ける場合には、最初の年分については、確定申告により控除を受ける必要があります[注2]。しかし、その後の年分については、年末調整の際に控除が受けられることになっています（措法41の２の２①）。

　　（注）1　以下、「（特定増改築等）住宅借入金等特別控除」は、住宅借入金等特別控除及び特定増改築等住宅借入金等特別控除を総称した用語として使用しています。
　　　　　2　住宅借入金等により住宅の新築・購入又は増改築等をして、自己の居住の用に供していた人が、やむを得ない事由によりその住宅を居住の用に供しなくなった後に、再び居住の用に供し、（特定増改築等）住宅借入金等特別控除の適用を受ける最初の年分についても同じです。

年末調整の際に行う（特定増改築等）住宅借入金等特別控除は、給与の支払を受ける人から提出された「給与所得者の（特定増改築等）住宅借入金等特別控除申告書」（以下「**住宅借入金等特別控除申告書**」といいます。）による申告に基づいて行うことになっていますから、住宅借入金等特別控除申告書の提出を受けた場合にはその内容を検討し、控除額を確認しなければなりません。

《添付が必要な証明書》

住宅借入金等特別控除申告書には、次に掲げる証明書の添付が必要とされています[注1]（措法41の２の２②、措規18の23②）。

① 給与の支払を受ける人の住所地の税務署長が発行した「年末調整のための（特定増改築等）住宅借入金等特別控除証明書」[注2]（以下「**住宅借入金等特別控除証明書**」といいます。）

② 借入等を行った金融機関等が発行した「住宅取得資金に係る借入金の年末残高等証明書」[注2]（以下「**借入金の年末残高等証明書**」といいます。）

　　（注）1　住宅借入金等特別控除申告書に記載すべき事項を電子データにより提供する場合、その住宅借入金等特別控除申告書に添付すべき証明書類等の提出に代えて、その証明書類等に記載されるべき事項が記録された情報で電子証明書等が付されたものを住宅借入金等特別控除申告書に記載すべき事項と併せて電子データにより給与の支払者に提供できます（措法41の２の２⑧、措規18の23⑥）。
　　　　　2　これらの証明書に記載すべき事項を記録した電子証明書等に係る電磁的記録印刷書面を含みます（措規18の23②）。

136　第2　年末調整の実務

なお、これらの証明書の添付についての具体的な手続は、次のようになります。

(イ)　平成23年以後に住宅を居住の用に供した場合

　　税務署から給与の支払を受ける人に送付された令和3年分の住宅借入金等特別控除申告書（「平成33年分」と記載されたものを含みます。以下同じです。）の用紙の下の部分が住宅借入金等特別控除証明書となっており、給与の支払を受ける人が、令和3年分の住宅借入金等特別控除申告書に住所、氏名、控除を受けようとする金額など所要事項を記載した上、借入金の年末残高等証明書を添付して提出します。

(ロ)　平成22年以前に住宅を居住の用に供した場合

　　前年以前の年末調整において既にこの控除の適用を受けており、かつ、本年も同一の給与の支払者の下においてこの控除の適用を受ける場合には、住宅借入金等特別控除証明書の添付を要しないこととされているため、給与の支払を受ける人が、令和3年分の住宅借入金等特別控除申告書に既に年末調整でこの控除の適用を受けている旨の表示（具体的には、住宅借入金等特別控除申告書の備考欄の「有」の文字を○で囲みます。）を行うほか、住所、氏名、控除を受けようとする金額など所要事項を記載した上、借入金の年末残高等証明書を添付して提出します。

　　ただし、令和3年分の住宅借入金等特別控除申告書の提出先である給与の支払者が前年以前に住宅借入金等特別控除申告書を提出した給与の支払者と異なることとなった場合や、居住の用に供した年の翌々年以後に初めて年末調整で（特定増改築等）住宅借入金等特別控除の適用を受けることとなった場合などには、住所地の所轄税務署に申請をして住宅借入金等特別控除証明書の交付を受け、これを令和3年分の住宅借入金等特別控除申告書に添付します（平成24年6月以後に再交付を受けた住宅借入金等特別控除証明書及び住宅借入金等特別控除申告書は、兼用様式となっていることから、住所地の所轄税務署への申請の必要はありません。）。

　この住宅借入金等特別控除申告書によって確認した控除額は、源泉徴収簿の「年末調整」の「（特定増改築等）住宅借入金等特別控除額㉓」欄に記入します。

《住宅借入金等特別控除申告書の受理等に当たっての注意事項》

　住宅借入金等特別控除申告書の受理等に当たっては、次のことに注意する必要があります。

イ　住宅借入金等特別控除申告書は、控除を受けることとなる各年分のものが一括して税務署から給与の支払を受ける人に送付されていますが、本年分の年末調整の際には、そのうち令和3年分の住宅借入金等特別控除申告書（「令和3年分　給与所得者の（特定増改築等）住宅借入金等特別控除申告書」と印刷されているもの(注)）の提出を受けることになります。

　(注)　平成29年以前の居住者用は、「平成33年分　給与所得者の（特定増改築等）住宅借入金等特別控除申告書」と印刷されていますが、「平成33年分」部分について、補正をする必要はありません。

ロ　令和2年分の確定申告によって（特定増改築等）住宅借入金等特別控除の適用を受けた人（給与の支払を受ける人）については、令和3年分の住宅借入金等特別控除証明書が住宅借入金等特別控

除申告書とともに、本年10月頃給与の支払を受ける人本人の住所地の税務署から本人宛に送付される
ることになっていますから、これらの書類を提出してもらうことになります（これらの書類が11月
頃までに送付されていないときは、本人から本人の住所地の税務署に連絡して入手するようにしてくださ
い。）。

ハ　平成28年分以降の住宅借入金等特別控除申告書には、給与の支払者の法人番号を記載することと
されています（151、153ページの記載例を参照してください。）。

　なお、平成28年3月31日に公布された「所得税法等の一部を改正する法律」により、平成28年分
以降の住宅借入金等特別控除申告書へのマイナンバー（個人番号）の記載は不要となりましたが、
平成26年中に住宅の取得等をした方については、税務署から個人番号欄が記載された住宅借入金等
特別控除申告書が送付されています。

　そのため、給与の支払を受ける人から提出された住宅借入金等特別控除申告書に誤ってマイナン
バー（個人番号）が記載されていた場合には、マイナンバー（個人番号）をマスキングするなどの
対応をする必要があります（151ページの記載例を参照してください。）。

(注)1　税務署から送付されたこれらの申告書や証明書を給与の支払を受ける人が紛失したときなどには、
本人から税務署にこれらの書類の再交付を申請することになります。
　　2　住宅借入金等特別控除申告書（この申告書と同一の用紙に記載されている住宅借入金等特別控除証
明書を含みます。）については、給与の支払者を経由して税務署へ提出することになっていますが、
給与の支払者が受け取ったときに税務署へ提出されたものとみなされ、税務署長から提出を求められ
るまでの間は、給与の支払者が保管するものとされています。
　　　　また、税務署から再交付された「住宅借入金等特別控除証明書」が住宅借入金等特別控除申告書に
添付されて提出された場合には、その添付された証明書も給与の支払者が保管しておいてください。
　　3　平成26年中に住宅の取得等をした方は、個人番号欄に斜線を引くなどしてマイナンバー（個人番
号）を記載しないよう税務署から周知されています。

(1)　（特定増改築等）住宅借入金等特別控除制度の概要

　個人が住宅借入金等を利用して居住用家屋の新築、取得又は増改築等（以下「取得等」といいま
す。）をした場合で、一定の要件を満たすときは、その取得等に係る住宅借入金等の年末残高の合
計額等を基として計算した金額を、居住の用に供した年分以後の各年分の所得税額から控除する
「住宅借入金等特別控除」又は「特定増改築等住宅借入金等特別控除」の適用を受けることができ
ます。

　なお、この控除を受ける最初の年分については、確定申告により控除を受けることになっており、
年末調整の段階で控除を受けることはできません（措法41の2の2）。

　（特定増改築等）住宅借入金等特別控除の対象となる住宅の取得等の要件及び控除限度額等につい
ては、143ページの（参考）をご確認ください。

(注)　平成21年度の税制改正により、「個人住民税における住宅借入金等特別控除制度」が創設され、所得税
の額から控除しきれなかった住宅借入金等特別税額控除額がある場合については、翌年分の個人住民税
から控除できる場合があります。個人住民税における「住宅借入金等特別税額控除制度」の詳しい内容
につきましては、『図解　地方税（令和3年度）』（石橋茂編著、大蔵財務協会）をご確認ください。

138 第2　年末調整の実務

(2) （特定増改築等）住宅借入金等特別控除が受けられない場合

　確定申告において（特定増改築等）住宅借入金等特別控除の適用を受けている場合であっても、その後の年において次のような事実が生じたときは、この控除の適用を受けることはできません（措法41①㉑、41の3）。したがって、年末調整の際にこの控除の適用を受けようとする人がいるときは、注意が必要です。

イ　家屋に入居後、その年の12月31日まで引き続き居住の用に供していないとき

　　ただし、居住の用に供さなくなったことが死亡による場合には、死亡した日まで引き続いて自己の居住の用に供していれば、その年については死亡した日の住宅借入金等の残高を基に控除を受けることができます。

　(注)1　居住の用に供することができなくなったことが災害によって被害を受けたことによるものである場合において、その居住の用に供することができなくなった日の属する年以後の各年において住宅借入金等の金額を有するときは、その家屋の敷地を賃貸用として利用した場合などを除き、残りの適用期間についても引き続きこの制度の適用を受けることができます（以下この特例を「適用期間の特例（災害関係）」といいます。）。

　　　また、災害により居住の用に供することができなかった家屋が、被災者生活再建支援法が適用された市町村の区域内に所在する場合には、この適用期間の特例（災害関係）と、新たに住宅用家屋の再取得等をした場合の（特定増改築等）住宅借入金等特別控除の適用を重複して受けることができます。

　　　なお、これらの適用は、災害により平成28年1月1日以後に、その家屋を居住の用に供することができなくなった個人の平成29年分以後の所得税について適用されます。

　　2　居住の用に供することができなくなったことが東日本大震災によって被害を受けたことによるものである場合において、その居住の用に供することができなくなった日の属する年の翌年以後の各年において住宅借入金等の金額を有するときは、残りの適用期間についても引き続きこの制度の適用を受けることができます（以下この特例を「適用期間の特例（東日本大震災関係）」といいます。）。

　　　また、この適用期間の特例（東日本大震災関係）と住宅の再取得等に係る住宅借入金等特別控除の控除額の特例については、重複して適用を受けることができます。

ロ　居住用家屋を居住の用に供した年の翌年以後3年以内の各年にその居住用家屋やその敷地の用に供されている土地以外の所定の資産を譲渡した場合において、「居住用財産を譲渡した場合の長期譲渡所得の課税の特例」や「居住用財産の譲渡所得の特別控除」等（措法31の3①、35①、36の2、36の5、37の5）の課税の特例の適用を受けることとなったとき

　(注)　既にこの制度の適用を受けた年分の所得税については、修正申告書又は期限後申告書を提出し、既に受けた住宅借入金等特別控除額に相当する税額を納付することになります。

　　また、令和3年分の合計所得金額が3,000万円を超える人は、本年分の（特定増改築等）住宅借入金等特別控除は受けられませんので、特に、給与所得以外の所得がある人については注意が必要です（措法41の2の2②）。

(3)　再び居住の用に供した場合の（特定増改築等）住宅借入金等特別控除の適用又は再適用

イ　当初居住年に転居した場合

　　住宅の取得等及び認定住宅の新築等をして居住の用に供した個人が、その居住の用に供した日

からその年（以下「当初居住年」といいます。）の12月31日までの間に、勤務先からの転任の命令に伴う転居、その他これに準ずるやむを得ない事由（以下「転任命令等」といいます。）により、その家屋をその人の居住の用に供しなくなった場合であっても、再びその家屋をその人の居住の用に供した場合（当初居住年が平成24年以前である場合には、当初居住年の翌年以後再びその家屋をその人の居住の用に供した場合）には、一定の要件の下で、その住宅の取得等及び認定住宅の新築等に係る（特定増改築等）住宅借入金等特別控除の控除期間内の各年のうち、再び居住の用に供した日の属する年（以下「再居住年」といいます。）以後の各適用年（再居住年にその家屋を賃貸の用に供していた場合にはその翌年以後の各適用年）について、（特定増改築等）住宅借入金等特別控除の適用を受けることができます（措法41㉖、平25改正法附則54③）。

　なお、この適用を受けるためには、その家屋に再び居住し（特定増改築等）住宅借入金等特別控除の適用を受ける最初の年分について、「（特定増改築等）住宅借入金等特別控除額の計算明細書（再び居住の用に供した方用）」及び「借入金の年末残高等証明書」などを添付した確定申告書を提出する必要があります（措法41㉗、措規18の21㉑）。

(注)　この制度は、平成21年1月1日以後にその家屋を自己の居住の用に供しなくなった場合に適用されます（平21改正法附則33①）。

ロ　当初居住年の翌年以後に転居した場合

　住宅の取得等及び認定住宅の新築等をして（特定増改築等）住宅借入金等特別控除の適用を受けていた個人が、転任命令等により、当該控除の適用を受けていた家屋をその人の居住の用に供しなくなったことにより当該控除の適用を受けられなくなった後、その家屋を再びその人の居住の用に供した場合には、一定の要件の下で、その住宅の取得等及び認定住宅の新築等に係る（特定増改築等）住宅借入金等特別控除の控除期間内の各年のうち、再居住年以後の各適用年（再居住年にその家屋を賃貸の用に供していた場合にはその翌年以後の各適用年）について、（特定増改築等）住宅借入金等特別控除の再適用を受けることができます（措法41㉓）。

　なお、この再適用を受けるためには、その家屋を居住の用に供しなくなる日までにその居住の用に供しないこととなる事情の詳細その他一定の事項を記載した「転任の命令等により居住しないこととなる旨の届出書」に、未使用分の住宅借入金等特別控除証明書及び住宅借入金等特別控除申告書を添付してその家屋の所在地の所轄税務署長に提出するとともに、その家屋に再び居住し（特定増改築等）住宅借入金等特別控除の再適用を受ける最初の年分について、「（特定増改築等）住宅借入金等特別控除額の計算明細書（再び居住の用に供した方用）」及び「借入金の年末残高等証明書」などを添付した確定申告書を提出する必要があります（措法41㉔、措規18の21⑱⑲⑳）。

　上記イ及びロの（特定増改築等）住宅借入金等特別控除については、確定申告をした翌年以後の年分については、年末調整の際に控除を受けることができます。

　居住していなかった期間については、（特定増改築等）住宅借入金等特別控除の適用はありません。また、（特定増改築等）住宅借入金等特別控除の控除期間は延長されません。

140　第2　年末調整の実務

(4)　災害により居住の用に供することができなくなった場合の措置

　イ　住宅借入金等特別控除

　　　従前家屋（住宅の新築取得等をして引き続きその個人の居住の用に供していた家屋をいいます。以下
　　同じです。）が、災害により居住の用に供することができなくなった場合に、居住年以後10年間
　　の各年のうち、その居住の用に供することができなくなった日の属する年以後の各年において住
　　宅借入金等の金額を有するときは、残りの適用期間についても引き続き住宅借入金等特別控除等
　　の適用を受けることができます（措法41㉙）。

　　※　次に掲げる年以後の各年は適用を受けることができません。

　　　①　従前家屋若しくはその敷地の用に供されていた土地等又はその土地等に新たに建築した建
　　　　物等を事業の用若しくは賃貸の用又は親族等に対する無償の貸付けの用に供した場合におけ
　　　　るその事業の用若しくは賃貸の用又は貸付けの用に供した日の属する年

　　　②　従前家屋若しくはその敷地の用に供されていた土地等の譲渡をし、その譲渡について居住
　　　　用財産の買い替え等の場合の譲渡損失の損益通算及び繰越控除又は特定居住用財産の譲渡損
　　　　失の損益通算及び繰越控除の適用を受ける場合におけるその譲渡の日の属する年

　　　③　災害により従前家屋を居住の用に供することができなくなった者（被災者生活再建支援法
　　　　適用者を除きます。）が取得等をした家屋について住宅借入金等特別控除等の適用を受けた
　　　　年

　ロ　特定増改築等住宅借入金等特別控除

　　　特定増改築等住宅借入金等特別控除等の適用を受ける場合においても、上記イと同様の適用を
　　受けることができます（措法41の3の2⑳）。

(5)　非居住者が住宅の取得等をした場合の（特定増改築等）住宅借入金等特別控除の適用

　　平成28年4月1日以後に非居住者が住宅の取得等した場合には、居住者が満たすべき要件と同様
　の要件の下で、（特定増改築等）住宅借入金等特別控除の適用を受けることができます。

(6)　控除額の計算の基礎となる「住宅借入金等の年末残高の合計額」の計算

　　（特定増改築等）住宅借入金等特別控除額を計算する場合の住宅借入金等の年末残高の合計額は、
　原則として、住宅借入金等の借入先である金融機関等から交付を受けた「借入金の年末残高等証明
　書」の「年末残高」欄の金額をそれぞれ合計した金額によります（151、153ページ参照）。ただし、
　次に掲げる場合に該当するときは、それぞれ次により計算した金額が（特定増改築等）住宅借入金
　等特別控除の対象となる住宅借入金等の年末残高の合計額となります。

　　なお、この場合、次のイからハまでの2以上に該当するときは、イからハの順に計算（例えばロ
　とハに該当するときは、ロにより計算した金額を基にしてハの金額を計算）します。

　イ　連帯債務による住宅の取得等のための住宅借入金等の年末残高がある場合には、次の算式によ

り、控除を受ける人が負担すべき部分の年末残高を計算します。

連帯債務による住宅借入金等の年末残高（円）	×	控除を受ける人が負担すべき割合（％）	=	連帯債務による住宅借入金等の年末残高のうち控除を受ける人が負担すべき部分の年末残高（円）

「控除を受ける人が負担すべき割合」については、原則として、（特定増改築等）住宅借入金等特別控除の適用を受ける最初の年の確定申告の際に提出した「（特定増改築等）住宅借入金等特別控除額の計算の基礎となる住宅借入金等の年末残高の計算明細書」又は「（特定増改築等）住宅借入金等特別控除額の計算明細書」に記入した負担割合によります。

なお、年末調整において（特定増改築等）住宅借入金等特別控除の適用を受ける人は、「給与所得者の（特定増改築等）住宅借入金等特別控除申告書」の「備考」欄に、他の連帯債務者から「私は連帯債務者として、住宅借入金等の残高○○○円のうち、○○○円を負担することとしています。」等の文言、住所及び氏名の記入を受けてください。

また、その人が給与所得者である場合には、その勤務先の所在地及び名称も併せて記入してください。

おって、居住日の属する年分が平成31年から令和３年までの各年分である個人に対し、令和２年10月１日以後に税務署から送付する控除証明書には、控除を受けるべき人が負担すべき割合が記載されています（この負担すべき割合が記載された控除証明書の添付をする場合には、「給与所得者の（特定増改築等）住宅借入金等特別控除申告書」の「備考」欄への連帯債務者に関する事項の記載は不要です。）。

ロ　住宅の取得等のための住宅借入金等の年末残高の合計額が家屋の取得対価等の額又は増改築等に要した費用の額を超える場合には、それぞれその家屋の取得対価等の額又は増改築等に要した費用の額に相当する金額だけが対象となります。

また、家屋の取得対価等の額又は増改築等に要した費用の額は、その住宅の取得等又は増改築等に関し補助金等の交付を受ける場合は交付を受ける補助金等の額を、「住宅取得等資金の贈与税の非課税」又は「住宅取得資金の贈与を受けた場合の相続時精算課税選択の特例」（以下これらを「住宅取得等資金の贈与の特例」といいます。）を受けた場合は住宅取得等資金の贈与の特例の適用を受けた部分の金額を差し引いた額となります。

ハ　その取得した家屋又は増改築等をした部分に自己の居住用以外の用に供する部分がある場合には、住宅の取得等のための住宅借入金等の年末残高の合計額に、その取得した家屋の床面積のうちに占める居住用部分の床面積の割合又はその増改築等に要した費用の総額のうちに占める居住用部分の増改築等に要した費用の額の割合をそれぞれ乗じて、居住用部分に相当する住宅借入金等の年末残高の合計額を計算します。

注１　取得等をした家屋の敷地について住宅借入金等特別控除の適用を受ける場合において、居住用以外の用に供する部分があるときは、同様にその敷地の取得のための住宅借入金等の年末残高の合計

額にその取得した敷地の面積のうちに占める居住用部分の面積の割合を乗じて、居住用部分に相当する住宅借入金等の年末残高の合計額を計算します。

2　次に掲げるような人などは、控除額の計算の基礎となる住宅借入金等の年末残高の計算方法などが異なることがありますので、注意が必要です。

①　2回以上の増改築等の住宅借入金等について控除を受ける人

②　新築又は購入した家屋をその居住の用に供した年の翌年以後に増改築等をした部分を居住の用に供したことにより、新築又は購入した家屋の住宅借入金等と増改築等の住宅借入金等の両方の住宅借入金等について控除を受ける人

3　予定額による証明である旨を付記してある「借入金の年末残高等証明書」に基づき（特定増改築等）住宅借入金等特別控除の適用を受けた後、その借入金の返済が遅延したこと又は一部を繰上返済したことなどにより実際の借入金の年末残高がこの証明書に記載された額と異なることとなった給与所得者については、改めて金融機関等から実際の返済等の額による「借入金の年末残高等証明書」の交付を受け、これに基づいて正しい住宅借入金等特別控除申告書を提出し直してもらう必要があります。

4　（特定増改築等）住宅借入金等特別控除の適用を受けている人が、住宅借入金等の借換えをした場合において、借換えによる新たな住宅借入金等（一定の要件を満たすものに限ります。）の当初金額が借換え直前の当初住宅借入金等残高を上回っている場合には、その借換えをした年以降の各年において次により計算した金額を住宅借入金等の年末残高として記載します。

$$本年の住宅借入金等の年末残高 \times \frac{借換え直前の当初住宅借入金等残高}{借換えによる新たな住宅借入金等の当初金額}$$

5　住宅取得等資金の贈与の特例の適用を受けた人は、住宅借入金等の年末残高の合計額がその住宅の取得等の対価の額又は費用の額を超えるかどうかの判定に当たり、その住宅の取得等の対価の額又は費用の額からこれらの特例の適用を受けた金額を差し引いた金額に基づいて記載します。

第 2　年末調整の実務　143

(参考)

　令和 3 年分の年末調整において（特定増改築等）住宅借入金等特別控除の対象となる住宅の取得等の要件及び控除限度額等については、次のとおりです。

1　控除の対象となる住宅の取得等の要件

　　（措法41①⑩⑱㉚、41の 3 の 2 ①②⑤⑥⑧⑨、措令26①②④⑳〜㉒㉙㉜、26の 4 ①〜⑧⑱〜⑳、措規18の21①②⑬⑮、18の23の 2 ①②、平25改正法附則55①②）

　　（住宅借入金等特別控除）

区分	要件
居住用家屋の新築又は新築住宅の取得	新築又は取得の日から 6 か月以内に居住の用に供した家屋で、次に掲げる要件を満たすもの ①　居住日以後その年の12月31日まで引き続き居住の用に供していること ②　床面積が50㎡以上であること ③　床面積の 2 分の 1 以上が専ら自己の居住の用に供されるものであること ④　住宅借入金等を有していること
認定住宅(注)の新築又は新築住宅の取得	新築又は取得の日から 6 か月以内に居住の用に供した家屋で、次に掲げる要件を満たすもの ①　居住日以後その年の12月31日まで引き続き居住の用に供していること ②　床面積が50㎡以上であること ③　床面積の 2 分の 1 以上が専ら自己の居住の用に供されるものであること ④　長期優良住宅の普及の促進に関する法律第10条第 2 号に規定する認定長期優良住宅に該当するものであること又は都市の低炭素化の促進に関する法律第 2 条第 3 項に規定する低炭素建築物に該当するものであること若しくは同法第16条の規定により低炭素建築物とみなされる同法第 9 条第 1 項に規定する特定建築物に該当するもの※であることにつき認定通知書の写し等により証明がされたもの 　※　平成25年 6 月 1 日以後に自己の居住の用に供する特定建築物について適用されます。 ⑤　認定住宅借入金等を有していること
既存住宅の取得	取得の日から 6 か月以内に居住の用に供した家屋で、次の要件を満たすもの ①　居住日以後その年の12月31日まで引き続き居住の用に供していること ②　床面積が50㎡以上であること ③　床面積の 2 分の 1 以上が専ら自己の居住の用に供されるものであること ④　建築後使用されたことのあるものであること ⑤　次のいずれかに該当する家屋であること 　イ　家屋が建築された日から取得の日までの期間が20年（耐火建築物については25年）以内であること 　ロ　取得の日前 2 年以内に地震に対する安全上必要な構造方法に関する技術的基準等に適合する建物であると証明されたもの 　ハ　イ又はロの要件に当てはまらない家屋で、その家屋の取得の日までに耐震改修を行うことについて一定の申請手続をし、かつ、居住の用に供する日（その取得の日から 6 か月以内の日に限ります。）までにその耐震改修（住宅耐震改修特別控除の適用を受けるものを除きます。）によりその家屋が耐震基準に適合することにつき証明されたものであること 　※　平成26年 4 月 1 日以後に家屋を取得する場合に限ります。 ⑥　住宅借入金等を有していること (注)　新型コロナウイルス感染症等の影響に対応するための国税関係法律の臨時特例に関する法律第 6 条に規定する特例の適用がある場合があります。

144　第2　年末調整の実務

増改築等	自己の所有している家屋で自己の居住の用に供するものについて行う工事で、次に掲げる要件を満たすもの ① 次に掲げる増改築等の工事でその工事に該当するものであることについて証明されたもの 　イ　増築や改築、建築基準法上の大規模の修繕、大規模の模様替の工事 　ロ　マンション等の区分所有建物のうちその人の区分所有する部分の床、間仕切壁又は主要構造部である壁等について行う一定の修繕又は模様替（イに該当するものを除きます。）の工事 　ハ　家屋（マンション等の区分所有建物については、その人が区分所有する部分に限ります。）のうち居室、調理室、浴室、便所、洗面所、納戸、玄関又は廊下の一室の床又は壁の全部について行う修繕又は模様替（イ又はロに該当するものを除きます。）の工事 　ニ　家屋について行う地震に対する安全性に関する一定の基準に適合させるための修繕又は模様替（イからハまでに該当するものを除きます。）の工事 　ホ　家屋について行う高齢者等が自立した日常生活を営むのに必要な構造及び設備の基準に適合させるための修繕又は模様替（イからニまでに該当するものを除きます。）の工事 　ヘ　家屋について行うエネルギーの使用の合理化に著しく資する修繕若しくは模様替又はエネルギーの使用の合理化に相当程度資する修繕若しくは模様替（イからホまでに該当するものを除きます。）の工事（平成24年1月1日から平成27年12月31日までの間に居住の用に供する場合については、その要件が緩和され、「家屋について行うエネルギーの使用の合理化に資する増築、改築、修繕又は模様替の工事」とされています。） ② その工事に要した費用の額（その工事の費用に関し補助金等（国又は地方公共団体から交付される補助金又は給付金その他これらに準ずるものをいいます。以下「（参考）1」の表において同じです。）の交付を受ける場合には、その工事に要した費用の額からその補助金等の額を控除した金額）が100万円を超えること ③ 工事をした家屋のその工事をした部分のうちに自己の居住の用以外の用に供する部分がある場合には、自己の居住の用に供する部分の工事に要した費用の額がその工事に要した費用の額の総額の2分の1以上であること ④ 居住日以後その年の12月31日まで引き続き居住の用に供していること ⑤ 工事をした後の家屋の床面積が50㎡以上であること ⑥ 工事をした後の家屋の床面積の2分の1以上が専ら自己の居住の用に供されるものであること ⑦ 増改築等の日から6か月以内に居住の用に供していること ⑧ 住宅借入金等を有していること ⑨ その工事をした後の家屋が、その人が主としてその居住の用に供すると認められるものであること

(注)　認定住宅とは、次のいずれかに該当する住宅をいいます。
　① 長期優良住宅の普及の促進に関する法律に規定する認定長期優良住宅
　② 都市の低炭素化の促進に関する法律に規定する低炭素建築物又は低炭素建築物とみなされる特定建築物

（特定増改築等住宅借入金等特別控除）

区分	要件
バリアフリー改修工事等 （注1）	特定個人※が、自己の所有している家屋で自己の居住の用に供するものについて行う高齢者等居住改修工事等を含む上記「増改築等」の要件①イからへまでに掲げる工事で、高齢者等居住改修工事等に該当するものであることについて増改築等工事証明書により証明されたものであって、次に掲げる要件を満たすもの ① 高齢者等居住改修工事等に要した費用の額（高齢者等居住改修工事等を含む住宅の増改築等の費用に関し補助金等の交付を受ける場合には、その高齢者等居住改修工事等に要した費用の額からその補助金等の額を控除した金額）が50万円を超えること ② 工事をした家屋のその工事をした部分のうちに自己の居住の用以外の用に供する部分がある場合には、自己の居住の用に供する部分の工事に要した費用の額がその工事に要した費用の額の総額の2分の1以上であること ③ 居住日以後その年の12月31日まで引き続き居住の用に供していること ④ 工事をした後の家屋の床面積が50㎡以上であること ⑤ 工事をした後の家屋の床面積の2分の1以上が専ら自己の居住の用に供されるものであること ⑥ 増改築等の日から6か月以内に居住の用に供していること ⑦ 増改築等住宅借入金等を有していること ⑧ その工事をした後の家屋が、その人が主としてその居住の用に供すると認められるものであること ※ 特定個人とは、①年齢が50歳以上である者、②介護保険法の要介護又は要支援の認定を受けている者、③障害者である者、④前記の②若しくは③に該当する者又は年齢が65歳以上の者である親族と同居を常況としている者、のいずれかに該当する個人をいいます。
省エネ改修工事等 （注2）	個人が、自己の所有している家屋で自己の居住の用に供するものについて行う特定断熱改修工事等又は断熱改修工事等を含む上記「増改築等」の要件①イからへまでに掲げる工事で、特定断熱改修工事等又は断熱改修工事等に該当するものであることについて増改築等工事証明書により証明されたものであって、次に掲げる要件を満たすもの ① 特定断熱改修工事等又は断熱改修工事等に要した費用の額（特定断熱改修工事等又は断熱改修工事等を含む住宅の増改築等の費用に関し補助金等の交付を受ける場合には、その特定断熱改修工事等又は断熱改修工事等に要した費用の額からその補助金等の額を控除した金額）が50万円を超えること ② 工事をした家屋のその工事をした部分のうちに自己の居住の用以外の用に供する部分がある場合には、自己の居住の用に供する部分の工事に要した費用の額がその工事に要した費用の額の総額の2分の1以上であること ③ 居住日以後その年の12月31日まで引き続き居住の用に供していること ④ 工事をした後の家屋の床面積が50㎡以上であること ⑤ 工事をした後の家屋の床面積の2分の1以上が専ら自己の居住の用に供されるものであること ⑥ 増改築等の日から6か月以内に居住の用に供していること ⑦ 増改築等住宅借入金等を有していること ⑧ その工事をした後の家屋が、その人が主としてその居住の用に供すると認められるものであること

146 第2 年末調整の実務

三世代同居対応改修工事等 (注3)	個人が、自己の所有している家屋で自己の居住の用に供するものについて行う特定多世帯同居改修工事等を含む上記「増改築等」の要件①イからへまでに掲げる工事で、特定多世帯同居改修工事等に該当するものであることについて増改築等工事証明書により証明されたものであって、次に掲げる要件を満たすもの ① 特定多世帯同居改修工事等に要した費用の額（特定多世帯同居改修工事等を含む住宅の増改築等の費用に関し補助金等の交付を受ける場合には、その特定多世帯同居改修工事等に要した費用の額からその補助金等の額を控除した金額）が50万円を超えること ② 工事をした家屋のその工事をした部分のうちに自己の居住の用以外の用に供する部分がある場合には、自己の居住の用に供する部分の工事に要した費用の額がその工事に要した費用の額の総額の2分の1以上であること ③ 居住日以後その年の12月31日まで引き続き居住の用に供していること ④ 工事をした後の家屋の床面積が50㎡以上であること ⑤ 工事をした後の家屋の床面積の2分の1以上が専ら自己の居住の用に供されるものであること ⑥ 増改築等の日から6か月以内に居住の用に供していること ⑦ 増改築等住宅借入金等を有していること ⑧ その工事をした後の家屋が、その人の主としてその居住の用に供すると認められるものであること

(注)1 バリアフリー改修工事等とは、高齢者等が自立した日常生活を営むのに必要な構造及び設備の基準に適合させるための増改築、修繕又は模様替えで一定の工事をいいます。

2 省エネ改修工事等とは、次の「断熱改修工事等」又は「特定断熱改修工事等」をいいます。

① 「断熱改修工事等」とは、家屋について行うエネルギーの使用の合理化に相当程度資する増改築、修繕又は模様替えで一定の工事をいいます。

② 「特定断熱改修工事等」とは、家屋について行うエネルギーの使用の合理化に著しく資する増改築、修繕又は模様替えで一定の工事をいいます。

3 三世代同居改修工事等とは、次の「特定多世帯同居改修工事等」を含む増改築等をいいます。

特定多世帯改修工事等とは、家屋について行う他の世帯との同居をするのに必要な設備の数を増加させるための増改築、修繕又は模様替えで①調理室を増設する工事、②浴室を増設する工事、③便所を増設する工事又は④玄関を増設する工事のいずれかに該当する工事をいいます。

※ 自己の居住の用に供する部分に調理室、浴室、便所又は玄関のうちいずれか二以上の室がそれぞれ複数になる場合に限ります。

2 控除限度額等（令和２年12月31日居住開始分まで掲載）

(1) 住宅借入金等特別控除

住宅を居住の用に供した日	控除期間（区分）	控除期間	住宅借入金等の年末残高に乗ずる控除率 2,000万円以下の部分の金額	2,000万円超2,500万円以下の部分の金額	2,500万円超3,000万円以下の部分の金額	3,000万円超4,000万円以下の部分の金額	4,000万円超5,000万円以下の部分の金額	各年の控除限度額
平成19年1月1日から平成19年12月31日まで	控除の特例額	1～10年目	0.6%	0.6%	—	—	—	15万円
		11～15年目	0.4%	0.4%	—	—	—	10万円
平成20年1月1日から平成20年12月31日まで	控除の特例額	1～10年目	0.6%	—	—	—	—	12万円
		11～15年目	0.4%	—	—	—	—	8万円
平成24年1月1日（認定低炭素住宅に係るものは平成24年12月4日）から平成24年12月31日まで	本則	10年間	1.0%	1.0%	1.0%	—	—	30万円
	認定住宅	10年間	1.0%	1.0%	1.0%	1.0%	—	40万円
	住宅の再取得等に係る控除額の特例	10年間	1.2%	1.2%	1.2%	1.2%	—	48万円
平成25年1月1日から平成26年3月31日まで	本則	10年間	1.0%	—	—	—	—	20万円
	認定住宅	10年間	1.0%	1.0%	1.0%	—	—	30万円
	住宅の再取得等に係る控除額の特例	10年間	1.2%	1.2%	1.2%	—	—	36万円
平成26年4月1日（特別特定取得に係るものは令和元年10月1日）から令和2年12月31日まで	本則 特定取得	特別特定取得 1～10年目	1.0%	1.0%	1.0%	1.0%	—	40万円
	本則 特定取得	特別特定取得以外 10年間	1.0%	1.0%	1.0%	1.0%	—	40万円
	本則 特定取得以外	10年間	1.0%	—	—	—	—	20万円
	認定住宅 特定取得	特別特定取得 1～10年目	1.0%	1.0%	1.0%	1.0%	1.0%	50万円
	認定住宅 特定取得	特別特定取得以外 10年間	1.0%	1.0%	1.0%	1.0%	1.0%	50万円
	認定住宅 特定取得以外	10年間	1.0%	1.0%	1.0%	—	—	30万円
	住宅の再取得等に係る控除額の特例	特別特定取得 1～10年目	1.2%	1.2%	1.2%	1.2%	1.2%	60万円
	住宅の再取得等に係る控除額の特例	特別特定取得以外 10年間	1.2%	1.2%	1.2%	1.2%	1.2%	60万円

(注)1 控除額の100円未満の端数は切り捨てます。

2 最初の年分については、確定申告により控除の適用を受ける必要がありますのでご注意ください。

148 第2 年末調整の実務

3 この制度の適用は、住宅を居住の用に供した日以後、原則として、その年の12月31日まで引き続き居住の用に供している年に限られます。ただし、居住の用に供さなくなったことが死亡又は災害を事由とするものであるときは、その事由が生じた日まで引き続いて自己の居住の用に供していれば、その年については、この制度の適用を受けることができます（引き続き居住の用に供しているものとして取り扱われる場合については、154ページ〔控除額の確認に当たっての注意事項〕を参照してください。）。

4 住宅の取得等を行った人が、その居住用家屋を居住の用に供した年の前々年からその居住の用に供した年までの間に、居住用財産の譲渡所得の課税の特例や中高層耐火建築物等の建設のための買換え（交換）の場合の譲渡所得の課税の特例などの適用を受けている場合には、この住宅借入金等特別控除を受けることはできません。また、この住宅借入金等特別控除を受けた人が、その居住の用に供した年の翌年以後3年以内の各年にその居住用家屋やその敷地の用に供されている土地以外の所定の資産を譲渡して、これらの課税の特例の適用を受けることとなったときは、住宅借入金等特別控除の適用を受けた年分の所得税について修正申告書又は期限後申告書を提出し、既に受けた住宅借入金等特別控除額に相当する税額を納付することになります。

5 住宅の再取得等とは、東日本大震災により所有する住宅が居住の用に供することができなくなった個人がした住宅の再取得等で一定のものをいいます（震災特例法13の2①②）。

6 特定取得とは、住宅の取得等に係る対価の額又は費用の額に含まれる消費税額等（消費税額及び地方消費税額の合計額に相当する額をいいます。以下同じです。）が、8％又は10％の税率により課されるべき消費税額等である場合の住宅の取得等をいいます（措法41⑤）

7 特別特定取得とは、住宅の取得等に係る対価の額又は費用の額に含まれる消費税額等が、10％の税率により課されるべき消費税額等である場合の住宅の取得等をいいます（措法41⑬）

(2) 特定増改築等住宅借入金等特別控除

住宅を居住の用に供した日	区　分		増改築等住宅借入金等の年末残高の限度額	控除率	控除期間	各年の控除限度額
平成29年1月1日から令和2年12月31日まで	① バリアフリー改修工事等に係る費用		1,000万円(注1)	1.0%	5年	12.5万円(注4)
		② うち高齢者等居住改修工事等、特定断熱改修工事等、特定多世帯同居改修工事等及び特定耐久性向上改修工事等に係る費用(注2)	250万円(注3)	2.0%		
	③ 省エネ改修工事等に係る費用		1,000万円(注5)	1.0%	5年	12.5万円(注4)
		④ うち特定断熱改修工事等、特定多世帯同居改修工事等及び特定耐久性向上改修工事等に係る費用(注2)	250万円(注3)	2.0%		
	⑤ 三世代同居対応改修工事等に係る費用		1,000万円(注6)	1.0%	5年	12.5万円
		⑥ うち特定多世帯同居改修工事等に係る費用	250万円	2.0%		

(注)1 増改築等住宅借入金等の年末残高の限度額は、①と②の合計で1,000万円となります。

2 特定耐久性向上改修工事等については、平成29年4月1日以降に適用となります。

※ 特定耐久性向上改修工事等とは、特定断熱改修工事等と併せて家屋について行う一定の改修工事で、認定を受けた長期優良住宅建築等計画に基づくものであることなど、一定の要件を満たすものをいいます。

3 特定取得以外の場合は200万円となります。

4 特定取得以外の場合は12万円となります。

5 増改築等住宅借入金等の年末残高の限度額は、③と④の合計で1,000万円となります。

6 増改築等住宅借入金等の年末残高の限度額は、⑤と⑥の合計で1,000万円となります。

150　第2　年末調整の実務

〔住宅借入金等特別控除申告書の記入例〕

1　平成26年分について確定申告で住宅借入金等特別控除の適用を受けた人が令和3年分について年末調整でこの控除の適用を受ける例（取得した家屋を居住用以外の用途に供している部分がある場合）

1	家屋の取得の対価の額	18,000,000円
2	敷地の取得の対価の額	20,000,000円
3	取得した家屋の総床面積	135.00㎡
4	取得した家屋の居住用部分の床面積	99.00㎡
5	取得した敷地の総面積	150.00㎡
6	取得した敷地の居住用部分の面積	110.00㎡
7	家屋の取得年月日	平成26年2月21日
8	取得した家屋に居住した年月日	平成26年3月21日
9	A銀行からの借入金の年末残高	15,000,000円
10	A銀行からの借入金の返済期間	20年
11	B信用金庫からの借入金の年末残高	12,000,000円
12	B信用金庫からの借入金の返済期間	20年
13	平成26年分の確定申告で受けた住宅借入金等特別控除額	200,000円

（説　明）
1　この例は、取得した家屋を店舗等の居住用以外の用途に供している部分がある場合の例です。
2　住宅借入金等特別控除額の計算
　(1)　取得した家屋及びその敷地には居住用部分と居住用以外の部分とがありますので、控除額の計算の基礎となる住宅借入金等の年末残高の合計額は、借入金の年末残高に家屋の総床面積又は敷地の総面積のうちに占める居住用部分の床面積又は面積の割合（「住宅借入金等特別控除申告書」の③欄の割合）を乗じて計算した金額とされます。

　　　　この例の場合は次のようになります。
　　　　　　居住用部分の床面積又は面積の割合
　　　　　　（「住宅借入金等特別控除申告書」の③欄の割合）　$\dfrac{99.00㎡}{135.00㎡}=73.4\%$、　$\dfrac{110.00㎡}{150.00㎡}=73.4\%$

　　(注)　③欄の割合は、小数点以下第4位まで算出し、第4位を切り上げます。ただし、その割合が90％以上である場合は100％とします。

　　　　　　家屋又は土地等の取得対価の額に対する住宅借入金等の年末残高の合計額
　　　　　　（「住宅借入金等特別控除申告書」の④欄の金額）　27,000,000円

　　　　　　居住用部分の家屋又は土地等に対する住宅借入金等の年末残高の合計額
　　　　　　（「住宅借入金等特別控除申告書」の⑤欄の金額）　27,000,000円×73.4％＝19,818,000円

　　　　　　控除額の計算の基礎となる住宅借入金等の年末残高の合計額
　　　　　　（「住宅借入金等特別控除申告書」の⑪欄の金額）　19,818,000円

　(2)　上記(1)で計算した控除額の計算の基礎となる住宅借入金等の年末残高の合計額に基づき住宅借入金等特別控除額（「住宅借入金等特別控除申告書」の⑭欄の金額）を計算すると198,100円となります。

　　〔8年目の控除額の計算〕
　　　19,818,000円×1％＝198,100円（100円未満の端数切捨て）

住宅取得資金に係る借入金の年末残高等証明書

住宅取得資金の借入れ等をしている者	住　所	○○市○○ 1-2-3
	氏　名	富田昭五
住宅借入金等の内訳		1 住宅のみ　2 土地等のみ　③ 住宅及び土地等
住宅借入金等の金額	年末残高	予定額　15,000,000 円
	当初金額	平成26年 2月 16日　16,500,000 円
償還期間又は賦払期間		平成26年 2月から 令和16年 1月まで 20年 月間
居住用家屋の取得等の対価等の額又は増改築等に要した費用の額		円
（摘要）		

租税特別措置法施行令第26条の3第1項の規定により、令和3年12月31日における租税特別措置法第41条第1項に規定する住宅借入金等の金額、同法第41条の3の2第1項に規定する増改築等住宅借入金等の金額、同条第5項に規定する断熱改修住宅借入金等の金額又は同条第8項に規定する多世帯同居改修住宅借入金等の金額等について、上記のとおり証明します。

令和3年 11月25日

（住宅借入金等に係る債権者等）
所在地　○○市○○3-8-2
名　称　株式会社 A銀行
（事業免許番号等　△△△△△　　）

住宅取得資金に係る借入金の年末残高等証明書

住宅取得資金の借入れ等をしている者	住　所	○○市○○ 1-2-3
	氏　名	富田昭五
住宅借入金等の内訳		1 住宅のみ　2 土地等のみ　③ 住宅及び土地等
住宅借入金等の金額	年末残高	予定額　12,000,000 円
	当初金額	平成26年 2月 17日　13,000,000 円
償還期間又は賦払期間		平成26年 2月から 令和16年 1月まで 20年 月間
居住用家屋の取得等の対価等の額又は増改築等に要した費用の額		円
（摘要）		

租税特別措置法施行令第26条の3第1項の規定により、令和3年12月31日における租税特別措置法第41条第1項に規定する住宅借入金等の金額、同法第41条の3の2第1項に規定する増改築等住宅借入金等の金額、同条第5項に規定する断熱改修住宅借入金等の金額又は同条第8項に規定する多世帯同居改修住宅借入金等の金額等について、上記のとおり証明します。

令和3年 11月25日

（住宅借入金等に係る債権者等）
所在地　○○市○○4-1-1
名　称　B信用金庫
（事業免許番号等　○○○○○　　）

平成33年分　給与所得者の（特定増改築等）住宅借入金等特別控除申告書

（この申告書は、年間所得の見積額が3,000万円を超える方は提出できません。）

年末調整の際に、次のとおり（特定増改築等）住宅借入金等特別控除を受けたいので、申告します。

給与の支払者の名称（氏名）　中野工業株式会社
あなたの氏名　富田昭五
あなたの住所又は居所　○○市○○ 1-2-3
給与の支払者の所在地（住所）　○○市○○6-7-2

（合計額）

押印の必要はありません。

個人番号の記載は不要です。給与の支払を受ける人から提出された申告書に個人番号が記載されている場合は、マスキングするなどの対応をします。

給与支払者（個人事業者を除きます。）は法人番号を記載します。なお、平成25年入居以前の場合、「法人番号」欄がないため、余白に記載します。

	Ⓐ 住宅のみ	Ⓑ 土地等のみ	Ⓒ 住宅及び土地等
			27,000,000
	18,000,000	20,000,000	38,000,000
	99.00／135.00＝73.4 %	110.00／150.00＝73.4 %	73.4
④			27,000,000
			19,818,000
	19,818,000	年間所得の見積額 6,000,000	
（特定増改築等）住宅借入金等特別控除額	198,100		

平成33年分　年末調整のための（特定増改築等）住宅借入金等特別控除証明書

☒☒☒－☒☒☒☒

○○市○○ 1-2-3

富田昭五　様

左記の方が、平成26年分の所得税について次のとおり（特定増改築等）住宅借入金等特別控除の適用を受けていることを証明します。

平成27年 10月16日

○○ 税務署長　財務事務官　長税次外印

（証明事項）	家屋	土地等		
居住開始年月日	平成26年 3月2日		居住開始年月日	
家屋又は土地等の取得対価の額	18,000,000	20,000,000		
家屋又は土地等の総面積	135.00	150.00		
Ⓐ又はⒷのうち居住用部分の床面積又は面積	99.00	110.00	（特定増改築等）住宅借入金等特別控除額	200,000

（平成26年中居住者用）

152 第2 年末調整の実務

2 令和2年分について確定申告で住宅借入金等特別控除の適用を受けた人が令和3年分について年末調整でこの控除の適用を受ける例（連帯債務者がいる場合）

1	家屋及びその敷地の取得の対価の額（うち、本人の持分1/2）	家屋	13,000,000円
		敷地	18,000,000円
2	取得した家屋の総床面積		100.00㎡
3	取得した家屋の居住用部分の床面積		100.00㎡
4	取得した敷地の総面積		120.00㎡
5	取得した敷地の居住用部分の面積		120.00㎡
6	家屋及びその敷地の取得年月日		令和2年10月24日
7	取得した家屋に居住した年月日		令和2年10月31日
8	A銀行からの借入金（連帯債務）の年末残高		18,500,000円
9	A銀行からの借入金（連帯債務）の返済期間		20年
10	B信用金庫からの借入金（連帯債務）の年末残高		10,550,000円
11	B信用金庫からの借入金（連帯債務）の返済期間		20年
12	連帯債務である住宅借入金等に対する本人負担割合	A銀行	50%
		B信用金庫	50%
13	令和2年分の確定申告で受けた住宅借入金等特別控除額		150,000円

（説 明）

1 この例は、住宅借入金等が連帯債務となっている場合の例です。

2 住宅借入金等特別控除額の計算

(1) A銀行からの借入金の年末残高18,500,000円とB信用金庫からの借入金の年末残高10,550,000円の合計金額を計算します。

（「住宅借入金等特別控除申告書」の①欄の金額）

18,500,000円＋10,550,000円＝29,050,000円

(2) 連帯債務となっているA銀行からの借入金の年末残高18,500,000円とB信用金庫からの借入金の年末残高10,550,000円のうち、本人の負担すべき部分の金額を計算します。

（「住宅借入金等特別控除申告書」の②欄の金額）

18,500,000円×50%＋10,550,000×50%＝14,525,000円

(3) 家屋及び敷地の取得対価の額のうち、本人の持分相当額を計算します。

（家屋） 13,000,000円×1/2＝6,500,000円　（敷地） 18,000,000円×1/2＝9,000,000円

これらの合計金額が、家屋及び敷地の取得対価の額となります。

6,500,000円＋9,000,000円＝15,500,000円

(4) 上記(2)で計算した金額14,525,000円は、上記(3)で計算した金額15,500,000円以下となりますので、控除額の計算の基礎となる住宅借入金等の年末残高は、14,525,000円となります（「住宅借入金等特別控除申告書」の③、④及び⑤欄の金額）。

(注) 取得した家屋及びその敷地は全て居住の用に供されているため、居住用部分のあん分計算を行う必要はありません。

(5) 上記(4)に基づき（特定増改築等）住宅借入金等特別控除額（「住宅借入金等特別控除申告書」の⑧欄の金額）を計算すると145,200円となります。

14,525,000円×1%＝145,200円（100円未満の端数切捨て）

第2　年末調整の実務　153

住宅取得資金に係る借入金の年末残高等証明書

住宅取得資金の借入れ等をしている者	住　所	○○市○○ 2-5-4
	氏　名	佐藤洋一
住宅借入金等の内訳		1 住宅のみ　2 土地等のみ　③ 住宅及び土地等
住宅借入金等の金額	年末残高	予定額　18,500,000 円
	当初金額	令和2年10月2日　19,500,000 円
償還期間又は賦払期間		令和2年10月から令和22年9月まで　20年　月間
居住用家屋の取得の対価等の額又は増改築等に要した費用の額		円
（摘要）		連帯債務者　佐藤和子

租税特別措置法施行令第26条の3第1項の規定により、令和3年12月31日における租税特別措置法第41条第1項に規定する住宅借入金等の金額、同法第41条の3の2第1項に規定する増改築等住宅借入金等の金額、同条第5項に規定する断熱改修住宅借入金等の金額又は同条第8項に規定する多世帯同居改修住宅借入金等の金額について、上記のとおり証明します。

令和3年11月25日

（住宅借入金等に係る債権者等）
所在地　○○市○○3-8-2
名　称　株式会社A銀行
（事業免許番号等　△△△△△）

住宅取得資金に係る借入金の年末残高等証明書

住宅取得資金の借入れ等をしている者	住　所	○○市○○ 2-5-4
	氏　名	佐藤洋一
住宅借入金等の内訳		1 住宅のみ　2 土地等のみ　③ 住宅及び土地等
住宅借入金等の金額	年末残高	予定額　10,550,000 円
	当初金額	令和2年10月2日　11,000,000 円
償還期間又は賦払期間		令和2年10月から令和22年9月まで　20年　月間
居住用家屋の取得の対価等の額又は増改築等に要した費用の額		円
（摘要）		連帯債務者　佐藤和子

租税特別措置法施行令第26条の3第1項の規定により、令和3年12月31日における租税特別措置法第41条第1項に規定する住宅借入金等の金額、同法第41条の3の2第1項に規定する増改築等住宅借入金等の金額、同条第5項に規定する断熱改修住宅借入金等の金額又は同条第8項に規定する多世帯同居改修住宅借入金等の金額について、上記のとおり証明します。

令和3年11月25日

（住宅借入金等に係る債権者等）
所在地　○○市○○4-1-1
名　称　B信用金庫
（事業免許番号等　○○○○○）

令和3年分　給与所得者の（特定増改築等）住宅借入金等特別控除申告書
兼（特定増改築等）住宅借入金等特別控除計算明細書

給与の支払者の名称（氏名）　千代田工業株式会社
あなたの氏名　佐藤洋一
あなたの住所又は居所　○○市○○2-5-4

年末調整の際に、次のとおり（特定増改築等）住宅借入金等特別控除を受けたいので、申告します。

各年末残高の合計額

給与支払者（個人事業者を除きます。）は法人番号を記載します。

令和3年分　年末調整のための（特定増改築等）住宅借入金等特別控除証明書

○○市○○ 2-5-4

佐藤洋一　様

左記の方が、令和2年分の所得税について次のとおり（特定増改築等）住宅借入金等特別控除の適用を受けていることを証明します。

令和3年10月15日
○○税務署長　財務事務官○○○○

（証明事項）（令和2年中居住者用）

⑦ 居住開始年月日（特例特定）令和2年10月31日	家屋に関する事項			土地等に関する事項		
	⑦取得対価の額	⑦居住用割合	連帯債務割合	⑦取得対価の額	⑦居住用割合	連帯債務割合
	6,500,000 円	100.0 %	%	9,000,000 円	100.0 %	50.00 %
⑦ 居住開始年月日	増改築等に関する事項					特例期間（11年目～13年目）における控除額
	増改築等の費用の額	居住用割合	連帯債務割合			
	150,000 円	%	%			年分～　年分

居住日の属する年分が平成30年以前の年分である個人で連帯債務による住宅借入金等の残高がある場合には、備考欄に他の連帯債務者から、連帯債務者であること等の文言、住所及び氏名の記入等受けてください。また、その方が給与所得者である場合には、その勤務先の所在地及び名称も併せて記入を受けてください。

［記載例］

私は連帯債務者として住宅借入金等の残高29,050,000円のうち14,525,000円を負担することとしています。
○○市○○2-5-4
佐藤和子
勤務先
○○市○○7-6
△△株式会社

(注)1　住宅借入金等特別控除の確定申告をした際に、家屋と土地等の取得対価の額を区分しないでその合計額を記入した場合には、その合計額が住宅借入金等特別控除証明書の「証明事項」の「家屋に関する事項」欄に「計×××円」と記載されています。

この場合には、住宅借入金等特別控除申告書の「（特定増改築等）住宅借入金等特別控除額の計算」は、「Ⓐ住宅のみ」欄に証明事項の「家屋に関する事項」欄の金額や面積を移記して計算を行います。

154　第2　年末調整の実務

2　「特定取得」又は「特別特定取得」による住宅の取得である場合には、「年末調整のための（特定増改築等）住宅借入金等特別控除証明書の「居住開始年月日④欄」において、居住開始年月日の上に「（特定）」又は「（特別特定）」と印字されたものが税務署より交付されます。

〔控除額の確認に当たっての注意事項〕

意　事　項	説　　　　　　　　　　　　　　明
（特定増改築等）住宅借入金等特別控除額の限度額	（特定増改築等）住宅借入金等特別控除額を控除する前の算出所得税額が住宅借入金等特別控除申告書に記載されている控除額以下のときは、（特定増改築等）住宅借入金等特別控除額は、その算出所得税額にとどめます。つまり、控除不足額が生ずることとなった場合には、その控除不足額を切り捨てます（措法41の2の2①）。
（特定増改築等）住宅借入金等特別控除に当たっての居住の要件	(1)　新築家屋等をその新築若しくは取得の日又は増改築等の日から6か月以内にその人の居住の用に供していない場合には、（特定増改築等）住宅借入金等特別控除の適用を受けることはできません。 (2)　（特定増改築等）住宅借入金等特別控除の適用を受けるためには、取得等をした新築家屋等を居住の用に供した日から控除を受けようとする年の12月31日まで引き続きその人の居住の用に供していることが要件とされていますので、給与の支払者は、その家屋に入居後本年12月31日まで引き続き給与の支払を受ける人（申告者本人）が居住しているかどうかを確認する必要があります。 　なお、次のような場合には、引き続き居住の用に供しているものとして取り扱われます（措通41—2）。 イ　転勤、転地療養その他のやむを得ない事情により、配偶者、扶養親族その他その人と生計を一にする親族と日常の起居を共にしないこととなった場合において、その家屋をこれらの親族が引き続きその居住の用に供しており、そのやむを得ない事情が解消した後はその人が共にその家屋に居住することになると認められるとき。 ロ　その家屋が居住の用に供した日の属する年（以下「居住年」といいます。）以後10年以内（居住年が平成19年又は平成20年で租税特別措置法第41条第6項の規定を適用する場合には、15年以内）に、災害により一部損壊した場合において、その損壊部分の補修工事等のため一時的にその人がその家屋を居住の用に供しないこととなる期間があったとき（その期間に限られます。）。 　また、（特定増改築等）住宅借入金等特別控除の適用を受けていた人が、勤務先からの転任命令等により、当該控除の適用を受けていた家屋を居住の用に供しなくなった後、（特定増改築等）住宅借入金等特別控除の適用期間内にその家屋を再び居住の用に供した場合には、一定の要件の下で（特定増改築等）住宅借入金等特別控除の再適用を受けることができます。詳しくは138ページを参照してください。

意　事　項	説　　　　　　　　　　　　　　　　　　明
（特定増改築等）住宅借入金等特別控除証明書の添付	年末調整の際に（特定増改築等）住宅借入金等特別控除の適用を受けるためには、所轄税務署長から給与の支払を受ける人に送付された住宅借入金特別控除証明書を住宅借入金等特別控除申告書に添付しなければならないことになっています（措法41の2の2②）。 　なお、平成22年以前に住宅を居住の用に供した場合の手続は、136ページの「㈠　平成22年以前に住宅を居住の用に供した場合」を参照してください。
年末調整までに借入金の年末残高等証明書の交付が受けられなかった場合	（特定増改築等）住宅借入金等特別控除の適用を受けるためには、前記の申告書や証明書のほかに、金融機関等の発行した「借入金の年末残高等証明書」の添付が必要とされていますが、年末調整までに給与の支払を受ける人がこの「借入金の年末残高等証明書」の交付が受けられないため、（特定増改築等）住宅借入金等特別控除の適用が受けられない場合でも、「給与所得の源泉徴収票」を交付することとなる翌年1月末日までにこの証明書を添付した住宅借入金等特別控除申告書の提出があれば、給与の支払者は年末調整のやり直しをすることができます。 　なお、年末調整のやり直しをしないで、給与の支払を受ける人が確定申告によってその控除の適用を受けることもできます（措通41の2の2―1）。
借入金の繰上返済等があった場合	予定額による証明である旨を付記してある「借入金の年末残高等証明書」に基づき（特定増改築等）住宅借入金等特別控除の適用を受けた後、その借入金の返済が遅延したこと又はその一部を繰上返済したことなどにより実際の借入金の年末残高等が証明書に記載された金額と異なることとなった場合には、改めて融資先から実際の返済等の額に基づく「借入金の年末残高等証明書」の交付を受け、これにより正しい申告書を提出し直す必要があります。
住宅借入金等特別控除申告書が年末調整後に提出された場合	給与の支払を受ける人から年末調整後に住宅借入金等特別控除申告書の提出があった場合には、その申告を基にして年末調整のやり直しをすることができます。 　ただし、この年末調整のやり直しができるのは、「給与所得の源泉徴収票」を受給者に交付することとなる翌年1月末日までです。 　なお、給与の支払者のところで年末調整のやり直しをしないで、給与の支払を受ける人が確定申告によって（特定増改築等）住宅借入金等特別控除の適用を受けることもできます。

156　第2　年末調整の実務

3　本年分の給与の金額と徴収税額の集計

────────────────────〔ポイント〕────────
前年の未払分は集計しませんが、本年の未払分は集計します。
────〔ポイント〕────

　諸控除額の確認が終わると、次に、給与の支払を受ける人の各人ごとに、本年分の毎月の給与の金額とその給与から徴収した税額の集計を行います。

集計の仕方　　　この集計は、次のようにして「源泉徴収簿」によって給料・手当等と賞与等とに区分して行います。

　まず、「給料・手当等」と「賞与等」の「総支給金額」欄をそれぞれ集計して、その結果を「計」欄（①と④欄）にそれぞれ記入します。「算出税額」欄についても同じように集計し、その結果を「計」欄（③と⑥欄）にそれぞれ記入します。

　次に、これらの集計の結果を「年末調整」欄の該当欄にそれぞれ転記し、支給金額の合計額を「計⑦」欄に、徴収税額の合計額を「計⑧」欄に記入します。

〔源泉徴収簿の記入例〕

第2　年末調整の実務　157

〔集計に当たっての注意事項〕

注　意　事　項	説　　　　　　　　明
現物給与等の集計	毎月定期的に支給する給与のほか、臨時に支給した給与や現物給与等で課税の対象となるもの、認定賞与（税務調査等により、役員に対する賞与と認定されたもの）で本年中に支払の確定したものなどについても、漏れなく集計します。 ⑱　特殊な給与や現物給与等の取扱いについては、160ページ以下を参照してください。
未払の給与	本年中に支給日が到来して支払の確定した給与は、未払となっている場合であっても本年の年末調整の対象に含めなければなりませんから、その未払の給与の金額とその給与から徴収すべき税額も、それぞれ含めて集計します。 　なお、給与の支払確定の時期については、56ページを参照してください。
前年分の未払の給与	前年中に支払の確定した給与は、本年に繰り越して支払った場合であっても、本年分の年末調整の対象とはなりませんから、その給与の金額とその給与から徴収した税額は、集計には含めません。
本年最後に支払う給与の税額計算の省略	年末調整をする本年最後の給与については、通常の月分としての税額計算を省略し、その給与に対する徴収税額は「0」として集計を行うことができます（所基通190―3）。この場合、その給与に対する税額は、年末調整によって一括して精算されることになります。
賞与を本年最後に支払う給与とみなして年末調整を行う場合の集計	本年最後に給与の支払をする月中（通常は、12月中）に給与のほかに賞与の支払があり、かつ、賞与を先に支払うというような場合には、賞与を本年最後に支払う給与とみなして、賞与を支払う際に年末調整を行うことができます（所基通190―6）。 　この場合には、本年分の給与の金額と徴収税額の集計に当たっては、後で支払う給与の見積額とその給与に対する徴収税額の見積額とをそれぞれ含めて集計します。 ⑱　この場合にも、賞与については通常の賞与としての税額計算を省略し、その賞与に対する徴収税額は「0」として集計を行うことができます（所基通190―3）。 　なお、後で支払う給与の実際の支給額がその見積額と相違することとなったときは、年末調整の再調整を行わなければなりません。
本年の中途で申告書を提出した人の提出前の給与	当初、月額表の乙欄又は日額表の乙欄や丙欄を適用していた人で、本年の中途から「給与所得者の扶養控除等申告書」を提出した人の場合には、その申告書の提出前に支払った給与（乙欄を適用した給与や丙欄を適用した給与）の金額と、その給与から徴収した税額も、それぞれ含めて集計します（所基通190―2(1)、(2)）。

給与と税の集計額

158　第2　年末調整の実務

注　意　事　項	説　　　　　明
本年の中途で就職した人の就職前の給与	本年の中途で就職した人で、就職前に他の給与の支払者に、「給与所得者の扶養控除等申告書」を提出して給与の支払を受けていた場合には、前の給与の支払者から支払を受けた給与も含めて年末調整を行います（所法190、所令311、所基通190―2(3)）。したがって、このような人については、その人が前の給与の支払者から交付を受けた「給与所得の源泉徴収票」などによってその給与の金額やその給与から徴収された税額、社会保険料等の金額を確認し、それらを含めて集計します。
本年の中途で主たる給与の支払者を変更した場合の給与	2か所以上から給与の支払を受けている人で、本年の中途で「給与所得者の扶養控除等申告書」の提出先を変更した場合には、前の提出先がその変更の時までに支払った給与（後の提出先がその変更の時までに支払った乙欄適用の給与又は丙欄適用の給与があるときは、これらの給与を含みます。）も含めて年末調整を行わなければなりません（所法190、所令311、所基通190―2(3)）。
本年の中途で居住者となった人の給与	外国支店に勤務していた人が本年の中途で国内の本店勤務となって帰国した場合のように、本年の中途で非居住者から居住者となった人については、居住者となった日以後の給与を対象として年末調整を行います。この場合、居住者となった日以後に支給期の到来する給与（賞与を含みます。）については、たとえそのうちに非居住者であった期間内の勤務に対応する部分が含まれているときであっても、これを区分することなく、その給与の総額を年末調整の対象とします（所基通212―5(注)2）。
本年の中途で非居住者となった人の給与	国内の本店に勤務していた人が本年の中途で外国支店勤務となって出国した場合のように、本年の中途で居住者から非居住者となった人については、居住者であった期間内に支給期の到来した給与を対象として年末調整を行います。したがって、非居住者となった日以後に支給期の到来する給与については、そのうちに居住者であった期間内の勤務に対応する部分が含まれているときであっても、その給与は年末調整の対象に含める必要はありません。 　(注)　上記の非居住者となった日以後に支給期の到来する給与のうち国内における勤務に対応する部分（国内源泉所得）については、原則として、20.42%の税率により所得税及び復興特別所得税の源泉徴収を行わなければなりません（所法161①十二、212、213）。ただし、給与の計算期間の中途で非居住者となった人に支払う給与でその非居住者となった日以後に支給期が到来するもののうち、給与の計算期間が1月以下であるものについては、その給与の全額が国内勤務に対応するものである場合を除き、源泉徴収をしなくてもよいことになっています（所基通212―5）。
課税されない給与	特殊な給与、現物給与等のうち、課税されないことになっているものについては、集計の対象に含めません。 　(注)　特殊な給与、現物給与等の取扱いについては、160ページ以下を参照してください。

注 意 事 項	説　　　　　　　　　　　　　　　　明
年末調整後に給与を追加支給する場合の再調整	年末調整を行った後に、その年中に給与の追加支給をする場合には、追加支給をする給与の金額を先に年末調整を行った給与に加えたところで年末調整の再調整を行う必要があります（所基通190—4）。
前年分の年末調整による過不足額がある場合	前年分の年末調整によって生じた過不足額を本年に繰り越して充当、又は徴収している場合でも、これらに関係なく、本来徴収すべきであった税額（源泉徴収簿の「算出税額」欄の税額）によって集計します。 　例えば、1月分の給与に対する算出税額は2,260円であるが、前年分の年末調整による過納額で本年に繰り越したものが1,200円あるため、これを充当した結果、実際には1,060円を徴収したというような場合でも、その1,200円を充当する前の2,260円を基にして徴収税額の集計をします。 　また、1月分の給与に対する算出税額は1,340円であるが、前年の年末調整による不足額で本年に繰り越したものが3,000円あるため、1月分の給与からは算出税額の1,340円と前年分の年末調整による不足額3,000円との合計額4,340円を徴収したというような場合でも、その3,000円を除いた1,340円を基にして徴収税額の集計をします。

160　第2　年末調整の実務

〔特殊な給与、現物給与等の取扱い〕

項　　　目	説　　　　　　　　　　　明	
(1)　通勤手当等	通勤手当や通勤用定期乗車券（これらに類する手当や乗車券を含みます。）は、給与所得とされますが、次に掲げる通勤手当等（通勤手当については、通常の給与に加算して支給されるものに限ります。）の区分に応じ、それぞれ1か月当たり次の金額までは課税されないことになっています（所法9①五、所令20の2）。	

区　　　　　　　　　　　分		課税されない金額
①　交通機関又は有料道路を利用している人に支給する通勤手当		1か月当たりの合理的な運賃等の額（最高限度150,000円）
②　自動車や自転車などの交通用具を使用している人に支給する通勤手当	通勤距離が片道55キロメートル以上である場合	31,600円
	通勤距離が片道45キロメートル以上55キロメートル未満である場合	28,000円
	通勤距離が片道35キロメートル以上45キロメートル未満である場合	24,400円
	通勤距離が片道25キロメートル以上35キロメートル未満である場合	18,700円
	通勤距離が片道15キロメートル以上25キロメートル未満である場合	12,900円
	通勤距離が片道10キロメートル以上15キロメートル未満である場合	7,100円
	通勤距離が片道2キロメートル以上10キロメートル未満である場合	4,200円
	通勤距離が片道2キロメートル未満である場合	（全額課税）
③　交通機関を利用している人に支給する通勤用定期乗車券		1か月当たりの合理的な運賃等の額（最高限度150,000円）
④　交通機関又は有料道路を利用するほか、交通用具も使用している人に支給する通勤手当や通勤用定期乗車券		1か月当たりの合理的な運賃等の額と②の金額との合計額（最高限度150,000円）

　(注)1　「合理的な運賃等の額」とは、通勤のための運賃、時間、距離等の事情に照らし最も経済的かつ合理的と認められる通常の通勤の経路及び方法による運賃又は料金の額をいい、新幹線鉄道を利用した場合の特別急行料金はこれに含まれますが、グリーン料金は含まれません（所基通9―6の3）。

　　　2　「運賃等の額」には、消費税及び地方消費税相当額が含まれます。したがって、消費税及び地方消費税込みの運賃等の額が、上記の「課税されない金額」以下であれば、課税される金額はないことになりますが、消費税及び地方消費税込みの運賃等の額が、上記の「課税されない金額」を超える場合には、その超える部分の金額が課税の対象となります（平元直法6―1（最終改正平26課法9―1））。

項　　　目	説　　　　　　　明
(2)　旅　　費	旅費については、次のように取り扱われます。 イ　次に掲げる旅行に必要な支出に充てるため支給される金品でその旅行について通常必要と認められるものについては、課税されません（所法9①四）。 　(イ)　勤務する場所を離れてその職務を遂行するために行う旅行 　(ロ)　転任に伴う転居のために行う旅行 　(ハ)　就職や退職をした人の転居又は死亡により退職した人の遺族が転居のために行う旅行 　　(注)　上記の非課税とされる金品は、旅行をした人に対して使用者等からその旅行に必要な運賃、宿泊料、移転料等の支出に充てるものとして支給される金品のうち、その旅行の目的、目的地、行路若しくは期間の長短、宿泊の要否、旅行者の職務内容及び地位等からみて、その旅行に通常必要とされる費用の支出に充てられると認められる範囲内のものに限られますが、その範囲内のものに該当するかどうかの判定に当たっては、次に掲げる事項を勘案するものとされています（所基通9―3）。 　　　①　支給額が、その支給をする使用者等の役員及び使用人の全てを通じて適正なバランスが保たれている基準によって計算されたものであるかどうか。 　　　②　支給額が、その支給をする使用者等と同業種、同規模の他の使用者等が一般的に支給している金額に照らして相当と認められるものであるかどうか。 ロ　職務を遂行するために行う旅行の費用に充てるものとして支給される金品であっても、年額又は月額により支給されるものは、給与所得とされます。ただし、その支給を受けた役員又は使用人の職務を遂行するために行う旅行の実情に照らし、明らかに上記イの旅費に相当すると認められるものについては、課税されません（所基通28―3）。 ハ　常には出勤することを要しない次に掲げるような人に対し、その勤務する場所に出勤するために行う旅行、宿泊などに要する費用に充てるものとして支給される金品で、その支給について社会通念上合理的な理由があると認められる場合に支給されるものについては、その支給される金品のうち、その出勤のために直接必要であると認められる部分に限り、課税されません（所基通9―5）。 　(イ)　国・地方公共団体の議員、委員、顧問又は参与 　(ロ)　会社その他の団体の役員、顧問、相談役又は参与 ニ　単身赴任者が職務遂行上必要な旅行に付随して帰宅のための旅行を行った場合に支給される旅費については、これらの旅行の目的、行路等からみてこれらの旅行が主として職務遂行上必要な旅行と認められ、かつ、その旅費の額が所得税基本通達9―3に定める非課税とされる旅費の範囲を著しく逸脱しない限り、課税されません（昭60直法6―7）。 ホ　通常の赴任旅費のほかに、例えば、家族の同伴が不可能である転勤者に対し、家族と同居するまでの間、その日数などに応じて着後滞在費や特別赴任料などの

162　第2　年末調整の実務

項　　　　目	説　　　　　　　　　　　明
	名目で支給されるものは、それが旅費規程に基づいて支給されるものであっても、給与所得とされます。
(3)　宿日直料	宿日直料は、1回の宿日直について支給される金額のうち、4,000円（宿直又は日直の勤務をすることにより支給される食事がある場合には、4,000円からその食事の価額を控除した残額）までの部分については、課税されません。ただし、次に掲げる宿日直料については、その全額が課税の対象とされます（所基通28—1）。 イ　休日又は夜間の留守番だけを行うために雇用された人や、勤務する場所に居住し休日又は夜間の留守番をも含めた勤務を行うものとして雇用された人にその留守番に相当する勤務について支給される宿日直料 ロ　宿日直の勤務をその人の通常の勤務時間内の勤務として行った人や、これらの勤務をしたことにより代日休暇が与えられる人に支給される宿日直料 ハ　宿日直の勤務をする人の通常の給与の額に比例した金額又はその給与の額に比例した金額に近似するように給与の額の階級区分等に応じて定められた金額により支給される宿日直料（支給される宿日直料が、給与の額に比例した金額とその他の金額との合計額によって支給される場合には、その比例した部分の金額）
(4)　交　際　費　等	交際費や接待費等として役員又は使用人に支給される金品は、給与所得とされますが、使用者の業務のために使用すべきものとして支給されるもので、そのために使用したことの事績が明らかなものについては、課税されません（所基通28—4）。
(5)　結婚祝金品等	雇用契約等に基づいて支給される結婚、出産等の祝金品は、その金額が支給を受ける役員又は使用人の地位などに照らして社会通念上相当と認められるものであれば、課税されません（所基通28—5）。
(6)　葬祭料、香典、見舞金	葬祭料や香典、災害等の見舞金は、その金額が社会通念上相当と認められるものであれば、課税されません（所基通9—23）。
(7)　死亡した人の給与	死亡後に支給期（給与所得の収入すべき時期）の到来する給与のうち相続税法の規定により相続税の課税価格計算の基礎に算入されるものについては、所得税は課税されません（所基通9—17）。
(8)　労働基準法等の規定による各種補償金等	次に掲げる補償金等は、課税されません（所法9①三イ）。 イ　労働基準法第8章《災害補償》の規定により受ける療養の給付や費用、休業補償、障害補償、打切補償、分割補償（障害補償の部分に限ります。）、遺族補償（分割補償のうち遺族補償に係る部分を含みます。）及び葬祭料（所令20①二、所基通9—1）。 ロ　船員法第10章《災害補償》の規定により受ける療養の給付や費用、傷病手当、予後手当、障害手当（所令20①三）。

項　　目	説　　　　　明
	注　労働基準法第76条第1項《休業補償》に定める割合を超えて休業補償を行った場合であっても、その休業補償については課税されません（所基通9―24(3)）。
(9)　学　資　金	イ　学資に充てるために給付される金品のうち給与その他対価の性質を有するものは非課税の対象から除外されていますが、給与所得者が使用者から受ける学資金のうち、通常の給与に加算して給付されるものについては、次に掲げる場合に該当するものを除き、課税されません（所法9①十五）。 ①　法人である使用者からその法人の役員の学資に充てるため給付する場合 ②　法人である使用者からその法人の使用人（その法人の役員を含みます。）と特別の関係がある者注の学資に充てるため給付する場合 ③　個人である使用者からその個人の営む事業に従事するその個人の親族（その個人と生計を一にする者を除きます。）の学資に充てるため給付する場合 ④　個人である使用者からその個人の使用人（その個人の営む事業に従事するその個人の親族を含みます。）と特別の関係がある者注（その個人と生計を一にするその個人の親族に該当する者を除きます。）の学資に充てるため給付する場合 ※　①から④までに該当する場合は、役員、使用人又は親族に対する給与等として課税されます（所基通9―15）。 ロ　給与所得者が使用者から受ける学資金で非課税とされるものは、通常の給与に加算して給付されるものに限定されることから、本来受けるべき給与の額を減額された上で、それに相当する額を学資金として給付を受けるものなどは、非課税とはされません（所基通9―14）。 ハ　使用者から学資金の給付を受ける者が、その使用者の他の使用人と特別の関係がある者注であると同時に、その使用者の使用人（法人の役員及び個人の営む事業に従事する当該個人の親族を除きます。）としての地位も併せて有している場合には、その学資金の給付が、使用人と特別の関係がある者注のみを対象として行われるなどでない限り、使用人と特別の関係がある者注に対する学資金には該当しないものとして取り扱います（所基通9―16）。 注　「特別の関係がある者」とは、次に掲げるものをいいます（所令29①）。 ①　当該使用人の親族 ②　当該使用人と婚姻の届出をしていないが事実上婚姻関係と同様の事情にある者及びその者の直系血族 ③　当該使用人の直系血族と婚姻の届出をしていないが事実上婚姻関係と同様の事情にある者 ④　①から③までに掲げる者以外の者で、当該使用人から受ける金銭その他の財産によって生計を維持しているもの及びその者の直系血族

164　第2　年末調整の実務

項　　目	説　　　　　　　明
	⑤　①から④までに掲げる者以外の者で、当該使用人の直系血族から受ける金銭その他の財産によって生計を維持しているもの
⑽　在勤手当（いわゆる在外手当）	居住者である海外勤務の役員又は使用人に対し通常の給与に加算して支給する在勤手当で、その勤務地の物価、生活水準、生活環境、為替相場等の状況からみて、その加算して支給を受けることにより国内で勤務した場合に比べて利益を受けると認められない部分の金額については、課税されません（所法9①七、所令22）。
⑾　有価証券の支給	有価証券（商品券を含みます。）を支給する場合には、その支給する有価証券の価額の多少にかかわらず、全て給与所得とされます（㉝のストック・オプションを行使することにより取締役等が一定の要件の下で取得する株式は除きます。）。
⑿　通勤用定期乗車券の支給	通勤用定期乗車券を支給する場合には、1か月当たりの合理的な運賃等の額で最高150,000円までの部分（160ページの表の③）については、課税されません（所令20の2三、四）。
⒀　食事の支給	イ　使用者が、役員又は使用人に対して支給する食事については、次の区分によりそれぞれ次により取り扱われます。 　㈤　乗船中の船員に対し船員法第80条第1項《食料の支給》の規定により支給する食事については、課税されません（所法9①六、所令21一）。 　　なお、船員法第80条第1項の規定の適用がない漁船の乗組員に対し、乗船中に支給する食事については、その乗組員の勤務がその漁船の操業区域において操業する他の同項の規定の適用がある漁船の乗組員の勤務に類似すると認められる場合に支給するものに限り、課税されません（所基通9—7）。 　㈹　通常の勤務時間外に残業や宿日直をした者（その者の通常の勤務時間外における勤務としてこれらの勤務を行った者に限ります。）に対し、これらの勤務をすることにより支給する食事については、課税されません（所基通36—24）。 　㈧　㈤及び㈹以外の場合に支給する食事については、①次のロによって評価した食事の価額の半額以上を役員又は使用人が負担し、かつ、②その人に支給した食事についての使用者の負担額が月額3,500円以下であるときは、課税されません（所基通36—38の2）。 　　なお、この場合の使用者の負担額が3,500円以下であるかどうかは、消費税及び地方消費税の額を除いた金額により判定します（平元直法6—1（最終改正平26課法9—1））。 　　㊟　使用者の負担額が月額3,500円を超える場合には、その使用者が負担した額の全額が給与所得とされます。 ロ　イ㈧の食事の価額は、次により評価します（所基通36—38）。 　㈤　使用者が調理して支給する食事については、その食事の材料等に要する直接

項　　　目	説　　　　　　　　　　明
	費の額に相当する金額
	(ロ)　使用者が購入して支給する食事については、その食事の購入価額に相当する金額
(14)　制服等の支給	職務の性質上制服を着用しなければならない役員又は使用人に対して支給又は貸与する制服その他の身の回り品については、課税されません（所法9①六、所令21二、三）。また、専ら勤務場所のみで着用するために支給又は貸与する事務服、作業服等についても課税されません（所基通9—8）。ただし、これらの制服等の支給又は貸与に代えて金銭を支給する場合には、その金額の多少にかかわらず給与所得とされます。
(15)　永年勤続記念品等の支給	永年にわたり勤務した役員又は使用人の表彰に当たり、その記念として旅行、観劇等に招待し、又は記念品を支給することによりその役員又は使用人が受ける経済的利益で、次に掲げる要件のいずれにも該当するものについては、課税されません（所基通36—21）。 イ　利益の額が、その役員又は使用人の勤続期間等に照らして、社会通念上相当と認められること。 ロ　表彰が、おおむね10年以上勤務した人を対象とし、かつ、2回以上表彰を受ける人については、おおむね5年以上の間隔をおいて行われるものであること。
(16)　創業記念品等の支給	創業記念、増資記念、工事完成記念又は合併記念等に際し、役員又は使用人に対しその記念として支給する記念品で、その支給等が次に掲げる要件のいずれにも該当するものであるときは、建築業者、造船業者等がその役員又は使用人に請負工事又は造船の完成等に際して支給するものでない限り、課税されません（所基通36—22）。 イ　支給する記念品が、社会通念上記念品としてふさわしいものであり、かつ、その価額（処分見込価額により評価した価額）が1万円以下のものであること。 　　なお、この場合の経済的利益の額が非課税限度額の1万円以下であるかどうかは、消費税及び地方消費税の額を除いた金額により判定します（平元直法6—1（最終改正平26課法9—1））。 ロ　創業記念のように一定期間ごとに到来する記念に際して支給する記念品については、創業後相当な期間（おおむね5年以上の期間）ごとに支給するものであること。
(17)　商品、製品等の値引販売	使用者が、役員又は使用人に対し取り扱う商品、製品等（有価証券及び食事を除きます。）の値引販売をすることにより、役員又は使用人が受ける経済的利益については、その値引販売が次のいずれにも該当する場合には、課税されません（所基通36—23）。 イ　値引販売の価額が、使用者の取得価額以上で、かつ、通常他に販売する価額の

166　第2　年末調整の実務

項　　　目	説　　　　　　　　　　　　　　　　明
	おおむね70％以上であること。 ロ　値引率が、役員や使用人の全部について一律に定められているか、又は役員や使用人の地位、勤続年数等に応じて全体として合理的なバランスが保たれる範囲内の格差により定められていること。 ハ　値引販売する商品等の数量が、一般の消費者が家事のために通常消費すると認められる程度のものであること。 (注)　不動産は、一般の消費者が家事のために通常消費するものではないと認められます。
⒅　寄宿舎の電気料等の使用者負担	使用者が、寄宿舎の電気、ガス、水道等の料金を負担することにより、その寄宿舎に居住する役員又は使用人が受ける経済的利益については、その料金の額がその寄宿舎に居住するために通常必要であると認められる範囲内のものであって、各人ごとの使用部分に相当する金額が明らかでない場合には、課税されません（所基通36—26）。
⒆　金銭の無利息貸付け等	使用者が、役員又は使用人に対し金銭を無利息又は低い金利で貸し付けたことにより、その役員又は使用人が受ける経済的利益については、その経済的利益が次のいずれかに該当する場合には、課税されません（所基通36—28）。 イ　災害、疾病等により臨時的に多額な生活資金を要することとなった役員又は使用人に対し、その資金に充てるために貸し付けた金額につき、返済に要する期間として合理的と認められる期間内に受ける経済的利益 ロ　役員又は使用人に貸し付けた金額について、使用者における借入金の平均調達金利（例えば、当該使用者が貸付けを行った日の前年中又は前事業年度中における借入金の平均残高に占める当該前年中又は前事業年度中に支払うべき利息の額の割合など合理的に計算された利率をいいます。）など合理的と認められる貸付利率を定め、これにより利息を徴している場合に生じる経済的利益 ハ　イ及びロに掲げる貸付金以外の貸付金について受ける経済的利益で、その年又はその事業年度における利益の合計額が5,000円（使用者が法人であり、その事業年度が1年に満たない場合には、5,000円×$\dfrac{その事業年度の月数}{12}$）以下のもの
⒇　用役の提供等	使用者が、福利厚生施設の運営費等を負担することにより、その施設を利用した役員又は使用人が受ける経済的利益や、運送業、興行業などを営む使用者がその用役（運送や観劇などのサービス）を無償又は低い価額の対価で提供することにより、その役員又は使用人が受ける経済的利益については、その額が著しく多額であると認められる場合や役員だけを対象としてその経済的利益が供与される場合を除き、課税されません（所基通36—29）。
㉑　技術の習得等を	使用者が自己の業務遂行上の必要に基づき、役員又は使用人に当該役員又は使用

項　　目	説　　　　明
させるために支給する金品	人としての職務に直接必要な技術若しくは知識を習得させ、又は免許若しくは資格を取得させるための研修会、講習会等の出席費用又は大学等における聴講費用に充てるものとして支給する金品については、これらの費用として適正なものに限り、課税しなくて差し支えありません（所基通36—29の2）。
(22)　レクリエーションの費用の負担	使用者が、役員又は使用人のレクリエーションのために社会通念上一般的に行われていると認められる会食、旅行、演芸会、運動会等の行事の費用を負担することにより、その行事に参加した役員又は使用人が受ける経済的利益については、自己の都合でその行事に参加しなかった役員又は使用人に対し、その参加に代えて金銭を支給する場合や、役員だけを対象としてその行事の費用を負担する場合を除き、課税されません（所基通36—30）。 　なお、自己の都合により参加しなかった人に対し参加に代えて金銭を支給する場合には、参加者及び不参加者の全員にその不参加者に対して支給する金銭の額に相当する額の給与所得があったものとされます（所基通36—50）。 　また、レクリエーション旅行については、旅行期間が4泊5日（目的地が海外の場合には、目的地における滞在日数によります。）以内であるなど一定の要件を満たしており、かつ、その経済的利益の額が少額不追求の趣旨を逸脱しない限り、原則として課税しなくて差し支えないこととされています（昭63直法6—9（最終改正平5課法8—1））。
(23)　生命保険料や損害保険料の負担	イ　使用者契約の生命保険契約等 　使用者が、自己を契約者とし、役員又は使用人（これらの人の親族を含みます。）を被保険者とする生命保険契約に加入して、その保険料を支払ったことにより役員又は使用人が受ける経済的利益については、次に掲げる保険契約の区分に応じ、それぞれ次のように取り扱われます（所基通36—31、36—31の2、36—31の3）。 　(イ)　養老保険 　①　死亡保険金と生存保険金の受取人が使用者である場合には、課税されません。 　②　死亡保険金と生存保険金の受取人が被保険者又はその遺族である場合には、支払った保険料の額に相当する金額は、給与所得とされます。 　③　死亡保険金の受取人が被保険者の遺族で、生存保険金の受取人が使用者である場合には、課税されません。ただし、役員又は特定の使用人（これらの人の親族を含みます。）のみを被保険者としている場合には、支払った保険料の2分の1に相当する金額は、給与所得とされます。 　(ロ)　定期保険 　死亡保険金の受取人が被保険者の遺族で、かつ、役員又は特定の使用人（こ

項　　　目	説　　　　　　　　　　明
	れらの人の親族を含みます。）のみを被保険者としている場合に限り、支払った保険料の額に相当する金額は、給与所得とされ、それ以外の場合には、課税されません。 (ハ)　定期付養老保険 ①　保険料の額が養老保険部分と定期保険部分とに区分されている場合には、それぞれ上記(イ)又は(ロ)の取扱いによります。 ②　①以外の場合には、上記(イ)の取扱いによります。 (注)１　傷害特約等の特約を付した保険のその特約部分の保険料については、課税されません。ただし、役員又は特定の使用人（これらの人の親族を含みます。）のみを傷害特約等の給付金の受取人としている場合には、その保険料の額に相当する金額は、給与所得とされます（所基通36―31の４）。 ２　旧簡易生命保険契約又は生命共済契約等についても同様に取り扱われます（所基通36―31の６）。 ３　個人年金保険については、死亡給付金及び年金の受取人が被保険者又はその遺族である場合には、その支払った保険料の額は、給与所得とされます（平２直審４―19）。 ロ　使用者契約の保険契約等 使用者が、自己を契約者及び満期返戻金等の受取人とし、役員又は使用人のために、次の保険契約又は共済契約に係る保険料や掛金を支払ったことにより役員又は使用人が受ける経済的利益については、課税されません。 ただし、役員又は特定の使用人のみを対象としている場合には、その支払った保険料や掛金に相当する金額（積立保険料に相当する部分の金額を除きます。）は、給与所得とされます（所基通36―31の７）。 ①　役員又は使用人（これらの人の親族を含みます。）の身体を保険の目的とする所得税法第76条第６項第４号に掲げる保険契約及び同条第７項に規定する介護医療保険契約等 ②　役員又は使用人（これらの人の親族を含みます。）の身体を保険や共済の目的とする損害保険契約等 ③　役員又は使用人に係る所得税法第77条第１項に規定する家屋又は資産（役員又は使用人から賃借している建物等でこれらの人に使用させているものを含みます。）を保険や共済の目的とする損害保険契約等 ハ　使用人契約の保険契約等 使用者が、役員又は使用人が支払うべき次に掲げるような保険料や掛金を負担する場合には、その負担する金額は給与所得とされます（所基通36―31の８）。 ①　役員又は使用人が契約した生命保険契約等（個人年金保険契約、介護医療保

項　　　目	説　　　　　　明
	険契約等を含み、確定給付企業年金規約等を除きます。）又は損害保険契約等に基づく保険料や掛金 ②　社会保険料 ③　小規模企業共済等掛金
⑷　会社役員賠償責任保険の保険料の負担	使用者が、会社役員賠償責任保険の保険料を負担することにより、役員に対して供与する経済的利益については、次のように取り扱われます（平6課法8―2）。 　普通保険約款部分（第三者訴訟の役員勝訴及び役員敗訴並びに株主代表訴訟の役員勝訴を補償する部分）の保険料については、課税されません。 　株主代表訴訟担保特約部分（株主代表訴訟の役員敗訴を補償する部分）の保険料については、給与所得とされます。ただし、会社法に定める株主総会（取締役会設置会社にあっては、取締役会）の決議等に基づき使用者が負担したものについては、役員の給与所得とはされません。
⑤　少額な保険料の負担	使用者が、役員又は使用人のために次に掲げる保険料や掛金を負担することにより、その役員又は使用人が受ける経済的利益については、その役員又は使用人につきその月中に負担する金額の合計額が300円以下である場合に限り、課税されません。ただし、役員又は特定の使用人（これらの人の親族を含みます。）のみを対象として保険料又は掛金を負担することとしている場合には、その役員又は使用人が受ける経済的利益は給与所得とされます（所基通36―32）。 イ　健康保険、雇用保険、厚生年金保険又は船員保険の保険料で、役員又は使用人が被保険者として負担すべき保険料 ロ　保険業法に規定する生命保険会社、損害保険会社等と締結した保険契約等の保険料又は掛金（167ページの⑶の取扱いにより課税されない保険料や掛金を除きます。）
⑥　役員又は使用人の行為に基因する損害賠償金等の負担	使用者が、役員又は使用人の行為に基因する損害賠償金、慰謝料、示談金等及びこれらに関連する弁護士の報酬等の費用を負担することにより、その役員又は使用人が受ける経済的利益については、次のように取り扱われます（所基通36―33）。 イ　その損害賠償金等の基因となった行為が使用者の業務の遂行に関連するものであって、その行為者に故意や重過失がない場合には、課税されません。 ロ　その損害賠償金等の基因となった行為がイ以外のものである場合には、使用者が負担する金額は給与所得とされます。ただし、その行為者の支払能力等からみてやむを得ず使用者が負担したと認められる部分の金額については、課税されません。
⑦　発明報償金等の支給	業務上有益な発明、考案等をした役員又は使用人に対して支給する報償金、表彰金、賞金等の金額については、次のように取り扱われます（所基通23～35共―1）。 イ　業務上有益な発明、考案又は創作をした人に対して、その発明、考案又は創作

項　　　　　目	説　　　　　明
	に関する特許や実用新案登録、意匠登録を受ける権利又は特許権、実用新案権、意匠権を使用者が承継することにより支給するものについては、これらの権利の承継に際し一時に支給するものは譲渡所得、これらの権利を承継した後において支給するものは雑所得とされます。 ロ　役員又は使用人が取得した特許権、実用新案権や意匠権について通常実施権又は専用実施権を設定したことにより支給するものについては、雑所得とされます。 ハ　事務や作業の合理化、製品の品質の改善や経費の節約等に寄与する工夫、考案等（特許や実用新案登録、意匠登録を受けるに至らないものに限ります。）をした人に対して支給するものについては、その工夫、考案等がその人の通常の職務の範囲内の行為である場合には給与所得、その他の場合には一時所得（その工夫、考案等の実施後の成績などに応じ継続的に支給する場合には雑所得）とされます。 ニ　災害等の防止又は発生した災害等による損害の防止などに功績のあった人に対して一時に支給するものについては、その防止などがその人の通常の職務の範囲内の行為である場合には給与所得、その他の場合には一時所得とされます。 ホ　篤行者として社会的に顕彰され使用者に栄誉を与えた人に対して一時に支給するものは、一時所得とされます。 ヘ　使用者原始帰属制度に基づき、従業員が契約、勤務規則その他の定めにより職務発明に係る特許を受ける権利を使用者に原始的に取得させることにより、当該使用者から受ける相当の金銭その他の経済上の利益は、雑所得とされます。
⑵⑧　ゴルフクラブの入会金の負担	使用者が、ゴルフクラブの入会金等を負担することにより、その役員又は使用人が受ける経済的利益については、次のように取り扱われます。 イ　使用者が入会金を負担する場合（所基通36—34） 　㈠　法人会員として入会した場合 　　記名式の法人会員で名義人である特定の役員又は使用人が専ら法人の業務に関係なく利用するため、これらの者が自ら負担すべきものと認められるときは、その入会金に相当する金額は、給与所得とされます。 　㈡　個人会員として入会した場合 　　入会金に相当する金額は、給与所得とされます。ただし、無記名式の法人会員制度がないため役員又は使用人を個人会員として入会させた場合において、その入会が法人の業務の遂行上必要であると認められ、かつ、その入会金を法人が資産に計上したときは、課税されません。 ロ　使用者が年会費その他の費用を負担する場合（所基通36—34の2） 　㈠　使用者がゴルフクラブの年会費、年決めロッカー料その他の費用（その名義人を変更するために支出する名義書換料を含み、次の㈡の費用を除きます。）を負担する場合には、入会金が法人の資産として計上されているときは課税されませんが、入会金が上記イにより役員又は使用人の給与所得とされていると

項　　目	説　　　　　明
	きは、その負担する金額は給与所得とされます。 ㈹　使用者が、プレーをする場合に直接要する費用を負担するときは、その負担する金額は給与所得とされます。ただし、その費用が使用者の業務の遂行上必要なものであると認められるときは、課税されません。
⒆　レジャークラブの入会金等の負担	使用者が、レジャークラブの入会金等を負担することにより、役員又は使用人が受ける経済的利益については、次のように取り扱われます（所基通36―34の3）。 イ　使用者が入会金を負担する場合には、前記⒆のイの取扱いによります。 ロ　使用者が年会費その他の費用（次のハの費用を除きます。）を負担する場合には、前記⒆のロの(イ)の取扱いによります。 ハ　使用者がレジャークラブの利用に応じて支払うこととなる費用を負担する場合で、その費用が特定の役員又は使用人が負担すべきものであると認められるときは、その費用は給与所得とされます。
⒇　ロータリークラブ及びライオンズクラブの入会金等の負担	使用者が、ロータリークラブ又はライオンズクラブに入会した役員又は使用人の入会金、会費その他の費用を負担することにより、その役員又は使用人が受ける経済的利益については、課税されません。ただし、使用者が経常会費以外の費用を負担する場合で、その費用が特定の役員又は使用人の負担すべきものであると認められるときは、その費用は給与所得とされます（所基通36―35の2）。
㉛　社交団体の入会金等の負担	使用者が、社交団体の入会金、会費その他の費用（前記の⒇～⒇の入会金等を除きます。）を負担することにより、役員又は使用人が受ける経済的利益については、次のように取り扱われます（所基通36―35）。 イ　社交団体に個人会員として入会した役員又は使用人の入会金及び経常会費を使用者が負担する場合には、その費用は給与所得とされます。ただし、法人会員制度がないため役員又は使用人を個人会員として入会させた場合で、その入会が法人の業務の遂行上必要であると認められるときは、課税されません。 ロ　使用者が経常会費以外の費用を負担する場合で、その費用が使用者の業務の遂行上必要であると認められるときは、課税されません。ただし、その費用が特定の役員又は使用人の負担すべきものであると認められるときは、その費用は給与所得とされます。
㉜　住宅等の貸与	イ　使用人に対する社宅や寮等の貸与 　使用者が、使用人に対し無償又は低額の賃貸料で社宅や寮等を貸与することにより、その使用人が受ける経済的利益については、原則として次の算式により計算した賃貸料相当額とその使用人から徴収している賃貸料の額との差額が給与所得とされます（所令84の2、所基通36―41、36―45）。 　ただし、使用人から徴収している賃貸料が次の算式による賃貸料相当額の50％以上である場合には、その差額については課税されません（所基通36―47）。

項　　目	説　　　　　　　　　　　　　　　　明

〔賃貸料相当額の計算の算式〕

$$
\begin{aligned}
\text{賃貸料相当額（月額）} =\ &\frac{\text{その年度の家屋}}{\text{の固定資産税の}} \times 0.2\% + 12円 \times \frac{\text{その家屋の総床面積（平方メートル）}}{3.3（平方メートル）} \\
&\text{課税標準額} \\
&+ \frac{\text{その年度の敷地}}{\text{の固定資産税の}} \times 0.22\% \\
&\quad\ \text{課税標準額}
\end{aligned}
$$

(注)1　使用者が他から借り受けた住宅等を社宅や寮として使用人に貸与する場合の賃貸料相当額も、この算式によって計算します。

　　2　固定資産税の課税標準額が改訂された場合であっても、改訂後の課税標準額が現に賃貸料相当額の計算の基礎となっている課税標準額に比べて20％以内の増減にとどまるときは、強いて賃貸料相当額の改訂を要しないこととされています（所基通36―46）。

　　3　業務に関する使用部分等がある社宅等の賃貸料相当額については、次のロ(ニ)の取扱いを参照。

ロ　役員に対する社宅等の貸与

　使用者が、役員に無償又は低額の賃貸料で社宅等を貸与することにより、その役員が受ける経済的利益については、原則として次のように取り扱われます（所令84の2）。

(イ)　使用者が所有する社宅等を貸与している場合

　次の算式により計算した賃貸料相当額とその役員から徴収している賃貸料の額との差額が給与所得とされます（所基通36―40）。

〔賃貸料相当額の計算の算式〕

$$
\text{賃貸料相当額（月額）} = \left\{ \begin{aligned} &\frac{\text{その年度の家屋}}{\text{の固定資産税の}} \times 12\% \left(\begin{aligned} &\text{木造家屋以外の} \\ &\text{家屋については} \\ &10\% \end{aligned} \right) \\ &\quad \text{課税標準額} \\ &+ \frac{\text{その年度の敷地}}{\text{の固定資産税の}} \times 6\% \\ &\quad\ \text{課税標準額} \end{aligned} \right\} \times \frac{1}{12}
$$

(注)1　この場合の「木造家屋以外の家屋」とは、耐用年数が30年を超える住宅用の建物をいいます。

　　2　固定資産税の課税標準額が改訂された場合には、改訂後の課税標準額に基づく固定資産税の第1期の納期限の属する月の翌月分から、その改訂後の課税標準額によって賃貸料相当額を計算することになります（所基通36―42(2)）。

(ロ)　使用者が他から借り受けた住宅等を貸与している場合

　使用者が他から借り受けた住宅等を社宅として役員に貸与している場合は、使用者が支払う賃借料の額の50％相当額とその社宅等につき上記(イ)の算式によ

項　　目	説　　　　　明

り計算した賃貸料相当額のうち、いずれか多い金額がその社宅等の賃貸料相当額とされ、この賃貸料相当額とその役員から徴収している賃貸料の額との差額が給与所得とされます（所基通36―40）。

(ハ)　貸与している社宅等が小規模住宅である場合

役員に貸与している社宅等の床面積（2以上の世帯を収容する構造の家屋については、1世帯として使用する部分の床面積）が132平方メートル（木造家屋以外の家屋については、99平方メートル）以下である場合には、上記(イ)及び(ロ)にかかわらず、使用人に対する社宅等の貸与の場合と同様の算式（上記イの算式）によって計算した賃貸料相当額と、その役員から徴収している賃貸料の額との差額が給与所得とされます（所基通36―41）。

(注)　敷地だけを貸与している場合には、次の算式により地代相当額を計算します。

$$\text{賃貸料相当額（月額）} = \text{その年度の敷地の固定資産税の課税標準額} \times 6\% \times \frac{1}{12}$$

(ニ)　業務に関する使用部分等がある社宅等の賃貸料相当額

上記(イ)、(ロ)又は(ハ)により賃貸料相当額を計算する場合において、その社宅等が次に掲げるものに該当するときは、賃貸料相当額はその使用状況を考慮して定めることになりますが、使用者がその社宅等につきそれぞれ次の金額を賃貸料として徴収しているときは、その徴収している金額をその社宅等の賃貸料相当額としても差し支えないこととされています（所基通36―43）。

①　使用者の業務に関する使用部分がある住宅等

上記(イ)、(ロ)又は(ハ)により計算した賃貸料相当額の70％以上に相当する金額

②　単身赴任者のような人が一部を使用しているにすぎない住宅等

$$\text{その住宅等につき上記(イ)、(ロ)又は(ハ)により計算した賃貸料相当額} \times \frac{50（平方メートル）}{\text{その家屋の総床面積（平方メートル）}}$$

(注)　使用人の社宅について、使用者の業務に関する使用部分がある場合や単身赴任者が一部を使用するにすぎないものを貸与していることは極めて稀であると考えられますが、そのような場合でも、その使用状況を考慮して、上記①又は②の取扱いを適用することになります。

(ホ)　貸与している住宅等がいわゆる豪華役員社宅である場合

役員に貸与している住宅等が社会通念上一般に貸与されている住宅等と認められないいわゆる豪華な役員社宅である場合の通常の賃貸料の額は、(イ)、(ロ)又は(ハ)により計算した賃貸料相当額によらず、その住宅等の利用につき通常支払うべき使用料その他その利用の対価に相当する額（その住宅等が一般の賃貸住宅で　ある場合に授受されると認められる賃貸料の額）によることとされています。

項　目	説　明

その住宅等が、社会通念上一般に貸与されている住宅等に該当するかどうかについては、家屋の床面積（業務に関する使用部分等がある場合のその部分を除きます。）が240平方メートルを超えるもののうち、その住宅等の取得価額、支払賃貸料の額、内外装その他の設備の状況等を総合勘案して判定します（平7課法8―1）。

(注)　家屋の床面積が240平方メートル以下の住宅等であっても、

①　一般の住宅等に設置されていないプール等の設備等があるもの

②　役員個人の嗜好等を著しく反映した設備等を有するもの

などは、いわゆる豪華役員社宅に該当します。

ハ　社宅等の貸与による経済的利益の有無の判定上のプール計算

使用者が住宅等を貸与した全ての役員又は使用人から、その貸与した社宅等の状況に応じてバランスのとれた賃貸料を徴収している場合で、その徴収している賃貸料の額の合計額が、役員又は使用人の別に応じ、それぞれ貸与した全ての社宅等につき上記イ又はロにより計算した賃貸料相当額の合計額（使用人に貸与した社宅等については、その賃貸料相当額の合計額の50％相当額）以上であるときは、これらの役員又は使用人が社宅等の貸与により受ける経済的利益はないものとされ、課税されません（所基通36―44、36―48）。

この場合、使用人に貸与した全ての社宅等につき一括して賃貸料相当額の合計額を計算することが困難なときは、1か所又は数か所の事業所等ごとに計算しても差し支えないこととされています（所基通36―48）。

なお、役員及び使用人に貸与した社宅を合わせてプール計算することはできませんし、役員社宅の中に、いわゆる豪華役員社宅に該当するものがある場合には、その豪華役員社宅を含めてプール計算をすることもできません。

ニ　無償返還の届出がある場合の賃貸料相当額

使用者が役員等に対し、これらの者の居住の用に供する家屋の敷地を貸与した場合において、法人税基本通達13―1―7の規定により、その敷地を将来その役員等が無償で返還することとしているときは、上記イ又はロにかかわらず、その土地の賃貸料相当額は、法人税基本通達13―1―2に定める相当の地代の額となります（所基通36―45の2）。

なお、この相当の地代の額は、その土地の更地価額に対しておおむね年6％相当額とされています（平元直法2―2、平3課法2―4改正）。

ホ　その他の特例

使用人に対して社宅や寮等を無償で提供している場合であっても、その社宅や寮等が、その職務の遂行上やむを得ない必要に基づき使用者がその使用人の居住する場所として指定したものであるときは、その使用人がその社宅や寮等の貸与を受けることによる経済的利益については、課税されません（所法9①六、所令

項　　目	説　　　　　　明
	21四）。この取扱いを受けるのは、具体的には、次のようなものです（所基通9—9）。
	(イ)　船舶乗組員に対し提供する船室
	(ロ)　常時交替制により昼夜作業を継続する事業場において、その作業に従事させるため、常時早朝や深夜に出退勤をする使用人に対し、その作業に従事させる必要上提供する家屋又は部屋
	(ハ)　通常の勤務時間外においても勤務することを常例とする看護師、守衛等その職務の遂行上勤務場所を離れて居住することが困難な使用人に対し、その職務に従事させる必要上提供する家屋又は部屋
	(ニ)　次に掲げる家屋又は部屋
	①　早朝又は深夜に勤務することを常例とするホテル、旅館、牛乳販売店等の住み込みの使用人に対し提供する部屋
	②　季節的労働に従事する期間その勤務場所に住み込む使用人に対し提供する部屋
	③　鉱山の掘採場（これに隣接して設置されている選鉱場、製錬場その他の附属設備を含みます。）に勤務する使用人に対し提供する家屋又は部屋
	④　工場寄宿舎その他の寄宿舎で事業所等の構内又はこれに隣接する場所に設置されているものの部屋
⑶　ストック・オプションを行使することにより取締役等が受ける経済的利益等	株式会社の取締役、執行役又は使用人が、その株式会社の付与決議に基づき与えられた新株予約権を行使することにより株式を取得した場合における経済的利益については、原則として給与所得とされます（所基通23〜35共—6）。
	(注)　権利行使により取得する株式のその権利行使の日における価額からその権利行使に係る新株予約権の取得価額にその行使に際し払い込むべき額を加算した金額を控除した金額などが経済的利益となります（所令84③）。
	また、退職後に権利の行使が行われた場合においても、原則として給与所得として課税されることになりますが、例えば、権利付与後短期間のうちに退職を予定している者に付与され、かつ、退職後長期間にわたって生じた株式の値上り益に相当するものが主として供与されているなど、主として職務の遂行に関連しない利益が供与されていると認められるときは、雑所得として課税されます。
	ただし、その株式会社又はその株式会社がその発行済株式（議決権のあるものに限ります。）若しくは出資の総数若しくは総額の100分の50を超える数若しくは金額の株式若しくは出資を直接若しくは間接に保有する関係にある法人の取締役、執行役若しくは使用人（一定の大口株主等を除きます。）又は特定従事者(注1)が、次の要件が定められた新株予約権を行使することにより株式を取得した場合における経済的利益については、一定の要件の下で課税されません（複数の新株予約権を行使する場合は、これらの新株予約権に係る権利行使価額の年間の合計額が1,200万円となるまでの範囲に限ります。）（措法29の2）。

176 第2 年末調整の実務

項　目	説　明
	①　権利行使は、付与決議の日後2年を経過した日からその付与決議の日後10年を経過する日までの間に行わなければならないこと ②　その新株予約権に係る権利行使価額の年間の合計額が1,200万円を超えないこと ③　1株当たりの権利行使価額は、ストック・オプションの権利付与契約締結時におけるその株式の1株当たりの価額相当額以上とされていること ④　新株予約権については、譲渡をしてはならないこととされていること ⑤　権利行使に係る株式の交付が、その交付のために付与決議がされた募集事項に反しないで行われるものであること ⑥　権利行使により取得する株式は、一定の方法によって金融商品取引業者等の振替口座簿等に記載等がされること 　　(注)1　特定従事者とは、上記の株式会社等の取締役及び使用人等以外の者で、認定新規中小企業者等に該当する株式会社が認定社外高度人材活用新事業分野開拓計画に従って活用する社外高度人材であることなど一定の要件を満たす者をいいます。 　　　　2　この場合の経済的利益は、取得した株式を譲渡するまでその課税が繰り延べられ、株式を譲渡したときに株式譲渡益課税（申告分離課税）の対象として一括して課税されることになります。 　　なお、発行会社から与えられた新株予約権等（これらの権利を行使したならば経済的な利益として課税されるものに限ります。）をその発行会社に譲渡したときは、その譲渡の対価の額からその権利の取得価額を控除した金額は、給与所得等に係る収入金額とみなされます（所法41の2、所令88の2、所基通41の2―1）。
(34)　譲渡制限付株式の交付を受けたことにより個人が受ける経済的利益等	個人が法人に対して役務の提供をした場合において、その役務の提供の対価として譲渡制限付株式(注1)であって次に掲げる要件に該当するもの（以下「特定譲渡制限付株式」といいます。）の交付を受けたことによりその個人が受ける経済的利益については、その譲渡制限付株式についての譲渡制限が解除された日(注2)における価額が、給与所得等として課税されることになります（所令84①②、所規19の4）。 ①　その譲渡制限付株式がその役務の提供の対価としてその個人に生ずる債権の給付と引換えにその個人に交付されるものであること。 ②　①のほか、その譲渡制限付株式が実質的にその役務の提供の対価と認められるものであること。 　　(注)1　ここでいう「譲渡制限付株式」とは、次に掲げる要件に該当する株式をいいます。 　　　　①　譲渡についての制限がされており、かつ、その譲渡についての制限に係る期間が設けられていること。

項　　　目	説　　　　　　　　　明
	②　その個人から役務の提供を受ける法人等がその株式を無償で取得することとなる事由（その個人の勤務の状況に基づく事由又はその法人等の業績その他の指標の状況に基づく事由に限ります。）が定められていること。 2　その譲渡制限が解除された日前にその個人が死亡した場合において、その個人の死亡の時に上記㊟1②の事由に該当しないことが確定している譲渡制限付株式については、その個人の死亡の日となります。

4　令和3年分年税額の計算

　年税額の計算のための準備が完了したら、給与の支払を受ける人の各人について、これまでに集計し、確認した給与の総額と各種控除額を基にして、本年分の給与の総額に対する年調年税額を計算します。

（1）　年調年税額の計算方法

　年調年税額の計算は、「源泉徴収簿」の「年末調整」欄を使用して、次の順序により行います。

（算　式）

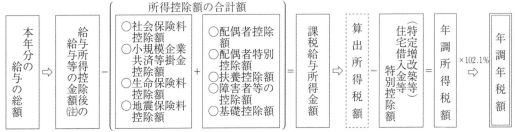

　(注)　所得金額調整控除の適用があるときは、調整控除後の金額となります。

給与所得控除後の給与等の金額の計算　　まず、本年分の給与の総額（「計⑦」欄の金額）について「**令和3年分の年末調整等のための給与所得控除後の給与等の金額の表**」によって給与所得控除後の給与等の金額を求め、「給与所得控除後の給与等の金額⑨」欄に記入します。

　　なお、所得金額調整控除の適用を受ける人については、既に所得金額調整控除申告書の提出を受け、内容を確認していますので、次の算式により、本年分の給与の総額（「計⑦」欄の金額）から所得金額調整控除額を求め、その控除額を「所得金額調整控除額⑩」欄に記入し、「給与所得控除後の給与等の金額⑨」欄から差し引いた金額を「給与所得控除後の給与等の金額（調整控除後）⑪」欄に記入します。

　　　　所得金額調整控除額＝（本年分の給与の総額(注1)－850万円）×10％（最高15万円）

　　(注)1　1,000万円を超える場合には1,000万円
　　　　2　控除額の計算において算出した金額に1円未満の端数があるときは、その端数を切り上げます。
　　　　3　控除の適用を受けない人については、「給与所得控除後の給与等の金額⑨」欄の金額が「給与所得控除後の給与等の金額（調整控除後）⑪」欄の金額となります。
　　　　4　給与の総額が551,000円未満の場合には、給与所得控除後の給与等の金額は「0円」となります。

保険料控除額の計算　　次に、給与から控除された社会保険料等の額（「②」欄と「⑤」欄の金額の合計額）を「給与等からの控除分⑫」欄に記入するとともに、給与の支払を受ける人から提出された「給与所得者の保険料控除申告書」に基づいて先に確認したそれぞれの保険料や掛金の控除額を「申告による社会保険料の控除分⑬」欄から「地震保険料の控除額⑯」欄までの該当

する各欄に記入します。

配偶者（特別）控除額の計算　　　給与の支払を受ける人から提出された「給与所得者の配偶者控除等申告書」に基づいた控除額を「配偶者（特別）控除額⑰」欄に記入します。

この場合、控除額は配偶者控除等申告書で求めることができます。

扶養控除額等の合計額の計算

イ　控除額の合計額の計算

扶養控除や障害者控除などについては、源泉徴収簿の「扶養控除等の申告」欄の記載に従って、控除額の合計額を求め、この合計額を「扶養控除額及び障害者等の控除額の合計額⑱」欄に記入します。

(注)　控除額の合計額は、「令和3年分の扶養控除額及び障害者等の控除額の合計額の早見表」（以下「早見表」といいます。）を使って求めると便利です。

ロ　早見表の適用区分等の確認

早見表により扶養控除額及び障害者等の控除額の合計額を求める場合、まずは、その人の控除の対象となる扶養親族の数に応じた控除額を求め、次に、特別障害者（同居特別障害者、その他の特別障害者）、一般の障害者、寡婦、勤労学生、ひとり親、同居老親等、特定扶養親族、同居老親等以外の老人扶養親族に該当する人の数に応じて控除額を加算することになりますので、控除額の計算に誤りのないようにすることが必要です。

基礎控除額の計算　　　給与の支払を受ける人から提出された「給与所得者の基礎控除申告書」に基づいた控除額を「基礎控除額⑲」欄に記入します。

所得控除額の合計額の計算　　　次に、上記により記入した保険料控除額（「⑫」欄から「⑯」欄までの各欄に記入した金額）、配偶者（特別）控除額（「⑰」欄に記入した金額）、扶養控除額及び障害者等の控除額の合計額（「⑱」欄に記入した金額）の合計額を求め、その金額を「所得控除額の合計額⑳」欄に記入します。

課税給与所得金額の計算　　　所得控除額の合計額の計算が終わると、次に「給与所得控除後の給与等の金額（調整控除後）⑪」欄の金額から「所得控除額の合計額⑳」欄の金額を差し引いて課税給与所得金額を計算し、その金額を「差引課税給与所得金額㉑」欄に記入します。

なお、「差引課税給与所得金額㉑」欄への記入に当たっては、その金額に1,000円未満の端数があるときは、その端数は切り捨てます。

年調所得税額の計算

イ　「令和3年分の年末調整のための算出所得税額の速算表」の算式に従って算出所得税額を

180 第2 年末調整の実務

計算します。

ロ イにより求めた算出所得税額を「算出所得税額㉒」欄に記入します。

ハ （特定増改築等）住宅借入金等特別控除の適用を受ける人については、「給与所得者の（特定増改築等）住宅借入金等特別控除申告書」の控除額を「（特定増改築等）住宅借入金等特別控除額㉓」欄に記入します。

ニ イにより求めた算出所得税額（「㉒」欄に記入した金額）から（特定増改築等）住宅借入金等特別控除額（「㉓」欄に記入した金額）を差し引いて年調所得税額を計算し、その金額を「年調所得税額㉔」欄に記入します。

この場合、「（特定増改築等）住宅借入金等特別控除額㉓」欄の金額が「算出所得税額㉒」欄の金額より多いため控除しきれないときは、「年調所得税額㉔」欄に「０」と記入し、控除しきれない部分の金額は切り捨てます。

なお、（特定増改築等）住宅借入金等特別控除の適用を受けない人については、算出所得税額が年調所得税額となります。

(注) （特定増改築等）住宅借入金等特別控除額が算出所得税額を超えるため、年末調整で控除しきれない控除額がある場合には、「給与所得の源泉徴収票」の「住宅借入金等特別控除可能額」欄に、「（特定増改築等）住宅借入金等特別控除額㉓」欄の金額を転記してください。

年調年税額の計算 「年調所得税額㉔」欄の金額に102.1％を乗じて、復興特別所得税を含む年調年税額を算出します（100円未満の端数は切り捨てます。）。こうして求めた年調年税額を「年調年税額㉕」欄に記入します。この「年調年税額㉕」欄の金額が、令和３年中に支払の確定した給与等を基に年末調整を行って求めた年税額となります。

〔源泉徴収簿の「年末調整」欄〕

第 2　年末調整の実務　181

（2）　年調年税額の計算例

次に、具体例に従って年調年税額の計算方法を説明します。

―〔設 例 目 次〕―

〔本年最後に支給する普通給与又は賞与に対する税額計算を省略して年末調整をする例〕

①　控除対象配偶者に該当する人がいる人の場合〔ケース１：所得者の合計所得金額が900万円以下で、源泉控除対象配偶者に該当する人がいるケース〕 …………………………………………182

②　控除対象配偶者に該当する人がいる人の場合〔ケース２：所得者の合計所得金額が900万円超のため、源泉控除対象配偶者に該当する人がいないケース〕 ……………………………………184

③　独身の人の場合 …………………………………………………………………………………186

④　中途就職した人で前職のある人の場合 ………………………………………………………188

⑤　本年の中途で主たる給与の支払者が入れ替わった人の場合 ………………………………191

⑥　（特定増改築等）住宅借入金等特別控除額のある人の場合 …………………………………194

〔本年最後に支給する普通給与又は賞与に対する税額計算を省略しないで年末調整をする例〕

⑦　同居特別障害者である一般の控除対象配偶者に該当する人がいる人の場合 ………………196

⑧　給与が高額なため配偶者控除の適用が受けられない人の場合 ……………………………198

⑨　本年中の合計所得金額の見積額が高額なため基礎控除額が変わる人の場合 ………………201

⑩　年の中途で控除対象扶養親族の数に異動があった人の場合 ………………………………205

⑪　大学入学のための費用を会社が負担している人の場合 ……………………………………208

⑫　年末調整後に給与の追加払があった人の場合 ………………………………………………211

⑬　年の中途で非居住者から居住者になった人の場合 …………………………………………214

〔本年最後に支給する普通給与よりも先に支給する賞与で年末調整を行い、その賞与に対する税額計算を省略する例〕

⑭　賞与で年末調整を行い、後に支払う給与の支給額が見積額と異なった人の場合 ……………216

⑮　ひとり親に該当する人の場合 …………………………………………………………………220

計算例

182 第2 年末調整の実務

---

① 控除対象配偶者に該当する人がいる人の場合〔ケース1：所得者の合計所得金額が900万円以下で、源泉控除対象配偶者に該当する人がいるケース〕（本年最後に支給する普通給与に対する税額計算を省略して年末調整をする例）

〔設　例〕

年間給与の総額（他の所得なし）…・6,032,000円	介護医療保険料………………………60,000円
徴収税額…………………………………99,718円	個人年金保険料（旧個人年金保険料）40,000円
年間社会保険料等………………………909,068円	年間地震保険料………………………60,000円
年間生命保険料	一般の控除対象配偶者（所得金額なし）……あり
一般の生命保険料（新生命保険料）…35,000円	一般の控除対象扶養親族………………………1人
〃 （旧生命保険料）…30,250円	特定扶養親族…………………………………1人

（計算方法）

イ　まず、給与の総額6,032,000円について、給与所得控除後の給与等の金額を「令和3年分の年末調整等のための給与所得控除後の給与等の金額の表」によって求めると4,385,600円となります。

また、この設例の場合、所得金額調整控除の適用がありませんので、この金額がそのまま給与所得控除後の給与等の金額（調整控除後）となります。

ロ　次に、所得控除額の合計額を求めます。

$$\left(\begin{array}{c}社会保険料\\等控除額\end{array}\right)\left(\begin{array}{c}生命保険\\料控除額\end{array}\right)\left(\begin{array}{c}地震保険\\料控除額\end{array}\right)$$
909,068円 ＋ 107,500円 ＋ 50,000円

$$\left(\begin{array}{c}配偶者\\控除額\end{array}\right)\left(\begin{array}{c}扶養控除額及び障害\\者等の控除額の合計\\額\end{array}\right)$$
＋380,000円 ＋ 1,010,000円

$$\left(\begin{array}{c}基　礎\\控除額\end{array}\right)\left(\begin{array}{c}所得控除額\\の合計額\end{array}\right)$$
＋480,000円 ＝2,936,568円

(注)1　生命保険料控除額は、次のとおり算出した一般の生命保険料の控除額40,000円と介護医療保険料の控除額35,000円、個人年金保険料の控除額32,500円の合計額107,500円となります。

(1)　一般の生命保険料のうち、新生命保険料35,000円に対する控除額は27,500円（＝35,000円×$\frac{1}{2}$＋10,000円）となり、旧生命保険料30,250円に対する控除額は27,625円（＝30,250円×$\frac{1}{2}$＋12,500円）となります。新生命保険料と

甲欄乙欄		月区分	支給月日	総支給金額	社会保険料等の控除額	社会保険料等控除後の給与等の金額	扶養親族等の数	算出税額	年末調整による過不足税額	差引徴収税額
		1	1 25	363,000	55,017	307,983	3人	3,760		3,760
		2	2 25	363,000	55,017	307,983	3	3,760		3,760
	給	3	3 25	363,000	55,017	307,983	3	3,760		3,760
		4	4 26	368,000	54,996	313,004	3	4,000		4,000
	料	5	5 25	368,000	54,996	313,004	3	4,000		4,000
		6	6 25	368,000	54,996	313,004	3	4,000		4,000
		7	7 26	368,000	54,996	313,004	3	4,000		4,000
	手	8	8 25	368,000	54,996	313,004	3	4,000		4,000
		9	9 24	368,000	54,996	313,004	3	4,000		4,000
	当	10	10 25	368,000	54,996	313,004	3	4,000		4,000
		11	11 25	368,000	54,996	313,004	3	4,000		4,000
	等	12	12 24	368,000	54,996	313,004	3	—	過納 ▲25,818	▲25,818
		計		① 4,401,000	② 660,015	3,740,985		③ 43,280		
	賞	6	6 30	779,000	118,953	660,047	3	(税率 4.084 %) 26,956		26,956
		12	12 20	852,000	130,100	721,900	3	(税率 4.084 %) 29,482		29,482
	与							(税率 %)		
	等							(税率 %)		
		計		④ 1,631,000	⑤ 249,053	1,381,947		⑥ 56,438		

所属　総務課　職名　総務係長　住所　〒000-0000 ○○市○○町3-33-2

令和3年分　給与所得・退職所得に対する源泉徴収簿

第 2　年末調整の実務　183

旧生命保険料の両方について控除の適用を受ける場合には、新生命保険料に係る控除額27,500円と旧生命保険料に係る控除額27,625円の合計額が控除額となりますが、この合計額が40,000円を超えるため40,000円が一般の生命保険料の控除額となります。

　(2)　介護医療保険料60,000円に対する控除額は35,000円（＝60,000円×$\frac{1}{4}$＋20,000円）となります。

　(3)　個人年金保険料（旧個人年金保険料）40,000円に対する控除額は32,500円（＝40,000円×$\frac{1}{2}$＋12,500円）となります。

2　地震保険料控除額は、支払った地震保険料が60,000円で50,000円を超えていますから、限度額の50,000円となります。

3　配偶者（特別）控除額は、配偶者控除等申告書で計算します。給与の支払を受ける人の合計所得金額が900万円以下（区分Ⅰ：Ａ）で、配偶者の合計所得金額が48万円以下（区分Ⅱ：②）ですので、配偶者控除等申告書の「控除額の計算」欄の表の区分Ⅰの「Ａ」及び区分Ⅱの「②」が交わる欄の金額380,000円が配偶者控除額となります。

4　扶養控除額及び障害者等の控除額の合計額は、「令和3年分の扶養控除額及び障害者等の控除額の合計額の早見表」の「①控除対象扶養親族の数に応じた控除額」の「人数」の「2人」欄に記載されている金額760,000円に、「②障害者等がいる場合の控除額の加算額」の「ヘ　特定扶養親族に当たる人がいる場合」欄による250,000円（特定扶養親族1人）を加えた金額1,010,000円となります。

5　基礎控除額は、基礎控除申告書で計算します。給与の支払を受ける人の合計所得金額が900万円以下ですので、480,000円が基礎控除額となります。

ハ　イで求めた給与所得控除後の給与等の金額（調整控除後）からロで求めた所得控除額の合計額を差し引き、課税給与所得金額を求めます。

$$\left(\begin{array}{c}給与所得控除後\\の給与等の金額\\（調整控除後）\end{array}\right) - \left(\begin{array}{c}所得控除額\\の合計額\end{array}\right) = \left(\begin{array}{c}課税給与\\所得金額\end{array}\right)$$

4,385,600円 － 2,936,568円 ＝1,449,000円
（1,000円未満の端数切捨て）

ニ　ハで求めた課税給与所得金額1,449,000円に対する算出所得税額を「令和3年分の年末調整のための算出所得税額の速算表」によって求めると72,450円となります。

〔課税給与所得金額〕〔税率〕〔算出所得税額〕
1,449,000円　×　5％ ＝　72,450円

ホ　この設例の場合、（特定増改築等）住宅借入金等特別控除の適用がありませんので、ニで求めた算出所得税額が年調所得税額となります。

ヘ　年調所得税額72,450円に102.1％を乗じて求めた73,900円（100円未満の端数切捨て）が年調年税額となります。

ト　この年調年税額と既に徴収済みの税額99,718円（本年最後に支給する普通給与に対する税額計算は省略してあります。）との差額25,818円（73,900円－99,718円）を、超過額として本人に還付することになります。

184　第2　年末調整の実務

---

② **控除対象配偶者に該当する人がいる人の場合**〔ケース2：所得者の合計所得金額が900万円超のため、源泉控除対象配偶者に該当する人がいないケース〕（本年最後に支給する普通給与に対する税額計算を省略して年末調整をする例）

〔設 例〕

年間給与の総額（他の所得なし）…12,028,000円

徴収税額……………………………948,477円

年間社会保険料等…………………1,731,685円

年間生命保険料

　一般の生命保険料（新生命保険料）…35,000円

　　〃　　　　（旧生命保険料）…30,250円

　介護医療保険料……………………60,000円

個人年金保険料（旧個人年金保険料）40,000円

年間地震保険料……………………60,000円

一般の控除対象配偶者（所得金額なし）……あり

一般の控除対象扶養親族…………………… 1 人

特定扶養親族……………………………… 1 人

所得金額調整控除の適用あり

（計算方法）

イ　まず、給与の総額12,028,000円について、給与所得控除後の給与等の金額を「令和3年分の年末調整等のための給与所得控除後の給与等の金額の表」によって次の算式で求めると10,078,000円となります。

$$\begin{pmatrix}\text{年末調整の対象と}\\\text{なる給与の合計額}\end{pmatrix} \quad 〔控除額〕 \quad \begin{pmatrix}\text{給与所得控除後}\\\text{の給与等の金額}\end{pmatrix}$$

12,028,000円 － 1,950,000円 ＝ 10,078,000円

$$\begin{pmatrix}\text{給与所得}\\\text{控除後の}\\\text{給与等の}\\\text{金額}\end{pmatrix} \begin{pmatrix}\text{所得金額}\\\text{調整控除}\\\text{額}^{(注)}\end{pmatrix} \begin{pmatrix}\text{給与所得控}\\\text{除後の給与}\\\text{等の金額}\\\text{(調整控除後)}\end{pmatrix}$$

10,078,000円 － 150,000円 ＝ 9,928,000円

(注)　所得金額調整控除額は、150,000円（＝（10,000,000円 － 8,500,000円）×10％）となります。

ロ　次に、所得控除額の合計額を求めます。

$$\begin{pmatrix}\text{社会保険料}\\\text{等控除額}\end{pmatrix} \begin{pmatrix}\text{生命保険}\\\text{料控除額}\end{pmatrix} \begin{pmatrix}\text{地震保険}\\\text{料控除額}\end{pmatrix}$$

1,731,685円 ＋ 107,500円 ＋ 50,000円

$$\begin{pmatrix}\text{配偶者}\\\text{控除額}\end{pmatrix} \begin{pmatrix}\text{扶養控除額及び}\\\text{障害者等の控除}\\\text{額の合計額}\end{pmatrix} \begin{pmatrix}\text{基 礎}\\\text{控除額}\end{pmatrix}$$

＋130,000円 ＋ 1,010,000円 ＋ 480,000円

$$\begin{pmatrix}\text{所得控除額}\\\text{の合計額}\end{pmatrix}$$

＝3,509,185円

(注)1　生命保険料控除額は、次のとおり算出した一般の生命保険料の控除額40,000円と介護医療保険料の控除額35,000円、個人年金保険料の控除額32,500円の合

所属	総務課	職名	総務係長	住所	(郵便番号 ○○○－○○○○) ○○市○○町4-5-6

甲欄・乙欄

令和3年分　給与所得・退職所得に対する源泉徴収簿

区分	月区分	支給月	日	総支給金額	社会保険料等の控除額	社会保険料等控除後の給与等の金額	扶養親族等の数	算出税額	年末調整による過不足税額	差引徴収税額
給料	1	1	25	696,000	102,956	593,044	2人	33,060		33,060
	2	2	25	696,000	102,956	593,044	2	33,060		33,060
	3	3	25	696,000	102,956	593,044	2	33,060		33,060
	4	4	26	701,000	102,900	598,100	2	33,610		33,610
	5	5	25	701,000	102,900	598,100	2	33,610		33,610
・	6	6	25	701,000	102,900	598,100	2	33,610		33,610
	7	7	26	701,000	102,900	598,100	2	33,610		33,610
手	8	8	25	701,000	102,900	598,100	2	33,610		33,610
	9	9	24	701,000	102,900	598,100	2	33,610		33,610
当	10	10	25	701,000	102,900	598,100	2	33,610		33,610
	11	11	25	701,000	102,900	598,100	2	33,610		33,610
等	12	12	24	701,000	102,900	598,100	2	—	過納 ▲70,077	▲70,077
	計			① 8,397,000	② 1,234,968	7,162,032		③ 368,060		
賞与等		6	6 30	1,779,000	246,125	1,532,875	2	(税率18.378 %) 281,711		281,711
		12	12 20	1,852,000	250,592	1,601,408	2	(税率18.378 %) 294,306		294,306
								(税率 %)		
								(税率 %)		
	計			④ 3,631,000	⑤ 496,717	3,134,283		⑥ 576,017		

計額107,500円となります。
 (1) 一般の生命保険料のうち、新生命保険料35,000円に対する控除額は27,500円（＝35,000円×$\frac{1}{2}$＋10,000円）となり、旧生命保険料30,250円に対する控除額は27,625円（＝30,250円×$\frac{1}{2}$＋12,500円）となります。新生命保険料と旧生命保険料の両方について控除の適用を受ける場合には、新生命保険料に係る控除額27,500円と旧生命保険料に係る控除額27,625円の合計額が控除額となりますが、この合計額が40,000円を超えるため40,000円が一般の生命保険料の控除額となります。
 (2) 介護医療保険料60,000円に対する控除額は35,000円（＝60,000円×$\frac{1}{4}$＋20,000円）となります。
 (3) 個人年金保険料（旧個人年金保険料）40,000円に対する控除額は32,500円（＝40,000円×$\frac{1}{2}$＋12,500円）となります。
2 地震保険料控除額は、支払った地震保険料が60,000円で50,000円を超えていますから、限度額の50,000円となります。
3 配偶者（特別）控除額は、配偶者控除等申告書で計算します。給与の支払を受ける人の合計所得金額が950万円超1,000万円以下（区分Ⅰ：C）で、配偶者の合計所得金額が48万円以下（区分Ⅱ：②）ですので、配偶者控除等申告書の「控除額の計算」欄の表の区分Ⅰの「C」及び区分Ⅱの「②」が交わる欄の金額130,000円が配偶者控除額となります。
4 扶養控除額及び障害者等の控除額の合計額は、「令和3年分の扶養控除額及び障害者等の控除額の合計の早見表」の「①控除対象扶養親族の数に応じた控除額」の「人数」の「2人」欄に記載されている金額760,000円に、「②障害者等がいる場合の控除額の加算額」の「ヘ 特定扶養親族に当たる人がいる場合」欄による250,000円（特定扶養親族1人）を加えた金額1,010,000円となります。
5 基礎控除額は、基礎控除申告書で計算します。給与の支払を受ける人の合計所得金額が950万円超1,000万円以下ですので、480,000円が基礎控除額となります。

ハ イで求めた給与所得控除後の給与等の金額（調整控除後）からロで求めた所得控除額の合計額を差し引き、課税給与所得金額を求めます。

$\begin{pmatrix}給与所得控除後\\の給与等の金額\\（調整控除後）\end{pmatrix}$ － $\begin{pmatrix}所得控除額\\の合計額\end{pmatrix}$ ＝ $\begin{pmatrix}課税給与\\所得金額\end{pmatrix}$
  9,928,000円 － 3,509,185円 ＝6,418,000円
 （1,000円未満の端数切捨て）

ニ ハで求めた課税給与所得金額6,418,000円に対する算出所得税額を「令和3年分の年末調整のための算出所得税額の速算表」によって求めると856,100円となります。

 〔課税給与所得金額〕〔税率〕
  6,418,000円 × 20％ － 427,500円
 〔算出所得税額〕
  ＝856,100円

ホ この設例の場合、（特定増改築等）住宅借入金等特別控除の適用がありませんので、ニで求めた算出所得税額が年調所得税額となります。

ヘ 年調所得税額856,100円に102.1％を乗じて求めた874,000円（100円未満の端数切捨て）が年調年税額となります。

ト この年調年税額と既に徴収済みの税額944,077円（本年最後に支給する普通給与に対する税額計算は省略してあります。）との差額70,077円（874,000円－944,077円）を、超過額として本人に還付することとなります。

186　第2　年末調整の実務

③　独身の人の場合（本年最後に支給する賞与に対する税額計算を省略して年末調整をする例）

〔設　例〕

年間給与の総額（他の所得なし）…4,625,000円　　年間生命保険料

徴収税額……………………………89,189円　　　　一般の生命保険料（旧生命保険料）…50,800円

年間社会保険料等………………652,901円　　　　配偶者………………………………………なし

　　　　　　　　　　　　　　　　　　　　　　　　控除対象扶養親族………………………………なし

（計算方法）

イ　まず、給与の総額4,625,000円について、給与所得控除後の給与等の金額を「令和3年分の年末調整等のための給与所得控除後の給与等の金額の表」によって求めると3,259,200円となります。

　　また、この設例の場合、所得金額調整控除の適用がありませんので、この金額がそのまま給与所得控除後の給与等の金額（調整控除後）となります。

ロ　次に、所得控除額の合計額を求めます。

$$
\underset{\substack{\text{社会保険料}\\\text{等控除額}}}{652{,}901円} + \underset{\substack{\text{生命保険}\\\text{料控除額}}}{37{,}700円}
$$

$$
+ \underset{\substack{\text{基　礎}\\\text{控除額}}}{480{,}000円} = \underset{\substack{\text{所得控除額}\\\text{の合計額}}}{1{,}170{,}601円}
$$

所属	経理課	職名	給与係	住所	（郵便番号 ○○○-○○○○） ○○市○○町4-56-7					

区分	月区分	支給日	総支給金額	社会保険料等の控除額	社会保険料等控除後の給与等の金額	扶養親族等の数	算出税額	年末調整過による不足税額	差引徴収税額
給料・手当等	1	1　20	249,000 円	34,551 円	214,449 円	0 人	5,270 円		5,270 円
	2	2　19	249,000	34,551	214,449	0	5,270		5,270
	3	3　19	249,000	34,551	214,449	0	5,270		5,270
	4	4　20	253,000	34,527	218,473	0	5,410		5,410
	5	5　20	253,000	34,527	218,473	0	5,410		5,410
	6	6　21	253,000	34,527	218,473	0	5,410		5,410
	7	7　20	253,000	34,527	218,473	0	5,410		5,410
	8	8　20	253,000	34,527	218,473	0	5,410		5,410
	9	9　21	253,000	34,527	218,473	0	5,410		5,410
	10	10　20	253,000	37,341	215,659	0	5,340		5,340
	11	11　19	253,000	37,341	215,659	0	5,340		5,340
	12	12　20	253,000	37,341	215,659	0	5,340		5,340
	計		① 3,024,000	② 422,838	2,601,162		③ 64,290		
賞与等	6	6　30	712,000	102,314	609,686	0	（税率 4.084 ％） 24,899		24,899
	12	12　24	889,000	127,749	761,251	0	（税率　　 ％） ──	不足 24,411	24,411
							（税率　　 ％）		
							（税率　　 ％）		
	計		④ 1,601,000	⑤ 230,063	1,370,937		⑥ 24,899	24,411	

甲欄乙欄

令和3年分

給与退職所得に対する源泉徴収簿

(注)1 生命保険料控除額は、次のとおり算出した一般の生命保険料の控除額37,700円となります。
・一般の生命保険料（旧生命保険料）50,800円に対する控除額は37,700円（＝50,800円×$\frac{1}{4}$＋25,000円）です。

2 基礎控除額は、基礎控除申告書で計算します。給与の支払を受ける人の合計所得金額が900万円以下ですので、480,000円が基礎控除額となります。

ハ イで求めた給与所得控除後の給与等の金額（調整控除後）からロで求めた所得控除額の合計額を差し引き、課税給与所得金額を求めます。

$$\begin{pmatrix}給与所得控除後の給与\\等の金額（調整控除後）\end{pmatrix} - \begin{pmatrix}所得控除額\\の合計額\end{pmatrix} = \begin{pmatrix}課税給与\\所得金額\end{pmatrix}$$
3,259,200円 － 1,170,601円 ＝ 2,088,000円（1,000円未満の端数切捨て）

ニ ハで求めた課税給与所得金額2,088,000円に対する算出所得税額を「令和3年分の年末調整のための算出所得税額の速算表」によって求めると111,300円となります。

〔課税給与所得金額〕〔税率〕〔控除額〕〔算出所得税額〕
　2,088,000円　×10％ － 97,500円 ＝ 111,300円

ホ この設例の場合、（特定増改築等）住宅借入金等特別控除の適用がありませんので、ニで求めた算出所得税額が年調所得税額となります。

ヘ 年調所得税額111,300円に102.1％を乗じて求めた113,600円（100円未満の端数切捨て）が年調年税額となります。

ト この年調年税額と既に徴収済みの税額89,189円（本年最後に支給する賞与に対する税額計算は省略してあります。）との差額24,411円（113,600円－89,189円）が、不足額となります。この不足額24,411円は、本年最後に支給する賞与の金額889,000円から徴収することとなります。

④　中途就職した人で前職のある人の場合（本年最後に支給する賞与に対する税額計算を省略して年末調整をする例）

〔設　例〕

（前の勤務先の分）

1月～3月の給与の総額（給与）‥‥1,002,000円

　　〃　　徴収税額（給与分）‥‥‥‥18,630円

　　〃　　社会保険料等（給与分）‥146,673円

（現在の勤務先の分）

4月～12月の給与の総額 $\begin{cases} 給与‥‥‥3,198,000円 \\ 賞与‥‥‥1,276,000円 \end{cases}$

4月～12月の徴収税額 $\begin{cases} 給与分‥‥‥‥64,470円 \\ 賞与分‥‥‥‥18,707円 \end{cases}$

4月～12月の社会保険料等 $\begin{cases} 給与分‥‥‥‥414,810円 \\ 賞与分‥‥‥‥183,360円 \end{cases}$

年間生命保険料

　一般の生命保険料（旧生命保険料）　106,000円

　個人年金保険料（新個人年金保険料）　9,000円

年間地震保険料‥‥‥‥‥‥‥‥‥‥‥‥‥‥6,000円

一般の控除対象配偶者（所得金額なし）‥‥‥あり

他の所得‥‥‥‥‥‥‥‥‥‥‥‥‥‥‥‥‥なし

（甲欄 乙欄）	所属	営業課 販売係	職名	主任	住所	（郵便番号 ○○○-○○○○） ○○市○○町5-3-11			
区分	月区分	支給月日	総支給金額	社会保険料等の控除額	社会保険料等控除後の給与等の金額	扶養親族等の数	算出税額	年末調整による過不足税額	差引徴収税額
			円	円	円	人	円	円	円
令和3年分 給与所得に対する源泉徴収簿	給料・手当等	1		令和3年4月1日 当社就職					
		2		前の勤務先　○○区○○4-2-1　港商事㈱ 令和3年3月31日退職					
		3		給与総額　1,002,000円 社会保険料等控除　146,673円 源泉徴収税額　18,630円					
		4　20	270,000	810	269,190	1	5,670		5,670
		5　20	366,000	51,750	314,250	1	7,350		7,350
		6　21	366,000	51,750	314,250	1	7,350		7,350
		7　20	366,000	51,750	314,250	1	7,350		7,350
		8　20	366,000	51,750	314,250	1	7,350		7,350
		9　21	366,000	51,750	314,250	1	7,350		7,350
		10　20	366,000	51,750	314,250	1	7,350		7,350
		11　19	366,000	51,750	314,250	1	7,350		7,350
		12　20	366,000	51,750	314,250	1	7,350		7,350
		計	① 3,198,000	② 414,810	2,783,190		③ 64,470		
	賞与等	6　6　30	357,000	51,300	305,700	1	（税率 6.126 %）18,727		18,727
		12　12　24	919,000	132,060	786,940	1	（税率 　 %）—	不足 30,373	30,373
							（税率 　 %）		
							（税率 　 %）		
		計	④ 1,276,000	⑤ 183,360	1,092,640		⑥ 18,727	30,373	

第2　年末調整の実務　189

(計算方法)

　本年の中途で就職した人のうち、就職前に他の給与の支払者に「給与所得者の扶養控除等申告書」を提出して給与の支払を受けていた人については、前に支払を受けた給与の金額とその給与から徴収された税額なども合算して年末調整を行わなければなりません。

　この場合、前職のある中途就職者が前の給与の支払者から交付を受けた「給与所得の源泉徴収票」などによって、前の給与の支払者から支払を受けた給与の金額やその給与から徴収された税額、その給与から控除された社会保険料等の金額を確認し、これらをそれぞれ加えた金額を基にして年末調整を行います。

　この設例は、4月に就職した人で、1月から3月までは他の給与の支払者に「給与所得者の扶養控除等申告書」を提出して給与の支払を受けていた人の例ですが、この場合には、次のようにして年末調整を行います。

イ　まず、前の勤務先の給与を加えた、給与の総額5,476,000円について、給与所得控除後の給与等の金額を「令和3年分の年末調整等のための給与所得控除後の給与等の金額の表」によって求めると3,940,800円となります。

　　また、この設例の場合、所得金額調整控除の適用がありませんので、この金額がそのまま給与所得控除後の給与等の金額（調整控除後）となります。

ロ　次に、所得控除額の合計額を求めます。

$$\begin{pmatrix}社会保険料\\等 控 除 額\end{pmatrix} \begin{pmatrix}生命保険\\料控除額\end{pmatrix} \begin{pmatrix}地震保険\\料控除額\end{pmatrix}$$

744,843円 ＋ 59,000円 ＋ 6,000円

$$\begin{pmatrix}配偶者\\控除額\end{pmatrix} \begin{pmatrix}基 礎\\控除額\end{pmatrix} \begin{pmatrix}所得控除額\\の 合 計 額\end{pmatrix}$$

＋380,000円＋480,000円＝1,669,843円

(注)1　社会保険料等控除額は、前の勤務先の給与から控除された分を加えた744,843円となります。

2　生命保険料控除額は、次のとおり算出した一般の生命保険料の控除額50,000円と個人年金保険料の控除額9,000円との合計額59,000円となります。

(1)　一般の生命保険料（旧生命保険料）106,000円に対する控除額は、支払った保険料が100,000円を超えるため一律に50,000円となります。

(2)　個人年金保険料（新個人年金保険料）9,000円に対する控除額は、支払った保険料の全額の9,000円となります。

3　地震保険料控除額は、支払った地震保険料が6,000円で50,000円以下ですので、支払った保険料の全額が控除されます。

4　配偶者（特別）控除額は、配偶者控除等申告書で計算します。給与の支払を受ける人の合計所得金額が900万円以下（区分Ⅰ：A）で、配偶者の合計所得金額が48万

190 第2 年末調整の実務

　　円以下（区分Ⅱ：②）ですので、配偶者控除等申告書の「控除額の計算」欄の表の区分Ⅰの「A」及び区分Ⅱの「②」が交わる欄の金額380,000円が配偶者控除額となります。

　5　基礎控除額は、基礎控除申告書で計算します。給与の支払を受ける人の合計所得金額が900万円以下ですので、480,000円が基礎控除額となります。

ハ　イで求めた給与所得控除後の給与等の金額（調整控除後）からロで求めた所得控除額の合計額を差し引き、課税給与所得金額を求めます。

$$\begin{pmatrix}給与所得控除後の給与\\等の金額（調整控除後）\end{pmatrix} \quad \begin{pmatrix}所得控除額\\の\;合\;計\;額\end{pmatrix} \quad \begin{pmatrix}課税給与\\所得金額\end{pmatrix}$$
　　　　3,940,800円　　 － 1,669,843円 ＝ 2,270,000円（1,000円未満の端数切捨て）

ニ　ハで求めた課税給与所得金額2,270,000円に対する算出所得税額を「令和3年分の年末調整のための算出所得税額の速算表」によって求めると129,500円となります。

　　〔課税給与所得金額〕〔税率〕〔控除額〕〔算出所得税額〕
　　　　2,270,000円　 × 10％ － 97,500円 ＝ 129,500円

ホ　この設例の場合、（特定増改築等）住宅借入金等特別控除の適用がありませんので、ニで求めた算出所得税額が年調所得税額となります。

ヘ　年調所得税額129,500円に102.1％を乗じて求めた132,200円（100円未満の端数切捨て）が年調年税額となります。

ト　この年調年税額と、前の勤務先の給与からの徴収税額を加えた既に徴収済みの税額101,827円（本年最後に支給する賞与に対する税額計算は省略してあります。）との差額30,373円（132,200円－101,827円）が、不足額となります。この不足額30,373円は、本年最後に支給する賞与919,000円から徴収することとなります。

第2　年末調整の実務　191

---

⑤　本年の中途で主たる給与の支払者が入れ替わった人の場合（本年最後に支給する普通給与に対する税額計算を省略して年末調整をする例）

〔設　例〕

（前の主たる給与の支払者の分（A社の分………

1月〜3月が年末調整の対象））

給与の ⎰ 1月〜3月の主たる給与……2,307,000円
総　額 ⎱ 4月〜12月の従たる給与……5,771,000円

徴　収 ⎰ 1月〜3月の主たる給与………148,800円
税　額 ⎱ 4月〜12月の従たる給与……1,247,148円

社会保 ⎰ 1月〜3月の主たる給与………253,389円
険料等 ⎱ 4月〜12月の従たる給与………629,148円

（現在の主たる給与の支払者の分（B社の分……

全部が年末調整の対象））

給与の ⎰ 1月〜3月の従たる給与……1,344,000円
総　額 ⎱ 4月〜12月の主たる給与…10,311,000円

徴　収 ⎰ 1月〜3月の従たる給与……269,400円
税　額 ⎱ 4月〜12月の主たる給与…1,000,279円

社会保 ⎰ 1月〜3月の従たる給与……143,586円
険料等 ⎱ 4月〜12月の主たる給与…1,141,712円

年間生命保険料

　一般の生命保険料（旧生命保険料）　105,000円

　介護医療保険料……………………………45,000円

　個人年金保険料（新個人年金保険料）80,000円

年間地震保険料……………………………50,000円

配偶者（所得金額なし）……………………あり

特定扶養親族……………………………… 2 人

所得金額調整控除の適用あり

他の所得……………………………………なし

（計算方法）

　2か所以上から給与の支払を受けている人が、本年の中途で「給与所得者の扶養控除等申告書」の提出先を変えた場合、たとえば、主たる給与の支払者と従たる給与の支払者とが入れ替わった場合には、その人の年末調整は、新たに主たる給与の支払者となった方で行います。この場合には、その申告書の提出先を変えた時までに前の主たる給与の支払者が支払った給与と、年末調整を行う給与の支払者が本年中に支払った給与の全部（従たる給与を含みます。）とを合算して年末調整を行います。

　設例は、A社とB社の両方から給与の支払を受けていて、本年4月に「給与所得者の扶養控除等申告書」の提出先をA社からB社に変えたため、主たる給与の支払者が入れ替わった人の例ですが、この場合には、次のようにして年末調整を行います。

イ　年末調整の対象となる給与は、A社で1月から3月までの間に支払を受けた主たる給与2,307,000円と、B社から本年中に支払を受けた従たる給与1,344,000円及び主たる給与10,311,000円との合計額13,962,000円となります。

㊟　B社の源泉徴収簿の「年末調整」中の「給料・手当等」の①欄は10,869,000円（A社で1月から3月までの間に支払を受けた主たる給与2,307,000円とB社で本年中に支払を受けた給与8,562,000円との合計額）、③欄は860,200円（A社で1月から3月までの間に支払を受けた主たる給与から徴収された税額148,800円とB社で本年中に支払を受けた給与から徴収された税額711,400円との合計額）、「賞与等」の④欄はB社で本年中に支払を受けた賞与3,093,000円、⑥欄はB社で本年中に支払を受けた賞与から徴収された税額558,279円となります。

　まず、この年末調整の対象となる給与の合計額13,962,000円について、給与所得控除後の給与等の金額を「令和3年分の年末調整等のための給与所得控除後の給与等の金額の表」によって次の算式で求めると12,012,000円となります。

192 第2 年末調整の実務

〔年末調整の対象となる給与の合計額〕 〔控除額〕 〔給与所得控除後の給与等の金額〕
　　　13,962,000円 　　　　－1,950,000円＝ 　　　12,012,000円

〔給与所得控除後の給与等の金額〕〔所得金額調整控除額(注)〕〔給与所得控除後の給与等の金額（調整控除後）〕
　　　12,012,000円 　　　　 － 　　 150,000円 　 ＝ 　　　　　11,862,000円

(注) 所得金額調整控除額は、150,000円（＝（10,000,000円－8,500,000円）×10%）となります。

ロ 次に、所得控除額の合計額を求めます。

$$\begin{pmatrix}社会保険料\\等控除額\end{pmatrix}\begin{pmatrix}生命保険\\料控除額\end{pmatrix}\begin{pmatrix}地震保険\\料控除額\end{pmatrix}\begin{pmatrix}扶養控除額及び障害者\\等の控除額の合計額\end{pmatrix}\begin{pmatrix}基\ 礎\\控除額\end{pmatrix}\begin{pmatrix}所得控除額\\の合計額\end{pmatrix}$$

1,538,687円 ＋ 120,000円 ＋ 50,000円 ＋ 　　1,260,000円 　　＋ 480,000円 ＝ 3,448,687円

(注)1 社会保険料等控除額は、A社で1月から3月までの間に支払を受けた主たる給与から控除された253,389円とB社で本年中に支払を受けた給与から控除された1,285,298円（143,586円＋1,141,712円）との合計額1,538,687円です。

2 生命保険料控除額は、次のとおり算出した一般の生命保険料の控除額50,000円と介護医療保険料の控除額31,250円、個人年金保険料の控除額40,000円の合計額により求めますが、合計額121,250円は限度額の120,000円を超えるため、生命保険料控除額は120,000円となります。

(1) 一般の生命保険料（旧生命保険料）105,000円に対する控除額は、支払った保険料が100,000円を超えるため一律に50,000円となります。

(2) 介護医療保険料45,000円に対する控除額は31,250円（＝45,000円×$\frac{1}{4}$＋20,000円）になります。

(3) 個人年金保険料（新個人年金保険料）80,000円に対する控除額は40,000円（＝80,000円×$\frac{1}{4}$＋20,000円）となります。

3 地震保険料控除額は、地震保険料が50,000円（支払った保険料が地震保険料だけの場合で50,000円以下のときは、支払った保険料の全額が控除額となります。）ですから、限度額の50,000円となります。

4 配偶者（特別）控除額は、配偶者の所得はありませんが、給与の支払を受ける人の合計所得金額が1,000万円を超えていますので、適用がありません。

5 扶養控除額及び障害者等の控除額の合計額は、「令和3年分の扶養控除額及び障害者等の控除額の合計額の早見表」の「①控除対象扶養親族の数に応じた控除額」の「人数」の「2人」欄の金額760,000円に「②障害者等がいる場合の控除額の加算額」の「ヘ　特定扶養親族に当たる人がいる場合」欄による500,000円（250,000円×2（特定扶養親族2人））を加えた金額1,260,000円となります。

6 基礎控除額は、基礎控除申告書で計算します。給与の支払を受ける人の合計所得金額が1,000万円超2,400万円以下ですので、480,000円が基礎控除額となります。

ハ イで求めた給与所得控除後の給与等の金額（調整控除後）からロで求めた所得控除額の合計額を差し引き、課税給与所得金額を求めます。

$$\begin{pmatrix}給与所得控除後の給与\\等の金額(調整控除後)\end{pmatrix}\begin{pmatrix}所得控除額\\の合計額\end{pmatrix}\begin{pmatrix}課税給与\\所得金額\end{pmatrix}$$

　　　11,862,000円 　　　 － 3,448,687円 ＝ 8,413,000円（1,000円未満の端数切捨て）

ニ ハで求めた課税給与所得金額8,413,000円に対する算出所得税額を「令和3年分の年末調整のための算出所得税額の速算表」によって求めると1,298,990円となります。

〔課税給与所得金額〕〔税率〕〔控除額〕 〔算出所得税額〕
　　8,413,000円 　×23% －636,000円 ＝ 　1,298,990円

ホ この設例の場合、（特定増改築等）住宅借入金等特別控除の適用がありませんので、ニで求めた算出所得税額が年調所得税額となります。

ヘ 年調所得税額1,298,990円に102.1%を乗じて求めた1,326,200円（100円未満の端数切捨て）が年調年税額となります。

ト この年調年税額と既に徴収済みの税額1,418,479円との差額92,279円（1,326,200円－1,418,479円）を超過額として本人に還付することとなります。

(注) 既に徴収済みの税額1,418,479円は、A社で1月から3月までの間に支払を受けた給与から徴収された税額148,800円とB社で本年中に支払を受けた給与から徴収された税額1,269,679円（269,400円＋1,000,279円（本年最後に支給する普通給与に対する税額計算は省略してあります。））との合計額となります。

第2 年末調整の実務 193

〔現在の主たる給与の支払者（B社）の源泉徴収簿の記入例〕

令和3年分 給与所得及び退職所得に対する源泉徴収簿

職名 取締役　住所 〒〇〇〇-〇〇〇〇 〇〇市〇〇町3-3-1
氏名 （フリガナ シミズ シンイチ）清水 慎一　整理番号 42

月区分	支給月日	総支給金額	社会保険料等の控除額	社会保険料等控除後の給与等の金額	扶養親族等の数	算出税額	年末調整による過不足税額	差引徴収税額
1	1 25	448,000	47,862	400,138	0人	89,800		89,800
2	2 25	448,000	47,862	400,138	0	89,800		89,800
3	3 25	448,000	47,862	400,138	0	89,800		89,800
4	4 26	802,000	86,966	715,034	2	55,250		55,250
5	5 25	802,000	86,966	715,034	2	55,250		55,250
6	6 25	802,000	86,966	715,034	2	55,250		55,250
7	7 25	802,000	86,966	715,034	2	55,250		55,250
8	8 25	802,000	86,966	715,034	2	55,250		55,250
9	9 24	802,000	86,966	715,034	2	55,250		55,250
10	10 25	802,000	86,966	715,034	2	55,250		55,250
11	11 25	802,000	86,966	715,034	2	55,250		55,250
12	12 24	802,000	86,966	715,034	2	—	超過 ▲92,279	▲92,279
計		① 8,562,000	② 926,280	7,635,720		③ 711,400		
賞7	7 9	1,163,000	155,453	1,007,547	2	(税率20.420%) 205,741		205,741
与12	12 10	1,930,000	203,565	1,726,435	2	(税率20.420%) 352,538		352,538
計		④ 3,093,000	⑤ 359,018	2,733,982		⑥ 558,279		

区分	金額	税額
給料・手当等	① 10,869,000	③ 860,200
賞与等	② 3,093,000	⑤ 558,279
計	⑦ 13,962,000	⑧ 1,418,479
給与所得控除後の給与等の金額	⑨ 12,012,000	所得金額調整控除の適用 有・無
所得金額調整控除額（⑦-8,500,000円）×10%、最高150,000円	150,000	
給与所得控除後の給与等の金額（調整控除後）（⑨-⑩）	⑪ 11,862,000	
社会保険料等 ⑦からの控除分（②＋⑤）	⑫ 1,538,687	配偶者の合計所得金額
申告による社会保険料の控除分	⑬	
控除額 申告による小規模企業共済等掛金の控除分	⑭ 0	旧長期損害保険料支払額
生命保険料の控除額	⑮ 120,000	
地震保険料の控除額	⑯ 50,000	⑬のうち小規模企業共済等掛金の金額
配偶者（特別）控除額	⑰ 0	
扶養控除額及び障害者等の控除額の合計額	⑱ 1,260,000	⑬のうち国民年金保険料等の金額
基礎控除額	⑲ 480,000	
所得控除額の合計額（⑫＋⑬＋⑭＋⑮＋⑯＋⑰＋⑱＋⑲）	⑳ 3,448,687	
差引課税給与所得金額（⑪-⑳）及び算出所得税額	㉑ 8,413,000	㉒ 1,298,990
（特定増改築等）住宅借入金等特別控除額	㉓ 0	
年調所得税額（㉒-㉓、マイナスの場合は0）	㉔ 1,298,990	
年調年税額（㉔×102.1%）	㉕ 1,326,200	
差引超過額又は不足額（㉕-⑧）	㉖ 超過額 92,279	
超過額の精算 本年最後の給与から徴収する税額に充当する金額	㉗	
未払給与に係る未徴収の税額に充当する金額	㉘	
差引還付する金額（㉖-㉗-㉘）	㉙ 92,279	
同上のうち本年中に還付する金額	㉚ 92,279	
うち翌年において還付する金額	㉛	
不足額の精算 本年最後の給与から徴収する金額	㉜	
翌年に繰り越して徴収する金額	㉝	

〔前の主たる給与の支払者（A社）の源泉徴収簿の記入例〕

令和3年分 給与所得及び退職所得に対する源泉徴収簿

職名 取締役　住所 〒〇〇〇-〇〇〇〇 〇〇市〇〇町3-3-1
氏名 （フリガナ シミズ シンイチ）清水 慎一　整理番号 15

月区分	支給月日	総支給金額	社会保険料等の控除額	社会保険料等控除後の給与等の金額	扶養親族等の数	算出税額	年末調整による過不足税額	差引徴収税額
1	1 25	769,000	84,463	684,537	2人	49,600		49,600
2	2 25	769,000	84,463	684,537	2	49,600		49,600
3	3 25	769,000	84,463	684,537	2	49,600		49,600
4	4 26	430,000	45,337	384,663	0	81,400		81,400
5	5 25	430,000	45,337	384,663	0	81,400		81,400
6	6 25	430,000	45,337	384,663	0	81,400		81,400
7	7 26	430,000	45,337	384,663	0	81,400		81,400
8	8 25	430,000	45,337	384,663	0	81,400		81,400
9	9 24	430,000	45,337	384,663	0	81,400		81,400
10	10 25	430,000	45,337	384,663	0	81,400		81,400
11	11 25	430,000	45,337	384,663	0	81,400		81,400
12	12 24	430,000	45,337	384,663	0	81,400		81,400
計		① 6,177,000	② 661,422	5,515,578		③ 881,400		
賞7	7 9	731,000	97,710	633,290	0	(税率30.630%) 193,976		193,976
与12	12 10	1,170,000	123,405	1,046,595	0	(税率30.630%) 320,572		320,572
計		④ 1,901,000	⑤ 221,115	1,679,885		⑥ 514,548		

194　第2　年末調整の実務

---

⑥　（特定増改築等）住宅借入金等特別控除額のある人の場合（本年最後に支給する賞与に対する税額計算を省略して年末調整をする例）

〔設　例〕

年間給与の総額（他の所得なし）…6,144,000円

徴収税額………………………………79,627円

年間社会保険料等……………………869,970円

年間生命保険料

　一般の生命保険料（旧生命保険料）…25,000円

　個人年金保険料（新個人年金保険料）32,000円

　　〃　　　（旧個人年金保険料）74,000円

一般の控除対象配偶者

　（給与所得の金額240,000円）……………あり

一般の控除対象扶養親族（一般の障害者）…1人

（特定増改築等）住宅借入金等特別控除額

　……………………………………… 125,500円

（計算方法）

イ　まず、給与の総額6,144,000円について、給与所得控除後の給与等の金額を「令和3年分の年末調整等のための給与所得控除後の給与等の金額の表」によって求めると4,475,200円となります。

　　また、この設例の場合、所得金額調整控除の適用がありませんので、この金額がそのまま給与所得控除後の給与等の金額（調整控除後）となります。

ロ　次に、所得控除額の合計額を求めます。

$$\begin{pmatrix}社会保険料\\等控除額\end{pmatrix} \begin{pmatrix}生命保険\\料控除額\end{pmatrix} \begin{pmatrix}配偶者\\控除額\end{pmatrix}$$
869,970円 ＋68,500円 ＋380,000円

$$+\begin{pmatrix}扶養控除額及び障害者\\等の控除額の合計額\end{pmatrix} \begin{pmatrix}基　礎\\控除額\end{pmatrix}$$
　　　 650,000円　　　 ＋480,000

$$=\begin{pmatrix}所得控除額\\の合計額\end{pmatrix}$$
　= 2,448,470円

(注)1　生命保険料控除額は、次のとおり算出した一般の生命保険料の控除額25,000円と個人年金保

甲欄乙欄	所属	営業課	職名	営業一課	住所	（郵便番号 ○○○ - ○○○○）○○市○○町5-6-7					
区分	月区分	支給月日	総支給金額	社会保険料等の控除額	社会保険料等控除後の給与等の金額	扶養親族等の数	算出税額	年末調整による過不足税額	差引徴収税額
給料・手当等	1	1 20	369,000 円	51,813 円	317,187 円	3 人	4,250 円	円	4,250 円
	2	2 19	369,000	51,813	317,187	3	4,250		4,250
	3	3 19	369,000	51,813	317,187	3	4,250		4,250
	4	4 20	374,000	51,774	322,226	3	4,370		4,370
	5	5 20	374,000	51,774	322,226	3	4,370		4,370
	6	6 21	374,000	51,774	322,226	3	4,370		4,370
	7	7 20	374,000	51,774	322,226	3	4,370		4,370
	8	8 20	374,000	51,774	322,226	3	4,370		4,370
	9	9 21	374,000	51,774	322,226	3	4,370		4,370
	10	10 20	374,000	54,588	319,412	3	4,250		4,250
	11	11 19	374,000	54,588	319,412	3	4,250		4,250
	12	12 20	374,000	54,588	319,412	3	4,250		4,250
	計	①	4,473,000	② 629,847	3,843,153		③ 51,720		
賞与等	6	6 30	798,000	114,673	683,327	3	(税率 4.084 %) 27,907		27,907
	12	12 20	873,000	125,450	747,550	3	(税率 %) ──	過納 ▲79,627	▲79,627
							(税率 %)		
							(税率 %)		
	計	④	1,671,000	⑤ 240,123	1,430,877		⑥ 27,907	▲79,627	

令和3年分　給与所得・退職所得に対する源泉徴収簿

険料の控除額43,500円との合計額68,500円となります。

(1) 一般の生命保険料（旧生命保険料）25,000円に対する控除額は支払った全額の25,000円となります。

(2) 個人年金保険料のうち、新個人年金保険料32,000円に対する控除額は26,000円（＝32,000円×$\frac{1}{2}$＋10,000円）となり、旧個人年金保険料74,000円に対する控除額は43,500円（＝74,000円×$\frac{1}{4}$＋25,000円）となります。また、新個人年金保険料32,000円と旧個人年金保険料74,000円の両方についての控除の適用を受ける場合の控除額は40,000円（＝26,000円＋43,500円（上限40,000円））となります。そのため、金額が最も大きい43,500円が個人年金保険料の控除額になります。

2 配偶者（特別）控除額は、配偶者控除等申告書で計算します。給与の支払を受ける人の合計所得金額が900万円以下（区分Ⅰ：A）で、配偶者の合計所得金額が48万円以下（区分Ⅱ：②）ですので、配偶者控除等申告書の「控除額の計算」欄の表の区分Ⅰの「A」及び区分Ⅱの「②」が交わる欄の金額380,000円が配偶者控除額となります。

3 扶養控除額及び障害者等の控除額の合計額は、「令和3年分の扶養控除額及び障害者等の控除額の合計額の早見表」の「①控除対象扶養親族の数に応じた控除額」の「人数」の「1人」欄に記載されている金額380,000円に「②障害者等がいる場合の控除額の加算額」の「ハ　一般の障害者、寡婦又は勤労学生に当たる（人がいる）場合」欄による270,000円（障害者1人）を加えた金額650,000円となります。

4 基礎控除額は、基礎控除申告書で計算します。給与の支払を受ける人の合計所得金額が900万円以下ですので、480,000円が基礎控除額となります。

ハ　イで求めた給与所得控除後の給与等の金額（調整控除後）からロで求めた所得控除額の合計額を差し引き、課税給与所得金額を求めます。

$$\binom{給与所得控除後}{の給与等の金額（調整控除後）} - \binom{所得控除額}{の合計額} = \binom{課税給与}{所得金額}$$

4,475,200円 － 2,448,470円 ＝ 2,026,000円
（1,000円未満の端数切捨て）

ニ　ハで求めた課税給与所得金額2,026,000円に対する算出所得税額を「令和3年分の年末調整のための算出所得税額の速算表」によって求めると105,100円となります。

〔課税給与所得金額〕〔税率〕　〔控除額〕
2,026,000円　×　10％ － 97,500円
〔算出所得税額〕
－ 105,100円

ホ　この算出所得税額から（特定増改築等）住宅借入金等特別控除額125,500円を控除するとマイナスとなりますので年調所得税額及び年調年税額は「0円」となります。

ヘ　年調年税額は0円ですから、既に徴収済みの税額79,627円（本年最後に支給する賞与に対する税額計算は省略してあります。）は全額還付することとなります。

196 第2 年末調整の実務

---

⑦ 同居特別障害者である一般の控除対象配偶者に該当する人がいる人の場合（本年最後に支給する普通給与に対する税額計算を省略しないで年末調整をする例）

〔設 例〕

年間給与の総額（他の所得なし）‥‥5,372,500円　　年間地震保険料（旧長期損害保険料分）26,800円

徴収税額‥‥‥‥‥‥‥‥‥‥‥‥‥‥59,066円　　同居特別障害者である一般の控除対象配偶者

年間社会保険料等‥‥‥‥‥‥‥‥‥760,982円　　　（所得金額なし）‥‥‥‥‥‥‥‥‥‥‥あり

年間生命保険料

　一般の生命保険料（旧生命保険料）‥‥‥84,000円

　個人年金保険料（旧個人年金保険料）‥110,000円

（計算方法）

イ　まず、給与の総額5,372,500円について、給与所得控除後の給与等の金額を「令和3年分の年末調整等のための給与所得控除後の給与等の金額の表」によって求めると3,857,600円となります。

　また、この設例の場合、所得金額調整控除の適用がありませんので、この金額がそのまま給与所得控除後の給与等の金額（調整控除後）となります。

ロ　次に、所得控除額の合計額を求めます。

$$\begin{pmatrix}社会保険料\\等控除額\end{pmatrix}\begin{pmatrix}生命保険\\料控除額\end{pmatrix}\begin{pmatrix}地震保険\\料控除額\end{pmatrix}$$
760,982円 + 96,000円 + 15,000円

$$\begin{pmatrix}配偶者\\控除額\end{pmatrix}\begin{pmatrix}扶養控除額及び\\障害者等の控除\\額の合計額\end{pmatrix}$$
+ 380,000円 + 750,000円

$$\begin{pmatrix}基 礎\\控除額\end{pmatrix}\begin{pmatrix}所得控除額\\の合計額\end{pmatrix}$$
+ 480,000円 = 2,481,982円

注1　生命保険料控除額は、次のとおり算出した一般の生命保険料の控除額46,000円と個人年金保険料の控除額50,000円との合計額96,000円となります。

　（1）　一般の生命保険料（旧生命保険料）84,000円に対する控除額は46,000円（＝84,000円×$\frac{1}{4}$＋25,000円）となります。

		所属	総務課	職名	営繕係長	住所	（郵便番号）○○○-○○○○ ○○市○○町3-4-5				

令和3年分 給与退職所得に対する源泉徴収簿

甲欄乙欄

区分	月区分	支給月日	総支給金額	社会保険料等の控除額	社会保険料等控除後の給与等の金額	扶養親族等の数	算出税額	年末調整による過不足税額	差引徴収税額
給料手当等	1	1 20	324,000 円	46,044 円	277,956 円	3 人	2,640 円	円	2,640 円
	2	2 19	324,000	46,044	277,956	3	2,640		2,640
	3	3 19	324,000	46,044	277,956	3	2,640		2,640
	4	4 20	327,500	46,006	281,494	3	2,860		2,860
	5	5 20	327,500	46,006	281,494	3	2,860		2,860
	6	6 21	327,500	46,006	281,494	3	2,860		2,860
	7	7 20	327,500	46,006	281,494	3	2,860		2,860
	8	8 20	327,500	46,006	281,494	3	2,860		2,860
	9	9 21	327,500	46,006	281,494	3	2,860		2,860
	10	10 20	327,500	46,006	281,494	3	2,860		2,860
	11	11 19	327,500	46,006	281,494	3	2,860		2,860
	12	12 20	327,500	46,006	281,494	3	2,860	不足 11,034	13,894
	計		① 3,919,500	② 552,186	3,367,314		③ 33,660		
賞与等	6	6 10	694,000	99,728	594,272	3	（税率 2.042 %）12,135		12,135
	12	12 10	759,000	109,068	649,932	3	（税率 2.042 %）13,271		13,271
							（税率 %）		
							（税率 %）		
	計		④ 1,453,000	⑤ 208,796	1,244,204		⑥ 25,406		

第2　年末調整の実務　197

　　(2)　個人年金保険料（旧個人年金保険料）110,000円に対する控除額は、支払った保険料が100,000円を超えるため一律に50,000円となります。
　2　地震保険料控除額は、旧長期損害保険料の額が26,800円で20,000円を超えていますから、限度額の15,000円となります。
　3　配偶者（特別）控除額は、配偶者控除等申告書で計算します。給与の支払を受ける人の合計所得金額が900万円以下（区分Ⅰ：A）で、配偶者の合計所得金額が48万円以下（区分Ⅱ：②）ですので、配偶者控除等申告書の「控除額の計算」欄の表の区分Ⅰの「A」及び区分Ⅱの「②」が交わる欄の金額380,000円が配偶者控除額となります。
　4　扶養控除額及び障害者等の控除額の合計額は、「令和3年分の扶養控除額及び障害者等の控除額の合計額の早見表」の「②障害者等がいる場合の控除額の加算額」の「イ　同居特別障害者に当たる人がいる場合」欄に記載されている750,000円（同居特別障害者1人）となります。
　5　基礎控除額は、基礎控除申告書で計算します。給与の支払を受ける人の合計所得金額が900万円以下ですので、480,000円が基礎控除額となります。

ハ　イで求めた給与所得控除後の給与等の金額（調整控除後）からロで求めた所得控除額の合計額を差し引き、課税給与所得金額を求めます。

$$\begin{pmatrix} 給与所得控除後の給与 \\ 等の金額（調整控除後） \end{pmatrix} - \begin{pmatrix} 所得控除額 \\ の合計額 \end{pmatrix} = \begin{pmatrix} 課税給与 \\ 所得金額 \end{pmatrix}$$

　　　　3,857,600円　－　2,481,982円　＝1,375,000円（1,000円未満の端数切捨て）

ニ　ハで求めた課税給与所得金額1,375,000円に対する算出所得税額を「令和3年分の年末調整のための算出所得税額の速算表」によって求めると68,750円となります。

$$\begin{pmatrix} 課税給与所得金額 \end{pmatrix} \begin{pmatrix} 税率 \end{pmatrix} \begin{pmatrix} 算出所得税額 \end{pmatrix}$$
　　1,375,000円　×　5％　＝　68,750円

ホ　この設例の場合、（特定増改築等）住宅借入金等特別控除の適用がありませんので、ニで求めた算出所得税額が年調所得税額となります。

ヘ　年調所得税額68,750円に102.1％を乗じて求めた70,100円（100円未満の端数切捨て）が年調年税額となります。

ト　この年調年税額と年間の徴収税額59,066円との差額11,034円（70,100円－59,066円）が、不足額となります。

チ　この不足額11,034円に本年最後に支給する給与から徴収すべき税額2,860円を加えた額13,894円（11,034円＋2,860円）を、本年最後に支給する給与から徴収することになります。

198　第2　年末調整の実務

---

⑧　給与が高額なため配偶者控除の適用が受けられない人の場合（本年最後に支給する普通給与に対する税額計算を省略しないで年末調整をする例）

〔設　例〕

年間給与の総額（他の所得なし）…15,217,000円

徴収税額……………………………1,502,288円

年間社会保険料等…………………1,779,162円

年間小規模企業共済等掛金……………65,000円

（申告による控除分）

年間生命保険料

　一般の生命保険料（新生命保険料）…20,000円

　　　〃　　　　（旧生命保険料）…20,000円

　介護医療保険料……………………80,000円

　個人年金保険料（新個人年金保険料）20,000円

　　　〃　　　（旧個人年金保険料）20,000円

年間地震保険料

　地震保険料………………………36,000円

　旧長期損害保険料………………24,000円

　（注）　上記地震保険料の損害保険契約と異なる契約に基づく保険料

配偶者（給与所得の金額250,000円）………あり

特定扶養親族………………………1人

一般の控除対象扶養親族…………2人

老人扶養親族（同居老親等）………1人

所得金額調整控除の適用あり

（計算方法）

イ　まず、給与の総額15,217,000円について、給与所得控除後の給与等の金額を「令和3年分の年末調整等のための給与所得控除後の給与等の金額の表」によって次の算式で求めると13,267,000円となります。

〔給与の総額〕　〔控除額〕
15,217,000円 − 1,950,000円

$\begin{pmatrix} 給与所得控除後 \\ の給与等の金額 \end{pmatrix}$
＝13,267,000円

$\begin{pmatrix} 給与所得控除後 \\ の給与等の金額 \end{pmatrix}$ $\begin{pmatrix} 所得金額調 \\ 整控除額 \end{pmatrix}$
13,267,000円　−　150,000円

$\begin{pmatrix} 給与所得控除後の給与 \\ 等の金額（調整控除後） \end{pmatrix}$
＝　　　13,117,000円

（注）　所得金額調整控除額は、150,000円（＝（10,000,000円−8,500,000円）×10%）となります。

（甲欄乙欄）	所属		総務部	職名	総務部長	住所	（郵便番号 000-0000）〇〇市〇〇町6-1-5				
	区分	月区分	支給月 日	総支給金額	社会保険料等の控除額	社会保険料等控除後の給与等の金額	扶養親族の数	算出税額	年末調整による過不足税額	差引徴収税額	
令和3年分 給与・退職所得に対する源泉徴収簿	給料・手当等	1	1 25	831,000 円	110,357 円	720,643 円	4 人	43,540 円		43,540 円	
		2	2 25	831,000	110,357	720,643	4	43,540		43,540	
		3	3 25	831,000	110,357	720,643	4	43,540		43,540	
		4	4 26	836,000	110,289	725,711	4	44,760		44,760	
		5	5 25	836,000	110,289	725,711	4	44,760		44,760	
		6	6 25	836,000	110,289	725,711	4	44,760		44,760	
		7	7 26	836,000	110,289	725,711	4	44,760		44,760	
		8	8 25	836,000	110,289	725,711	4	44,760		44,760	
		9	9 24	836,000	110,289	725,711	4	44,760		44,760	
		10	10 25	836,000	110,289	725,711	4	44,760		44,760	
		11	11 25	836,000	110,289	725,711	4	44,760		44,760	
		12	12 24	836,000	110,289	725,711	4	44,760	過納 ▲119,988	▲75,228	
		計		① 10,017,000	② 1,323,672	8,693,328		③ 533,460			
	賞与等	5	5 10	5,200,000	455,490	4,744,510	4	（税率 20.420%）968,828		968,828	
								（税率　　%）			
								（税率　　%）			
		計		④ 5,200,000	⑤ 455,490	4,744,510		⑥ 968,828			

第2　年末調整の実務　199

ロ　次に、所得控除額の合計額を求めます。

$$\begin{pmatrix} 社会保 \\ 険料等 \\ 控除額 \end{pmatrix} + \begin{pmatrix} 小規模企業 \\ 共済等掛金 \\ 控除額 \end{pmatrix} + \begin{pmatrix} 生命保 \\ 険料控 \\ 除額 \end{pmatrix} + \begin{pmatrix} 地震保 \\ 険料控 \\ 除額 \end{pmatrix} + \begin{pmatrix} 扶養控除額及び \\ 障害者等の控除 \\ 額の合計額 \end{pmatrix} + \begin{pmatrix} 基礎 \\ 控除額 \end{pmatrix} = \begin{pmatrix} 所得控 \\ 除額の \\ 合計額 \end{pmatrix}$$

1,779,162円＋　65,000円　＋120,000円＋50,000円＋　1,970,000円　＋480,000円＝4,464,162円

(注)1　小規模企業共済等掛金控除額は、支払った掛金の全額65,000円が控除の対象となります。

2　生命保険料控除額は、次のとおり算出した一般の生命保険料の控除額40,000円と介護医療保険料の控除額40,000円、個人年金保険料の控除額40,000円の合計額120,000円となります。

(1)　一般の生命保険料のうち新生命保険料20,000円に対する控除額は支払った全額の20,000円となり、旧生命保険料20,000円に対する控除額は支払った全額の20,000円となります。新生命保険料と旧生命保険料の両方について控除の適用を受ける場合には、それぞれについて算出した金額の合計額（上限40,000円）が控除額となりますので、その合計額40,000円が一般の生命保険料の控除額となります。

(2)　介護医療保険料80,000円に対する控除額は40,000円（＝80,000円×$\frac{1}{4}$＋20,000円）となります。

(3)　個人年金保険料のうち新個人年金保険料20,000円に対する控除額は支払った全額の20,000円となり、旧個人年金保険料20,000円に対する控除額は支払った全額の20,000円となります。新個人年金保険料と旧個人年金保険料の両方について控除の適用を受ける場合には、それぞれについて算出した金額の合計額（上限40,000円）が控除額となりますので、その合計額40,000円が個人年金保険料の控除額となります。

3　地震保険料控除額は、地震保険料と旧長期損害保険料は異なる損害保険契約に係る保険料であるため、次のとおりとなります。

支払った地震保険料36,000円と旧長期損害保険料の限度額の15,000円（支払った旧長期損害保険料の額が20,000円を超えていますから、限度額は15,000円となります。）の合計額51,000円（36,000円＋15,000円）が50,000円を超えていますから、限度額の50,000円となります。

4　配偶者の給与所得の金額は250,000円であり、合計所得金額が48万円を超えていませんが、本人の合計所得金額が1,000万円を超えていますので、配偶者控除の適用はありません。

5　扶養控除額及び障害者等の控除額の合計額は、「令和３年分の扶養控除額及び障害者等の控除額の合計額の早見表」の「①控除対象扶養親族の数に応じた控除額」の「人数」の「４人」欄に記載されている金額1,520,000円に「②障害者等がいる場合の控除額の加算額」の「ホ　同居老親等に当たる人がいる場合」欄による200,000円（同居老親等１人）、「ヘ　特定扶養親族に当たる人がいる場合」欄による250,000円（特定扶養親族１人）を加えた金額1,970,000円となります。

6　基礎控除額は、基礎控除申告書で計算します。給与の支払を受ける人の合計所得金額が1,000万円超2,400万円以下ですので、480,000円が基礎控除額となります。

ハ　イで求めた給与所得控除後の給与等の金額（調整控除後）からロで求めた所得控除額の

200　第2　年末調整の実務

　　合計額を差し引き、課税給与所得金額を求めます。

$$\begin{pmatrix} 給与所得控除後の給与 \\ 等の金額(調整控除後) \end{pmatrix} \quad \begin{pmatrix} 所得控除額 \\ の \ 合 \ 計 \ 額 \end{pmatrix} \quad \begin{pmatrix} 課税給与 \\ 所得金額 \end{pmatrix}$$

　　　　13,117,000円　　－　4,464,162円＝　8,652,000円　（1,000円未満の端数切捨て）

ニ　ハで求めた課税給与所得金額8,652,000円に対する算出所得税額を「令和3年分の年末調整のための算出所得税額の速算表」によって求めると1,353,960円となります。

　　〔課税給与所得金額〕〔税率〕　〔控除額〕　〔算出所得税額〕

　　　　8,652,000円　×　23%　－　636,000円＝　1,353,960円

ホ　この設例の場合、（特定増改築等）住宅借入金等特別控除の適用がありませんので、ニで求めた算出所得税額が年調所得税額となります。

ヘ　年調所得税額1,353,960円に102.1%を乗じて求めた1,382,300円（100円未満の端数切捨て）が年調年税額となります。

ト　この年調年税額と年間の徴収税額1,502,288円との差額119,988円（1,382,300円－1,502,288円）が超過額となります。

チ　この超過額119,988円は本年最後に支給する給与から徴収すべき税額44,760円に充当されますが、徴収すべき税額を超える金額75,228円（119,988円－44,760円）は本人に還付されることとなります。

⑨　本年中の合計所得金額の見積額が高額なため基礎控除額が変わる人の場合（本年最後に支給する普通給与に対する税額計算を省略しないで年末調整をする例）

〔設　例〕

年間給与の総額（他の所得あり）(※)　12,059,000円

徴収税額……………………………1,037,049円

年間社会保険料等……………………1,725,080円

年間生命保険料

　一般の生命保険料（旧生命保険料）‥110,000円

　介護医療保険料…………………………26,000円

　個人年金保険料(旧個人年金保険料)‥105,000円

年間地震保険料……………………………12,800円

配偶者………………………………………なし

特定扶養親族………………………………2人

所得金額調整控除の適用あり

※　給与の他に所得があり、本年中の合計所得金額の見積額が2,410万円となる。

(計算方法)

イ　まず、給与の総額12,059,000円について、給与所得控除後の給与等の金額を「令和3年分の年末調整等のための給与所得控除後の給与等の金額の表」によって次の算式で求めると10,109,000円になります。

〔給与の総額〕　〔控除額〕　〔給与所得控除後の給与等の金額〕

12,059,000円 − 1,950,000円 ＝　　　10,109,000円

(給与所得控除後の給与等の金額)　(所得金額調整控除額)　(給与所得控除後の給与等の金額(調整控除後))

　10,109,000円　−　150,000円　＝　　　9,959,000円

㊟　所得金額調整控除額は、150,000円（＝（10,000,000円−8,500,000円）×10％）となります。

202　第2　年末調整の実務

ロ　次に、所得控除額の合計額を求めます。

$$\begin{pmatrix}\text{社会保険料}\\\text{等 控 除 額}\end{pmatrix} \begin{pmatrix}\text{生命保険}\\\text{料控除額}\end{pmatrix} \begin{pmatrix}\text{地震保}\\\text{険料控}\\\text{除　額}\end{pmatrix} \begin{pmatrix}\text{扶養控除額及び}\\\text{障害者等の控除}\\\text{額 の 合 計 額}\end{pmatrix} \begin{pmatrix}\text{基　礎}\\\text{控除額}\end{pmatrix} \begin{pmatrix}\text{所得控除額}\\\text{の 合 計 額}\end{pmatrix}$$

1,725,080円 ＋ 120,000円 ＋ 12,800円 ＋ 1,260,000円 ＋320,000円 ＝ 3,437,880円

(注)1　生命保険料控除額は、次のとおり算出した一般の生命保険料の控除額50,000円と介護医療保険料の控除額23,000円、個人年金保険料の控除額50,000円の合計額により求めますが、合計額123,000円は限度額の120,000円を超えるため、生命保険料控除額は120,000円となります。

　　(1)　一般の生命保険料（旧生命保険料）110,000円に対する控除額は、支払った保険料が100,000円を超えるため一律に50,000円となります。

　　(2)　介護医療保険料26,000円に対する控除額は23,000円（＝26,000円×$\frac{1}{2}$＋10,000円）になります。

　　(3)　個人年金保険料（旧個人年金保険料）105,000円に対する控除額は、支払った保険料が100,000円を超えるため一律に50,000円となります。

　　2　地震保険料控除額は、支払った地震保険料が12,800円で50,000円以下ですので、支払った保険料の全額が控除されます。

　　3　扶養控除額及び障害者等の控除額の合計額は、「令和3年分の扶養控除額及び障害者等の控除額の合計額の早見表」の「①控除対象扶養親族の数に応じた控除額」の「人数」の「2人」欄に記載されている金額760,000円に「②障害者等がいる場合の控除額の加算額」の「ヘ　特定扶養親族に当たる人がいる場合」欄による500,000円（250,000円×2（特定扶養親族2人））を加えた金額1,260,000円です。

　　4　基礎控除額は基礎控除申告書で求めます。給与の支払を受ける人の合計所得金額は、給与とその他の所得をあわせると2,410万円で、2,400万円超2,450万円以下ですので、320,000円が基礎控除額となります。

		月区分	支給月日		総支給金額		社会保険料等の控除額	社会保険料等控除後の給与等の金額	扶養親族等の数	算出税額	年末調整による過不足税額	差引徴収税額
		1	1	25	744,000	円	105,432 円	638,568 円	2 人	41,330 円	円	41,330
		2	2	25	744,000		105,432	638,568	2	41,330		41,330
	給	3	3	25	744,000		105,432	638,568	2	41,330		41,330
		4	4	26	749,000		105,372	643,628	2	41,880		41,880
	料	5	5	25	749,000		105,372	643,628	2	41,880		41,880
令和3年分	・	6	6	25	749,000		105,372	643,628	2	41,880		41,880
給与所得に対する源泉徴収簿	手	7	7	26	749,000		105,372	643,628	2	41,880		41,880
		8	8	25	749,000		105,372	643,628	2	41,880		41,880
	当	9	9	24	749,000		105,372	643,628	2	41,880		41,880
		10	10	25	749,000		105,372	643,628	2	41,880		41,880
	等	11	11	25	749,000		105,372	643,628	2	41,880		41,880
		12	12	24	749,000		105,372	643,628	2	41,880	過納 ▲141,949	▲100,069
		計			① 8,973,000		② 1,264,644	7,708,356		③ 500,910		
賞与等		7	7	30	1,468,000		224,164	1,243,836	2	(税率 20.420 %) 253,991		253,991
		12	12	20	1,618,000		236,272	1,381,728	2	(税率 20.420 %) 282,148		282,148
										(税率 %)		
		計			④ 3,086,000		⑤ 460,436	2,625,564		⑥ 536,139		

所属　人事部　職名　人事課長　住所　（郵便番号○○○-○○○○）　○○市○○町2-13-5

甲欄
乙欄

ハ　イで求めた給与所得控除後の給与等の金額（調整控除後）からロで求めた所得控除額の合計額を差し引き、課税給与所得金額を求めます。

$$\begin{pmatrix} 給与所得控除後の給与 \\ 等の金額（調整控除後） \end{pmatrix} \begin{pmatrix} 所得控除額 \\ の合計額 \end{pmatrix} \begin{pmatrix} 課税給与 \\ 所得金額 \end{pmatrix}$$

9,959,000円　－　3,437,880円＝　6,521,000円（1,000円未満の端数切捨て）

ニ　ハで求めた課税給与所得金額6,521,000円に対する算出所得税額を「令和3年分の年末調整のための算出所得税額の速算表」によって求めると876,700円となります。

$$\begin{pmatrix} 課税給与 \\ 所得金額 \end{pmatrix} 〔税率〕〔控除額〕 \begin{pmatrix} 算出所 \\ 得税額 \end{pmatrix}$$

6,521,000円×20％－427,500円＝876,700円

ホ　この設例の場合、（特定増改築等）住宅借入金等特別控除の適用がありませんので、ニで求めた算出所得税額が年調所得税額となります。

ヘ　年調所得税額876,700円に102.1％を乗じて求めた895,100円（100円未満の端数切捨て）が年調年税額となります。

204　第2　年末調整の実務

ト　この年調年税額と年間の徴収税額1,037,049円との差額141,949円（1,037,049円－895,100円）が超過額となります。

チ　この超過額141,949円は本年最後に支給する給与から徴収すべき税額41,880円に充当されますが、徴収すべき税額を超える金額100,069円（141,949円－41,880円）は本人に還付されることになります。

第2　年末調整の実務　205

⑩　年の中途で控除対象扶養親族の数に異動があった人の場合（本年最後に支給する普通給与に対する税額計算を省略しないで年末調整をする例）

〔設　例〕

年間給与の総額（他の所得なし）····9,200,000円

徴収税額············429,214円

年間社会保険料等··········1,406,804円

年間生命保険料

個人年金保険料（新個人年金保険料）···45,000円

　　　〃　　（旧個人年金保険料）···90,000円

一般の控除対象配偶者（所得金額なし）······あり

一般の控除対象扶養親族

　当初··········2人

　令和3年6月4日·····就職による非該当者1人

　令和3年10月10日·····結婚による非該当者1人

老人扶養親族（同居老親等以外）

　当初··········1人

　令和3年11月10日··········死亡1人

　　（死亡時、老人扶養親族に該当）

(計算方法)

イ　まず、給与の総額9,200,000円について、給与所得控除後の給与等の金額を「令和3年分の年末調整等のための給与所得控除後の給与等の金額の表」によって次の算式で求めると7,250,000円になります。

$$\begin{pmatrix} 給与の \\ 総 \quad 額 \end{pmatrix} \quad 〔控除額〕 \quad \begin{pmatrix} 給与所得控除後 \\ の給与等の金額 \end{pmatrix}$$

$$9,200,000円 - 1,950,000円 = 7,250,000円$$

　　また、この設例の場合、所得金額調整控除の適用がありませんので、この金額がそのまま給与所得控除後の給与等の金額（調整控除後）となります。

ロ　次に、所得控除額の合計額を求めます。

$$\begin{pmatrix} 社会保険料 \\ 等 控 除 額 \end{pmatrix} \begin{pmatrix} 生命保険 \\ 料控除額 \end{pmatrix} \begin{pmatrix} 配偶者 \\ 控除額 \end{pmatrix} \begin{pmatrix} 扶養控除額及び障害者 \\ 等の控除額の合計額 \end{pmatrix} \begin{pmatrix} 基 \quad 礎 \\ 控除額 \end{pmatrix} \begin{pmatrix} 所得控除額 \\ の 合 計 額 \end{pmatrix}$$

$$1,406,804円 + 47,500円 + 380,000円 + \qquad 480,000円 \qquad + 480,000円 = 2,794,304円$$

㋖1　生命保険料控除額は、次のとおり算出した個人年金保険料の控除額47,500円となります。
・個人年金保険料のうち、新個人年金保険料45,000円に対する控除額は31,250円（＝45,000円×$\frac{1}{4}$＋20,000円）となり、旧個人年金保険料90,000円に対する控除額は47,500円（＝90,000円×$\frac{1}{4}$＋25,000円）となります。また、新個人年金保険料45,000円と旧個人年金保険料90,000円の両方についての控除の適用を受ける場合の控除額は40,000円（＝31,250円＋47,500円（上限40,000円））となります。そのため、金額が最も大きい47,500円が個人年金保険料の控除額になります。

2　配偶者（特別）控除額は、配偶者控除等申告書で計算します。給与の支払を受ける人の合計所得金額が900万円以下（区分Ⅰ：A）で、配偶者の合計所得金額が48万円以下（区分Ⅱ：②）ですので、配偶者控除等申告書の「控除額の計算」欄の表の区分Ⅰの「A」及び区分Ⅱの「②」が交わる欄の金額380,000円が配偶者控除額となります。

3　扶養控除額及び障害者等の控除額の合計額は、「令和3年分の扶養控除額及び障害者等の控除額の合計額の早見表」の「①控除対象扶養親族の数に応じた控除額」の「人数」の「1人」欄に記載されている金額380,000円に「②障害者等がいる場合の控除額の加算額」の「ト　同居老親等以外の老人扶養親族に当たる人がいる場合」欄による100,000円（老人扶養親族1人）を加えた金額480,000円となります。

　設例の場合には、控除対象扶養親族のうち1人が令和3年6月4日に就職し年間の給与所得の金額が48万円を超えることとなり、また、もう1人が令和3年10月10日に結婚し生計を一にしなくなったため、控除対象扶養親族に当たらないこととなり、控除対象扶養親族の数が2人減となっています。

　なお、老人扶養親族は令和3年11月10日に死亡していますが、年の中途で死亡した人については死亡の時の現況により老人扶養親族に当たるかどうかの判定をすることになっていますので、この設例の場合、死亡した人については老人扶養親族として控除を受けることができます。

4　基礎控除額は、基礎控除申告書で計算します。給与の支払を受ける人の合計所得金額が900万円以下ですので、480,000円が基礎控除額となります。

甲欄乙欄	所属	営業部	職名	営業部長	住所	（郵便番号 ○○○-○○○○）○○市○○町5-8-3						
区分	月区分	支月	給日	総支給金額	社会保険料等の控除額	社会保険料等控除後の給与等の金額	扶養親族等の数	算出税額	年末調整による過不足税額	差引徴収税額		
令和3年分 給料・手当等		1	25	556,000円	85,556円	470,444円	4人	9,450円	円	9,450円		
		2	25	556,000	85,556	470,444	4	9,450		9,450		
		3	25	556,000	85,556	470,444	4	9,450		9,450		
		4	26	560,000	85,512	474,488	4	9,700		9,700		
		5	25	560,000	85,512	474,488	4	9,700		9,700		
		6	25	560,000	85,512	474,488	3	12,940		12,940		
		7	26	560,000	85,512	474,488	3	12,940		12,940		
		8	25	560,000	85,512	474,488	3	12,940		12,940		
		9	24	560,000	85,512	474,488	3	12,940		12,940		
		10	25	560,000	85,512	474,488	2	16,160		16,160		
		11	25	560,000	85,512	474,488	2	16,160	不足	16,160		
		12	24	560,000	85,512	474,488	2	16,160	43,986	60,146		
		計		① 6,708,000	② 1,026,276	5,681,724		③ 147,990				
賞与等		7 7	30	1,190,000	181,713	1,008,287	3	（税率 12.252％）123,535		123,535		
		12 12	10	1,302,000	198,815	1,103,185	2	（税率 14.294％）157,689		157,689		
								（税率　　％）				
								（税率　　％）				
		計		④ 2,492,000	⑤ 380,528	2,111,472		⑥ 281,224				

ハ　イで求めた給与所得控除後の給与等の金額（調整控除後）から口で求めた所得控除額の合計額を差し引き、課税給与所得金額を求めます。

$$\begin{pmatrix}給与所得控除後の給与\\等の金額(調整控除後)\end{pmatrix} \begin{pmatrix}所得控除額\\の\ 合\ 計\ 額\end{pmatrix} \begin{pmatrix}課税給与\\所得金額\end{pmatrix}$$

7,250,000円　　－　2,794,304円 ＝ 4,455,000円　（1,000円未満の端数切捨て）

ニ　ハで求めた課税給与所得金額4,455,000円に対する算出所得税額を「令和３年分の年末調整のための算出所得税額の速算表」によって求めると463,500円となります。

$$\begin{pmatrix}課税給与\\所得金額\end{pmatrix} 〔税率〕〔控除額〕〔算出所得税額〕$$

4,455,000円× 20% －427,500円＝ 463,500円

ホ　この設例の場合、（特定増改築等）住宅借入金等特別控除の適用がありませんので、ニで求めた算出所得税額が年調所得税額となります。

ヘ　年調所得税額463,500円に102.1％を乗じて求めた473,200円（100円未満の端数切捨て）が年調年税額となります。

ト　年調年税額と既に徴収済みの税額429,214円との差額43,986円（473,200円－429,214円）が、不足額となります。

チ　この不足額43,986円に本年最後に支給する給与から徴収すべき税額16,160円を加えた額60,146円を、本年最後に支給する給与から徴収することになります。

208　第2　年末調整の実務

⑪　大学入学のための費用を会社が負担している人の場合（本年最後に支給する普通給与に対する税額計算を省略しないで年末調整をする例）

〔設　例〕

年間給与の総額（他の所得なし）…11,275,000円
　（上記のうち入学金の会社負担額‥660,000円）
徴収税額………………………………771,438円
年間社会保険料等…………………1,724,199円
年間生命保険料
一般の生命保険料（旧生命保険料）…110,000円
介護医療保険料…………………………26,000円
個人年金保険料（旧個人年金保険料）‥105,000円
年間地震保険料…………………………12,800円

一般の控除対象配偶者……………………あり
　パート収入　380,000円
　内職収入　　600,000円（必要経費150,000円）
特定扶養親族………………………………1人
控除対象扶養親族（一般の障害者）……………1人
所得金額調整控除の適用あり

（計算方法）

　この設例は、従業員の子供が大学に入学することとなったことに伴い、その入学金の一部660,000円を会社が負担した場合の例です。このように従業員が負担すべき費用を会社が負担した場合には、その負担した金額は従業員の給与（賞与）となりますので、給与の総支給金額及び徴収税額を集計するに当たっては、これを含めたところで計算します。

イ　まず、給与の総額11,275,000円について、給与所得控除後の給与等の金額を「令和3年分の年末調整等のための給与所得控除後の給与等の金額の表」によって次の算式で求めると9,325,000円になります。

〔給与の総額〕　〔控除額〕
11,275,000円－1,950,000円
$\left(\begin{array}{l}\text{給与所得控除後}\\\text{の給与等の金額}\end{array}\right)$
＝9,325,000円

所属				人事部	職名	人事係長	住所		(郵便番号 ○○○-○○○○)　○○市○○町6-8-8					
甲欄乙欄														
区分	月区分	支給月日		総支給金額		社会保険料等の控除額	社会保険料等控除後の給与等の金額	扶養親族等の数	算出税額		年末調整による過不足税額		差引徴収税額	
令和3年分　給与所得に対する源泉徴収簿	給料・手当等	1	1	29		645,000 円	99,305 円	545,695 円	3 人	18,820 円		円		18,820 円
		2	2	26		645,000	99,305	545,695	3	18,820				18,820
		3	3	31		645,000	99,305	545,695	3	18,820				18,820
		4	4	30		650,000	99,255	550,745	3	19,060				19,060
		5	5	31		650,000	99,255	550,745	3	19,060				19,060
		6	6	30		650,000	99,255	550,745	3	19,060				19,060
		7	7	30		650,000	99,255	550,745	3	19,060				19,060
		8	8	31		650,000	99,255	550,745	3	19,060				19,060
		9	9	30		650,000	99,255	550,745	3	19,060				19,060
		10	10	29		650,000	99,255	550,745	3	19,060				19,060
		11	11	30		650,000	99,255	550,745	3	19,060				19,060
		12	12	31		650,000	99,255	550,745	3	19,060		過納 ▲126,138		▲107,078
		計			①	7,785,000	② 1,191,210	6,593,790		③ 228,000				
	賞与等	3	3	31		660,000	100,848	559,152	3	(税率 18.378 %) 102,760				102,760
		7	7	9		1,390,000	212,253	1,177,747	3	(税率 18.378 %) 216,446				216,446
		12	12	20		1,440,000	219,888	1,220,112	3	(税率 18.378 %) 224,232				224,232
										(税率 %)				
		計			④	3,490,000	⑤ 532,989	2,957,011		⑥ 543,438				

第2 年末調整の実務 209

$$\begin{pmatrix}給与所得控除後\\の給与等の金額\end{pmatrix} \begin{pmatrix}所得金額調\\整\ 控\ 除\ 額\end{pmatrix} \begin{pmatrix}給与所得控除後の給与\\等の金額(調整控除後)\end{pmatrix}$$

$$9,325,000円 \ - \ 150,000円 \ = \ 9,175,000円$$

(注) 所得金額調整控除額は、150,000円（＝（10,000,000円－8,500,000円）×10%）となります。

ロ　次に、所得控除額の合計額を求めます。

$$\begin{pmatrix}社会保険料\\等\ 控\ 除\ 額\end{pmatrix} \begin{pmatrix}生命保険\\料控除額\end{pmatrix} \begin{pmatrix}地震保険\\料控除額\end{pmatrix} \begin{pmatrix}配偶者\\控除額\end{pmatrix} \begin{pmatrix}扶養控除額及び障害者\\等\ の\ 控\ 除\ 額\ の\ 合\ 計\ 額\end{pmatrix} \begin{pmatrix}基\ \ 礎\\控除額\end{pmatrix} \begin{pmatrix}所得控除額\\の\ 合\ 計\ 額\end{pmatrix}$$

$$1,724,199円 + 120,000円 + 12,800円 + 260,000円 + \qquad 1,280,000円 \qquad + 480,000円 = 3,876,999円$$

(注)1　生命保険料控除額は、次のとおり算出した一般の生命保険料の控除額50,000円と介護医療保険料の控除額23,000円、個人年金保険料の控除額50,000円の合計額により求めますが、合計額123,000円は限度額の120,000円を超えるため、生命保険料控除額は120,000円となります。

(1)　一般の生命保険料（旧生命保険料）110,000円に対する控除額は、支払った保険料が100,000円を超えるため一律に50,000円となります。

(2)　介護医療保険料26,000円に対する控除額は23,000円（＝26,000円×$\frac{1}{2}$＋10,000円）になります。

(3)　個人年金保険料（旧個人年金保険料）105,000円に対する控除額は、支払った保険料が100,000円を超えるため一律に50,000円となります。

2　地震保険料控除額は、支払った地震保険料が12,800円で50,000円以下ですので、支払った保険料の全額が控除されます。

3　配偶者（特別）控除額は、配偶者控除等申告書で計算します。給与の支払を受ける人の合計所得金額が900万円超950万円以下（区分Ⅰ：B）で、配偶者の合計所得金額が48万円以下（区分Ⅱ：②）ですので、配偶者控除等申告書の「控除額の計算」欄の表の区分Ⅰの「B」及び区分Ⅱの「②」が交わる欄の金額260,000円が配偶者控除額となります。

配偶者の合計所得金額は、配偶者にはパートによる給与所得と内職による事業所得があるため、それぞれの所得金額を計算することになります。

なお、家内労働者等の事業所得等については、最高55万円（他に給与所得を有する場合には、55万円から給与所得控除額を控除した残額とします。）の必要経費を認める特例制度が設けられていますので（措法27）、配偶者の内職収入に係る事業所得の金額は次のとおり430,000円となります。

〔給与収入金額〕〔給与所得控除額〕

380,000円　－　380,000円

〔給与所得の金額〕

＝　　0円

$$\begin{pmatrix}事業所得の\\総収入金額\end{pmatrix} \qquad 〔必要経費〕$$

600,000円　－　（550,000円－380,000円）

〔事業所得の金額〕

＝　430,000円

4　扶養控除額及び障害者等の控除額の合計額は、「令和3年分の扶養控除額及び障害者等の控除額の合計額の早見表」の「①控除対象扶養親族の数に応じた控除額」の

210　第2　年末調整の実務

「人数」の「2人」欄に記載されている金額760,000円に「②障害者等がいる場合の控除額の加算額」の「ハ　一般の障害者、寡婦又は勤労学生に当たる（人がいる）場合」欄による270,000円（一般の障害者1人）及び「ヘ　特定扶養親族に当たる人がいる場合」欄による250,000円（特定扶養親族1人）を加えた金額1,280,000円です。

　　5　基礎控除額は、基礎控除申告書で計算します。給与の支払を受ける人の合計所得金額が900万円超950万円以下ですので、480,000円が基礎控除額となります。

ハ　イで求めた給与所得控除後の給与等の金額（調整控除後）からロで求めた所得控除額の合計額を差し引き、課税給与所得金額を求めます。

$$\begin{pmatrix}給与所得控除後の給与\\等の金額（調整控除後）\end{pmatrix} \begin{pmatrix}所得控除額\\の\ 合\ 計\ 額\end{pmatrix} \begin{pmatrix}課税給与\\所得金額\end{pmatrix}$$
　　　9,175,000円　－　3,876,999円＝5,298,000円　（1,000円未満の端数切捨て）

ニ　ハで求めた課税給与所得金額5,298,000円に対する算出所得税額を「令和3年分の年末調整のための算出所得税額の速算表」によって求めると632,100円となります。

$$\begin{pmatrix}課税給与\\所得金額\end{pmatrix} 〔税率〕〔控除額〕〔算出所得税額〕$$
　　　5,298,000円×20％－427,500円＝　632,100円

ホ　この設例の場合、（特定増改築等）住宅借入金等特別控除の適用がありませんので、ニで求めた算出所得税額が年調所得税額となります。

ヘ　年調所得税額632,100円に102.1％を乗じて求めた645,300円（100円未満の端数切捨て）が年調年税額となります。

ト　この年調年税額と既に徴収済みの税額771,438円との差額126,138円（645,300円－771,438円）が、超過額となります。

チ　この超過額126,138円は本年最後に支給する給与から徴収すべき税額19,060円に充当されますが、徴収すべき税額を超える金額107,078円（126,138円－19,060円）は本人に還付されることとなります。

第2　年末調整の実務　211

---

⑫　**年末調整後に給与の追加払があった人の場合**（本年最後に支給する普通給与に対する税額計算を省略しないで年末調整をする例）

　　　〔設　例〕

年間給与の総額（当初給与分）……8,238,500円
徴収税額……………………………300,031円
年末調整後に受けた追加払給与の額……90,000円
年間社会保険料等（当初給与分）…1,257,490円
　　　　　　　　　（追加給与分）…………270円

年間生命保険料
　一般の生命保険料（旧生命保険料）…131,120円
年間地震保険料……………………………14,200円
一般の控除対象配偶者（所得金額なし）……あり
特定扶養親族……………………………… 2 人
他の所得……………………………………なし

（計算方法）

　　この設例は、年末調整を行った後、その年内に給与の追加払があったため、年末調整の再計算を行う場合の例です。

イ　当初給与分の年末調整は、通常の例により行います。まず、給与の総額（当初）8,238,500円について、給与所得控除後の給与等の金額を「令和 3 年分の年末調整等のための給与所得控除後の給与等の金額の表」によって次の算式で求めると6,314,650円になります。

　　〔給与の総額〕〔率〕　〔控除額〕　　〔給与所得控除後の給与等の金額〕
　　8,238,500円×90％－1,100,000円＝　　　6,314,650円

　　また、この設例の場合、所得金額調整控除の適用がありませんので、この金額がそのまま給与所得控除後の給与等の金額（調整控除後）となります。

ロ　次に、所得控除額の合計額を求めます。

　$\binom{社会保険料}{等~控~除~額}$　$\binom{生命保険}{料控除額}$　$\binom{地震保険}{料控除額}$　$\binom{配偶者}{控除額}$　$\binom{扶養控除額及び障害者}{等の控除額の合計額}$　$\binom{基~~礎}{控除額}$　$\binom{所得控除額}{の合計額}$
　　1,257,490円　＋50,000円＋14,200円＋380,000円＋　　1,260,000円　　＋480,000円＝3,441,690円

　　(注)1　生命保険料控除額は、次のとおり算出した一般の生命保険料の控除額50,000円となります。
　　　　　・一般の生命保険料（旧生命保険料）131,120円に対する控除額は、支払った保険料が100,000円を超えるため一律に50,000円となります。
　　　2　地震保険料控除額は、支払った地震保険料が14,200円で50,000円以下ですので、支払った保険料の全額が控除されます。
　　　3　配偶者（特別）控除額は、配偶者控除等申告書で計算します。給与の支払を受ける人の合計所得金額が900万円以下（区分Ⅰ：A）で、配偶者の合計所得金額が48万円以下（区分Ⅱ：②）ですので、配偶者控除等申告書の「控除額の計算」欄の表の区分Ⅰの「A」及び区分Ⅱの「②」が交わる欄の金額380,000円が配偶者控除額となります。
　　　4　扶養控除額及び障害者等の控除額の合計額は、「令和 3 年分の扶養控除額及び障害者等の控除額の合計額の早見表」の「①控除対象扶養親族の数に応じた控除額」の「人数」の「 2 人」欄に記載されている金額760,000円に「②障害者等がいる場合の控除額の加算額」の「ヘ　特定扶養親族に当たる人がいる場合」欄による500,000円（特定扶養親族 2 人）を加えた金額1,260,000円です。
　　　5　基礎控除額は、基礎控除申告書で計算します。給与の支払を受ける人の合計所得金額が900万円以下ですので、480,000円が基礎控除額となります。

212　第2　年末調整の実務

ハ　イで求めた給与所得控除後の給与等の金額（調整控除後）から口で求めた所得控除額の合計額を差し引き、課税給与所得金額を求めます。

$$\begin{pmatrix} 給与所得控除後の給与 \\ 等の金額（調整控除後）\end{pmatrix} \begin{pmatrix} 所得控除額 \\ の合計額 \end{pmatrix} \begin{pmatrix} 課税給与 \\ 所得金額 \end{pmatrix}$$

　　6,314,650円　　−3,441,690円＝2,872,000円（1,000円未満の端数切捨て）

ニ　ハで求めた課税給与所得金額2,872,000円に対する算出所得税額を「令和3年分の年末調整のための算出所得税額の速算表」によって求めると189,700円となります。

$$\begin{pmatrix} 課税給与 \\ 所得金額 \end{pmatrix} \quad 〔税率〕 \quad 〔控除額〕 \quad 〔算出所得税額〕$$

　　2,872,000円　×　10%　−　97,500円　＝　　189,700円

ホ　この設例の場合、（特定増改築等）住宅借入金等特別控除の適用がありませんので、ニで求めた算出所得税額が年調所得税額となります。

ヘ　年調所得税額189,700円に102.1%を乗じて求めた193,600円（100円未満の端数切捨て）が年調年税額となります。

ト　この年調年税額と既に徴収済みの税額300,031円との差額106,431円（193,600円−300,031円）が超過額となります。この超過額は、本年最後の給与（12月24日支給分）から徴収すべき税額9,020円に充当されますが、徴収すべき税額を超える部分の金額97,411円（106,431円−9,020円）は、本人に還付することになります。

チ　以上の年末調整の後に90,000円の給与の追加支給が行われましたので、この金額を加えたところで年末調整の再計算を行う必要があります。追加払の給与の額90,000円を当初の給与の総額に加算した金額8,328,500円に対する給与所得控除後の給与等の金額（調整控除後）をイと同様の方法により求めると6,395,650円となります。

リ　チで求めた給与所得控除後の給与等の金額（調整控除後）から口で求めた所得控除額に追加

所属	営業部	職名	営業二課長	住所	（郵便番号 ○○○-○○○○）○○市○○町4-2-1

甲欄／乙欄

令和3年分　給料・退職所得に対する源泉徴収簿

区分	月区分	支給月	支給日	総支給金額	社会保険料等の控除額	社会保険料等控除後の給与等の金額	扶養親族等の数	算出税額	年末調整による過不足税額	差引徴収税額
給料・手当等	1	1	25	497,000 円	76,391 円	420,609 円	3 人	8,530 円	円	8,530 円
	2	2	25	497,000	76,391	420,609	3	8,530		8,530
	3	3	25	497,000	76,391	420,609	3	8,530		8,530
	4	4	26	501,500	76,354	425,146	3	9,020		9,020
	5	5	25	501,500	76,354	425,146	3	9,020		9,020
	6	6	25	501,500	76,354	425,146	3	9,020		9,020
	7	7	26	501,500	76,354	425,146	3	9,020		9,020
	8	8	25	501,500	76,354	425,146	3	9,020		9,020
	9	9	24	501,500	76,354	425,146	3	9,020		9,020
	10	10	25	501,500	76,354	425,146	3	9,020		9,020
	11	11	25	501,500	76,354	425,146	3	9,020		9,020
	12	12	24	501,500	76,354	425,146	3	9,020	過納 ▲106,431	▲97,411
				90,000	270	89,730				8,300
	計			① 6,094,500 6,004,500	② 916,629 916,359	5,177,871 5,088,141		③ 106,770		
賞与等	6	6	30	979,000	149,493	829,507	3	（税率10.210%）84,692		84,692
	12	12	20	1,255,000	191,638	1,063,362	3	（税率10.210%）108,569		108,569
								（税率 %）		
								（税率 %）		
	計			④ 2,234,000	⑤ 341,131	1,892,869		⑥ 193,261		

第2　年末調整の実務　　213

払の90,000円に対する社会保険料270円を加えた金額3,441,960円を控除してハと同様に課税給与所得金額2,953,000円を求めます。

ヌ　この課税給与所得金額2,953,000円に対する算出所得税額をニと同様の方法により求めると197,800円となり、これが年調所得税額となります。

ル　年調年税額をへと同様の方法により求めると201,900円となります。

ヲ　ルで求めた年調年税額201,900円とへで求めた当初給与に対する年調年税額193,600円との差額8,300円を追加払の給与の額90,000円から徴収して年末調整の再計算を終了します。

214　第2　年末調整の実務

⑬　年の中途で非居住者から居住者になった人の場合（本年最後に支給する普通給与に対する税額計算を省略しないで年末調整をする例）

――〔設　例〕――

給与の総額（他の所得なし）………… 2,641,000円　　　年間社会保険料 ……………………………… 379,511円
徴収税額………………………………77,470円　　　一般の控除対象配偶者（所得金額なし）…… あり

（計算方法）

　この設例は、年の中途（8月中旬）から居住者となった人の例を記載しています。年の中途で居住者となった人については、その居住者となった日から12月31日までの間に支払の確定した給与の総額を対象にして、年末調整を行うこととなります。

　なお、海外支店勤務から国内支店勤務への変更などにより、給与の計算期間の中途で居住者となった人に支払う給与で、居住者となった日以後に支給期の到来するものについては、非居住者であった期間の勤務に対応する部分の金額も含めて税額を計算することになっています。

イ　まず、給与の総額2,641,000円について、給与所得控除後の給与等の金額を「令和3年分の年末調整等のための給与所得控除後の給与等の金額の表」によって求めると1,768,000円になります。

　また、この設例の場合、所得金額調整控除の適用がありませんので、この金額がそのまま給与所得控除後の給与等の金額（調整控除後）となります。

ロ　次に、所得控除額の合計額を求めます。

$$\binom{社会保険料}{等控除額} \quad \binom{配偶者}{控除額}$$

379,511円　＋380,000円

$$\binom{基\ \ \ 礎}{控除額} \quad \binom{所得控除額}{の合計額}$$

＋480,000円＝1,239,511円

(注)1　配偶者（特別）控除額は、配偶者控除等申告書で計算します。給与の支払を受ける人の合計所得金額が900万円以下（区分Ⅰ：A）で、配偶者の合計所得金額が48万円以下（区分Ⅱ：②）ですので、配偶者控除等申告書の「控除額の計算」欄の表の区分Ⅰの「A」及び区分Ⅱの「②」が交わる欄の金額380,000

（右側の表）

所属：研究部　研究開発課　　職名：開発主任　　住所：（郵便番号 ○○○-○○○○）○○市○○町5-9

令和3年分　給与職所得に対する源泉徴収簿

月区分	支給月日	総支給金額	社会保険料等の控除額	社会保険料等控除後の給与等の金額	扶養親族等の数	算出税額	年末調整による過不足税額	差引徴収税額
1								
2								
3								
4								
5								
6								
7								
8	8 25	380,000	54,606	325,394	1	7,720		7,720
9	9 24	380,000	54,606	325,394	1	7,720		7,720
10	10 25	380,000	54,606	325,394	1	7,720		7,720
11	11 25	380,000	54,606	325,394	1	7,720		7,720
12	12 24	380,000	54,606	325,394	1	7,720	過納 ▲50,570	▲42,850
計		① 1,900,000	② 273,030	1,626,970		③ 38,600		
賞与等	12 12 10	741,000	106,481	634,519	1	(税率 6.126 %) 38,870		38,870
						(税率　%)		
						(税率　%)		
						(税率　%)		
計		④ 741,000	⑤ 106,481	634,519		⑥ 38,870		

円が配偶者控除額となります。

2　基礎控除額は、基礎控除申告書で計算します。給与の支払を受ける人の合計所得金額が900万円以下ですので、480,000円が基礎控除額となります。

ハ　イで求めた給与所得控除後の給与等の金額（調整控除後）からロで求めた所得控除額の合計額を差し引き、課税給与所得金額を求めます。

$$\begin{pmatrix} 給与所得控除後の給与 \\ 等の金額(調整控除後) \end{pmatrix} \begin{pmatrix} 所得控除額 \\ の合計額 \end{pmatrix} \begin{pmatrix} 課税給与 \\ 所得金額 \end{pmatrix}$$

　　　1,768,000円　　－　1,239,511円 ＝ 528,000円（1,000円未満の端数切捨て）

ニ　ハで求めた課税給与所得金額528,000円に対する算出所得税額を「令和3年分の年末調整のための算出所得税額の速算表」によって求めると26,400円となります。

　　〔課税給与所得金額〕〔税率〕　〔算出所得税額〕
　　　　528,000円　　×　5％　＝　　26,400円

ホ　この設例の場合、（特定増改築等）住宅借入金等特別控除の適用がありませんので、ニで求めた算出所得税額が年調所得税額となります。

ヘ　年調所得税額26,400円に102.1％を乗じて求めた26,900円（100円未満の端数切捨て）が年調年税額となります。

ト　この年調年税額と既に徴収済みの税額77,470円との差額50,570円（26,900円－77,470円）が、超過額となります。

チ　この超過額50,570円は、本年最後に支払う給与から徴収すべき税額7,720円に充当されますが、徴収すべき税額を超える金額42,850円（50,570円－7,720円）は本人に還付することになります。

⑭ 賞与で年末調整を行い、後に支払う給与の支給額が見積額と異なった人の場合（本年最後に支給する普通給与よりも先に支給する賞与で年末調整を行い、その賞与に対する税額計算を省略する例）

〔設 例〕

年間給与の総額（当初給与分）……… 9,920,000円	配偶者（給与所得の金額1,250,000円）
徴収税額（当初給与分）……………… 356,884円	……………………………………………… あり
年末調整の際の見積額より増加した金額	一般の控除対象扶養親族（年齢23歳未満）
…………82,000円	当初 ………………………………………… 2人
年間社会保険料等（当初給与分）…… 1,516,757円	令和3年5月8日…内1人が一般の障害者に該当
（増加差額分）……………… 246円	所得金額調整控除の適用あり
年間生命保険料	他の所得…………………………………… なし
一般の生命保険料（旧生命保険料）…… 21,000円	
介護医療保険料……………………… 84,600円	

（計算方法）

イ まず、給与の総額（当初）9,920,000円について、給与所得控除後の給与等の金額を「令和3年分の年末調整等のための給与所得控除後の給与等の金額の表」によって次の算式で求めると7,970,000円になります。

$$\binom{\text{年末調整の対象と}}{\text{なる給与の合計額}} \quad \text{〔控除額〕}$$

9,920,000円 － 1,950,000円

$$\binom{\text{給与所得控除後}}{\text{の給与等の金額}}$$

＝ 7,970,000円

$$\binom{\text{給与所得控除後}}{\text{の給与等の金額}} \binom{\text{所得金額調}}{\text{整控除額}^{(注)}}$$

7,970,000円 － 142,000円

$$\binom{\text{給与所得控除後の給与}}{\text{等の金額（調整控除後）}}$$

＝ 7,828,000円

(注) 所得金額調整控除額は、142,000円（＝（9,920,000円－8,500,000円）×10%）となります。

ロ 次に、所得控除額の合計額を求めます。

所属	本店 経理部	職名	経理部長	住所	(郵便番号 ○○○-○○○○) ○○市○○町8-7-6				

甲欄 乙欄

令和3年分 給与・退職所得に対する源泉徴収簿

区分	月区分	支給日	総支給金額	社会保険料等の控除額	社会保険料等控除後の給与等の金額	扶養親族等の数	算出税額	年末調整による過不足税額	差引徴収税額
給料・手当等	1	1 25	586,000 円	90,140 円	495,860 円	2人	17,880 円	円	17,880 円
	2	2 25	586,000	90,140	495,860	2	17,880		17,880
	3	3 25	586,000	90,140	495,860	2	17,880		17,880
	4	4 26	590,000	90,093	499,907	2	18,120		18,120
	5	5 25	590,000	90,093	499,907	3	14,900		14,900
	6	6 25	590,000	90,093	499,907	3	14,900		14,900
	7	7 26	590,000	90,093	499,907	3	14,900		14,900
	8	8 25	590,000	90,093	499,907	3	14,900		14,900
	9	9 24	590,000	90,093	499,907	3	14,900		14,900
	10	10 25	590,000	90,093	499,907	3	14,900		14,900
	11	11 25	590,000	90,093	499,907	3	14,900		14,900
	12	12 24	590,000	90,093	499,907	3	14,900	不足 14,900	29,800
			82,000	246	81,754				
	計		① 7,150,000 7,068,000	㉑ 1,081,767 1,081,257	6,068,233 5,986,743		③ 190,960		
賞与等	7	7 30	1,370,000	209,199	1,160,801	3	(税率 14.294 %) 165,924		165,924
	12	12 20	1,482,000	226,301	1,255,699	3	(税率 — %)	不足 152,016	152,016
							(税率 %)		
							(税率 %)		
	計		④ 2,852,000	⑤ 435,500	2,416,500		⑥ 165,924		

216 第2 年末調整の実務

第 2 年末調整の実務 217

$$\begin{pmatrix}\text{社会保険料}\\\text{等控除額}\end{pmatrix} \begin{pmatrix}\text{生命保険}\\\text{料控除額}\end{pmatrix} \begin{pmatrix}\text{配偶者特}\\\text{別控除額}\end{pmatrix} \begin{pmatrix}\text{扶養控除額及び障害者}\\\text{等の控除額の合計額}\end{pmatrix} \begin{pmatrix}\text{基 礎}\\\text{控除額}\end{pmatrix} \begin{pmatrix}\text{所得控除額}\\\text{の 合 計 額}\end{pmatrix}$$

1,516,757円 + 61,000円 + 110,000円 + 1,030,000円 + 480,000円 = 3,197,757円

(注)1 生命保険料控除額は、次のとおり算出した一般の生命保険料の控除額21,000円と介護医療保険料の控除額40,000円との合計額61,000円となります。
　(1) 一般の生命保険料（旧生命保険料）21,000円に対する控除額は、支払った全額の21,000円になります。
　(2) 介護医療保険料84,600円に対する控除額は、支払った保険料が80,000円を超えるため一律に40,000円となります。
　2 配偶者（特別）控除額は、配偶者控除等申告書で計算します。給与の支払を受ける人の合計所得金額が900万円以下（区分Ⅰ：A）で、配偶者の合計所得金額が120万円超125万円以下（区分Ⅱ：④）ですので、配偶者控除等申告書の「控除額の計算」欄の表の区分Ⅰの「A」及び区分Ⅱの「④（120万円超125万円以下）」が交わる欄の金額110,000円が配偶者特別控除額となります。
　3 扶養控除額及び障害者等の控除額の合計額は、「令和3年分の扶養控除額及び障害者等の控除額の合計額の早見表」の「①控除対象扶養親族の数に応じた控除額」の「人数」の「2人」欄に記載されている金額760,000円に「②障害者等がいる場合の控除額の加算額」の「ハ　一般の障害者、寡婦又は勤労学生に当たる（人がいる）場合」欄による270,000円（一般の障害者1人）を加えた金額1,030,000円となります。
　4 基礎控除額は、基礎控除申告書で計算します。給与の支払を受ける人の合計所得金額が900万円以下ですので、480,000円が基礎控除額となります。

ハ　イで求めた給与所得控除後の給与等の金額（調整控除後）からロで求めた所得控除額の合計額を差し引き、課税給与所得金額を求めます。

$$\begin{pmatrix}\text{給与所得控除後の給与}\\\text{等の金額（調整控除後）}\end{pmatrix} \begin{pmatrix}\text{所得控除額}\\\text{の 合 計 額}\end{pmatrix}$$
　　　7,828,000円 － 3,197,757円

$$\begin{pmatrix}\text{課税給与}\\\text{所得金額}\end{pmatrix}$$
　= 4,630,000円 （1,000円未満の端数切捨て）

ニ　ハで求めた課税給与所得金額4,630,000円に対する算出所得税額を「令和3年分の年末調整のための算出所得税額の速算表」によって求めると498,500円となります。

〔課税給与所得金額〕〔税率〕
　　4,630,000円　× 20% － 427,500円

〔算出所得税額〕
　= 498,500円

ホ　この設例の場合、（特定増改築等）住宅借入金等特別控除の適用がありませんので、ニで求めた算出所得税額が年調所得税額となります。

ヘ　年調所得税額498,500円に102.1%を乗じて求めた508,900円（100円未満の端数切捨て）が年調年税額となります。

218 第2 年末調整の実務

ト この年調年税額と既に徴収済みの税額356,884円との差額152,016円（508,900円－356,884円）が不足額となりますので、この金額を賞与の金額から徴収することになります。

チ 後から支給する普通給与の額が当初の見積額よりも82,000円増加することとなったことに伴い、年末調整の再計算を行う必要があります。

見積額との差額82,000円を給与の総額に加算した金額10,002,000円に対する給与所得控除後の給与等の金額（調整控除後）をイと同様の方法により求めると7,902,000円となります。

(注) 所得金額調整控除額は、150,000円（＝（10,000,000円－8,500,000円）×10％）となります。

リ チで求めた給与所得控除後の給与等の金額（調整控除後）からロで求めた所得控除額の合計額に見積額との差額82,000円に係る社会保険料246円を加えた金額3,198,003円を控除してハと同様に課税給与所得金額4,703,000円（1,000円未満の端数切捨て）を求めます。

ヌ この課税給与所得金額4,703,000円に対する算出所得税額を求めると513,100円となり、ヘと同様にこの算出所得税額に102.1％を乗じて求めた523,800円（100円未満の端数切捨て）が再計算後の年調年税額となります。

ル ヌで求めた再計算後の年調年税額523,800円と当初の見積額を基にへで求めた年調年税額508,900円との差額14,900円（523,800円－508,900円）が年末調整の際の見積額より増加した金額82,000円に対応する税額となり、この税額14,900円と当初の見積額から徴収することとなっていた14,900円との合計額29,800円を本年最後に支給する普通給与の金額672,000円（590,000円＋82,000円）から徴収して年末調整の再調整を終了します。

第2　年末調整の実務　219

⑮　ひとり親に該当する場合（本年最後に支給する普通給与よりも先に支給する賞与で年末調整を行い、その賞与に対する税額計算を省略する例）

〔設　例〕

年間給与の総額……………………………4,373,500円
徴収税額……………………………………………58,029円
年間社会保険料等…………………………639,779円
年間生命保険料
一般の生命保険料（新生命保険料）……48,400円

ひとり親（令和３年６月夫と死別）
………………６月異動申告……該当
一般の控除対象扶養親族（子供＝所得金額なし）
…６月異動申告……１人

（計算方法）

本年最後に給与の支払をする月中に賞与以外の普通給与と賞与を支払う場合で、普通給与の支払よりも前に賞与を支払うときは、その賞与を支払う際に年末調整を行っても差し支えないことになっています。この場合には、後で支払う普通給与の見積額及びこれに対応する見積税額を加えたところで年末調整を行いますが、後で支払う普通給与の実際の支給額がその見積額と異なったときは、その実際の支給額によって年末調整のやり直しをしなければなりません。

設例は、12月25日に支給する普通給与よりも前に支払われる賞与で年末調整を行う例ですが、この場合には、12月25日に支給する普通給与の見積額274,500円とこれに対応する見積税額2,770円をそれぞれ加えたところで、次のようにして年末調整を行います。

イ　まず、給与の総額4,373,500円について、給与所得控除後の給与等の金額を「令和３年分の年末調整等のための給与所得控除後の給与等の金額の表」によって求めると3,057,600円になります。

ロ　次に、所得控除額の合計額を求めます。

令和３年分 給与所得・退職所得に対する源泉徴収簿

（甲欄）乙欄

所属	職名	住所
総務部 総務課	秘書	（郵便番号 ○○○－○○○○） ○○市○○町2-9

区分	月区分	支給 月	支給 日	総支給金額	社会保険料等の控除額	社会保険料等控除後の給与等の金額	扶養親族等の数	算出税額	年末調整による過不足税額	差引徴収税額
給料・手当等	1	1	25	270,000円	40,248円	229,752円	0人	5,780円	円	5,780円
	2	2	25	270,000	40,248	229,752	0	5,780		5,780
	3	3	25	270,000	40,248	229,752	0	5,780		5,780
	4	4	26	274,500	40,219	234,281	0	5,990		5,990
	5	5	25	274,500	40,219	234,281	0	5,990		5,990
	6	6	25	274,500	40,219	234,281	2	2,770		2,770
	7	7	26	274,500	40,219	234,281	2	2,770		2,770
	8	8	25	274,500	40,219	234,281	2	2,770		2,770
	9	9	24	274,500	40,219	234,281	2	2,770		2,770
	10	10	25	274,500	40,219	234,281	2	2,770		2,770
	11	11	25	274,500	40,219	234,281	2	2,770		2,770
	12	12	24	274,500	40,219	234,281	2	2,770		2,770
	計			① 3,280,500	② 482,715	2,797,785		③ 48,710		
賞与等	7	7	30	533,000	76,592	456,408	2	（税率 2.042 ％） 9,319		9,319
	12	12	10	560,000	80,472	479,528	2	（税率 ％） ——	不足 1,871	1,871
								（税率 ％）		
								（税率 ％）		
	計			④ 1,093,000	⑤ 157,064	935,936		⑥ 9,319		

第 2　年末調整の実務　221

$$\begin{pmatrix}\text{社会保険料}\\\text{等控除額}\end{pmatrix}\begin{pmatrix}\text{生命保険料}\\\text{控 除 額}\end{pmatrix}\begin{pmatrix}\text{扶養控除額額及び障害}\\\text{者等の控除額の合計額}\end{pmatrix}\begin{pmatrix}\text{基 礎}\\\text{控除額}\end{pmatrix}\begin{pmatrix}\text{所得控除額の}\\\text{合 計 額}\end{pmatrix}$$

639,779円 ＋ 32,100円 　　＋730,000円 　＋480,000円 ＝ 1,881,879円

(注)1　生命保険料控除額は、次のとおり算出した一般の生命保険料の控除額32,100円となります。
・一般の生命保険料（新生命保険料）48,400円に対する控除額は32,100円（＝48,400円× $\frac{1}{4}$ ＋ 20,000円）になります。

2　扶養控除額及び障害者等の控除額の合計額は、「令和3年分の扶養控除額及び障害者等の控除額の合計額の早見表」の「①控除対象扶養親族の数に応じた控除額」の「人数」の「1人」欄に記載されている金額380,000円に「②障害者等がいる場合の控除額の加算額」の「ニ　所得者本人がひとり親に当たる場合」欄による350,000円を加えた730,000円です。

3　基礎控除額は基礎控除申告書で計算します。給与の支払を受ける人の合計所得金額が900万円以下ですので、480,000円が基礎控除額となります。

ハ　イで求めた給与所得控除後の給与等の金額からロで求めた所得控除額の合計額を差し引き、課税給与所得金額を求めます。

$$\begin{pmatrix}\text{給与所得控除後}\\\text{の給与等の金額}\end{pmatrix}\begin{pmatrix}\text{所得控除額}\\\text{の 合 計 額}\end{pmatrix}\begin{pmatrix}\text{課税給与}\\\text{所得金額}\end{pmatrix}$$

3,057,600円 － 1,881,879円 ＝ 1,175,000円（1,000円未満の端数切捨て）

ニ　ハで求めた課税給与所得金額1,175,000円に対する算出所得税額を「令和3年分の年末調整のための算出所得税額の速算表」によって求めると58,750円となります。

〔課税給与所得金額〕〔税率〕〔算出所得税額〕
1,175,000円 × 5 ％ ＝ 58,750円

ホ　この設例の場合、（特定増改築等）住宅借入金等特別控除の適用がありませんので、ニで求めた算出所得税額が年調所得税額となります。

ヘ　年調所得税額58,750円に102.1％を乗じて求めた59,900円（100円未満の端数切捨て）が年調年税額となります。

ト　この年調年税額と既に徴収済みの税額58,029円（本年最後に支給する普通給与よりも先に支給される賞与で年末調整を行い、その賞与に対する通常の税額計算は省略してあります。）との差額1,871円（59,900円－58,029円）が、不足額となります。この不足額1,871円は、12月に支払う賞与の金額560,000円から徴収することになります。

222　第2　年末調整の実務

5　過不足額の精算

――――――――――――――――――――〔ポイント〕――――――――――
　　年末調整による過納額は、給与の支払者が12月分として納付する源泉徴収
税額から控除して還付し、還付しきれない過納額は、翌年納付する源泉徴収
税額から順次控除して還付します。
　　年末調整による不足額は、本年最後に支払う給与から徴収して納付するこ
とになります。
――――――――――――――――――――〔ポイント〕――――――――――

　前記4により年調年税額の計算が終わったら、次に、その年調年税額と先に集計した本年分の給与からの徴収税額の合計額とを比較して、過不足額を計算し、その精算を行います。

　本年分の給与からの徴収税額の合計額の方が年調年税額よりも多い場合には、その差額は「過納額」、つまり、それだけ納め過ぎていたことになり、逆に年調年税額よりも少ない場合には、その差額は「不足額」、つまり、それだけ納め足りなかったことになります。

　この過納額又は不足額は、年調年税額の計算ができれば、源泉徴収簿で簡単に計算することができます。つまり、「年末調整」の「㉕」欄の金額と「⑧」欄の金額との差額を求め、「⑧」欄の金額の方が多い場合の差額は過納額、少ない場合の差額は不足額となります。

〔源泉徴収簿の「年末調整」欄の記入例〕

(注)1　通常は次のような場合が、過納額を生ずる原因となります。また、本年最後に支払う給与について税額の計算を省略して年末調整を行った場合には、過納額はその税額に相当する額だけ少なくなります。
　　(1)　本年の中途で控除対象扶養親族の数が増加した場合
　　(2)　本年の中途で障害者、寡婦又は勤労学生等に該当することとなった場合
　　(3)　生命保険料、地震保険料等の控除の適用や配偶者控除又は配偶者特別控除の適用（毎月の給与等に

係る源泉徴収税額の算出の際に源泉控除対象配偶者に係る控除を受けた場合を除きます。）があった場合

(4) 年間の賞与の金額が比較的少なかった場合

(5) 賞与を支払う月の前月分の普通給与の金額が通常の月に比べて多かった場合

(6) 本年の中途で就職した人又は本年の中途で死亡により退職した人など1年を通じて勤務していない人について年末調整を行った場合

(7) （特定増改築等）住宅借入金等特別控除の適用があった場合

2 通常は次のような場合が、不足額を生ずる原因となります。また、本年最後に支払う給与について税額の計算を省略して年末調整を行った場合には、不足額はその税額に相当する額だけ多くなります。

(1) 本年の中途で源泉控除対象配偶者を有しないこととなったり控除対象扶養親族の数が減少した場合

(2) 本年の中途で本人が寡婦又は勤労学生に該当しないこととなった場合

(3) 年間の賞与の金額が比較的多かった場合

(4) 賞与を支払う月の前月分の普通給与の金額が通常の月に比べて少なかった場合

こうして求めた過納額又は不足額は、222ページの記入例のように「年末調整」欄の「差引超過額又は不足額㉖」欄に記入するとともに、「超過額」又は「不足額」の文字を ◯ で囲んで表示し、これから説明する方法で精算します。

（1） 過 納 額 の 精 算

過納額は、次の方法で精算します。

① 給与の支払者からの還付

過納額は、給与の支払者が年末調整をした月分（通常の場合には12月分、納期の特例の承認を受けている場合には本年7月から12月までの分）として納付すべき「給与、退職手当及び弁護士、司法書士、税理士等に支払われた報酬・料金に対する源泉徴収税額」から控除して給与所得者本人に還付し、なお還付しきれないときは、その後に納付すべき｜給与、退職手当及び弁護士、司法書士、税理士等に支払われる報酬・料金に対する源泉徴収税額」から順次控除して給与所得者本人に還付します（所法191、所令312）。

ただし、本年最後に支払をする給与について税額の計算を省略しないで通常どおり計算して年末調整を行った場合又は本年分の給与に未払のものがある場合には、次によります。

イ 本年最後に支払う給与（年末調整を行った給与又は賞与をいいます。）について税額の計算を

〔源泉徴収簿の「年末調整」欄の記入例〕

区　　分	金　額		税　額
給　料　・　手　当　等	① 10,017,000	③	533,460
賞　　　　与　　　　等	④ 5,200,000	⑥	968,828
計	⑦ 15,217,000	⑧	1,502,288
給与所得控除後の給与等の金額	⑨ 13,267,000	所得金額調整控除の適用 有・無 （※ 適用有の場合は⑩に記載）	
所得金額調整控除の額 ((⑦-8,500,000円)×10%、マイナスの場合は0)	⑩ 150,000		
給与所得控除後の給与等の金額（調整控除後） (⑨ - ⑩)	⑪ 13,117,000		
社会保険料等控除額	給与等からの控除分 (② + ⑤)	⑫ 1,779,162	配偶者の合計所得金額 （ 250,000 円）
	申告による社会保険料の控除分	⑬ 0	
	申告による小規模企業共済等掛金の控除分	⑭ 65,000	旧長期損害保険料支払額 （ 24,000 円）
生命保険料の控除額	⑮ 120,000	⑫のうち小規模企業共済等掛金の金額	
地震保険料の控除額	⑯ 50,000		
配偶者（特別）控除額	⑰ 0	⑬のうち国民年金保険料等の金額 （ 円）	
扶養控除額及び障害者等の控除額の合計額	⑱ 1,970,000		
基　礎　控　除　額	⑲ 480,000		
所得控除額の合計額 (⑫+⑬+⑭+⑮+⑯+⑰+⑱+⑲)	⑳ 4,464,162		
差引課税給与所得金額(⑪-⑳)及び算出所得税額	㉑ (1,000円未満切捨て) 8,652,000	㉒	1,353,960
（特定増改築等）住宅借入金等特別控除額	㉓		0
年調所得税額 (㉒-㉓、マイナスの場合は0)	㉔		1,353,960
年　調　年　税　額　(㉔ × 1 0 2.1 %)	㉕ (100円未満切捨て)		1,382,300
差引 超過額 又は 不足額 (㉕-⑧)	㉖		119,988
超過額の精算	本年最後の給与から徴収する税額に充当する金額	㉗	
	未払給与に係る未徴収の税額に充当する金額	㉘	
	差引還付する金額 (㉖-㉗-㉘)	㉙	119,988
	同上の うち	本年中に還付する金額	㉚ 119,988
		翌年において還付する金額	㉛
不足額の精算	本年最後の給与から徴収する金額	㉜	
	翌年に繰り越して徴収する金額	㉝	

224　第2　年末調整の実務

省略しないで、通常どおり計算して年末調整を行った場合には、過納額は、まずその本年最後に支払う給与に対する税額に充当し、残りの過納額について上記の方法により還付します。

(注)　この場合の過納額は、年調年税額と本年最後に支払う給与について計算した税額を含んだ徴収税額の合計額との差額であって、このうち本年最後に支払う給与について計算した税額に相当する部分は、まだ現実に徴収されていない、いわば計算上生じた過納額に過ぎません。したがって、その部分を差し引いて実際に納め過ぎとなっている税額を還付するために、上記のように、過納額はまず本年最後に支払う給与に対する税額に充当し、残りの過納額について還付することになります。

　　なお、この場合には、その充当の事績及び充当の結果実際に還付することとなる過納額を「年末調整」欄の「超過額の精算」の「㉗」欄及び「㉙」欄に記入します。

ロ　本年分の給与に未払のものがあるため未徴収の税額がある場合には、その未徴収の税額を控除した残りの過納額について、上記の方法により還付を行います。

(注)　この場合の過納額は、年調年税額と未払の給与についての未徴収の税額を含んだ徴収税額の合計額との差額であって、このうちその未徴収の税額に相当する部分は、まだ現実に徴収されていない計算上の税額によって生じた過納額になることから、その部分を控除した残りの過納額について還付することになります。

　　なお、この場合には、その控除の事績及び控除の結果実際に還付することとなる過納額を「年末調整」欄の「超過額の精算」の「㉘」欄及び「㉙」欄に上記の記入例のように記入します。

〔源泉徴収簿の「年末調整」欄の記入例〕

区　　　分	金　　額	税　　額
給料・手当等	① 10,017,000 円	③ 533,460 円
賞与等	④ 5,200,000	⑥ 968,828
計	⑦ 15,217,000	⑧ 1,502,288
給与所得控除後の給与等の金額	⑨ 13,267,000	所得金額調整控除の適用
所得金額調整控除額 ((⑦-8,500,000円)×10%、マイナスの場合は0)	⑩ 150,000	(1円未満切上げ、最高150,000円)
給与所得控除後の給与等の金額(調整控除後)(⑨-⑩)	⑪ 13,117,000	有 ・無 (※ 適用の場合は別に記載)
社会保険料等控除額 給与等からの控除分(②+⑤)	⑫ 1,779,162	配偶者の合計所得金額
申告による社会保険料の控除分	⑬ 0	(250,000 円)
申告による小規模企業共済等掛金の控除分	⑭ 65,000	旧長期損害保険料支払額
生命保険料の控除額	⑮ 120,000	(24,000 円)
地震保険料の控除額	⑯ 50,000	⑫のうち小規模企業共済等掛金の金額
配偶者(特別)控除額	⑰ 0	(円)
扶養控除額及び障害者等の控除額の合計額	⑱ 1,970,000	⑬のうち国民年金保険料等の金額
基礎控除額	⑲ 480,000	(円)
所得控除額の合計額 (⑫+⑬+⑭+⑮+⑯+⑰+⑱+⑲)	⑳ 4,464,162	(円)
差引課税給与所得金額(⑪-⑳)及び算出所得税額	㉑ 8,652,000	㉒ 1,353,960
(特定増改築等)住宅借入金等特別控除額		㉓ 0
年調所得税額(㉒-㉓、マイナスの場合は0)		㉔ 1,353,960
年調年税額(㉔×102.1%)		㉕ 1,382,300
差引超過額又は不足額(㉕-⑧)		㉖ 119,988
超過額の精算 本年最後の給与から徴収する税額に充当する金額		㉗
未払給与に係る未徴収の税額に充当する金額		㉘
差引還付する金額(㉖-㉗-㉘)		㉙ 119,988
同上のうち 本年中に還付する金額		㉚ 119,988
翌年において還付する金額		㉛
不足額の精算 本年最後の給与から徴収する金額		㉜
翌年に繰り越して徴収する金額		㉝

「年末調整」欄の「超過額の精算」の「㉘」欄及び「㉙」欄に上記の記入例のように記入します。

なお、過納額から控除した部分の未徴収の税額は、それによって精算されたことになりますから、その後その未払の給与を支払う際には、その税額を徴収する必要はありません。しかし、その未払の給与を支払う際にその税額を徴収した場合には、その徴収の時にその徴収された金額に相当する過納額が生ずることになります(所基通191—1)。

②　税務署からの還付

①により過納額の還付を終わらないうちに、給与の支払者が次のような場合に該当することになったときは、一人一人の還付すべき金額及びそのうち還付できなくなった過納額(以下「残存過納額」といいます。)についての明細を記載した「源泉所得税及び復興特別所得税の年末調整過納額還付請求書兼残存過納額明細書」(227ページの記入例参照)を作成し、これに残存過納額のある人についての令和3年分の源泉徴収簿の写しと過納額の請求及び受領に関する「委任状」(連記式)とを添えて給与の支払者の所轄税務署長に提出すれば、その残存過納額は、税務署から給与の支払者に一括して還付されますので、給与の支払者はその還付を受けた金額を残存過納額のある人に還付することになります(所令313、所基通191—2)。

なお、過納額を令和4年に繰り越して還付しているときは、令和4年分の源泉徴収簿の写しも添

付することが必要です。

イ　給与の支払者が解散、廃業などによって給与の支払者でなくなったため過納額の還付ができなくなった場合

ロ　給与の支払者が徴収して納付すべき税額がなくなったため、過納額の全部又は一部の還付ができなくなった場合

ハ　給与の支払者が還付すべきことになった月の翌月から2か月を経過しても、なお還付しきれない場合

ニ　給与の支払者が過納額を還付すべきこととなった日の現況において、納付すべき源泉徴収税額よりも還付すべき金額が著しく過大であるため、その過納額を翌年2月末日までに還付することが極めて困難であると見込まれる場合

　また、残存過納額のある人が既に退職しているなどのため上記の委任状が提出できない場合には、その人についての「源泉所得税及び復興特別所得税の年末調整過納額還付請求書兼残存過納額明細書」を別葉で作成し、これにその人の源泉徴収簿の写しを添えて提出すれば、その人の残存過納額は、税務署から直接その人に還付されます。

　なお、「源泉所得税及び復興特別所得税の年末調整過納額還付請求書兼残存過納額明細書」を提出した場合には、その請求書に記載した残存過納額は、税務署から給与の支払者（代理人）又は給与所得者本人に還付されますから、たとえその後給与の支払者において還付できる状態となったとしても、その請求による税務署からの還付とは別にその残存過納額を給与の支払者から還付することはできません。

　以上により過納額の精算が終わったら、その精算の事績を、源泉徴収簿の「年末調整」の「超過額の精算」欄及び「年末調整による過不足税額」欄に、次の記入例のように記入しておきます。

　(注)　「源泉所得税及び復興特別所得税の年末調整過納額還付請求書兼残存過納額明細書」を提出する場合には、その請求書に給与の支払者のマイナンバー（個人番号）又は法人番号を記載する必要があります。

〔源泉徴収簿の「年末調整による過不足額」欄の記入例（過納額の還付）〕

令和3年分 給与所得・退職所得に対する源泉徴収簿

所属: 総務課　職名: 総務係長　住所:（郵便番号 000-0000）○○市○○町3-33-2　氏名:（フリガナ トシマ イチロウ）豊島 一郎　生年月日: 52年6月11日　整理番号: 24　（甲欄・乙欄）

給料・手当等

月区分	支給月日	総支給金額	社会保険料等の控除額	社会保険料等控除後の給与等の金額	扶養親族等の数	算出税額	年末調整による過不足税額	差引徴収税額
1	1 25	363,000	55,017	307,983	3人	3,760		3,760
2	2 25	363,000	55,017	307,983	3	3,760		3,760
3	3 25	363,000	55,017	307,983	3	3,760		3,760
4	4 26	368,000	54,996	313,004	3	4,000		4,000
5	5 25	368,000	54,996	313,004	3	4,000		4,000
6	6 25	368,000	54,996	313,004	3	4,000		4,000
7	7 26	368,000	54,996	313,004	3	4,000		4,000
8	8 25	368,000	54,996	313,004	3	4,000		4,000
9	9 24	368,000	54,996	313,004	3	4,000		4,000
10	10 25	368,000	54,996	313,004	3	4,000		4,000
11	11 25	368,000	54,996	313,004	3	4,000		4,000
12	12 24	368,000	54,996	313,004	3	—	過納 ▲25,818	▲25,818
計		① 4,401,000	② 660,015	3,740,985		③ 43,280		

賞与等

月区分	支給月日	総支給金額	社会保険料等の控除額	社会保険料等控除後の給与等の金額	扶養親族等の数	算出税額		差引徴収税額
6	6 30	779,000	118,953	660,047	3	(税率 4.084%) 26,956		26,956
12	12 20	852,000	130,100	721,900	3	(税率 4.084%) 29,482		29,482
						(税率　%)		
						(税率　%)		
計		④ 1,631,000	⑤ 249,053	1,381,947		⑥ 56,438		

年末調整

区分	金額	税額
給料・手当等	① 4,401,000	③ 43,280
賞与等	④ 1,631,000	⑥ 56,438
計	⑦ 6,032,000	⑧ 99,718
給与所得控除後の給与等の金額	⑨ 4,385,600	
所得金額調整控除額（（⑦－8,500,000円）×10％、マイナスの場合は0）	⑩ 0	
給与所得控除後の給与等の金額（調整控除後）（⑨－⑩）	⑪ 4,385,600	
社会保険料等控除額　給与等からの控除分（②＋⑤）	⑫ 909,068	
申告による社会保険料の控除分	⑬ 0	
申告による小規模企業共済等掛金の控除分	⑭ 0	
生命保険料の控除額	⑮ 107,500	
地震保険料の控除額	⑯ 50,000	
配偶者（特別）控除額	⑰ 380,000	
扶養控除額及び障害者等の控除額の合計額	⑱ 1,010,000	
基礎控除額	⑲ 480,000	
所得控除額の合計額（⑫＋⑬＋⑭＋⑮～⑲）	⑳ 2,936,568	
差引課税給与所得金額（⑪－⑳）及び算出所得税額	㉑ 1,449,000	㉒ 72,450
（特定増改築等）住宅借入金等特別控除額	㉓ 0	
年調所得税額（㉒－㉓、マイナスの場合は0）		㉔ 72,450
年調年税額（㉔ × 102.1％）		㉕ 73,900
差引　超過額又は不足額（㉕－⑧）		㉖ 25,818

超過額の精算
本年最後の給与から徴収する税額に充当する金額	㉗
未払給与に係る未徴収の税額に充当する金額	㉘
差引還付する金額（㉖－㉗－㉘）	㉙ 25,818
同上のうち　本年中に還付する金額	㉚ 25,818
うち　翌年において還付する金額	㉛

不足額の精算
本年中の給与から徴収する金額	㉜
翌年に繰り越して徴収する金額	㉝

所得金額調整控除の適用　有・無（適用有の場合は⑩に記載）
配偶者の合計所得金額　0円
旧長期損害保険料支払額
⑫のうち小規模企業共済等掛金の金額
⑬のうち国民年金保険料等の金額

第2　年末調整の実務　227

〔源泉所得税及び復興特別所得税の年末調整過納額還付請求書兼残存過納額明細書の記入例〕

源泉所得税及び復興特別所得税の年末調整過納額還付請求書兼残存過納額明細書

※整理番号

税務署受付印	住所又は所在地　〒 ○○○-○○○○　○○市○○1-1-1　電話 ○○○-○○○-○○○○
令和 4 年 1 月 14 日	（フリガナ）イマ イケ ショウジ カブシキ ガイシャ　氏名又は名称　今池商事株式会社
○○　税務署長殿	個人番号又は法人番号　9 8 7 6 5 4 3 2 1 0 1 2 3　（個人番号の記載に当たっては、左端を空欄とし、ここから記載してください。）　（フリガナ）イマ イケ ゴロウ　代表者氏名　今池五郎

令和 3 年分年末調整により生じた過納額については、次の事由により還付することができなくなったので、所得税法施行令第313条第2項の規定により、下記のとおり還付を請求します。

事由　（該当する事由のチェック欄□に✓印を付してください。）
□ 解散・休業等（異動の日 令和　年　月　日）　　□ 徴収すべき税額がなくなった
☑ 2月を経過してもなお還付すべき過納額が残っている（2月を経過する日までに過納額の全額を還付することが困難）

還付を受けようとする年末調整により生じた過納額	80,410　円

還付金の受領人　（注）源泉徴収義務者（代理人）が還付を受ける場合には、還付金の受領に便利な場所を次の欄に記入してください。

☑ 源泉徴収義務者（代理人）　イ　銀行等　○○ 銀行・金庫・組合・農協・漁協　○○ 本店・本所・出張所・○○ 支所　○○ 預金　口座番号 ×××××
□ 直接本人
ロ　ゆうちょ銀行の貯金口座　貯金口座の記号番号　-
ハ　郵便局等窓口

残 存 過 納 額 明 細 書

住　所	氏　名	年末調整による超過額A	Aのうち現在までに充当又は還付した額		差引残存過納額(A-B) C	年末調整を行った年月日	※　税務署整理欄		
			月・日	金額 B			還付加算金 日数	還付加算金 金額 D	還付額合計(C+D) E
○○市○○2-1	宮本一郎	30,610 円	12・24	4,080 円	26,530 円	3・12・24	日	円	円
○○市○○8-5	花田 智	9,800	12・24	620	9,180	3・12・24			
○○市○○4-3	横田次男	38,200	12・24	3,550	34,650	3・12・24			
○○市○○10-2	亀岡三郎	12,620	12・24	2,570	10,050	3・12・24			
			・			・ ・			
			・			・ ・			
			・			・ ・			
合　　計（ 4 名）		91,230 円		10,820 円	80,410 円			円	円

税 理 士 署 名	

※税務署処理欄	起案　・・	署長	副署長	統括官	担当者	整理簿	入力	管理回付	施行日	通信日付印	確認
	決裁　・・									年 月 日	
	（摘要）										
	番号確認	身元確認　□ 済　□ 未済	確認書類　個人番号カード／通知カード・運転免許証　その他（　）								

（規格A4）

03.06 改正

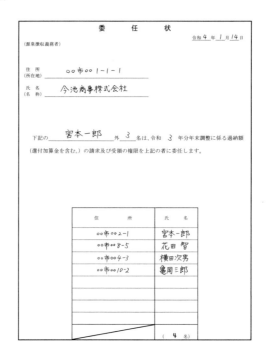

(2) 不足額の精算

不足額は、次により精算します。

① **不足額の徴収**

　不足額は、本年最後に支払う給与から徴収し、徴収しきれない場合は、翌年1月以後に支払う給与から順次徴収します（所法192①）。

② **不足額の徴収繰延べ**

　不足額の全額を本年最後に支払う給与から徴収すると、12月分の税引後の給与の金額が一定の額より少なくなるような場合には、税務署長の承認を受けて、不足額の徴収を繰延べることができます（所法192②）。

この徴収繰延べの承認の手続等は、次のとおりです。

イ　**徴収繰延べの承認を受けられる人**

　不足額の徴収繰延べが受けられる人は、不足額の全額を本年最後に支払う給与から徴収すると、12月分の税引後の給与の金額が、本年1月から11月までの税引後の給与の平均月割額の70％未満となる人です（所令316②）。

　この場合の不足額は、本年最後の給与についての税額の計算を省略しないで、通常どおり徴収

第2　年末調整の実務　229

税額を計算し、その上で年末調整をしてもなお不足となる税額ですから、12月分の給与に対する通常の税額については徴収繰延べは認められません（所基通190—3(注)）。

　したがって、徴収繰延べを受けようとする人については、本年最後に支払う給与についても税額の計算を省略しないで年末調整を行わなければなりません。

(注)　上記の「12月分の税引後の給与の金額」及び「本年1月から11月までの税引後の給与の平均月割額」は、いずれもその期間中に支払を受けた賞与等の臨時の給与も含めて計算します。
　　　この場合、本年の中途で就職した人についての「本年1月から11月までの税引後の給与の平均月割額」は、その就職の日から11月までの月数とその期間中に支払を受けた税引後の給与の金額とによって計算しますが、その人が就職前に他の支払者から給与の支払を受けており、その給与も通算して年末調整を行う人の場合には、その支払を受けた期間と支払を受けた税引後の給与の金額もそれぞれ通算します（所法192②、所令315）。

ロ　徴収繰延べの承認を受ける手続

　徴収繰延べの承認を受けようとする人は、本年最後の給与の支払を受ける日の前日までに、給与の支払者を経由してその支払者の所轄税務署長に「年末調整による不足額徴収繰延承認申請書」（この申請書は、「年末調整による不足額徴収繰延承認（却下）通知書」と複写になっています。）を提出しなくてはなりません（所令316）。

　この申請が承認されたときは、給与の支払者を経由して申請者に通知されます。

(注)1　この申請書は、給与の支払を受ける人が提出することになっていますが、実際には、給与の支払者が作成して、徴収繰延べを受けようとする人になつ印を求めるという方法になるものと思われます。
　　2　「年末調整による不足額徴収繰延承認申請書」を提出する場合には、その申請書に給与の支払者のマイナンバー（個人番号）又は法人番号を記載する必要があります。

〔申請書の記入例〕

230 第2 年末調整の実務

ハ 徴収繰延べが承認された場合の不足額の徴収

徴収繰延べが承認された場合には、その承認された不足額は、次により徴収します。

(イ) その承認額の2分の1ずつの金額を、翌年1月と2月にその月の給与の徴収税額とともに徴収します。この場合、2分の1の金額に1円未満の端数が生じたときは、翌年1月に徴収すべき税額の端数を切り上げ、翌年2月に徴収すべき税額の端数を切り捨てます（所法192②、所基通192―1）。

(ロ) 1月又は2月に給与の支払がないため、これらの月に徴収繰延べをした不足額の徴収ができない場合には、3月以後に支払う給与から順次徴収します。

(ハ) 徴収繰延べをした不足額の徴収が終わらないうちに、退職等により給与の支払がなくなるときは、最後に支払をする給与又は退職手当から全額を徴収します。

以上により不足額の精算が終わったら、その精算の事績を源泉徴収簿の「年末調整」の「不足額の精算」欄及び「年末調整による過不足税額」欄に、次のように記入しておきます。

〔源泉徴収簿の「年末調整による過不足額」欄の記入例（不足額の徴収）〕

（3） 年末調整の再調整と税額の精算

　年末調整が終了した後に、給与の追加支給や所得控除額の異動などがあった場合には、年調年税額が変わることになりますので、年末調整の再調整を行うことが必要となります。

　これは次のようにして行います。

① 給与を追加支給する場合の再調整

　年末調整が終了した後、本年中に本年分の給与を追加支給することとなったような場合には、その追加支給する給与を含めたところで年調年税額を再計算し、当初の年末調整による年調年税額との差額を、次により精算します（所基通190—4）。

イ　当初の年末調整で過納額が生じていた場合

　(イ)　その過納額を既に還付している場合には、当初の年末調整による年調年税額と再調整後の年調年税額との差額を、追加支給する給与の支払をする際に徴収します。

　(ロ)　その過納額をまだ還付していない場合で、当初の年末調整による年調年税額と再調整後の年調年税額との差額が、まだ還付していない部分の過納額よりも少ないときは、その還付していない過納額からその再調整による差額に相当する金額を控除した残額についてその後の還付を行います。

　(ハ)　その過納額をまだ還付していない場合で、当初の年末調整による年調年税額と再調整後の年調年税額との差額が、まだ還付していない部分の過納額よりも多いときは、当初の年末調整による年調年税額と再調整後の年調年税額との差額から、まだ還付していない過納額を差し引いた後の金額を、その追加支給する給与の支払をする際に徴収します（この場合には、過納額は残らないことになります。）。

ロ　当初の年末調整で不足額が生じていた場合

　(イ)　その不足額を既に徴収している場合には、当初の年末調整による年調年税額と再調整後の年調年税額との差額を、追加支給する給与の支払をする際に徴収します。

　(ロ)　その不足額をまだ徴収していない場合で、徴収繰延べの承認を受けていないときは、当初の年末調整による年調年税額と再調整後の年調年税額との差額と、残存する不足額との合計額を、追加支給する給与の支払をする際に徴収します。

　(ハ)　その不足額をまだ徴収していない場合で、徴収繰延べの承認を受けているときは、次によります。

　　A　追加支給する給与の支払を受けることにより徴収繰延べが受けられないこととなったときは、当初の年末調整による年調年税額と再調整後の年調年税額との差額と、残存する不足額との合計額を、追加支給する給与の支払をする際に徴収します。

　　B　追加支給する給与の支払を受けてもまだ徴収繰延べの承認が受けられるときは、当初の年

232 第2　年末調整の実務

末調整による年調年税額と再調整後の年調年税額との差額と、前に徴収繰延べが承認されている金額のうち給与の追加支給によって減額されることとなる部分の金額との合計額を、追加支給する給与の支払をする際に徴収します。

② 所得控除額に異動があった場合の再調整

年末調整が終了した後、12月31日までの間に結婚等により控除対象扶養親族等の数に異動が生じた場合や生命保険料、地震保険料の追加支払などにより所得控除額に異動が生じた場合には、それらの異動に関する申告書の提出を受け、異動後の状況により年末調整の再調整を行って、再調整後の年調年税額と当初の年調年税額との差額を精算することができます（所基通190─5）。

なお、この年末調整の再調整ができるのは、「給与所得の源泉徴収票」を受給者に交付することとなる翌年1月末日までです。

(注)　年末調整後に扶養控除額や保険料控除額などの所得控除額に異動が生じた場合には、上記によらないで、本人が確定申告を行って税額を精算することもできます。

③ 年末調整後に配偶者控除又は配偶者特別控除の適用を受けた配偶者又は所得者本人の合計所得金額の見積額に差額が生じた場合の再調整

年末調整が終わった後、配偶者控除又は配偶者特別控除の適用を受けた配偶者又は所得者本人の合計所得金額の見積額と確定したそれぞれの合計所得金額とに差額が生じたことにより、配偶者控除又は配偶者特別控除額が変動する場合には、異動後の状況により、上記②と同様に年末調整の再調整をすることができます。

なお、この年末調整の再調整ができるのは、「給与所得の源泉徴収票」を受給者に交付することとなる翌年1月末日までです。

④ 賞与を本年最後の給与とみなして年末調整を行った場合の精算

本年最後に給与の支払をする月（通常は12月）中に、賞与を先に支払い、そのあとで普通給与を支払うような場合には、賞与を本年最後に支払う給与とみなして、賞与を支払う際に、あとで支払う普通給与の見積額とそれに対する徴収税額の見積額とをそれぞれ含めたところで年末調整を行ってもよいことになっています。この方法によって年末調整を行った場合で、あとで支払う普通給与の実際の支払額がその見積額と異なることとなったときは、改めて年末調整の再調整を行わなければなりませんが、この再調整は、普通給与の実際の支払額がその見積額に比して増加したか又は減少したかに応じ、それぞれ次により行います（所基通190─6(2)）。

イ　増加した場合には、その増加した部分の金額を追加支給する給与とみなして、①の「給与を追加支給する場合の再調整」で説明したところに準じて計算した徴収すべき税額と、当初の年末調整の際におけるその普通給与の見積額に対する徴収税額の見積額との合計額を徴収します。

ロ　減少した場合には、その減少後の状況により年末調整の再調整を行った場合の年調年税額から本年中の給与に対する徴収税額の合計額（当初の年末調整により生じた過納額を還付しているときは、既に還付した金額を控除した金額とし、当初の年末調整により生じた不足額を徴収しているときは、既に徴収した不足額を加算した金額とします。）を控除した税額（徴収繰延べの承認を受けている場合に

は、その承認されている部分の税額を除きます。）と、その減少後の給与に対する徴収税額との合計
額を徴収します。

⑤　年末調整後に（特定増改築等）住宅借入金等特別控除申告書の提出があった場合の再調整
　　年末調整が終わった後、「給与所得の源泉徴収票」を給与の支払を受ける人に交付することとな
る翌年１月末日までの間に、給与の支払を受ける人から、（特定増改築等）住宅借入金等特別控除
申告書によって申告を受けた場合には、その申告を基にして年末調整の再調整をすることができま
す（措通41の２の２－１）。

第3　年末調整終了後の整理事務

　年末調整の実務は、これまで説明してきたところで一応終了しますが、年末調整に関連して給与の支払者が行わなければならない事務が若干あります。その主なものは、次のとおりです。

1　不足額の納付

───────────────────────〔ポイント〕────────
　徴収した不足額、還付した過納額は、それぞれ所得税徴収高計算書（納付書）の「年末調整による不足税額」欄、「年末調整による超過税額」欄に記載します。
────〔ポイント〕────────────────────────────

　年末調整の結果生じた不足額を徴収した場合には、その徴収した不足額は、その月の給与に対する通常の源泉徴収税額とともに、その徴収した月の翌月10日（納期の特例の承認を受けている場合には、その定められた納期）までにe-Taxを利用して納付するか又は所得税徴収高計算書（納付書）を添えて、最寄りの金融機関若しくは所轄の税務署の窓口で納付します。12月に年末調整を行う場合には、令和3年12月の給与（納期の特例の承認を受けている場合には、令和3年7月から12月までの給与）に対する源泉徴収税額とともに令和4年1月11日㈫（納期の特例の承認を受けている場合には、令和4年1月20日㈭）までに納付します。

　この不足額を納付する場合には、所得税徴収高計算書（納付書）の「年末調整による不足税額」欄に、その徴収した不足額を記入して、納付を行います。

　また、過納額の充当又は還付をした場合には、その充当又は還付をした月分の所得税徴収高計算書（納付書）の「年末調整による超過税額」欄に、その充当又は還付をした金額を記入します。

　(注)　所得税徴収高計算書（納付書）の「年末調整による不足税額」欄及び「年末調整による超過税額」欄には、実際にその月に徴収又は還付（充当）して精算した金額を記入しますから、12月中に全額精算しきれないで、過納額の一部を翌年1月に繰り越して精算する場合には、12月中に精算した金額は12月分の所得税徴収高計算書（納付書）に、また、翌年1月に繰り越して精算した金額は翌年1月分の所得税徴収高計算書（納付書）に、それぞれ記入します。

　なお、過納額の充当又は還付をした結果、納付する税額がなくなった場合でも、給与の支払年月日、支給額、税額、年末調整による不足税額、年末調整による超過税額などの必要事項を記載した所得税徴収高計算書（納付書）を所轄の税務署にe-Taxにより送信又は郵便若しくは信書便により送付又は提出してください（所規別表第三㈢備考17）。

　この場合、所得税徴収高計算書（納付書）の「本税」欄及び「合計額」欄には「0」及び「¥0」と記入します。

次に、設例によって所得税徴収高計算書（納付書）の記入方法を説明します。

この設例は、12月15日に12月分の普通給与を支払い、12月20日に賞与を支払っているという例です。12月15日に支払った12月分の普通給与については、通常どおり源泉徴収を行って121,740円の税額を徴収し、12月20日に支払った賞与については税額の計算を省略して年末調整を行ったので、その税額は0となっています。

年末調整の結果、不足額は34,480円、また、過納額は118,426円となっています。

したがって、12月20日に賞与の支払をする際には、不足となった各人から不足額の34,480円を徴収し、過納となった各人に過納額の118,426円を還付することになります。

区　　　　分	記　　入　　の　　仕　　方
「人員」項の「俸給、給料等」欄、「賞与（役員賞与を除く。）」欄及び「役員賞与」欄	「俸給、給料等」欄には、12月分の普通給与を支払った人数33人を記入します。「賞与（役員賞与を除く。）」欄には、役員賞与以外の普通賞与を支払った人数30人を記入し、「役員賞与」欄には、役員賞与を支払った人数3人を記入します。
「支給額」項の「俸給、給料等」欄、「賞与（役員賞与を除く。）」欄及び「役員賞与」欄	12月分の普通給与の総額9,921,430円を「俸給、給料等」欄に、賞与のうち役員賞与以外の普通賞与によるものの総額17,205,000円を「賞与（役員賞与を除く。）」欄に、賞与のうち役員に対するものの総額2,940,000円を「役員賞与」欄に、それぞれ記入します。
「税額」項の「俸給、給料等」欄、「賞与（役員賞与を除く。）」欄及び「役員賞与」欄	12月分の普通給与に対する徴収税額121,740円を「俸給、給料等」欄に記入しますが、年末調整を賞与で行い、賞与に対する税額計算を省略していますので、「賞与（役員賞与を除く。）」欄及び「役員賞与」欄には、いずれも「0」と記入します。
「年末調整による不足税額」欄	不足額34,480円を該当する欄に記入します。
「年末調整による超過税額」欄	過納額118,426円を該当する欄に記入します。
「本税」欄	12月分の普通給与に対する徴収税額121,740円と税理士等の報酬に対する徴収税額15,315円と年末調整による不足額34,480円との合計額から過納額118,426円を差し引いた53,109円を記入します。
「合計額」欄	「本税」欄の金額をそのまま記入します（金額頭部に「¥」字を記入します。）。
役員賞与の「支払年月日」欄及び「同上の支払確定年月日」欄	役員賞与の支払があるので、その賞与の支払年月日及び支払確定年月日を記入します。

236　第3　年末調整終了後の整理事務

具体的な所得税徴収高計算書（納付書）への記入は、次のようになります。

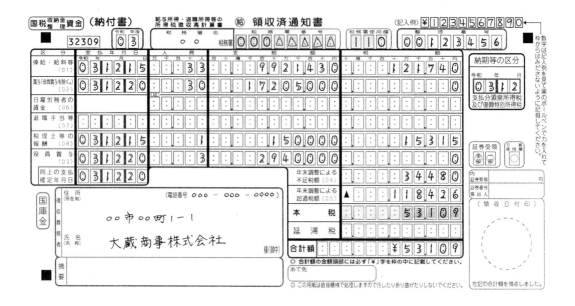

（参考）　過納額（149,787円）が12月中の源泉徴収税額（108,116円）を超えるため、納付する税額がなくなった場合

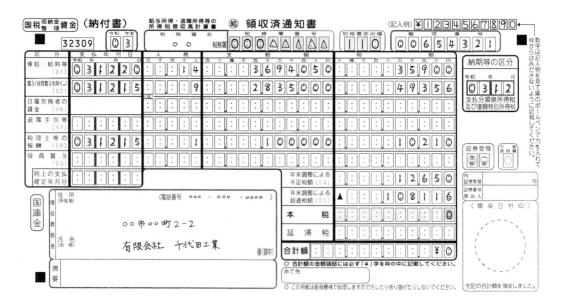

(注)1　納付する税額がない場合であっても、所得税徴収高計算書（納付書）は税務署にe-Taxにより送信又は郵便若しくは信書便により送付又は提出してください。
　　2　12月に還付しきれなかった41,671円（149,787円－108,116円）は、翌年1月に繰り越して精算します（所得税徴収高計算書（納付書）の「年末調整による超過税額」欄に記入できる金額は、「俸給・給料等」欄から「年末調整による不足税額」欄までに記入した税額の合計額が限度となります。）。

2 源泉徴収票の作成、交付及び提出

　給与の支払者は、令和4年1月31日㈪までに給与の支払を受ける人の各人について「給与所得の源泉徴収票（給与支払報告書)」を作成して、1部を給与の支払を受ける人に交付するとともに、税務署へ提出を要する人の分については源泉徴収票に「合計表」を添えて所轄の税務署に、また、給与支払報告書は「総括表」を添えて給与の支払を受ける人の住所地の市区町村に提出しなければなりません。

　なお、地方税ポータルシステム（eLTAX）を利用して、市町村に提出する給与の支払報告書の電子申告用のデータを作成する際に、源泉徴収票のデータも作成することができます。また、このとき作成したデータをeLTAXに一括して送信することで、支払報告書は各市町村に、源泉徴収票は所轄税務署にそれぞれ提出されます。

　「給与所得の源泉徴収票（給与支払報告書)」の作成要領、提出範囲などについては、次ページ以下の「1月の源泉徴収事務」を参照してください。

第2部 1月の源泉徴収事務

　年末調整による過不足額の計算が終わると、その年の源泉徴収事務は一応一区切りということになりますが、最終的には、年末調整により精算した税額の納付や年末調整の再調整の事務、「給与所得の源泉徴収票」などの法定調書の作成と提出の事務が終わってはじめてこの事務が完了することになります。

　また、1月からは新たにその年の源泉徴収事務が開始されますので、その開始に当たっての準備を行う必要があります。

　このため、1月は通常の月に行う源泉徴収事務のほかに、次のような事務を行うことになります。

1　前年分の年末調整事務の締めくくり

(1)　前年分の年末調整により精算した税額の納付（234ページの「1　不足額の納付」を参照してください。）

(2)　前年分の年末調整の再調整（年末調整後に給与の追加支給や所得控除額に異動があった場合などに行います。詳しくは231ページの「(3)　年末調整の再調整と税額の精算」を参照してください。）

(3)　法定調書の作成と提出

2　その年の源泉徴収事務の準備

(1)　「給与所得者の扶養控除等申告書」の受理と検討

(2)　源泉徴収簿の作成

　これらの事務のうち、前年分の年末調整により精算した税額の納付と年末調整の再調整の事務については、前に説明しましたので、これからそれ以外の事務について説明します。

第1　法定調書の作成と提出

―――――――――――――――――――〔ポイント〕――――――
給与所得や退職所得などの支払者は、源泉徴収票や支払調書などを作成し、
所轄の税務署に提出しなければなりません。
―――――〔ポイント〕――――――――――――――――――――――

　給与や退職手当、報酬、料金、不動産の借受けの対価等の支払者は、所得税法等の規定によって、所定の期限までに、その支払の明細を記載したいわゆる**法定調書**を作成し、所轄の税務署に提出しなければならないことになっています。

　この「法定調書」は、60種類（令和3年9月現在）ありますが、このうち給与所得の源泉徴収票のほか一般の源泉徴収義務者に関係のある報酬、料金、契約金及び賞金の支払調書、不動産の使用料等の支払調書など大部分のものは**翌年1月末日**までに提出することとされています。

　このため、12月の年末調整が終わった後の一連の事務として、これらの「法定調書」を作成、提出する必要があります。

(1)　**法定調書の提出**　　法定調書は、①e-Tax、②光ディスク等（CD、DVDなど）、③書面、④クラウド等^(注)のいずれかにより提出することとなっています。

　　ただし、法定調書の種類ごとに、前々年の提出すべきであった当該法定調書の枚数が100枚以上である法定調書については、①、②又は④による提出が義務化されています（所法228の4①）。

(注)　国税庁長官の定める基準に適合するものであることについて、そのクラウド等を管理する者が国税庁長官の認定を受けたものに限ります。

┌─［令和3年分の法定調書の提出から適用される主な改正事項］────────
│　法定調書の提出をする方は、あらかじめ税務署長に届け出た場合には、令和4年1月からクラウド等に備えられたファイルにその支払調書等に記載すべき事項（以下「記載情報」といいます。）を記録し、かつ、税務署長に対してそのファイルに記録されたその記載情報を閲覧し、及び記録する権限を付与することにより、法定調書の提出をすることができます。
│　詳細は国税庁ホームページ「クラウドサービス等を利用した法定調書の提出について」（https://www.nta.go.jp/taxes/tetsuzuki/shinsei/cloud/index.htm）をご覧ください。
└──────────────────────────────────────

(2)　**光ディスク等による提出の特例**　　税務署に提出する支払調書等については、(1)②のとおり、光ディスク等によって提出することができます。

　　(1)の①、②又は④によって提出することが義務となっていない方が、光ディスク等により法定調書を提出する場合には、所轄の税務署長に「支払調書等の光ディスク等による提出承認申請書」を支払調書等の提出期限の2か月前までに提出し、税務署長の承認を受けることが必要です（申請書の提出の日から2か月を経過する日までに税務署長から承認し、又は承認しない旨の通知がない場合には、その経過する日にその承認があったものとみなされます（所令355

第1　法定調書の作成と提出　241

④））。

　　また、提出する光ディスク等については、規格・ファイルの仕様等が定められていますの
で、国税庁ホームページ（https://www.nta.go.jp）に掲載されている、平成17年6月17日付課
総3—4ほか1課共同「法定資料を光ディスク及び磁気ディスクにより提出する場合の標準
規格等の制定について（法令解釈通達）」をご確認ください。

(3)　本店等一括提出制度　　支店等が提出すべき法定調書を本店等が取りまとめて(1)の①、②又
は④により提出するには、支店等が、当該支店等を所轄する税務署長に対し、「支払調書等
の本店等一括提出に係る承認申請書」（支払調書等の光ディスク等による提出承認申請書と兼用
様式）を提出し、承認を受けることが必要です。

(4)　市区町村に提出する給与支払報告書等

　イ　提出方法

　　給与所得（及び公的年金等）の源泉徴収票について(1)の①、②又は④による提出が義務付け
られた年分については、給与支払報告書（及び公的年金等支払報告書）についてもeLTAX（地
方税ポータルシステム）又は光ディスク等による提出が義務化されています。

　ロ　光ディスク等による提出の特例

　　給与支払報告書について光ディスク等により提出するためには、給与支払報告書を提出する
市区町村長に「給与支払報告書の光ディスク等による提出承認申請書」を給与支払報告書の提
出期限の3か月前（前年の10月31日）までに提出し、市区町村長の承認を受ける必要がありま
す。

　　なお、市区町村に提出する光ディスク等の規格等は、税務署に提出する源泉徴収票に関する
光ディスク等と基本的に同様となっています。

※　以下では、主な法定調書について、その概要を説明しています。

1　給与所得の源泉徴収票と給与支払報告書

(1)　作成と提出　　給与の支払者は、給与の支払を受ける人の各人について「給与所得の源泉徴収
票（給与支払報告書）」を作成し、令和4年1月31日までに、1部を給与の支払を受ける人に交
付するとともに、税務署へ提出を要する人の分については源泉徴収票に「給与所得の源泉徴収
票合計表」を添えて所轄の税務署に、また、給与支払報告書は「給与支払報告書（総括表）」
を添えて給与の支払を受ける人の令和4年1月1日現在の住所地の市区町村にそれぞれ令和4
年1月31日までに提出することになっています（所法226①、地方税法317の6①）。

　(注)　給与の支払者は、給与の支払を受ける人から事前に承諾（※）を得る等一定の要件の下、書面による
　　給与所得の源泉徴収票の交付に代えて、給与所得の源泉徴収票に記載すべき事項を電磁的方法によ
　　り提供することができます。この提供により、給与の支払者は、給与所得の源泉徴収票を交付した
　　ものとみなされます。ただし、給与の支払を受ける人の請求があるときには、給与の支払者は書面

法定調書

242　第1　法定調書の作成と提出

により給与所得の源泉徴収票を交付する必要があります。

※　給与の支払者は、あらかじめ、その給与の支払を受ける人に対し、その用いる電磁的方法の種類及び内容を示し、書面又は電磁的方法によって承諾を得る必要があります。

　税務署に提出する「給与所得の源泉徴収票」と市区町村に提出する「給与支払報告書」とは、同時に作成することができるように、税務署へ提出を要する人の分については4枚複写（「源泉徴収票」として税務署提出用、受給者交付用各1枚、「給与支払報告書」として市区町村提出用2枚）、税務署へ提出を要しない人の分については3枚複写（「源泉徴収票」として受給者交付用1枚、「給与支払報告書」として市区町村提出用2枚）となっていますので、それぞれ使い分けて作成します。

　なお、非居住者又は外国法人に対して、国内において行う人的役務の提供の対価として給与・報酬等を支払った場合には、「非居住者等に支払われる給与、報酬、年金及び賞金の支払調書」又は「非居住者等に支払われる人的役務提供事業の対価の支払調書」を1枚提出してください（支払金額が年間50万円以下の場合は提出不要です。）。また、日本と自動的情報交換を行うことができる次の国に住所（居所）がある人の分については、同じものを2枚税務署へ提出することになっています。

(注)　非居住者又は外国法人であっても、個人番号又は法人番号の通知を受けている場合は、提出する支払調書に個人番号又は法人番号を記入する必要があります。

（自動的情報交換を行うことができる国・地域の一覧）　　　　　　　＜令和3年7月1日現在＞

　アイスランド、アイルランド、アゼルバイジャン、アメリカ合衆国、アラブ首長国連邦、アルメニア、イスラエル、イタリア、インド、インドネシア、ウクライナ、ウズベキスタン、英国、エクアドル、エジプト、エストニア、オーストラリア、オーストリア、オマーン、オランダ、カザフスタン、カタール、カナダ、キルギス、クウェート、クロアチア、サウジアラビア、ザンビア、ジャマイカ、ジョージア、シンガポール、スイス、スウェーデン、スペイン、スリランカ、スロバキア、スロベニア、タイ、大韓民国、タジキスタン、チェコ、中華人民共和国（マカオを除きます。）、チリ、デンマーク、ドイツ、トルクメニスタン、トルコ、ニュージーランド、ノルウェー、パキスタン、ハンガリー、バングラデシュ、フィジー、フィリピン、フィンランド、ブラジル、フランス、ブルガリア、ブルネイ・ダルサラーム、ベトナム、ベラルーシ、ペルー、ベルギー、ポーランド、ポルトガル、香港、マレーシア、南アフリカ共和国、メキシコ、モルドバ、ラトビア、リトアニア、ルーマニア、ルクセンブルク、ロシア

(2)　**源泉徴収票の提出の範囲**　　　　　「給与所得の源泉徴収票」は、給与等の支払を受ける人の全てについて作成しますが、そのうち税務署へ提出しなければならないものは、次の表のいずれかに該当する人のものです。

第1 法定調書の作成と提出 243

受　給　者（給与等の支払を受ける人）の　区　分			提 出 範 囲
年末調整をした人	(イ)　法人（人格のない社団等を含みます。）の役員（取締役、執行役、会計参与、監査役、理事、監事、清算人、相談役、顧問等である人）（現に該当していなくても、令和3年中に役員であった人を含みます。）		令和3年中の給与等の支払金額が150万円を超えるもの
	(ロ)　弁護士、公認会計士、会計士補、税理士、弁理士、計理士、司法書士、土地家屋調査士、海事代理士、測量士、測量士補、建築士、建築代理士、不動産鑑定士、不動産鑑定士補、社会保険労務士、技術士、技術士補、企業診断員、火災損害鑑定人、自動車等損害鑑定人（注2）		令和3年中の給与等の支払金額が250万円を超えるもの
	(ハ)　上記(イ)及び(ロ)以外の人		令和3年中の給与等の支払金額が500万円を超えるもの
年末調整をしなかった人	(ニ)　「給与所得者の扶養控除等申告書」を提出した人	a　令和3年中に退職した人、災害により被害を受けたため、令和3年中の給与所得に対する源泉所得税及び復興特別所得税の徴収の猶予又は還付を受けた人	令和3年中の給与等の支払金額が250万円を超えるものただし、法人の役員の場合には50万円を超えるもの
		b　主たる給与等の金額が2,000万円を超えるため、年末調整をしなかった人	全部
	(ホ)　「給与所得者の扶養控除等申告書」を提出しなかった人（月額表又は日額表の乙欄適用者若しくは丙欄適用者等）		令和3年中の給与等の支払金額が50万円を超えるもの

(注)1　「給与所得の源泉徴収票」は、上記の税務署への提出範囲とは関係なく、全ての受給者について作成の上、令和4年1月31日まで（年の中途で退職した人の場合は、退職の日以後1か月以内）に給与の支払を受ける人に交付しなければなりません（所法226①）。
　　　なお、「全ての受給者」には、国内に住所又は1年以上居所を有する（居住者である）外国人従業員も含まれますので、この外国人従業員にも必ず「給与所得の源泉徴収票」を交付する必要があります。
　　2　上記提出範囲の(ロ)は、弁護士等に給与等として支払っている場合の提出範囲であり、これらの者に報酬等として支払う場合には、「報酬、料金、契約金及び賞金の支払調書」の提出対象となります。

(3)　**給与支払報告書の提出範囲及び提出先**　　　「給与支払報告書」は、(2)の「給与所得の源泉徴収票」の場合と異なり、令和4年1月1日現在において給与等の支払を受けている全ての受給者のものを関係市区町村（原則として受給者の令和4年1月1日現在の住所地の市区町村）へ提出しなければなりません（提出期限：令和4年1月31日）。

(4)　**給与所得の源泉徴収票（給与支払報告書）のeLTAXでの一括作成・提出について**　　　給与の支払をする事業者の方は、給与支払報告書を市区町村に、給与所得の源泉徴収票を税務署にそれぞれ提出する必要があります。

　　eLTAXをご利用いただくことで、給与支払報告書の電子申告（eLTAX）用のデータと、給与所得の源泉徴収票の電子申告（e-Tax）用のデータを同時に作成するとともに、給与支払報告書を各市区町村に、給与所得の源泉徴収票を所轄税務署にそれぞれ提出することができます。

　　詳しくはeLTAXホームページ（https://www.eltax.lta.go.jp）又は国税庁ホームページ（https://www.nta.go.jp）をご覧ください。

244　第1　法定調書の作成と提出

⑸　**源泉徴収票（給与支払報告書）の書き方**　　「給与所得の源泉徴収票（給与支払報告書）」の各
　　欄は、次により記入します。

記　入　欄	記　入　の　仕　方
住所又は居所	受給者の令和4年1月1日（中途退職者は、退職時）現在の住所又は居所を確認して記入します。 　なお、同居又はアパートなどに住んでいる人については、「○○方」、「××荘△号」等と付記します。 ㊟　租税条約に基づいて課税の免除を受けている人については、その人から提出された「租税条約に関する届出書」を基にして、その人の外国における住所を記入します。
（受給者番号）	電子計算機等で事務処理をしている事務所、事業所等において受給者番号を必要とする場合に、その番号を記入します。
（個人番号）	受給者のマイナンバー（個人番号）を記入します。 ㊟　受給者に交付する源泉徴収票には、マイナンバー（個人番号）は記入しません。
（役職名）	受給者が法人の役員である場合にはその役職名（例えば、社長、専務、常務、取締役工場長、取締役総務部長など）、法人の役員以外の場合にはその職務の名称（例えば、経理課長、企画係長、営業係、経理係など）を記入します。
氏　名	必ず、フリガナを記入します。
種　別	俸給、給料、歳費、賞与、財形給付金、財形基金給付金などのように、給与等の種別を記入します。
支払金額	令和3年中に支払の確定した給与等（中途就職者について、その就職前に他の支払者が支払った給与等を通算して年末調整を行った場合には、その就職前の給与等の金額を含みます。）の総額を記入します。この場合、源泉徴収票の作成日現在で未払のものがあるときは、その未払額を内書きします。 　ただし、賃金の支払の確保等に関する法律第7条の規定に基づき未払給与等の弁済を受けた退職勤労者については、その弁済を受けた金額を含めないところにより記入します。 ㊟　租税条約に基づいて課税の免除を受ける方は、免除の対象となる支払金額も含めて記入します。
給与所得控除後の金額 （調整控除後）	年末調整を行った人について、「令和3年分の年末調整等のための給与所得控除後の給与等の金額の表」によって求めた「給与所得控除後の給与等の金額」を記入します。この場合、令和3年の中途で就職した人で就職前に他の支払者から支払を受けた給与を通算して年末調整を行った場合には、その通算した給与総額によって求めた金額を記入します。 　なお、所得金額調整控除額がある場合には、「給与所得控除後の給与等の金額」から所得金額調整控除額を差し引いた金額を記入します。
所得控除の額の合計額	年末調整を行った人について、給与所得控除後の給与等の金額から控除した社会保険料控除額、小規模企業共済等掛金控除額、生命保険料控除額、地震保険料控除額、寡婦控除額、ひとり親控除額、勤労学生控除額、配偶者控除額、配偶者特別控除額、障害者控除額、扶養控除額及び基礎控除額の合計額を記入します。 ㊟　「配偶者控除」と「配偶者特別控除」は、重複して適用を受けることができません。

記　入　欄	記　入　の　仕　方
源泉徴収税額	令和3年中に源泉徴収すべき税額（上記の「支払金額」に対応すべき税額）を次により記入します。この場合、源泉徴収票の作成日現在で未払の給与等があるため、未徴収の税額があるときは、その未徴収の税額を内書きします。 イ　年末調整をした給与 　　年末調整をした後の令和3年分年税額（所得税及び復興特別所得税の合計額）を記入します。 ロ　年末調整をしなかった給与 　　令和3年中に源泉徴収すべき税額（所得税及び復興特別所得税の合計額）を記入します。 　　ただし、災害により被害を受けたため、災害被害者に対する租税の減免、徴収猶予等に関する法律の規定により給与等に対する源泉所得税及び復興特別所得税の徴収の猶予を受けた税額は含めないで記入します。
（源泉）控除対象配偶者の有無等	イ　「有」欄 　　主たる給与等において、年末調整をした場合で、控除対象配偶者を有しているときは〇印を付します。 　　年末調整をしていない場合は、源泉控除対象配偶者を有しているときに〇印を付します。 ロ　「従有」欄 　　従たる給与等において、源泉控除対象配偶者を有している場合には、〇印を付します。 ハ　「老人」欄 　　控除対象配偶者（年末調整をしていない場合は源泉控除対象配偶者）が老人控除対象配偶者である場合に〇印を付します。
配偶者（特別）控除の額	「給与所得者の配偶者控除等申告書」に基づいて控除した配偶者控除の額又は配偶者特別控除の額を記入します。 (注)　給与の支払を受ける人本人の合計所得金額が1,000万円を超える場合は、配偶者控除及び配偶者特別控除の適用を受けることはできません。 　　　また、配偶者の合計所得金額が48万円以下の場合又は133万円を超える場合には配偶者特別控除の適用は受けられません。
控除対象扶養親族の数（配偶者を除く。）	次により記入します。 　なお、配偶者については、この欄には記入しません。 イ　「特定」欄には、特定扶養親族がいる場合に、次により記入します。 　(イ)　左の欄……主たる給与等の支払者か、自己が支払う給与等から控除した特定扶養親族の数を記入します。 　(ロ)　右の欄……従たる給与等の支払者が、自己が支払う給与等から控除した特定扶養親族の数を記入します。 ロ　「老人」欄には、老人扶養親族がいる場合に、次により記入します。 　(イ)　左の欄……点線の右側には、主たる給与等の支払者が、自己が支払う給与等から控除した老人扶養親族の数を記入し、点線の左側には、そのうち給与の支払を受ける人又はその配偶者の直系尊属で同居している者の数を記入します。 　(ロ)　右の欄……従たる給与等の支払者が、自己が支払う給与等から控除した老人扶養親族の数を記入します。

246　第1　法定調書の作成と提出

記　入　欄	記　入　の　仕　方
	ハ　「その他」欄には、特定扶養親族又は老人扶養親族以外の控除対象扶養親族がいる場合に、次により記入します。 (イ)　左の欄……主たる給与等の支払者が、自己が支払う給与等から控除した特定扶養親族又は老人扶養親族以外の控除対象扶養親族の数を記入します。 (ロ)　右の欄……従たる給与等の支払者が、自己が支払う給与等から控除した特定扶養親族又は老人扶養親族以外の控除対象扶養親族の数を記入します。
16歳未満扶養親族の数	扶養親族のうち16歳未満の扶養親族（令和3年分の所得税については、平成18年1月2日以後に生まれた扶養親族）の数を記入します。
障害者の数（本人を除く。）	同一生計配偶者又は扶養親族のうち障害者に該当する人がいる場合に、その障害者の数を、特別障害者と一般の障害者とに区別して次により記入します。 イ　「特別」欄……点線の右側には、特別障害者に該当する人の数を記入し、点線の左側には、そのうち同居を常としている人の数を記入します。 ロ　「その他」欄……特別障害者以外の障害者（一般の障害者）の数を記入します。
非居住者である親族の数	源泉控除対象配偶者、控除対象配偶者、配偶者特別控除の対象となる配偶者、扶養控除の対象となる扶養親族のうち非居住者に該当する人がいる場合及び16歳未満の扶養親族のうち国内に住所を有しない人がいる場合に、その非居住者の数を記入します。
社会保険料等の金額	給与等を支払う際にその給与等から差し引いた社会保険料の金額、「給与所得者の保険料控除申告書」に基づいて控除した社会保険料の金額及び小規模企業共済等掛金の額の合計額を記入します。 (注)1　中途就職者について、その就職前に他の支払者が支払った給与等を通算して年末調整を行った場合には、その給与等の金額から差し引いた社会保険料等の金額を含みます。 　　2　小規模企業共済等掛金の額（確定拠出年金法に基づく企業型年金加入者掛金及び個人型年金加入者掛金並びに地方公共団体が条例の規定により実施するいわゆる心身障害者扶養共済制度で一定の要件を備えているものに基づいて支払った掛金を含みます。）を上段に内書きします。
生命保険料の控除額	「給与所得者の保険料控除申告書」に基づいて年末調整の際に控除した一般の生命保険料、介護医療保険料及び個人年金保険料に係る生命保険料控除の合計額を記入します。
地震保険料の控除額	「給与所得者の保険料控除申告書」に基づいて年末調整の際に控除した地震保険料の控除額を記入します。
住宅借入金等特別控除の額	「給与所得者の（特定増改築等）住宅借入金等特別控除申告書」に基づいて年末調整の際に控除した住宅借入金等特別控除の額を記入します。 (注)　「給与所得者の（特定増改築等）住宅借入金等特別控除申告書」により計算した住宅借入金等特別控除額が、算出所得税額（「給与所得・退職所得に対する源泉徴収簿」の「㉒算出所得税額」欄の金額）を超える場合には、算出所得税額を限度に記入します。
（摘　要）	次により記入します。 イ　控除対象扶養親族又は16歳未満の扶養親族が5人以上いる場合には、5人目以降の控除対象扶養親族又は16歳未満の扶養親族の氏名を記入します。この場合、氏名の前には括弧書きの数字を付し、「(備考)」欄に記入するマイナンバ

記　入　欄	記　　入　　の　　仕　　方

（個人番号）との対応関係が分かるようにします。

また、この欄に記入する控除対象扶養親族又は16歳未満の扶養親族が次に該当する場合には、それぞれ次の内容を記入します。

① 16歳未満の扶養親族の場合

氏名の後に「(年少)」と記入します。

② 控除対象扶養親族が非居住者である場合又は16歳未満の扶養親族が国内に住所を有しない人である場合

氏名の後に「(非居住者)」と記入します。

㊟ 控除対象扶養親族のマイナンバー（個人番号）については、この欄に記載せず、「(備考)」欄に記入します。

ロ　同一生計配偶者（控除対象配偶者を除きます。）を有する人で、その同一生計配偶者が障害者、特別障害者又は同居特別障害者に該当する場合は、同一生計配偶者の氏名及び同一生計配偶者である旨を記入します（例「氏名（同配）」）。

ハ　所得金額調整控除の適用がある人は、該当する要件に応じて、次のとおり記入します。

要　　件	記入方法
本人が特別障害者	記載不要㊟
同一生計配偶者が特別障害者	同一生計配偶者の氏名を記入し、その後に「(同配)」と記入
扶養親族が特別障害者	扶養親族の氏名を記入し、その後に「(調整)」と記入
扶養親族が年齢23歳未満	

㊟　「本人が障害者」の「特別」欄に〇印を付します。

ただし、上記「同一生計配偶者」又は「扶養親族」の氏名を「(源泉・特別)控除対象配偶者」欄、「控除対象扶養親族」欄又は「16歳未満の扶養親族」欄に記入している場合には、記入を省略できます。

ニ　年末調整の際、3以上の（特定増改築等）住宅借入金等特別控除等の適用を受けている人については、3回目以降の住宅の取得等について、その住宅の取得等ごとに「居住開始年月日」、「住宅借入金等特別控除区分」及び「住宅借入金等年末残高」を記入します。

ホ　令和3年中に就職した人について、その就職前に他の給与の支払者が支払った給与等を通算して年末調整を行った場合には、㋑他の支払者が支払った給与等の金額、徴収した所得税及び復興特別所得税の合計額、給与等から差し引いた社会保険料等の金額、㋺他の支払者の住所（居所）又は所在地、氏名又は名称、㋩他の支払者のもとを退職した年月日を記入します。

ヘ　賃金の支払の確保等に関する法律第7条の規定に基づき未払給与等の弁済を受けた退職勤労者については、同条の規定により弁済を受けた旨及びその弁済を受けた金額を記入します。

ト　災害により被害を受けたため、災害被害者に対する租税の減免、徴収猶予等に関する法律の規定により給与等に対する源泉所得税及び復興特別所得税の徴収の猶予を受けた人については、「災害者」欄に〇印を付すとともに徴収猶予税額を記入します。

チ　租税条約に基づいて課税の免除を受けた人については、免税対象額及び該当条項「〇〇条約〇〇条該当」を赤書きで記入します。

248 第1 法定調書の作成と提出

記　入　欄	記　入　の　仕　方
生命保険料の金額の内訳	イ　「新生命保険料の金額」欄には、令和3年中に支払った一般の生命保険料のうち、平成24年1月1日以後に締結した契約に基づいて支払った金額を、「旧生命保険料の金額」欄には、平成23年12月31日以前に締結した契約に基づいて支払った金額を、それぞれ記入します。 ロ　「介護医療保険料の金額」欄には、令和3年中に支払った介護医療保険料の金額を記入します。 ハ　「新個人年金保険料の金額」欄には、令和3年中に支払った個人年金保険料のうち、平成24年1月1日以後に締結した契約に基づいて支払った金額を、「旧個人年金保険料の金額」欄には、平成23年12月31日以前に締結した契約に基づいて支払った金額を、それぞれ記入します。
住宅借入金等特別控除の額の内訳	次により記入します。 イ　「住宅借入金等特別控除適用数」欄には、年末調整の際に（特定増改築等）住宅借入金等特別控除の適用がある場合に、その控除の適用数を記入します。 ロ　「住宅借入金等特別控除可能額」欄には、（特定増改築等）住宅借入金等特別控除額が算出所得税額を超えるため、年末調整で控除しきれない控除額がある場合に、「住宅借入金等特別控除可能額」を記入します。 ハ　「居住開始年月日（1回目、2回目）」欄には、居住開始年月日を和暦で記入します。 ニ　「住宅借入金等特別控除区分（1回目、2回目）」欄には、適用を受けている（特定増改築等）住宅借入金等特別控除の区分を次により記入します。 （イ）住…一般の住宅借入金等特別控除の場合（増改築を含みます。） （ロ）認…認定住宅の新築等に係る住宅借入金等特別控除の場合 （ハ）増…特定増改築等住宅借入金等特別控除の場合 （ニ）震…東日本大震災によって自己の居住の用に供していた家屋が居住の用に供することができなくなった場合で、平成23年から令和3年12月31日までの間に新築や購入、増改築をした家屋に係る住宅借入金等について、東日本大震災の被災者等に係る国税関係法律の臨時特例に関する法律第13条の2第1項の規定による住宅借入金等特別控除の適用を受ける場合 　　上記の区分のほか、この控除に係る住宅の新築、取得又は増改築等が「特別特定取得」に該当する場合には「(特特)」と、「特定取得」（特別特定取得以外）に該当する場合には「(特)」と記入します。 ホ　「住宅借入金等年末残高（1回目、2回目）」欄には、年末調整の際に2以上の（特定増改築等）住宅借入金等特別控除の適用がある場合又は適用を受けている住宅の取得等が特定増改築等に該当する場合には、その住宅の取得等ごとに、「住宅借入金等年末残高」を記入します。 　　なお、記入する金額は、給与所得者の（特定増改築等）住宅借入金等特別控除申告書の住宅借入金等特別控除区分に応じた④「③×『居住用割合』」欄に記載された金額を記入します。 (注)　適用数が3以上のときには、3回目以降の住宅の取得については、「(摘要)」欄に、居住開始年月日、住宅借入金等特別控除区分及び住宅借入金等年末残高を記入します。

第1 法定調書の作成と提出 249

記　入　欄	記　入　の　仕　方
（源泉・特別）控除対象配偶者、控除対象扶養親族	控除対象配偶者又は配偶者特別控除の対象となる配偶者（年末調整をしていない場合は、源泉控除対象配偶者）及び扶養控除の対象となる扶養親族の氏名及びマイナンバー（個人番号）を記入します。 　また、これらの人が非居住者である場合には、区分の欄に○印を付します。 ㈨1　受給者に交付する源泉徴収票には、マイナンバー（個人番号）は記入しません。 　2　「（源泉・特別）控除対象配偶者」欄及び「控除対象扶養親族」欄は、「給与所得者の扶養控除等（異動）申告書」又は「従たる給与についての扶養控除等（異動）申告書」の記載に応じ、年の中途で退職した所得者に交付する源泉徴収票にも記入する必要があります。
配偶者の合計所得	配偶者控除又は配偶者特別控除の適用を受けた人について、配偶者の令和3年中の合計所得金額を記入します。 　なお、年末調整をしていない人で、源泉控除対象配偶者を有している人は、「給与所得者の扶養控除等（異動）申告書」に記載された、源泉控除対象配偶者の「所得の見積額」を記入します。
国民年金保険料等の金額	社会保険料控除の適用を受けた国民年金保険料等[※]の金額を記入します。 ※　「国民年金保険料等」とは、国民年金法の規定により被保険者として負担する国民年金の保険料及び国民年金基金の加入者として負担する掛金をいいます。
旧長期損害保険料の金額	地震保険料の控除額のうちに平成18年12月31日までに締結した長期損害保険契約等に係る控除額が含まれている場合には、令和3年中に支払ったその長期損害保険料の金額を記入します。
基礎控除の額	「給与所得者の基礎控除申告書」に基づいて年末調整の際に控除した基礎控除の額を記入します。 　ただし、基礎控除の額が48万円の場合には、記入する必要はありません。 一括テーブル（下記） ㈨　「給与所得者の基礎控除申告書」の「基礎控除の額」欄に記載がないなど、基礎控除の適用がない場合には「0」と記載します。
所得金額調整控除額	「所得金額調整控除申告書」に基づいて年末調整の際に控除した所得金額調整控除の額を記入します。
16歳未満の扶養親族	16歳未満の扶養親族の氏名及びフリガナを記入します。 　また、16歳未満の扶養親族が国内に住所を有しない人である場合には、「区分」欄に○印を付します。 ㈨1　「給与所得者の扶養控除等（異動）申告書」又は「従たる給与についての扶養控除等（異動）申告書」の記載に応じ、年の中途で退職した受給者に交

給与所得者の基礎控除申告書		記入方法
合計所得金額の見積額	基礎控除の額	
2,400万円以下	48万円	記載不要
2,400万円超2,450万円以下	32万円	320,000
2,450万円超2,500万円以下	16万円	160,000
2,500万円超	なし	0

記　入　欄	記　入　の　仕　方
	付する源泉徴収票にも記入します。 　2　市区町村に提出する給与支払報告書には、16歳未満の扶養親族のマイナンバー（個人番号）も記入します。
（備考）	控除対象扶養親族が5人以上いる場合には、5人目以降の控除対象扶養親族のマイナンバー（個人番号）を記入します。この場合、マイナンバー（個人番号）の前には「（摘要）」欄において氏名の前に記載した括弧書きの数字を付し、「（摘要）」欄に記入した氏名との対応関係が分かるようにします。 (注)1　受給者に交付する源泉徴収票には、マイナンバー（個人番号）は記入しません。 　2　16歳未満の扶養親族のマイナンバー（個人番号）は源泉徴収票には記入しませんが、市区町村に提出する給与支払報告書には記入します。
未成年者から勤労学生までの各欄	受給者が次の事項に該当する場合には、それぞれ該当欄に○印を付して表示します。 　イ　未成年者（令和3年分の所得税については、平成14年1月3日以後に生まれた人）である場合　　　　　　　　　　　　　　　　　　「未成年者」欄 　ロ　外国人である場合　　　　　　　　　　　　　　　　　　「外国人」欄 　ハ　死亡退職者である場合　　　　　　　　　　　　　　　　「死亡退職」欄 　ニ　災害により被害を受けたため徴収猶予を受けた税額がある場合　「災害者」欄 　ホ　乙欄適用者である場合　　　　　　　　　　　　　　　　「乙欄」欄 　ヘ　特別障害者である場合　　　　　　　　　「本人が障害者 特別」欄 　ト　一般の障害者である場合　　　　　　　「本人が障害者 その他」欄 　チ　寡婦である場合　　　　　　　　　　　　　　　　　　「寡婦」欄 　リ　ひとり親である場合　　　　　　　　　　　　　　　「ひとり親」欄 　ヌ　勤労学生である場合　　　　　　　　　　　　　　　「勤労学生」欄
中途就・退職	年の中途で就職や退職（死亡退職を含みます。）した人については、「中途就・退職」欄の「就職」、「退職」の該当欄に○印を付し、その年月日を記入します。
受給者生年月日	「元号」欄には受給者の生年月日の元号を漢字（「明治」、「大正」、「昭和」、「平成」又は「令和」）で記入し、「年月日」欄に受給者の生年月日を記入します。
支払者	給与等の支払者の「住所（居所）又は所在地」、「氏名又は名称」（個人事業者の方は氏名を記載します。）、「電話番号」及び「マイナンバー（個人番号）又は法人番号」を記入します。 (注)1　受給者に交付する源泉徴収票には、マイナンバー（個人番号）及び法人番号は記入しません。 　2　マイナンバー（個人番号）を記入する場合は、左端を空白にし、右詰で記入します。

第1 法定調書の作成と提出 251

〔源泉徴収簿の「年末調整」欄等から源泉徴収票への転記例 (1)〕

——— 一 般 の 場 合 ———

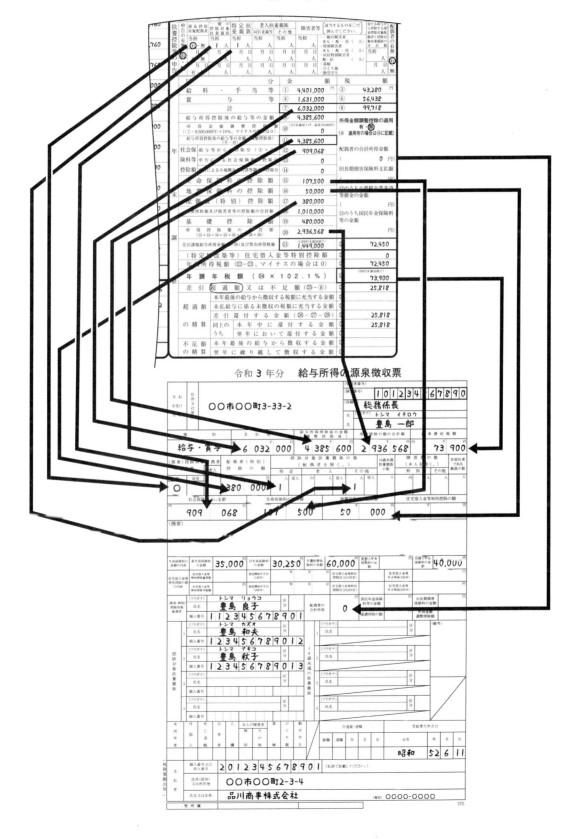

252 第1 法定調書の作成と提出

〔源泉徴収簿の「年末調整」欄等から源泉徴収票への転記例 (2)〕

──── 前の勤務先から支払を受ける給与がある場合 ────

第1　法定調書の作成と提出　253

2　退職所得の源泉徴収票と特別徴収票

(1)　**作成と提出**　　退職手当、一時恩給その他これらの性質を有する給与（社会保険制度に基づく
退職一時金やいわゆる企業年金制度に基づく一時金で退職所得とみなされるものも含みます。以下こ
れらを「退職手当等」といいます。）の支払者は、その退職手当等の支払を受ける人の各人につ
いて「退職所得の源泉徴収票（特別徴収票）」を作成し、退職手当等の支払を受ける人に交付す
るとともに、退職の日後1か月以内[注1]に「退職所得の源泉徴収票合計表」を添えて所轄の税
務署に、また、特別徴収票は退職手当等の支払を受ける人の令和3年1月1日現在の住所地の
市区町村に、それぞれ提出することになっています（所法226②、地方税法328の14）。

　　ただし、死亡による退職者に退職手当等を支払った場合には、この「退職所得の源泉徴収
票」と「特別徴収票」ではなく、税務署に「退職手当金等受給者別支払調書」を提出すること
になります（相続税法59、相続税法施行規則30、31）。

　　なお、税務署に提出する「退職所得の源泉徴収票」と市区町村に提出する「特別徴収票」は
同じ様式になっていますので、税務署や市区町村へ提出を要する人の分は3枚複写（税務署提
出用、受給者交付用、市区町村提出用）で作成し、提出を要しない人の分は本人交付分を1枚
だけ作成します。

> (注)1　税務署に提出する「退職所得の源泉徴収票」については、令和3年中に退職した受給者分を
> 取りまとめて令和4年1月31日までに提出しても差し支えありません。
> 2　退職手当等の支払者は、退職手当等の支払を受ける人から事前に承諾[※]を得る等一定の要件
> の下、書面による退職所得の源泉徴収票の交付に代えて、退職所得の源泉徴収票に記載すべき
> 事項を電磁的方法により提供することができます。この提供により、退職手当等の支払者は、
> 退職所得の源泉徴収票を交付したものとみなされます。ただし、退職手当等の支払を受ける人
> の請求があるときは、退職手当等の支払者は書面により退職所得の源泉徴収票を交付する必要
> があります。
> ※　退職手当等の支払者は、あらかじめ、その退職手当等の支払を受ける人に対し、その用い
> る電磁的方法の種類及び内容を示し、書面又は電磁的方法によって承諾を得る必要がありま
> す。

(2)　**提出の範囲**　　「退職所得の源泉徴収票（特別徴収票）」は、令和3年中に支払の確定した退職
手当の支払を受ける人の全てについて作成しますが、そのうち税務署と市区町村へ提出しなけ
ればならないのは、法人（人格のない社団等を含みます。）の役員（取締役、執行役、会計参与、
監査役、理事、監事、清算人などの他、相談役、顧問等のこれらに類する者を含みます。）に対して
支払った退職手当等に係るものだけです（所規94②、地方税法施行規則2の5の2①）。

　　なお、非居住者に対して退職手当等を支払った方は、「非居住者等に支払われる給与、報酬、
年金及び賞金の支払調書」を1枚提出することになります。

　　また、この支払調書は、日本と自動的情報交換を行うことができる国（242ページ参照）に住
所（居所）がある人の分については、同じものを2枚税務署へ提出することになっています。

(3)　**退職所得の源泉徴収票（特別徴収票）の書き方**　　　「退職所得の源泉徴収票（特別徴収票）」の

254　第1　法定調書の作成と提出

　各欄は、次により記入します。

記　入　欄	記　入　の　仕　方
支払を受ける者	次により記入します。 イ　「個人番号」欄には、受給者のマイナンバー（個人番号）を記入します。 　(注)　受給者に交付する源泉徴収票には、マイナンバー（個人番号）は記入しません。 ロ　「住所又は居所」欄には、「退職所得の源泉徴収票」を作成する日の現況により、住所又は居所を記入します。 ハ　「令和3年1月1日の住所」欄には、令和3年1月1日現在の住所を記入します。 ニ　「氏名」欄の役職名は、退職時の役職名（「給与所得の源泉徴収票」の場合と同じです。244ページ参照）を記入します。
区　　分	イ　上段（「所得税法第201条第1項第1号並びに地方税法第50条の6第1項第1号及び第328条の6第1項第1号適用分」欄） 　　令和3年中に他から退職手当等の支払を受けていない旨の記入がある「退職所得の受給に関する申告書」を提出した人 ロ　中段（「所得税法第201条第1項第2号並びに地方税法第50条の6第1項第2号及び第328条の6第1項第2号適用分」欄） 　　令和3年中に他からも退職手当等の支払を受けている旨の記入がある「退職所得の受給に関する申告書」を提出した人 ハ　下段（「所得税法第201条第3項並びに地方税法第50条の6第2項及び第328条の6第2項適用分」欄） 　　「退職所得の受給に関する申告書」の提出がないため、20.42％の税率を適用して所得税及び復興特別所得税を源泉徴収された人
支払金額	令和3年中に支払の確定した退職手当等の金額を区分により記入します。 　この場合、源泉徴収票の作成日現在で未払のものがあるときは、その未払額を内書きします。
源泉徴収税額	令和3年中に源泉徴収すべき所得税及び復興特別所得税の合計額（上記の「支払金額」欄に対応する税額）を記入します。
特別徴収税額	令和3年中に特別徴収すべき市町村民税及び道府県民税の額（上記の「支払金額」欄に対応する税額）を記入します。
退職所得控除額	退職所得に対する源泉徴収税額の計算に当たり控除した退職所得控除額を記入します。
勤続年数	退職所得控除額の計算の基礎となった勤続年数を記入します。 　(注)　勤続年数に1年未満の端数が生じたときは、これを1年として計算します。
（摘　　要）	次の事項を記入します。 イ　「勤続年数」欄に記入した勤続年数の計算の基礎 ロ　自己が支払う退職手当等又は下記ハの他の退職手当等の金額に特定役員退職手当等の金額が含まれる場合にはその金額、勤続年数及びその計算の基礎 　(注)1　特定役員退職手当等とは、役員等としての勤続年数が5年以下である人が、その役員等勤続年数に対応する退職手当等として支払を受けるものをいいます。

　　　　2　特定役員退職手当等と一般退職手当等（特定役員退職手当等以外の退職手当）の両方が支給され、かつ、それぞれの勤務期間に重複する期間がある場合には、その重複勤続年数も記入します。

ハ　受給者が提出した「退職所得の受給に関する申告書」に令和3年中に支払を受けた他の退職手当等がある旨の記載がある場合には、その支払を受けた他の退職手当等の支払者の氏名又は名称並びにその支払を受けた他の退職手当等に係る支払金額、勤続年数、源泉徴収税額（所得税及び復興特別所得税の合計額）及び特別徴収税額を記入します。

ニ　次の(イ)又は(ロ)に該当するときは、①これらの期間を今回の退職手当の計算の基礎に含めた旨、②含めた期間、③退職所得控除額の計算上控除した金額の計算の基礎を記入します。

(イ)　令和2年以前に、支払者のもとにおいて勤務しなかった期間に他の支払者のもとに勤務したことがあり、かつ、その者から前に退職手当等の支払を受けている場合において、当該前の退職手当等の支払者のもとに勤務した期間を今回の退職手当等の計算の基礎とした期間に含めたとき

(ロ)　令和2年以前に、受給者に退職手当等を支払っている場合において、当該前の退職手当等の計算の基礎とした期間を今回の退職手当等の計算の基礎とした期間に含めたとき

　　(注)1　(イ)又は(ロ)の「前に支払を受けた退職手当等」に特定役員退職手当等が含まれる場合は、前の退職手当等に係る勤続年数のうち特定役員等勤続期間、特定役員退職所得控除額の計算上控除した金額の計算の基礎を記入します。

　　　　2　特定役員等勤続期間とは、特定役員退職手当等につき所得税法施行令第69条第1項第1号及び第3号の規定により計算した期間をいいます。

ホ　令和3年中に支払を受けた退職手当等に係る勤続期間の一部が、平成29年から令和2年までの間に支払を受けた退職手当等に係る勤続期間と重複している場合（上記のニに該当するときを除きます。）には、①その重複している旨、②重複している部分の期間、③その期間内に支払を受けた退職手当等の収入金額及び④退職所得控除額の計算上控除した金額の計算の基礎を記入します。

　(注)　令和3年中に支払を受けた退職手当等に特定役員退職手当等が含まれる場合で、その特定役員等勤続期間が平成29年から令和2年までの間に支払を受けた退職手当等に係る勤続期間等と重複している場合には、その重複している期間、特定役員等退職所得控除額の計算上控除した金額の計算の基礎を記入します。

ヘ　障害者となったため退職したことにより100万円を加算した退職所得控除額の控除を受けた人については、⑬の表示をします。

| 支払者 | 退職手当等の支払者の「住所（居所）又は所在地」、「氏名又は名称」（個人事業者の方は氏名を記載します。）、「電話番号」及び「マイナンバー（個人番号）又は法人番号」を記入します。
(注)1　受給者に交付する源泉徴収票には、マイナンバー（個人番号）及び法人番号は記入しません。
　　2　マイナンバー（個人番号）を記入する場合は、左端を空白にし、右詰で記入します。 |

〔源泉徴収簿の「退職所得の税額計算」欄から源泉徴収票への転記例〕

退職所得の税額計算（源泉徴収簿）

就職 年月日	平成14・4・1	退職 年月日	令和3・12・20	勤続年数及びその勤続年数に応ずる控除の金額	自平成14年4月1日 至令和3年12月20日（20年）イ	8,000,000	特定役員等勤続年数
支払確定年月日	令和3・12・20	給与年月日	令和3・12・20		差引退職所得控除額（イ－ロ）ハ	8,000,000	特定役員退職所得控除額（40万円×(Ⓐ－⑲)＋20万円×⑳）
退職区分	有・無						

1	通常の場合	区分 特定役員 一般	支給金額① 10,000,000	退職所得控除額② 8,000,000	課税退職所得金額③ ((①－②)×1/2) 1,000,000	③に対する税額④	51,050
2	追加支給する場合	区分 一般 特定役員	追加支給の金額①				
3	本年中に他から受けた退職手当等がある場合	区分 一般 特定役員	支給金額①				
4	特定役員退職手当等と一般退職手当等の両方を支給する場合		支給金額①				

令和 3 年分 退職所得の源泉徴収票・特別徴収票

個人番号	1 2 3 4 5 6 7 8 9 0 1
住所又は居所	○○市○○町6-30
令和3年1月1日の住所	同上
氏名	（役職名） 経理部長　田中裕一

区分	支払金額	源泉徴収税額	特別徴収税額 市町村民税	道府県民税
所得税法第201条第1項第1号並びに地方税法第50条の6第1項第1号及び第328条の6第1項第1号適用分	10,000,000	51,050	60,000	40,000
所得税法第201条第1項第2号並びに地方税法第50条の6第1項第2号及び第328条の6第1項第2号適用分				
所得税法第201条第3項並びに地方税法第50条の6第2項及び第328条の6第2項適用分				

退職所得控除額	勤続年数	就職年月日	退職年月日
800 万円	20 年	平成14年4月1日	令和3年12月20日

（摘要）

個人番号又は法人番号	1 1 1 8 1 7 6 8 3 4 （右詰で記載してください。）
住所（居所）又は所在地	○○市○○町1-4-15
氏名又は名称	千代田商事株式会社　（電話）○○○-○○○○
整理欄	① ②

3　公的年金等の源泉徴収票

(1)　**作成と提出**　　　公的年金等の支払者は、公的年金等の支払を受ける人の各人について「公的年金等の源泉徴収票」を作成し、令和4年1月31日までに1部を公的年金等の支払を受ける人に交付するとともに、税務署へ提出を要する人の分については「公的年金等の源泉徴収票」に「公的年金等の源泉徴収票合計表」を添えて所轄の税務署に、また、「公的年金等支払報告書」を公的年金等の支払を受ける人の令和4年1月1日現在の住所地の市区町村にそれぞれ令和4年1月31日までに提出することになっています（所法226③、地方税法317の6④）。

> ⑿　公的年金等の支払者は、公的年金等の支払を受ける人から事前に承諾（※）を得る等一定の要件の下、書面による公的年金等の源泉徴収票の交付に代えて、公的年金等の源泉徴収票に記載すべき事項を電磁的方法により提供することができます。この提供により、公的年金等の支払者は、公的年金等の源泉徴収票を交付したものとみなされます。ただし、公的年金等の支払を受ける人の請求があるときは、公的年金等の支払者は書面により公的年金等の源泉徴収票を交付する必要があります。
>
> ※　公的年金等の支払者は、あらかじめ、その公的年金等の支払を受ける人に対し、その用いる電磁的方法の種類及び内容を示し、書面又は電磁的方法によって承諾を得る必要があります。

(2)　**提出の範囲**　　　「公的年金等の源泉徴収票」は、公的年金等の支払を受ける人の全てについて作成しますが、そのうち税務署へ提出しなければならないものは、次のいずれかに該当する人のものです（所規94の2②）。

　　イ　「公的年金等の受給者の扶養親族等申告書」を提出した人に支払うもので、その支払金額が60万円を超えるもの

　　ロ　「公的年金等の受給者の扶養親族等申告書」を提出しない人に支払うもので、その支払金額が30万円を超えるもの

(3)　**公的年金等支払報告書の提出範囲**　　　「公的年金等支払報告書」は、(2)の「公的年金等の源泉徴収票」の場合と異なり、その提出省略範囲が定められていませんから、令和4年1月1日現在において公的年金等の支払を受けている人のものは全て関係市区町村へ提出しなければなりません。

(4)　**公的年金等の源泉徴収票（公的年金等支払報告書）の書き方**　　　この源泉徴収票（支払報告書）の各欄は、給与所得の源泉徴収票（給与支払報告書）の書き方に準じて記入します（244ページ参照）。

　　なお、「支払金額」欄には、令和3年中に支払の確定した公的年金等の金額を次の区分により記載します。

　　イ　「法第203条の3第1号・第4号適用分」……老齢基礎年金、老齢厚生年金などのいわゆる一階建部分の年金で「公的年金等の受給者の扶養親族等申告書」を提出しているもの及び下記ロ・ハ又はニ以外の公的年金等

　　ロ　「法第203条の3第2号・第5号適用分」……国家公務員共済組合、地方公務員等共済組合などからの改正前の国家公務員共済法等に基づく退職共済年金及び独立行政法人農業者年

258　第1　法定調書の作成と提出

　　　金基金からの農業者老齢年金など（いわゆる二階建部分）

　ハ　「法第203条の3第3号・第6号適用分」……国家公務員共済組合、地方公務員等共済組合
　　　などからの退職年金、旧職域加算年金給付及び老齢厚生年金などの年金

　ニ　「法第203条の3第7号適用分」……確定給付企業年金、自社年金などいわゆる三階建部分
　　　の年金

　㊟　受給者に交付する源泉徴収票には、マイナンバー（個人番号）は記入しません。

〔公的年金等の源泉徴収票の記入例〕
〔公的年金等の源泉徴収票合計表の記入例〕

令和3年分　公的年金等の源泉徴収票

支払を受ける者	住所又は居所	○○市○○町4-5-6		個人番号	3 3 4 5 6 7 8 9 0 1 2 3
	（フリガナ）氏名	シナガワ ヨウスケ 品川 洋介	生年月日	明治 大正 ㊼昭和㊼ 平成 令和　21年 3月 1日	

区分	支払金額		源泉徴収税額	
	千	円	千	円
所得税法第203条の第1号・第4号適用分				
所得税法第203条の3第2号・第5号適用分	1 800	000	53	598
所得税法第203条の3第3号・第6号適用分				
所得税法第203条の3第7号適用分				

本　　人

特別障害者	その他の障害者	ひとり親	寡婦	源泉控除対象配偶者の有無等 一般	老人	控除対象扶養親族の数 特定	老人	その他	16歳未満の扶養親族の数	障害者の数 特別	その他	非居住者である親族の数	社会保険料の額
				★		人	人	人	人	人	内　人	人	千　円

源泉控除対象配偶者

（フリガナ）氏名	シナガワ ハナコ 品川 花子	区分
個人番号	4 4 5 6 7 8 9 0 1 2 3 4	

支払者	法人番号	4 5 6 7 8 9 0 1 2 3 4 5 6
	所在地	○○市○○町2-4-6
	名称	霞が関厚生年金基金　電話番号 ○○○-○○○○

377

令和3年分　公的年金等の源泉徴収票合計表

処理事項	通信日付印 ※ ・　・	検収 ※	整理簿登載 ※

令和4年1月14日提出

○○ 税務署長殿

提出者	所在地	○○市○○町2-4-6　電話（○○○-○○○-○○○○）
	法人番号（注）	4 5 6 7 8 9 0 1 2 3 4 5 6
	フリガナ 名称	カスミガセキ コウセイネンキンキキン 霞が関厚生年金基金
	フリガナ 代表者氏名	トシマ サブロウ 豊島 三郎

整理番号	0 0 9 4 1 3 4 5
調書の提出区分（新規=1、追加=2、訂正=3、無効=4） 1	提出媒体 30　本店一括 有・無
作成担当者	北沢 一郎
作成税理士署名	税理士番号（　　　）電話（　-　-　）

その年中の支払総額（源泉徴収票の提出省略分を含む。）				左のうち、公的年金等の源泉徴収票（税務署提出用）を提出するもの		
人員	左のうち、源泉徴収税額のない者	支払金額	源泉徴収税額	人員	支払金額	源泉徴収税額
人	人	円	円	人	円	円
45	16	58,500,000	428,272	35	53,800,000	428,272

（摘要）	災害減免法により徴収猶予したもの	人員	猶予税額
		人	円

○　提出媒体欄には、コードを記載してください。（電子=14、FD=15、MO=16、CD=17、DVD=18、書面=30、その他=99）
（注）平成27年分以前の合計表を作成する場合には、「法人番号」欄に何も記載しないでください。

（用紙　日本産業規格　A4）

260　第1　法定調書の作成と提出

4　報酬、料金、契約金及び賞金の支払調書

(1)　**作成と提出**　　所得税法第204条第1項各号並びに所得税法第174条第10号及び租税特別措置法第41条の20第1項に規定する報酬、料金、契約金及び賞金（以下「報酬、料金等」といいます。）の支払者は、報酬、料金等の支払を受ける者の各人別に「報酬、料金、契約金及び賞金の支払調書」を作成し、「報酬、料金、契約金及び賞金の支払調書合計表」を添えて令和4年1月31日までに、所轄の税務署に提出することになっています（所法225①三、所規84①）。

　　なお、この支払調書は、①法人（人格のない社団等を含みます。）に支払われる報酬、料金等で源泉徴収の対象とならないものや、②支払金額が源泉徴収の限度額以下であるため源泉徴収をしていない報酬、料金等についても(2)の表の提出範囲に該当するものは、提出することになっています。

　　また、非居住者に対して報酬等を支払った方は、「非居住者等に支払われる給与、報酬、年金及び賞金の支払調書」を1枚提出することになります。ただし、日本と情報交換を行うことができる国（242ページ参照）に住所（居所）がある人については、同じものを2枚税務署へ提出することになっています。

(2)　**提出の範囲**　　この支払調書は、次の表に掲げる提出の範囲に該当する場合に提出することとされています。

区　　　　　分	提　出　の　範　囲
(イ)　外交員、集金人、電力量計の検針人及びプロボクサーの報酬、料金	同一人に対する令和3年中の支払金額の合計額が50万円を超えるもの
(ロ)　バー・キャバレー等のホステス、バンケットホステス、コンパニオン等の報酬、料金	
(ハ)　社会保険診療報酬支払基金が支払う診療報酬	同一人に対する令和3年中の支払金額の合計額が50万円を超えるもの 　ただし、国立病院、公立病院、その他の公共法人等に支払うものは提出する必要はありません。
(ニ)　広告宣伝のための賞金	同一人に対する令和3年中の支払金額の合計額が50万円を超えるもの
(ホ)　馬主が受ける競馬の賞金	令和3年中の1回の支払賞金額が75万円を超える支払を受けた人に係るその年中に支払った全てのもの
(ヘ)　職業野球の選手などが受ける報酬及び契約金	同一人に対する令和3年中の支払金額の合計額が5万円を超えるもの
(ト)　(イ)から(ヘ)まで以外の報酬、料金等	

(注)1　支払調書の作成日現在で未払のものがある場合には、源泉徴収すべき所得税及び復興特別所得税の合計額を見積りによって記入します。

　　なお、その後現実に徴収した所得税及び復興特別所得税の額がその見積税額と異なることとなったときは、当初提出した支払調書と同じ内容のものを作成し、右上部余白に赤書きで「無効」と表示します。また、正当税額を記入した支払調書を作成し、右上部余白に赤書きで「訂正分」と表示し、「無効」と表

第1 法定調書の作成と提出 261

示したものと併せて提出します。

2 支払調書の提出が必要となる報酬、料金等の一覧については、次表をご覧ください。

〔所得税法第204条第1項各号並びに所得税法第174条第10号及び租税特別措置法第41条の20第1
項に規定する報酬、料金、契約金、賞金の一覧表〕

区　　分	種　　　　　類	「合計表」を作成する場合における記入欄
所得税法第204条第1項第1号に規定する報酬・料金	原稿、さし絵、作曲、レコード吹込み（テープ、ワイヤーの吹込みを含みます。）、デザインの報酬、放送謝金、著作権（著作隣接権を含みます。）の使用料、工業所有権の使用料（技術に関する権利や特別の技術による生産方式又はこれらに準ずるものの使用料を含みます。）、講演料、技芸・スポーツ・知識等の教授・指導料、脚本、脚色、翻訳、通訳、校正、書籍の装てい、速記、版下（写真製版用写真原版の修整を含み、写真植字を除きます。）及び雑誌、広告その他の印刷物に掲載するための写真の報酬・料金及び投資助言業務に係る報酬・料金	「原稿料、講演料等の報酬又は料金（1号該当）」欄
所得税法第204条第1項第2号に規定する報酬・料金	弁護士（外国法事務弁護士を含みます。）、司法書士、土地家屋調査士、公認会計士、税理士、計理士、会計士補、企業診断員（企業経営の改善や向上のための指導を行う人を含みます。）、社会保険労務士、弁理士、海事代理士、測量士、測量士補、建築士、建築代理士（建築代理士以外の人で建築に関する申請や届出の書類を作成し、又はこれらの手続を代理することを業とする人を含みます。）、不動産鑑定士、不動産鑑定士補、火災損害鑑定人、自動車等損害鑑定人、技術士、技術士補（技術士又は技術士補以外の人で技術士の行う業務と同一の業務を行う人を含みます。）の報酬・料金	「弁護士、税理士等の報酬又は料金（2号該当）」欄
所得税法第204条第1項第3号に規定する診療報酬	社会保険診療報酬支払基金法の規定により同基金が支払う診療報酬	「診療報酬（3号該当）」欄
所得税法第204条第1項第4号に規定する報酬・料金	職業野球の選手等、プロボクサー、プロサッカーの選手、プロテニスの選手、プロレスラー、プロゴルファー、プロボウラー、自動車のレーサー、競馬の騎手、自転車競技の選手、小型自動車競走の選手、モーターボート競走の選手、モデル（雑誌．広告その他の印刷物にその容姿を掲載させることにより報酬を受ける人を含みます。）、外交員、集金人、電力量計の検針人の業務に関する報酬・料金	「職業野球選手、騎手、外交員等の報酬又は料金（4号該当）」欄

262 第1 法定調書の作成と提出

区　　　分	種　　　類	「合計表」を作成する場合における記入欄
所得税法第204条第1項第5号に規定する報酬・料金	① 映画、演劇、その他の芸能（音楽、音曲、舞踊、講談、落語、浪曲、漫談、漫才、腹話術、歌唱、奇術、曲芸、物まねをいいます。）、ラジオ放送やテレビジョン放送の出演や演出（指揮、監督、映画・演劇の製作、振付け、舞台装置、照明、撮影、演奏、録音、擬音効果、編集、美粧、考証を含みます。）又は企画に対する報酬・料金 ② 映画・演劇の俳優、映画監督、舞台監督（プロジューサーを含みます。）、演出家、放送演技者、音楽指揮者、楽士、舞踊家、講談師、落語家、浪曲師、漫談家、漫才家、腹話術師、歌手、奇術師、曲芸師、物まね師の役務の提供を内容とする事業におけるこれらの役務の提供に対する報酬・料金（これらのうち、不特定多数の者から受けるものを除きます。）	「芸能等に係る出演、演出等の報酬又は料金（5号該当）」欄
所得税法第204条第1項第6号及び租税特別措置法第41条の20第1項に規定する報酬・料金	① キャバレー、ナイトクラブ、バーその他これらに類する施設において客の接待を業務とするホステス等の業務に関する報酬・料金 ② ホテル、旅館、飲食店その他飲食をする場所（臨時に設けられたものを含みます。）で行われる飲食を伴うパーティー等の会合において、専ら接待等の役務の提供を行うことを業務とするいわゆるバンケットホステス、コンパニオン等の業務に関する報酬・料金	「ホステス等の報酬又は料金（6号該当）」欄
所得税法第204条第1項第7号に規定する契約金	職業野球の選手その他一定の者に専属して役務を提供する人で、その一定の者のために役務を提供したり、それ以外の者のために役務を提供しないことを約することにより一時に受ける契約金	「契約金（7号該当）」欄
所得税法第204条第1項第8号に規定する賞金	事業の広告宣伝のために賞として支払う金品その他の経済上の利益（旅行その他役務の提供を内容とするもので、金品との選択をすることができないとされているものは除きます。）、馬主が受ける競馬の賞金（金銭で支払われるものに限ります。）	「賞金（8号該当）」欄

〔内国法人に支払う報酬、料金、賞金の一覧表〕

区　　　分	種　　　類	「合計表」を作成する場合における記入欄
所得税法第174条第10号に規定する賞金	馬主が受ける競馬の賞金（金銭で支払われるものに限ります。）	「賞金（8号該当）」欄及び「Ⓐのうち、所得税法第174条第10号に規定する内国法人に対する賞金」欄

(3) 支払調書の書き方　　報酬、料金、契約金及び賞金の支払調書の各欄は、次により記入します（所規別表第五(八)）。

記　入　欄	記　　入　　の　　仕　　方
支払を受ける者	支払調書を作成する日の現況による受給者の住所（居所）又は所在地並びに氏名（個人名）又は名称（法人名など）を契約書等で確認して記入します。 (注)　単に屋号のみを記入することのないようにします。
個人番号又は法人番号	受給者のマイナンバー（個人番号）又は法人番号を記入します。 (注)1　受給者に支払調書の写しを交付する場合には、マイナンバー（個人番号）を記入して交付することはできません。 　　2　マイナンバー（個人番号）を記入する場合は、左端を空白にし、右詰めで記入します。
区　分	報酬、料金等の名称を、例えば、原稿料、印税、さし絵料、翻訳料、通訳料、脚本料、作曲料、講演料、教授料、著作権や工業所有権の使用料、放送謝金、映画・演劇の出演料、弁護士報酬、税理士報酬、社会保険労務士報酬、外交員報酬、ホステス等の報酬、契約金、広告宣伝のための賞金、競馬の賞金、診療報酬のように記入します。 　なお、印税については、「書き下ろし初版印税」と「その他の印税」との区分を記入します。
細　目	次の区分により記入します。 　イ　印税……………………………………………………………書籍名 　ロ　原稿料、さし絵料………………………………………………支払回数 　ハ　放送謝金、映画・演劇の俳優等の出演料……出演した映画、演劇の題名等 　ニ　弁護士等の報酬、料金…………………………………関与した事件名等 　ホ　広告宣伝のための賞金…………………………………………賞金の名称等 　ヘ　教授料・指導料………………………………………………………講義名等
支払金額	令和3年中に支払の確定したものを記入します。この場合、控除額以下であるなどのため源泉徴収されなかった報酬、料金等や支払調書の作成日現在で未払の報酬、料金等についても、記入漏れのないように注意します。 　なお、支払調書の作成日現在で未払のものがあるときは、各欄の上段にその未払額を内書きします。 　また、支払金額には、原則として消費税及び地方消費税（以下支払調書関係において「消費税等」といいます。）の額を含めます。ただし、消費税等の額が明確に区分されている場合には、消費税等の額を含めない金額を支払金額とし、「(摘要)」欄にその消費税等の額を記入します。
源泉徴収税額	令和3年中に源泉徴収すべき所得税及び復興特別所得税の合計額を記入します。この場合、支払調書の作成日現在で未払のものがあるため源泉徴収すべき税額を徴収していないときは、その未徴収税額を内書きします。 　なお、災害により被害を受けたため、報酬、料金等に対する源泉所得税及び復興特別所得税の徴収の猶予を受けた税額があるときは、その税額を含めないで記入します。

264　第1　法定調書の作成と提出

記　入　欄	記　入　の　仕　方
（摘　要）	次の事項を記入します。 イ　診療報酬のうち、家族診療分については、家族の表示とその金額 ロ　災害により被害を受けたため、報酬、料金等に対する源泉所得税及び復興特別所得税の徴収の猶予を受けた税額がある場合には、㊺の表示と猶予税額 ハ　広告宣伝のための賞金が金銭以外のものである場合には、その旨とその種類等の明細 ニ　支払を受ける者が「源泉徴収の免除証明書」を提示した者である場合、その他法律上源泉徴収を要しない者である場合には、その旨
支払者	報酬、料金等を支払った者の「住所（居所）又は所在地」、「氏名又は名称」（個人事業者の方は氏名を記載します。）、「電話番号」及び「マイナンバー（個人番号）又は法人番号」を記入します。 ㊟1　受給者に支払調書の写しを交付する場合には、マイナンバー（個人番号）を記入して交付することはできません。 　2　マイナンバー（個人番号）を記入する場合は、左端を空白にし、右詰で記入します。

〔報酬、料金、契約金及び賞金の支払調書の記入例〕

令和**3**年分　報酬、料金、契約金及び賞金の支払調書

支払を受ける者	住所（居所）又は所在地	○○市○○1-33-99					
	氏名又は名称	大崎　明雄			個人番号又は法人番号 4 5 6 7 8 9 0 1 2 3 4 5		
区　分	細　目		支払金額		源泉徴収税額		
外交員報酬		内 2	168千 016	000円 000	内	4千 58	900円 809
（摘要）							
支払者	住所（居所）又は所在地	○○市○○町1-4-15					
	氏名又は名称	千代田商事株式会社（電話）○○○-○○○○			個人番号又は法人番号 9 9 9 8 8 7 7 6 6 5 5 4		
整　理　欄	①			②			

㊟　この記入例は、外交員報酬を次のように支払っている場合の例です。
　1　1月から12月までの報酬総額2,016,000円（給与等の支払金額なし）
　2　1のうち支払調書作成日現在で未払のものの合計金額168,000円

5　不動産の使用料等の支払調書

(1)　**作成と提出**　　法人（国、都道府県等の公法人や人格のない社団等を含みます。）又は不動産業者である個人が、令和3年中に不動産、不動産の上に存する権利、船舶（総トン数20トン以上のものに限ります。）、航空機の借受けの対価や不動産の上に存する権利の設定の対価（以下これらの対価を「不動産の使用料等」といいます。）を支払った場合には、その不動産の使用料等の支払を受ける者の各人別に「不動産の使用料等の支払調書」を作成し、「不動産の使用料等の支払調書合計表」を添えて令和4年1月31日までに所轄の税務署に提出することになっています（所法225①九、所規90）。

　　ただし、不動産業者である個人のうち、建物の賃貸借の代理や仲介を主な事業目的とする人は提出する必要はありません（所令352）。

　　また、法人に支払う不動産の使用料等のうち、権利金、更新料等以外のものは提出する必要はありません（所規90）。

　　なお、不動産等の借受けについてあっせん手数料を支払っている場合で、「（摘要）」欄の「あっせんをした者」欄にあっせんをした者の「住所（居所）又は所在地」、「氏名又は名称」、「マイナンバー（個人番号）又は法人番号」やあっせん手数料の「支払確定年月日」、「支払金額」を記入することにより、「不動産等の売買又は貸付けのあっせん手数料の支払調書」の作成、提出を省略することができます。

(2)　**提出の範囲**　　この支払調書は、同一の者に対する令和3年中の不動産の使用料等（支払を受ける者が法人である場合には、地上権、不動産等の賃借権、その他土地の上に存する権利の設定による対価に限ります。）の支払金額の合計が15万円を超えるものについて提出することとされています（所規90）。

(3)　**その他の注意事項**

　イ　不動産の使用料等には、土地、建物の賃借料だけではなく、次のようなものも含まれます。

　　(イ)　地上権、地役権の設定あるいは不動産の賃借に伴って支払われるいわゆる権利金（保証金、敷金等の名目のものであっても返還を要しない部分の金額及び月又は年の経過により返還を要しないこととなる部分の金額を含みます。）、礼金

　　(ロ)　契約期間の満了に伴い、又は借地の上にある建物の増改築に伴って支払われるいわゆる更新料、承諾料

　　(ハ)　借地権や借家権を譲り受けた場合に地主や家主に支払われるいわゆる名義書換料

　ロ　催物の会場を賃借する場合のような一時的な賃借料や陳列ケースの賃借料、広告等のための塀や壁面等のように土地、建物の一部を使用する場合の賃借料についても、この支払調書を提出することになっています。

266 第1 法定調書の作成と提出

(4) 不動産の使用料等の支払調書の書き方　　　この支払調書の各欄は、次により記入します（所規
別表第五（二十四））。

記　入　欄	記　　入　　の　　仕　　方
支払を受ける者	支払調書を作成する日の現況における不動産の所有者又は転貸人の住所（居所）、本店又は主たる事務所の所在地、氏名（個人名）又は名称（法人名など）を契約書等で確認して記入します。 ㊟　単に屋号のみを記入することのないようにします。
個人番号又は法人番号	受給者のマイナンバー（個人番号）又は法人番号を記入します。 ㊟1　受給者に支払調書の写しを交付する場合には、マイナンバー（個人番号）を記入して交付することはできません。 　　2　マイナンバー（個人番号）を記入する場合は、左端を空白にし、右詰で記入します。
区　分	支払の内容等に応じ、地代、家賃、権利金、更新料、承諾料、名義書換料、船舶の使用料のように記入します。
物件の所在地	地代、家賃等の支払の基礎となった物件の所在地を記入します。 　この場合、船舶又は航空機については、船籍又は航空機の登録をした機関の所在地を記入します。
細　目	土地の地目（宅地、田畑、山林等）、建物の構造、用途等を記入します。
計算の基礎	令和3年中の賃借期間、単位（月、週、日、㎡等）当たり賃借料、戸数、面積等を記入します。
支払金額	令和3年中に支払の確定した金額（未払の金額を含みます。）を「区分」欄の支払内容ごとに記入します。 　また、支払金額には、原則として消費税等の額を含めます。ただし、消費税等の額が明確に区分されている場合には、消費税等の額を含めない金額を支払金額とし、「（摘要）」欄にその消費税等の額を記入します。
（摘　要）	次の事項を記入します。 イ　不動産の使用料等が、地上権、賃借権、その他土地の上に存する権利の設定による対価である場合には、その設定した権利の存続期間（自〜至） ロ　不動産等の借受けについて令和3年中にあっせん手数料を支払っている場合で、「不動産等の売買又は貸付けのあっせん手数料の支払調書」の作成、提出を省略する場合には、「あっせんをした者」欄にあっせんをした者の「住所（居所）又は所在地」、「氏名又は名称」、「マイナンバー（個人番号）又は法人番号」やあっせん手数料の「支払確定年月日」及び「支払金額」 ㊟1　受給者に支払調書の写しを交付する場合には、マイナンバー（個人番号）を記入して交付することはできません。 　　2　マイナンバー（個人番号）を記入する場合は、左端を空白にし、右詰で記入します。
支払者	不動産の使用料等を支払った者の「住所（居所）又は所在地」、「氏名又は名称」（個人事業者の方は氏名を記載します。）、「電話番号」及び「マイナンバー（個人番号）又は法人番号」を記入します。 ㊟1　受給者に支払調書の写しを交付する場合には、マイナンバー（個人番号）を記入して交付することはできません。 　　2　マイナンバー（個人番号）を記入する場合は、左端を空白にし、右詰で記入します。

第1 法定調書の作成と提出　267

〔不動産の使用料等の支払調書の記入例〕

令和 **3** 年分　不動産の使用料等の支払調書

支払を受ける者	住所(居所)又は所在地	○○市○○町4-4-9						
	氏名又は名称	八王子　剛			個人番号又は法人番号　5 6 7 8 9 0 1 2 3 4 5 6			
区分	物件の所在地	細目	計算の基礎		支払金額			
家賃	○○区○○町3-3	木造　瓦葺 2階建店舗等	1戸 150㎡	1〜12月 250,000円	3	000	000	

(摘要)

をあっせんした者	住所(居所)又は所在地	○○市○○町1-44-99		支払確定年月日	あっせん手数料	
	氏名又は名称	大手　三郎		年 月 日 3.1.8	462	500
	個人番号又は法人番号	6 7 8 9 0 1 2 3 4 5 6 7				
支払者	住所(居所)又は所在地	○○市○○町3-3				
	氏名又は名称	神田工業株式会社 (電話)○○○-○○○○		個人番号又は法人番号 1 7 8 9 0 1 2 3 4 5 6 7 8		

整理欄	①	②

268 第1 法定調書の作成と提出

6 不動産等の譲受けの対価の支払調書

(1) **作成と提出**　　法人（国、都道府県等の公法人や人格のない社団等を含みます。）や不動産業者である個人が、令和3年中に譲り受けた不動産、不動産の上に存する権利、船舶（総トン数20トン以上のものに限ります。）及び航空機（以下、これらの資産を「不動産等」といいます。）の対価を支払った場合には、「不動産等の譲受けの対価の支払調書」を作成し、「不動産等の譲受けの対価の支払調書合計表」を添えて令和4年1月31日までに所轄の税務署に提出することになっています（所法225①九、所規90①）。

　　ただし、不動産業者である個人のうち、建物の賃貸借の代理や仲介を主な事業目的とする人は、この支払調書を提出する必要はありません（所令352）。

　　なお、不動産等の譲受けについて令和3年中にあっせん手数料を支払っている場合で、「（摘要）」欄の「あっせんをした者」欄にあっせんをした者の「住所（居所）又は所在地」、「氏名又は名称」、「マイナンバー（個人番号）又は法人番号」や、あっせん手数料の「支払確定年月日」、「支払金額」を記入することにより、「不動産等の売買又は貸付けのあっせん手数料の支払調書」の作成、提出を省略することができます。

(2) **提出の範囲**　　この支払調書は、同一の者に対する令和3年中の不動産等の譲受けの対価の支払金額の合計額が100万円を超えるものについて提出することとされています（所規90）。

(3) **その他の注意事項**

　　イ　「不動産等の譲受け」には、売買のほか、競売、公売、交換、収用、現物出資等による取得も含まれます。

　　ロ　公共事業施行者等が、法律の規定に基づいて行う買取り等の対価を支払う場合は、その全てのものを、四半期に1回提出することになっています（提出期限は、各四半期末の翌月末日）。

(4) **不動産等の譲受けの対価の支払調書の書き方**　　この支払調書の各欄は、次により記入します（所規別表第五（二十五））。

記　入　欄	記　入　の　仕　方
支払を受ける者	支払調書を作成する日の現況における不動産等の譲渡者の住所（居所）、本店又は主たる事務所の所在地、氏名（個人名）又は名称（法人名など）を契約書等で確認して記入します。
個人番号又は法人番号	受給者のマイナンバー（個人番号）又は法人番号を記入します。 (注)1　受給者に支払調書の写しを交付する場合には、マイナンバー（個人番号）を記入して交付することはできません。 　　2　マイナンバー（個人番号）を記入する場合は、左端を空白にし、右詰で記入します。
物件の種類	譲り受けた不動産等の種類に応じ、土地、借地権、建物、船舶、航空機のように記入します。

記　入　欄	記　入　の　仕　方
物件の所在地	その譲受けの対価の支払の基礎となった物件の所在地を記入します。この場合、船舶又は航空機については、船籍又は航空機の登録をした機関の所在地を記入します。
細　目	土地の地目（宅地、田畑、山林等）、建物の構造、用途等を記入します。
数　量	土地の面積、建物の戸数、建物の延べ面積等を記入します。
取得年月日	不動産等の所有権、その他の財産権の移転のあった年月日を記入します。
支払金額	譲り受けた不動産等の対価として、令和３年中に支払の確定した金額（未払の金額を含みます。）を記入します。 　なお、不動産等の移転に伴い、各種の損失の補償金（次の「（摘要）」欄のニ参照）を支払った場合には、「物件の所在地」欄の最初の行に「支払総額」と記入した上、これらの損失の補償金を含めた支払総額を記入します。 　また、支払金額には、原則として消費税等の額を含めます。ただし、消費税等の額が明確に区分されている場合には、消費税等の額を含めない金額を支払金額とし、「（摘要）」欄にその消費税等の額を記入します。
（摘　要）	次の事項を記入します。 イ　譲受けの態様（売買、競売、公売、交換、収用、現物出資等の別） ロ　譲受けの態様が売買である場合には、その代金の支払年月日、支払年月日ごとの支払方法（現金、小切手、手形等の別）及び支払金額 ハ　譲受けの態様が交換である場合には、相手方に交付した資産の種類、所在地、数量等その資産の内容 ニ　不動産等の譲受け対価のほかに補償金が支払われる場合には、次の区分による補償金の種類とその支払金額 　(イ)　建物等移転費用補償金 　(ロ)　動産移転費用補償金 　(ハ)　立木移転費用補償金 　(ニ)　仮住居費用補償金 　(ホ)　土地建物等使用補償金 　(ヘ)　収益補償金 　(ト)　経費補償金 　(チ)　残地等工事費補償金 　(リ)　その他の補償金 ホ　不動産等の譲受けに当たって令和３年中にあっせん手数料を支払っている場合で、「不動産等の売買又は貸付けのあっせん手数料の支払調書」の作成、提出を省略する場合には、「あっせんをした者」欄にあっせんをした者の「住所（居所）又は所在地」、「氏名又は名称」、「マイナンバー（個人番号）又は法人番号」やあっせん手数料の「支払確定年月日」、「支払金額」 (注)１　受給者に支払調書の写しを交付する場合には、マイナンバー（個人番号）を記入して交付することはできません。 　２　マイナンバー（個人番号）を記入する場合は、左端を空白にし、右詰で記入します。

270　第1　法定調書の作成と提出

記　入　欄	記　入　の　仕　方
支払者	不動産等の譲受けの対価を支払った者の「住所（居所）又は所在地」、「氏名又は名称」（個人事業者の方は氏名を記載します。）、「電話番号」及び「マイナンバー（個人番号）又は法人番号」を記入します。 ㊟1　受給者に支払調書の写しを交付する場合には、マイナンバー（個人番号）を記入して交付することはできません。 　2　マイナンバー（個人番号）を記入する場合は、左端を空白にし、右詰で記入します。

〔不動産等の譲受けの対価の支払調書の記入例〕

記入例1　　一般の場合

令和 **3** 年分　不動産等の譲受けの対価の支払調書

支払を受ける者	住所（居所）又は所在地	○○市○○ 2-20-3								個人番号又は法人番号								
	氏名又は名称	世田谷　三男								7	8	9	0	1	2	3	4	5 6 7 8

物件の種類	物件の所在地	細目	数量	取得年月日	支払金額
土地	○○区○○ 1-30-2	宅地	165㎡	3・3・15	25　000　000 円
				・　・	
				・　・	

（摘要）　　　　　売買　　3.2.19　　　現金　　6,800,000円
　　　　　　　　　　　　　 3.3.15　　　小切手　18,200,000円

をあっせんした者	住所（居所）又は所在地	○○市○○ 1-5-4									支払確定年月日	あっせん手数料
	氏名又は名称	丸ノ内　三郎									3・3・15	874　800 千　円
	個人番号又は法人番号	8 9 0 1 2 3 4 5 6 7 8 9										

支払者	住所（居所）又は所在地	○○市○○町1-5-6								個人番号又は法人番号								
	氏名又は名称	株式会社神田書房（電話）○○○-○○○○								1	9	0	1	2	3	4	5	6 7 8 9 0

整　理　欄	①	②

㊟　この記入例は、土地の対価と土地の譲受けに伴うあっせん手数料とを併記した場合の例です。

第1　法定調書の作成と提出　271

記入例2　　資産の譲受けの対価のほかに各種の補償金が支払われている場合

令和 **3** 年分　不動産等の譲受けの対価の支払調書

支払を受ける者	住所(居所)又は所在地	○○市○○町3-5-6						
	氏名又は名称	麹町　一夫				個人番号又は法人番号　1 9 8 7 6 5 4 3 2 1 0 9		

物件の種類	物件の所在地	細目	数量	取得年月日	支払金額
土地	支払総額			年　月　日	23 250 000 円
	○○市○○町3-8-9	宅地	165㎡	3・6・1	21 000 000

(摘要)　　売買　3.5.12　　小切手　10,000,000円　建物移転費用補償金　　2,000,000円
　　　　　　　　3.6.1　　小切手　13,250,000円　立木移転費用補償金　　　200,000円
　　　　　　　　　　　　　　　　　　　　　　　　　仮住居費用補償金　　　　50,000円

をあっせんした者	住所(居所)又は所在地		支払確定年月日	あっせん手数料
	氏名又は名称		年　月　日	
	個人番号又は法人番号		・　・	千　　円

支払者	住所(居所)又は所在地	○○市○○ 1-15-3	
	氏名又は名称	丸ノ内工業株式会社(電話) ○○○-○○○○	個人番号又は法人番号　1 0 9 8 7 6 5 4 3 2 1 0 9

整理欄	①		②	

(注)1　この記入例は、土地の対価2,100万円と土地の譲受けに伴って損失補償金225万円を支払った場合の例です。

　　2　取得した資産の対価以外に損失の補償金を支払う場合には、それらの補償金を含めた支払総額を「支払金額」欄の最初の行に記入します。

272 第1 法定調書の作成と提出

7 不動産等の売買又は貸付けのあっせん手数料の支払調書

(1) **作成と提出** 法人（国、都道府県等の公法人や人格のない社団等を含みます。）や不動産業者である個人が、令和3年中に不動産、不動産の上に存する権利、船舶（総トン数20トン以上のものに限ります。）、航空機の売買や貸付けのあっせん手数料（以下、これらの手数料を「不動産売買等のあっせん手数料」といいます。）を支払った場合には、「不動産等の売買又は貸付けのあっせん手数料の支払調書」を作成し、「不動産等の売買又は貸付けのあっせん手数料の支払調書合計表」を添えて、令和4年1月31日までに不動産売買等のあっせん手数料の支払事務を取り扱う事務所、事業所等の所在地を所轄する税務署に提出することになっています（所法225①九、所規90①）。

ただし、不動産業者である個人のうち、建物の賃貸借の代理や仲介を主な事業目的とする人は、この支払調書を提出する必要はありません（所令352）。

なお、「不動産の使用料等の支払調書」や「不動産等の譲受けの対価の支払調書」の「（摘要）」欄の「あっせんをした者」欄に、あっせんをした者の「住所（居所）又は所在地」、「氏名又は名称」、「マイナンバー（個人番号）又は法人番号」や、あっせん手数料の「支払確定年月日」、「支払金額」を記入して提出する場合には、この支払調書の作成、提出を省略することができます。

(2) **提出の範囲** この支払調書は、同一人に対する令和3年中の不動産売買等のあっせん手数料の支払金額の合計が15万円を超えるものについて提出することとされています（所規90）。

(3) **不動産等の売買又は貸付けのあっせん手数料の支払調書の書き方** この支払調書の各欄は、次により記入します（所規別表第五（二十六））。

記　入　欄	記　入　の　仕　方
支払を受ける者	支払調書を作成する日の現況における不動産等の売買又は貸付けのあっせんをした者の住所（居所）、本店又は主たる事務所の所在地、氏名（個人名）又は名称（法人名など）を契約書等で確認して記入します。
個人番号又は法人番号	受給者のマイナンバー（個人番号）又は法人番号を記入します。 (注)1　受給者に支払調書の写しを交付する場合には、マイナンバー（個人番号）を記入して交付することはできません。 　2　マイナンバー（個人番号）を記入する場合は、左端を空白にし、右詰で記入します。
区分	譲渡、譲受け、貸付け、借受けのように記入します。
支払金額	令和3年中に支払の確定した金額（未払の金額を含みます。）を「区分」欄の支払内容ごとに記入します。 　なお、支払金額には、原則として消費税等の額を含めます。ただし、消費税等の額が明確に区分されている場合には、消費税等の額を含めない金額を支払金額とし、「（摘要）」欄にその消費税等の額を記入します。

第1 法定調書の作成と提出　273

記　入　欄	記　　入　　の　　仕　　方
あっせんに係る不動産等	次の事項を記入します。 イ　「物件の種類」欄……土地、借地権、地役権、建物等 ロ　「数量」欄…………土地の面積、建物の戸数、延べ面積等 ハ　「取引金額」欄………売買や貸付けの対価の額（賃貸借の場合には、単位 　　　　　　　　　　　　（月、週、日、㎡等）当たりの賃貸借料）
支払者	不動産売買等のあっせん手数料を支払った者の「住所（居所）又は所在地」、「氏名又は名称」（個人事業者の方は氏名を記載します。）、「電話番号」及び「マイナンバー（個人番号）又は法人番号」を記入します。 ㊟1　受給者に支払調書の写しを交付する場合には、マイナンバー（個人番号）を記入して交付することはできません。 　2　マイナンバー（個人番号）を記入する場合は、左端を空白にし、右詰で記入します。

〔不動産等の売買又は貸付けのあっせん手数料の支払調書の記入例〕

令和 **3** 年分 不動産等の売買又は貸付けのあっせん手数料の支払調書

支払を受ける者	住所（居所）又は所在地	○○市○○町2-3-4		
	氏名又は名称	練馬八郎	個人番号又は法人番号 2 1 0 9 8 7 6 5 4 3 2 1	

区　　　　　分	支払確定年月日	支払金額
譲　渡	3 年 5 月 28 日	874 800 円

あっせんに係る不動産等	物件の種類	物件の所在地	数量	取引金額
	土地	○○市○○ 4-9-15	165 ㎡	25 000 000 円

（摘要）

支払者	住所（居所）又は所在地	○○市○○ 1-19-3	
	氏名又は名称	株式会社 新宿物産 （電話）○○○-○○○○	個人番号又は法人番号 3 2 1 0 9 8 7 6 5 4 3 2 1

274　第1　法定調書の作成と提出

8　合計表の作成と提出

「給与所得の源泉徴収票」、「退職所得の源泉徴収票」、「報酬、料金、契約金及び賞金の支払調書」などを税務署へ提出する際には、それぞれ「合計表」を添えて提出することになっています（所規別表第五㈧、六㈠、六㈡等の各備考、地方税法規則第17号様式）が、「給与所得の源泉徴収票」、「退職所得の源泉徴収票」、「報酬、料金、契約金及び賞金の支払調書」、「不動産の使用料等の支払調書」、「不動産等の譲受けの対価の支払調書」及び「不動産等の売買又は貸付けのあっせん手数料の支払調書」の6種類の合計表は、1枚の様式にまとめられています。

㊟　税務署へ提出する源泉徴収票や支払調書がない場合でも、この合計表については、所定の事項を記入して提出しなければなりません。

　この合計表の各欄は、それぞれ次により記入します。

⑴　給与所得の源泉徴収票合計表の書き方

記　入　欄	記　入　の　仕　方
Ⓐ　俸給、給与、賞与等の総額	給与所得の源泉徴収票の提出を要しない人も含めた給与の支払を受ける全ての人（年の中途で退職した人も含みます。）について記入します。 　なお、年の中途で就職した人が就職前に他の支払者から支払を受けた給与等の金額及びそれについて徴収された源泉所得税及び復興特別所得税額並びに災害により被害を受けたため、給与所得に対する源泉所得税及び復興特別所得税額の徴収を猶予された税額は、「支払金額」又は「源泉徴収税額」に含めません。 　また、年末調整により差引超過額（納めすぎ）が発生し、その超過額が支払者の徴収税額を上回る場合には、源泉徴収税額は「0（ゼロ）」と記入します。 　「左のうち、源泉徴収税額のない者」欄には、給与所得の源泉徴収票の「源泉徴収税額」欄の金額が「0（ゼロ）」となる人の数を記入します。
Ⓑ　源泉徴収票を提出するもの	この合計表とともに給与所得の源泉徴収票を提出する人について、その源泉徴収票の合計額を記入します。 　なお、Ⓐの総額欄と異なり、年の中途で就職した者が就職前に他の支払者から支払を受けた給与等の金額及びそれについて徴収された源泉所得税及び復興特別所得税額についても含めたところで記入します。
災害減免法により徴収猶予したもの	災害により被害を受けたため、給与所得に対する源泉所得税及び復興特別所得税の徴収を猶予されたものについて、その人員と徴収猶予税額（給与所得の源泉徴収票の「（摘要）」欄に記入されています。）を記入します。

第1　法定調書の作成と提出　275

(2)　退職所得の源泉徴収票合計表の書き方

記　入　欄	記　入　の　仕　方
Ⓐ　退職手当等の総額	退職所得の源泉徴収票の提出を要しない者も含めた退職手当の支払を受ける全ての人について記入します。
Ⓑ　Ⓐのうち、源泉徴収票を提出するもの	この合計表とともに退職所得の源泉徴収票を提出する人について、その源泉徴収票の合計額を記入します。

(3)　報酬、料金、契約金及び賞金の支払調書合計表の書き方

記　入　欄	記　入　の　仕　方
所得税法第204条に規定する報酬又は料金等	261ページの「所得税法第204条第1項各号並びに所得税法第174条第10号及び租税特別措置法第41条の20第1項に規定する報酬、料金、契約金、賞金の一覧表」に示す区分ごとに、この支払調書の提出を要しないものも含めた全ての報酬、料金等をそれぞれ記入します。
「人員」及び「支払金額」	支払を受ける者が個人か個人以外の者（法人等）かの区分により、それぞれの人員と支払金額とを記入します。
源泉徴収税額	報酬、料金等の源泉所得税及び復興特別所得税額の合計額を記入します。 　なお、災害により被害を受けたため、報酬、料金等に対する源泉所得税及び復興特別所得税の徴収を猶予された税額は含めないところにより記入します。
Ⓐ　計	「所得税法第204条に規定する報酬又は料金等」欄の各欄を通じた実際人員と支払金額の合計を記入します。
Ⓑ　Ⓐのうち、支払調書を提出するもの	この合計表とともに支払調書を提出するものの合計を記入します。
Ⓐのうち、所得税法第174条第10号に規定する内国法人に対する賞金	Ⓐのうち、内国法人に対する賞金（馬主が受ける競馬の賞金）の支払金額等について記入します。
災害減免法により徴収猶予したもの	災害により被害を受けたため、報酬、料金等に対する源泉所得税及び復興特別所得税の徴収を猶予されたものについて、その人員と徴収猶予税額（報酬、料金、契約金及び賞金の支払調書の「(摘要)」欄に記入されています。）を記入します。

(4)　不動産の使用料等の支払調書合計表の書き方

記　入　欄	記　入　の　仕　方
Ⓐ　使用料等の総額	令和3年中に支払の確定した不動産の使用料等（支払調書の提出を要しないものを含みます。）について、支払先の人員と支払金額の合計を記入します。
Ⓑ　Ⓐのうち、支払調書を提出するもの	この合計表とともに支払調書を提出するものの合計を記入します。
(摘　要)	次に掲げる場合には、それぞれ次に掲げる事項を記入します。 イ　支店が支払った不動産の使用料等に係る支払調書を本店が取りまとめて本店の所在地を所轄する税務署長に提出する場合 (イ)　本店が提出するこの合計表の「(摘要)」欄には、その支払調書を本店

276　第1　法定調書の作成と提出

<table>
<tr><td rowspan="5"></td><td>が取りまとめて提出する旨並びにその支店の所在地、名称及びその貸借
している不動産の種類</td></tr>
<tr><td>㈹　支店が提出するこの合計表の「(摘要)」欄には、その支払調書を本店
が提出する旨及び本店の所在地</td></tr>
<tr><td>ロ　法人又は不動産業者である個人が不動産の使用料等の支払がないため不
動産の使用料等の支払調書の提出を要しない場合　その旨</td></tr>
</table>

(5)　不動産等の譲受けの対価の支払調書合計表の書き方

記　入　欄	記　入　の　仕　方
Ⓐ　譲受けの対価の総額	令和3年中に支払の確定した不動産等の譲受けの対価や資産の移転に伴い生じた各種の損失の補償金について、支払先の人員と支払金額の合計を記入します。 なお、損失補償金の支払については、その支払金額を「(摘要欄)」に内書きします。
Ⓑ　Ⓐのうち、支払調書を提出するもの	この合計表とともに支払調書を提出するものの合計を記入します。
(摘　要)	次に掲げる場合には、それぞれ次に掲げる事項を記入します。 イ　支店が支払った不動産等の譲受けに係る支払調書を本店が取りまとめて本店の所在地を所轄する税務署長に提出する場合 　㈶　本店が提出するこの合計表の「(摘要)」欄には、その支払調書を本店が取りまとめて提出する旨並びにその支店の所在地、名称及びその譲り受けた不動産等の種類 　㈹　支店が提出するこの合計表の「(摘要)」欄には、その支払調書を本店が提出する旨及び本店の所在地 ロ　租税特別措置法第33条《収用等に伴い代替資産を取得した場合の課税の特例》に規定する特定土地区画整理事業等の事業施行者、租税特別措置法第33条の2《交換処分等に伴い資産を取得した場合の課税の特例》に規定する特定住宅地造成事業等のための買取りをする者及び租税特別措置法第33条の4《収用交換等の場合の譲渡所得等の特別控除》に規定する公共事業施行者が、法律の規定に基づいて買取り等の対価を支払う場合　その「事業名又は工事名」及び「買取り等の申出年月日」 ハ　法人又は不動産業者である個人が不動産業の譲受けの支払がないため不動産業の譲受けの対価の支払調書の提出を要しない場合　その旨

第1　法定調書の作成と提出　277

⑹　不動産等の売買又は貸付けのあっせん手数料の支払調書合計表の書き方

記　入　欄	記　入　の　仕　方
Ⓐ　あっせん手数料の総額	令和3年中に支払の確定した不動産売買等のあっせん手数料について、支払先の人員と支払金額の合計を記入します。
Ⓑ　Ⓐのうち、支払調書を提出するもの	この合計表とともに不動産等の売買又は貸付けのあっせん手数料の支払調書を提出するものについて、その合計を記入します。 　なお、この支払調書に記載すべき事項を、「不動産の使用料等の支払調書」又は「不動産の譲受けの対価の支払調書」に記入して提出することによって、この支払調書の作成、提出を省略したものについては、その支払先の人員とその支払金額をそれぞれ「(摘要)」欄に記入します。
(摘　要)	次に掲げる場合には、それぞれ次に掲げる事項を記入します。 イ　支店が支払った不動産等の売買又は貸付けあっせん手数料に係る支払調書を本店が取りまとめて本店の所在地を所轄する税務署長に提出する場合 　(イ)　本店が提出するこの合計表の「(摘要)」欄には、その支払調書を本店が取りまとめて提出する旨並びにその支店の所在地、名称及びその売買又は貸付けのあっせんをした不動産等の種類 　(ロ)　支店が提出するこの合計表の「(摘要)」欄には、その支払調書を本店が提出する旨及び本店の所在地 ロ　法人又は不動産業者である個人が不動産等の売買又は貸付けのあっせん手数料の支払がないため不動産等の売買又は貸付けのあっせん手数料の支払調書の提出を要しない場合　その旨

278　第1　法定調書の作成と提出

〔合計表の記入例〕

FE0104

令和 03 年分 給与所得の源泉徴収票等の法定調書合計表
（所得税法施行規則別表第5（8）、5（24）、5（25）、5（26）、6（1）及び6（2）関係）

署番号 □□□□□

税務署受付印	令和4年1月31日提出 ○○ 税務署長 殿	事業種目	化学製品	整理番号 □□□□□□□

提出者
住所又は所在地：○○市○○町1-4-15　電話（000-000-0000）
（フリガナ）チヨダショウジ カブシキガイシャ
氏名又は名称：千代田商事株式会社
個人番号又は法人番号：4 9 8 8 7 7 6 6 5 5 4 4
（フリガナ）チヨダ イチロウ
代表者氏名：千代田 一郎

調書の提出区分：新規＝1 追加＝2 訂正＝3 無効＝4　1
提出媒体：1 給与 17 2 退職 17 3 報酬 17 4 使用 30 5 賃借 30 6 斡旋 30
（フリガナ）ケイリカ キュウヨガカリ ニチト サブロウ
作成担当者：経理課 給与係 丙三郎
本店等一括提出：有 ○ 否
翌年以降送付：否

作成税理士署名：中央 太郎　電話（000-000-0000）
税理士番号：9 1 2 3 4 5

1 給与所得の源泉徴収票合計表（375）

区分	人員	左のうち、源泉徴収税額のない者	支払金額	源泉徴収税額
俸給、給与、賞与等の総額	54		102,378,957	5,573,400
Aのうち、丙欄適用の日雇労務者の賃金			95,000	0
源泉徴収票を提出するもの	2		8,905,200	322,636
災害減免法により徴収猶予したもの		猶予税額	（摘要）	

2 退職所得の源泉徴収票合計表（316）

区分	人員	支払金額	源泉徴収税額	（摘要）
退職手当等の総額	3	13,000,000	50,150	
Aのうち、源泉徴収票を提出するもの	1	10,000,000	50,150	

3 報酬、料金、契約金及び賞金の支払調書合計表（309）

区分	個人	個人以外	支払金額	源泉徴収税額
原稿料、講演料等の報酬又は料金（1号該当）	3		140,000	14,294
弁護士、税理士等の報酬又は料金（2号該当）	4		400,000	40,840
診療報酬（3号該当）				
職業野球選手、騎手、外交員等の報酬又は料金（4号該当）	1		2,016,000	58,800
芸能等に係る出演、演出等の報酬又は料金（5号該当）	1		650,000	66,365
ホステス等の報酬又は料金（6号該当）				
契約金（7号該当）				
賞金（8号該当）				
A 計	9		3,206,000	180,308
Aのうち、支払調書を提出するもの	8		3,186,000	178,266

区分	件数	支払金額	源泉徴収税額	（摘要）
Aのうち、所得税法第174条第10号に規定する内国法人に対する賞金				
災害減免法により徴収猶予したもの		猶予税額		

4 不動産の使用料等の支払調書合計表（313）

区分	人員	支払金額
使用料等の総額	3	2,600,000
Aのうち、支払調書を提出するもの	2	2,470,000
（摘要）		

5 不動産等の譲受けの対価の支払調書合計表（376）

区分	人員	支払金額
譲受けの対価の総額	4	13,000,000
Aのうち、支払調書を提出するもの	3	12,000,000
（摘要）		

6 不動産等の売買又は貸付けのあっせん手数料の支払調書合計表（314）

区分	人員	支払金額
あっせん手数料の総額	1	700,000
Aのうち、支払調書を提出するもの	1	700,000
（摘要）		

通信日付印	確認	提出年月日	身元確認

区分 A B C D E F G H

(注)1　控にはマイナンバー（個人番号）及び法人番号を記入しません（複写式の合計表では複写されません。）。

2　平成27年分以前の合計表を作成する場合には、「個人番号又は法人番号」欄には何も記入しません。

9 給与支払報告書（総括表）

この総括表の各欄は、次により記入します。

1 「連絡先の係及び氏名並びに電話番号」欄

この報告書に基づいて応答する人の氏名、所属課、係名及び電話番号を記入します。

2 「給与支払の方法及び期日」欄

給与の支払方法を月給、週給などの別とその支払期日を「毎月20日」、「毎週月曜日」のように記入します。

3 「受給者総人員」欄

令和4年1月1日現在において給与の支払をする事務所、事業所等から給与等の支払を受けている人の総人員を記入します。

4 「報告書人員」欄

提出先の市区町村に対して、「給与支払報告書」を提出する人員の合計を記入します。

5 「払込を希望する金融機関の名称及び所在地」欄

給与の支払をする事務所又は事業所の所在する市区町村以外の市区町村に特別徴収税額を払い込む場合において、その払込みを希望する金融機関の所在地及び名称を記入します。

〔給与支払報告書（総括表）の記入例〕

第2 給与所得者の扶養控除等
申告書の受理と検討

──────────────────〔ポイント〕──────────────────
① 給与所得者の扶養控除等申告書は、毎年最初に給与の支払を受ける日の前日までに提出することになっています。
② 国税庁が提供する「年調ソフト」を利用した場合、一般的には令和3年分の扶養控除等申告書の作成に続けて令和4年分の扶養控除等申告書を作成する流れとなっているため、年末調整の際、給与所得者から提出された控除証明書等のデータの中に令和4年分の扶養控除等申告書データが含まれていることを確認してください。
──────────────────〔ポイント〕──────────────────

　国内において給与の支払を受ける人は、毎年最初に給与の支払を受ける日の前日までに、控除を受けようとする源泉控除対象配偶者や控除対象扶養親族、障害者等の氏名等を記載した「給与所得者の扶養控除等申告書」を給与の支払者に提出することになっています。

(注) 一定の要件の下で、書面による提出に代えて電磁的方法により提供することもできます。

　1月の給与の支払をする日の前日までに申告書を受理し、その記載内容を検討しなければなりませんが、申告書の受理と検討に当たっては、次の点に注意する必要があります。

1 給与所得者の扶養控除等申告書

① **申告書を提出しなければならない人**　　源泉控除対象配偶者や控除対象扶養親族、障害者等（以下、1において「控除対象扶養親族等」といいます。）の控除を受けようとする人だけでなく、扶養親族等のいない人（いわゆる独身者など）もこの申告書を提出しなければなりません（所法194①）。

　　ただし、2以上の会社に勤務している人のように、2か所以上から給与の支払を受ける人は、そのうち主たる給与の支払者にこの申告書を提出します。

(注) 「給与所得者の扶養控除等申告書」の提出を受けた給与の支払者を「主たる給与の支払者」といい、主たる給与の支払者以外の給与の支払者を「従たる給与の支払者」といいます。
　　この従たる給与の支払者がその人に支払う給与については、源泉徴収税額表の「乙欄」を適用して源泉徴収をすることになります。

② **申告書の様式**　　申告書の用紙は、国税庁ホームページ（https://www.nta.go.jp）からダウンロードすることができます。

　　なお、申告書は1人につき1枚の用紙を使用しますが、扶養親族等のいない人（いわゆる独

身者など）で申告事項が支払者に関する事項だけの人については、連記式その他の簡易な方法により申告してもよいことになっています（所基通194・195—2）。

また、電磁的に提供する場合には、国税庁が提供する「年調ソフト」で作成することもできます。

③　**申告書の提出時期**　　この申告書は、毎年最初に給与の支払を受ける日の前日（年の中途で就職した場合には、就職後最初に給与の支払を受ける日の前日）までに提出します。

なお、この申告書の提出後にその申告した事項に異動が生じた場合（例えば、控除対象扶養親族等の数に変動があった場合など）には、その異動があった後最初に給与の支払を受ける日の前日までに、異動申告書を提出します（所法194②）。

④　**受理した申告書の確認**　　給与の支払者は、この申告書を受理した場合には、その記載内容を確認するとともに、可能な範囲で次のような点を確認します。

　㈠　控除対象扶養親族等に該当しない人について申告していないか。

　㈡　夫婦共働きの場合など同じ世帯内に所得者が2人以上いる場合には、1人の控除対象扶養親族等を重複して申告していないか。

　㈢　控除対象扶養親族等に該当する人について申告を漏らしていないか。特に、同居老親等や一般の老人扶養親族、特定扶養親族に当たる控除対象扶養親族がいる人及び同居特別障害者がいる人については、これらについて申告を漏らしていないか。

　㈣　2か所以上から給与の支払を受けている人については、2か所以上の給与の支払者に重複してこの申告書を提出していないか。

　㈤　源泉控除対象配偶者に係る控除について、夫婦双方が重複して申告していないか。

　※　給与の支払者は、マイナンバー（個人番号）が記載された申告書の提出を受ける必要があります。この場合、給与の支払者は、本人確認として、申告書を提出する者（従業員）本人のマイナンバー（個人番号）については、記載されたマイナンバー（個人番号）が正しい番号であることの確認（番号確認）及び申告書を提出する者が番号の正しい持ち主であることの確認（身元確認）を行う必要があります。

　　　ただし、給与の支払者が一定の帳簿を備えている場合には、その帳簿に記載されている方のマイナンバー（個人番号）は記載しなくてよいこととされています。

　　　詳しくは286ページ「社会保障・税番号制度（マイナンバー制度）について」をご参照ください。

⑤　**申告書の保管**　　受理した申告書は、上記の検討を行った後その申告事項に基づいて、各人の源泉徴収簿の「扶養控除等の申告」欄及び源泉徴収簿の左肩に表示されている「税額表適用区分（甲欄・乙欄の表示）」に所要の記入と表示を行った上、一括して保管します。

　(注)1　この申告書が給与の支払者に受理された場合には、その受理された日に税務署長に提出されたものとみなされることになっています（所法198）。

　　　2　この申告書は、税務署長から提出を求められるまでの間、給与の支払者が保存するものとされています。ただし、この申告書の提出期限の属する年の翌年1月10日の翌日から7年を経過する日後は保存する必要はありません（所規76の3）。

　　　　なお、法令で定められた保存期間（7年）経過後においても、この申告書を保存する場合は、申告書に記載されたマイナンバー（個人番号）については、全てマスキングを行うなど、マイナンバー（個人番号）を破棄又は削除する必要があります。

282　第2　給与所得者の扶養控除等申告書の受理と検討

2　従たる給与についての扶養控除等申告書

① **申告書を提出することができる人**　　2か所以上から給与の支払を受ける人が、「主たる給与の支払者」から支払を受ける給与からだけでは、源泉控除対象配偶者について控除を受ける配偶者（特別）控除や扶養控除、基礎控除、障害者控除などの全額を控除できないと見込まれる場合に限りこの申告書を提出することができます（所法195①）。

　　㊟　主たる給与の支払者から支払を受ける給与だけでは扶養控除等の全額を「控除できないと見込まれる場合」とは、次の①の金額より②の金額の方が多い場合をいいます（所法195①、所令317）。
　　①　その年中に主たる給与の支払者から支払を受けると見込まれる給与の見積額から、給与所得控除額とその年中に支払う社会保険料及び小規模企業共済等掛金の見積額とを控除した金額
　　②　その人に適用される障害者控除額、寡婦控除額、ひとり親控除額、勤労学生控除額、源泉控除対象配偶者について控除を受ける配偶者（特別）控除額、扶養控除額及び基礎控除額の合計額

　　なお、従たる給与について受けられる控除は、源泉控除対象配偶者について控除を受ける配偶者（特別）控除及び扶養控除に限られ、障害者控除、寡婦控除、ひとり親控除及び勤労学生控除は主たる給与からのみ控除することができます。そのため、障害者である同一生計配偶者及び控除対象扶養親族については、障害者控除は主たる給与から行い、源泉控除対象配偶者について控除を受ける配偶者（特別）控除及び扶養控除は、従たる給与から行うことができることに注意する必要があります。

　　また、従たる給与から受けていた配偶者（特別）控除及び扶養控除を年の中途において主たる給与から受けるように移し替えることはできませんが、主たる給与から受けていたこれらの控除を年の中途において異動申告書を提出して、従たる給与から控除を受けるように移し替えることはできます。

② **申告書の様式、提出時期**　　申告書の用紙は、国税庁ホームページ（https://www.nta.go.jp）からダウンロードすることができます。

　　また、電磁的に提供する場合には、国税庁が提供する「年調ソフト」で作成することもできます。

　　なお、この申告書の提出時期は、「給与所得者の扶養控除等申告書」の場合と同様です。

③ **受理した申告書の確認等**　　給与の支払者は、この申告書を受理した場合には、「給与所得者の扶養控除等申告書」を受理した場合と同じように、その記載内容を確認し、各人の源泉徴収簿の「従たる給与から控除する源泉控除対象配偶者と控除対象扶養親族の合計数」欄及び源泉徴収簿の左肩に表示されている「税額表適用区分（甲欄・乙欄の表示）」に所要の記入と表示を行った上、一括して保管します。

　　※　給与の支払者は、マイナンバー（個人番号）が記載された申告書の提出を受ける必要があります。この場合、給与の支払者は、本人確認として、申告書を提出する者（従業員）本人のマイナンバー（個人番号）については記載されたマイナンバー（個人番号）が正しい番号であることの確認（番号確認）及び申告書を提出する者が番号の正しい持ち主であることの確認（身元確認）を行う必要があります。

第2　給与所得者の扶養控除等申告書の受理と検討　283

　　　ただし、給与の支払者が一定の帳簿を備えている場合には、その帳簿に記載されている方のマイナンバー（個人番号）は記載しなくてよいこととされています。
　　　詳しくは286ページ「社会保障・税番号制度（マイナンバー制度）について」をご参照ください。
(注)1　この申告書が給与の支払者に受理された場合には、その受理された日に税務署長に提出されたものとみなされることになっています（所法198）。
　　2　この申告書は、税務署長から提出を求められるまでの間、給与の支払者が保存するものとされています（所規76の3）。
　　　なお、申告書の保存期間及び保存期間経過後のマイナンバー（個人番号）の取扱いは、「給与所得者の扶養控除等申告書」の場合と同じです。

3　地方税法の規定による給与所得者の扶養親族申告書

　給与の支払を受ける人は、毎年最初の給与の支払を受ける日の前日までに地方税法の規定による「給与所得者の扶養親族申告書」を給与の支払者に提出しなければなりません。

① **申告書の様式**　　この申告書は、税務署から交付される「給与所得者の扶養控除等申告書」の用紙と統合された1枚の様式になっています。

② **受理した申告書の確認**　　給与の支払を受ける人は、「給与所得者の扶養控除等申告書」の「住民税に関する事項」欄に16歳未満の扶養親族の氏名等を記載することになりますので、給与の支払者は、申告書を受理した場合には、「住民税に関する事項」欄の記載が正しく行われているかどうか確認してください。

　※　給与の支払者は、マイナンバー（個人番号）が記載された申告書の提出を受ける必要があります。この場合、給与の支払者は、本人確認として、申告書を提出する者（従業員）本人のマイナンバー（個人番号）については記載されたマイナンバー（個人番号）が正しい番号であることの確認（番号確認）及び申告書を提出する者が番号の正しい持ち主であることの確認（身元確認）を行う必要があります。
　　　ただし、給与の支払者が一定の帳簿を備えている場合には、その帳簿に記載されている方のマイナンバー（個人番号）は記載しなくてよいこととされています。
　　　詳しくは、286ページ「社会保障・税番号制度（マイナンバー制度）について」をご参照ください。

284 第2 給与所得者の扶養控除等申告書の受理と検討

〔記載例〕 住民税に関する事項（ケース1）

（令和4年分 給与所得者の扶養控除等（異動）申告書）

第2　給与所得者の扶養控除等申告書の受理と検討　285

者の扶養控除等（異動）申告書

扶

ガナ）	シナガワ トモアキ	あなたの生年月日	明・大・昭・平・令 50 年 12 月 16 日

記載のしかたはこちら

この氏名	品川 聡明	世帯主の氏名	品川聡明
		あなたとの続柄	本人

従たる給与についての扶養控除等申告書の提出
（提出している場合には、○印を付けてください。）

個人番号	1 2 3 4 5 6 7 8 9 0 1 2

この住所 又は居所	（郵便番号 000 - 0000 ） 〇〇市 〇〇 2 - 9 - 14	配偶者の有無　有・無

※自身が障害者、寡婦、ひとり親又は勤労学生のいずれにも該当しない場合には、以下の各欄に記入する必要はありません。

◎この申告書は、あなたについて扶養控除、障害者控除などの控除を受けるために提出するものです。

◎この申告書は、源泉控除対象配偶者、障害者に該当する同一生計配偶者及び扶養親族に該当する人がいない人も提出する必要があります。

◎この申告書は、2か所以上から給与の支払を受けている場合には、そのうちの1か所にしか提出することができません。

◎この申告書の記載に当たっては、裏面の「1　申告についてのご注意」等をお読みください。

老人扶養親族（昭28.1.1以前生） 特定扶養親族（平12.1.2生～平16.1.1生）	令和4年中の所得の見積額 非居住者である親族 / 生計を一にする事実	住 所 又 は 居 所	異動月日及び事由（令和4年中に異動があった場合に記載してください（以下同じです。）。
	0 円	〇〇市 〇〇 2 - 9 - 14	
□ 同居老親等 □ その他 ☑ 特定扶養親族	0 円 〇	〇 - 〇 Kokuzei Street…USA	
□ 同居老親等 □ その他 □ 特定扶養親族	0 円	〇〇市 〇〇 2 - 9 - 14	
□ 同居老親等 □ その他 □ 特定扶養親族	円		
□ 同居老親等 □ その他 □ 特定扶養親族	円		
障害者又は勤労学生の内容（この欄の記載に当たっては、裏面の「2　記載についてのご注意」の(8)をお読みください。）			異動月日及び事由

（注）1　源泉控除対象配偶者とは、所得者（令和4年中の所得の見積額が900万円以下の人に限ります。）と生計を一にする配偶者（青色事業専従者として給与の支払を受ける人及び白色事業専従者を除きます。）で、令和4年中の所得の見積額が95万円以下の人をいいます。
2　同一生計配偶者とは、所得者と生計を一にする配偶者（青色事業専従者として給与の支払を受ける人及び白色事業専従者を除きます。）で、令和4年中の所得の見積額が48万円以下の人をいいます。

所 又 は 居 所	控除を受ける他の所得者			異動月日及び事由
	氏 名	あなたとの続柄	住所又は居所	

者を経由して市区町村長に提出する給与所得者の扶養親族申告書の記載欄を兼ねています。）

なたの	生 年 月 日	住 所 又 は 居 所	控除対象外の国外扶養親族	令和4年中の所得の見積額	異動月日及び事由
ぞ	明・大・昭・平・令 19 ・ 3 ・ 3	〇〇市 〇〇 2 - 9 - 14		0 円	
	平・令 ・ ・			円	
	平・令 ・ ・			円	

第3　社会保障・税番号制度
（マイナンバー制度）について

───────────────〔ポイント〕───────────
　給与の支払者は、給与の支払を受ける人から給与の支払を受ける本人、控除対象となる配偶者及び控除対象扶養親族等のマイナンバー（個人番号）が記載された「給与所得者の扶養控除等申告書」等を受理する必要があります。
───────〔ポイント〕───────────────

　社会保障・税番号制度（マイナンバー制度）が導入され、社会保障、税、災害対策分野で利用開始されることになりました。

⑴　マイナンバー（個人番号）について

　マイナンバー（個人番号）は、12桁の番号で、住民票を有する方（住民票がある外国人を含みます。）に1人1つ指定され、お住まいの市区町村から通知されます。

⑵　法人番号について

　法人番号は、13桁の番号で、設立登記法人などの法人等に1法人1つ指定され、国税庁から通知されます。なお、法人の支店・事業所等や個人事業者の方には指定されません。

　　(注)　法人番号は、設立登記法人（株式会社、特例有限会社、協同組合、医療法人、一般社団（財団）法人、公益社団（財団）法人、宗教法人、特定非営利活動法人等）のほか、国の機関、地方公共団体、その他の法人や団体などに指定されます。

⑶　源泉徴収事務での取扱い

　イ　給与所得者の扶養控除等申告書等への番号記載

　　給与の支払者は、給与の支払を受ける人から給与の支払を受ける本人、控除対象となる配偶者及び控除対象扶養親族等のマイナンバー（個人番号）が記載された「給与所得者の扶養控除等申告書」等を受理する必要があります。また、この申告書等を受理した給与の支払者は、その申告書等に給与の支払者自身のマイナンバー（個人番号）又は法人番号を付記する必要があります。

　　なお、給与の支払者に対して次に掲げる申告書の提出をする場合において、その支払者が、これらの申告書に記載すべき提出者本人、控除対象となる配偶者、扶養親族等のマイナンバー（個人番号）その他の事項を記載した帳簿(注)を備えているときは、その提出者は、これらの申告書に、その帳簿に記載された方のマイナンバー（個人番号）の記載を要しないこととされています。

　　①　給与所得者の扶養控除等（異動）申告書

② 従たる給与についての扶養控除等（異動）申告書

③ 給与所得者の配偶者控除等申告書

④ 退職所得の受給に関する申告書

⑤ 公的年金等の受給者の扶養親族等申告書

⑥ 所得金額調整控除申告書

(注) 上記①から⑥の申告書の提出前に、これらの申告書の提出を受けて作成された帳簿に限ります。

ロ　本人確認の実施

　給与の支払者が給与の支払を受ける人からマイナンバー（個人番号）の提供を受ける場合は、本人確認として、提供を受ける番号が正しいことの確認（番号確認）と、番号の提供をする者が真にその番号の持ち主であることの確認（身元確認）を行う必要があります。

　なお、給与の支払者が本人確認を行う必要があるのは、マイナンバー（個人番号）の提供を行う給与の支払を受ける人本人の分のみとなり、控除対象となる配偶者や控除対象扶養親族等のマイナンバー（個人番号）に係る本人確認は、給与の支払者ではなく、給与の支払を受ける本人が行うこととなります。

(注)1　給与の支払者は、①マイナンバーカード（番号確認と身元確認）又は②住民票の写し（マイナンバーの記載があるものに限ります。）など（番号確認）及び運転免許証やパスポートなど（身元確認）により本人確認を行います。

　　　なお、通知カードは令和2年5月25日に廃止されていますが、通知カードに記載された氏名、住所などが住民票に記載されている内容と一致している場合に限り、引き続き番号確認書類として利用できます。

　　2　番号確認については、上記書類等での確認が困難な場合には、一度本人確認を実施の上作成した特定個人情報ファイル（マイナンバー（個人番号）をその内容に含む個人情報データベース）を参照することにより確認することも認められています。

　　3　身元確認については、マイナンバー（個人番号）の提供をする者が従業員であり、採用時等に一度本人であることの確認を行っている場合には、本人を対面で確認することにより身元確認書類の提示を受けることは不要です。

ハ　源泉徴収票への番号記載

　<u>税務署に提出する「給与所得の源泉徴収票」には、給与の支払を受ける本人、控除対象となる配偶者及び控除対象扶養親族等のマイナンバー（個人番号）並びに給与の支払者のマイナンバー（個人番号）又は法人番号を記載する必要があります。</u>

　ただし、<u>給与の支払を受ける人に交付する「給与所得の源泉徴収票」には、給与の支払を受ける本人、控除対象となる配偶者及び控除対象扶養親族等のマイナンバー（個人番号）並びに給与の支払者のマイナンバー（個人番号）又は法人番号を記載する必要はありません。</u>

288 第3 社会保障・税番号制度（マイナンバー制度）について

(4) マイナンバー（個人番号）を扱う際の留意点

イ 取得・利用・提供の制限

マイナンバー（個人番号）は、社会保障や税に関する手続など法令に定められた事務を処理する必要がある場合以外は、取得・利用・提供をすることはできません。

ロ 保管・破棄

マイナンバー（個人番号）は、社会保障や税に関する手続など法令に定められた事務を処理するのに必要がある場合に限り、保管することができます。また、社会保障や税に関する手続に必要がなくなった場合で、所管法令において定められている保存期間を経過した場合は、マイナンバー（個人番号）をできるだけ速やかに廃棄又は削除しなければなりません。

(注)1 給与所得者の扶養控除等申告書については、提出期限の属する年の翌年1月10日の翌日から7年間保存する必要がありますので、その間はマイナンバー（個人番号）を保管することができますが、その期間経過後は、できるだけ速やかにマイナンバー（個人番号）を廃棄又は削除する必要があります。

2 上記(3)イの給与の支払者が作成し備えている帳簿については、マイナンバー（個人番号）の記載が不要であるとしてその記載をせずに提出された給与所得者の扶養控除等申告書のうち、最後に提出された給与所得者の扶養控除等申告書の提出期限の属する年の翌年1月10日の翌日から7年間保存する必要があります。

ハ 安全管理措置の実施

マイナンバー（個人番号）を取り扱う源泉徴収義務者は、マイナンバー（個人番号）及び特定個人情報（マイナンバー（個人番号）をその内容に含む個人情報をいいます。）の漏えい、滅失又は毀損の防止その他適切な管理のために、必要かつ適切な安全管理措置を講ずる必要があります。

(5) マイナンバー（個人番号）記載の対象書類の見直し

平成28年度の税制改正により、提出者等のマイナンバー（個人番号）を記載しなければならないとされている税務書類（納税申告書及び調書を除く。）のうち、次の書類について、提出者等のマイナンバー（個人番号）の記載を要しないこととされました。

① 申告等の主たる手続と併せて提出され、又は申告等の後に関連して提出されると考えられる書類

② 税務署長等には提出されない書類であって、提出者等のマイナンバー（個人番号）の記載を要しないこととした場合であっても所得把握の適正化・効率化を損なわないと考えられる書類

(注) ①の書類については平成29年1月1日以後に提出する書類から、②については、平成28年4月1日以後に提出する書類からマイナンバー（個人番号）の記載が不要となりました。

マイナンバー（個人番号）の記載が不要となる書類の一覧については、国税庁ホームページをご参照ください。

（参　考）

・マイナンバー（社会保障・税番号制度）の詳細

　内閣府ホームページ（https://www.cao.go.jp/bangouseido/）

・国税に関する社会保障・税番号制度〈マイナンバー〉（法人番号を含む）の最新情報

　国税庁ホームページ（https://www.nta.go.jp/taxes/tetsuzuki/mynumberinfo/index.htm）

第4 源泉徴収簿の作成

──────────── 〔ポイント〕 ────────────
源泉徴収簿は、月々の源泉徴収や年末調整を正しく行うためには欠かせないものです。きちんと整理しておきましょう。
──────── 〔ポイント〕 ────────

　給与の支払者において月々の給与に対する所得税及び復興特別所得税の源泉徴収や年末調整などの事務を正確に、かつ、能率的に行うためには、給与の支払を受ける人から申告された扶養親族等の状況、月々の給与の金額、その給与から徴収した税額等を各人ごとに記録しておく書類が必要です。源泉徴収簿は、このような必要性に基づいて作成されるものです。

　また、源泉徴収事務は、毎年1月に始まり12月の年末調整で終了するため、月々の給与の支給事績やその給与に対する所得税及び復興特別所得税の源泉徴収の事績の記録も暦年ごとに行うことが必要です。このため源泉徴収簿は、毎年1月に作成することになります。

① **源泉徴収簿の様式**　　源泉徴収簿は、源泉徴収事務の便宜のために作成し、備え付けるものですから、その様式も一定のものによらなければならないということはありません。

　　したがって、適宜の様式のものでもよいのですが、源泉徴収事務の便宜を考慮して作られた源泉徴収簿の様式が国税庁ホームページ（https://www.nta.go.jp）に掲載されており、この様式が一般に広く利用されています。

　　なお、労働基準法に規定する賃金台帳に源泉徴収簿としての必要事項を織り込んだものを使用してもよく、また、電子計算機等によって給与計算を行う場合には、その電子計算機等による処理に適した様式のものを使用しても差し支えありません。

② **源泉徴収簿の記載**　　源泉徴収簿を作成する際には、次の事項を記載しておき、その後の使用に備えます。

　㈤　給与の支払を受ける人の所属、職名、住所、氏名等

　㈱　「給与所得者の扶養控除等申告書」により申告された源泉控除対象配偶者の有無、控除対象扶養親族の数及び障害者等の有無等又は「従たる給与についての扶養控除等申告書」により申告された源泉控除対象配偶者と控除対象扶養親族の合計数

　㈥　源泉徴収税額表の適用区分（甲欄・乙欄の表示）

　㈦　前年の年末調整による過納額又は不足額で、本年に繰り越して還付し又は徴収する税額

付録1　給与所得者の確定申告

　給与の支払を受ける人は、通常は、給与の支払者のもとで行われる年末調整によって、その年分の給与につき月々（日々）源泉徴収された税額とその年において納めるべき税額（令和3年分年税額）との差額（過不足額）が精算されますから、給与の支払を受けている人のうち大部分の人は、事業所得者などの場合のように確定申告をする必要はありません。しかし、給与の支払を受けている人でも、給与所得以外の所得がある人など特定の人は、たとえ、年末調整が行われていても確定申告をする必要があります。

　また、申告義務のない人でも、確定申告によらなければ受けることのできない雑損控除や医療費控除のある人などは、確定申告をして既に源泉徴収された税額の還付を受けることができます。

1　確定申告をしなければならない人

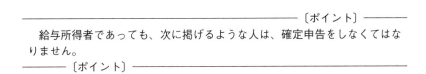

〔ポイント〕
給与所得者であっても、次に掲げるような人は、確定申告をしなくてはなりません。
〔ポイント〕

　令和3年中の各種の所得金額の合計額から配偶者控除、基礎控除その他の所得控除を差し引き、その金額を基として算出した税額が、配当控除額と年末調整の際に給与所得から控除を受けた（特定増改築等）住宅借入金等特別控除額との合計額よりも多い人で次の(1)から(7)までのいずれかに当たる人（還付申告の方を除きます。）は、確定申告をしなければなりません（所法120、121）。

　なお、確定申告書は、翌年の2月16日から3月15日までの間に、その人の納税地（通常は住所地）の所轄税務署長に提出することになっています。

　また、令和3年分の所得税の確定申告の相談及び申告書の受付は、令和4年2月16日(水)から同年3月15日(火)までです。

　　(注)1　還付申告の方は、2月15日以前でも申告書を提出することができます。ただし、税務署の閉庁日（土・日曜・祝日等）は、通常、税務署では相談及び申告書の受付は行われていません。
　　　　2　税務署の閉庁日（土・日曜・祝日等）は、相談及び申告書の受付は行われていませんが、申告書は、国税電子申告・納税システム（e-Tax）による送信、郵便若しくは信書便による送付又は税務署の時間外収受箱への投函により、提出することができます。
　　　　　なお、所得税確定申告期間であれば、e-Taxは24時間利用できます。

(1)　本年中の給与の収入金額が2,000万円を超える人（所法121①本文）
(2)　1か所から給与の支払を受けている人で、給与所得及び退職所得以外の所得（例えば、地代、家賃、原稿料などの所得）の合計額が20万円を超える人（所法121①一）
　　(注)　ここにいう給与所得及び退職所得以外の所得には、非課税とされる遺族年金などの所得や租税特別措置法の規定によって分離課税とされ、あるいは確定申告をしないことを選択した次のような所

292　付録1　給与所得者の確定申告

得は含まれません。

　なお、分離課税とされるものであっても、土地、建物等の譲渡所得の金額（長期譲渡所得の金額（特別控除前）と短期譲渡所得の金額（特別控除前））、申告分離課税の適用を受ける上場株式等に係る配当所得等の金額（上場株式等に係る譲渡損失の損益通算の適用がある場合にはその適用後の金額及び上場株式等に係る譲渡損失の繰越控除の適用がある場合にはその適用前の金額）若しくは一般株式等に係る譲渡所得等の金額又は上場株式等に係る譲渡所得等の金額（上場株式等に係る譲渡損失の繰越控除又は特定中小会社が発行した株式に係る譲渡損失の繰越控除の適用がある場合には、その適用前の金額）及び先物取引の雑所得等の金額（先物取引の差金等決済に係る損失の繰越控除の適用がある場合には、その適用前の金額）は、その所得の金額に含まれます。

① 　利子所得又は配当所得のうち、

　(イ)　源泉分離課税とされるもの

　(ロ)　確定申告をしないことを選択した次の利子等

　　(a)　特定公社債の利子

　　(b)　公社債投資信託（その設定に係る受益権の募集が一定の公募により行われたもの又はその受益権が金融商品取引所に上場若しくは外国金融商品市場において売買されているものに限ります。）の収益の分配

　　(c)　公募公社債等運用投資信託の収益の分配

　　(d)　国外一般公社債等の利子等以外の国外公社債等の利子等

　(ハ)　確定申告をしないことを選択した次の配当等

　　(a)　上場株式等の配当等（特定株式投資信託の収益の分配を含みます。）

　　(b)　公募証券投資信託の収益の分配（特定株式投資信託及び公社債投資信託を除きます。）

　　(c)　特定投資法人の投資口の配当等

　　(d)　公募投資信託の収益の分配（証券投資信託、特定株式投資信託及び公募公社債等運用投資信託を除きます。）

　　(e)　公募特定受益証券発行信託の収益の分配

　　(f)　特定目的信託の社債的受益権の剰余金の配当（公募のものに限ります。）

　　(g)　(a)から(f)以外の配当等で1銘柄につき1回に支払を受けるべき金額が、10万円に配当計算期間の月数（最高12か月）を乗じてこれを12で除して計算した金額以下である配当等

② 　源泉分離課税とされる定期積金の給付補塡金等、懸賞金付預貯金等の懸賞金等及び割引債の償還差益

③ 　源泉徴収選択口座を通じて行った上場株式等の譲渡による所得等で確定申告をしないことを選択したもの

(3)　**2か所以上から給与の支払を受けている人で、従たる給与**（「給与所得者の扶養控除等申告書」を提出していない給与の支払者から支払を受ける給与をいいます。）**の収入金額と給与所得及び退職所得以外の所得金額**（上記(2)の(注)参照）**との合計額が20万円を超える人**

　ただし、2か所以上から給与の支払を受けている人であっても、その給与の収入金額の合計額（その人が社会保険料控除、小規模企業共済等掛金控除、生命保険料控除、地震保険料控除、障害者控除、寡婦控除、ひとり親控除、勤労学生控除、配偶者控除、配偶者特別控除又は扶養控除を受ける場合には、その給与の収入金額の合計額からこれらの控除の額を差し引いた金額）が150万円以下である人で、さらに、給与所得及び退職所得以外の所得金額の合計額が20万円以下の人は、確定申告をする必要はありません（所法121①二）。

(4)　**常時2人以下の家事使用人のみを雇用している人に雇われている家事使用人や在日の外国大公使館に勤務している人などのように、給与の支払を受ける際に源泉徴収をされない人**（所基通121─5）

(5) 同族会社の役員やこれらの役員と親族関係などにある人で、その会社から給与のほかに貸付金の利子、不動産の賃貸料、機械器具の使用料、営業権の使用料などの支払を受けている人（所法121①本文ただし書、所令262の2）

(6) 災害により被害を受け、本年中に「災害被害者に対する租税の減免、徴収猶予等に関する法律」第3条の規定により給与所得に対する源泉所得税及び復興特別所得税の徴収猶予又は還付を受けた人（災免法3⑥）

(7) 退職所得がある人のうち、その退職手当の支払を受ける際に「退職所得の受給に関する申告書」を提出しなかったため、その支払額に20.42％の税率で所得税及び復興特別所得税を源泉徴収された人で、その源泉徴収税額が退職所得控除額等を適用して求めた税額よりも少ない人（所法120①、121②）

2 確定申告をすれば税金の還付を受けられる人

　給与や退職手当などについては、その源泉徴収の段階で雑損控除や医療費控除などの所得控除等は受けられないことになっているため、これらの控除等は全て確定申告によって受けることになります。

　給与所得者で、確定申告をすれば源泉徴収税額の還付が受けられる人は、次のような人です。

(1) 年の中途で退職して年末調整をされなかった人で、その後その年中に他の所得がないことなどにより、源泉徴収された税額が納め過ぎになっている人

(2) 災害により住宅や家財についてその価額の50％以上の損害を受けたため、災害減免法の規定による所得税の軽減、免除を受けることができる人

(3) 災害、盗難又は横領により、住宅や家財について損失（災害関連支出を含みます。）を受け、その損失額が一定の金額を超えるため、所得税法の規定による雑損控除を受けることができる人（(2)の軽減や免除を受けた損失額については、この雑損控除は受けられません。）

(4) 支払った医療費が、10万円か所得金額の合計額の5％相当額のいずれか低い金額を超えるため、所得税法の規定による医療費控除を受けることができる人

(5) 国や特定公益増進法人等に対して支払った寄附金、都道府県・市区町村に対する寄附金（ふるさと納税）、認定特定非営利活動法人の行う一定の特定非営利活動に係る事業に関連する寄附金、特定新規中小会社が発行した株式の取得に要した金額又は特定の政治献金が2千円を超えるため、所得税法又は租税特別措置法の規定による寄附金控除を受けることができる人

(6) 所得が一定額以下の人などで、配当所得があるため所得税法等の規定による配当控除を受けることができる人

(7) 所得が一定額以下の人などで、少額の原稿料などがあり、その原稿料などについて源泉徴収をされた税額が納めすぎとなる人

(8) 外国で所得税に相当する税を納めた人で、所得税法の規定による外国税額控除を受けることができる人

294　付録1　給与所得者の確定申告

(9)　居住用家屋を建設し、あるいは新築家屋又は中古家屋（建築後使用されたことがあるもので一定のものに限られます。）を取得し、又は一定の増改築等をして、租税特別措置法の規定による（特定増改築等）住宅借入金等特別控除を受けることができる人や、（特定増改築等）住宅借入金等特別控除の適用が2年目以降となる人で年末調整の際にその控除を受けなかった人

(10)　一定の耐震改修を行った人で、住宅耐震改修特別控除を受けることができる人

(11)　一定の特定改修工事を行った人で、住宅特定改修特別税額控除を受けることができる人や、一定の認定住宅の新築等を行った人で、認定住宅新築等特別税額控除を受けることができる人

(12)　退職手当等の支払を受ける際に「退職所得の受給に関する申告書」を提出しなかったため、その支払額に20.42％の税率で所得税及び復興特別所得税を源泉徴収された人で、その源泉徴収税額が退職所得控除額等を適用して求めた税額を超えている人

(13)　政党等に対して政治活動に関する一定の寄附をしたことにより政党等寄附金特別控除を受けることができる人

(14)　認定特定非営利活動法人に対する一定の寄附金又は一定の公益社団法人等に対する寄附金が2千円を超えるため、租税特別措置法の規定による所得税額の特別控除を受けることができる人

(15)　支払った特定支出の額の合計額が給与所得控除額の2分の1に相当する金額を超えるため、所得税法の規定による特定支出控除の特例の適用を受けることができる人

(16)　健康の保持増進及び疾病の予防のために健康診断等を受け、かつ、一定の医薬品に係る購入費の合計額が1万2千円を超えるため、租税特別措置法の規定による医療費控除の特例（セルフメディケーション税制）を受けることができる人

--------（参　考）--------

給与所得者の特定支出控除の特例

　給与所得者が、次の①～⑦に掲げる特定支出をした場合において、その年中の特定支出の額の合計額が給与所得控除額の2分の1に相当する金額を超えるときは、確定申告書等を提出することにより、その年分の給与所得の金額は、次の算式により求めた金額とすることができます（所法57の2）。

$$\left(\begin{array}{c}給与所得控除後\\の給与等の金額\end{array}\right) - \left(\begin{array}{c}特定支出の額の合計額のうち給与所得控除額の\\2分の1に相当する金額を超える部分の金額\end{array}\right) = 給与所得の金額$$

①　通勤のために必要な交通機関の利用又は交通用具の使用のための支出
②　勤務する場所を離れて職務を遂行するために直接必要な旅行のための支出
③　転任に伴う転居のための支出
④　職務の遂行に直接必要な技術又は知識を習得するために受講する研修のための支出
⑤　職務の遂行に直接必要な資格を取得するための支出
⑥　転任に伴い単身赴任をしている人の帰宅のための往復旅費
⑦　職務に関連する図書を購入するための支出・勤務場所において着用することが必要とされる衣服を購入するための支出・給与等の支払者の得意先、仕入先などの職務上関係のある方に対する接待等のための支出（支出の合計額が65万円を超える場合には、65万円までの支出に限ります。）で、一定の要件に当てはまるもの

　なお、この特定支出控除の特例の適用を受けるためには、確定申告書等に特定支出に関する明細書、給与の支払者の証明書、特定支出の金額等を証する書類の添付が必要です。

付録2　電子計算機等による年末調整

1　年末調整のためのプログラム作成上の留意点

　年末調整は、①年間の給与と徴収税額の集計、②課税給与所得金額の計算、③算出所得税額の計算、④年調年税額の計算、⑤過不足額の精算という順序で行うことになっていますが、この場合、②の課税給与所得金額を計算するための「給与所得控除後の給与等の金額」及び③の「算出所得税額」は、それぞれ所定の**「給与所得控除後の金額の算出表」**（「令和3年分の年末調整等のための給与所得控除後の給与等の金額の表」）及び**「算出所得税額速算表」**（「令和3年分の年末調整のための算出所得税額の速算表」）によって求めることになっています。

　ところで、給与計算事務を電子計算機等によって処理している場合には、月々の給与に対する源泉徴収税額の計算に当たっては、月額表の甲欄を適用して税額を計算することに代えて、電子計算機等による処理のための税額計算方法として財務大臣の告示（昭63大蔵省告示185号（令3財務省告示82号改正）、復興財確法29、平24財務省告示116号（令3財務省告示89号改正））で定める一定の方法によりその計算を行うことができることになっていますが、年末調整の際の算出所得税額の計算については、このような特別な計算方法は定められていません。

　したがって、年末調整の計算事務を電子計算機等によって処理する場合には、その処理によって求める給与所得控除後の給与等の金額及び算出所得税額を、それぞれ「給与所得控除後の金額の算出表」及び「算出所得税額速算表」によって求めた場合の金額と完全に一致するようにプログラムを作成する必要があります。このため、次のような処理を行うこととなります。

(1)　**給与所得控除後の給与等の金額の計算**　　「給与所得控除後の金額の算出表」の給与所得控除後の給与等の金額は、給与の総額を一定の階級ごとに区分し、その階級ごとの最低の金額を基にして、その金額に所定の率及び控除額（297ページの表参照）を適用して計算してありますので、電子計算機等によって給与所得控除後の給与等の金額を計算する場合には、給与の総額をこの「給与所得控除後の金額の算出表」の各階級の最低の金額に置き換える必要があります。

(2)　**算出所得税額の計算**　　算出所得税額は、「算出所得税額速算表」によって課税給与所得金額を基にして、その金額に所定の率及び控除額（298ページの表参照）を適用して計算することになっていますので、電子計算機等によって算出所得税額を計算する場合には、課税給与所得金額をこの「算出所得税額速算表」の算式に当てはめる必要があります。

　　この場合、課税給与所得金額の1,000円未満の端数については、これを切り捨てる処理を行う必要があります。

296 付録2 電子計算機等による年末調整

2 電子計算機等による令和3年分の年末調整の計算方法

電子計算機等によって年末調整の計算事務を行う場合には、課税給与所得金額を計算する際の給与所得控除後の給与等の金額及び算出所得税額をそれぞれ「給与所得控除後の金額の算出表」及び「算出所得税額速算表」により求めた金額と一致させるために、「1」で説明したような所要の処理を行うことが必要となりますが、令和3年分の年末調整のためのプログラム作成上の具体的な計算方法は、次のとおりです。

(1) **給与の総額の整理**　給与の総額を基にして給与所得控除後の給与等の金額を求めるためには、まず、給与の総額を「給与所得控除後の金額の算出表」の各階級の最低の金額（以下「**年調給与額**」といいます。）に置き換える処理が必要となります。この処理は、次の区分に応じ、年調給与額を求めます。

給与の総額の区分	階　差	同一階差の最小値	年　調　給　与　額　の　求　め　方
1,618,999円まで			給与の総額をそのまま年調給与額とします。
1,619,000円から 1,619,999円まで	1,000円	1,619,000円	次の算式により計算した金額を年調給与額とします。 ① $\dfrac{（給与の総額）-（同一階差の最小値）}{階　差}=商\cdots余り$ （この商の値は、自然数又は0とします。）
1,620,000円から 1,623,999円まで	2,000円	1,620,000円	
1,624,000円から 6,599,999円まで	4,000円	1,624,000円	② 給与の総額-①の余り=年調給与額
6,600,000円から			給与の総額をそのまま年調給与額とします。

計　算　例

本年分の給与の総額が3,570,000円の場合

(イ) $\dfrac{3,570,000円-1,624,000円}{4,000円}=486\cdots余り2,000（円）$

(ロ) 3,570,000円-2,000円=3,568,000円‥‥‥‥‥‥‥‥‥‥年調給与額

---

(2) **給与所得控除後の給与等の金額の計算**　次に、(1)によって求めた年調給与額を基にして、次ページの表の算式により給与所得控除後の給与等の金額を求めます。

付録2　電子計算機等による年末調整　297

年　調　給　与　額　(A)　の　区　分	給与所得控除後の給与等の金額の計算式
1円から　　　　550,999円まで	0円
551,000　〃　　1,618,999　〃	A－550,000円
1,619,000　〃　　1,619,999　〃	A×60％＋97,600円
1,620,000　〃　　1,621,999　〃	A×60％＋98,000円
1,622,000　〃　　1,623,999　〃	A×60％＋98,800円
1,624,000　〃　　1,627,999　〃	A×60％＋99,600円
1,628,000　〃　　1,799,999　〃	A×60％＋100,000円
1,800,000　〃　　3,599,999　〃	A×70％－80,000円
3,600,000　〃　　6,599,999　〃	A×80％－440,000円
6,600,000　〃　　8,499,999　〃	A×90％－1,100,000円
8,500,000　〃　　20,000,000　〃	A－1,950,000円

(注)1　Aは年調給与額を表します。

2　年調給与額が660万円以上のものについて、上記の算式により計算した金額に1円未満の端数があるときは、その端数を切り捨てた金額を給与所得控除後の給与等の金額とします。

3　給与の総額が2,000万円を超える場合には年末調整を行いませんので、この表は年調給与額が2,000万円以下の場合だけについて作成してあります。

4　所得金額調整控除の適用を受ける人については、上記の表により計算した給与所得控除後の給与等の金額から所得金額調整控除額を控除して給与所得控除後の給与等の金額（調整控除後）を求めます（具体的な計算については、132ページを参照してください。）。

なお、所得金額調整控除の適用を受けない人については、「給与所得控除後の給与等の金額」が「給与所得控除後の給与等の金額（調整控除後）」となります。

─── 計　算　例 ───

年調給与額が3,568,000円の場合

3,568,000円×70％－80,000円＝2,417,600円…………**給与所得控除後の給与等の金額**

(3) **所得控除額の計算**　　次に、給与所得控除後の給与等の金額（調整控除後）から控除する所得控除額の計算は、次に掲げる控除額を加算する方法により行います。

1	扶養控除額の計算	扶養控除額	380,000円×一般の控除対象扶養親族の数＋630,000円×特定扶養親族の数＋480,000円×同居老親等以外の老人扶養親族の数＋580,000円×同居老親等の数
2	基礎控除額及び配偶者（特別）控除額の計算	基礎控除額(注)	最高480,000円
		配偶者控除額(注)	一般の控除対象配偶者は最高380,000円 老人控除対象配偶者は最高480,000円
		配偶者特別控除額(注)	最高380,000円
3	障害者、寡婦、ひとり親又は勤労学生の控除額の計算		270,000円×（一般の障害者の数と寡婦又は勤労学生に該当するごとに1として計算した数との合計数）＋400,000円×（特別障害者の数）＋750,000円×（同居特別障害者の数）＋350,000円（所得者本人がひとり親の場合に限ります。）

付

録

298　付録2　電子計算機等による年末調整

4	保険料控除額の計算	社会保険料控除額	支払った保険料の全額
		小規模企業共済等掛金の控除額	支払った掛金の全額
		生命保険料の控除額	最高120,000円（具体的な計算については、79ページ参照）
		地震保険料の控除額	最高50,000円（具体的な計算については、91ページ参照）

　㊟　基礎控除額は基礎控除申告書を、配偶者控除額及び配偶者特別控除額は配偶者控除等申告書を、それぞれ参照してください。

(4)　**課税給与所得金額の計算**　　(2)及び(3)の計算が終わると、次に(2)によって計算した給与所得控除後の給与等の金額（調整控除後）から(3)によって計算した所得控除額を控除して**課税給与所得金額**を計算します。この場合、課税給与所得金額に1,000円未満の端数があるときは、その端数を切り捨てます。

(5)　**算出所得税額の計算**　　(4)によって課税給与所得金額の計算が終わったら、次の算式により算出所得税額を計算します。

> （算式）　　**課税給与所得金額(A)×税率(B)－控除額(C)＝算出所得税額**

課　税　給　与　所　得　金　額 (A)		税　率　　(B)	控　除　額　(C)
	1,950,000円以下	5 %	－
1,950,000円超	3,300,000円 〃	10%	97,500円
3,300,000円 〃	6,950,000円 〃	20%	427,500円
6,950,000円 〃	9,000,000円 〃	23%	636,000円
9,000,000円 〃	18,000,000円 〃	33%	1,536,000円
18,000,000円 〃	18,050,000円 〃	40%	2,796,000円

　㊟　課税給与所得金額が18,050,000円を超える場合は、年末調整の対象となりません。

> ─── **計　算　例** ───
>
> 　　課税給与所得金額が2,517,000円の場合
>
> 　　2,517,000円×10％－97,500円＝154,200円……**算出所得税額**

(6)　**年調年税額の計算**　　（特定増改築等）住宅借入金等特別控除の適用がない人については、(5)で求めた算出所得税額が年調所得税額（源泉徴収簿の「年調所得税額㉔」欄の金額）となります。

　　また、（特定増改築等）住宅借入金等特別控除の適用を受けられる人については、(5)により求めた算出所得税額から（特定増改築等）住宅借入金等特別控除額を控除した金額が年調所得税額となりますが、(5)により求めた算出所得税額よりも（特定増改築等）住宅借入金等特別控除額の方が多い場合は、その控除額は(5)によって求めた算出所得税額の範囲にとどめ、控除しきれない部分の金額は切り捨てます。

　　この求めた年調所得税額に102.1％を乗じた金額が復興特別所得税を含む年調年税額（100円未満の端数があるときは、その端数を切り捨てた金額）となります。

付録3　賞与に対する税額の計算方法

1　「算出率の表」と「月額表」との適用区分

―――――――――――――――――――――――――〔ポイント〕―――
賞与に対する税額の計算には、「算出率の表」を使用する場合と「月額表」を使用する場合とがあります。
―――――〔ポイント〕――――――――――――――――――――――――

　賞与に対する税額の計算は、賞与の支払を受ける人が、①その支払を受ける月の前月中に賞与以外の普通給与の支払を受けていたかどうか、②支払を受けた賞与の金額が前月中に支払を受けた普通給与の10倍に相当する金額を超えるかどうか、また、③「給与所得者の扶養控除等申告書」を提出しているかどうかによって、「賞与に対する源泉徴収税額の算出率の表」（以下「**算出率の表**」といいます。）を適用するか、又は「給与所得の源泉徴収税額表（月額表）」（以下「**月額表**」といいます。）を適用するか、及びこれらの「算出率の表」又は「月額表」のどの欄を適用するかが違ってきます。これらの適用区分は、次の表のとおりとなっています（所法186、187、188、189）。

賞与の支給区分	「給与所得者の扶養控除等申告書」の提出の有無	適用する税額表	適用する欄
1　前月中に普通給与の支払を受けた人に支払う賞与 （前月中の普通給与の10倍に相当する金額を超える賞与を除きます。）	提　　出　　あ　　り	算出率の表	甲　欄
	提　　出　　な　　し （「従たる給与についての扶養控除等申告書」の提出がある場合を含みます。）	算出率の表	乙　欄
2　前月中に普通給与の支払を受けなかった人に支払う賞与 3　前月中の普通給与の10倍に相当する金額を超える賞与	提　　出　　あ　　り	月　額　表	甲　欄
	提　　出　　な　　し （「従たる給与についての扶養控除等申告書」の提出がある場合を含みます。）	月　額　表	乙　欄

（注）1　上の表の「2」の「前月中に普通給与の支払を受けなかった人」とは、次のような人をいいます。
　　（1）　前月中に全く勤務しなかったため、給与の支払を受けなかった人
　　（2）　非常勤の役員等で賞与だけしか支払われない人
　　（3）　賞与の支払者と前月中の普通給与の支払者とが異なる人（例えば、子会社への出向社員で、親会社から賞与だけが支払われるような人）
　　（4）　社会保険料等を控除したため、給与の支払額が全くなくなった人
　　　なお、半期ごとに役員報酬を支払う場合のように、普通給与を月の整数倍の期間によって支払うため前月中には実際に支払った金額がない人や、資金繰りの関係で給与がたまたま未払だったため前月中には実際に支払を受けなかったような人は「前月中に普通給与の支払を受けなかった人」には該当しません。
　　　このような人の場合には、その賞与の支払の直前に支払った普通給与の月割額又はその未払となっている前月中の普通給与の金額が、前月中に支払を受けた普通給与の金額となります。

300 付録3 賞与に対する税額の計算方法

2 前ページの表の「3」の「前月中の普通給与の10倍に相当する金額を超える賞与」であるかどうか
は、前月中の普通給与又はその賞与から控除される社会保険料等がある場合には、それぞれその控除
される社会保険料等の金額を控除した後の普通給与又は賞与の金額によって判定します（所基通
186—4）。

2 「算出率の表」を適用する場合の税額の求め方

―――――――――――――――――――――〔ポイント〕――――――――
前月中に普通給与の支払を受けた人に支払う賞与については、その賞与の
金額が前月中の普通給与の10倍に相当する金額を超えるものを除き、算出率
の表を適用して賞与に対する税額を求めます。
―――――〔ポイント〕―――――――――――――――――

算出率の表を適用する場合の税額の求め方は、これから説明するとおりですが、算出率の表の適用
に当たっては、次のことに注意してください。

この表の「甲欄」は　　「給与所得者の扶養控除等申告書」を提出している人に支払う賞与の金額
に乗ずべき率を求める場合に適用します。

この表の「乙欄」は　　「給与所得者の扶養控除等申告書」を提出していない人（「従たる給与につ
いての扶養控除等申告書」を提出している人を含みます。）に支払う賞与の金額に乗ずべき率を求
める場合に適用します。

この表の「扶養親族等の数」は　　賞与を支払う日において「給与所得者の扶養控除等申告書」に
記載されている源泉控除対象配偶者（給与の支払を受ける人（合計所得金額が900万円以下である
人に限ります。）と生計を一にする配偶者で、合計所得金額が95万円以下である人をいいます。ただし、
扶養控除等申告書に記載がされていないものとされる源泉控除対象配偶者を除きます。）及び控除対
象扶養親族（扶養親族のうち年齢16歳以上の人をいい、同居老親等若しくは同居老親等以外の老人扶
養親族又は特定扶養親族を含みます。）の合計数によります(※)（所基通186—1）。したがって、前
月中の普通給与を支払った後に扶養親族等の数について異動申告書が提出されている場合には、
前月中の普通給与について控除した扶養親族等の数とは異なることになります。

　　また、普通給与の税額計算の場合と同じように、賞与の支払を受ける人が障害者（特別障害
者を含みます。）、寡婦、ひとり親又は勤労学生に該当する場合には、これらの一に該当するご
とに扶養親族等の数に1人を加算し、その人の同一生計配偶者（給与の支払を受ける人と生計を
一にする配偶者で、合計所得金額が48万円以下である人をいいます。）や扶養親族のうちに障害者
（特別障害者を含みます。）又は同居特別障害者に該当する人がいる場合には、これらの一に該
当するごとに扶養親族等の数に1人を加算した数が、扶養親族等の数となります。

（※）　源泉控除対象配偶者及び控除対象扶養親族が国外居住親族である場合には、親族関係書類の提
出等がある扶養親族等に限ります。

この表の「前月の社会保険料等控除後の給与等の金額」は　　前月中の普通給与の金額から、その
給与の金額から控除される社会保険料等の金額を控除した残額によります。

付録3　賞与に対する税額の計算方法　301

（1）　「給与所得者の扶養控除等申告書」を提出している人の場合

① 　まず、前月の社会保険料等控除後の普通給与の金額を求めます。

② 　次に、「算出率の表」の「甲欄」で、①で求めた金額と扶養親族等の数(給与の支払を受ける人自身が障害者(特別障害者を含みます。)、寡婦、ひとり親若しくは勤労学生に該当する場合又は同一生計配偶者や扶養親族が障害者(特別障害者を含みます。)若しくは同居特別障害者に該当する場合には、扶養親族等の数にこれらの一に該当するごとに1を加えた数)に応じて賞与の金額に乗ずべき率を求めます。

③ 　②で求めた率を社会保険料等控除後の賞与の金額に乗じて、賞与に対する税額を求めます。この場合、計算した税額に1円未満の端数があるときは、その端数は切り捨てます。

―――――〔設　例　イ〕―――――

賞与の金額‥‥‥‥‥‥‥‥‥‥‥‥‥‥‥‥‥‥‥‥‥‥‥‥‥‥‥‥‥‥‥‥502,000円

賞与から控除する社会保険料等‥‥‥‥‥‥‥‥‥‥‥‥‥‥‥‥‥‥‥‥‥‥‥76,655円

前月の社会保険料等控除後の普通給与の金額‥‥‥‥‥‥‥‥‥‥‥‥‥‥‥‥270,460円

源泉控除対象配偶者‥‥‥‥‥‥‥‥‥‥‥‥‥‥‥‥‥‥‥‥‥‥‥‥‥‥‥‥‥あり

控除対象扶養親族の数‥‥‥‥‥‥‥‥‥‥‥‥‥‥‥‥‥‥‥‥‥‥‥‥‥‥‥‥1人

〔税額の求め方〕「算出率の表」の「甲欄」で、扶養親族等の数が2人、前月の社会保険料等控除後の給与の金額が270,460円である場合の賞与の金額に乗ずべき率を求めると4.084％です。したがって、賞与502,000円に対する税額は、(502,000円－76,655円)×4.084％＝17,371円（1円未満の端数切捨て）となります。

―――――〔設　例　ロ　障害者に該当する人がいる場合〕―――――

賞与の金額‥‥‥‥‥‥‥‥‥‥‥‥‥‥‥‥‥‥‥‥‥‥‥‥‥‥‥‥‥‥‥‥397,000円

賞与から控除する社会保険料等‥‥‥‥‥‥‥‥‥‥‥‥‥‥‥‥‥‥‥‥‥‥‥60,621円

前月の社会保険料等控除後の普通給与の金額‥‥‥‥‥‥‥‥‥‥‥‥‥‥‥‥210,300円

源泉控除対象配偶者‥‥‥‥‥‥‥‥‥‥‥‥‥‥‥‥‥‥‥‥‥‥‥‥‥‥‥‥‥なし

控除対象扶養親族の数‥‥‥‥‥‥‥‥‥‥‥‥‥‥‥‥‥‥‥‥‥‥‥‥1人(障害者)

〔税額の求め方〕「算出率の表」の「甲欄」で、扶養親族等の数が2人（扶養親族が障害者であるので1人を加えて2人とします。）、前月の社会保険料等控除後の給与の金額が210,300円である場合の賞与の金額に乗ずべき率を求めると2.042％です。したがって、賞与397,000円に対する税額は、(397,000円－60,621円)×2.042％＝6,868円（1円未満の端数切捨て）となります。

―――――〔設　例　ハ　寡婦に該当する人の場合〕―――――

賞与の金額‥‥‥‥‥‥‥‥‥‥‥‥‥‥‥‥‥‥‥‥‥‥‥‥‥‥‥‥‥‥‥‥137,000円

賞与から控除する社会保険料等‥‥‥‥‥‥‥‥‥‥‥‥‥‥‥‥‥‥‥‥‥‥‥20,919円

付

録

302 付録3 賞与に対する税額の計算方法

前月の社会保険料等控除後の普通給与の金額……………………………………………96,388円
控除対象扶養親族の数……………………………………………………………………なし
本人…………………………………………………………………………………………寡婦

〔税額の求め方〕「算出率の表」の「甲欄」で、扶養親族等の数が1人（給与の支払を受ける人自身が寡婦
であるので1人とします。）、前月の社会保険料等控除後の給与の金額が96,388円である場
合の賞与の金額に乗ずべき率を求めると2.042%です。したがって、賞与137,000円に対す
る税額は、（137,000円－20,919円）×2.042%＝2,370円（1円未満の端数切捨て）となりま
す。

（2）「給与所得者の扶養控除等申告書」を提出していない人（「従たる給与についての
　　扶養控除等申告書」を提出している人を含みます。）の場合

①　まず、前月の社会保険料等控除後の普通給与の金額を求めます。
②　次に、「算出率の表」の「乙欄」で、①で求めた金額に応じて賞与の金額に乗ずべき率を求めま
　す。
③　②で求めた率を社会保険料等控除後の賞与の金額に乗じて、賞与に対する税額を求めます。この
　場合、計算した税額に1円未満の端数があるときは、その端数は切り捨てます。

┌─────〔設　例　二〕─────
賞与の金額………………………………………………………………………… 312,000円
賞与から控除する社会保険料等……………………………………………………47,642円
前月の社会保険料等控除後の普通給与の金額…………………………………… 170,280円

〔税額の求め方〕「算出率の表」の「乙欄」で、前月の社会保険料等控除後の給与の金額が170,280円であ
る場合の賞与の金額に乗ずべき率を求めると10.210%です。したがって、賞与312,000円に
対する税額は、（312,000円－47,642円）×10.210%＝26,990円（1円未満の端数切捨て）と
なります。

3　「月額表」を適用する場合の税額の求め方

──────────────────────〔ポイント〕──────
　前月中に普通給与の支払がない人に支払う賞与又は賞与の金額が前月中の
普通給与の金額の10倍に相当する金額を超える場合の賞与については、「月
額表」を適用して賞与に対する税額を求めます。
──────〔ポイント〕──────

月額表を適用する場合の税額の求め方は、次に説明するとおりです。

付録3　賞与に対する税額の計算方法　303

（1）　前月中に普通給与がない場合

イ　「給与所得者の扶養控除等申告書」を提出している人の場合

(イ)　まず、社会保険料等控除後の賞与の金額を6（その賞与の計算の基礎となった期間(注)が6か月を超えるときは、12）で除します。

(ロ)　次に、「月額表」の「甲欄」で、(イ)で求めた金額と扶養親族等（扶養控除等申告書に記載がされていないものとされる源泉控除対象配偶者を除きます。また、扶養親族等が国外居住親族である場合には、親族関係書類の提出等がある扶養親族等に限ります。）の数（給与の支払を受ける人自身が障害者（特別障害者を含みます。）、寡婦、ひとり親若しくは勤労学生に該当する場合又は同一生計配偶者や扶養親族が障害者（特別障害者を含みます。）若しくは同居特別障害者に該当する場合には、扶養親族等の数にこれらの一に該当するごとに1を加えた数）に応じた税額を求めます。

(ハ)　(ロ)で求めた税額を6倍（又は12倍）したものが、賞与に対する税額です。

(注)　「賞与の計算期間」とは、その賞与の金額を定めることにつき基準となった勤務の期間をいい、その期間が明らかでない賞与については、その賞与と同性質の給与の直前の支給期からその賞与の支給期までの期間によります。ただし、その期間の中途で就職又は退職した人に支払う賞与については、その期間のうちそれぞれ就職の時以後の期間又は退職の時までの期間によります（所基通186―2）。

> 〔設　例　ホ〕
>
> 賞与の金額（計算の基礎となった期間6か月）……………………………………1,860,000円
> 賞与から控除する社会保険料等…………………………………………………………251,082円
> 源泉控除対象配偶者…………………………………………………………………………あり
> 控除対象扶養親族の数………………………………………………………………………1人

〔税額の求め方〕　まず、社会保険料等控除後の賞与の金額を6で除した金額（1,860,000円－251,082円）÷6＝268,153円（1円未満の端数がある場合はそれを切捨て）を求め、次に、「月額表」の「甲欄」で、扶養親族等の数が2人、社会保険料等控除後の給与の金額が268,153円の場合の税額を求めると3,940円です。したがって、賞与1,860,000円に対する税額は、3,940円×6＝23,640円となります。

ロ　「給与所得者の扶養控除等申告書」も「従たる給与についての扶養控除等申告書」も提出していない人の場合

(イ)　まず、社会保険料等控除後の賞与の金額を6（その賞与の計算の基礎となった期間が6か月を超える場合は、12）で除します。

(ロ)　次に、「月額表」の「乙欄」で、(イ)で求めた金額に応じた税額を求めます。

(ハ)　(ロ)で求めた税額を6倍（又は12倍）したものが、賞与に対する税額です。

付　録

304　付録3　賞与に対する税額の計算方法

―――〔設 例 へ〕―――

賞与の金額（計算の基礎となった期間6か月）………………………………………… 834,000円

賞与から控除する社会保険料等…………………………………………………………… 127,352円

〔税額の求め方〕　まず、社会保険料等控除後の賞与の金額を6で除した金額（834,000円－127,352円）÷6
＝117,774円（1円未満の端数切捨て）を求め、次に、「月額表」の「乙欄」で社会保険料
等控除後の給与の金額が117,774円の場合の税額を求めると4,200円です。したがって、賞
与834,000円に対する税額は、4,200円×6＝25,200円となります。

ハ　「従たる給与についての扶養控除等申告書」を提出している人の場合

(イ)　まず、社会保険料等控除後の賞与の金額を6（その賞与の計算の基礎となった期間が6か月を超え
る場合は、12）で除します。

(ロ)　次に、「月額表」の「乙欄」で、(イ)で求めた金額に応じた税額を求め、その税額から扶養親族等
1人につき1,610円を控除した税額を求めます。

(ハ)　(ロ)で求めた税額を6倍（又は12倍）したものが、賞与に対する税額です。

―――〔設 例 ト〕―――

賞与の金額（計算の基礎となった期間6か月）……………………………………… 1,143,000円

賞与から控除する社会保険料等…………………………………………………………… 174,536円

従たる給与から控除する扶養親族等の数………………………………………………………… 2人

〔税額の求め方〕　まず、社会保険料等控除後の賞与の金額を6で除した金額（1,143,000円－174,536円）
÷6＝161,410円（1円未満の端数切捨て）を求め、次に「月額表」の「乙欄」で、社会保
険料等控除後の給与の金額が161,410円の場合の税額を求めると10,500円です。

　　さらに、この金額から扶養親族等1人につき1,610円を控除すると10,500円－
（1,610円×2）＝7,280円となります。したがって、賞与1,143,000円に対する税額は7,280
円×6＝43,680円となります。

（2）　賞与の金額が前月中の普通給与の10倍相当額を超える場合

イ　「給与所得者の扶養控除等申告書」を提出している人の場合

(イ)　まず、社会保険料等控除後の賞与の金額を6（その賞与の計算の基礎となった期間が6か月を超え
る場合は、12）で除します。

(ロ)　次に、前月中の普通給与の金額から社会保険料等の金額を控除した金額を求めます。

(ハ)　(イ)と(ロ)で求めた金額を合計し、その金額について、「月額表」の「甲欄」で扶養親族等（扶養控
除等申告書に記載がされていないものとされる源泉控除対象配偶者を除きます。また、扶養親族等が国外
居住親族である場合には、親族関係書類の提出等がある扶養親族等に限ります。）の数（給与の支払を受け

付録3　賞与に対する税額の計算方法　305

る人自身が障害者（特別障害者を含みます。）、寡婦、ひとり親若しくは勤労学生に該当する場合又は同一
生計配偶者や扶養親族が障害者（特別障害者を含みます。）若しくは同居特別障害者に該当する場合には、
扶養親族等の数にこれらの一に該当するごとに1を加えた数）に応じた税額を求めます。

(ニ)　次に、(ロ)で求めた前月中の社会保険料等控除後の普通給与に対する税額を(ハ)と同じ要領で求めま
す（この税額は、通常は前月の普通給与から徴収した税額と一致します。）。

(ホ)　(ハ)で求めた税額から(ニ)で求めた税額を差し引いた金額を6倍（又は12倍）したものが、賞与に対
する税額です。

―――〔設　例　チ〕―――

賞与の金額（計算の基礎となった期間6か月）……………………………………	3,100,000円
賞与から控除する社会保険料等………………………………………………………	326,970円
前月中の社会保険料等控除後の普通給与の金額……………………………………	262,875円
源泉控除対象配偶者……………………………………………………………………	あり
控除対象扶養親族の数…………………………………………………………………	2人

〔税額の求め方〕　まず、社会保険料等控除後の賞与の金額を6で除した金額（3,100,000円−326,970円）
÷6＝462,171円（1円未満の端数切捨て）と、前月中の社会保険料等控除後の普通給与の
金額262,875円との合計額725,046円を求めます。

次に、この合計額725,046円について、「月額表」の「甲欄」で扶養親族等の数が3人の
場合の税額を求めると51,220円です。また、前月中の社会保険料等控除後の普通給与の金
額262,875円について同じようにしてその税額を求めると2,110円です。

したがって、賞与3,100,000円に対する税額は（51,220円−2,110円）×6＝294,660円と
なります。

ロ　「給与所得者の扶養控除等申告書」も「従たる給与についての扶養控除等申告書」も提出してい
ない人の場合

(イ)　まず、社会保険料等控除後の賞与の金額を6（その賞与の計算の基礎となった期間が6か月を超え
る場合は、12）で除します。

(ロ)　次に、(イ)で求めた金額と前月中の社会保険料等控除後の普通給与の全額との合計額を求め、その
合計額について「月額表」の「乙欄」でその税額を求めます。

(ハ)　(ロ)で求めた税額から、前月中の社会保険料等控除後の普通給与に対する税額を控除し、その差額
を6倍（又は12倍）したものが、賞与に対する税額です。

―――〔設　例　リ〕―――

賞与の金額（計算の基礎となった期間6か月）……………………………………	1,446,000円
賞与から控除する社会保険料等………………………………………………………	220,804円
前月中の社会保険料等控除後の普通給与の金額……………………………………	122,440円

付

録

306 付録3 賞与に対する税額の計算方法

〔税額の求め方〕 まず、社会保険料等控除後の賞与の金額を6で除した金額（1,446,000円 − 220,804円）÷ 6 ＝ 204,199円（1円未満の端数切捨て）と、前月中の社会保険料等控除後の普通給与の金額122,440円との合計額326,639円を求めます。

次に、「月額表」の「乙欄」で、社会保険料等控除後の給与の金額が326,639円の場合の税額を求めると61,900円です。また、前月中の社会保険料等控除後の普通給与の金額122,440円について、同じようにしてその税額を求めると4,500円です。

したがって、賞与1,446,000円に対する税額は（61,900円 − 4,500円）× 6 ＝ 344,400円となります。

ハ 「従たる給与についての扶養控除等申告書」を提出している人の場合

(イ) まず、社会保険料等控除後の賞与の金額を6（その賞与の計算の基礎となった期間が6か月を超える場合は、12）で除します。

(ロ) 次に、(イ)で求めた金額と前月中の社会保険料等控除後の普通給与の金額との合計額を求め、その合計額について「月額表」の「乙欄」でその税額を求め、その税額から扶養親族等1人につき1,610円を控除します。

(ハ) 前月中の社会保険料等控除後の普通給与について「月額表」の「乙欄」で税額を求め、その税額から扶養親族等1人につき1,610円を控除します。

(ニ) (ロ)により求めた税額から(ハ)により求めた税額を控除し、その差額を6倍（又は12倍）したものが、賞与に対する税額です。

〔設 例 ヌ〕

賞与の金額（計算の基礎となった期間6か月）……………………………………	1,563,000円
賞与から控除する社会保険料等…………………………………………………………	232,906円
前月中の社会保険料等控除後の普通給与の金額………………………………………	140,200円
従たる給与から控除する扶養親族等の数………………………………………………	3 人

〔税額の求め方〕 まず、社会保険料等控除後の賞与の金額を6で除した金額（1,563,000円 − 232,906円）÷ 6 ＝ 221,682円（1円未満の端数切捨て）と、前月中の社会保険料等控除後の普通給与の金額140,200円との合計額361,882円を求めます。

次に、「月額表」の「乙欄」で、社会保険料等控除後の給与の金額が361,882円の場合の税額を求めると73,100円ですが、これから更に、扶養親族等1人につき1,610円を控除した金額73,100円 − （1,610円 × 3 ）＝ 68,270円を求めます。

また、前月中の社会保険料等控除後の普通給与の金額140,200円について、同じようにしてその税額を求めると7,100円 − （1,610円 × 3 ）＝ 2,270円です。

したがって、賞与1,563,000円に対する税額は（68,270円 − 2,270円）× 6 ＝ 396,000円となります。

4　年末調整を行う月に支払う賞与に対する税額計算の特例

――――――――――――――――――――――――〔ポイント〕―――――
　年末調整を行う月に普通給与より先に賞与を支払う場合には、賞与を支払
う際に年末調整を行うことができます。
―――――〔ポイント〕―――――――――――――

(1)　年末調整を行う月（通常は12月）に支払う賞与で、普通給与より先に支払われるものについては、以上で説明した通常の方法によらないで、次の①及び②の税額の合計額をその賞与に対する税額として徴収することができることになっています（所法186③）。

　①　その賞与について通常の方法により計算した場合の税額

　②　その賞与を支払う日の現況により、その後に支払うこととなっている普通給与について年末調整を行った場合に生ずると見込まれる不足額

(2)　なお、(1)の特例は、普通給与から年末調整による不足額を徴収すると、その普通給与の手取額が著しく少なくなるような場合に、その不足額をあらかじめ賞与から徴収することができるように設けられているものですが、このように年末調整を行う月に普通給与より先に賞与を支払う場合には、賞与を支払う際に、その後に支払う普通給与の見積額とそれに対する徴収税額の見積額とを、それぞれ本年中の給与の総額とそれに対する徴収税額の合計額に含めたところで年末調整を行ってもよいこととされていますので（所基通190―6）、この取扱いによることとすれば、(1)の特例による税額計算を行うまでもなく、年末調整による不足額は自動的に賞与から徴収されることになります。

付録4　災害被害者に対する救済

　給与、公的年金等若しくは報酬・料金の支払を受ける人又はこれら源泉徴収の対象となる所得の支払をする者（源泉徴収義務者）が、震災、風水害、落雷、火災のような災害により住宅や家財に大きな被害を受けたときは、災害減免法等によって、次のように源泉所得税及び復興特別所得税の徴収猶予や還付などの救済措置が設けられています。

給与、公的年金等又は報酬・料金の支払を受ける人に対するもの	災害減免法（以下「災免法」といいます。）によるもの ・　徴収猶予又は還付（災免法3） (注)　徴収猶予や還付を受けた人は、年末調整の対象とならず、確定申告書を提出して猶予税額や還付税額の精算をしなければなりません（災免法3⑥）。
源泉徴収義務者に対するもの	国税通則法によるもの ①　納税の猶予（国税通則法46） ②　納付等の期限延長（国税通則法11）

1　給与、公的年金等又は報酬・料金の支払を受ける人の場合

（1）　給与所得者又は公的年金等の受給者の場合

イ　災害による住宅又は家財の損害額がその住宅又は家財の価額の10分の5以上で、かつ、その年分の合計所得金額の見積額が1,000万円以下である場合、申請により、給与又は公的年金等について次のとおり源泉所得税及び復興特別所得税の徴収猶予や還付を受けることができます（災免法3②③、災免令3の2、復興財確法33①、復興特別所得税政令13①）。

その年分の合計所得金額の見積額等		徴収猶予される金額	還付される金額
500万円以下の場合		災害のあった日からその年の12月31日までの間に支払を受ける給与又は公的年金等につき源泉徴収をされる所得税及び復興特別所得税の額	その年1月1日から災害のあった日までの間に支払を受けた給与又は公的年金等につき源泉徴収をされた所得税及び復興特別所得税の額
500万円を超え750万円以下の場合	①　6月30日以前に災害を受けた場合	災害のあった日から6か月を経過する日の前日までの間に支払を受ける給与又は公的年金等につき源泉徴収をされる所得税及び復興特別所得税の額	な　　し
	②　7月1日以後に災害を受けた場合	災害のあった日からその年の12月31日までの間に支払を受ける給与又は公的年金等につき源泉徴収をされる所得税及び復興特別所得税の額	7月1日から災害のあった日までの間に支払を受けた給与又は公的年金等につき源泉徴収をされた所得税及び復興特別所得税の額
	③　①又は②に代えて右の取扱いによることを選択した場合	災害のあった日からその年の12月31日までの間に支払を受ける給与又は公的年金等につき源泉徴収をされる所得税及び復興特別所得税の額の2分の1	その年1月1日から災害のあった日までの間に支払を受けた給与又は公的年金等につき源泉徴収をされた所得税及び復興特別所得税の額の2分の1
750万円を超え1,000万円以下の場合	①　9月30日以前に災害を受けた場合	災害のあった日から3か月を経過する日の前日までの間に支払を受ける給与又は公的年金等につき源泉徴収をされる所得税及び復興特別所得税の額	な　　し
	②　10月1日以後に災害を受けた場合	災害のあった日からその年の12月31日までの間に支払を受ける給与又は公的年金等につき源泉徴収をされる所得税及び復興特別所得税の額	な　　し

310　付録 4　災害被害者に対する救済

(注)1　「500万円を超え750万円以下の場合」の①欄及び「750万円を超え1,000万円以下の場合」の①欄の
徴収猶予期間は、延長される場合があります（災免令 3 の 2 ⑥）。
　　2　上記の徴収猶予又は還付を受けていても、雑損控除を受ける方が有利なときは、確定申告の際に雑
損控除の適用を受けることができます（所法72）。

ロ　災害による雑損失の金額の見積額又は繰越雑損失の金額がある場合

　　災害による雑損失の金額の見積額又は繰越雑損失の金額がある場合には、被災者の申請に基づき
災害のあった年又はその翌年以後 3 年以内の各年において、税務署長が承認した徴収猶予開始日以
後その年12月31日までの間に支払を受けるべき給与又は公的年金等の収入金額（見積給与額又は見
積年金額）のうち、雑損失の金額の見積額又は繰越雑損失の金額、見積給与額又は見積年金額に応
ずる給与所得控除額又は公的年金等控除額、配偶者控除額等の見積額及び所得金額調整控除額の見
積額の合計額（徴収猶予限度額）に達するまでの金額について源泉所得税及び復興特別所得税の徴
収が猶予されます（災免法 3 ⑤、災免令 9 、10、措法41の 3 の 3 ⑦、措令26の 5 ③、復興財確法33①、復
興特別所得税政令13①）。

(注)　配偶者控除額等の見積額とは、障害者控除の額、寡婦控除の額、ひとり親控除の額、勤労学生控除の
額、配偶者控除の額、配偶者特別控除の額、扶養控除の額及び基礎控除の額の見積額の合計額をいいま
す（以下同じです。）。

（2）　報酬・料金の支払を受ける人の場合

イ　災害による住宅又は家財の損害額がその住宅又は家財の価額の10分の5以上で、かつ、その年分の合計所得金額の見積額が1,000万円以下である場合

　　申請により、報酬・料金について次のとおり源泉所得税及び復興特別所得税の徴収猶予を受けることができます（災免法3④、災免令8、措令26の29②③、復興財確法33①、復興特別所得税政令13①）。

　　なお、報酬・料金の支払を受ける人の場合は、給与所得者又は公的年金等の受給者の場合と異なり還付を受けることはできません。

その年の合計所得 金額の見積額	徴　収　猶　予　さ　れ　る　金　額
500万円以下の場合	災害を受けた日以後その年中に支払を受ける報酬・料金に対する源泉所得税及び復興特別所得税の額
500万円を超え750万円以下の場合	①　6月30日以前に災害を受けた場合は、その災害のあった日から6か月を経過する日の前日までの間に支払を受ける報酬・料金に対する源泉所得税及び復興特別所得税の額
	②　7月1日以後に災害を受けた場合は、その災害のあった日からその年の12月31日までの間に支払を受ける報酬・料金に対する源泉所得税及び復興特別所得税の額
750万円を超え1,000万円以下の場合	①　9月30日以前に災害を受けた場合は、その災害のあった日から3か月を経過する日の前日までの間に支払を受ける報酬・料金に対する源泉所得税及び復興特別所得税の額
	②　10月1日以後に災害を受けた場合は、その災害のあった日からその年の12月31日までの間に支払を受ける報酬・料金に対する源泉所得税及び復興特別所得税の額

　㊟1　「500万円を超え750万円以下の場合」の①欄及び「750万円を超え1,000万円以下の場合」の①欄の徴収猶予期間は、延長される場合があります（災免令8②）。
　　2　上記の徴収猶予を受けていても、雑損控除を受ける方が有利なときは、確定申告の際に雑損控除の適用を受けることができます（所法72）。

ロ　災害による雑損失の金額の見積額又は繰越雑損失の金額がある場合

　　給与所得者又は公的年金等の受給者の場合と同様に災害による雑損失の金額の見積額又は繰越雑損失の金額がある場合には、報酬・料金に対する源泉所得税及び復興特別所得税の徴収が猶予されますが、徴収猶予限度額は、雑損失の金額の見積額又は繰越雑損失の金額及び配偶者控除額等の見積額の合計額の150％（報酬・料金のうち診療報酬については、350％）に相当する金額になります（災免法3⑤、災免令9、10、復興財確法33①、復興特別所得税政令13①）。

312　付録4　災害被害者に対する救済

（3）　徴収猶予及び還付の手続

　源泉所得税及び復興特別所得税について徴収猶予又は還付を受けようとする場合の手続は、次の表に掲げるところによります（災免令4～6、8、10、復興特別所得税政令13①）。

徴収猶予、還付を受けようとする者の区分	徴収猶予、還付の内容	申　請　書　の　種　類	申　請　書　の　提　出　先
給与所得者又は公的年金等の受給者	災免法第3条第2項及び第3項の規定による徴収猶予	「令和　年分源泉所得税及び復興特別所得税の徴収猶予・還付申請書」（以下「徴収猶予・還付申請書」といいます。）	給与又は公的年金等の支払者を経由して、災害を受けた人の納税地の所轄税務署長（日雇給与を受ける人は、直接納税地の所轄税務署長）に提出 ㊟　支払者の源泉所得税の納税地の所轄税務署長に提出しても構いません（この場合でも、申請書の名宛人は、災害を受けた人の納税地の所轄税務署長としてください。）。
	災免法第3条第2項及び第3項の規定による徴収猶予と還付	同　　　　上	同　　　　上
	災免法第3条第2項及び第3項の規定による還付	同　　　　上	直接納税地の所轄税務署長に提出
	災免法第3条第5項の規定による徴収猶予（雑損失の繰越控除がある場合）	「繰越雑損失がある場合の源泉所得税の徴収猶予承認申請書」（以下「繰越雑損失がある場合の申請書」といいます。）	同　　　　上
	災免法第3条第5項の規定による徴収猶予（雑損失の金額があると見積られる場合）	「繰越雑損失がある場合の申請書」に準ずる申請書	同　　　　上
報酬・料金の支払を受ける人	災免法第3条第4項の規定による徴収猶予	「徴収猶予・還付申請書」	同　　　　上
	災免法第3条第5項の規定による徴収猶予（雑損失の金額があると見積られる場合又は雑損失の繰越控除がある場合）	給与所得者又は公的年金等の受給者の場合と同じ	同　　　　上

　㊟　徴収の猶予を受けるための申請書は、災害のあった日以後徴収の猶予を受けようとする最初の給与、公的年金等又は報酬・料金の支払を受ける日の前日までに提出する必要があります。

付録 4　災害被害者に対する救済　313

税務署受付印		税務署長　殿	年　月　日提出	この欄には書かないでください。		索引番号

住　所　〒
（居所）　　　　　　　　　　　　　フリガナ
氏　名＿＿＿＿＿＿＿＿＿＿＿＿＿＿
個人番号＿＿＿＿＿＿＿＿＿＿＿＿　職　業＿＿＿＿　電話（　　　）　　－

令和　　年分　源泉所得税及び復興特別所得税の徴収猶予・還付申請書（災免用）給与等・公的年金等・報酬等

1　被害の状況

あなたが受けた被害の状況を、次の欄に書き入れてください。
なお、①及び②の損害割合が50％未満のときは提出できません。

災害の原因	被害を受けた日	被災財産の所在地		被災直前の価額 A	損害額（A×被害割合）B	保険金などで補てんされる金額 C	差引損害額（B－C）D	損害割合（D／A）E	
	・　・		住宅					％	①
			家財					％	②

2　所得の見積額

あなたの今年の所得の見積額を、次の欄に書き入れてください。
なお、③の金額が1,000万円を超えるときは提出できません。

所得の種類	種目	所得の生ずる場所	収入金額 A	必要経費等 B	事業専従者控除額 C	所得金額（A－B－C）	
			円	円	円	円	
合　　計（租税特別措置法の規定により分離課税となる利子所得及び一定の配当所得などは除きます。）							③

3　徴収猶予期間又は還付金額等

あなたが徴収猶予又は還付を受けようとする給与等、公的年金等、報酬等の別及びその支払者の名称並びに徴収猶予を受けようとする期間又は還付を受けようとする金額を書き入れてください。

（裏面を参照）

給与等、公的年金等、報酬等の別	給与等、公的年金等、報酬等の支払者の名称	給与等、公的年金等、報酬等の支払者の所在地	給与等、公的年金等の支払者の個人番号又は法人番号※　この申請書の提出を受けた給与等の支払者の氏名等を記載してください。

徴収猶予期間	還付を受けようとする額	
・　・　から ・　・　まで	円 ※　還付される税金の受取場所を右記に書き入れてください。	イ　銀行等　銀行　　　　本店・本所 　　　　　金庫・組合　　出張所 　　　　　農協・漁協　　支店・支所 ＿＿＿＿＿＿預金　口座番号＿＿＿＿＿ ロ　ゆうちょ銀行の貯金口座 　　貯金口座の記号番号＿＿＿＿－＿＿＿＿ ハ　郵便局等窓口　＿＿＿＿＿＿

4　支払者の証明

あなたが給与等又は公的年金等について徴収された税額の還付を受けようとする場合には、次の欄に給与等又は公的年金等の支払者の証明を受けてください。

給与等又は公的年金等の支払者がこの申請書を受け付けた日	令和　　年　　月　　日
今年の1月からこの申請書を受け付けた日までの間に、申請者に支払った給与等又は公的年金等から徴収した税額（内訳は別紙のとおり。）	円
上の税額の納付先税務署長	税務署長
（支払者の証明）　上記のとおり相違ありません。　　　　　　所在地＿＿＿＿＿＿＿＿＿＿＿ 　　　　　令和　　年　　月　　日　　給与等又は公的年金等の支払者の　名称＿＿＿＿＿＿＿＿＿＿＿	

※　税務署処理欄（この欄には書かないでください。）

起案	・　・	署長	副署長	統括官	担当者	整理簿	管理部門	通信日付印	確　認
決裁	・　・							年　月　日	

調査事項	区分	災害直前の価額	損害額	補てん金額	差引損害額	損害割合	（摘要）
	住宅	円	円	円	円	％	
	家財						

処理区分	還付	承認・却下	（還付税額）　　　　円	却下事由	
	徴収猶予	承認・却下	（猶予期間）自・・至・・	（猶予税額）全額・半額	

番号	番号確認	身元確認 □　済 □　未済	確認書類 個人番号カード／通知カード・運転免許証 その他（　　）			

（規格Ａ4）

付録

03.06 改正

314　付録4　災害被害者に対する救済

2　源泉徴収義務者の場合

（1）　納税の猶予

イ　源泉所得税及び復興特別所得税の納税の猶予

　　災害により、源泉徴収義務者がその財産につき相当な損失を受けた場合において、その者がその損失を受けた日以後1年以内に納付すべき源泉所得税及び復興特別所得税で次のいずれにも該当するものについては、その災害のやんだ日から2か月以内に申請を行うことにより、所轄税務署長は、納期限（納税の告知がされていない源泉所得税及び復興特別所得税については、その法定納期限をいいます。以下同じです。）から1年以内の期間に限り、源泉所得税及び復興特別所得税の全部又は一部の納税を猶予することができます（国税通則法46①）。

　⑷　災害のやんだ日の属する月の末日以前に納税義務の成立するもの

　㋺　納期限がその損失を受けた日以後に到来するもの

　㋩　申請の日以前に納付すべき税額の確定したもの

ロ　納税の猶予の手続

　　源泉所得税及び復興特別所得税について納税の猶予を受けようとする場合には、その災害がやんだ日から2か月以内に、「納税の猶予申請書」（財産の種類ごとの損失の程度その他の被害の状況を記載した「被災明細書」を添付する必要があります。）を所轄税務署長に提出する必要があります。なお、納税の告知がされていない源泉所得税及び復興特別所得税について納税の猶予を受けようとする場合は、所得税徴収高計算書（納付書）を添付する必要があります（国税通則法46①、46の2①、国税通則法施行令15①、15の2①）。

　　この申請書を提出した場合において、

　①　納税の猶予が認められた場合には、その旨、猶予に係る金額、猶予期間など

　②　納税の猶予が認められない場合には、その旨

　が、所轄税務署長から通知されます（国税通則法47①②）。

（2）　災害等による期限の延長

　　災害その他やむを得ない理由により、国税に関する法律に基づく申告、申請、請求、届出その他書類の提出、納付などがその期限までにできないと認められるときは、災害等の理由のやんだ日から2か月以内の範囲で、その期限を延長することができます。これには、地域指定、対象者指定及び個別指定による場合があります（国税通則法11、国税通則法施行令3）。

イ　地域指定

　　災害による被害が広い地域に及ぶ場合、国税庁長官が延長する地域と期日を定めて告示しますので、その告示の期日まで申告・納付などの期間が延長されます。

ロ　対象者指定

　　国税庁が運用するシステムが、期限間際に使用不能であるなどにより、システムを利用して申告、納付などをすることができない方が多数に上ると認められる場合に、国税庁長官が延長する対象者の範囲と期日を定めて告示することで、その告示の期日まで申告・納付などの期限が延長されます。

ハ　個別指定

　　所轄税務署長に申告・納付などの期限の延長を申請し、その承認を受けることによりその期限を延長できます。

付録5 国外居住親族に係る扶養控除等の適用

平成28年1月1日以後に支払われるべき給与等について、居住者（給与の支払を受ける人）が非居住者である親族に係る扶養控除等の適用を受ける場合には、次のとおり、親族関係書類及び送金関係書類を提出又は提示する必要があります。

① **親族関係書類の提出又は提示**　　給与等の源泉徴収において、非居住者である親族（以下「国外居住親族」といいます。）に係る扶養控除、源泉控除対象配偶者に係る配偶者（特別）控除又は障害者控除の適用を受ける居住者（給与の支払を受ける人）は、その適用を受ける旨を「給与所得者の扶養控除等申告書」（以下「扶養控除等申告書」といいます。）等に記載（「非居住者である親族」欄に○印を付す等）した上で、その申告書等に「親族関係書類」を添付して源泉徴収義務者に提出するか、又はその申告書等の提出の際に「親族関係書類」を提示する必要があります。

　　(注)1　「居住者」とは、国内に住所を有し、又は現在まで引き続いて1年以上居所を有する個人をいいます。
　　　2　「非居住者」とは、居住者以外の個人をいいます。
　　　3　「親族関係書類」とは、次の①又は②のいずれかの書類で、国外居住親族がその居住者（給与の支払を受ける人）の親族であることを証するものをいいます。
　　　　　なお、「親族関係書類」が外国語により作成されている場合には、訳文も提出又は提示する必要があります。
　　　①　戸籍の附票の写しその他の国又は地方公共団体が発行した書類及び国外居住親族の旅券（パスポート）の写し
　　　②　外国政府又は外国の地方公共団体が発行した書類（国外居住親族の氏名、生年月日及び住所又は居所の記載があるもの）
　　　4　「親族関係書類」については次の点にご留意願います。
　　　イ　親族関係書類は、国外居住親族の旅券の写しを除いて、原本の提出又は提示が必要です。
　　　ロ　外国政府又は外国の地方公共団体が発行した書類とは、国外居住親族の氏名、生年月日及び住所又は居所が記載されている書類で、国外居住親族がその給与の支払を受ける人の親族であることを証するものをいい、例えば次のような書類が該当します。
　　　　　①戸籍謄本その他これに類する書類　②出生証明書　③婚姻証明書
　　　ハ　1つの書類ではその給与の支払を受ける人の親族であることが確認できない場合であっても、複数の書類を組み合わせることにより、給与の支払を受ける人の国外居住親族であることが確認できるのであれば、国外居住親族に係る扶養控除等を適用することができます。

② **送金関係書類の提出又は提示**　　年末調整において、国外居住親族に係る扶養控除又は障害者控除の適用を受ける居住者（給与の支払を受ける人）は、扶養控除等申告書の「生計を一にする事実」欄等にその国外居住親族に対して送金等をした金額を記載した上で、その申告書に「送金関係書類」を添付して源泉徴収義務者に提出するか、又はその申告書の提出の際に「送金関係書類」を提示する必要があります。

　　また、非居住者である配偶者に係る配偶者（特別）控除の適用を受ける居住者（給与の支払を受ける人）は、「給与所得者の配偶者控除等申告書」にその旨を記載した上で、その申告書

に「親族関係書類」及び「送金関係書類」を添付して源泉徴収義務者に提出するか、又はその申告書の提出の際に「親族関係書類」及び「送金関係書類」を提示する必要があります（扶養控除等申告書を提出する際に、非居住者である配偶者について親族関係書類を提出又は提示している場合には、親族関係書類の提出又は提示は不要です。）。

(注)　「送金関係書類」とは、次の書類で、その居住者（給与の支払を受ける人）が国外居住親族の生活費又は教育費に充てるための支払を、必要の都度、各人に行ったことを明らかにするものをいいます。
　　　なお、「送金関係書類」が外国語により作成されている場合には、訳文も提出又は提示する必要があります。
　①　金融機関の書類又はその写しで、その金融機関が行う為替取引によりその居住者（給与の支払を受ける人）から国外居住親族に支払をしたことを明らかにする書類
　②　いわゆるクレジットカード発行会社の書類又はその写しで、国外居住親族が、そのクレジットカード発行会社が交付したカードを提示して商品等を購入したこと等により、その商品等の購入等の代金に相当する額をその居住者（給与の支払を受ける人）から受領したこと等を明らかにする書類

(※)　なお、令和5年分以後の所得税については、扶養控除の対象となる扶養親族の範囲から、年齢30歳以上70歳未満の非居住者であって次に掲げる者のいずれにも該当しないものが除外されます。
　①　留学により国内に住所及び居所を有しなくなった者
　②　障害者
　③　その適用を受ける居住者からその年において生活費又は教育費に充てるための支払を38万円以上受けている者

　このうち、年齢30歳以上70歳未満の非居住者である扶養親族が上記①に掲げる者に該当するものとして扶養控除の適用を受ける居住者は、扶養控除等申告書の提出の際に「留学ビザ等相当書類」及び「親族関係書類」を添付等しなければなりません。

　また、年齢30歳以上70歳未満の非居住者である扶養親族が上記③に掲げる者に該当するものとして扶養控除の適用を受ける居住者は、年末調整において「38万円以上の送金関係書類」を提出等しなければなりません。

付録6 源泉控除対象配偶者及び同一生計配偶者について

　給与等を支払う際に源泉徴収する税額は、「給与所得の源泉徴収税額表」によって求めますが、計算に当たって扶養親族等の数を算定する必要があります。

　扶養親族等の数の算定に当たり、配偶者が**源泉控除対象配偶者**に該当する場合には、扶養親族等の数に1人を加えて計算します。

　また、**同一生計配偶者**が障害者に該当する場合には、扶養親族等の数に1人を加えて計算します。

《用語の定義》

同一生計配偶者 (注)2		・給与の支払を受ける人の合計所得金額 　⇒制限無 ・配偶者の合計所得金額 　⇒48万円以下
	控除対象配偶者 (注)3	・給与の支払を受ける人の合計所得金額 　⇒1,000万円以下 ・配偶者の合計所得金額 　⇒48万円以下
配偶者特別控除の対象者		・給与の支払を受ける人の合計所得金額 　⇒1,000万円以下 ・配偶者の合計所得金額 　⇒48万円超133万円以下
源泉控除対象配偶者		・給与の支払を受ける人の合計所得金額 　⇒900万円以下 ・配偶者の合計所得金額 　⇒95万円以下

(注)1　上図の対象となる配偶者は、給与の支払を受ける人と生計を一にする配偶者（青色事業専従者等を除きます。）に限ります。
　　2　（特別）障害者に該当する場合には、（特別）障害者控除の対象となります。
　　3　控除対象配偶者のうち年齢70歳以上の配偶者は老人控除対象配偶者となります。

付録6 源泉控除対象配偶者及び同一生計配偶者について

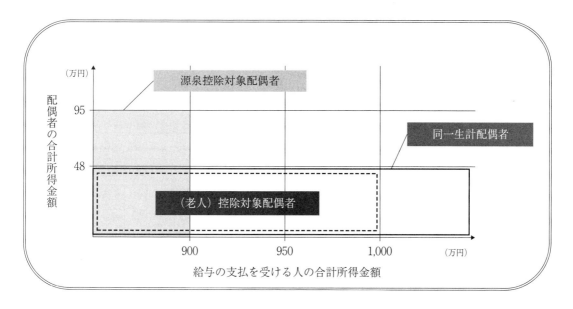

《配偶者に係る扶養親族等の数の算定方法（概要）》

		給与の支払を受ける人の合計所得金額 （給与所得だけの場合の給与の支払を受ける人の給与等の収入金額）			
		900万円以下 （1,095万円以下）	900万円超 950万円以下 {1,095万円超 1,145万円以下}	950万円超 1,000万円以下 {1,145万円超 1,195万円以下}	1,000万円超 （1,195万円超）
配偶者の合計所得金額 （給与所得だけの場合の配偶者の給与等の収入金額）	48万円以下 （103万円以下）	1人	0人	0人	0人
		配偶者が障害者に該当する場合は1人加算			
	48万円超 95万円以下 {103万円超 150万円以下}	1人	0人	0人	0人
	95万円超 （150万円超）	0人	0人	0人	0人

(注) 所得金額調整控除が適用される場合は、括弧内の各金額に15万円を加えてください。また、給与所得者の特定支出控除の適用を受ける場合も、括弧内の各金額にその適用を受ける金額を加えてください。

320 付録6 源泉控除対象配偶者及び同一生計配偶者について

《配偶者に係る扶養親族等の数の算定方法（具体例)》

「給与所得の源泉徴収税額表」の甲欄を使用する場合の配偶者に係る扶養親族等の数の算定方法を図示すると、おおむね次のようになります。

（凡例） 　□ 所得者　　 配 配偶者 （※の金額は配偶者の合計所得金額（見積額）を示します。）　　▲障 （特別）障害者

【下図中の点線囲みの図形は扶養親族等の数に含まれません。】

区分	給 与 の 支 払 を 受 け る 人 の 合 計 所 得 金 額 （見 積 額）				
	900万円以下			900万円超	
設 例	① ※95万円超　□—配	③ ※95万円以下　□—配 （源泉控除対象配偶者）	⑤ ※48万円以下　□—配—障 （源泉控除対象配偶者 同一生計配偶者）	⑥ ※48万円以下　□—配 （同一生計配偶者）	⑨ ※48万円以下　□—配—障 （同一生計配偶者）
	② ※95万円超　□—配—障	④ ※48万円超 95万円以下　□—配—障 （源泉控除対象配偶者）		⑦ ※48万円超　□—配	
				⑧ ※48万円超　□—配—障	
扶養親族等の数	0 人	1 人	2 人	0 人	1 人

(注) 給与等に対する源泉徴収税額の計算における扶養親族等の数は、上図により求めた配偶者に係る扶養親族等の数に、控除対象扶養親族に係る扶養親族等の数等を加えた数となります。

《上図「配偶者に係る扶養親族等の数の算定方法（具体例)」の解説》

給与の支払を受ける人の合計所得金額（見積額）が900万円以下			
設　例	扶養親族等の数	解　説	
① ・配偶者の合計所得金額（見積額） 95万円超　□—配	0人	配偶者の合計所得金額（見積額）が95万円を超えているため、「扶養親族等の数」に含めません。　※　配偶者の合計所得金額が133万円以下である場合には、年末調整の際に配偶者特別控除の適用を受けることができます。	

付録6　源泉控除対象配偶者及び同一生計配偶者について　321

給与の支払を受ける人の合計所得金額（見積額）が900万円以下		
設　例	扶養親族等の数	解　説
② ・配偶者の合計所得金額（見積額）95万円超 ・配偶者が（特別）障害者 ［配－障の図］	0人	配偶者の合計所得金額（見積額）が95万円を超えているため、「扶養親族等の数」に含めません。 　また、配偶者の合計所得金額（見積額）が48万円を超えているため、（特別）障害者の要件に該当する場合であっても、「扶養親族等の数」に加算しません。 ※　配偶者の合計所得金額が133万円以下である場合には、年末調整の際に配偶者特別控除の適用を受けることができます。 　ただし、配偶者の合計所得金額が48万円を超えているため、（特別）障害者控除の適用を受けることはできません。
③ ・配偶者の合計所得金額（見積額）95万円以下 ［配の図］	1人	配偶者の合計所得金額（見積額）が95万円以下であるため、「扶養親族等の数」に含めます（「源泉控除対象配偶者」に該当）。 ※　配偶者の合計所得金額が95万円以下であるため、年末調整の際に配偶者（特別）控除の適用を受けることができます。
④ ・配偶者の合計所得金額（見積額）48万円超　95万円以下 ・配偶者が（特別）障害者 ［配－障の図］	1人	配偶者の合計所得金額（見積額）が95万円以下であるため、「扶養親族等の数」に含めます（「源泉控除対象配偶者」に該当）。 　しかし、配偶者の合計所得金額（見積額）が48万円を超えているため、（特別）障害者の要件に該当する場合であっても、「扶養控除等の数」に加算しません。 ※　配偶者の合計所得金額が48万円超95万円以下であるため、年末調整の際に配偶者特別控除の適用を受けることができます。 　ただし、配偶者の合計所得金額が48万円を超えているため、（特別）障害者控除の適用を受けることはできません。

322　付録6　源泉控除対象配偶者及び同一生計配偶者について

給与の支払を受ける人の合計所得金額（見積額）が900万円以下		
設　例	扶養親族等の数	解　説
⑤ ・配偶者の合計所得金額（見積額）48万円以下 ・配偶者が（特別）障害者	2人	配偶者の合計所得金額（見積額）が95万円以下であるため、「扶養親族等の数」に含めます（「源泉控除対象配偶者」に該当）。 　また、配偶者の合計所得金額（見積額）が48万円以下であり、（特別）障害者に該当するため、「扶養親族等の数」に加算します。 ※　配偶者の合計所得金額が48万円以下であるため、年末調整の際に配偶者控除の適用を受けることができます。 　また、配偶者の合計所得金額が48万円以下であるため、（特別）障害者控除の適用を受けることができます。
給与の支払を受ける人の合計所得金額（見積額）が900万円超		
⑥ ・配偶者の合計所得金額（見積額）48万円以下	0人	給与の支払を受ける人の合計所得金額（見積額）が900万円を超えているため、「扶養親族等の数」に含めません。 ※　配偶者の合計所得金額が48万円以下であるため、年末調整の際に配偶者控除の適用を受けることができます（給与の支払を受ける人の合計所得金額が1,000万円以下の場合に限ります。）。
⑦ ・配偶者の合計所得金額（見積額）48万円超	0人	給与の支払を受ける人の合計所得金額（見積額）が900万円を超えているため、「扶養親族等の数」に含めません。 ※　配偶者の合計所得金額が133万円以下である場合には、年末調整の際に配偶者特別控除の適用を受けることができます（給与の支払を受ける人の合計所得金額が1,000万円以下の場合に限ります。）。

付録6　源泉控除対象配偶者及び同一生計配偶者について　323

給与の支払を受ける人の合計所得金額（見積額）が900万円超		
設　例	扶養親族等の数	解　説
⑧　・配偶者の合計所得金額（見積額）48万円超 配—障	0人	給与の支払を受ける人の合計所得金額（見積額）が900万円を超えているため、「扶養親族等の数」に含めません。 　また、配偶者の合計所得金額（見積額）が48万円を超えているため、（特別）障害者の要件に該当する場合であっても、「扶養親族等の数」に加算しません。 ※　配偶者の合計所得金額が133万円以下である場合には、年末調整の際に配偶者特別控除の適用を受けることができます（給与の支払を受ける人の合計所得金額が1,000万円以下の場合に限ります。）。 　ただし、配偶者の合計所得金額が48万円を超えているため、（特別）障害者控除の適用を受けることはできません。
⑨　・配偶者の合計所得金額（見積額）48万円以下 ・配偶者が（特別）障害者 配—障	1人	給与の支払を受ける人の合計所得金額（見積額）が900万円を超えているため、「扶養親族等の数」に含めません。 　ただし、配偶者の合計所得金額（見積額）が48万円以下であり、（特別）障害者に該当するため、「扶養親族等の数」に加算します。 ※　配偶者の合計所得金額が48万円以下であるため、年末調整の際に配偶者控除の適用を受けることができます（給与の支払を受ける人の合計所得金額が1,000万円以下の場合に限ります。）。 　また、配偶者の合計所得金額が48万円以下であるため、（特別）障害者控除の適用を受けることができます。

324 付録6 源泉控除対象配偶者及び同一生計配偶者について

《参考：扶養親族等の数の算定方法（配偶者以外）〔令和3年分〕》

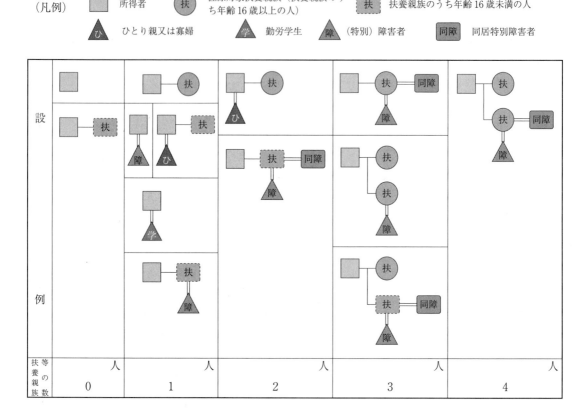

(注) 給与等に対する源泉徴収税額の計算における扶養親族等の数は、上図により求めた扶養親族等の数（配偶者以外）に、配偶者に係る扶養親族等の数等を加えた数となります。

325

付録7　年末調整手続の電子化

1　年末調整手続の電子化の概要

　給与所得者は、「給与所得者の保険料控除申告書」及び「給与所得者の（特定増改築等）住宅借入金等特別控除申告書」の提出の際、添付すべき生命保険料控除証明書、地震保険料控除証明書、借入金の年末残高証明書、住宅借入金等特別控除証明書について、給与の支払者にデータで提出することができます。

(注)1　控除申告書を給与の支払者に電磁的に提出する場合に限られます。
　　2　上記に伴い、給与所得者が控除証明書等データを用いて簡便・正確に控除申告書を作成することができる「年末調整控除申告書作成用ソフトウェア」（年調ソフト）が、パソコン・スマートフォンの公式アプリストアや、国税庁ホームページ（パソコン版のみ）で無償提供されています。
　　3　年調ソフトには主に以下の機能があります。
　　　①　保険会社等から交付を受けた控除証明書等データをインポートすることにより、控除申告書の所定の項目に控除証明書等データの内容を自動入力する機能
　　　②　保険料控除等の控除額を自動計算し、控除申告書を作成する機能
　　　③　作成した控除申告書をデータ出力する機能
　　　なお、①の機能については、マイナポータルと連携し、必要な控除証明書等データを一括取得し、自動入力することにより控除申告書データを作成すること（マイナポータル連携）も可能となります。

　これにより、年末調整について、

①　給与所得者が、保険会社等から控除証明書等を**データで**取得、

②　そのデータを利用して給与所得者が保険料控除申告書などを**データで**作成、

③　控除額が自動計算された保険料控除申告書等を給与の支払者に**データで**提供、

④　勤務先において、③を基に年税額を**データで**計算、**データで**保管

することが可能となり、年末調整手続が効率化できます。

2　年末調整手続の電子化のメリット

(1)　給与の支払者のメリット

　イ　控除額の検算が不要

　　　給与所得者が、保険料控除の控除額等について、年調ソフト等の自動計算機能を利用して作成することにより、控除額の検算事務が不要となります。

　ロ　控除証明書等との突合作業が不要

　　　給与所得者が、年調ソフト等に控除証明書等データをインポートすることにより、控除証明書等の内容が控除申告書の所定の項目に自動入力されるため、控除申告書の記載内容と控除証明書等との突合作業が不要となります。

　ハ　給与所得者からの問い合わせが減少

付

録

給与所得者が、年調ソフト等の入力支援機能や、「年調ソフトヘルプデスク」を利用することにより、給与所得者からの問い合わせが減少することが見込まれます。

ニ　書類の保管コストの削減

給与所得者から提供された控除申告書のデータを原本として保管するため、書類の保管が不要となります（給与所得者から書面で提出を受けた書類については保管が必要となります。）。

(2)　給与所得者のメリット

イ　控除証明書等の内容の転記・控除額の手計算が不要

年調ソフトに控除証明書等データをインポートすることにより、控除証明書等の内容の転記が不要になるとともに、控除額を自動計算することができます。

また、「マイナポータル連携」を利用すれば、必要な控除証明書等データを一括取得し、控除証明書等の内容を控除申告書の所定の項目に自動入力することができます。

ロ　控除証明書等データを紛失しても再取得が容易

書面の控除証明書を紛失した場合は、これまで保険会社等に再発行を依頼していましたが、データ取得の場合、誤ってデータを消去してしまっても、オンラインで再取得することができます。

ハ　給与の支払者からの確認が減少

年調ソフトなど、アプリを利用して控除申告書を作成するため、誤りのない控除申告書を作成できますので、控除申告書のデータの提出後、給与の支払者からの控除申告書のデータの内容についての確認が減少することが見込まれます。

3　年末調整手続の電子化に向けた準備

(1)　実施方法の検討

年末調整手続の電子化に当たり、給与所得者が使用する控除申告書作成用のソフトウェア（「年調ソフト」や民間ソフトウェア会社が提供する給与システム等）の選定、電子化後の年末調整手続の事務手順をどうするかなどを検討します。

(2)　給与所得者への周知

(1)の検討結果に加え、保険会社等から控除証明書等データの交付を受けるための手続など事前準備が必要であることを早期に従業員へ周知することが必要です。

なお、給与所得者から、控除証明書等データの取得方法について問合せがあった場合には、マイナポータル連携を利用又はその給与所得者が契約している保険会社等のホームページ等で確認するよう併せて周知して下さい。

(3)　給与システム等の改修等

給与所得者が提供する控除申告書のデータや控除証明書等データをご利用の給与システム等にインポートし、年税額等の計算を行うための給与システム等の改修を行います。具体的な方法についてはご利用の給与システムを提供する民間ソフトウェア会社等にお問い合わせください。

4　マイナポータル連携

　給与所得者が控除証明書等データを取得する方法としては、保険会社等のマイページからダウンロードする方法があります。

　しかし、この方法だと、毎年同じようにダウンロードしなければならず、また、複数の保険会社等と契約している場合に多くの保険会社等のマイページにアクセスしなければならないデメリットがあります。

　「マイナポータル連携」は、保険会社等からマイナポータルに控除証明書等データを連絡し、それを控除申告書の作成の際に、一括取得し、自動入力するもので、一度設定すれば翌年以降は簡単に取得することができるようになります。

　マイナポータル連携により控除証明書等データを取得するためには、給与所得者は、

①　マイナンバーカードの取得
②　契約している保険会社等がマイナポータル連携に対応しているかの確認
③　マイナポータルのアカウントの開設
④　マイナポータルと民間送達サービスの開設（マイナポータルの「もっとつながる」機能を利用して開設します。）
⑤　保険会社等と民間送達サービスの連携設定
⑥　保険会社等のサイトから民間送達サービスのアカウントを登録

を行う必要があります。

　なお、民間送達サービスとは、インターネット上に自分専用のポストを作り、自分あてのメッセージやレターを受け取ることができるサービスのことで、令和3年9月現在、マイナポータルと連携している民間送達サービスには、「MyPost」と「e-私書箱」があります。

　控除証明書を取得する保険会社によって開設する必要のある民間送達サービスが異なるので注意が必要ですが、両サービスとも給与所得者（受け取る側）については無料で利用できます。

付録8　令和4年から変わる事項（退職所得課税の見直し）

税制改正（退職所得課税の見直し）に伴い、令和4年1月1日以後に支払うべき退職手当等に係る源泉徴収税額の計算方法や退職所得の受給に関する申告書の記載事項などについて、所要の整備が行われていますのでご注意ください。

(1)　制度の概要

退職所得の金額は、その年中に支払を受ける退職手当等の収入金額から、その人の勤続年数に応じて計算した退職所得控除額を控除した残額の2分の1^(注)に相当する金額とすることとされています。

(注)　勤続年数5年以下の役員等の退職手当等（以下「特定役員退職手当等」といいます。）については、「2分の1課税」を適用しないこととされています。

(2)　改正の内容

短期退職手当等^(注)に係る退職所得の金額については、次に掲げる場合の区分に応じそれぞれ次に定める金額とされました。

イ　その短期退職手当等の収入金額から退職所得控除額を控除した残額が300万円以下である場合
　　その残額の2分の1に相当する金額

ロ　上記イに掲げる場合以外の場合
　　150万円とその短期退職手当等の収入金額から300万円に退職所得控除額を加算した金額を控除した残額との合計額

【短期退職手当等に係る退職所得の金額の計算方法】

(イ)　収入金額－退職所得控除額≦300万円	(ロ)　収入金額－退職所得控除額＞300万円
（収入金額－退職所得控除額）×1／2 ＝退職所得の金額	150万円^(※1)＋｛収入金額－（300万円＋退職所得控除額）｝^(※2) ＝退職所得の金額 　（※）1　300万円以下の部分の退職所得の金額 　　　　2　300万円を超える部分の退職所得の金額

(注)　短期退職手当等とは、短期勤続年数（役員等以外の者として勤務した期間により計算した勤続年数が5年以下であるものをいい、この勤続年数については役員等として勤務した期間がある場合、その期間を含めて計算します。）に対応する退職手当等として支払を受けるものであって、特定役員退職手当等に該当しないものをいいます。

付録8　令和4年から変わる事項（退職所得課税の見直し）　329

〔設例〕　短期退職手当等に係る退職所得の金額の計算方法

【短期退職手当等に係る退職所得の金額の計算方法】

150万円＋｛1,000万円－（300万円＋200万円）｝＝650万円

② 　　　短期退職手当等の収入金額　　　　　①　　　　　　②＋③
　　　　　　　　　　　　　　　　　退職所得控除額　　退職所得の金額
　　　　　　　　　　　　　　　　　（40万円×勤続年数5年）

③

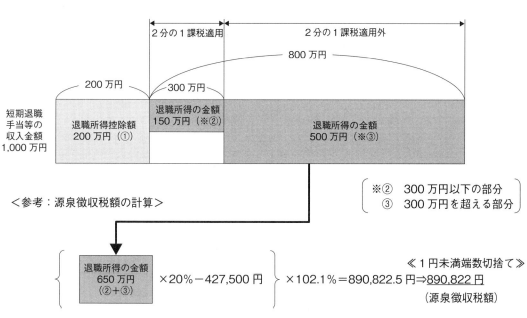

＜参考：源泉徴収税額の計算＞

｛退職所得の金額 650万円（②＋③）×20％－427,500円｝×102.1％＝890,822.5円⇒890,822円（源泉徴収税額）

≪1円未満端数切捨て≫

付録9　源泉徴収事務に必要な用語の解説

あ

青色事業専従者給与

　青色事業専従者が従事期間中に受ける対価の額のうち、次の要件を満たすものをいいます。青色事業専従者給与は、青色申告者の事業所得、不動産所得又は山林所得の金額の計算上必要経費とされるとともに、青色事業専従者の給与所得の収入金額とされ、所得税及び復興特別所得税の源泉徴収が行われます。

　なお、青色事業専従者として給与の支払を受ける人は同一生計配偶者、源泉控除対象配偶者及び扶養親族には含まれないこととされています。

(1) 次の要件の全てに該当する人（青色事業専従者）に支払われる給与であること。
　イ　青色申告の承認を受けている納税者（青色申告者）と生計を一にする配偶者その他の親族であること。
　ロ　その年12月31日（その人又は青色申告者が年の中途で死亡した場合には、それぞれ死亡の時）において年齢15歳以上であること。
　ハ　その年を通じ原則として6か月を超える期間（年の途中における開業など一定の場合には従事可能な期間の2分の1を超える期間）、青色申告の承認を受けている人の経営する事業に「専ら従事する人」であること。

(2)「青色事業専従者給与に関する届出書」（その年の3月15日までに提出することになっていますが、その年の1月16日以後に青色事業専従者を有することとなった場合には、その日以後2か月以内に納税地の所轄税務署に提出することになっています。）に記載されている方法と金額の範囲内で、青色事業専従者が支給を受けるものであること。

(3) その給与が、①労務に従事した期間、②労務の性質や提供の程度、③事業の種類、規模や収益状況、④類似事業者の支給状況等からみて相当であると認められるもの

い

イータックス（e-Tax）

　国税電子申告・納税システムのことです。国税に関する申告、申請や納税などをインターネットを通じて行うことができます。e-Taxを利用するためには、原則として電子証明書の取得が必要ですが、源泉所得税及び復興特別所得税などの電子納税や納税証明書の交付請求（署名省略分）に限って利用する場合には電子証明書を取得する必要はありません。また、インターネットバンキングによる納付のほか、事前に届出をした預貯金口座からの振替により、即時又は指定した期日に納税ができるダイレクト納付のサービスもあります。

　更に、e-Taxを利用して徴収高計算書データを送信することで、クレジットカード納付手続を行うこともできます。

一時所得

　利子所得、配当所得、不動産所得、事業所得、給与所得、退職所得、山林所得及び譲渡所得以外の所得のうち、営利を目的とする継続的行為から生じた所得以外の一時の所得で労務その他の役務の提供又は資産の譲渡の対価としての性質を有しないものをいいます。例えば、懸賞の賞金品、生命保険契約等に基づく一時金、法人からの贈与により取得する金品等などがこれに該当します。

　一時所得の金額は、その収入金額から必要経費と一時所得の特別控除額（50万円）を差し引いた金額ですが、課税対象とされるのはその2分の1の金額となっています。

　なお、一時所得のうち、保険期間等が5年以下の一時払養老保険、一時払損害保険等の差益、懸賞金付預貯金等の懸賞金等については、その性格が利子所得に類似しているところから、15.315%の税率による源泉徴収だけで課税関係が完了する源泉分離課税の対象とされています。

(注) 源泉分離課税とされる上記の一時払養老保険等の差益などについては15.315%の所得税及び復興特別所得税のほか5%の地方税が課されます。

一般の控除対象配偶者

　控除対象配偶者のうち老人控除対象配偶者に該当しない人（年齢70歳未満の人）を一般の控除対象配偶者といい、この一般の控除対象配偶者がいる場合の配偶者控除の控除額はその控除を受けようとする人の合計所得金額に応じて異なり、最高38万円です。（→P.123）

一般の控除対象扶養親族

付録9　源泉徴収事務に必要な用語の解説　331

控除対象扶養親族のうち、特定扶養親族にも老人扶養親族にも該当しない人（年齢16歳以上19歳未満又は23歳以上70歳未満の人）を一般の控除対象扶養親族といい、この一般の控除対象扶養親族がいる場合の扶養控除の控除額は一人につき38万円です。（→P.102）

一般の生命保険料
保険金等の受取人の全てが所得者本人又は所得者の配偶者や親族となっている一定の生命保険契約等に基づいて支払った保険料等（介護医療保険料及び個人年金保険料を除きます。）をいい、新生命保険料と旧生命保険料とに区分されます。（→P.81）

乙欄
給与等の支払者に「給与所得者の扶養控除等申告書」を提出していない人に支払う給与で、かつ、いわゆる日雇賃金以外の給与等については、「給与所得の源泉徴収税額表」や「賞与に対する源泉徴収税額の算出率の表」の乙欄の税額又は税率により源泉徴収することとされています。

乙欄適用者
「給与所得の源泉徴収税額表」又は「賞与に対する源泉徴収税額の算出率の表」の乙欄が適用される給与所得者のことをいいます。年末調整の時点で乙欄適用者である人については、年末調整を行うことができません。
（→P.54）

介護医療保険料
平成24年1月1日以後に生命保険会社又は損害保険会社等と締結した疾病又は身体の傷害その他これらに類する事由により保険金等が支払われる保険契約、旧簡易生命保険契約、生命共済契約等のうち、病院又は診療所に入院して医療費を支払ったことその他の一定の事由に基因して保険金等を支払うことを約する部分に係る保険料などをいいます。（→P.82）

介護保険料
介護保険法（平成9年法律第123号）に基づく介護保険の保険料をいい、社会保険料控除の対象となる社会保険料に該当します。

介護保険料は、通常、加入している健康保険の一部として給与から控除されていますが、本人が直接支払う場合もあり、その場合には年末調整の際に介護保険料の支払につき社会保険料控除を受けるため、その支払った金額等を保険料控除申告書に記載して提出することが必要です。

確定申告
申告納税制度の代表的な手続で、申告によって年間の所得金額、課税所得金額、所得税額を確定し、その年分の納税を完了するものです。個人の場合、毎年1月1日から12月31日までの所得金額を、翌年2月16日から3月15日までに納税地（通常は住所地）の所轄税務署に申告し、納税することになっています。ただし、給与等の支払を受ける人については、給与等の収入金額が年間2,000万円を超える人や他に所得がある人などを除いて、年末調整によってその年分の税額の精算を行うことになっており、原則として、確定申告の必要はありません。（→P.291）

確定申告不要制度
例えば、上場株式等の配当等、特定株式投資信託の収益の分配及び1回に支払を受けるべき金額が10万円に配当計算期間の月数（最高12か月）を乗じてこれを12で除して計算した金額以下の配当等については、一定の源泉徴収税率により源泉徴収を受けるだけで、確定申告により総合課税の対象とする必要がないこととされており、このように一定の要件を満たせば原則として確定申告を要しないこととされている制度をいいます。

なお、上記の場合には、確定申告をすることによって、源泉徴収税額の還付を受けることもできます。

課税給与所得金額
給与所得控除後の給与等の金額から年末調整の際に認められる各種の所得控除額を差し引いた後の金額（1,000円未満の端数切捨て）をいいます。この金額を年末調整のための算出所得税額の速算表にあてはめ、算出所得税額を求めます。（→P.179）

過納額
年末調整の計算により求めたその年に納めるべき税額よりも、本年中に徴収された税額の合計額の方が多い場合の差額（超過額）を本年最後の給与から徴収すべき税額に充当しても、なお充当し切れない超過額（未払給与に対する未徴収の税額があるときはそれを控除した金額）をいいます。（→P.223）

寡　婦
次に掲げる人のうち、ひとり親に該当しない人をいいます。
(1) 夫と離婚した後婚姻をしていない人のうち、次に掲げる要件を満たす人。
　イ　扶養親族を有すること。
　ロ　合計所得金額が500万円以下であること。

ハ その人と事実上婚姻関係と同様の事情にあると認められる一定の人がいないこと。
(2) 夫と死別した後婚姻をしていない人又は夫の生死の明らかでない人のうち、上記ロ及びハの要件を満たす人。

寡婦控除
　所得控除の一つで、給与の支払を受ける人自身が寡婦である場合に受けられる控除であり、その控除額は27万円です。(→P.113)

株式等に係る譲渡所得等の申告分離課税制度
　個人が行う株式等の譲渡による所得については、確定申告により、他の所得と区分して一定の税率により課税するという制度です。
　ただし、株式等の譲渡による所得であっても、株式形態によるゴルフ会員権の譲渡によるものなどは、総合課税の対象となります。
　なお、特定口座内保管上場株式等の譲渡による所得等のうち、源泉徴収を選択した特定口座を通じて支払われたものについては、一定の源泉徴収税率により源泉徴収を受けるだけで、確定申告をしないことを選択できます。

還付
　国税局長又は税務署長は、還付金又は過誤納金があるときは、遅滞なく、金銭で還付しなければならないこととされています。
　これらの国に対する請求権は、その請求をすることができる日（源泉所得税については、通常は税務署への納付の日）から5年間行使しないことによって消滅します。
　また、年末調整の結果、過納額があるとき、給与の支払者から受給者に過納額を返還することも「還付」と呼んでいます。

基礎控除
　所得控除の一つで、居住者のうち、合計所得金額が2,500万円以下の居住者について適用されます。控除額は48万円ですが、合計所得金額が2,400万円を超える居住者についてはその合計所得金額に応じて控除額が逓減します。
　なお、年末調整において基礎控除の適用を受けるためには、「給与所得者の基礎控除申告書」を給与等の支払者へ提出する必要があります。

寄附金控除
　所得控除の一つで、「特定寄附金」及び「特定公益信託の信託財産とするために支出した金額のうち特定寄附金とみなされるもの」を支出した場合に、一定額を所得金額から控除するというものです。

　なお、特定寄附金とは、国や地方公共団体に対する寄附金のほか、教育・科学の振興、文化の向上、社会福祉への貢献その他公益の増進に著しく寄与するものとして財務大臣が指定したいわゆる指定寄附金や公益の増進に著しく寄与する法人に対するその法人の主たる目的である業務に関連する寄附金のことをいいますが、学校の入学に関してする寄附金はこれに含まれません。

旧生命保険料
　平成23年12月31日以前に生命保険会社又は損害保険会社等と締結した、生存又は死亡に基因して一定額の保険金等が支払われる保険契約、疾病又は身体の障害その他これらに類する事由により保険金等が支払われる保険契約のうち病院又は診療所に入院して医療費を支払ったことその他の一定の事由に基因して保険金等が支払われるもの、旧簡易生命保険契約、生命共済契約等に基づき支払った保険料などをいいます。(→P.82)

給付補填金等
　次に掲げるいわゆる金融類似商品の給付補填金、利息、利益又は差益のことをいいます。
(1) 定期積金の給付補填金
(2) 銀行法第2条第4項の契約に基づく給付補填金
(3) 抵当証券に基づき締結された契約により支払われる利息
(4) 貴金属（これに類する物品を含みます。）の売戻し条件付売買の利益
(5) 外国通貨で表示された預貯金で、その元本と利子をあらかじめ約定した率により本邦通貨又は他の外国通貨に換算して支払うこととされているものの差益（いわゆる外貨投資口座の為替差益など）
(6) 一時払養老保険、一時払損害保険等の差益で保険期間等が5年以下のもの及び保険期間等が5年を超えるもので保険期間等の初日から5年以内に解約されたものに基づくもの
　これらの給付補填金等は、源泉徴収だけで課税関係が完了する源泉分離課税（国税15.315％、地方税5％）の対象とされています。

給与支払事務所等の開設届出書
　給与等の支払者は、個人が開業等の届出をすべき場合を除き、次に掲げる事実が生じた場合には、その事実が生じた日から1か月以内に、この届出書を、その給与支払事務所等の所在地の所轄税務署に提出しなければならないことになっています。
(1) 給与等の支払事務を取り扱う事務所等を設けたこと（例えば、法人の設立、支店や営業所の開設等）。
(2) 支店、営業所等で新たに給与等の支払事務を

取り扱うこととなったこと。

また、給与等の支払事務を取り扱う事務所等を移転したり、廃止した場合には、「給与支払事務所等の移転（廃止）届出書」を提出しなければならないことになっています。

(注) 「給与支払事務所等の移転届出書」は、移転前の給与支払事務所等の所在地の所轄税務署長へ提出する必要があります。

給与支払報告書

給与の支払者が、給与の支払を受ける人の住所地の市区町村に提出する書類で、1年間に支払った給与の明細を記載したものです。市区町村が住民税課税の基礎資料として提出を要求するもので、「給与所得の源泉徴収票」と複写で作成できるようになっています。(→P.241)

なお、この「給与支払報告書」や「給与所得の源泉徴収票」は通常、年末調整の結果に基づいて作成します。

給与所得

俸給、給料、賃金、歳費や賞与、これらの性質を有する給与に係る所得をいい、金銭で支給されるものだけでなく、現物支給による経済的利益も給与所得の収入に含まれます。

給与所得の金額は、その年中の給与等の収入金額から給与所得控除額を控除した金額です。

給与所得控除額

給与所得の金額は、その年中の給与等の収入金額から、この給与所得控除額を控除した残額とされています。

年末調整では、「給与所得控除後の金額の算出表」（「年末調整等のための給与所得控除後の給与等の金額の表」）により、給与所得控除額を控除した金額を求め、これを基礎として年末調整における年税額を算出することになっています。

給与所得控除後の金額の算出表

「年末調整等のための給与所得控除後の給与等の金額の表」のことをいいます。年末調整の際、支払うべきことが確定した給与等の金額から給与所得控除後の給与の金額（給与所得の金額）を算出するために使用します。

給与所得者

給与等の支払を受ける人のことをいいます。

給与所得者の基礎控除申告書

給与等の支払を受ける人が、年末調整の際に基礎控除の適用を受けるために、給与等の支払者に提出する申告書です。

給与所得者の（特定増改築等）住宅借入金等特別控除申告書

給与等の支払を受ける人が、年末調整の際に（特定増改築等）住宅借入金等特別控除を受ける

ために提出する申告書です。控除を受けようとする最初の年分について確定申告を行うと、翌年分以降の申告書がまとめて税務署から直接所得者本人に送付されます。(→P.135)

なお、最初の年分についての確定申告の際、e-Taxを利用し、かつ翌年以降の控除証明書についてe-Taxによる交付を希望した場合には、翌年以降、その年分の控除証明書データがe-Taxのメッセージボックスを経由して取得できるようになります。当該証明書データを利用して翌年以降の年末調整・確定申告で控除を受けることが可能となります。

給与所得者の配偶者控除等申告書

給与等の支払を受ける人が、年末調整の際に配偶者控除又は配偶者特別控除を受けるために、給与等の支払者に提出する申告書です。

給与所得者の扶養控除等（異動）申告書

給与等の支払を受ける人は、その給与等の支払者から毎年最初に給与等の支払を受ける日の前日までに、この申告書を提出しなければならないことになっています。ただし、給与等の支払者が二以上あるときは、主たる給与等の支払者のみに提出することになっています。なお、適用される税額表が日額表の丙欄の人は、提出する必要はありません。

この申告書を提出した人が年末調整の対象とされ、扶養控除、障害者控除等を受けるために、扶養親族、障害者等の有無のほか、これらの異動を申告するために提出するものです。(→P.99)

給与所得者の扶養親族申告書

地方税法上、給与等の支払を受ける人は、毎年最初に給与等の支払を受ける日の前日までに、この申告書を給与等の支払者に提出しなければならないことになっています。

国税庁ホームページに掲載されている「給与所得者の扶養控除等（異動）申告書」の用紙は、「給与所得者の扶養親族申告書」と統合された様式になっており、地方税法上の記載事項は「住民税に関する事項」に記入するようになっています。

給与所得者の保険料控除申告書

給与等の支払を受ける人が、年末調整の際に生命保険料、地震保険料、社会保険料、小規模企業共済等掛金の控除を受けるために提出する申告書です。

給与所得・退職所得に対する源泉徴収簿

給与所得と退職所得の支給金額、徴収した税額及び税額の計算の基礎となる事実等を給与等の支払を受ける人ごとに記録し、年末調整等の計算を行うため、給与等の支払者が作成する帳簿をいいます。

334　付録9　源泉徴収事務に必要な用語の解説

なお、この帳簿の様式は法律等で定められているものではなく、源泉徴収の便宜のため使用するものですから、給与台帳などで代用することができます。

給与所得の源泉徴収票

源泉徴収票（→P.337）

給与等

一般には、賞与を含んだ給与を総称する場合は、給与等ということが多いようです。

賞与も給与の一種ですが源泉徴収上は、一般の給与と賞与は異なった取扱いがされます。

給与の支払者

給与等を支払う者をいいます。

会社や協同組合はもちろん、学校、官公庁、個人や人格のない社団・財団もこれに該当します。（→P.49）

給与の総額・給与総額

各年1月から12月までの間に支払うことが確定した給与等の支給額の合計額のことをいいます。

居住者

個人は居住者と非居住者とに区分され、このうち居住者とは、次のいずれかに該当する個人をいいます。
① 日本国内に住所を有する人
② 日本国内に現在まで引き続いて1年以上居所を有する人

なお、日本に居住することになった人が、国内において入国後継続して1年以上居住することを通常必要とする職業に就いている場合や、日本の国籍を有し、かつ、国内に生計を一にする扶養親族等をもち、職業や資産の状況などからみて継続して1年以上日本に居住する人と認められる場合には、その人も国内に住所を有する人であると推定されます。

年末調整は居住者を対象に行うことになっています。

これに対し非居住者とは、居住者以外の個人（日本国内に住所を有しておらず、かつ、1年以上の居所もない人）のことをいいます。

勤労学生

次の要件のいずれにも該当する人をいいます。（→P.118）
(1) 次に掲げるいずれかの学校等の学生、生徒、児童又は訓練生であること。
　① 学校教育法に規定する小学校、中学校、義務教育学校、高等学校、中等教育学校、特別支援学校、大学、又は高等専門学校
　② 国、地方公共団体、学校法人、準学校法人、独立行政法人国立病院機構、独立行政法人労働者健康安全機構、日本赤十字社、商工会議

所、健康保険組合、健康保険組合連合会、国民健康保険団体連合会、国家公務員共済組合連合会、社会福祉法人、宗教法人、一般社団法人、一般財団法人、医療事業を行う農業協同組合連合会、医療法人など一定の法人、文部科学大臣が定める基準を満たす専修学校又は各種学校（以下「専修学校等」といいます。）を設置する者等の設置した専修学校等で、職業に必要な技術の教授をするなど一定の要件に該当する課程を履修させるもの。
　③ 認定職業訓練を行う職業訓練法人で、一定の要件に該当する課程を履修させるもの。
(2) 給与所得等がある人で、合計所得金額が75万円以下であり、かつ、給与所得等（自分の勤労に基づいて得た事業所得、給与所得、退職所得又は雑所得をいいます。）以外の所得の金額が10万円以下であること。

勤労学生控除

所得控除の一つで、給与等の支払を受ける人自身が勤労学生である場合に受けることができ、その控除額は27万円です。（→P.118）

勤労者財産形成住宅貯蓄契約

勤労者の持家としての住宅の取得の促進を図るため昭和63年4月に創設された勤労者財産形成住宅貯蓄制度に基づく契約をいい、具体的には55歳未満の勤労者が締結した次のような要件を満たす契約をいいます。
① 預入等は、5年以上の期間にわたって定期に行われるものであること。
② 財形住宅貯蓄及びこれから生ずる利子等については、持家としての住宅の取得又は持家である住宅の増改築等（以下「持家の取得等」といいます。）の時の頭金等の支払に充てられるものであること。
③ 財形住宅貯蓄及びこれから生ずる利子等については、②の支払、継続預入等のための払出し又は勤労者の死亡の場合を除き、払出し等をしないこととされていること。
④ 持家の取得等の対価から頭金等を控除した残額に相当する金額がある場合には、その金額の金銭の支払を、勤労者を雇用する事業主等から貸付けを受けて支払う方法等により支払うことを予定している旨が明らかにされていること。
⑤ 預入等は、賃金からの天引き又は財形給付金（財形基金給付金を含みます。）による金銭により行われるものであること。
⑥ 1人1契約であること。

勤労者財産形成住宅貯蓄非課税制度

勤労者財産形成住宅貯蓄契約に基づいて銀行や保険会社、証券会社などの金融機関等に預入等をし

た貯蓄について、勤労者財産形成年金貯蓄と合わせて元本550万円を限度として、それから生ずる利子などについて所得税を課さないとする制度です。

勤労者財産形成貯蓄契約（一般財形貯蓄契約）

　勤労者財産形成貯蓄制度には、一般財形貯蓄、財形年金貯蓄、財形住宅貯蓄の三つの貯蓄があり、このうち、財形年金貯蓄と財形住宅貯蓄については、明確な目的貯蓄であること、非課税管理が事業主によって厳格にできることなどから、両者合わせて元本550万円までを限度としてその利子等が非課税とされています。

　また、一般財形貯蓄は、その積立てについては特に目的は定めず、基本的には（契約の内容によって多少異なります。）、次の三つの要件を契約上で充足することとされています。
① 　3年以上、定期に積み立てること。
② 　1年間は払出し等をしないこと。
③ 　積立ては、勤労者に代わって、事業主が賃金から控除して行うこと。

　これらの要件は、財形貯蓄の基本的理念である「勤労者がその賃金から行う長期の継続貯蓄」を貫き、かつ、事業主の協力により勤労者の負担を軽減するために定められているものです。

　なお、一般財形貯蓄を取り扱う金融機関とその主な商品は次のとおりです。
① 　都市銀行、地方銀行、労働金庫、信用金庫、信用組合、農協等……期日指定定期預金
② 　長期信用銀行、農林中央金庫、商工組合中央金庫……利付金融債
③ 　信託銀行……金銭信託、貸付信託
④ 　証券会社……公社債投資信託、国債プラス社債、国債
⑤ 　郵便局……財産形成定額貯金、財形貯蓄保険
⑥ 　生命保険会社……財形貯蓄積立保険
⑦ 　損害保険会社……財形傷害保険

勤労者財産形成年金貯蓄契約

　勤労者財産形成年金貯蓄契約とは、定期に賃金からの天引き等により積立てを行い、それを原資に60歳以降、定期に年金の支払を受けることなどを内容とする契約をいい、具体的には55歳未満の勤労者が締結した次のような要件を満たす契約をいいます。
① 　預入等は、年金支払開始日（貯蓄者が年齢60歳に達した日以後の日（最終の預入等の日から5年以内の日に限ります。）であって、契約で定める日をいいます。）の前日までに限り、5年以上の期間にわたって定期に行われるものであること。
② 　年金の支払は、年金支払開始日以後に5年以上の期間にわたって定期に行われるものであること。
③ 　財形年金貯蓄及びこれから生ずる利子等については、②の支払、継続預入等、勤労者の死亡又は据置期間中の予期しない金利変動による非課税限度額を超えることとなる利子等の全額の払出しの場合を除き、払出し等をしないこととされていること。
④ 　預入等は、賃金からの天引き又は財形給付金（財形基金給付金を含みます。）に係る金銭により行われるものであること。
⑤ 　1人1契約に限られること。

勤労者財産形成年金貯蓄非課税制度

　勤労者財産形成年金貯蓄契約に基づいて銀行や証券会社などの金融機関等に預入等をした貯蓄について、勤労者財産形成住宅貯蓄と合わせて元本550万円を限度として、それから生ずる利子などについては、所得税を課さないとする制度です。

勤労者財産形成貯蓄保険契約等

　勤労者財産形成貯蓄契約、勤労者財産形成年金貯蓄契約又は勤労者財産形成住宅貯蓄契約に基づく生命保険若しくは損害保険又は生命共済の契約のことをいいます。

クレジットカード納付手続

　源泉所得税及び復興特別所得税について、e-Taxにおいて、徴収高計算書データを送信した後、メッセージボックスに格納される受信通知から「国税クレジットカードお支払サイト」へアクセスする方法により、納付することができます。

　なお、クレジットカード納付では、納付税額に応じた決済手数料がかかります（決済手数料は国の収入になるものではありません。）。

経済的利益

　金銭による収入に対して、金銭以外の物又は権利その他の経済的な利益をもって収入を得る場合のその利益の額を総称して「経済的利益」といいます。経済的利益も各種所得の金額を計算する上での収入すべき金額に含まれます。

　例えば、①物品の無償・低額譲渡、②土地や家屋の無償・低額貸与、③金銭の無利息・低利貸付けなどを受けた場合は、通常支払うべき対価（時価）と実際に支払う対価との差額等が経済的利益となります。

月額表

　月給、日給月給、旬給、半月給などの支払方法

で支払われる給与について源泉徴収をする際に使用する税額表のことをいいます。税額欄は、甲欄（「給与所得者の扶養控除等申告書」を提出した人に適用）と乙欄（同申告書を提出していない人、「従たる給与についての扶養控除等申告書」を提出した人に適用）に分かれています。

源泉控除対象配偶者

給与等の支払を受ける人（合計所得金額が900万円以下である人に限ります。）と生計を一にする配偶者（青色事業専従者として給与の支払を受ける人及び白色事業専従者を除きます。）で、合計所得金額が95万円以下である人をいいます。税額表の甲欄を使用して給与等に対する源泉徴収税額を求める際、配偶者がこの源泉控除対象配偶者に該当する場合には、扶養親族等の数に1人を加えて計算します。（→P.318）

源泉所得税及び復興特別所得税の納税地

源泉徴収義務者が源泉徴収をして所得税を納付する場所をいい、源泉徴収をした所得税は、その納税地を所轄する税務署に納付します。源泉所得税の納税地は、次に掲げるものを除き、源泉徴収の対象とされている所得の支払の日における支払事務を取り扱う事務所や事業所等の所在地とされています。

また、源泉徴収に係る復興特別所得税の納税地は、源泉所得税の納税地とされています。

(注) 支払日（支払があったものとみなされる日を含みます。）以後に支払者が国内において事務所等を移転した場合には、移転後の場所が納税地となります。

(1) 国債の利子……日本銀行の本店の所在地
(2) 地方公共団体又は内国法人の発行する債券の利子……その地方公共団体の主たる事務所又は内国法人の本店若しくは主たる事務所の所在地
(3) 内国法人の支払う剰余金の配当、利益の配当、剰余金の分配等……その内国法人の本店又は主たる事務所の所在地
(4) 受託法人の支払う法人課税信託の収益の分配……受託者が個人である場合はその者の国内にある事務所等の所在地、内国法人である場合にはその法人の本店又は主たる事務所の所在地、外国法人である場合にはその法人の国内にある主たる事務所の所在地
(5) 投資信託の収益の分配……その信託の受託者である信託会社の本店又は主たる事務所の所在地（その信託会社が外国法人である場合には、その信託会社の国内にある主たる事務所の所在地）
(6) 特定受益証券発行信託の収益の分配……その信託の受託者である法人の本店又は主たる事務

所の所在地（その法人が外国法人である場合にはその法人の国内にある主たる事務所の所在地）
(7) 国外において支払われる国内源泉所得のうち、組合契約事業から生ずる利益の配分、土地等の譲渡対価、人的役務の提供事業の対価、不動産の貸付け等による対価、貸付金の利子、工業所有権等の使用料又はその譲渡の対価、給与その他人的役務の提供に対する報酬・公的年金等・退職手当等、事業の広告宣伝のための賞金、生命保険契約等に基づく年金、定期積金の給付補塡金等及び匿名組合契約等に基づく利益の分配……その国内源泉所得の支払者の国内における事務所等の所在地

ただし、租税条約の規定により租税が免除される免税芸能法人等が、国外において支払う芸能人等の役務提供報酬については、免税芸能法人等に対し芸能人等の役務提供の対価の支払をする者の国内にある事務所等の所在地

(8) 外国法人の発行する債券の利子のうち当該外国法人の恒久的施設を通じて行う事業に係るもの……その外国法人の国内にある主たる事務所の所在地
(9) 役員に対する賞与でその支払確定後1年を経過した日までに支払がないため同日において支払があったものとみなされるもの……同日においてその支払をするものとしたならば、その支払事務を取り扱うと認められるその支払者の事務所等の所在地
(10) 国外公社債等の利子等、国外投資信託等の配当等及び国外株式の配当等……国内の支払の取扱者のその支払事務を取り扱う事務所や事業所等の所在地
(11) 外国法人が発行した民間国外債の利子……その外国法人の国内にある主たる事務所の所在地
(12) 上場株式等の配当等（措法9の3の2第1項に規定するもの）……国内の支払の取扱者のその支払事務を取り扱う事務所や事業所等の所在地
(13) 特定口座内保管上場株式等に係る譲渡所得等……上場株式等の譲渡の対価等の支払をする金融機関等の営業所の所在地
(14) 割引債の償還差益及び割引債の償還金に係る差益金額……割引債の発行者の本店又は主たる事務所の所在地（その割引債が国債である場合には、日本銀行の本店の所在地、外国法人が発行したものである場合にはその外国法人の国内にある主たる事務所の所在地）。ただし、割引債の償還金に係る差益金額について、特定割引債取扱業者又は国外割引債取扱業者が償還金を

交付する場合には、原則として、その交付事務を取り扱う事務所や事業所等の所在地

源泉徴収

給料等、退職金、株式の配当金、銀行預金の利子などについて、その支払者がこれらを支払う時に所定の方法により所得税額を計算し、その支払金額からその所得税額を控除する（いわゆる天引き）などの方法によって所得税を徴収し、一定期日までに国に納めることをいい、このような制度を「源泉徴収制度」といいます。

源泉徴収義務者

源泉徴収制度において、源泉徴収に係る所得税及び復興特別所得税を徴収して国に納付する義務のある者をいい、源泉徴収の対象とされている所得の支払者（法人、個人、人格のない社団・財団）は原則として源泉徴収義務者となります。

ただし、常時2人以下の家事使用人のみを雇用している個人（給与等の支払を行っていない個人を含みます。）が支払う給与等や退職手当、税理士報酬などの一定の報酬・料金等については、所得税の源泉徴収を要しないこととされています。

源泉徴収票

国内において給与等の支払をする者は、その年において支払の確定した給与等について、その給与等の支払を受ける人の各人別に「給与所得の源泉徴収票」を2通作成し、その年の翌年1月31日まで（年の中途で退職した居住者の場合には、退職の日以後1か月以内）に1通を税務署に提出し（その年中の給与等の支払金額が一定額以下である場合には、税務署への提出は要しません。）、他の1通を給与等の支払を受ける人に交付しなければならないこととされています。

なお、税務署への提出について、前々年（令和3年分の場合は、令和元年分）の源泉徴収票の提出枚数が100枚以上の場合は、書面ではなく電磁的方法により提出する必要があります。

また、給与等の支払をする者は給与等の支払を受ける人の承諾を得たときに限り、書面による源泉徴収票の交付に代えて、源泉徴収票に記載すべき事項を電磁的方法により提供できることとされています。この場合には、源泉徴収票を交付したものとみなされます（ただし、給与等の支払を受ける人の請求があるときは、書面により源泉徴収票を交付する必要があります。）。

源泉徴収簿

給与所得・退職所得に対する源泉徴収簿（→P. 65、290、333）

源泉分離課税制度

個人が稼得する次に掲げる所得については、一定の税率による源泉徴収だけで課税関係が完了するという制度です。

(1) 利子所得に該当する利子等（総合課税又は申告分離課税の対象となるものを除きます。）

(2) 私募の特定目的信託のうち、社債的受益権の収益の分配に係る配当

(3) 私募公社債等運用投資信託の収益の分配に係る配当

(4) 懸賞金付預貯金等の懸賞金等

(5) 給付補塡金等（→P.332）

(6) 一定の割引債の償還差益

なお、税率は15.315%（居住者は、このほかに地方税5%）とされています。

こ

後期高齢者医療制度の保険料

高齢者の医療の確保に関する法律（昭和57年法律第80号）の規定に基づく保険料で、所得者本人又は所得者本人と生計を一にする親族が負担すべきものを所得者本人自身が支払ったものが、その所得者の社会保険料控除の対象となります。

この保険料は、原則として、年金からの特別徴収（天引き）の方法により徴収されますから、この場合には、保険料を支払った者は年金の受給者自身となり、その年金受給者に社会保険料控除が適用されることとなります。

なお、市区町村等へ一定の手続を行うことにより、年金からの特別徴収（天引き）に代えて、年金受給者の世帯主又は配偶者が口座振替により保険料を支払うことを選択できますが、この場合には、口座振替により保険料を支払った世帯主又は配偶者に社会保険料控除が適用されることとなります。

338 付録9 源泉徴収事務に必要な用語の解説

合計所得金額

次の手順で計算した金額をいいます。

---

1 各種所得の金額を計算する

① 利子所得……………………………収入金額＝所得金額
② 配当所得……………………………収入金額－負債の利子＝所得金額
③ 不動産所得…………………………総収入金額 ⎫
④ 事業所得……………………………総収入金額 ⎬ －必要経費＝所得金額
⑤ 雑所得………………………………総収入金額 ⎭

　(注) 公的年金等に係る雑所得がある場合には、公的年金等の収入金額から公的年金等控除額を控除した残額との合計額となります。

⑥ 給与所得……………………………収入金額－給与所得控除額＝所得金額

　(注)1 給与所得控除額の2分の1相当額を超える特定支出の額がある場合には、所得金額の特例計算が認められています。
　　　2 給与所得の金額は、所得金額調整控除の適用がある場合には、その適用後の金額によります。

⑦ 土地・建物等を除く資産の譲渡所得……総収入金額－（取得費＋譲渡費用）－特別控除額＝所得金額

　(注) 土地・建物等とは、土地、建物、その附属設備、構築物、借地権、地役権などをいいます。

⑧ 一時所得……………………………総収入金額－支出金額－特別控除額＝所得金額
⑨ 退職所得……………………………（収入金額－退職所得控除額）×$\frac{1}{2}$
　　　　　　　　　　　　　　　　又は収入金額－退職所得控除額＝所得金額
⑩ 山林所得……………………………総収入金額－必要経費－特別控除額＝所得金額
⑪ 土地・建物等の譲渡所得………総収入金額－（取得費＋譲渡費用）＝所得金額
⑫ 株式等に係る譲渡所得等の金額…総収入金額－（取得費＋譲渡費用＋借入金利子）＝所得金額
⑬ 先物取引に係る雑所得等の金額…総収入金額－必要経費・取得費等＝所得金額

---

2 総所得金額、退職所得金額及び山林所得金額等を計算する

① 利子所得の金額（一部分離）──┐
② 配当所得の金額（一部分離）──┤
③ 不動産所得の金額（総合）───┤
④ 事業所得の金額（総合）────┤ 損益通算
⑤ 雑所得の金額（一部分離）───┤
⑥ 給与所得の金額（総合）(※)──┤
⑦ 土地・建物等を除く資産の
　・短期譲渡所得の金額（総合）─┤
　・長期譲渡所得の金額（総合）─┤ ×$\frac{1}{2}$
⑧ 一時所得の金額（一部分離）──┘

　合計→**総所得金額**

⑨ 退職所得の金額（分離）────── 退職所得金額
⑩ 山林所得の金額（分離）────── 山林所得金額
⑪ 土地・建物等の譲渡所得の譲渡益(長期、短期とも分離) ── 土地・建物等の譲渡所得の金額
⑫ 上場株式等に係る配当所得等の金額（分離）┐損益通算 上場株式等に係る配当所得等の金額
⑬ 上場株式等に係る譲渡所得等の金額（分離）┘ 上場株式等に係る譲渡所得等の金額
⑭ 一般株式等に係る譲渡所得等の金額（分離） 一般株式等に係る譲渡所得等の金額
⑮ 先物取引に係る雑所得等の金額（分離） 先物取引に係る雑所得等の金額

付録9　源泉徴収事務に必要な用語の解説　339

<table>
<tr><td rowspan="1" style="border:1px solid">3　総所得金額などの計算では非課税所得などは含める必要はありません</td><td colspan="2">㊟　「損益通算」とは、ある所得が赤字の場合に、その赤字を他の種類の所得から一定の順序に従って差し引く手続をいいます。
　　次の(1)や(2)に掲げる所得の金額は、合計所得金額に含める必要はありません。
　　なお、次の点に注意してください。
・　総所得金額は、純損失又は雑損失の繰越控除、居住用財産の買換え等の場合の譲渡損失の繰越控除及び特定居住用財産の譲渡損失の繰越控除を適用しないで計算した金額によります。
・　分離課税とされている上場株式等に係る配当所得等の金額については、上場株式等に係る譲渡損失と損益通算した後の金額によりますが、上場株式等に係る譲渡損失の繰越控除については適用しないで計算した金額によります。
・　分離課税とされている土地・建物等の長期譲渡所得の金額及び短期譲渡所得の金額は、いずれも特別控除前の金額によります。
・　分離課税とされている上場株式等に係る譲渡所得等の金額は、上場株式等に係る譲渡損失の繰越控除又は特定中小会社が発行した株式に係る譲渡損失の繰越控除の適用がある場合には、その適用前の金額によります。
・　先物取引に係る雑所得等の金額は、先物取引の差金等決済に係る損失の繰越控除の適用がある場合には、その適用前の金額によります。</td></tr>
</table>

(1)　非課税所得に該当するもの	①　遺族の受ける恩給や年金（死亡した人の勤務に基づいて支給されるものに限ります。） ②　生活用動産の売却による譲渡所得 ③　障害者等の利子非課税制度の適用を受ける利子 ④　雇用保険法の規定により支給される失業給付 ⑤　勤労者財産形成住宅（年金）貯蓄非課税制度による財形住宅（年金）貯蓄の利子等 ⑥　非課税口座内の少額上場株式等に係る配当所得、譲渡所得等 ⑦　未成年者口座内の少額上場株式等に係る配当所得、譲渡所得等 ⑧　給与所得を有する者がその使用者から通常の給与に加算して受ける学資金
(2)　租税特別措置法の規定により分離課税とされているもの等	①　源泉分離課税の対象とされた利子所得又は配当所得 ②　確定申告をしないことを選択したⓐ特定公社債の利子、ⓑ公社債投資信託（その設定に係る受益権の募集が一定の公募により行われたもの又はその受益権が金融商品取引所に上場若しくは外国金融商品市場において売買されているものに限ります。）の収益の分配、ⓒ公募公社債等運用投資信託の収益の分配及びⓓ国外一般公社債等の利子等以外の国外公社債等の利子等 ③　確定申告をしないことを選択したⓐ上場株式等の配当等（特定株式投資信託の収益の分配を含みます。）、ⓑ公募証券投資信託（公社債投資信託及び特定株式投資信託を除きます。）の収益の分配、ⓒ特定投資法人の投資口の配当等、ⓓ公募投資信託の収益の分配（証券投資信託、特定株式投資信託及び公募公社債等運用投資信託を除きます。）、ⓔ公募特定受益証券発行信託の収益の分配、ⓕ特定目的信託の社債的受益権の剰余金の配当（公募のものに限ります。）及びⓖこれら以外の配当で、1銘柄に

340 付録9 源泉徴収事務に必要な用語の解説

ついて1回に支払を受けるべき金額が10万円に配当計算期間の月数（最高12か月）を乗じてこれを12で除して計算した金額以下の配当等
④ 源泉分離課税の対象とされた定期積金の給付補塡金等、割引債の償還差益及び懸賞金付預貯金等の懸賞金等
⑤ 源泉徴収選択口座を通じて行った上場株式等の譲渡による所得等で確定申告をしないことを選択したもの

---

4 合計所得金額を計算する

総所得金額 ＋ 退職所得金額 ＋ 山林所得金額 ＋ 土地・建物等の譲渡所得の金額

＋ 上場株式等に係る配当所得等の金額

＋ 一般又は上場株式等に係る譲渡所得等の金額

＋ 先物取引に係る雑所得等の金額 ＝ 合計所得金額

合計表

正式には、「給与所得の源泉徴収票等の法定調書合計表」といいます。「給与所得の源泉徴収票」、「退職所得の源泉徴収票」、「報酬、料金、契約金及び賞金の支払調書」、「不動産の使用料等の支払調書」、「不動産等の譲受けの対価の支払調書」、「不動産等の売買又は貸付けのあっせん手数料の支払調書」などの各法定調書の合計表を一表にまとめたものであり、各法定調書等が提出省略範囲に該当する場合であっても、この合計表だけは所定の記載をした上で税務署へ提出しなければならないことになっています。（→P.274）

控除額の早見表

正式には、「扶養控除額及び障害者等の控除額の合計額の早見表」といい、令和3年分の年末調整の際、扶養控除額、障害者控除額、寡婦控除額、ひとり親控除額及び勤労学生控除額の合計額を求められるようになっています。

控除対象配偶者

同一生計配偶者のうち、給与等の支払を受ける人（合計所得金額が1,000万円以下である人に限ります。）の配偶者をいいます。（→P.127）

控除対象扶養親族

扶養親族のうち年齢16歳以上の人をいいます。給与等の支払を受ける人が控除対象扶養親族を有する場合に扶養控除が適用されます。（→P.102）

公的年金等

次に掲げる年金等（非課税とされている年金等を除きます。）を「公的年金等」といい、所得区分は、雑所得に該当し、源泉徴収の対象となります。
(1) 国民年金法による年金
(2) 厚生年金保険法による年金
(3) 国家公務員共済組合法、地方公務員等共済組合法、私立学校教職員共済法、地方公務員等共済組合法の一部を改正する法律附則の規定に基づく年金、廃止前の農林漁業団体職員共済組合法による年金、改正前の厚生年金保険法第9章の規定に基づく年金
(4) 被用者年金制度の一元化等を図るための厚生年金保険法等の一部を改正する法律（平成24年法律第63号）附則の規定に基づく一定の年金
(5) 改正前の国家公務員共済組合法の規定に基づく一定の年金
(6) 改正前の地方公務員等共済組合法の規定に基づく一定の年金
(7) 改正前の私立学校教職員共済法の規定に基づく一定の年金
(8) 独立行政法人農業者年金基金法による年金
(9) 旧船員保険法による年金
(10) 指定共済組合が支給する年金
(11) 旧令共済退職年金
(12) 石炭鉱業者年金
(13) 恩給（一時恩給を除きます。）
(14) 過去の勤務に基づき使用者であった者から支給される年金（廃止前の国会議員互助年金法による普通退職年金及び地方公務員の退職年金に関する条例による退職を給付事由とする年金を含みます。）
(15) 確定給付企業年金
(16) 特定退職金共済団体の支給する年金
(17) 外国年金
(18) 中小企業退職金共済法による分割退職金
(19) 小規模企業共済法による共済契約に基づいて支給される分割共済金

付録9　源泉徴収事務に必要な用語の解説　341

⑳　適格退職年金

㉑　公的年金制度の健全性及び信頼性の確保のための厚生年金保険法等の一部を改正する法律附則の規定等に基づいて支給される年金

㉒　確定拠出年金の老齢給付金として支給される年金

公的年金等の受給者の扶養親族等申告書

国民年金などの公的年金等の支払を受ける人が、本人が障害者であることや源泉控除対象配偶者等を有することなどを申告するために提出する申告書です。ただし、確定給付企業年金などのいわゆる3階部分の年金の受給者については、提出することができません。

この申告者の提出の有無によって源泉徴収税額の計算が異なります。

公募証券投資信託

公社債投資信託以外の証券投資信託のうち、その設定時の受益権の募集が一定の公募（金融商品取引法第2条第3項第1号に掲げる募集）の方法により行われたものをいいます。

甲欄

給与等の支払者に「給与所得者の扶養控除等申告書」を提出している人に支払う給与については、「給与所得の源泉徴収税額表」や「賞与に対する源泉徴収税額の算出率の表」の甲欄の税額又は税率により源泉徴収することとされています。

甲欄適用者

「給与所得の源泉徴収税額表」の甲欄が適用される給与所得者のことをいいます。「給与所得者の扶養控除等申告書」を給与等の支払者に提出している人がこれに当たります。

高齢者等居住改修工事等

高齢者等が自立した日常生活を営むのに必要な一定の構造及び設備の基準に適合させるための次に掲げる改修工事で、これらに該当することが証明書により証明されたものをいいます。

①通路又は出入口の幅の拡張
②階段の設置又は勾配の緩和　③浴室改良
④便所改良　⑤手すりの設置
⑥家屋の段差の解消　⑦出入口の戸の改良
⑧床表面の滑り止め化

国外居住親族

扶養控除等の適用を受けようとする非居住者（→P.352）である親族をいいます。

給与等及び公的年金における源泉徴収あるいは給与等の年末調整において、この国外居住親族について、扶養控除、障害者控除、配偶者控除又は配偶者特別控除の適用を受ける場合には、その国外居住親族に係る「親族関係書類」や「送金関係書類」（外国語で作成されている場合には、翻訳文を含みます。）を源泉徴収義務者に提出又は提示しなければなりません。（→P.316）

個人住民税における住宅借入金等特別税額控除制度

所得税から控除しきれなかった住宅ローン控除額を個人住民税から控除する制度であり、平成21年度の税制改正において創設されました。

従前の経過措置の制度では、控除の適用を受けるためには市町村への申告が必要とされていましたが、新しい制度では給与支払報告書等について必要な改正を行い、申告を不要とすることとされました。

適用対象者は、平成21年から令和4年12月31日までの各年の入居者になります。

個人年金保険料

生命保険料控除の対象となる生命保険契約等のうち、年金を給付する定めのある一定の生命保険契約等（退職年金を給付する定めのあるものを除きます。）に基づき支払った保険料等をいい、平成23年12月31日以前に締結した保険契約等に基づき支払った保険料等を旧個人年金保険料、平成24年1月1日以後に締結した保険契約等に基づき支払った保険料等を新個人年金保険料といいます。（→P.82）

(注)　傷害特約や疾病特約等が付されている契約の場合には、その特約に関する要件を除いたところで所定の要件を満たす契約に該当するかどうかを判定します。

個人番号（マイナンバー）

住民票を有する方に1人1つ指定される12桁の番号です。

個人番号は、市区町村からの「個人番号通知書」により、住民票の住所に通知されます。

なお、住民票を有する中長期在留者や特別永住者等の外国籍の者にも、個人番号は指定・通知されます。

さ

災害減免法

正式には、「災害被害者に対する租税の減免、徴収猶予等に関する法律」といい、給与や報酬・料金、公的年金等の支払を受ける人が、震災、風水害、落雷、火災など災害により大きな被害を受けたときに、この法律に基づきその年分の所得の見積額に応じて源泉所得税及び復興特別所得税の徴収猶予や還付などを受けられます。

この法律の適用を受けて、被害を受けた年の給与について源泉所得税及び復興特別所得税の徴収猶予や還付を受けた人は、その年の年末調整を行わず、翌年の確定申告によって税額の精算を行う

災害による被害

震災、風水害、冷害、雪害、干害、落雷、噴火その他の自然現象の異変による災害及び火災、鉱害、火薬類の爆発その他の人為による異常な災害並びに害虫、害獣その他の生物による異常な災害によって資産の損失を受けることをいいます。

災害による被害を受けたときは、所得税が軽減されたり免除されたりしますが、これには、㋑所得税法に定める雑損控除による方法と、㋺災害減免法に定める税金の軽減免除による方法とがあり、二つのうちどちらか有利な方法を選ぶことができます。

また、源泉徴収義務者に対しては、国税通則法上、①納税の猶予や②納付等の期限延長の救済措置が設けられています。(→P.314)

雑所得

次の(1)及び(2)の所得をいいます。
(1) 公的年金等に係る所得
(2) 利子所得、配当所得、不動産所得、事業所得、給与所得、退職所得、山林所得、譲渡所得及び一時所得のいずれにも該当しない所得……例えば、公社債の償還差益又は発行差金、定期積金の給付補塡金等、山林を取得の日以後5年以内に伐採するか譲渡した場合の所得、作家以外の人の印税、原稿料などが該当します。

また、雑所得の金額は、次の合計額となります。
① 公的年金等の収入金額から公的年金等控除額を控除した残額
② 上記(2)の雑所得については、総収入金額から必要経費を控除した金額

雑損控除

所得控除の一つで、給与等の支払を受ける人やその人と生計を一にする配偶者その他の親族でその年分の総所得金額等が48万円以下の人の有する資産(生活に通常必要でない趣味・娯楽用の資産や事業用資産を除きます。)について災害、盗難、横領によって損害を受けた場合には、その損害金額(その災害等に関連してやむを得ない支出をした金額を含みます。)を基として計算した一定額がその年分の所得金額の合計額から控除されます。

なお、この控除は、年末調整では受けられず、確定申告により受ける必要があります。

算出所得税額

年末調整の計算において、課税給与所得金額に応じ「年末調整のための算出所得税額の速算表」によって求めた金額をいいます。

この金額から(特定増改築等)住宅借入金等特別控除額を控除することにより、年調所得税額を算出します。

算出所得税額速算表

「年末調整のための算出所得税額の速算表」のことをいい、年末調整の際、課税給与所得金額に応じた税額を算出するために使用します。

なお、この表は年末調整の対象となる課税給与所得金額18,050,000円以下を対象としています。

算出率の表

賞与に対する源泉徴収税額の算出率の表(→P.38)

残存過納額明細書

源泉所得税及び復興特別所得税の年末調整過納額還付請求書兼残存過納額明細書(→P.227)

支給期

給与等を支払うべき日のことをいいます。通常の場合は契約又は慣習によって定められている支払日をいいます。例えば、給料の支払日が毎月25日と決められている場合は、毎月25日が支給期となります。また、賞与について夏期は毎年7月、年末は毎年12月とそれぞれ一定の日に支給すると定められている場合には、それらの日を支給期といいます。

原則として、支給期が定められた給与等については、その支給期の属する年分の給与所得に係る収入とされますから、本年中に支給期の到来した給与等は年末調整の対象となります。

事業所得

農業、漁業、製造業、卸売業、小売業、サービス業などの一般に営利性や反復継続性を有する事業から生ずる所得(山林所得と譲渡所得に該当するものを除きます。)をいいます。事業所得の金額は、その年分の総収入金額から必要経費を控除した金額です。

地震保険料控除

所得控除の一つで、損害保険契約等に係る地震等損害部分の保険料等の合計額(最高5万円)を総所得金額等から控除するものです。

自然災害共済契約

全国労働者共済生活協同組合連合会や消費者生活協同組合等と締結した風水害・雪害・地震・噴火・津波等の自然災害により生じた建物等の損害を保障対象とする共済制度に係る契約で、この契約に基づいて掛金の支払をした場合の地震等損害部分の保険料は、地震保険料控除の対象とされます。

支払調書

所得税法上、給与や退職手当、報酬、料金又は不動産の使用料等の支払者がその支払の明細を記

入して税務署に提出することを義務づけられている書類をいい、例えば、「報酬、料金、契約金及び賞金の支払調書」、「不動産の使用料等の支払調書」、「不動産等の譲受けの対価の支払調書」などがあります。（→P.260）

社会保険料控除

所得控除の一つで、給与等の支払を受ける人が健康保険や厚生年金保険の保険料などの自己又は自己と生計を一にする配偶者その他の親族の負担すべき社会保険料を給与等から差し引かれたり直接本人が支払った場合に受けられ、その支払った金額の全額が控除されます。（→P.68）

住宅借入金等特別控除

住宅借入金等特別控除とは、税額控除の一つで、個人が住宅の取得等（一定の要件を満たす居住用家屋の新築、購入又は増改築等をいいます。）をして、その家屋（増改築等をした家屋については、その増改築等をした部分に限ります。）を令和3年12月31日までの間にその人の居住の用に供した場合において、その人が住宅借入金等（その住宅の取得等に充てた一定の借入金又は債務をいいます。）を有するときは、その居住の用に供した日の属する年以後10年間（平成19年1月1日から平成20年12月31日までの間に居住の用に供した場合は15年間を選択可。また、消費税等の税率が10%である住宅の取得等をした場合については13年間。）の各年のうち、合計所得金額が3,000万円以下である年について、その住宅借入金等の年末残高の合計額を基としてそれぞれ一定の控除率により計算した金額を住宅借入金等特別控除額として、その年分の所得税の額から控除するというものです。

また、個人が認定住宅の新築等をして、平成23年1月1日（認定低炭素住宅にあっては平成24年12月4日）から令和3年12月31日までの間にその人の居住の用に供した場合において、その人が住宅借入金等を有するときは、認定住宅に係る特例を選択することができます。

令和3年分の所得税について年末調整の際に適用を受けることとなる住宅借入金等特別控除額は、平成19年1月1日から令和2年12月31日までの間の居住の用に供した時期に応じ、一定の算式で計算します（令和3年中に居住の用に供した場合は、確定申告により控除を受ける必要があります。）。

また、バリアフリー改修工事等、省エネ改修工事等又は三世代同居対応改修工事等をした場合には、住宅借入金等特別控除の特例を選択により適用することができます。

これを受け、上記の特例を含む住宅借入金等特別控除を総称して「（特定増改築等）住宅借入金等特別控除」という用語を使用しています。

(注) 消費税の税率が10%である住宅の取得等又は認定住宅の新築等で特別特例取得（新築の場合は令和2年10月1日から令和3年9月30日までの間、それ以外の場合は令和2年12月1日から令和3年11月30日までの間にその契約が締結されているものをいいます。）又は特例特別特例取得（特別特例取得のうち床面積が40平方メートル以上50平方メートル未満の住宅の取得等をいいます。）に該当するものをした個人が、令和3年1月1日から令和4年12月31日までの間にその家屋をその人の住居の用に供した場合も、住宅借入金等特別控除の対象となります（特例特別特例取得に係るものは、その年の合計所得金額が1,000万円以下である年に限ります。）。

住宅借入金等特別控除可能額

平成19年1月1日以後に居住の用に供した（特定増改築等）住宅借入金等特別控除がある場合の給与所得者の（特定増改築等）住宅借入金等特別控除申告書に記載された（特定増改築等）住宅借入金等特別控除額をいいます。これが算出所得税額を超える場合には、給与所得の源泉徴収票に住宅借入金等特別控除可能額として（特定増改築等）住宅借入金等特別控除額全額を記載することとなっています。

住宅取得資金に係る借入金の年末残高等証明書

住宅の取得等に係る借入金の年末残高を証明するもので、給与等の支払を受ける人が金融機関等に請求して交付を受けます。（特定増改築等）住宅借入金等特別控除を受けようとする場合には、この証明書が必要となります。（→P.151、153）

従たる給与についての扶養控除等申告書

2か所以上から給与等の支払を受けている人で、次の(1)の金額が(2)の金額よりも少ない人は、従たる給与の支払者にこの申告書を提出することができます。

(1) 主たる給与支払者から支払を受ける本年中の給与の見積額
(2) (1)の給与に対する給与所得控除額、給与から差し引かれる社会保険料の見積額、その人の障害者・寡婦・ひとり親・勤労学生・扶養・基礎の各控除額及び源泉控除対象配偶者について控除を受ける配偶者控除の額又は配偶者特別控除の額の合計額

この申告書で源泉控除対象配偶者や控除対象扶養親族を申告した場合には、源泉徴収税額表の乙欄で求めた税額から、源泉控除対象配偶者及び控除対象扶養親族1人当り月額1,610円（日額表を適用する場合は50円）を控除した残額を源泉徴収

することになります。

収入することが確定した給与

本年中に支給期が到来することなどによって、その年分の給与所得の金額の計算上収入金額とすべき給与をいいます。

したがって、未払となっているものであっても、本年中に支給期が到来し、収入することが確定した給与は年末調整の対象となります。

逆に、前年分の未払給与を本年中に支払った場合は、支給期が前年中に到来していますから、前年の年末調整の対象になります。

住民税

都道府県民税と市町村民税をあわせて呼ぶときの名称です。

住民税は前年中の所得に基づく所得割と均等割との合計額からなり、所得割の方は、所得税の課税標準とほぼ同じように計算されますが、均等割は居住する市町村の人口数によって高低があります。

徴収の方法には、普通徴収と特別徴収とがありますが、一般の給与所得者の場合には、住民税を特別徴収の方法によって納付します。

住民税に関する事項

「給与所得者の扶養控除等（異動）申告書」の用紙の下段には、住民税に関する事項を記入する欄が設けられています。これは地方税法の規定に基づくもので、年齢16歳未満の扶養親族について記入することになっています。

主たる給与の支払者

2か所以上から給与等の支払を受けている人の立場からみた給与の支払者の区分で、給与等の支払を受ける人が「給与所得者の扶養控除等申告書」を提出した給与等の支払者をいいます。2か所以上から給与等の支払を受けている給与所得者は、その給与等の支払者のうち1か所を選んで「給与所得者の扶養控除等申告書」を提出しなければなりませんが、この申告書を提出した給与等の支払者が「主たる給与の支払者」となり、その他の給与等の支払者は「従たる給与の支払者」となります。

なお、本年最後の給与支払時までに、「給与所得者の扶養控除等申告書」の提出を受けていない給与等の支払者（従たる給与の支払者）は、その受給者（乙欄適用者）について年末調整を行うことはできません。

障害者控除

所得控除の一つで、給与等の支払を受ける人が障害者である場合又は給与等の支払を受ける人の同一生計配偶者や扶養親族のうちに障害者に該当する人がいる場合に受けられ、その控除額は障害者一人につき一般の障害者については27万円、特別障害者については40万円、同居特別障害者については75万円です。（→P.110）

障害者等の少額公債非課税制度

一般に特別マル優制度と呼ばれているもので、身体障害者手帳等の交付を受けている人や寡婦年金の受給者など一定の人の保有する国債及び地方債の利子について、マル優制度とは別枠で一人元本350万円を限度として所得税を課さないというものです。この制度の適用を受けるための手続等は、障害者等の少額貯蓄非課税制度に準じたものとなっています。

障害者等の少額貯蓄非課税制度

一般にマル優制度と呼ばれているもので、身体障害者手帳等の交付を受けている人や寡婦年金の受給者など一定の人の保有する預貯金、合同運用信託、有価証券、特定公募公社債等運用投資信託の利子等について、1人元本350万円を限度として所得税を課さないというものです。この制度の適用を受けるためには、最初に預入等をする日までに、「非課税貯蓄申告書」を金融機関の営業所等を経由して税務署に提出し、その預入等をするつど「非課税貯蓄申込書」を提出するなど、一定の手続が必要とされています。

償還差益の分離課税制度

割引債（割引の方法により発行される公社債（国債、地方債、内国法人の発行する社債及び外国法人が発行する一定の債券に限ります。）で次に掲げるもの以外のもの）の償還差益（償還金額が発行価額を超える場合の差益）については、その発行の際に18.378％（東京湾横断道路株式会社及び民間都市開発推進機構の発行する割引債については16.336％）の税率により源泉徴収を行うだけで、他の所得とは分離してこれに対する所得税の課税関係が完了する制度をいいます。

(1) 外貨公債の発行に関する法律第1条第1項に規定する外貨債
(2) 特別の法令により設立された法人がこれらの法令の規定により発行する債券のうち、独立行政法人住宅金融支援機構、沖縄振興開発金融公庫及び独立行政法人都市再生機構の発行する債券

なお、平成28年1月1日以後に発行される割引債については、原則、発行時の18.378％の源泉徴収を適用しないこととされました。また、同日以後に個人又は普通法人等以外の内国法人若しくは外国法人に対して支払う割引債の償還金については、その支払時に、その償還金に係る差益金額に15.315％の税率を乗じて計算した所得税及び復興特別所得税を源泉徴収（居住者の場合には他に住民税5％を特別徴収）することとされました。

付録9　源泉徴収事務に必要な用語の解説　345

（注）　差益金額は割引債の区分に応じて一定の方法により計算することとされています。

小規模企業共済等掛金控除

所得控除の一つで、独立行政法人中小企業基盤整備機構と締結した共済契約（旧第2種共済契約を除きます。）に基づく掛金や確定拠出年金法に規定する企業型年金加入者掛金又は個人型年金加入者掛金（iDeCo）、地方公共団体が実施する心身障害者扶養共済制度に基づく掛金を支払った場合に、その支払った掛金の全額が控除されるというものです。（→P.74）

上場株式等

金融商品取引所に上場されている株式等及び次に掲げるものなどをいいます。

① 店頭売買登録銘柄として登録された株式（出資及び投資口を含みます。）
② 店頭転換社債型新株予約権付社債
③ 店頭管理銘柄株式（出資及び投資口を含みます。）
④ 日本銀行出資証券
⑤ 外国金融商品市場において売買されている株式等
⑥ 投資信託でその設定に係る受益権の募集が一定の公募により行われたもの（特定株式投資信託を除きます。）の受益権
⑦ 特定投資法人の投資口
⑧ 特定受益証券発行信託でその受益権の募集が一定の公募により行われたものの受益権
⑨ 特定目的信託（その信託契約の締結時において原委託者が取得する社債的受益権の募集が一定の公募により行われたものに限ります。）の社債的受益権
⑩ 国債及び地方債
⑪ 外国又はその地方公共団体が発行し、又は保証する債券
⑫ 会社以外の法人が特別の法律により発行する一定の債券
⑬ 公社債でその発行の際の有価証券の募集が一定の取得勧誘により行われたもの
⑭ 社債のうち、その発行の日前9月以内（外国法人にあっては12月以内）に有価証券報告書等を内閣総理大臣に提出している法人が発行するもの
⑮ 金融商品取引所等においてその規則に基づき公表された公社債情報に基づき発行する一定の公社債
⑯ 国外において発行された一定の公社債
⑰ 外国法人が発行し、又は保証する一定の債券
⑱ 銀行業等を行う法人等が発行した一定の社債
⑲ 平成27年12月31日以前に発行された公社債

（同族会社が発行したものを除きます。）

賞　与

定期の給与とは別に支払われる給与等で、賞与、ボーナス、夏季手当、年末手当、期末手当等の名目で支払われるものやこれに類するものをいいます。

これら以外にも利益を基準として支給されるもの、あらかじめ支給額の基準や支給期の定めのないものなども一般には賞与に該当します。したがって、法人税法に定める事前確定届出給与や業績連動給与も賞与に該当します。

この賞与については、普通給与とは異なった方法により源泉徴収税額を計算します。

賞与に対する源泉徴収税額の算出率の表

賞与について源泉徴収すべき所得税及び復興特別所得税の額を計算するために用いる税率表のことをいいます。この表は甲欄と乙欄とからなり、扶養親族等の数と前月の社会保険料控除後の給与の金額から、賞与に乗ずべき率を求めることができます。

（注）　国税庁ホームページに掲載されている税額表は、復興特別所得税の税率を加味した合計税率となっています。

所得金額調整控除

給与所得の金額から差し引く控除で、以下の場合に控除が受けられるものです。

なお、年末調整では①の控除の適用を受けることができます。

① その年中の給与等の収入金額が850万円を超える居住者で、特別障害者に該当するもの又は年齢23歳未満の扶養親族を有するもの若しくは特別障害者である同一生計配偶者若しくは扶養親族を有するものの総所得金額を計算する場合には、その年中の給与等の収入金額（その給与等の収入金額が1,000万円を超える場合には、1,000万円）から850万円を控除した金額の100分の10に相当する金額が、給与所得の金額から控除されます。
② その年分の給与所得控除後の給与等の金額及び公的年金等に係る雑所得の金額がある居住者で、その給与所得控除後の給与等の金額及びその公的年金等に係る雑所得の金額の合計額が10万円を超えるものに係る総所得金額を計算する場合には、その給与所得控除後の給与等の金額（その給与所得控除後の給与等の金額が10万円を超える場合には、10万円）及びその公的年金等に係る雑所得の金額（その公的年金等に係る雑所得の金額が10万円を超える場合には、10万円）の合計額から10万円を控除した残額が、給与所得の金額から控除されます。

所得金額調整控除申告書

付録

給与等の支払を受ける人が、年末調整の際に所得金額調整控除（上記「所得金額調整控除」の①に相当する金額の控除）の適用を受けるために、給与等の支払者に提出する申告書です。

所得控除

所得税法において所得金額から差し引くことが認められている控除をいいます。現在では、雑損控除、医療費控除、社会保険料控除、小規模企業共済等掛金控除、生命保険料控除、地震保険料控除、寄附金控除、障害者控除、寡婦控除、ひとり親控除、勤労学生控除、配偶者控除、配偶者特別控除、扶養控除と基礎控除の15種類がありますが、このうち雑損控除、医療費控除、寄附金控除の3種類は、確定申告によってのみ控除を受けることができます。

白色事業専従者

次の要件の全てに該当する人をいいます。
(1) 青色申告者以外の居住者（白色申告者）と生計を一にする配偶者その他の親族であること。
(2) その年12月31日現在で年齢が15歳以上であること。
(3) その年を通じて6月を超える期間、その白色申告者の営む事業に専ら従事していること。
なお、白色事業専従者は、同一生計配偶者、源泉控除対象配偶者及び扶養親族には含まれないこととされています。

白色事業専従者控除

居住者について白色事業専従者がある場合に、その居住者の事業所得、不動産所得又は山林所得の計算上一定金額が必要経費とみなされます。

心身障害者扶養共済制度

地方公共団体の条例において精神や身体に障害のある人（以下「心身障害者」といいます。）を扶養する人を加入者とし、その加入者が地方公共団体に掛金を納付することにより、加入者が死亡又は重度の障害となったときは、心身障害者に年金を支給するという制度です。次に掲げる要件の全てを備えているものについては、その掛金が小規模企業共済等掛金控除の対象とされ、その給付は非課税所得とされます。（→P.74）
(1) 心身障害者の扶養のため給付金（その給付金の支給開始前に心身障害者が死亡した場合に加入者に対して支給される弔慰金を含みます。）のみを支給するものであること。
(2) 給付金の額は、心身障害者の生活のために通常必要とされる費用を満たす金額（弔慰金にあっては、掛金の累積額に比して相当と認められる金額）を超えないで、しかもその額について特定の人について不当に差別的な取扱いをしないこと。
(3) 給付金（弔慰金は除かれます。）の支給は、加入者の死亡、重度の障害その他地方公共団体の長が認定した特別の事故を原因として開始されるものであること。
(4) 給付金（弔慰金は除かれます。）の受取人は、心身障害者や(3)の事故発生において心身障害者を扶養する人とするものであること。
(5) 給付金に関する経理は、他の経理と区分して行い、しかも掛金その他の資金が銀行その他の金融機関に対する運用の委託、生命保険への加入その他これらに準ずる方法を通じて確実に運用されるものであること。

新生命保険料

平成24年1月1日以後に生命保険会社等と締結した保険契約等のうち、生存又は死亡に基因して一定額の保険金等を支払うことを約する部分に係る保険料などをいいます。（→P.82）

親　族

民法で定める親族をいいます。6親等内の血族、配偶者及び3親等内の姻族が親族となります。（→P.109）

親族関係書類

国外居住親族（→P.341）が居住者の親族であることを明らかにする次の①又は②のいずれかの書類をいいます（外国語で作成されている場合には、翻訳文を含みます。）。
① 戸籍の附票の写しその他の国又は地方公共団体が発行した書類及び国外居住親族の旅券（パスポート）の写し
② 外国政府又は外国の地方公共団体が発行した書類で、国外居住親族の氏名、生年月日、住所又は居所の記載があるもの

税額控除

年税額の計算上所得税額から差し引くことができるものをいいます。配当控除、外国税額控除、（特定増改築等）住宅借入金等特別控除などがあります。原則として税額控除は、確定申告で適用を受けることになりますが、（特定増改築等）住宅借入金等特別控除については、給与の支払を受ける人の選択で2年目以降の控除は年末調整によってその適用を受けることができます。

税額表

一般に税額表と呼ばれているものには、賞与以外の給料や賃金等に対する源泉徴収税額を求めるための「給与所得の源泉徴収税額表『月額表』」及び「給与所得の源泉徴収税額表『日額表』」と、賞与に対する源泉徴収税額を求めるための「賞与

に対する源泉徴収税額の算出率の表」とがあります。

(注) 国税庁ホームページに掲載されている税額表は、復興特別所得税を加味した合計税額（率）となっています。

生計を一にする

同一生計配偶者や扶養親族等に該当するかどうかを判定する場合の要件の一つです。一般的には、同一の生活共同体に属して日常生活の資を共通にしていることをいうものと解されますが、必ずしも同一の家屋に起居していることをいうのではありません。例えば、次のような場合には、それぞれ次のように取り扱われます。

(1) 配偶者や親族が勤務、修学、療養等の都合上日常の起居を共にしていない場合であっても、(イ)日常の起居を共にしていない親族が、勤務、修学等の余暇には起居を共にすることを常例としている場合、(ロ)日常の起居を共にしていない親族に対して、又は日常の起居を共にしていない親族から、常に生活費、学資金、療養費等の送金が行われている場合には、これらの親族は生計を一にしていることになります。

(2) 親族が同一の家屋に起居している場合には、明らかに互いに独立した生活を営んでいると認められる場合を除き、これらの親族は生計を一にしていることになります。

生命保険料控除

所得控除の一つで、所得者本人が一定の条件に該当する一般の生命保険料、介護医療保険料又は個人年金保険料を支払った場合に受けられる控除です。(→P.79)

零計算書

給与の支払がない又は少額のため源泉徴収税額が発生しない場合に作成する徴収高計算書をいいます。この徴収高計算書については、税額を零円と記載して税務署にe-Taxを利用するか又は郵便若しくは信書便により送付又は提出するようにしてください。

┌─────┐
│ そ │
└─────┘

送金関係書類

居住者がその年において国外居住親族（→P.341）の生活費又は教育費に充てるための支払を必要の都度、各人に行ったことを明らかにする次に掲げる書類をいいます（外国語で作成されている場合には、翻訳文を含みます。）。

① 金融機関の書類又はその写しで、その金融機関が行う為替取引により居住者から国外居住親族に支払をしたことを明らかにする書類

② いわゆるクレジットカード発行会社の書類又はその写しで、国外居住親族がそのクレジットカード発行会社が交付したカードを提示等してその国外居住親族が商品等を購入したこと等により、その商品等の購入等の代金に相当する額の金銭をその居住者から受領し、又は受領することとなることを明らかにする書類

┌─────┐
│ た │
└─────┘

退職所得

退職手当、一時恩給、退職給付金、その他の使用者から退職を理由として一時に支給される給与及びこれらの性質を有する給与（これらを「退職手当等」といいます。）に係る所得をいいます。

退職時に支給されるものでも、退職しなくても支給されたであろうものは含まれません。また、退職給与規程に基づかないものであっても、退職手当等の性質を有していれば含まれることになります。

また、国民年金法等の規定に基づいて支給される一時金など退職所得とみなされるものもあります。

退職所得の金額は、（退職手当等の収入金額 − 退職所得控除額）×1/2です。

(注) 特定役員退職手当等（→P.351）については、特定役員退職手当等の収入金額から退職所得控除額を控除した残額が退職所得の金額となります。

(※) 令和4年1月1日以後に支払うべき退職手当等のうち、短期退職手当等については、次に掲げる場合の区分に応じ、それぞれ次に定める金額が退職所得の金額となります。

(1) 収入金額 − 退職所得控除額 ≦ 300万円
（収入金額 − 退職所得控除額）× 1 ／ 2 ＝ 退職所得の金額

(2) 収入金額 − 退職所得控除額 ＞ 300万円
150万円[※1] ＋ ｛収入金額 − (300万円 ＋ 退職所得控除額)｝[※2] ＝ 退職所得の金額

(※) 1 300万円以下の部分の退職所得の金額

2 300万円を超える部分の退職所得の金額

退職所得控除額

退職所得の金額を求める際、勤続年数に応じその収入金額から控除される額をいいます。退職所得控除額は、算式で計算することもできますが、源泉徴収の際には「源泉徴収のための退職所得控除額の表」を使って求めることができます。

退職所得の源泉徴収票

退職手当等の支払者が、退職手当等の受給者ごとに退職手当等の支払金額、源泉徴収税額などを記載したものをいいます。

退職所得の受給に関する申告書

退職手当等の支払を受ける人は、支払の時までにこの申告書を退職手当等の支払者に提出しなければならないこととされています。

退職手当の源泉徴収税額を計算するときの基礎資料となるもので、この申告書を提出していないときは、退職手当等の支払額に直接20.42％の税率を乗じたものが源泉徴収税額になります。

この申告書は税務署から特に提出を求められた場合以外は、これを受理した退職手当等の支払者が保管しておいて差し支えありません。

建物更生共済契約

農業協同組合等と締結した、火災、地震、風水害などによって生ずる家屋・家財の損害の補てん並びに満期共済金による家屋の修繕等を目的とする損害共済契約をいい、これに基づいて支払った掛金で一定の要件を満たすものは地震保険料控除の対象になります。

短期退職手当等

退職手当等のうち、短期勤続年数（役員等以外の者として勤務した期間により計算した勤続年数が5年以下であるものをいい、この勤続年数については役員等として勤務した期間がある場合、その期間を含めて計算します。）に対応する退職手当等として令和4年1月1日以後に支払を受けるべきものであって、特定役員退職手当等に該当しないものをいいます。

短期退職手当等に係る退職所得金額については、次に掲げる場合の区分に応じ、それぞれ次に定める金額となります。
(1) 収入金額－退職所得控除額≦300万円
（収入金額－退職所得控除額）×1／2＝退職所得の金額
(2) 収入金額－退職所得控除額＞300万円
150万円[※1]＋{収入金額－(300万円＋退職所得控除額)}[※2]＝退職所得の金額
（※）1　300万円以下の部分の退職所得の金額
　　　2　300万円を超える部分の退職所得の金額

断熱改修工事等

エネルギーの使用の合理化に相当程度資する一定の工事で、次の①から④の改修工事であることが証明書により証明されたものをいいます。
① 居室の全ての窓の改修工事
② 床の断熱工事
③ 天井の断熱工事
④ 壁の断熱工事

（②から④については①と併せて行う工事に限ります。）

ち

中小企業退職金共済制度

独立行政法人勤労者退職金共済機構又は特定退職金共済団体が行う退職金共済に関する制度です。この制度の内容は、中小企業の事業主が退職金共済事業を行うこれらの団体に掛金を納付し、その団体がその事業主の雇用する使用人の退職について退職給付金を支給することを約する退職金共済契約を締結するというものであり、その事業主の納付する掛金は事業主の所得計算上、損金又は必要経費に算入され、事業主の納付した掛金は、その使用人たる被共済者に対する給与所得の収入金額には含まれないこととされています。

なお、これらの制度に基づき支給される退職金については、所得税法上、退職所得とされており、また、分割退職金や年金については、公的年金等に係る雑所得とされています。

長期損害保険料

保険期間又は共済期間が10年以上で、これらの期間の満了のときに満期返戻金が支払われることになっている契約又は建物などの耐存を共済事故とする共済契約（満期共済金が支払われることになっています。）に基づき支払った損害保険料をいいます。（→P.91）

この長期損害保険料のうち平成18年12月31日までに締結した契約に基づくものについては、平成19年分以後の各年においても従前と同様の金額の控除（最高1万5千円）が適用される経過措置が設けられています。

徴収繰延申請書

正式には、「年末調整による不足額徴収繰延承認申請書」といいます。年末調整による不足額を徴収されると12月分の税引手取給与額が1月～11月の税引手取給与総額の平均月額の70％未満となる人については、この書類を給与等の支払者を経由して、その年最後に給与等の支払を受ける日の前日までに給与の支払者の所轄税務署に提出し、その承認を受けることにより、不足額を翌年1月と2月に繰り延べて徴収することができます。（→P.229）

徴収高計算書

源泉徴収した所得税を納付する際は、納付書にこの徴収高計算書を添付することとされています。実務上は、納付書との兼用様式とされています。給与や退職手当及び弁護士、税理士等の報酬、料金については「給与所得・退職所得等の所得税徴

付録9　源泉徴収事務に必要な用語の解説　349

収高計算書」を使用します。この計算書は3枚1組の複写式（1枚目が納付書・領収済通知書、2枚目が領収控、3枚目が領収書）になっており、納付金額を添えて源泉徴収した月の翌月10日までに金融機関又は所轄の税務署に提出・納付します。

　なお、この「給与所得・退職所得等の所得税徴収高計算書」は、納付税額がない場合にも税務署にe-Taxを利用するか又は郵便若しくは信書便により送付又は提出するようにしてください。（→P.236）

　このほか、徴収高計算書には、報酬・料金等、利子等、配当等、非居住者・外国法人の所得、償還差益などの種類があります。

　また、e-Taxを利用して徴収高計算書データを送信することで、インターネットバンキングによる納付、ダイレクト納付又はクレジットカード納付手続を行うことができます。

（注）源泉徴収した所得税及び復興特別所得税は、その合計額を1枚の徴収高計算書により納付します。

　なお、租税条約の限度税率を適用したことにより、復興特別所得税が含まれない税額を納める際には、復興特別所得税が含まれる税額とは別葉の徴収高計算書により納付します。

徴収猶予

　その年分の合計所得金額の見積額が1千万円以下の給与所得者等が災害により被害を受けた場合、災害減免法の規定により、その人の申請に基づいてその年中に源泉徴収すべき税額の徴収を猶予する措置をいいます。徴収猶予を受けた人については、年末調整は行わず翌年の確定申告で税額の精算を行います。

直系尊属

　祖先から子孫へと直通する関係を直系といい、このうち本人からみてその上の世代にある人を直系尊属といいます。

電子証明書

　e-Taxでは、インターネットを通じてデータをやり取りする際、データ作成者や改ざんがないことを公的個人認証サービスや商業登記認証局が発行した電子証明書等により確認しています。したがって、e-Taxを利用するためには、原則として電子証明書の取得が必要ですが、源泉所得税及び復興特別所得税などの「電子納税」や納税証明書の交付請求（署名省略分）に限って利用する場合には電子証明書を取得する必要はありません。

電子的控除証明書

　保険料控除証明書や年末残高証明書について、発行者である保険会社等が一定のフォーマットで作成・発行した電子データです。

　給与所得者が保険料控除申告書や住宅借入金等特別控除申告書を給与の支払者に電子的に提供する場合は、控除証明書についても電子的に提供することができます。

同一生計配偶者

　給与等の支払を受ける人と生計を一にする配偶者（青色事業専従者として給与の支払を受ける人及び白色事業専従者を除きます。）で、合計所得金額が48万円以下の人をいいます。（→P.318）

同居特別障害者

　同一生計配偶者又は扶養親族のうち特別障害者に該当する人で、所得者、その配偶者又は所得者と生計を一にするその他の親族のいずれかと同居を常況としている人を一般に同居特別障害者といいます。

　同居特別障害者に該当する人がいる場合には、障害者控除として特別障害者の40万円に代え同居特別障害者一人につき75万円が控除されます。（→P.111）

同居老親等

　老人扶養親族のうち、所得者又はその配偶者の直系尊属でこれらの者のいずれかとの同居を常況としている人を一般に同居老親等といっています。（→P.103）

　これに当たる人がいる場合には、一般の控除対象扶養親族がある場合の扶養控除額に20万円を加算して58万円の控除を受けることができます。

投資法人

　投資信託及び投資法人に関する法律により、会社形態での投資信託の仕組みとして創設された資産を主として有価証券や不動産等の一定の資産に対する投資として運用することを目的とする社団をいいます。

特定株式投資信託

　信託財産を株式のみに対する投資として運用することを目的とする証券投資信託のうち、その受益証券が金融商品取引所に上場されていること等一定の要件を満たすものをいい、その収益の分配は配当等として源泉徴収の対象となります。

特定個人

　高齢者等居住改修工事等に係る特定増改築等住宅借入金等特別控除を受けられる人のことであり、次のいずれかに該当する居住者をいいます。

①　年齢50歳以上である人

350 付録9 源泉徴収事務に必要な用語の解説

② 介護保険法に規定する要介護認定を受けている人
③ 介護保険法に規定する要支援認定を受けている人
④ 所得税法に規定する障害者に該当する人
⑤ ②から④のいずれかに該当する人又は年齢65歳以上である人である親族と同居を常況としている人

特定支出控除の特例

特定支出控除の特例とは、給与所得者が特定支出をした場合において、その年中の特定支出の額の合計額が、給与所得控除額の2分の1に相当する金額を超えるときは、確定申告書等を提出することにより、その年分の給与所得の金額は、次に掲げる場合の区分に応じそれぞれ次の算式により求めた金額とすることができるというものです。

$$\begin{pmatrix}給与所得控\\除後の給与\\等の金額\end{pmatrix} - \begin{pmatrix}特定支出の額の合計額のう\\ち給与所得控除額の2分の\\1に相当する金額を超える\\部分の金額\end{pmatrix} = \begin{pmatrix}給与所得\\の金額\end{pmatrix}$$

この特定支出とは、①通勤のために必要な交通機関の利用又は交通用具の使用のための支出、②勤務する場所を離れて職務を遂行するために直接必要な旅行のための支出、③転任に伴う転居のための支出、④職務の遂行に直接必要な技術又は知識を習得するために受講する研修のための支出、⑤職務の遂行に直接必要な資格の取得費、⑥転任に伴い単身赴任をしている人の帰宅のための往復旅費、⑦職務に関連する図書を購入するための支出・勤務場所において着用することが必要とされる衣服を購入するための支出・給与等の支払者の得意先、仕入先などの職務上関係のある方に対する接待等のための支出（支出の合計額が65万円を超える場合には、65万円までの支出に限ります。）で、一定の要件に当てはまるものをいいます。

なお、この特定支出控除の特例の適用を受けるためには、確定申告書等に特定支出に関する明細書、給与の支払者の証明書、特定支出の金額等を証する書類の添付等が必要です。

特定取得

個人の住宅の取得等に係る対価の額又は費用の額に含まれる消費税等が、8％又は10％の税率により課されるべき消費税額等である場合の住宅の取得をいいます。

特定耐久性向上改修工事等

特定断熱改修工事等と併せて家屋について行う一定の改修工事で、①小屋裏、②外壁、③浴室、脱衣室、④土台、軸組等、⑤床下、⑥基礎若しくは⑦地盤に関する劣化対策工事又は⑧給排水管若しくは給湯管に関する維持管理若しくは更新を容易にするためのもので、認定を受けた長期優良住宅建築等計画に基づくものであることなど一定の要件を満たすものをいいます。

特定退職金共済団体

退職金共済事業を行う特定退職金共済団体とは、市町村（特別区を含みます。）、商工会議所、商工会、商工会連合会、都道府県中小企業団体中央会、退職金共済事業を主たる目的とする一般社団法人又は一般財団法人その他財務大臣の指定するこれらに準ずる法人で、その行う退職金共済事業につき一定の要件を備えているものとして税務署長の承認を受けたものをいいます。

特定退職金共済団体が行う退職金共済に関する制度に基づいて支給される退職一時金は、退職手当とみなされ、また、この制度に基づいて支給される年金は、公的年金等とされています。

特定多世帯同居改修工事

家屋について行う一定の改修工事で、他の世帯との同居をするのに必要な設備の数を増加させるための増築、改築、修繕又は模様替であり、これらに該当することが証明書により証明されたもの（当該改修工事が行われる構造又は設備と一体になって効用を果たす設備の取替え又は取付けに係る改修工事を含みます。）をいいます。

特定断熱改修工事等

次のいずれかの工事内容のものをいいます。
(1) 断熱改修工事等のうち、改修後の住宅全体の断熱等性能等級が平成28年基準相当となると認められる工事内容のもの
(2) ①居室の窓の改修工事、又は①の工事と併せて行う床、天井若しくは壁の断熱工事で、改修後の住宅全体の断熱等性能等級が改修前から一段階相当以上上がり、改修後の住宅全体の省エネ性能が断熱等性能等級4又は一次エネルギー消費量等級4以上及び断熱等等級3となると認められる工事内容のもの

特定投資法人

投資法人のうち、その投資口（均等の割合的単位に細分化された投資法人の社員の地位をいいます。）が公募、かつ、オープン・エンド型となっているものをいいます。

特定投資法人の投資口の配当は、配当等として源泉徴収の対象とされますが、上場株式の配当等と同様に15.315％の税率で源泉徴収（他に地方税5％）され、確定申告不要制度の適用があります。

特定扶養親族

控除対象扶養親族のうち、年齢19歳以上23歳未満の人をいい、扶養控除額が一般の控除対象扶養親族の38万円に25万円が加算され63万円になりま

す。(→P.103)

特定役員退職手当等
法人税法第2条第15号に規定する役員等として勤務した期間の年数（役員等勤続年数）が5年以下である人が、その役員等勤続年数に対応する退職手当等として支払を受けるものをいいます。

特定役員退職手当等に係る退職所得の金額については、その収入金額から役員等勤続年数に応じて計算した退職所得控除額を控除した残額となります。

特別特定取得
個人の住宅の取得等に係る対価の額又は費用の額に含まれる消費税等が、10％の税率により課されるべき消費税額等である場合の住宅の取得をいいます。

日額表
給与所得の源泉徴収の際に使用する税額表のうち、日給、週給など月額表が適用できないような期間ごとに給料の支払が行われる場合に使用する税額表をいいます。この税額表は甲欄と乙欄のほかに丙欄に分かれており、給与の金額欄は、月額表がその月の社会保険料等控除後の給与の金額を表示してあるのに対し、その日の社会保険料等控除後の金額が表示してあります。

国税庁ホームページに掲載されている日額表の税額は、復興特別所得税の税率を加味した合計税率となっています。

認定賞与・認定報酬
法人から役員に対して供与された次のような経済的利益や、法人税の税務調査等によって損金処理を否認されたもので、役員の賞与あるいは報酬となるものをいいます。
(1) 物品などの贈与をした場合のその物品の相当価額
(2) 所有資産を低い価額で譲渡した場合の時価との差額
(3) 役員から高い価額で資産を買い入れた場合のその資産の時価との差額
(4) 役員に対する債権を放棄したり免除したりした場合のその債権相当額
(5) 役員の債務を無償で引き受けた場合のその債務額
(6) 役員のために土地や家屋を無償又は低い価額で貸与した場合の通常の賃貸料と実際の徴収額との差額
(7) 無利子又は低利で資金を貸し付けた場合の通常の利率と実際の利率との差額

(8) 無償又は低価で(6)や(7)に掲げたもの以外の用役の提供をした場合の通常の対価と実際の徴収金額との差額
(9) 機密費、接待費、交際費、旅費等の名義で支給した金額で、その費途が明らかでないものや法人の業務に関係がないもの
⑽ 法人が負担した役員の個人的費用

認定住宅
「長期優良住宅の普及の促進に関する法律」又は「都市の低炭素化の促進に関する法律」に規定する家屋で、次の要件に該当するものをいいます。
① 床面積が50㎡以上であること。
② 床面積の2分の1以上が専ら自己の居住の用に供されるものであること。
③ 認定長期優良住宅又は低炭素建築物（低炭素建築物とみなされる特定建築物に該当する一定の家屋を含みます。）であることにつき一定の証明がされたものであること。

ね

年少扶養親族
扶養親族のうち年齢16歳未満の人をいいます。
扶養控除の対象は、控除対象扶養親族とされ、年少扶養親族は控除対象扶養親族から除かれていることから、扶養控除の対象にはなりません。

なお、地方税法においては年少扶養親族に関する事項を住民税に関する申告書に記載して提出することとされていますが、国税庁ホームページに掲載されている扶養控除等申告書には住民税に関する事項を記載する欄が設けられていますので、扶養控除等申告書と同時に提出できるようになっています。

年調所得税額
課税給与所得金額に応じた「年末調整のための算出所得税額の速算表」によって求めた算出所得税額から、（特定増改築等）住宅借入金等特別控除額を控除した後の残額をいいます。(→P.179)

年調年税額
年調所得税額（上記参照）に102.1％を乗じて算出した復興特別所得税を含む税額をいいます。(→P.180)

年末調整過納額還付請求書兼残存過納額明細書
年末調整による超過額を本年最後の給与から徴収すべき税額に充当等してもなお充当等しきれない金額である過納額が、翌年2月末日までに全額還付することが困難であると認められたり、還付が終わらないうちに解散等の事由により給与の支払者のもとで還付できなくなったときに、その残存過納額を給与の支払者又は給与所得者が税務署

から直接還付を受けるために、給与の支払者が源泉所得税の納税地の所轄税務署に提出する書類です。(→P.227)

年末調整控除申告書作成用ソフトウェア（年調ソフト）

給与所得者が年末調整の際に作成する扶養控除等申告書等の各種申告書を電子的に作成するためのアプリケーションソフトです。

国税庁ホームページからダウンロードし、給与所得者がこのソフトを利用して作成した控除申告書データを給与システム等にインポートすることにより年末調整事務をペーパーレスで実施することができます。

納期の特例

給与等の支給人員が常時10人未満である給与等の支払者（事務所・事業所等）が所轄税務署長の承認を受けて、源泉徴収した所得税及び復興特別所得税を通常のように徴収した月の翌月10日までに納付しないで、1月分から6月分までの源泉所得税及び復興特別所得税を7月10日（その日が日曜日その他の休日又は土曜日に当たるときは休日明けの日。以下、1月20日の場合も同じです。）までに、7月分から12月分までの源泉所得税及び復興特別所得税を翌年1月20日までに納付する制度のことをいいます。

納期の特例の承認を受けようとするときは、その承認を受けようとする事務所・事業所等の所在地やその事務所・事業所等で給与の支払を受ける人の数などを記載した「源泉所得税の納期の特例の承認に関する申請書」を所轄税務署長へ提出する必要があります。

納税地

源泉所得税及び復興特別所得税の納税地（→P.336）

配偶者

婚姻の届出をした夫に対する妻、妻に対する夫のことをいい、いわゆる内縁関係の人は含まれません。

配偶者控除

所得控除の一つで、給与等の支払を受ける人に控除対象配偶者に該当する人がいるときは、老人控除対象配偶者及び一般の控除対象配偶者に分け、所得金額からそれぞれ一定額の控除ができるというものです。(→P.123)

配偶者特別控除

所得控除の一つで、給与等の支払を受ける人と生計を一にする配偶者（青色事業専従者として給与の支払を受ける人及び白色事業専従者を除き、合計所得金額が133万円以下である人に限ります。）で、控除対象配偶者に該当しない人（合計所得金額が1,000万円以下である給与等の支払を受ける人の配偶者に限ります。）がいるときは、その人の所得金額から一定額（最高38万円）の控除を認めるという所得控除をいいます。

(注)「生計を一にする配偶者」には、青色事業専従者として給与の支払を受ける人及び白色事業専従者は含まれません。(→P.123)

配当所得

法人から受ける利益の配当（中間配当を含みます。）、剰余金の分配等に係る所得をいいます。配当所得は、原則として総合課税とされていますが、特定の配当については、確定申告不要制度が認められています。

(注) 私募公社債等運用投資信託及び特定目的信託（社債的受益権に限ります。）の収益の分配については、15.315%（他に地方税5%）の税率による源泉分離課税制度が適用されます。

早見表

控除額の早見表(→P.340)

非課税所得

所得の性質や社会政策上の見地等から所得税法その他の法律の規定により、所得税その他の公租公課を課さないものとする所得をいいます。

非課税所得は、その適用を受けるための申告、申請等の手続は原則として要しない点において免税所得と異なるものとされています。

なお、所得税法で規定されているもののほか、他の法律で規定されているものがありますが、その主なものとしては、次のようなものがあります。
① 死亡した者の勤務に基づいて支給される恩給、年金
② 健康保険、国民健康保険の保険給付
③ 損害保険契約に基づき支払を受ける保険金及び損害賠償金で、心身に加えられた損害等に基因して取得するもの

非居住者

居住者（→P.334）以外の個人をいいます。

非居住者に支払う給与については、国内において行う勤務等に基因するもの（国内源泉所得）だけが源泉徴収（一律20.42％の税率）の対象とされるなど、居住者とは異なった取扱いがされます。

ひとり親

現に婚姻をしていない人又は配偶者の生死の明らかでない一定の人のうち、次に掲げる要件を満たす人をいいます。
(1) その人と生計を一にする一定の子を有すること。
(2) 合計所得金額が500万円以下であること。
(3) その人と事実上婚姻関係と同様の事情にあると認められる一定の人がいないこと。

ひとり親控除

所得控除の一つで、給与の支払を受ける人自身がひとり親である場合に受けられる控除であり、その控除額は35万円です。

日雇賃金

日々雇い入れられる人が、労働した日又は時間によってされ、かつ、労働した日ごとに支払を受ける給与をいいます。ただし、同じ支払者から継続して2か月を超えて支払を受けるものは除かれます。日雇賃金の源泉徴収は「給与所得の源泉徴収税額表（日額表）」の丙欄の税額により行うこととされています。

なお、日雇賃金は「給与所得者の扶養控除等申告書」の提出を要する給与等には含まれないこととされています。

復興特別所得税

平成23年12月2日に公布された「東日本大震災からの復興のための施策を実施するために必要な財源の確保に関する特別措置法」（平成23年法律第117号）（以下「復興財源確保法」といいます。）により創設された税です。

平成25年1月1日から令和19年12月31日までの間に生ずる所得について源泉所得税を徴収する際、この復興特別所得税を併せて源泉徴収しなければなりません（復興財源確保法第28条）。

源泉徴収すべき復興特別所得税の額は、源泉徴収すべき所得税の額の2.1％相当額とされています。

不足額

年末調整の計算により求めた年税額よりも本年中に徴収した税額が少ない場合の差額のことをいいます。不足額は原則として本年最後に支払う給与から徴収します。（→P.228）

扶養控除

所得控除の一つで、給与の支払を受ける人に控除対象扶養親族に該当する人がいるときは、これを特定扶養親族、老人扶養親族及び一般の扶養親族に分け、所得金額からそれぞれ一定額の控除を認めるというものです。

なお、老人扶養親族であっても、同居老親等か、それ以外かによって控除額が異なります。（→P.102）

扶養親族

給与の支払を受ける人と生計を一にする親族（配偶者、青色事業専従者として給与の支払を受ける人及び白色事業専従者は除きます。）、児童福祉法の規定により養育を委託されたいわゆる里子又は老人福祉法の規定により養護を委託されたいわゆる養護老人で、合計所得金額が48万円以下の人をいいます。（→P.102）

扶養親族等の数

扶養親族等の数は、源泉控除対象配偶者、控除対象扶養親族のほか障害者に該当する人の人数（年少扶養親族で障害者に該当する人の人数を含みます。）の合計になります。また、給与等の支払を受ける人が寡婦、ひとり親又は勤労学生に該当する場合や同居特別障害者に該当する人がいる場合には、これらに該当するごとに1人を加えた数になります。

税額表（→P.346）では、この「扶養親族等の数」に応じて源泉徴収税額が定められています。

振替貸付

払込み期日までに保険料の払込みがない契約を有効に継続させるため、保険約款などに定めるところによって保険会社等が保険料の払込みに充当するために貸付を行い、その保険料の払込みに充当する処理を行うことをいいます。

丙欄

日雇賃金を受ける人に支払われる給与については、「給与所得の源泉徴収税額表（日額表）」の丙欄の税額により源泉徴収することとされています。

この日額表の丙欄の源泉徴収税額は、その人の実際の就労日数や控除対象扶養親族等の人数に関係なく、あらかじめ就労日数が1か月のうち22日であるとし、控除対象配偶者と控除対象扶養親族が2人あるものとして計算されています。

丙欄適用者

「給与所得の源泉徴収税額表（日額表）」の丙欄が適用される給与所得者のことで、労働した日や時間で計算される賃金の支払をその労働した日ごとに受ける人などがこれに当たります。
（→P.55）

ほ

報酬・料金等

　報酬とは、一般に人的役務の提供の対価として給付される金銭及び物品のことをいいますが、所得税法では、報酬・料金等として個別に列挙したものについて源泉徴収の対象とされています。

　すなわち、所得税法第204条及び租税特別措置法第41条の20において、居住者に対し次のような報酬・料金等の支払をする者は、支払の際、所得税を源泉徴収して国に納付しなければならないこととされています。

① 原稿、さし絵、作曲、レコード吹込み又はデザインの報酬、放送謝金、講演料、技芸・スポーツ・知識等の教授・指導料などの報酬・料金

② 弁護士や税理士などの業務に関する報酬・料金

③ 社会保険診療報酬

④ 職業野球の選手、プロサッカーの選手、自動車のレーサー、モデル、外交員、集金人などの業務に関する報酬・料金

⑤ 映画、演劇等の芸能やテレビジョン放送の出演などに対する報酬・料金

⑥ バー・キャバレー等のホステス、バンケットホステス、コンパニオン等の業務に関する報酬・料金

⑦ 役務を提供することにより、一時に受ける契約金

⑧ 広告宣伝のための賞金又は馬主が受ける競馬の賞金

　ここにいう報酬・料金等に該当するものであっても、給与所得や退職所得に当たるものは、それぞれ給与所得や退職所得として源泉徴収を行うことになります。

　なお、内国法人に支払う報酬・料金については、馬主に支払われる競馬の賞金のみが源泉徴収の対象とされています。

法人課税信託

　次に掲げる信託をいいます(ただし、集団投資信託並びに退職年金等投資信託及び特定公益信託等を除きます。)。

(1) 受益権を表示する証券を発行する旨の定めのある信託

(2) 受益者等の存しない信託

(3) 法人が委託者となる信託で、一定の要件に該当するもの

(4) 投資信託

(5) 特定目的信託

法人番号

　設立登記法人などの法人等１法人につき１つ指定される13桁の番号です。

　法人番号は国税庁から通知され、マイナンバー(個人番号)とは異なり、原則として公表されます。

　なお、法人の支店や事業所には指定されません。

ま

マイナポータル

　マイナポータルは、政府が運営するオンラインサービスです。子育てや介護をはじめとする行政手続がワンストップでできたり、行政機関からのお知らせを確認できたりします。

　年末調整ではこのマイナポータルを経由して電子的控除証明書を一括取得し、保険料控除申告書などに自動転記することができます(マイナポータル連携)。

マイナポータル連携

　年末調整や確定申告において、マイナポータルを活用して、保険料控除証明書等の必要書類のデータを一括取得して、保険料控除申告書等の各種申告書への一括入力が可能となる機能のことです。

　マイナポータルの機能を利用しますので、マイナンバーカードが必要となるほか、マイナンバーカード読取のためのICカードリーダライタ又はマイナンバーカードの読み取りに対応したスマートフォンが必要になります。

マイナンバーカード

　本人からの申請により無料で交付されるプラスチック製のカードです。カードのおもて面には本人の顔写真と氏名、住所、生年月日、性別が記載されていますので、本人確認のための身分証明書として利用できます。また、カードの裏面にはマイナンバーが記載されていますので、税・社会保障・災害対策の法令で定められた手続を行う際の番号確認に利用できます。

マイナンバー制度

　社会保障・税番号制度をいい、平成27年10月からマイナンバー(個人番号)及び法人番号が通知され、平成28年１月１日からその利用が開始されています。

　平成28年１月１日以後に税務署に提出する申請書等の一部には、源泉徴収義務者のマイナンバー(個人番号)又は法人番号を記載する必要があります。また、原則として平成28年１月１日以後に給与所得者から提出を受ける「扶養控除等申告書」には、給与所得者本人のマイナンバー(個人番号)のほか、控除対象扶養親族等の有無に応じてその扶養親族等のマイナンバー(個人番号)が

記載されている必要があります。

み

みなし配当
　株主たる個人が、例えば、その株式を発行している法人の資本の払戻し、出資の消却等により交付される金銭等の額が、その法人の資本金等の額（資本金及び資本積立金）のうちその株式に対応する部分の金額を超える場合におけるその超える部分の金額は、所得税法上は法人の剰余金の配当、利益の配当等である点において配当と異ならないために、配当とみなすこととされています。

り

利子所得
　公社債及び預貯金の利子、合同運用信託、公社債投資信託及び公募公社債等運用投資信託の収益の分配等に係る所得をいいます。

　また、勤労者財産形成貯蓄契約、勤労者財産形成年金貯蓄契約及び勤労者財産形成住宅貯蓄契約に基づく生命保険、損害保険、生命共済の差益も利子所得とされています。

ろ

老人控除対象配偶者
　控除対象配偶者のうち、年齢70歳以上の人をいい、老人控除対象配偶者に係る控除額は、給与等の支払を受ける人の合計所得金額に応じて異なり、最高48万円です。（→P.123、127）

老人扶養親族
　控除対象扶養親族のうち、年齢70歳以上の人をいい、扶養控除として48万円が所得金額から控除されます。
　なお、老人扶養親族が同居老親等に該当する場合の控除額は、48万円の控除額に10万円が加算され58万円になります。（→P.103）

付録10　年末調整の質問 260 に答える

　この「実例問答」は、年末調整の事務の中で、比較的質問の多い事項や誤りやすい事項を取り上げ、問答形式で取りまとめたものです。

　読者の皆様には、この「実例問答」を十分に活用の上、年末調整の事務を正しく進めていただければ幸いです。

─────────────────〔目　次〕─────────────────

〔年末調整の対象となる人とその給与〕

1　居住者と非居住者の区分……………363
2　外国人労働者の年末調整……………363
3　海外支店に派遣した従業員の年末調整…364
4　海外勤務のため出国した公務員の年末調整……………364
5　出国後に支払われる国内勤務期間の給与……………365
6　出国後に支払われる国内勤務期間に対応する賞与……………365
7　海外支店から帰国した従業員の年末調整……………366
8　帰国後に支払われる国外勤務期間に対応する給与……………366
9　年の中途に非居住者期間がある人の年末調整……………367
10　居住者に対して国外で支払われる給与…367
11　年の中途で就職した人の年末調整………368
12　年の中途で就職した人の前職分の給与が乙欄適用の場合の年末調整…………368
13　給与明細書による年末調整の計算………368
14　就職時に支給した支度金………………369
15　雇用保険の失業給付を受けていた人の年末調整……………369
16　年金収入がある場合……………………369
17　中途退職者と年末調整(1)……………370
18　中途退職者と年末調整(2)……………370
19　年の中途で死亡退職した従業員に支払う給与の取扱い……………371

20　12月の賞与を暫定支給する場合の年末調整……………371
21　未払の役員賞与がある場合の年末調整…372
22　役員報酬の受領辞退と年末調整………372
23　ベースアップ差額を年内に内払する場合の年末調整……………373
24　年末調整後に給与の支給額が2,000万円を超えた場合……………373
25　丙欄適用者が年の中途で甲欄適用者となった場合の年末調整……………374
26　甲欄適用者が年の中途で乙欄適用者になった場合の年末調整……………374
27　乙欄適用者が年の中途で甲欄適用者になった場合の年末調整……………375
28　災害減免法により源泉所得税及び復興特別所得税の徴収猶予を受けた従業員の年末調整……………375
29　翌月払の給与の年末調整………………376
30　年内に給与を支給しない中途採用者の年末調整……………376
31　青色事業専従者給与と年末調整………377
32　家事使用人と年末調整…………………377
33　確定申告を要する人の年末調整………377
34　育児休業中の人の年末調整……………378
35　年末のみ残業手当を繰上支給する場合の年末調整……………378
36　複数箇所でアルバイトをしている場合の年末調整……………378

358　付録10　年末調整の質問260に答える

〔非課税所得〕

37　労働基準法の規定により支払う補償金…379
38　アルバイトに支給する通勤手当の非課税限度額………………………379
39　通勤手当を給与に含めて支給していた場合の控除の可否………………379
40　従業員に支給した奨学金……………380

〔現物給与〕

41　現物給与に含まれる消費税等の取扱い…380
42　使用人等に支給する食事……………381
43　商品の値引販売による経済的利益………381
44　従業員に支給する作業服……………382
45　社内提案制度に基づく表彰金…………382
46　会社が負担する人間ドックの検診料……383
47　災害被害者に無利息貸付を行った場合の取扱い……………………383
48　社員旅行の不参加者に金銭を支給した場合の課税………………………384
49　従業員レクリエーション旅行として行う海外旅行……………………384
50　転勤に伴い会社が負担した借家の権利金等…………………………385
51　会社が負担する損害賠償金……………385
52　団体特約に基づく取扱手数料を従業員の払込保険料に充てた場合の経済的利益…………………………386
53　保険金の受取人を会社名義から役員名義に変えた場合の経済的利益……………386
54　役員や従業員に社宅を貸与した場合の賃貸料相当額の計算………………387
55　日雇労務者に宿泊施設を提供する場合の給与課税……………………388

〔各種控除〕

○保険料控除

56　滞納分を支払った場合の社会保険料……389
57　年金から控除される社会保険料…………389
58　口座振替により支払った後期高齢者医療制度の保険料………………389
59　国民年金保険料等に係る証明書類の添付…………………………390
60　来年分の国民年金保険料を支払った場合…………………………390

61　配偶者が結婚前に納付した社会保険料…391
62　育児休業期間中の社会保険料の負担……391
63　月々の給与から控除される確定拠出型年金の掛金の控除の方法……………392
64　掛け捨ての保険料を会社が負担した場合の保険料控除………………392
65　入院特約の付いた生命保険契約…………393
66　生命保険料控除に係る証明書類…………393
67　中途解約した生命保険契約と生命保険料控除…………………………394
68　親族等が契約者の場合の生命保険料控除…………………………394
69　保険金受取人であった娘が結婚した場合の保険料控除………………395
70　満期時と死亡時の保険金受取人が異なる場合…………………………395
71　前納と一時払いの生命保険料控除………396
72　海外に本店がある生命保険会社と契約した生命保険料………………396
73　非居住者であった期間に支払った生命保険料…………………………396
74　年の中途で非居住者となった人が支払った年払いの保険料……………397
75　臨時生計費特約を付した場合の地震保険料控除…………………………397
76　借家にかけた損害保険契約の地震保険料控除…………………………397
77　家屋の一部を他人に貸している場合の地震保険料控除………………398
78　賦払の契約により購入した家屋の地震保険料控除…………………………398
79　地震保険の付された長期損害保険契約…399
80　旧長期損害保険料の源泉徴収票の記載…399
81　控除金額の端数処理…………………400

○配偶者控除・扶養控除等

82　「生計を一にする」の意義……………400
83　生計を一にするかどうかの判定…………400
84　婚姻届を提出していない配偶者の配偶者控除…………………………401
85　年の中途で配偶者が死亡した人の配偶者控除…………………………401
86　海外勤務期間内に扶養親族が死亡した場合の扶養控除………………402

付録10　年末調整の質問260に答える　359

87	乙欄給与の場合の扶養控除等……………402	
88	青色事業専従者を配偶者にした場合……403	
89	外国人従業員の控除対象配偶者の判定…403	
90	日本での婚姻届を提出していない外国人の妻………………………………404	
91	控除対象配偶者や扶養親族となるための所得金額基準………………404	
92	国外に居住する扶養親族の所得要件の判定……………………406	
93	内職による所得がある場合の控除対象配偶者の判定………………406	
94	上場株式の配当所得がある配偶者の合計所得金額の判定………………407	
95	源泉分離課税とされる利子所得がある配偶者の合計所得金額の判定…………408	
96	単身赴任者の配偶者控除や扶養控除……408	
97	申告分離課税とされる株式等に係る譲渡所得等がある配偶者の合計所得金額の判定………………409	
98	パートタイマーとして働く配偶者に係る配偶者控除又は配偶者特別控除額…410	
99	配偶者控除及び配偶者特別控除の適用要件と控除額………………410	
100	配偶者（特別）控除を受けるための手続………………………411	
101	配偶者控除の適用を受けるための申告書………………………411	
102	源泉控除対象配偶者に該当しない配偶者が配偶者控除又は配偶者特別控除の対象となる場合(1)………………412	
103	源泉控除対象配偶者に該当しない配偶者が配偶者控除又は配偶者特別控除の対象となる場合(2)………………413	
104	「給与所得者の配偶者控除等申告書」に記載する給与所得者の合計所得金額や配偶者の合計所得金額（見積額）……413	
105	「給与所得者の配偶者控除等申告書」に記載する「配偶者控除の額」及び「配偶者特別控除の額」………………413	
106	扶養親族の帰属………………414	
107	扶養親族となる亡夫の子………………414	
108	兄弟間の扶養親族の移替え………………415	
109	継母と扶養控除………………415	
110	所得者等以外の人と同居している特別	

	障害者の同居特別障害者の判定…………415	
111	入院している父の同居老親等の判定……416	
112	同居老親等の「同居」の判定基準………416	
113	同居老親等の範囲………………417	
114	老人扶養親族と特別障害者の「同居」の判定………………417	
115	同一生計配偶者に該当しない配偶者と同居している場合の同居老親等の判定…417	
116	転勤により別居している老人扶養親族の同居老親等の判定………………418	
117	平日別居している老人扶養親族の同居老親等の判定………………418	
118	留学中の子供の扶養親族の判定…………419	
119	特定扶養親族の範囲………………419	
120	特定扶養親族の判定に当たっての生年月日………………420	
121	23歳に達する前に死亡した子に係る扶養控除………………420	
122	年少扶養親族が障害者に該当する場合…420	
123	非課税所得（遺族年金）と扶養親族の判定………………421	
124	公的年金等がある人の扶養親族の判定…421	
125	他の勤務先からの扶養親族の移替え……422	
	○国外居住親族	
126	国外居住親族に異動がない場合の親族関係書類の提出………………423	
127	親族関係書類の期限後提出………………423	
128	留学している子………………424	
129	国外居住親族の対象範囲………………424	
130	「生計を一にする事実」欄の記載………425	
131	親族関係書類等の翻訳文の添付…………425	
132	親族関係書類等の原本性………………426	
133	親族関係書類等の保存………………426	
134	親族関係書類の有効期限………………426	
135	親族関係書類の種類(1)………………426	
136	親族関係書類の種類(2)………………427	
137	親族関係書類の種類(3)………………427	
138	複数の親族関係書類の提出………………428	
139	生活費等を現金で手渡ししている場合…428	
140	複数年分の送金をまとめて行った場合…429	
141	代表者にまとめて送金等をした場合……429	
142	複数の送金関係書類の提出………………429	
143	送金関係書類の送金基準………………430	
144	送金関係書類の種類(1)………………430	

付

録

145 送金関係書類の種類(2)‥‥‥‥‥‥430
146 送金関係書類における送金の時期‥‥‥431
147 送金関係書類の期限後提出‥‥‥‥‥431
　　○障害者控除・勤労学生控除・ひとり親控除
148 身体障害者手帳の交付手続がとれない
　　人の障害者控除‥‥‥‥‥‥‥‥‥432
149 認知症と障害者控除‥‥‥‥‥‥‥‥432
150 療育手帳を受けている人の障害者控除‥‥433
151 特別障害者の定義‥‥‥‥‥‥‥‥‥433
152 特別障害者の判定‥‥‥‥‥‥‥‥‥433
153 勤労学生に該当する学校の判定‥‥‥434
154 経理学校の生徒の勤労学生控除‥‥‥434
155 亡夫の控除対象配偶者となっていた人
　　のひとり親控除‥‥‥‥‥‥‥‥‥435
156 配偶者が死別した年の配偶者控除とひ
　　とり親控除‥‥‥‥‥‥‥‥‥‥‥435
157 離婚した人の寡婦控除‥‥‥‥‥‥‥435
158 父の控除対象扶養親族となっている妻
　　が死亡した場合のひとり親控除‥‥‥436
　　○基礎控除
159 基礎控除控除額を算出する際の合計所
　　得金額の見積額の計算方法(1)（2か所
　　からの給与収入がある場合）‥‥‥‥436
160 基礎控除控除額を算出する際の合計所
　　得金額の見積額の計算方法(2)（給与収
　　入と年金収入がある場合‥‥‥‥‥‥437
161 基礎控除控除額を算出する際の合計所
　　得金額の見積額の計算方法(3)（給与収
　　入と不動産収入がある場合‥‥‥‥‥438
　　○所得金額調整控除
162 所得金額調整控除の概要‥‥‥‥‥‥438
163 所得金額調整控除の趣旨‥‥‥‥‥‥439
164 給与の収入金額が850万円を超えるか
　　どうかの判定‥‥‥‥‥‥‥‥‥‥440
165 年末調整における所得金額調整控除
　　（子ども等）の適用要件の判定時期‥‥‥440
166 共働き世帯における所得金額調整控除
　　（子ども等）の適用‥‥‥‥‥‥‥‥441
167 「所得金額調整控除申告書」の提出省
　　略の可否‥‥‥‥‥‥‥‥‥‥‥‥441
168 給与収入が850万円を超えていない場
　　合の「所得金額調整控除申告書」の提
　　出の可否‥‥‥‥‥‥‥‥‥‥‥‥442
169 「所得金額調整控除申告書」における

　　　所得金額調整控除の額の記載‥‥‥‥‥442
170 年末調整における所得金額調整控除の
　　額の注意事項‥‥‥‥‥‥‥‥‥‥443
171 年末調整後に扶養親族の異動があった
　　場合の所得金額調整控除（子ども等）
　　の再調整‥‥‥‥‥‥‥‥‥‥‥‥443
172 年末調整後に扶養親族の判定に誤りが
　　あった場合の所得金額調整控除（子ど
　　も等）の再調整‥‥‥‥‥‥‥‥‥444
　　○住宅借入金等特別控除
173 住宅借入金等特別控除‥‥‥‥‥‥‥445
174 住宅借入金等特別控除を受ける人の所
　　得制限‥‥‥‥‥‥‥‥‥‥‥‥‥445
175 転勤のため居住の用に供しなくなった
　　住宅に再入居する場合の住宅借入金等
　　特別控除‥‥‥‥‥‥‥‥‥‥‥‥446
176 海外に単身赴任等した人の住宅借入金
　　等特別控除‥‥‥‥‥‥‥‥‥‥‥446
177 離婚により追加取得した共有持分の住
　　宅借入金等特別控除‥‥‥‥‥‥‥‥447
178 住宅ローンを借り換えた場合の住宅借
　　入金等の年末残高‥‥‥‥‥‥‥‥447
179 繰上返済により借入期間が10年未満と
　　なった場合‥‥‥‥‥‥‥‥‥‥‥448
180 借入金等の額が連帯債務になっている
　　場合の住宅借入金等特別控除‥‥‥‥448
181 「住宅借入金等特別控除申告書」の交付
　　等‥‥‥‥‥‥‥‥‥‥‥‥‥‥‥449
182 給与の支払者が変わった場合の住宅借
　　入金等特別控除‥‥‥‥‥‥‥‥‥449
183 源泉徴収票に記載する（特定増改築等）
　　住宅借入金等特別控除額‥‥‥‥‥‥450
　　○その他
184 ふるさと納税についての寄附金控除‥‥450

〔年末調整及び再調整〕

185 本年最後に支払う給与に対する税額計
　　算の省略‥‥‥‥‥‥‥‥‥‥‥‥451
186 年末調整後に給与を追加支給する場合
　　の税額計算‥‥‥‥‥‥‥‥‥‥‥451
187 年末調整後に子が生まれた場合‥‥‥451
188 年末調整後に支払った生命保険料‥‥‥452
189 生命保険料の払込見込額と実際の払込
　　額が相違する場合‥‥‥‥‥‥‥‥452

付録10　年末調整の質問260に答える　361

190　責任開始日が翌年の地震保険料…………453

191　中途採用者の年調過納額………………453

192　配偶者のパート収入の金額が見積額を
　　　超過した場合………………………………453

193　再年末調整をすべき範囲………………454

194　「給与所得者の配偶者控除等申告書」
　　　に記載された「あなたの合計所得金額
　　　（見積額）」欄の給与所得の収入金額
　　　に誤りがあった場合………………………454

195　「給与所得者の配偶者控除等申告書」
　　　に記載した配偶者の合計所得金額の見
　　　積額とその確定額に差が生じた場合……455

〔過納額の還付〕

196　年末調整の過納額に充てることができ
　　　る税額………………………………………455

197　納期の特例を受けている場合の過納額
　　　の還付………………………………………456

198　年末調整による過納額の還付……………456

199　年末調整による不足額を誤って過大に
　　　計算し、納付した場合……………………457

200　年末調整で不足額が発生した場合の徴
　　　収時期………………………………………457

201　年の中途で退職した人の税額の精算……458

〔そ　の　他〕

202　過去の年分の残業手当を一括して支給
　　　した場合の取扱い…………………………458

203　退職者に給与のベースアップ差額を支
　　　給した場合の給与所得の源泉徴収票……459

204　留守宅払給与についての源泉徴収と還
　　　付請求………………………………………459

205　死亡後に確定した賞与の給与所得の源
　　　泉徴収票……………………………………460

206　納付する税額がない場合の所得税徴収
　　　高計算書（納付書）の提出………………460

207　源泉徴収簿の作成…………………………460

208　扶養控除等申告書の様式…………………461

209　扶養控除等申告書の記載…………………461

210　源泉控除対象配偶者(1)……………………462

211　源泉控除対象配偶者(2)……………………462

212　源泉控除対象配偶者(3)……………………462

213　源泉控除対象配偶者に該当することに
　　　なった場合…………………………………462

214　源泉控除対象配偶者に該当しないこと
　　　になった場合………………………………463

215　同一生計配偶者……………………………463

216　同一生計配偶者である障害者……………464

217　配偶者に係る扶養親族等の数の計算方
　　　法……………………………………………464

218　扶養親族等のない者についての扶養控
　　　除等申告書の様式…………………………465

219　各種申告書の提出…………………………465

220　扶養控除等申告書等の電磁的方法によ
　　　る提供………………………………………465

221　源泉徴収票等を電磁的に提供する場合
　　　の事前承諾の方法…………………………466

〔マイナンバー制度〕

222　扶養控除等申告書等へのマイナンバー
　　　（個人番号）の記載………………………466

223　マイナンバー（個人番号）の記載を省
　　　略するための帳簿の備付け………………467

224　マイナンバー（個人番号）の記載を省
　　　略するための帳簿の電磁的方法による
　　　備付け………………………………………468

225　マイナンバー（個人番号）に係る本人
　　　確認…………………………………………468

226　扶養親族のマイナンバー（個人番号）
　　　に係る本人確認……………………………469

227　16歳未満の扶養親族のマイナンバー
　　　（個人番号）の記載………………………469

228　マイナンバー（個人番号）の記載を拒
　　　まれた場合…………………………………469

229　所得税徴収高計算書（納付書）への
　　　番号記載……………………………………470

230　外国人労働者のマイナンバー（個人番
　　　号）……………………………………………470

231　短期のアルバイトのマイナンバー（個
　　　人番号）……………………………………470

232　給与支払者のマイナンバー（個人番号）
　　　の記載………………………………………471

233　扶養控除等申告書以外の年末調整関係
　　　書類へのマイナンバー（個人番号）の
　　　記載…………………………………………471

234　扶養控除等申告書に記載されたマイナ
　　　ンバー（個人番号）のマスキング………472

235　給与支払事務を本店で一括して行って

付

録

362 付録10 年末調整の質問260に答える

いる場合のマイナンバー（個人番号）
の本人確認……………………………472
236 マイナンバーカード等の写しの保管……473
237 マイナンバー（個人番号）記載書類の
第三者への保管委託……………………473
238 マイナンバー（個人番号）記載書類が
漏えいした場合の罰則…………………473
239 給与所得の源泉徴収票のマイナンバー
（個人番号）の記載……………………474
240 本人交付用の源泉徴収票のマイナン
バー（個人番号）の記載………………474
241 「給与所得者の配偶者控除等申告書」
等に記載すべきマイナンバー（個人番
号）について……………………………474
242 給与の支払者が一定の帳簿を備え付け
ている場合のマイナンバー（個人番号）
の記載について…………………………475
243 国税庁が提供している「年調ソフト」
におけるマイナンバー（個人番号）の
扱いについて……………………………476

〔年末調整手続の電子化〕

244 年末調整手続の電子化の概要…………476
245 年末調整手続の電子化の対象となる書
類…………………………………………477
246 住宅借入金等特別控除申告書の電子デ

ータ提供…………………………………477
247 年末調整手続を電子化するための手順
等…………………………………………478
248 年末調整手続を電子化するための税務
署への申請の要否………………………478
249 年末調整関係書類のデータ提供と従業
員の承諾の要否…………………………478
250 電子データにより提供を受けた年末調
整関係書類の保存期間…………………479
251 マイナポータルの概要…………………479
252 マイナポータル連携の概要……………479
253 マイナポータル連携のための準備……479
254 民間送達サービスの概要………………480
255 民間送達サービスの開設………………480
256 年末調整手続を電子化するためのソフ
トウェア（年調ソフト）………………480
257 年調ソフトの従業員への一括配付……481
258 年調ソフトから印刷した年末調整申告
書…………………………………………481

〔令和4年からの改正事項〕

259 令和4年からの改正事項（短期退職手
当等に係る退職所得金額の計算方法）…482
260 令和4年からの改正事項（短期退職手
当等に関する改正の適用開始時期）……482

付録10　年末調整の質問260に答える　363

〔年末調整の対象となる人とその給与〕

1　居住者と非居住者の区分

〔問〕　年末調整は、一定の居住者について行い、非居住者はその対象とならないということですが、居住者、非居住者はそれぞれどのような人をいうのでしょうか。

〔答〕　居住者とは、国内に住所を有し、又は現在まで引き続いて1年以上居所を有する個人をいいます。

また、非居住者とは、居住者以外の個人をいいます。

この場合の住所とは、各人の生活の本拠をいい、生活の本拠であるかどうかは客観的事実によって判定します。

なお、出入国する人の住所の有無については、事業を営み又は職業に従事するためにその地に居住することとなった場合には、その地における滞在期間が契約等によりあらかじめ1年未満であることが明らかであると認められる場合を除き、その地に住所があるものと推定されることになっています。

2　外国人労働者の年末調整

〔問〕　当社では、人手不足を解消するため、今年4月から外国人労働者を受け入れています。

これらの人も年末調整の対象になりますか。

〔答〕　年末調整は、給与所得を有する一定の居住者について行うことになっていますので、給与の支払を受ける人であっても非居住者については年末調整を行いません。

ご質問の外国人労働者については、その人が居住者、非居住者のいずれに該当するのかが明らかではありませんが、仮に居住者に該当し、かつ「給与所得者の扶養控除等申告書」を提出しているということであれば、年末調整を行うことになります。

(注)　居住者に給与の支払をする者は、その年中に支払の確定した給与について「給与所得の源泉徴収票」を作成し、本人に交付することとされているほか、給与の額が一定額を超える場合には、税務署長にも提出することになっています（241ページ参考）。

また、非居住者に対して給与の支払をする者は、その年中に支払の確定した給与について、その支払額が一定の額を超える場合には、「非居住者等に支払われる給与、報酬、年金及び賞金の支払調書」を作成し、税務署長に提出することになっています（260ページ参考）。

なお、居住者・非居住者の判定は、問1の答のとおり行うことになりますから、ご質問の外国人労働者の国内に滞在する期間が雇用契約等によりあらかじめ1年未満であることが明らかであ

付録

ると認められる場合を除き、国内に住所がある人（居住者）と推定されます。

　　㊟　国外に居住している親族に係る扶養控除等の適用を受けるためには、その親族に係る「親族関係
　　　書類」及び「送金関係書類」を給与の支払をする者に提出又は提示する必要があります。詳しくは
　　　付録5「国外居住親族に係る扶養控除等の適用」を参照してください。

3　海外支店に派遣した従業員の年末調整

〔問〕　当社では、海外市場の開拓のため、10月1日から2年間の予定で、従業員2名をロンドン
　　に派遣することにしました。
　　　海外に派遣される2名の従業員に対する年末調整はどのように行うのでしょうか。

〔答〕　年末調整は、「給与所得者の扶養控除等申告書」を提出している居住者について、その年最後の
　　給与を支払うときに行うことになっていますので、海外の支店等に1年以上勤務する予定の人な
　　ど、年の中途で出国することにより非居住者となる人については、出国する時までに年末調整を
　　行います。
　　　ご質問の従業員は2年間の予定で海外に派遣されるため、出国の日の翌日（10月2日）から非
　　居住者として取り扱われますので、原則としてその出国する時までに、出国前に支給期の到来し
　　た給与の総額を対象に年末調整を行うこととなります。
　　　なお、この場合の社会保険料、生命保険料、地震保険料等の控除額の計算に当たっては、出国
　　の日までに支払った保険料又は掛金の額が対象となりますので、注意が必要です。

　　㊟　配偶者控除や扶養控除などの額は、日割計算をする必要はありません。

4　海外勤務のため出国した公務員の年末調整

〔問〕　居住者が1年以上の任期による海外勤務のため出国した場合、出国の日の翌日からは非居
　　住者となることから、出国の日までに支払うべきことが確定した給与について年末調整を行
　　わなければならないとのことですが、公務員の場合も同様でしょうか。

〔答〕　国家公務員及び地方公務員は、原則として、国内に住所を有しない期間についても、国内に住
　　所を有するものとみなして所得税法（障害者等の少額預金の利子所得等の非課税（所法10）など一定
　　の規定を除きます。）を適用することとされています。
　　　したがって、公務員については、1年以上の任期で海外勤務のため出国したとしても居住者と
　　して取り扱われますので、本年最後の給与の支給の際に、出国前の給与のほか出国後の給与も含
　　めたところで年末調整を行うこととなります。

5　出国後に支払われる国内勤務期間の給与

〔問〕　当社の従業員Aは、2年間のフランス支店勤務を命じられ、9月10日に出国しました。
　　　従業員Aの9月分の給与は9月25日にフランス支店において支払うこととしていますが、当社の給与の計算期間は、前月の21日から当月の20日までとなっているため、9月分の給与には、日本における勤務分とフランス支店における勤務分が含まれています。この場合、9月分の給与は、出国の際に行う年末調整の対象になるでしょうか。

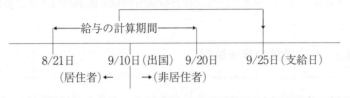

〔答〕　給与の計算期間の中途において海外の支店や現地法人等に転勤したことにより、居住者から非居住者となった人に支払われる給与で、その非居住者となった日以後に支給期が到来するものは、その全額が非居住者に支払う給与となります。年末調整の対象となる給与は、居住者が支払を受けるものに限られますので、ご質問の9月25日に支給される給与は、年末調整の対象にはなりません。
　　なお、9月25日に支給する金額のうち国内勤務に対応する部分については、原則、非居住者に支払う国内源泉所得として20.42％の所得税及び復興特別所得税を源泉徴収する必要がありますが、ご質問のように、給与の計算期間が1か月以下で、かつ、その給与の全額が国内勤務に対応するものでない場合には、その全額が国内源泉所得に該当せず、源泉徴収を要しないものとして取り扱って差し支えないこととされています。

6　出国後に支払われる国内勤務期間に対応する賞与

〔問〕　当社の従業員Aは、来年の12月までロンドン支店に勤務するため、8月31日に出国しました。当社では冬期の賞与850,000円を12月25日に支給することとしていますが、その計算期間は6月1日から11月30日までです（183日）。
　　　この賞与のうちには6月1日から8月31日まで（92日）の国内勤務に対応する部分が含まれていますが、本年分の年末調整の対象に含める必要があるのでしょうか。

〔答〕　給与の計算期間の中途において海外の支店や現地法人等に転勤したことにより、居住者から非居住者となった人に支払われる給与（賞与）で、その非居住者となった日以後に支給期が到来するものは、その全額が非居住者に支払う給与（賞与）ですから、ご質問の12月25日に支給される賞与は年末調整の対象にはなりません。

なお、支給する金額のうち国内勤務に対応する部分の金額については、非居住者に支払う国内源泉所得として20.42％の所得税及び復興特別所得税を源泉徴収することになります。この場合の国内勤務に対応する部分の金額は、次の算式により計算することになります。

$$給与（賞与）の額 \times \frac{国内勤務期間}{給与（賞与）の計算期間} = 国内勤務に対応する部分の金額（源泉徴収の対象となる金額）$$

したがって、ご質問の賞与については、87,259円（850,000円×$\frac{92日（国内勤務期間）}{183日（賞与の計算期間）}$×20.42％、1円未満の端数切捨て）の所得税及び復興特別所得税を源泉徴収することになります。

7　海外支店から帰国した従業員の年末調整

〔問〕　当社の従業員Aは、2年間のロンドン支店勤務を終え、本年5月に帰国し、本社勤務となっています。
　　　この場合、年末調整はどのように行うのでしょうか。

〔答〕　年の中途で非居住者から居住者となった人は、その居住者となった日から12月31日までの間に支給期が到来する給与の総額を対象として年末調整を行います。
　　ご質問のAさんは、ロンドン支店に勤務していた期間は非居住者として取り扱われますので、帰国（本年5月）後に支給期が到来する給与の総額を対象に年末調整を行うこととなります。
　　なお、Aさんからは、居住者となった日以後最初に給与の支払を受ける日の前日までに「給与所得者の扶養控除等申告書」を提出してもらう必要があります。

8　帰国後に支払われる国外勤務期間に対応する給与

〔問〕　2年間のローマ支店勤務を終え、8月11日に帰国した社員がいます。当社の給与計算期間と支給日は下図のとおりとなっていますので、この人の8月分の給与は非居住者であった期間（ローマ支店勤務期間）も含めて支給されます。ところでローマ支店勤務期間に対応する給与は、非居住者の所得に該当すると考えられますので、年末調整の対象に含めなくて差し支えないでしょうか。

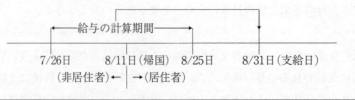

〔答〕　給与の計算期間の中途で海外勤務を終え、国内勤務となった人へ支払う給与は、その給与の金

額のうちに非居住者であった期間の勤務部分に対応する金額が含まれている場合であっても、その人が居住者となった日以後に支給期が到来するものについては、その全額が居住者に対する給与となりますので、年末調整の対象に含めます。

したがって、ご質問の帰国した社員に対し、8月31日に支給する給与は、ローマ支店の勤務期間に対応する部分も含めその全額が居住者に支払う給与となりますので、その支給の際に源泉徴収するとともに、「給与所得者の扶養控除等申告書」を提出している場合で、年末調整を行う際には、その対象としなければなりません。

9 年の中途に非居住者期間がある人の年末調整

〔問〕　当社の従業員Aは、3年間のロサンゼルス支店勤務を命じられ、本年2月末日に出国しました。このため、3月からは非居住者となるので、Aの1月分から2月分までの給与については年末調整を行い、税額の精算をしました。しかし、本年8月に急な事情変更によりロサンゼルス支店勤務を解かれて帰国し、再び国内で勤務しています。

この場合、本年12月の年末調整は、どのようにするのでしょうか。

〔答〕　その年の12月31日に居住者である人で、その年において非居住者であった期間を有する人については、居住者であった期間内に生じた所得を基に年末調整を行います。

したがって、ご質問の場合、Aさんが居住者であった期間、すなわち、1月から2月まで及び8月から12月までの期間に支給期が到来する給与の額を合計して再度年末調整を行うことになります。

10 居住者に対して国外で支払われる給与

〔問〕　当社の従業員Aが4月から6月まで海外支店に出張し、その間の給与については海外支店から直接支給されていました。この場合は，海外支店で支給された給与も含めて年末調整を行うのでしょうか。

〔答〕　居住者に対して支給する給与について、国外において支給される給与は、月々の源泉徴収や年末調整の対象にはなりません。

したがって、ご質問の場合、Aさんが海外支店へ出張していた期間に海外支店から直接支給された給与については、国内において支給された給与には含まれませんので、国内において貴社から支給された給与のみで年末調整を行います。

なお、Aさんは、国内において貴社から支給された給与と国外において海外支店から支給された給与を合算して確定申告を行う必要があります。

368 付録10 年末調整の質問260に答える

11 年の中途で就職した人の年末調整

〔問〕 本年9月に3名の従業員を採用しましたが、全員転職者でそのうちの1名は、前の勤務先から支給された給与の額や源泉徴収税額などがわかりません。

このような人は、当社が支払った給与と源泉徴収税額だけを対象に年末調整を行ってもよろしいでしょうか。

〔答〕 年の中途で就職した人が、就職前に他の勤務先から給与の支払を受けていた場合には、他の勤務先から支払を受けた給与とその給与から控除された源泉徴収税額及び社会保険料等を含めて年末調整の計算を行う必要があります。

したがって、源泉徴収票などで前の勤務先における給与の支払額等が確認できないときは、貴社が支払う給与だけを対象に年末調整を行うことはできませんので、本年最後の給与の支払に際しては年末調整をせずに、通常の月分の給与を支給した場合と同様に給与所得の源泉徴収税額表に基づいた税額計算を行い、その人自らが確定申告により所得税及び復興特別所得税の精算を行うこととなります。

12 年の中途で就職した人の前職分の給与が乙欄適用の場合の年末調整

〔問〕 年の中途で当社に就職した従業員の中に、前職分の給与が乙欄適用であった者がいますが、その分も合わせて年末調整を行ってもよろしいでしょうか。

〔答〕 年末調整の対象となる給与は、年末調整を行う給与の支払者からその年中に支払った全ての給与と他の給与の支払者が支払った甲欄給与が対象になることから、前職分の給与が甲欄以外で源泉徴収されている場合には、貴社分のみで年末調整を行うことになります。

なお、前職分の給与が源泉徴収票などで確認できない場合には、年末調整を見合わせることになりますので注意してください。

また、前職分が乙欄適用であった場合には、他に甲欄適用の給与があることが考えられますので、他に勤務していなかったかどうかについても必ず確認してください。

13 給与明細書による年末調整の計算

〔問〕 年の中途で従業員を採用しましたが、この人の前の勤務先は倒産してしまって源泉徴収票を交付してもらえないとのことです。

この人の前の勤務先での収入金額等が分かる書類としては、給与明細書しかありませんが、この給与明細書に記載されている源泉徴収税額に計算誤りは認められないなど、特に問題と

付録10　年末調整の質問260に答える　369

なるような点は見当たりませんので、この給与明細書を基に年末調整を行って差し支えありませんか。

〔答〕　源泉徴収票を提出できないやむを得ない事情があると認められますし、また、給与明細書により収入金額や社会保険料等及び所得税額等についての確認ができるということですので、給与明細書を基に年末調整を行って差し支えないものと考えられます。

14　就職時に支給した支度金

〔問〕　当社は本年4月の新規採用者に対して転居に伴う旅費に充てるものとして50万円の支度金を支給しています。この支度金は、本年の年末調整の対象に含めなければならないのでしょうか。

〔答〕　就職をした人が、就職に伴う転居のための旅行をした場合に、就職のための旅費として支給される金品で、その旅行に通常必要であると認められるものは非課税となり、それを超える部分の金額は雑所得とされます。したがって、ご質問の支度金については、いずれにしても年末調整の対象とはなりません。

なお、雑所得とされる部分の金額については、契約金として10.21％（100万円を超える部分の金額については20.42％）の税率で源泉徴収する必要があり、その就職をした人が確定申告により所得税及び復興特別所得税の精算を行うことになります。

15　雇用保険の失業給付を受けていた人の年末調整

〔問〕　本年10月に入社した従業員Aは、5月に他社を退職後、入社時まで雇用保険の失業等給付を受けています。このような場合の年末調整は、失業等給付も含めて計算するのでしょうか。

〔答〕　雇用保険法により支給を受ける失業等給付（いわゆる失業保険金）は、同法に基づき非課税所得とされていますので、年末調整の対象となる給与に含まれません。

ご質問のAさんの場合は、前の勤務先から支給された1月から5月までの給与と貴社に入社後支給された10月から12月までの給与の額を合計した金額に基づいて年末調整を行うことになります。

16　年金収入がある場合

〔問〕　当社の従業員Aは給与の他に年金を受給していますが、年末調整はどのように行えばいい

付

録

370　付録10　年末調整の質問260に答える

でしょうか。

〔答〕　年末調整の対象となるのは、「給与所得者の扶養控除等申告書」を提出している人に支払う給与が対象になります。

　　　　したがって、Ａさんの年金については考慮せず、本年中の給与の総額により年末調整を行うかどうかの判定をします。

　　　　なお、Ａさんが受給した年金については、貴社から支給された給与と合わせて、Ａさんが確定申告により所得税及び復興特別所得税の精算を行うことになります。

17　中途退職者と年末調整⑴

〔問〕　当社の課長Ａは、本年10月31日に定年退職する予定になっていますが、就職先が定まっていないことから、当分の間、雇用保険の失業等給付を受けるものと思います。

　　　　失業等給付は非課税所得となっていますので、Ａの本年分の給与収入は当社から受けたもののみとなる見込みです。

　　　　したがって、当社としては、Ａの在職中の給与について年末調整を行いたいと思いますがいかがでしょうか。

〔答〕　年の中途で退職した人に対する年末調整は、次の人を除いて行わないことになっています。

　　　　①死亡により退職した人、②著しい心身障害のために退職した人で、その退職の時期からみて本年中に再就職が不可能と認められ、かつ、退職後本年中に給与の支払を受けないこととなっている人、③12月に支給期の到来する給与の支払を受けた後に退職した人、④いわゆるパートタイマーとして働いている人などが退職した場合で、本年中に支払を受ける給与の総額が103万円以下である人（退職後本年中に他の勤務先等から給与の支払を受けると見込まれる人を除きます。）

　　　　Ａさんについては、上記①から④のいずれにも該当しませんので、Ａさんの在職中の給与について年末調整を行うことはできません。

　　　　なお、このような場合には、Ａさんが確定申告により所得税及び復興特別所得税の精算を行うことになります。

18　中途退職者と年末調整⑵

〔問〕　いわゆるパートタイマーとして働いている人が年の中途で退職した場合には、退職したときに年末調整を行ってもよいのでしょうか。

〔答〕　年末調整はその年最後に給与を支給する際に行うことになっていますが、いわゆるパートタイ

マーとして働いている人などが年の中途で退職する場合で、次の要件を満たしているときは、その退職の際に年末調整を行うことができることとされています。

① その勤務先に「給与所得者の扶養控除等申告書」を提出していること
② その年中に支払を受ける給与の総額が103万円以下であること
③ 退職後本年中に他の勤務先等から給与の支払を受けることがないと見込まれること

　(注)　年末調整を行うのは、退職後において他の給与の支払者から給与の支払を受けることが見込まれない場合に限られていますので、パートタイマーとして働いている人について上記により年末調整を行う場合には、その人が退職後に再就職しないことを確認しておく必要があります。

19　年の中途で死亡退職した従業員に支払う給与の取扱い

〔問〕　当社の従業員Aは、交通事故に遭い、９月15日に死亡しました。そこで、Aの９月分の給与（給与の支給日は毎月25日）と退職金をAの遺族に支払うことにしました。

　　　この死亡退職となったAの年末調整は、どのように行ったらよいのでしょうか。

〔答〕　年末調整は、通常、その年１月１日から12月31日までの間に支払の確定した給与の総額を対象として行うことになっています。しかし、年の中途で死亡した人は、その年の１月１日から死亡した時点までに支払の確定している給与の総額を対象として年末調整を行います。

　　　ご質問の場合には、本年１月１日からAさんの死亡した９月15日までの間に支払の確定した給与の総額を対象に年末調整を行いますが、９月25日に支払われる給与は、その給与の額が生存中の期間に対応するものであるとしても、死亡後に支給期が到来し支払が確定するものですから、年末調整の対象に含まれません。

　　　この年末調整の対象から除かれた９月分の給与及び退職金は、Aさんの遺族が相続により取得するものに該当しますので所得税は課されません。ただし、この９月分の給与や退職金の額は、相続税の課税価格計算に含めなければなりませんので、相続人が相続税の申告をする場合には相続財産に含めて申告するようアドバイスしてください。

20　12月の賞与を暫定支給する場合の年末調整

〔問〕　当社では労使間の交渉が難航し、12月15日に支給すべき賞与の支給額が賞与支給日までに確定しそうもありません。そのため社員の越年資金として全員一律30万円を賞与支給日に暫定支給することとし、年が明けてからあらためて交渉により賞与の支給総額を確定させ、残りの金額を支給する予定です。

　　　この場合、本年の年末調整には暫定支給した30万円を含めることになるのでしょうか。

付

録

372 付録10 年末調整の質問260に答える

〔答〕 年末に支給する賞与がその年分の所得となるかどうかは、その支給された賞与の収入とすべき
金額が年末までに確定したかどうかによります。

　ご質問の場合、賞与の支給総額は本年中に確定していませんが、暫定支給した金額は現実に支
給したことによって賞与の支給額の一部として既に確定したと考えられますから、この暫定支給
した賞与は賞与支給日において収入とすべき金額が確定した金額として、本年の年末調整に含め
て計算する必要があります。

21　未払の役員賞与がある場合の年末調整

〔問〕 当社では、11月30日に開催した株主総会において、12月から役員に対する報酬を増額する
こととし、各人ごとの支給金額も決定しましたが、12月の増額分は、資金繰りの都合で翌年
のなるべく早い時期に支給することになりました。

　この場合、当該増額分（未払の役員賞与）は、翌年の年末調整の対象としてよいのでしょ
うか。

〔答〕 年末調整は、本年1月1日から12月31日までの間に支払の確定した給与の総額について行うこ
とになっています。

　ご質問の役員賞与は、本年中に各人ごとの具体的な支給金額が決定したとのことですから、実
際の支給が翌年以後となったとしても、本年中に支払の確定した給与として、本年の年末調整の
対象としなければなりません。

22　役員報酬の受領辞退と年末調整

〔問〕 当社では、本年1月に開催した株主総会において、役員報酬の支給を決議しましたが、資
金繰りの状況から支給を行っていなかったところ、年末に至り、役員より受領を辞退する旨
の申出がありました。

　このような場合、源泉徴収及び年末調整の取扱いは、どのようになるのでしょうか。

〔答〕 給与など源泉徴収の対象となる所得の支払の際には、所得税及び復興特別所得税を源泉徴収す
べきこととされていますが、この場合の「支払」には、金銭の交付による支払だけではなく、金
銭の交付と同一視し得るその支払債務の消滅する一切の行為が含まれることとされており、給与
などの支払者がその支払債務の免除を受けた場合には、原則として、免除を受けた時をその「支
払」の時として源泉徴収することになります。ただし、その債務の免除が、支払者の債務超過の
状態が相当期間継続し、支払をすることができないと認められる場合などにおいて行われたもの
であるときには、源泉徴収をする必要はないこととされています。

付録10 年末調整の質問260に答える 373

したがって、ご質問の場合、債務超過の状態が相当期間継続し、その支払をすることができないと認められるような状況下において受領辞退が行われたものであるときは、源泉徴収及び年末調整の対象とする必要はありません。

なお、支払の確定した日から1年を経過した日において支払があったものとみなされた未払の役員賞与等について、その支払があったものとみなされた日後において上記のような免除が行われた場合であっても、この賞与等につき源泉徴収をした税額は、その源泉徴収をした徴収義務者に還付する過誤納金には該当しないこととされており、この場合には、その債務の免除をした者については、その免除をした金額の回収ができなくなったものとして、所得税法第64条第1項《資産の譲渡代金が回収不能となった場合等の所得計算の特例》の規定の適用の可否を検討することになります。

23 ベースアップ差額を年内に内払する場合の年末調整

〔問〕 当社では、本年12月に給与規程を改訂し、本年の4月に遡って適用することになりました。この改訂に伴うベースアップの差額は、当初来年の1月に支給することになっていましたが、労働組合の強い要請がありましたので、これを変更し、ベースアップ差額のうち一律一人3万円は年内に支給することにしました。

この場合、年内に支給した3万円は、本年の年末調整でどのように取り扱われるのでしょうか。

〔答〕 ベースアップ差額の収入すべき時期は、支給日として定められた日（支給日が定められていないものについては、その支給を受けた日）とされています。

ご質問の場合のベースアップ差額のうち来年の1月に支給される部分の収入すべき時期は、来年1月の支給日ということになりますが、本年中に支給される3万円部分については、その支給される日に収入すべき金額として確定したことになりますので、本年の年末調整はこの3万円を含めて行うことになります。

24 年末調整後に給与の支給額が2,000万円を超えた場合

〔問〕 当社の従業員Aについては、12月15日の給与を支払う際に、給与の支給総額が2,000万円以下でしたので年末調整を行いました。

しかし、給与のベースアップに伴う差額（4月から12月支給分まで）を12月25日に支給したところ、支給総額が2,000万円を超えてしまいました。

このような場合には、どうすればよいのでしょうか。

付

録

374 付録10 年末調整の質問260に答える

〔答〕 本年中に支払うべきことが確定した給与の金額が2,000万円を超えることになりますので、年末調整を行うことはできません。

　　　したがって、12月15日に行った年末調整により精算した過不足額は、徴収又は還付することになります。

　　　また、12月15日の給与について税額計算を省略して年末調整を行っている場合には、その給与に対する税額計算は省略できないこととなり、通常どおりの源泉徴収が必要となりますので、注意してください。

　　　なお、Aさんは、確定申告により所得税及び復興特別所得税の精算を行うことになります。

25　丙欄適用者が年の中途で甲欄適用者となった場合の年末調整

〔問〕　当社では、本年9月7日にAを臨時雇いとして採用し、その給与について給与所得の源泉徴収税額表の日額表丙欄を適用して源泉徴収を行ってきましたが、10月1日から正式に社員として採用しました。このためAの給与は月給となりましたので、「給与所得者の扶養控除等申告書」の提出を受け、月額表甲欄を適用して源泉徴収を行っています。

　　　この場合、日額表丙欄を適用した給与については、年末調整の対象に含めなくてもよいでしょうか。

〔答〕　年末調整は、その年の最後に給与を支払う時に、「給与所得者の扶養控除等申告書」を提出している人について、その年中に支払った給与の全てを対象として行いますので、日額表丙欄を適用して源泉徴収した給与も含めて年末調整を行います。

　　　なお、Aさんが臨時雇いとして採用される前に、他の給与の支払者に「給与所得者の扶養控除等申告書」を提出して給与の支払を受けていた場合には、その給与の額及びその給与から差し引かれていた所得税及び復興特別所得税や社会保険料等の額も含めて年末調整を行います。

26　甲欄適用者が年の中途で乙欄適用者になった場合の年末調整

〔問〕　当社の従業員Aは、今年の7月から関連会社に出向し、そこから給与が支払われることになったため、関連会社に「給与所得者の扶養控除等申告書」を提出しました。

　　　当社においては、関連会社との給与格差の是正のため差額の補てんを行いますので、これについて7月以降乙欄を適用し源泉徴収を行いますが、年末調整についてはどのようにすればよろしいでしょうか。

〔答〕　Aさんの「給与所得者の扶養控除等申告書」の提出先が、年の中途から他の給与の支払者になったことから、貴社では年末調整を行うことはできません。

付録10　年末調整の質問260に答える　375

　この場合、貴社においてはＡさんが「給与所得者の扶養控除等申告書」を他の給与の支払者に提出した日の前日までに支払う給与について、給与の源泉徴収票（甲欄）を作成し、Ａさんに交付してください。本年の年末調整については、Ａさんが貴社から受け取った源泉徴収票を関連会社に提出し同社で行うことになります。その後、貴社においてそれ以降の分の給与所得の源泉徴収票（乙欄）を作成してＡさんに交付し、Ａさんは関連会社の給与と合わせて確定申告により所得税及び復興特別所得税の精算を行うことになります。

27　乙欄適用者が年の中途で甲欄適用者になった場合の年末調整

〔問〕　従業員Ａについては、他社に「給与所得者の扶養控除等申告書」を提出していたため、当社においては当初乙欄で源泉徴収していましたが、年の中途で「給与所得者の扶養控除等申告書」の提出先を他社から当社に変更したことから、「給与所得者の扶養控除等申告書」の提出後は甲欄で源泉徴収しています。
　　　当社の年末調整の対象とする給与は、当社における乙欄給与と甲欄給与の合計による給与でよろしいでしょうか。

〔答〕　年末調整の対象となる給与は、年末調整をする支払者がその年中に支払った全ての給与と他の給与の支払者が支払った甲欄給与が対象となることから、貴社の乙欄給与と甲欄給与の合計による給与と他社の甲欄給与を合計した総額になります。
　　　他社からの乙欄給与については、年末調整の対象となりませんので、Ａさんに他社からの乙欄給与がある場合には、Ａさんは確定申告により貴社が年末調整をした給与と合わせて所得税及び復興特別所得税の精算を行うことになります。

28　災害減免法により源泉所得税及び復興特別所得税の徴収猶予を受けた従業員の年末調整

〔問〕　本年９月の集中豪雨により、当社の従業員Ａは、自宅に被害を受けたため、「災害被害者に対する租税の減免、徴収猶予等に関する法律」（災害減免法）により10月分以降の給与から徴収すべき源泉所得税及び復興特別所得税の徴収の猶予と、７〜９月分の給与から徴収された税額の還付を受けています。
　　　従業員Ａの年末調整はどのように行ったらよいでしょうか。

〔答〕　震災、風水害等の災害により、住宅や家財に大きな被害を受けた人は、災害減免法の規定により、源泉所得税及び復興特別所得税の徴収を猶予されたり、あるいは既に徴収された所得税及び復興特別所得税の還付を受けることができます。

付

録

376　付録10　年末調整の質問260に答える

このように災害減免法の規定により、所得税及び復興特別所得税の徴収を猶予され、又は既に徴収された所得税及び復興特別所得税の還付を受けた人については、確定申告をしてその年の税額を精算することとされていますので、年末調整を行うことはできません。

なお、確定申告に当たっては、災害減免法の規定による所得税の減免か、あるいは所得税法の規定による雑損控除のいずれか有利な方を選択することができます。

29　翌月払の給与の年末調整

〔問〕　当社の給与規程では、毎月1日から末日までの勤務実績を基に、翌月10日に給与を支給することになっています。したがって、12月中の勤務実績に基づく給与は翌年の1月10日に支給することになります。

　このような場合、年末調整の対象となる給与の総額には、翌年1月10日に支給する金額を含めるのでしょうか。

〔答〕　年末調整は、本年中に支払の確定した給与、すなわち給与の支払を受ける人からみれば収入の確定した給与の総額について行います。この場合の収入の確定する日（収入すべき時期）は、契約又は慣習により支給日が定められている給与についてはその支給日、支給日が定められていない給与についてはその支給を受けた日をいいます。

　したがって、給与規程で翌年1月10日に支給することになっている給与は、同日が収入の確定する日となりますので、本年の年末調整の対象とはなりません。

30　年内に給与を支給しない中途採用者の年末調整

〔問〕　当社は給与の支給が翌月5日となっているので、12月中に採用した中途採用者に対して年内に給与を支給しませんが、前職分の源泉徴収票に基づき年末調整を行う必要があるのでしょうか。

〔答〕　年末調整は給与の支払者がその年最後の給与の支払をする時に行うこととなっています。

　ご質問の場合、12月中に採用した中途採用者に対して、その年最後の給与の支払を行っておりませんので、年末調整を行うことはできません。この場合には、所得者本人が確定申告を行うことにより、税額が精算されることになります。

付録10　年末調整の質問260に答える　377

31　青色事業専従者給与と年末調整

〔問〕　私は、２人の従業員を雇用するほか、私の配偶者を青色事業専従者として酒類の小売店を経営しています。

　　　この場合、私の配偶者に支給している青色事業専従者給与についても年末調整を行う必要があるのでしょうか。

〔答〕　青色事業専従者給与は、従業員に対する給与と同様に取り扱うことになっています。

　　　したがって、あなたが配偶者に支給した青色事業専従者給与についても、年末調整を行う必要があります。

32　家事使用人と年末調整

〔問〕　当社の役員Ａは家政婦を１人雇用しています。

　　　先日役員Ａから、「家政婦の給与に対する年末調整をどのように行えばよいのか。」と質問されました。

　　　役員Ａが雇っている家政婦については、役員Ａが年末調整を行う必要があるものと思いますがそれでよろしいのでしょうか。

　　　なお、役員Ａは、家政婦の毎月の給与から源泉徴収を行っておらず、また、「給与所得者の扶養控除等申告書」の提出も受けていないそうです。

〔答〕　個人が、いわゆるお手伝いさんや家政婦さんなどのような個人の家事上の使用人（家事使用人）のみを雇用する場合であって、かつ、その家事使用人の数が常時２人以下である場合には、その支払う給与について源泉徴収をする必要はないことになっています。

　　　したがって、役員Ａさんの雇用している人が家事使用人１人だけの場合には、その家事使用人の毎月の給与に対する源泉徴収はもちろん年末調整の必要もありません。

　　　なお、ご質問の家政婦さんは、支給された給与について年末調整が行われませんので、ご自分で確定申告をしなければなりません。

33　確定申告を要する人の年末調整

〔問〕　当社の役員Ａは、当社からの給与（支給総額1,200万円）以外に多額の家賃収入があり、毎年確定申告をしています。Ａから「毎年確定申告で精算しているから、私の分は年末調整をしなくて結構です。」との申し出がありましたが、申し出のとおり取り扱って差し支えないでしょうか。

378 付録10 年末調整の質問260に答える

〔答〕 「給与所得者の扶養控除等申告書」を提出している人でその提出先から支払われる給与の総額
が2,000万円以下の人については、年末調整を行わなければなりません。

したがって、Aさんのように給与以外の所得があり確定申告をしなければならない人について
も、その給与について年末調整をする必要があります。

34 育児休業中の人の年末調整

〔問〕 育児休業中の当社の従業員Aに対する給与は、7月16日の支給を最後に本年は支給しない
予定ですが、年末調整を行う必要はあるのでしょうか。

なお、8月以降は雇用保険法に基づく育児休業給付が支給される予定です。

〔答〕 育児休業中であったとしても、雇用関係が年末まで継続しているため、年末調整を行う必要が
あります。年末調整を行う時期は、本年最後の給与を支払う7月16日となります。

なお、雇用保険法に基づく育児休業給付は、非課税所得とされています。

35 年末のみ残業手当を繰上支給する場合の年末調整

〔問〕 当社では、その月分の残業手当は翌月の給料日に支給していますが、12月分の残業手当に
ついてのみ例年12月中に繰上げ支給しています。この場合、12月分の残業手当は本年分の年
末調整の対象に含めてよろしいでしょうか。

〔答〕 12月分の残業手当については、貴社において例年12月中に支給していることから、契約又は慣
習により本年中に支払うことが確定した給与と認められるため、本年分の年末調整の対象に含め
ることになります。

36 複数箇所でアルバイトをしている場合の年末調整

〔問〕 当社の従業員Aはアルバイトを複数箇所でしていますが、年末調整を行うことはできますか。

〔答〕 年末調整は「給与所得者の扶養控除等申告書」を提出している給与の支払者の下でしか行えま
せん。

したがって、貴社に対して「給与所得者の扶養控除等申告書」の提出がされている場合には、
貴社において支払った給与のみで年末調整を行うことになります。

なお、「給与所得者の扶養控除等申告書」を提出している給与の支払者以外からの給与につい

付録10　年末調整の質問260に答える　379

ては、年末調整を行った給与と合わせて確定申告により所得税及び復興特別所得税の精算を行うことになります。

〔非課税所得〕

37　労働基準法の規定により支払う補償金

〔問〕　当社は、工員に職務上の事故があったので、労働基準法の規定によって、療養補償、休業補償を支払いました。これらの補償金も給与に含めて年末調整をする必要があるのでしょうか。

〔答〕　労働基準法の規定によって支払われる療養補償、休業補償、障害補償、打切補償などの補償金については、所得税は課されないこととなっています。したがって、支給の際に所得税の源泉徴収をする必要はありませんし、年末調整の際にこれらを含めて計算する必要もありません。

38　アルバイトに支給する通勤手当の非課税限度額

〔問〕　当社では、夏期にアルバイトを採用しています。

アルバイトに支給する給与は、1日5,000円でまとめて月末に支給しています。また、アルバイトの通勤のための電車賃を実費で給与とは別に支給しています。

アルバイトの勤務日数は2週間で1か月に足りませんが、このような場合、アルバイトに支給する通勤手当の非課税限度額は、日割により計算するのでしょうか。

〔答〕　通勤手当の非課税限度額は、電車利用の場合には1か月当たりの合理的な運賃等の額（最高限度150,000円）と定められており、1か月に満たない場合の取扱いは特に定められていません。したがって、ご質問の月に2週間しか出勤しないアルバイトについても、非課税限度額を日割額により計算する必要はなく、合理的な運賃等の額でその月の通勤手当の額が150,000円以内で通常の給与に加算して支給するもの（給与明細で区分できるようになっているものなど）であれば非課税となります。また、アルバイト代と交通費を日払する場合についても同様に取り扱われますので、例えば、電車を利用する人の場合には、日払する交通費の合計額が1か月150,000円に達するまではそれが合理的な運賃等の額の範囲内であれば非課税となります。

39　通勤手当を給与に含めて支給していた場合の控除の可否

〔問〕　当社では、通勤手当を特に区別して支給しておらず、通常の給与の中から各従業員が負担

付

録

380　付録10　年末調整の質問260に答える

するものとして一括支給していますが、通勤手当は非課税とされていますので、その通勤手
当に相当する金額を給与の金額から控除して年末調整を行ってよろしいですか。

〔答〕　通勤手当が非課税とされるためには、通常の給与に加算して支給されるものであることが要件
とされていますので、給与明細書等に通常の給与とは区別され、通勤手当の金額が明示されてい
なければ非課税となる通勤手当として取り扱うことはできません。

　　　したがって、通勤手当に相当する金額であっても給与に含めて支給されたものは、給与として
課税の対象となりますので、これを給与の金額から控除して年末調整をすることはできません。

40　従業員に支給した奨学金

〔問〕　当社では、社員の一般教養の向上を図るため、通信教育を受けている社員に対し、月額2
万円を限度として奨学金を支給することとしています。

　　　この場合、奨学金についても年末調整の対象に含めなければならないのでしょうか。

〔答〕　従業員が給与支払者から給付を受ける学資金については、一定の場合を除き、通常の給与に加
算して支給されるものに限っては非課税とされています。

　　　したがって、ご質問の奨学金が非課税とされる学資金に該当する場合には、年末調整の対象と
する必要はありません。

　　　なお、使用者がその業務遂行上の必要に基づき、役員又は使用人の職務に直接必要な技術や知
識を習得させたり、免許や資格を取得させるための費用として適正なものは、課税しなくても差
し支えないことになっています。

〔現　物　給　与〕

41　現物給与に含まれる消費税等の取扱い

〔問〕　使用人等に現物給与を支給する場合、その支給する物の価額には、通常、消費税及び地方
消費税の額が含まれることになりますが、年末調整の際、給与所得として課税する場合には、
この消費税及び地方消費税の額を含めて課税するのでしょうか。

〔答〕　使用者が役員又は使用人に対して物又は権利その他の経済的利益を供与した場合には、その経
済的利益、いわゆる現物給与は給与の収入金額として所得税の課税の対象とされます。

　　　この場合において、給与の収入金額とされる経済的利益の金額は、その支給の時における価額
とされており、この価額に消費税及び地方消費税の額が含まれるときはその消費税及び地方消費

付録10　年末調整の質問260に答える　381

税の額を含めた金額とされています。したがって、現物給与の額に消費税及び地方消費税の額が含まれているときは、その消費税及び地方消費税の額を含めたところにより年末調整を行うことになります。

42　使用人等に支給する食事

〔問〕　当社では、役員や従業員の昼食は食券制の社内食堂で賄っており、その調理を業者に委託しています。

　　食券は毎月１人当たり8,000円分を１冊とし、これを半額の4,000円で販売していますが、その食券は通常その月中に使い切る範囲となっています。

　　この場合、課税上何か問題が生じるでしょうか。

〔答〕　使用者が支給する食事（宿日直又は残業した場合に支給される食事を除きます。）については、原則として、現物給与として課税しなければなりませんが、次の２つの要件をいずれも満たす場合に限り経済的利益はないものとして課税しないこととして取り扱われます。
①　食事の価額の半額以上を利用者が負担すること
②　使用者の負担額が、利用者１人について月額3,500円を超えないこと

　ご質問の場合は、①の要件は満たしていますが、②の要件を満たしていません。したがって、貴社が負担した利用者１人当たりの月額4,000円は全額給与として課税されることになりますので、月々の給与の額に加算して税額の計算を行うとともに、年末調整においても給与の総額に含めて計算することになります。

　なお、貴社が負担する額について給与として課税されないようにするためには、役員や従業員に対し例えば8,000円分の食券を4,500円で販売するか、支給する食券を月一冊7,000円分までとし、これを3,500円で販売するなどの方法によれば上記①、②の２つの要件をいずれも満たすことになり、会社の負担額については、役員や従業員の給与として課税されないこととなります。

　　（注）1　上記⑴にいう食事の価額は、使用者において調理して支給する食事については、材料費など直接費の額に相当する金額で、また、飲食店等から購入して支給する食事については、その購入価額に相当する金額でそれぞれ評価します。
　　　　　2　上記②の3,500円を超えているかどうかは、（注）1により評価した金額から消費税及び地方消費税の額を除いた金額を基にして判定します。

43　商品の値引販売による経済的利益

〔問〕　電気製品を販売する当社では、福利厚生の一環として従業員が当社の商品を購入する場合には、一律に販売価額の３割引にしています。

　　この値引による経済的利益は、購入した社員の給与として課税する必要がありますか。

付録

382 付録10　年末調整の質問260に答える

〔答〕　使用者が役員や使用人に対して自己の取り扱う商品、製品等（有価証券及び食事は除かれます。）を値引販売することにより、その役員や使用人が受ける経済的利益については、その値引販売が次に掲げる要件のいずれにも該当する場合には、課税しなくてもよいこととされています。

①　値引販売の価額が、使用者の取得価額以上で、かつ、通常他に販売する価額のおおむね70％以上であること

②　値引率が役員や使用人の全部について一律であるか、又は役員や使用人の地位、勤続年数等に応じて全体として合理的なバランスが保たれる範囲内の格差を設けて定められていること

③　値引販売をする商品等の数量が、一般の消費者が家事のために通常消費すると認められる程度のものであること

　（注）　不動産は、一般の消費者が家事のために通常消費するものではないと認められます。

　ご質問の場合には、①値引販売の価額が貴社の仕入価額以上であること及び②値引販売の数量が通常家庭で使われる程度までであることの２点が満たされれば、値引販売による経済的利益については、その従業員の給与として課税する必要はありません。

44　従業員に支給する作業服

〔問〕　当社では、工場の従業員に対し、会社のマーク入りの作業服を支給しています。
　　　支給する作業服は、勤務時間中は必ず着用しなければならないこととしていますが、この作業服の支給について課税上何か問題が生じるでしょうか。

〔答〕　会社が支給する制服等で非課税とされるものは、例えば、守衛、バスガイド等「職務の性質上制服を着用すべき者」に支給するものとされていますが、ご質問の場合のような専ら勤務場所のみにおいて着用する作業服や事務服についても、これらの人に支給される制服に準じて取り扱って差し支えないこととされています。

　したがって、ご質問の場合には、作業服の支給について課税上の問題は生じません。

45　社内提案制度に基づく表彰金

〔問〕　当社は、昨年度から提案制度を設けており、この度、記帳事務を担当している経理課事務員Ａから提出された「各種様式の合理化に関する提案」について、当社提案制度の表彰第１号として、３万円の表彰金を支払うことが決定しました。この事務員Ａに支払う賞金については、給与所得として年末調整の対象に含める必要があるのでしょうか。

〔答〕　事務や作業の合理化、製品の品質の改善や経費の節約などに寄与する工夫、考案など（特許又は実用新案登録若しくは意匠登録を受けるに至らないものに限ります。）をした人に支払う報奨金、表

付録10　年末調整の質問260に答える　383

彰金、賞金等については、その工夫、考案等がその人の通常の職務の範囲内の行為である場合には給与所得とされ、その他の場合には一時所得（その工夫、考案等の実施後の成績等に応じ継続的に支払われるものは雑所得）とされます。

　この場合、「通常の職務の範囲内」の行為とは、事務や作業の合理化などに寄与する工夫、考案などを通常の職務としている人が行う工夫、考案などをいいます。

　ご質問の場合、事務員Ａさんの通常の職務は記帳事務であって、工夫、考案などではないと考えられますので、「各種様式の合理化に関する提案」は、事務員Ａさんの職務に関係するものですが、通常の職務の範囲内の行為とはいえません。したがって、ご質問の表彰金は、一時所得に該当し、給与所得には該当しないことから、所得税及び復興特別所得税の源泉徴収や年末調整の対象に含める必要はありません。

46　会社が負担する人間ドックの検診料

〔問〕　当社では、従業員の健康管理のため、年齢が40歳以上の人については、役員、従業員を問わず２年ごとに人間ドックによる検診を受けさせることとしました。

　　　この検診は、当社が指定した病院で行い、費用は全て当社負担としますが、受診者に対する給与として課税しなければならないでしょうか。

〔答〕　従業員の健康管理のため、会社が指定した病院で人間ドックによる検診を受けさせている場合には、一部の従業員、役員のみを対象としている場合を除いて、次のような理由により課税しないこととして取り扱われています。

①　法律上、労働者を雇用する使用者は、労働者に対する健康診断の義務を負っていること

②　人間ドックによる検診は健康管理の必要上、一般的に実施されるようになっていること

　ご質問の場合には、貴社の従業員で40歳以上に達した人については、役員、従業員を問わず受診させるとのことですから、その費用を貴社が負担したとしても、その額が著しく多額でない限り課税する必要はありません。

47　災害被害者に無利息貸付を行った場合の取扱い

〔問〕　当社の従業員Ａは、先頃、火災に遭い自宅を全焼してしまいました。Ａは当分の間、近所のアパートに仮住いしていますが、アパートへ入居するための権利金、衣類や家財道具の購入などに相当な金額を要するとのことでしたので、当分の間の必要資金として当社から150万円の貸付を行うこととしました。

　　　この貸し付けた金額については、特別な事情もあり無利息としたいと思いますが、課税上何か問題が生じるでしょうか。

384　付録10　年末調整の質問260に答える

〔答〕　使用者が役員又は使用人に対し金銭を無利息で貸し付けたことにより、役員又は使用人が受ける経済的利益については、給与として課税されるのが原則ですが、その経済的利益が「災害、疾病等により臨時的に多額な生活資金を要することとなった役員又は使用人に対し、その資金に充てるために貸し付けた」ことによるものである場合には、課税されないことになっています。

　　したがって、ご質問の場合、その返済に要する期間として合理的と認められる期間内に受ける無利息貸付による経済的利益については、課税されません。

48　社員旅行の不参加者に金銭を支給した場合の課税

〔問〕　当社では毎年、全従業員による1泊2日の従業員レクリエーション旅行を行い、これに要する一切の費用（参加者1人当たりおおむね4万円）を負担しています。ところで今年は、個人的な事情で参加できない人が2名いるので、この2名にそれぞれ4万円を支給することにしました。この2名について課税すれば、参加した従業員には課税する必要はないと思いますが、いかがでしょうか。

〔答〕　従業員のレクリエーション旅行の費用を会社が負担した場合には、その旅行に参加した従業員等が受ける経済的利益の額が少額不追求の趣旨を逸脱しないものであり、かつ、その旅行が従業員等の親睦を図り、志気を高める目的のレクリエーション行事として社会通念上一般的に行われていると認められている程度のものであるならば課税されません。ただし、自己の都合で参加できなかった人に対して金銭を支給する場合には、参加者、不参加者を問わず、全員に対してその不参加者に支給した金銭に相当する給与の支払があったものとして取り扱われます。

　　したがって、ご質問の場合には、全従業員に対して4万円の給与の支給があったものとして課税する必要があります。

　　なお、業務の必要に基づき参加できなかった人だけに参加費用相当額を支給するときは、その参加できなかった人について給与として源泉徴収する必要はありますが、旅行に参加した人について課税する必要はありません。

49　従業員レクリエーション旅行として行う海外旅行

〔問〕　当社では従業員の慰安のため、全従業員を対象にグァム島へ4泊5日の日程で旅行することとしました。旅行費用（15万円）のうち、従業員の積立金（6万円）では不足する金額（9万円）を当社が負担する予定ですが、税務上の取扱いはどのようになりますか。

〔答〕　使用者が、従業員等のレクリエーションのために行う旅行の費用を負担することにより、これらの旅行に参加した従業員等が受ける経済的利益については、その旅行の企画立案、主催者、旅

付録10　年末調整の質問260に答える　385

行の目的・規模・行程、従業員等の参加割合、使用者及び参加従業員等の負担額及び負担割合などを総合的に勘案して実態に即した取扱いを行うこととされています。

　なお、旅行に参加した従業員等が受ける経済的利益の額が少額不追求の趣旨を逸脱しないもので、かつ、その旅行が次のいずれの要件も満たしている場合には、原則として課税されません。

① 　その旅行に要する期間が4泊5日（目的地が海外の場合には、目的地における滞在日数）以内のものであること

② 　その旅行に参加する従業員等の数が全従業員等（工場、支店等で行う場合は、その工場、支店等の従業員等）の50％以上であること

　ご質問の場合、これらのいずれの要件も満たしており、会社の負担金額も少額不追求の趣旨の範囲内と認められますので、課税の対象とはなりません。

50　転勤に伴い会社が負担した借家の権利金等

〔問〕　当社では、従業員が転勤に伴い転勤先で借家に入居する場合、引越費用のほかに、借家のための権利金及び仲介手数料も支払うこととしています。借家の賃貸契約は従業員本人が締結し、当社は本人の請求により全額を従業員に支払います。

　　　非課税となる旅費として取り扱ってよろしいでしょうか。

〔答〕　引越費用として支給された実費相当額は、転任に伴う転居のための旅行で、その旅行に必要な支出に充てるための金品で、その旅行について通常必要であると認められるものであれば、非課税となります。

　　　しかし、借家のための権利金及び仲介手数料については、「旅行に通常必要な支出」ではありませんので、給与として課税することになります。

51　会社が負担する損害賠償金

〔問〕　当社の従業員Aは、自動車で商品を運搬中、道路に飛び出してきた子供を避けようとしてハンドルをきりそこね、他人の店舗に相当な損害を与えたため、その店舗の主人から300万円の損害賠償金を要求されています。

　　　この損害賠償金については、当社で負担したいと思いますが、課税上の問題が生じるのでしょうか。

〔答〕　使用者が役員又は使用人の行為によって損害賠償金（慰謝料、示談金等）を負担することにより、その役員や使用人が受ける経済的利益については、次によることとされています。

① 　その損害賠償金の基因となった行為が、使用者の業務の遂行に関連するものであり、かつ、

付

録

386　付録10　年末調整の質問260に答える

その行為者の故意や重過失によるものでない場合には、その役員や使用人が受ける経済的な利益はないものとされています。

②　その損害賠償金の基因となった行為が①以外のものである場合には、その負担する金額は、その役員や使用人の給与として課税しなければなりません。

ただし、その負担した金額のうちに、その行為者の支払能力等からみて、その人に負担させることができないためにやむを得ず使用者が負担した金額がある場合には、その部分の金額については、その役員や使用人に対する経済的利益はないものとされます。

ご質問の場合には、その事故が使用者の業務遂行中に生じたものであり、しかも事故を起したＡさんに故意や重過失があったとは思われませんので、貴社が負担する損害賠償金額は、Ａさんの給与として課税する必要はありません。

52　団体特約に基づく取扱手数料を従業員の払込保険料に充てた場合の経済的利益

〔問〕　当社では、生命保険会社と団体特約を結び、これにより生命保険会社から支払われる取扱事務手数料を、この保険に加入している従業員の払込保険料に充てたいと考えています。

この場合、課税上の問題が生じるのでしょうか。

〔答〕　団体特約に基づく取扱事務手数料は、保険料の集金事務を取り扱う団体に支払われるものであり、その団体の収入となるものです。

したがって、ご質問のように貴社の収入となる取扱事務手数料を従業員が契約した保険契約等の払込保険料に充てた場合には、貴社が従業員の負担すべき保険料を負担したことになりますので、その従業員に対する給与として課税しなければなりません。

この場合には、その従業員の生命保険料控除の対象となる保険料の額には、その払込保険料に充当した取扱事務手数料に相当する金額も含まれることになります。

53　保険金の受取人を会社名義から役員名義に変えた場合の経済的利益

〔問〕　当社では、役員Ａを被保険者とし、会社を保険金受取人とする生命保険契約に基づき、保険料を支払ってきましたが、この度、会社の都合により保険金受取人をＡ名義に変更するとともに、今後はＡが保険料を負担することとしました。

この名義変更に当たって、当社はＡからの金銭の授受は予定していませんが、課税上の問題が生じるのでしょうか。

なお、この生命保険契約に基づく払込保険料の累積額は100万円で、会社の資産として計上されています。

また、この生命保険契約を名義変更する時に解約することとした場合の解約返戻金の額は

付録10　年末調整の質問260に答える　387

剰余金を含め75万円になるとのことです。

〔答〕　使用者が役員や使用人に支給する生命保険契約に関する権利は、原則として、その支給時において契約を解除したとした場合に支払われることとなる解約返戻金の額（解約返戻金のほかに支払われることとなる前納保険料の金額や剰余金の分配額等がある場合には、これらの金額との合計額）により評価し、その評価額に相当する金額をその役員や使用人に対する給与として課税することとされています。

　　ご質問の場合は、名義変更する時点において、解約したならば支払われることとなる75万円が、役員Ａさんに対する賞与として源泉徴収の対象になります。

54　役員や従業員に社宅を貸与した場合の賃貸料相当額の計算

〔問〕　役員や従業員に社宅を貸与した場合、一定額以上の賃貸料相当額を徴収していれば課税の問題は生じないとのことですが、社宅を役員に貸与した場合と従業員に貸与した場合とでは賃貸料相当額にどのような相違があるのでしょうか。

〔答〕　会社が社宅や寮を貸与した場合の賃貸料相当額は、その賃借人が役員か使用人かによって計算方法が異なり、その区分に応じてそれぞれ次により計算します。

(1)　役員の場合

①　会社が所有している社宅等の賃貸料相当額の計算

$$\text{賃貸料相当額（月額）} = \left\{ \text{その年度の家屋の固定資産税の課税標準額} \times 12\% \left(\begin{array}{l} \text{木造家屋以外} \\ \text{の家屋につい} \\ \text{ては10\%} \end{array} \right) + \text{その年度の敷地の固定資産税の課税標準額} \times 6\% \right\} \times \frac{1}{12}$$

　　（注）　この場合の「木造家屋以外の家屋」とは、耐用年数が30年を超える住宅用の建物をいいます。

②　他から賃借している社宅等の賃貸料相当額の計算

　　会社が支払う賃借料の50％相当額とその賃借している土地・家屋について上記①により計算した金額とのいずれか多い方の金額が賃貸料相当額となります。

　　この場合、会社が支払う賃借料に冷暖房費、水道光熱費その他家賃以外の個人が負担すべき生活費用が含まれているときは、それら個人が負担すべきものは給与所得に該当します。

③　小規模住宅に該当する社宅等の賃貸料相当額の計算

　　小規模住宅とは、その家屋の床面積が132平方メートル（木造家屋以外の家屋については99平方メートル）以下のものをいい、その賃貸料相当額は、次の(2)の使用人の場合の算式によって計算した金額となります。

④　豪華な役員社宅の賃貸料相当額の計算

　　役員に貸与した住宅等が社会通念上一般に貸与されている住宅等と認められない住宅等（いわゆる豪華役員社宅）である場合には、その賃貸料相当額は上記①から③までによらず、

388　付録10　年末調整の質問260に答える

その住宅等の利用につき通常支払を受けるべき使用料その他その利用の対価に相当する額（その住宅等が一般の賃貸住宅である場合に授受されると認められる賃貸料の額）により評価します。

　なお、その住宅等が社会通念上一般に貸与されている住宅等に該当するかどうかについては、家屋の床面積（業務に関する使用部分等がある場合のその部分を除きます。）が240平方メートルを超えるもののうち、その住宅等の取得価額、支払賃貸料の額、内外装その他の設備の状況等を総合勘案して判定します。

　なお、家屋の床面積が240平方メートル以下の住宅等であっても、㋑一般の住宅等に設置されていないプール等の設備等があるもの、㋺役員個人の嗜好等を著しく反映した設備等を有するものなどは、いわゆる豪華役員社宅に該当します。

　㊟　会社が役員から徴収している賃貸料の額が上記①から④によって求めた賃貸料相当額以下である場合には、この賃貸料相当額と実際に徴収している賃貸料の額との差額を給与として課税することになります。

(2)　使用人の場合

　使用人に貸与する社宅等の賃貸料相当額は、その社宅等が会社所有のものか借上社宅であるかにかかわらず、全て次の算式によります。

　ただし、使用人の場合には、この算式により計算した賃貸料相当額の50％以上の金額を賃貸料として徴収していれば、課税上問題は生じません。

$$
\begin{aligned}
\text{賃貸料相当}\\
\text{額（月額）}
\end{aligned}
=
\begin{aligned}
\text{その年度の家屋}\\
\text{の固定資産税の}\\
\text{課税標準額}
\end{aligned}
\times 0.2\% + 12円 \times
\frac{\text{その家屋の総床面積（平方メートル）}}{3.3（平方メートル）}
$$

$$
+
\begin{aligned}
\text{その年度の敷地の固定}\\
\text{資産税の課税標準額}
\end{aligned}
\times 0.22\%
$$

55　日雇労務者に宿泊施設を提供する場合の給与課税

〔問〕　建設業を営む当社では、建築現場の近くにアパートを借り上げ、雇用期間が概ね2か月程度の日雇労務者を無償で入居させています。

　　この場合、当社が支払っている家賃については、経済的利益として給与課税の対象となるのでしょうか。

　　なお、当該日雇労務者の大部分は季節労働者であり、一部屋2〜3名が入居しています。

〔答〕　季節的労働に従事するため、その勤務場所に住み込む使用人に対して提供した部屋は職務上必要な給付であり、その経済的利益は非課税として取り扱われます。

　この取扱いは、これらの部屋が通常の社宅等とは異なり、供与が給与等の一形態として行われ

付録10　年末調整の質問260に答える　　389

るというよりは、むしろ使用者の業務上の要請に基づいて行われるものであり、使用人が受ける経済的利益はこれに付随して生じるに過ぎないことから、給与等として課税されるべき経済的利益には該当しないものとされています。

〔各　種　控　除〕

○保険料控除

56　滞納分を支払った場合の社会保険料

〔問〕　本年４月に採用した従業員Ａは、学生時代に滞納となっていた国民年金保険料を本年になって一括で支払いました。本年の年末調整で控除することができるのでしょうか。

〔答〕　前年以前に滞納していた国民年金保険料を本年に支払った場合には、本年の年末調整で社会保険料控除の対象とすることができます。自己が支払うべき社会保険料については、本年及び前年以前に納付期限が到来したもののうち、本年中に支払った金額が控除の対象になります。

57　年金から控除される社会保険料

〔問〕　私の父は介護保険の掛金を年金から控除されています。私は父と同居しており生活の面倒をみています。父の年金は少額なため、介護保険の掛金を私の所得から控除したいのですが、認められるのでしょうか。

〔答〕　介護保険法の介護保険料については、社会保険料控除の対象となり、自己又は自己と生計を一にする配偶者その他の親族が負担すべき社会保険料を支払った場合には、その金額を自己の所得から控除することができるものとされています。

　　しかしながら、あなたの場合、父親の年金から介護保険の掛金が控除されているということから、保険料を支払ったのはあなたの父親であり、あなたが支払ったものではないため、あなたの所得から控除することは認められません。

58　口座振替により支払った後期高齢者医療制度の保険料

〔問〕　当社従業員Ａは、同居している親の後期高齢者医療制度の保険料をＡの預金口座から口座振替により支払いました。この場合の支払った保険料は、従業員Ａの社会保険料控除の対象となるのでしょうか。

付

録

390　付録10　年末調整の質問260に答える

〔答〕　後期高齢者医療制度では、原則としてその保険料が年金から特別徴収（天引き）の方法により徴収されています。この場合、その保険料を支払った人は年金の受給者自身になるため、その保険料はその年金受給者の社会保険料控除の対象となります。しかし、市区町村等へ一定の手続を行うことにより、年金からの特別徴収（天引き）に代えて、被保険者の世帯主又は配偶者がそれらの人の預金口座からの口座振替により保険料を支払うことが選択できることとされています。この場合には、口座振替によりその保険料を支払った世帯主又は配偶者に対して社会保険料控除が適用されます。

　したがって、Aさんが口座振替により支払った後期高齢者医療制度の保険料については、Aさんに対して社会保険料控除が適用されますので、支払った保険料等について「給与所得者の保険料控除申告書」の「社会保険料控除」欄に記載して、年末調整の時までに申告してもらってください。

59　国民年金保険料等に係る証明書類の添付

> 〔問〕　社会保険料控除を受けるためには、その保険料を支払ったことの証明書類の添付が必要でしょうか。

〔答〕　年末調整において控除を受けようとする社会保険料のうち国民年金保険料等については、「給与所得者の保険料控除申告書」に国民年金保険料等の証明書を添付又は提示することとされています。

　また、年末調整において社会保険料控除を受けた国民年金保険料等の金額があるときは、給与所得の源泉徴収票の「国民年金保険料等の金額」欄に国民年金保険料等の金額を記載する必要がありますのでご注意ください。

　(注)　国民年金保険料等とは、国民年金法の規定により被保険者として負担する国民年金の保険料及び国民年金基金の加入者として負担する掛金をいいます。

60　来年分の国民年金保険料を支払った場合

> 〔問〕　私は本年中に来年３月までの国民年金保険料を支払いましたが、本年分の社会保険料控除の対象としてよろしいですか。

〔答〕　翌年以後に納付期日が到来する社会保険料を一括して前納した場合には、次の算式によって計算した金額が本年分の社会保険料控除の対象となります。

$$\left[\begin{array}{c}\text{前納した社会保険料の総額}\\ \left(\begin{array}{c}\text{割引があるときは}\\ \text{割引後の金額}\end{array}\right)\end{array}\right] \times \frac{\text{前納した社会保険料について、}}{\text{本年中に到来する納付期日の回数}}{\text{前納した社会保険料の納付期日の総回数}}$$

ただし、前納の期間が1年以内のもの及び法令に一定期間の社会保険料等を前納することができる旨の規定がある場合におけるその規定に基づき前納したものについては、あなたが前納した社会保険料の全額をその支払った年の社会保険料として、「給与所得者の保険料控除申告書」に記載した場合には、その全額を本年分の社会保険料控除の対象として差し支えないこととされています。

したがって、ご質問の場合には、前納した分を含めて「給与所得者の保険料控除申告書」に記載すれば、本年分の社会保険料控除の対象として差し支えありません。

※　2年前納された国民年金保険料について、各年分の保険料に相当する額を各年において控除する方法を選択される場合は、各年分に対応する社会保険料控除証明書を本人自らが年分ごとに切り取り、保険料控除申告書に添付して給与等の支払者へ提出又は提示することとなっています。

61　配偶者が結婚前に納付した社会保険料

〔問〕　当社の従業員Aは最近結婚しました。Aの妻Bは結婚前に国民年金の保険料を支払っていますが、この保険料は、Aの社会保険料控除の対象となるでしょうか。

〔答〕　社会保険料控除の対象となる社会保険料は、給与の支払を受ける人（所得者といいます。）自身の給与から控除された場合、又は所得者若しくはその所得者と生計を一にする配偶者その他の親族が負担すべき保険料をその所得者自身が支払った場合（例えば、20歳以上の学生である子が国民年金の第一号被保険者として負担することになっている国民年金の保険料を、その子に代わって親である所得者自身が支払った場合）に限られます。

ご質問の保険料は、Aさんの配偶者が支払ったものであり、Aさん自身が支払ったものではありませんので、Aさんの社会保険料控除の対象とはならず、Bさんの社会保険料控除の対象になります。

62　育児休業期間中の社会保険料の負担

〔問〕　当社では、育児休業制度の導入に当たり、従業員の育児休業期間中については、当社が、従業員の負担すべき社会保険料を負担することとします。

このような場合の月々の源泉徴収及び年末調整での取扱いはどのようになるのでしょうか。

〔答〕　役員又は使用人が被保険者として負担すべき社会保険料を使用者が負担した場合には、その負

392　付録10　年末調整の質問260に答える

担金額については少額な社会保険料等の使用者負担として課税対象とされない場合を除き、役員又は使用人の給与として課税対象とされます。

　一方、給与から控除される社会保険料等がある場合の源泉徴収税額の計算に当たっては、給与の金額に相当する金額から社会保険料等の金額を控除した残額に相当する金額の給与の支払があったものとみなして計算するものとされています。

　したがって、育児休業期間中において給与として課税対象とされるものが他にない場合には、貴社の負担する社会保険料相当額のみが給与の金額とされ、その金額から同額の社会保険料を控除した金額の給与の支払があったものとみなされますので、給与の支払額は0円となり月々源泉徴収すべき税額はないこととなります。

　なお、年末調整においては、給与から天引きされた社会保険料等については、給与所得者の保険料控除申告書により申告するまでもなく控除の対象になります。

63　月々の給与から控除される確定拠出型年金の掛金の控除の方法

〔問〕　私は給与から確定拠出型年金の加入者掛金を控除されています。この掛金の控除は、どのように行うのでしょうか。

〔答〕　確定拠出年金法の規定により国民年金基金連合会が実施する個人型年金の加入者掛金については小規模企業共済等掛金控除の対象とされ、その全額が所得控除の対象となります。あなたの場合のように給与から差し引かれている掛金については、証明書の提出をするなどの特別な手続を要しないで、その1年間の合計額がそのまま年末調整の際に控除されることになっています。

64　掛け捨ての保険料を会社が負担した場合の保険料控除

〔問〕　当社では、福利厚生の一環として役員及び従業員の全員を対象とした掛け捨ての生命保険に加入し、その保険料は全額会社が負担することとしています。

　この場合、当社が負担した保険料の額は、役員や従業員の保険料控除の対象としてよろしいでしょうか。

〔答〕　生命保険料控除は役員や使用人が本人自身で支払ったものが対象となりますので、このように会社が支払ったものは生命保険料控除の対象にはなりません。

　なお、役員や使用人が負担すべき生命保険料の額を使用者が負担した場合には、給与として課税されることになりますが、会社が自己を契約者として加入した生命保険のうち、契約期間の満了に際し保険金や満期返戻金等の給付がないためその保険料や掛金が掛け捨てとなる生命保険（定期保険）については、役員又は特定の使用人（これらの人の親族を含みます。）だけを対象とし

付録10　年末調整の質問260に答える　393

ている場合を除き、給与として課税されないことになっています。

65　入院特約の付いた生命保険契約

〔問〕　私は生命保険会社の定期保険契約に加入していますが、この保険には傷害又は疾病により病院に入院し医療費を支払った場合に保険金が支払われる特約が付いています。

　　この特約に係る特約保険料についても生命保険料控除の対象となるのでしょうか。

〔答〕　生命保険料控除の対象となる生命保険契約等に係る保険料又は掛金には、生存又は死亡に基因して一定額の保険金が支払われるもの（保険期間が５年未満で被保険者が保険期間の満了日に生存している場合に限り保険金が支払われるもの等を除きます。）のほか、身体の傷害又は疾病により病院又は診療所に入院して医療費控除に該当する医療費を支払ったこと等に基因して保険金が支払われるものも含まれます。

　　したがって、ご質問の生命保険契約に係る保険料については、特約保険料も含めたところで生命保険料控除の対象となります。

　　なお、おたずねの特約が平成23年12月31日以前に締結したものである場合には、特約保険料は一般の生命保険料（旧生命保険料）に該当し、平成24年１月１日以後に締結したものである場合には、特約保険料は介護医療保険料に該当します。

66　生命保険料控除に係る証明書類

〔問〕　生命保険料控除を受けるためには、その保険料等を支払ったことの証明書類が必要でしょうか。

〔答〕　平成23年12月31日以前に締結した生命保険契約に係る保険料（旧生命保険料）については支払った保険料の金額（剰余金等の額を控除した残額）が9,000円を超えるものについて、また、旧生命保険料以外の保険料については、その金額の多少にかかわらず全てのものについて、支払った保険料の金額及び保険契約者の氏名などを証明する書類又はその証明書類に記載すべき事項を記録した電子証明書等に係る電磁的記録印刷書面を提出するか、又は提示しなければならないこととされています。

　　なお、保険料控除申告書に記載すべき事項を電子データにより提供する場合、その保険料控除申告書に添付すべき証明書類等の提出又は提示に代えて、その証明書類等に記載されるべき事項が記録された情報で電子証明書等が付されたもの（電子的控除証明書）を保険料控除申告書に記載すべき事項と併せて電子データにより給与の支払者に提供できます。この電子的控除証明書は、保険会社のウェブサイト又はマイナポータルから取得できます。詳しくは付録７「年末調整手続

394　付録10　年末調整の質問260に答える

の電子化」をご確認ください。

　また、勤務先を対象とする団体契約により払い込んだものや確定給付企業年金規約などに係るものについては、「その年中に支払った保険料等の金額」、「契約者の氏名」、「保険金等の受取人の氏名」などに誤りがないことについて、その勤務先の代表者又はその代理人の確認を受けている場合には、証明書類を提出又は提示しなくてもよいこととされています。

　　(注)　電子証明書等とは、証明書類の発行者（保険会社等）の電子署名及びその電子署名に係る電子証明書をいい、電磁的記録印刷書面とは、電子証明書に記録された情報の内容と、その内容が記録された二次元コードが付された出力書面をいいます（「地震保険料控除」及び「(特定増改築等) 住宅借入金等特別控除」の証明書類においても同様です。）。

　　　なお、控除証明書等データから電磁的記録印刷書面を作成することができるシステムが国税庁ホームページ（https://www.nta.go.jp）に掲載されています。

67　中途解約した生命保険契約と生命保険料控除

〔問〕　私は、妻を保険金受取人とする生命保険に加入し、毎月の保険料を支払ってきましたが、本年9月、都合によりこの保険契約を解約して、解約返戻金を受け取りました。

　　この解約返戻金の額は1月から8月までに支払った保険料の額を超えていますが、本年は、生命保険料控除は受けられないのでしょうか。

〔答〕　本年1月から8月までに支払われた保険料については、生命保険料控除の対象となります。

　　なお、ご質問の解約返戻金は、一時所得の総収入金額とされますので、保険期間中の剰余金の分配とは異なり、本年中に支払った保険料から控除する必要はありません。

68　親族等が契約者の場合の生命保険料控除

〔問〕　親族等が契約者となっている生命保険契約等の保険料又は掛金について、生命保険料控除の対象とすることができるでしょうか。

〔答〕　控除の対象となる生命保険料は、給与の支払を受けている人自身が締結した生命保険契約等の保険料又は掛金だけに限らず、給与の支払を受ける人以外の人が締結したものの保険料又は掛金であっても、その保険金の受取人の全てを保険料又は掛金の払込をする者又はその配偶者その他の親族とするものであって、給与の支払を受ける人がその生命保険料を支払ったことが明らかであれば、控除の対象とすることができます。

　　例えば、妻や子供が契約者となっている生命保険契約等であっても、その妻や子供に所得がなく、給与の支払を受ける夫がその保険料又は掛金を支払っている場合には、その保険料又は掛金は夫の生命保険料控除の対象となります。

ただし、この場合にも、その生命保険契約等の保険金の受取人の全てが給与の支払を受ける人又はその配偶者その他の親族（個人年金保険契約等については、年金の受取人は、保険料又は掛金の払込みをする人又はその配偶者）でなければなりません。

69 保険金受取人であった娘が結婚した場合の保険料控除

〔問〕 従業員Ａは、Ａが契約者でかつ被保険者である生命保険契約の受取人を娘にしていましたが、本年10月に娘は結婚してＡと生計を一にする親族ではなくなりました。Ａは、この保険契約について本年中に支払った保険料は保険料控除の対象として申告できるのでしょうか。

〔答〕 生命保険料控除の対象となる保険料は、保険金の受取人の全てが本人又は配偶者その他の親族であることを要件としていますが、この配偶者その他の親族は本人と生計を一にすることは必要ありません。

したがって、ご質問の場合の保険料については、保険金の受取人であるＡさんの娘さんが結婚してＡさんと生計を一にしなくなったとしても親族であることには変わりありませんので、娘さんが結婚した後も生命保険料控除の対象として申告することができます。

70 満期時と死亡時の保険金受取人が異なる場合

〔問〕 当社の従業員Ａは、先頃、養老保険に加入しましたが、満期の場合はＡ、死亡の場合はＡの父（Ａと同居はしていません。）をそれぞれ保険金受取人とする契約になっています。

この養老保険については、生命保険料控除を受けることができるでしょうか。

〔答〕 生命保険料控除の対象となる一般の生命保険契約等は、保険金等の受取人の全てが所得者本人又はその配偶者及びその他の親族であるものに限られます。また、個人年金保険契約等については、年金の受取人が所得者本人か、その配偶者が生存している場合にはそのいずれかでなければなりません。

ここでいう保険金等の受取人である配偶者や親族は、必ずしも所得者と生計を一にしている必要はなく、いわゆる控除対象配偶者や扶養親族でなくてもよいことになっています。したがって、お尋ねの場合、死亡による受取人はＡさんの父となっているとのことですから親族に該当することになり、同居しているかどうかにかかわらず生命保険料控除を受けることができます。

　(注)「親族」とは、民法の規定による配偶者、6親等内の血族及び3親等内の姻族をいいますが、親族に該当するかどうかは、生命保険料を払い込んだ時点で判定することになります。

71 前納と一時払いの生命保険料控除

〔問〕 前納の保険料と一時払いの保険料とは同じ取扱いでよいのでしょうか。

〔答〕 「前納した生命保険料」とは、各払込期間が到来するごとに保険料に充当するものとしてあらかじめ保険会社等に払い込んだ金額の内、まだ充当されていない残額があるうちに保険事故が生じたことなどにより保険料の払込みを要しないこととなった場合に、その残額が返還されることとなっているものをいいます。

この「前納した生命保険料」については、次の算式により計算した金額が、本年中の生命保険料控除の対象となります。

$$\begin{pmatrix}\text{前納した生命保険料の総額}\\\text{割引があるときは}\\\text{割引後の金額}\end{pmatrix} \times \frac{\text{前納した生命保険料について本年中に}}{\text{前納した生命保険料の払込期日の総回数}}$$

一方、一時払いの保険料は全ての保険期間を一つの保険期間として計算したものであり、その全額が支払った年の生命保険料控除の対象となります。

72 海外に本店がある生命保険会社と契約した生命保険料

〔問〕 海外に本店がある生命保険会社と契約し、生命保険料を支払っていますが、生命保険料控除の対象となりますか。

〔答〕 海外に本店がある生命保険会社（外国保険会社）と契約した生命保険については、国内で（国内支店と）締結したものは生命保険料控除の対象になりますが、国外で（海外の本店や支店と）締結したものは生命保険料控除の対象にはなりません。

73 非居住者であった期間に支払った生命保険料

〔問〕 本年、海外勤務から帰国し居住者となった社員が、非居住者であった期間に支払った生命保険料は、生命保険料控除の対象となりますか。

〔答〕 生命保険料控除は、居住者がその年に支払ったものが控除の対象となります。

そして、控除の対象となる支払かどうかについては、その支払の時点で居住者であったか、非居住者であったかにより判定することになりますから、非居住者であった期間に支払った生命保険料は、生命保険料控除の対象とはなりません。

なお、社会保険料についても同様です。

付録10 年末調整の質問260に答える 397

74 年の中途で非居住者となった人が支払った年払いの保険料

〔問〕 年の中途で非居住者となった人が支払った年払いの保険料は、日割り計算する必要があり
ますか。

〔答〕 非居住者となる前の居住者期間に、1年以内の保険料をまとめて支払ったものであれば、日割
り計算する必要はありませんので、非居住者となった際に行われる年末調整において、全額を生
命保険料控除の計算の対象金額とすることができます。

75 臨時生計費特約を付した場合の地震保険料控除

〔問〕 私が契約した損害保険契約は、住宅と家財の損害のほかに臨時生計費特約が付いていて、
その特約により保険料が増額されています。
この保険契約に基づいて支払った地震保険料は、その全額が地震保険料控除の対象となる
のでしょうか。

〔答〕 家屋や家財を保険の目的とする損害保険契約に、臨時生計費特約が付されている場合には、特
約を付したことにより増額された部分の保険料を除いた地震等損害に対応する部分の保険料だけ
が地震保険料控除の対象となりますので、支払った地震保険料のうち、特約を付したことにより
増額された部分の保険料は、地震保険料控除の対象となりません。

(注) 臨時生計費特約は損害保険会社の取り扱う一部の保険について付することができることになって
いますが、その概要は次のとおりです。
① この特約は、資産を保険の目的とする損害保険契約に付する特約であって、損害保険のように
独立した契約ではありません。
② 臨時生計費特約は、保険の目的とされている家屋が、保険金の支払事由となる事実により損害
を受けたため、居住に耐えられなくなったことにより立ち退く場合に増加する生計費その他の出
費を補てんする特約です。

76 借家にかけた損害保険契約の地震保険料控除

〔問〕 私の兄は、4月の人事異動で大阪に転勤となりましたので、当分の間、私が兄の所有する
家を借りて住むことになりました。
私は、この家について損害保険契約を結び地震保険料を支払っていますが、この場合の地
震保険料は、地震保険料控除の対象となるのでしょうか。

〔答〕 家屋の損害保険契約で地震保険料控除の対象となる保険料は、給与の支払を受ける人又はその

398 付録10 年末調整の質問260に答える

人と生計を一にする配偶者その他の親族が所有し、常時これらの人が居住の用に供している家屋又はこれらの人が所有している生活に通常必要な家具、じゅう器、衣服その他の家財を保険又は共済の目的とする損害保険契約等に基づいて支払う地震等損害に係る保険料又は掛金に限られています。

　したがって、他人の所有している家屋はもちろん、たとえ親族が所有している家屋であっても、生計を一にしていない親族が所有している家屋に対する保険料については、給与の支払を受ける人が常時居住し保険料を支払っていても、地震保険料控除の対象とすることはできません。

　ご質問の場合、家屋の所有者であるお兄さんは生計を一にする親族には該当しませんので、あなたの支払った地震保険料は地震保険料控除の対象とはなりません。

77　家屋の一部を他人に貸している場合の地震保険料控除

〔問〕　私の所有する家屋は2階建であり、1階には私が住み、2階は他人に貸しています。私はこの家屋全体について一括して地震保険契約を締結して保険料を支払っていますが、この保険料は、全額が地震保険料控除の対象となるのでしょうか。

〔答〕　地震保険料控除の対象となる保険料については、保険の目的とされた家屋のうちに本人や生計を一にする親族が居住している部分とそれ以外の部分とがある場合には、原則として、支払った保険料のうち本人や生計を一にする親族が居住している部分に対応する保険料のみが、地震保険料控除の対象とされます。

　したがって、ご質問の場合の地震保険料控除の対象となる保険料の額は、次により求めることとして差し支えないこととされています。

$$
その契約に基づいて支払った保険料の金額 \times \frac{本人や生計を一にする親族が居住の用に供している部分の床面積}{その家屋の総床面積}
$$

　なお、貸家部分に対応する地震保険料の金額は、不動産所得における必要経費の額に算入されることになります。

78　賦払の契約により購入した家屋の地震保険料控除

〔問〕　私は、昨年の4月に賦払契約で建売住宅を購入し、この家屋を保険の目的とする地震保険の保険料を支払っていますが、この家屋は、代金完済後でなければ私に所有権が移転しないことになっています。

　この場合の保険料は、地震保険料控除の対象となるのでしょうか。

付録10　年末調整の質問260に答える　399

〔答〕　ご質問のような賦払契約により購入した資産で代金完済まで所有権を移転しない旨の契約が付
　　　されているものについて支払った地震保険の保険料であっても、常時その居住の用又は日常の生
　　　活の用に供しているものであれば、地震保険料控除を受けることができます。

79　地震保険の付された長期損害保険契約

> 〔問〕　私は、平成17年に締結した地震保険の付された満期返戻金のある損害保険契約（契約期間
> 　　　20年）に基づく保険料6万円（地震保険料4万円、火災保険料2万円（満期返戻金あり））を支
> 　　　払っており、平成18年までは長期損害保険に係る損害保険料控除を受けていました。この契
> 　　　約に基づく保険料は、地震保険料控除の適用を受けることができるのでしょうか。

〔答〕　平成18年分の所得税まで適用されていた損害保険料控除は、平成19年分の所得税から地震等損
　　　害（注1）に係る保険料等のみを対象とする地震保険料控除に改組されましたが、平成18年12月
　　　31日までに締結した「長期損害保険契約等」（注2）については、従前の損害保険料控除と同様
　　　の計算による控除（最高1万5千円）が適用されます。

　　　しかしながら、一つの損害保険契約等が、地震保険料控除の対象となる損害保険契約等と長期
　　　損害保険契約等のいずれにも該当する場合には、いずれか一方の契約のみに該当するものとして
　　　控除額を計算することとされています。

　　　したがって、ご質問の場合、地震保険料4万円について地震保険料控除（4万円）を受けるか、
　　　または、火災保険料2万円について従前の長期損害保険料と同様の計算による控除（1万5千円）
　　　を受けるかのいずれかを選択して控除を受けることになります。

　　　（注）1　「地震等損害」とは、地震若しくは噴火又はこれらによる津波を直接又は間接の原因とする火災、
　　　　　　　損壊、埋没又は流失による損害をいいます。
　　　　　2　「長期損害保険契約等」とは、次の全てに該当する損害保険契約等をいいます（保険期間又は共
　　　　　　済期間の始期が平成19年1月1日以後であるものを除きます。）。
　　　　　　①　保険期間又は共済期間の満了後に満期返戻金を支払う旨の特約のある契約その他一定の契約
　　　　　　　（※）であること
　　　　　　②　保険期間又は共済期間が10年以上であること
　　　　　　③　平成19年1月1日以後にその損害保険契約等の変更をしていないものであること
　　　　　　（※）　「その他一定の契約」とは、建物又は動産の共済期間中の耐存を共済事故とする共済に係
　　　　　　　る契約をいいます。

80　旧長期損害保険料の源泉徴収票の記載

> 〔問〕　旧長期損害保険料について控除額がある場合、「給与所得の源泉徴収票」に支払った旧長
> 　　　期損害保険料の金額を記載する必要があるのでしょうか。

付

録

400　付録10　年末調整の質問260に答える

〔答〕　年末調整の際に控除した地震保険料控除額のうちに、旧長期損害保険料の控除額がある場合には、「給与所得の源泉徴収票」の「旧長期損害保険料の金額」欄にその年中に支払った旧長期損害保険料の金額を記載することとされています。

　　(注)　この記載事項は、地方税についてもこの保険料が地震保険料控除の対象とされていること及び地方税の保険料控除額は所得税と異なることから必要とされているものです。

81　控除金額の端数処理

〔問〕　生命保険料控除等の金額を計算する場合、1円未満の端数が生じたときは、その端数は、切上げ又は切捨てのいずれによるのが正しいのでしょうか。

〔答〕　1円未満の端数は切り上げて差し支えありません。

○配偶者控除・扶養控除等
82　「生計を一にする」の意義

〔問〕　同一生計配偶者や扶養親族等の判定において、「生計を一にする」との表現が用いられていますが、具体的にはどのように判定するのでしょうか。

〔答〕　一般的には、生活共同体に属して日常生活の資を共通にしていることをいうものと解されています。したがって、必ずしも一方が他方を扶養する関係にあることをいうものではなく、また、必ずしも同居していることを要するものでもありません。

　　具体的には、親族が同一の家屋に起居している場合には、通常は日常生活の資を共通にしているものと考えられることから、明らかに互いに独立した生活を営んでいると認められる場合を除き、その場合の親族は、生計を一にするものと取り扱われます。

　　また、勤務や就学、療養等の事情により他の親族と日常の起居を共にしていない親族がいる場合であっても、その親族が勤務や修学等の余暇には当該他の親族のもとで起居を共にすることを常例としている場合や、これらの親族間において、常に生活費や学資金、療養費等の送金が行われている場合についても、「生計を一にする」ものとして取り扱われます。

83　生計を一にするかどうかの判定

〔問〕　当社の従業員Aは、離婚後、元配偶者が引き取った子の養育費全額を負担しています。この場合、「生計を一にしている」として、扶養控除の対象としてよろしいでしょうか。
　　なお、元配偶者には所得はありません。

付録10　年末調整の質問260に答える　401

〔答〕「生計を一にしている」とは、必ずしも同一の家屋に起居していることをいうのではなく、勤務、修学、療養等の都合上他の親族と日常の起居を共にしていない場合であっても、常に生活費、学資金、療養費等の送金が行われている場合には、「生計を一にしている」ものとして取り扱われます。

　したがって、離婚に伴う養育費の支払が、扶養義務の履行として、成人に達するまでなど一定の年齢に限って行われるものである場合には、「生計を一にしている」として扶養控除の対象として差し支えないと思われます。

　なお、元配偶者に所得がないとのことですが、仮に元配偶者の両親等がそのお子さんを扶養控除の対象として控除を受けている場合には、重複してあなたの所得から控除することはできませんので、ご注意ください。

　また、年齢16歳未満の扶養親族（年少扶養親族）は扶養控除の対象となりませんのでご注意ください。

84　婚姻届を提出していない配偶者の配偶者控除

〔問〕　当社の従業員Ａは、本年12月に結婚式を挙げましたが、婚姻届は翌年１月に市役所に提出することとなりました。

　この場合、本年分の年末調整に際し、Ａは配偶者控除を受けることができるのでしょうか。

　なお、当社では事実上婚姻関係にある者に対しては、家族手当を支給しています。

〔答〕　配偶者控除の対象となる控除対象配偶者は、12月31日の現況において、民法上の配偶者でなければいけませんので、結婚式を挙げていても婚姻届が未提出である場合には、控除の対象となる配偶者には当たりません。

　したがって、Ａさんの配偶者は、たとえ社内的には家族手当等の支給対象となる配偶者とされている場合であっても、12月31日までに婚姻届が提出されていませんので、本年分の配偶者控除の適用は受けられないことになります。

85　年の中途で配偶者が死亡した人の配偶者控除

〔問〕　私の本年中の給与等の収入金額は670万円で、本年９月に配偶者と死別しました。

　聞くところによると、控除対象配偶者に該当するかどうかは、その年12月31日の現況で判定するそうですが、私は死亡した配偶者を控除対象配偶者とすることはできないのでしょうか。

　なお、配偶者には死亡時まで給与所得がありました。

付
録

402　付録10　年末調整の質問260に答える

〔答〕　控除対象配偶者に該当するかどうかは、その年の12月31日の現況で判定しますが、配偶者が年の中途で死亡した場合には、その死亡の時の現況により判定することになっています。

　　　　したがって、ご質問の場合には、あなたの合計所得金額が1,000万円以下ですので、死亡した時の現況において、あなたの配偶者の給与の収入金額が103万円以下、すなわち合計所得金額が48万円以下であり、あなたと生計を一にしていれば、控除対象配偶者とすることができます。

86　海外勤務期間内に扶養親族が死亡した場合の扶養控除

〔問〕　私は、本年6月に2年間の海外勤務を終え帰国しましたが、その海外勤務期間内の本年5月に控除対象扶養親族である子を病気で亡くしました。私は本年の年末調整の際にこの子を控除対象扶養親族として控除を受けることができるのでしょうか。

〔答〕　年末調整に当たり、扶養控除や配偶者控除などの人的控除については、居住者期間内だけの要件等で判定することとはされていません（年間を通じて居住者であった人と異なった取扱いが定められているわけではありません）。

　　　　したがって、非居住者期間内に死亡した控除対象扶養親族についても、その死亡の時点で控除対象扶養親族としての要件を満たしているものであれば、扶養控除の対象とすることができます。

87　乙欄給与の場合の扶養控除等

〔問〕　当社の役員Aは、甲社の非常勤役員も兼ねています。当社からの給与等は月額25万円、甲社からは月額15万円支払われています。Aには、妻、子供3人と父母の計6人の源泉控除対象配偶者と控除対象扶養親族がおり、現在の見込みでは、当社から支払う給与の金額については、年末調整後の年税額は発生しないようです。

　　　　この場合、控除を2か所に分けて行うことはできないものでしょうか。

〔答〕　主たる給与の支払者から支払を受けるその年中の給与の見積額について「年末調整等のための給与所得控除後の給与等の金額の表」により求めた給与所得控除後の給与の金額が、その給与から控除される各種の控除額（次の①と②）の合計額に満たない、すなわち年税額が発生しないと見込まれる場合には、従たる給与から扶養控除等を受けることが認められています。

①　社会保険料等の額

②　その人の障害者控除額、寡婦控除額、ひとり親控除額、勤労学生控除額、配偶者（特別）控除額、扶養控除額及び基礎控除額の合計額

　　　　ご質問の場合には、甲社に「従たる給与についての扶養控除等申告書」を提出することにより甲社から支払われる給与についても扶養控除等を受けることができます。

付録10　年末調整の質問260に答える　403

　　なお、Ａさんから貴社に提出していただく「給与所得者の扶養控除等申告書」の「従たる給与についての扶養控除等申告書の提出」の欄に〇印を記載する必要がありますので注意してください。

88　青色事業専従者を配偶者にした場合

〔問〕　私の本年中の給与の収入金額は720万円で、年の中途で青色事業専従者であった人と結婚しました。

　　結婚後、配偶者は青色事業専従者ではなくなっており、配偶者の本年の合計所得金額は10万円ですので、私の控除対象配偶者とすることができますか。

〔答〕　青色事業専従者として専従者給与の支払を受ける人及び白色事業専従者に該当する人は、控除対象配偶者又は扶養親族にはなり得ないこととされていますが、ご質問のように、青色事業専従者であった人が年の中途で結婚した場合には、事業所得の金額の計算上、その事業主が青色事業専従者給与額又は事業専従者控除額を必要経費に算入したときであっても、その青色事業専従者であった人の給与の収入金額が少額であるなど控除対象配偶者に該当するための条件を満たしているときには、その人は他の人の控除対象配偶者とすることができることになっています。ただし、配偶者控除を受けようとする給与の支払を受ける人自身がその事業主と生計を一にしている場合には、その配偶者を控除対象配偶者とすることはできません。

　　したがって、あなたがその事業主と生計を一にしていなければ、あなたの合計所得金額が1,000万円以下であり、配偶者の合計所得金額は48万円以下ですので、あなたの控除対象配偶者となります。

89　外国人従業員の控除対象配偶者の判定

〔問〕　従業員の妻が控除対象配偶者に該当するかどうかの判定上、民法上の配偶者となっていることがその要件の一つとされていますが、外国人の従業員の妻については、どのように判定するのでしょうか。

〔答〕　配偶者控除の対象となる配偶者とは、民法の規定による配偶者をいいますが、外国人で民法の規定によらない人については、「法の適用に関する通則法」（平成18年法律第78号）の規定によることになっています。

　　同法第24条第２項によれば、婚姻の方式は婚姻挙行地の法によると定められていますので、婚姻挙行地の法に定めるところに従って、婚姻が成立するための手続（日本の場合は婚姻届の受理）がなされているかどうかにより控除対象配偶者に該当するかどうかの判定をすることになります。

付

録

404 付録10 年末調整の質問260に答える

(注) 非居住者（国内に住所を有せず、かつ、現在まで引き続いて1年以上居所を有しない個人をいいます。）である親族に係る扶養控除、配偶者控除等の適用を受ける場合には、親族関係書類及び送金関係書類を提出する必要があります。詳しくは付録5「国外居住親族に係る扶養控除等の適用」をご確認ください。

90　日本での婚姻届を提出していない外国人の妻

〔問〕　従業員Aは外国人の女性と結婚し、その外国では婚姻の届出を行いましたが、日本ではまだ届出を行っていません。この場合、配偶者控除の適用を受けることはできるのでしょうか。

〔答〕　配偶者控除の対象となる配偶者とは、民法の規定による配偶者をいい、外国人で民法の規定によらない人については、「法の適用に関する通則法」の規定によることとされています。

　　外国人同士の結婚の際にはこの「法の適用に関する通則法」により、婚姻の方式は婚姻挙行地の法律によることとされるので、婚姻挙行地の法律により、その人の配偶者に該当するかどうかの判定をすることになります。

　　なお、Aさんが日本人であるため、婚姻挙行地が日本である場合は、民法の適用を受けることとなり、民法上の配偶者に該当しない限り控除対象配偶者に該当しません。

　　また、婚姻挙行地が日本以外であれば、その国の法律によることとされているので、婚姻挙行地の法律により婚姻は有効となりますが、日本国籍を有する者は戸籍に婚姻の事実を記載する必要があるので、婚姻の成立の日から3か月以内に、その国が発行する婚姻に関する証書の謄本（日本語訳を添付）を、日本の在外公館又は日本の市区町村に提出しなければならないとされていることから、日本で未届けであれば民法上の配偶者とは認められないことになり控除対象配偶者とは認められないことになります。

　　(注) 非居住者（国内に住所を有せず、かつ、現在まで引き続いて1年以上居所を有しない個人をいいます。）である親族に係る扶養控除、配偶者控除等の適用を受ける場合には、親族関係書類及び送金関係書類を提出する必要があります。詳しくは付録5「国外居住親族に係る扶養控除等の適用」をご確認ください。

91　控除対象配偶者や扶養親族となるための所得金額基準

〔問〕　私の本年中の給与等の収入金額は770万円で、私の配偶者は近くの商店でパートタイマーとして働いており、年間で85万円の給与収入があります。また、私と生計を一にしている母には収入がないため今まで私の扶養親族としてきましたが、今年は土地を売却したためその譲渡による収入があります。譲渡所得の特別控除額を差し引くと最終的に譲渡所得の金額は0円となります。

　　この場合、配偶者や母をそれぞれ私の控除対象配偶者及び扶養親族とすることができるで

しょうか。

〔答〕 給与の支払を受ける人の配偶者又は親族が控除対象配偶者又は扶養親族に該当するためには、これらの配偶者又は親族の合計所得金額が48万円以下であることがその要件の一つとされています。

この場合、合計所得金額の計算に当たっては、給与所得については収入金額から給与所得控除額を差し引いた残額により、また、譲渡所得については、譲渡所得の特別控除額を控除する前の金額によります。

「合計所得金額が48万円以下」とは、具体的には次のような人が該当することとなります。

① 給与所得だけの場合は、本年中の給与の収入金額が103万円以下である人
② 公的年金等に係る雑所得だけの場合は、本年中の公的年金等の収入金額が158万円以下（年齢65歳未満の人は108万円以下）である人

なお、扶養親族や同一生計配偶者が家内労働者等に該当する場合は、家内労働者等の事業所得等の所得金額の計算の特例が認められていますので、例えば、扶養親族や同一生計配偶者の所得が内職等による所得だけの場合は、本年中の内職等による収入金額が103万円以下であれば、合計所得金額が48万円以下になります。

ご質問の場合、あなたの合計所得金額が1,000万円以下であり、配偶者の年間給与収入は85万円ですから、給与所得控除額55万円を控除しますと配偶者の給与所得の金額は30万円となりますので、控除対象配偶者である要件に該当します。また、お母さんについては、譲渡所得の特別控除の額を控除する前の所得金額により扶養親族であるかどうかを判定する必要があります。

(注) 「合計所得金額」とは、純損失又は雑損失の繰越控除を適用しないで計算した総所得金額、退職所得金額及び山林所得金額の合計額をいい、その計算に当たっては、法令に規定する非課税所得の金額は含まれず、法令に規定する所得計算の特例の適用を受けた場合には、その適用後の所得の金額により計算することとなります。

具体的には、次の①から⑦までに掲げる金額の合計額をいいます。

① 純損失又は雑損失の繰越控除、居住用財産の買換え等の場合の譲渡損失の繰越控除及び特定居住用財産の譲渡損失の繰越控除を適用しないで計算した総所得金額

② 上場株式等に係る配当所得等について、申告分離課税の適用を受けることとした場合のその配当所得等の金額（上場株式等に係る譲渡損失の損益通算の適用がある場合には、その適用後の金額及び上場株式等に係る譲渡損失の繰越控除の適用がある場合には、その適用前の金額）

③ 土地・建物等の譲渡所得の金額（長期譲渡所得の金額（特別控除前）と短期譲渡所得の金額（特別控除前））

④ 一般株式等に係る譲渡所得等の金額又は上場株式等に係る譲渡所得等の金額（上場株式等に係る譲渡損失の繰越控除又は特定中小会社が発行した株式に係る譲渡損失の繰越控除の適用がある場合には、その適用前の金額）

⑤ 先物取引に係る雑所得等の金額（先物取引の差金等決済に係る損失の繰越控除の適用がある場合には、その適用前の金額）

⑥ 退職所得金額

⑦ 山林所得金額

※1 この「合計所得金額」には、源泉分離課税により源泉徴収だけで納税が完結するものや、あ

406　付録10　年末調整の質問260に答える

るいは確定申告をしないことを選択した一定の所得は含まれません。

2　所得金額の合計を行う場合で、事業所得（営業等・農業）や不動産所得、山林所得、総合課税の譲渡所得の金額に赤字があるときは、その赤字をその他各種所得の金額の黒字から控除します。

92　国外に居住する扶養親族の所得要件の判定

〔問〕　当社の従業員（米国人）は、本年中の給与等の収入金額は820万円で、米国に家族を残しており、日本で受け取る給与の一部を生活資金として送金しています。

当該社員の家族には配当やアルバイトによる収入がありますが、配偶者控除及び扶養控除の対象とすることができるでしょうか。

〔答〕　控除対象となる配偶者及び扶養親族の要件については、居住者の配偶者（居住者の合計所得金額が1,000万円以下の配偶者に限ります。）及び扶養親族（年齢16歳未満の者を除きます。）であり、その居住者と生計を一にするもののうち、合計所得金額が48万円以下である者とされています。

その方々がどこに住んでいるのかはその要件とはされておりませんので、当該社員は米国にいる家族と日常の起居を共にしていなくても、常に相当額の生活費を家族に送金していれば、生計を一にすると認めることができます。

また、当該社員の家族は非居住者であり、米国法人からの配当やアルバイト収入は国外源泉所得であるため、我が国においては課税されず、これらの所得は要件である合計所得金額を判定する上での対象にはなりません。

以上により当該社員の家族を配偶者控除及び扶養控除の対象にすることはできることとなります。

（注）　非居住者（国内に住所を有せず、かつ、現在まで引き続いて居所を有しない個人をいいます。）である親族に係る扶養控除、配偶者控除等の配当を受ける場合には、親族関係書類及び送金関係書類を提出する必要があります。詳しくは付録5「国外居住親族に係る扶養控除等の適用」をご確認ください。

93　内職による所得がある場合の控除対象配偶者の判定

〔問〕　私の本年中の給与の収入金額は520万円で、私の配偶者は内職を行っており、その収入及び必要経費は次のとおりです。

年間の収入金額……75万円

必要経費の金額……20万円

この場合、私は配偶者を控除対象配偶者とすることができるのでしょうか。

〔答〕 事業所得又は雑所得の金額は、その年中の事業所得又は雑所得の総収入金額から必要経費を控除した金額です。

ただし、次のいずれにも当てはまる人については、必要経費について55万円（他に給与所得を有する場合には、給与所得控除額を控除した残額とし、事業所得又は雑所得の収入金額を超える場合は収入金額を限度とします。）の最低保障を認める特例制度が設けられています。

① 家内労働法に規定する家内労働者、外交員、集金人、電力量計の検針人その他特定の者に対して継続的に人的役務の提供を行うことを業務とする人

② 事業所得又は雑所得を有する人で、これらの所得の必要経費の合計額が55万円に満たない人

この特例を受けることができる人については、例えば収入金額が内職所得等のみの場合は、年収103万円以下であれば、その年の合計所得金額が48万円以下となりますので、配偶者控除や扶養控除の適用が受けられることとなり、また、年収188万円以下であれば、その収入金額に応じて配偶者特別控除の適用が受けられることになります。

したがって、ご質問の場合には、必要経費が55万円まで認められますので、配偶者の合計所得金額は20万円となり、かつ、あなたの合計所得金額が1,000万円以下ですので、あなたは配偶者を控除対象配偶者とすることができます。

94　上場株式の配当所得がある配偶者の合計所得金額の判定

〔問〕 私は、６月に結婚しましたが、配偶者は１月から５月まである会社に勤務し、その間の給与の収入金額が85万円あり、また、そのほかに上場株式の配当収入が20万円あります。

私の本年中の給与の収入金額は690万円ですが、この場合、私は配偶者を控除対象配偶者とすることができるのでしょうか。

〔答〕 上場株式等の配当等については、一定の大口株主が受けるものを除いて１回に支払を受ける金額の多少にかかわらず、確定申告をしないことができることとされています。

控除対象配偶者や扶養親族等に該当するかどうかを判定する場合の合計所得金額には、この確定申告をしないことを選択した上場株式等の配当等に係る配当所得は含まれません。

したがって、上場株式の配当収入について確定申告しないことを選択する場合には、奥さんの合計所得金額は給与所得のみで判定することとなりますので、年間の給与の収入金額が85万円ですと給与所得の金額は30万円となり、かつ、あなたの合計所得金額が1,000万円以下ですので、配偶者は控除対象配偶者に該当します。

なお、配偶者が退職金の支払を受けている場合には、その退職所得の金額 $\left(\left(\begin{smallmatrix}収入\\金額\end{smallmatrix}-\begin{smallmatrix}退職所得\\控除額\end{smallmatrix}\right)\times\frac{1}{2}^{(注)}\right)$ も含めて判定する必要があります。

(注) 特定役員退職手当等に該当する場合は「$\times\frac{1}{2}$」は行いません。また、令和４年１月以後は、短期退職

408　付録10　年末調整の質問260に答える

手当等に該当する場合で、短期退職手当等の収入金額から退職所得控除額を控除した残額が300万円を超える場合には、その超える部分について「$\times\frac{1}{2}$」は行いません。

95　源泉分離課税とされる利子所得がある配偶者の合計所得金額の判定

〔問〕　私の配偶者には、家賃収入110万円（必要経費は65万円）と国内で支払を受ける預金及び公社債の利子の収入が5万円あります。

　　　　私の本年中の給与の収入金額は450万円ですが、この場合、私は配偶者を控除対象配偶者とすることができるのでしょうか。

〔答〕　控除対象配偶者や扶養親族等に該当するかどうかを判定する場合の合計所得金額には、非課税とされたり源泉分離課税とされる預貯金、公社債等の利子などは含まれません。

　　ご質問の場合には、配偶者の合計所得金額は利子所得を除いた不動産所得（家賃収入）のみとなり、不動産所得が45万円（110万円－65万円）となります。また、あなたの合計所得金額が1,000万円以下ですから、あなたは配偶者を控除対象配偶者とすることができます。

　　⑵　同じ分離課税であっても、土地・建物等の譲渡所得の金額（譲渡所得の特別控除額を控除する前の金額）などについては、合計所得金額に含まれますので注意してください。

96　単身赴任者の配偶者控除や扶養控除

〔問〕　私は、この度、東京本社から北海道支社に転勤を命ぜられ、家族を東京に残して単身で赴任し、札幌の会社の寮で生活することにしました。このような場合、家族は、配偶者控除や扶養控除の対象となるのでしょうか。

　　　　私の本年中の給与の収入金額は800万円で、家族には所得がなく、毎月仕送りをしています。

〔答〕　控除対象配偶者や扶養親族は、生計を一にする人に限られていますが、これは、必ずしも、同居することを要件とするものではありません。勤務、修学、病気、療養等の都合でやむを得ず離れて生活しているような場合であっても、常に、生活費、学資金、療養費等の送金が行われているときは、「生計を一にしている」として取り扱われます。

　　逆に、同居していても、明らかにお互いに独立の生活を営んでいると認められる場合には、「生計を一にしている」とはいえません。

　　ご質問の場合には、勤務の都合で別居生活をしているわけであり、毎月、生活費を送金していることから、生計を一にしていると認められます。また、あなたの合計所得金額が1,000万円以下ですので、あなたは家族を配偶者控除又は扶養控除の対象とすることができます。

なお、年齢16歳未満の扶養親族（年少扶養親族）は扶養控除の対象となりませんので注意してください。

97　申告分離課税とされる株式等に係る譲渡所得等がある配偶者の合計所得金額の判定

〔問〕　私の配偶者には、申告分離課税とされる上場株式等に係る譲渡所得等の金額が50万円あります。

私の本年中の給与の収入金額は550万円ですが、この場合、私は配偶者を控除対象配偶者とすることができるのでしょうか。

〔答〕　控除対象配偶者や扶養親族等に該当するかどうかを判定する場合の合計所得金額とは、純損失又は雑損失の繰越控除、居住用財産の買換え等の場合の譲渡損失の繰越控除及び特定居住用財産の譲渡損失の繰越控除を適用しないで計算した場合における総所得金額、上場株式等に係る配当所得等について、申告分離課税の適用を受けることとした場合のその配当所得等の金額（上場株式等に係る譲渡損失の損益通算の適用がある場合には、その適用後の金額及び上場株式等に係る譲渡損失の繰越控除の適用がある場合には、その適用前の金額）、土地・建物等の譲渡所得の金額（分離課税の特例が適用される長期譲渡所得の金額（特別控除前）と短期譲渡所得の金額（特別控除前）)、一般株式等に係る譲渡所得の金額又は上場株式等に係る譲渡所得等の金額（上場株式等に係る譲渡損失の繰越控除又は特定中小会社が発行した株式に係る譲渡損失の繰越控除の適用がある場合には、その適用前の金額）、先物取引に係る雑所得等の金額（先物取引の差金等決済に係る損失の繰越控除の適用がある場合には、その適用前の金額）、退職所得金額及び山林所得金額の合計額をいいます。

なお、この「合計所得金額」には、所得税の課されない非課税所得に該当するもののほか、源泉分離課税により源泉徴収だけで納税が完結するものや、あるいは確定申告をしないことを選択した次のような所得は含まれません。
①　利子所得又は配当所得のうち、
　イ　源泉分離課税とされるもの
　ロ　確定申告をしないことを選択した利子等又は配当等
②　源泉分離課税とされる定期積金の給付補塡金等、懸賞金付預貯金等の懸賞金等及び割引債の償還差益
③　源泉徴収選択口座を通じて行った上場株式等の譲渡による所得等で確定申告をしないことを選択したもの
ご質問の場合には、申告分離課税とされる上場株式等に係る譲渡所得等の金額が50万円あるわけですから、合計所得金額は48万円を超えることになり、原則として、配偶者を控除対象配偶者とすることはできません。ただし、源泉徴収を選択した特定口座を通じた譲渡による所得等で、確定申告をしないことを選択する（した）ものについては合計所得金額に含まれません。この場

410 付録10 年末調整の質問260に答える

合には、あなたの合計所得金額が1,000万円以下ですので、あなたは配偶者を控除対象配偶者とすることができます。

なお、あなたの合計所得金額が900万円以下で、配偶者の合計所得金額が50万円の場合は、年末調整の際に「給与所得者の配偶者控除等申告書」を提出することで、配偶者特別控除額38万円の控除を受けることができます。

98 パートタイマーとして働く配偶者に係る配偶者控除又は配偶者特別控除額

〔問〕 配偶者控除又は配偶者特別控除は、給与の支払を受ける人の所得金額と配偶者の所得金額により、その控除額が調整されるということですが、いわゆるパートタイマーとして働く配偶者の場合、控除の対象となるのは、収入金額がいくら位の人でしょうか。

〔答〕 配偶者控除又は配偶者特別控除額は、給与の支払を受ける人の所得金額と配偶者の合計所得金額に応じて調整されることになっており、所得者本人の合計所得金額が1,000万円以下で、配偶者の合計所得金額が48万円以下のときは配偶者控除、48万円超133万円以下のときは配偶者特別控除を受けることができます。

パートタイマーとして働く配偶者などの給与所得の所得金額は、その収入金額から給与所得控除額を差し引いた金額とされていますが、この給与所得控除額は最低55万円となっていますので、収入金額が103万円以下の場合は、給与所得の金額が48万円以下となり控除対象配偶者に該当するため配偶者控除を受けることができます。一方、給与の収入金額が103万円超201万6千円未満の場合は給与所得控除後の金額が133万円以下となるため、配偶者特別控除を受けることができます。

したがって、給与所得のみを有する配偶者について、年収201万6千円以上の人は、配偶者控除及び配偶者特別控除を受けることができません。

99 配偶者控除及び配偶者特別控除の適用要件と控除額

〔問〕 年末調整の際に適用を受けられる配偶者控除及び配偶者特別控除について教えてください。

〔答〕 配偶者控除とは、給与所得者（合計所得金額が1,000万円以下の人に限ります。）が控除対象配偶者を有する場合に、給与所得者本人の所得金額の合計額から38万円（配偶者が老人控除対象配偶者に該当する場合は48万円）を限度として、給与所得者の合計所得金額に応じた金額を控除するというものです。

配偶者特別控除とは、給与所得者（合計所得金額が1,000万円以下の人に限ります。）が生計を一にする配偶者（合計所得金額が133万円以下（給与所得だけの場合は給与の収入金額が201万6千円未

付録10　年末調整の質問260に答える　411

満）の人に限ります。）で控除対象配偶者に該当しない人を有する場合に、その給与所得者本人の所得金額の合計額から38万円を限度として、給与所得者の合計所得金額と配偶者の合計所得金額に応じた金額を控除するというものです。

100　配偶者（特別）控除を受けるための手続

〔問〕　年末調整において、配偶者控除又は配偶者特別控除を受けるための手続について教えてください。

〔答〕　給与所得者が配偶者控除又は配偶者特別控除の適用を受ける場合には、給与の支払者からその年の最後に給与の支払を受ける日の前日までに、「給与所得者の配偶者控除等申告書」(注1)を給与の支払者に提出することとなっています。

　また、控除の対象となる配偶者が非居住者である場合には、「給与所得者の配偶者控除等申告書」を提出する際に「親族関係書類」(注2)及び「送金関係書類」(注3)を給与の支払者に提出又は提示する必要があります。ただし、同じ年分の「給与所得者の扶養控除等申告書」を提出する際にその配偶者に係る「親族関係書類」を提出又は提示している場合には、「親族関係書類」の提出又は提示は必要ありません。

　(注)1　「給与所得者の配偶者控除等申告書」は、「給与所得者の基礎控除申告書」、「所得金額調整控除申告書」との3様式の兼用様式となっています。
　　2　「親族関係書類」とは、次の①又は②のいずれかの書類で、非居住者である親族が給与所得者の親族であることを証するものをいいます（その書類が外国語で作成されている場合には、その翻訳文を含みます。）。
　　　①　戸籍の附票の写しその他の国又は地方公共団体が発行した書類及び非居住者である親族の旅券（パスポート）の写し
　　　②　外国政府又は外国の地方公共団体が発行した書類（非居住者である親族の氏名、生年月日及び住所又は居所の記載があるものに限ります。）
　　3　「送金関係書類」とは、次の書類で、給与所得者がその年において非居住者である親族の生活費又は教育費に充てるための支払を、必要の都度、各人に行ったことを明らかにするものをいいます（その書類が外国語で作成されている場合には、その翻訳文を含みます。）。
　　　①　金融機関の書類又はその写しで、その金融機関が行う為替取引によりその給与所得者から非居住者である親族に支払をしたことを明らかにする書類
　　　②　いわゆるクレジットカード発行会社の書類又はその写しで、非居住者である親族がそのクレジットカード発行会社が交付したカードを提示等してその非居住者である親族が商品等を購入したこと等により、その商品等の購入等の代金に相当する額の金銭をその給与所得者から受領し、又は受領することとなることを明らかにする書類

101　配偶者控除の適用を受けるための申告書

〔問〕　「給与所得者の扶養控除等申告書」の「源泉控除対象配偶者」欄に配偶者の氏名等を記載して給与の支払者に提出していれば、「給与所得者の配偶者控除等申告書」を提出しなくて

412　付録10　年末調整の質問260に答える

も、年末調整において配偶者控除の適用を受けることができますか。

〔答〕　配偶者控除の適用を受けるためには、「給与所得者の配偶者控除等申告書」を給与の支払者に提出する必要があります。

　　そのため、「給与所得者の扶養控除等申告書」の「源泉控除対象配偶者」欄への記載の有無にかかわらず、「給与所得者の配偶者控除等申告書」の提出がなければ、配偶者控除の適用を受けることはできません。

102　源泉控除対象配偶者に該当しない配偶者が配偶者控除又は配偶者特別控除の対象となる場合⑴

〔問〕　合計所得金額が900万円（給与所得だけの場合は給与の収入金額が1,095万円⑭）超の給与所得者と生計を一にする配偶者であるため、源泉控除対象配偶者に該当しませんが、年末調整において、配偶者控除又は配偶者特別控除の対象となる配偶者となりますか。

〔答〕　源泉控除対象配偶者とは、合計所得金額が900万円（給与所得だけの場合は給与等の収入金額が1,095万円⑭）以下の給与所得者と生計を一にする配偶者（青色事業専従者として給与の支払を受ける人及び白色事業専従者を除きます。以下この問において同じです。）で合計所得金額が95万円（給与所得だけの場合は給与の収入金額が150万円）以下の人をいいます。

　　一方、年末調整において配偶者控除又は配偶者特別控除の対象となる配偶者は、合計所得金額が1,000万円（給与所得だけの場合は給与の収入金額が1,195万円⑭）以下の給与所得者と生計を一にする配偶者で、合計所得金額が133万円以下（給与所得だけの場合は給与の収入金額が201万6千円未満）の人となります。

　　したがって、例えば、合計所得金額が900万円超1,000万円以下（給与所得だけの場合は給与の収入金額が1,095万円超1,195万円以下⑭）の給与所得者と生計を一にする配偶者で、合計所得金額が133万円以下（給与所得だけの場合は給与の収入金額が201万6千円未満）の人は、源泉控除対象配偶者には該当しませんが、配偶者の合計所得金額が48万円（給与所得だけの場合は給与の収入金額が103万円）以下の場合は配偶者控除の対象となり、配偶者の合計所得金額が48万円（給与所得だけの場合は給与の収入金額が103万円）超の場合は、配偶者特別控除の対象となります。

　⑭　所得金額調整控除の適用がある場合は、本人の給与の収入金額の各金額に15万円を加えてください。また、特定支出控除の適用がある場合には、その金額も加えてください。

付録10　年末調整の質問260に答える　413

103　源泉控除対象配偶者に該当しない配偶者が配偶者控除又は配偶者特別控除の対象となる場合(2)

〔問〕　源泉控除対象配偶者に該当しない配偶者が配偶者控除又は配偶者特別控除の対象となる配偶者に該当する場合、どのようにすればこれらの控除の適用を受けることができるのですか。

〔答〕　源泉控除対象配偶者に該当しない配偶者が配偶者控除又は配偶者特別控除の対象となる配偶者に該当する場合のこれらの控除については、毎月（毎日）の源泉徴収税額の計算では考慮されませんが、年末調整により適用を受けることができます。

　　　具体的には、その年の最後に給与の支払を受ける日の前日までに、「給与所得者の配偶者控除等申告書」を給与の支払者に提出することにより控除の適用を受けることができます。

104　「給与所得者の配偶者控除等申告書」に記載する給与所得者の合計所得金額や配偶者の合計所得金額(見積額)

〔問〕　「給与所得者の配偶者控除等申告書」に記載する合計所得金額の見積額は、どの時点の見積額で記載するのでしょうか。

〔答〕　「給与所得者の配偶者控除等申告書」に記載された配偶者が控除対象配偶者等に該当するかどうか等は、その申告書を提出する日の現況により判定します。そのため、その判定の要素となる合計所得金額の見積額は、例えば、給与所得以外の所得がなく、その申告書を12月1日に提出する場合、11月支給分までの給与の収入金額に12月に支給されるであろう給与の収入金額を見積もった金額を加え、年間の給与の収入金額の見積額を求め、その見積額から給与所得控除額を控除した残額（所得金額調整控除及び特定支出控除を受ける場合には、その控除額を控除した残額）を記載することとなります。

105　「給与所得者の配偶者控除等申告書」に記載する「配偶者控除の額」及び「配偶者特別控除の額」

〔問〕　「給与所得者の配偶者控除等申告書」により求めた控除額について、「給与所得者の配偶者控除等申告書」の「配偶者控除の額」欄と「配偶者特別控除の額」欄のどちらに記載すればよいか教えてください。

〔答〕　配偶者控除額及び配偶者特別控除額については、「給与所得者の配偶者控除等申告書」により求めることができますが、求めた控除額を「給与所得者の配偶者控除等申告書」の「配偶者控除

の額」欄と「配偶者特別控除の額」欄のどちらに記載するかについては、「給与所得者の配偶者控除等申告書」の「控除額の計算」欄の「摘要」欄を参考にします。

　その申告書の区分Ⅱに①又は②と記載されていれば「配偶者控除の額」欄に求めた控除額を記載し、区分Ⅱに③又は④と記載されていれば「配偶者特別控除の額」欄に求めた控除額を記載します。

　なお、国税庁が提供する「年調ソフト」においては、給与所得者本人及び配偶者の合計所得金額から控除額を自動計算するとともに、「配偶者控除」と「配偶者特別控除」のどちらに該当するかについて自動判定します。

106　扶養親族の帰属

〔問〕　当社の従業員Aは父と同居しており、ともに当社に勤務しています。

　ところで、Aには3人の子供がおりますが、本年の「給与所得者の扶養控除等申告書」を見ますと、Aは3人の子供のうち2人を、また、Aの父はAの子供1人を扶養親族としていますが、このようなことが認められるのでしょうか。

〔答〕　一世帯に2人以上の給与の支払を受ける人（給与所得者）がいる場合に、その2人以上のいずれの人にとっても親族に該当する人をどの給与所得者の扶養親族とするかは、原則として「給与所得者の扶養控除等申告書」に記載されたところによることになっています。

　したがって、同一人を重複して扶養親族としていない限り、どの給与所得者の扶養親族としても差し支えありません。

　なお、年齢16歳未満の扶養親族（年少扶養親族）は扶養控除の対象となりませんので、3人のお子さんの生年月日をよく確認して、控除誤りがないよう注意してください。

107　扶養親族となる亡夫の子

〔問〕　私は11月に結婚しました。妻は再婚で、前夫とは死別したのですが、前夫との間に16歳になる子供が1人おり私と一緒に生活しています。

　その子に所得はありませんが、私の控除対象扶養親族に該当するのでしょうか。

〔答〕　扶養控除の対象となる「控除対象扶養親族」には、配偶者以外の親族（6親等内の血族及び3親等内の姻族）で、本年中の合計所得金額が48万円以下である人（扶養親族）のうち、16歳以上の人が該当します。

　ご質問のお子さんは、一親等の姻族としてあなたの親族に当たりますので、控除対象扶養親族に該当します。

付録10　年末調整の質問260に答える　415

108　兄弟間の扶養親族の移替え

〔問〕　当社の従業員Aには、別の会社に勤務している弟Bがいます。今まで、父母はAの控除対象扶養親族としていましたが、Bの給与も増えたことなどから、今後母についてはBの控除対象扶養親族としたいとの申出がありました。

　　　このようなことはできるのでしょうか。

〔答〕　同じ世帯に、所得者が２人以上いる場合に、これらの人の控除対象配偶者や扶養親族をどちらの所得者の扶養親族等とするかは、重複しない限りいずれでもよいこととされています。

　　　ご質問の場合には年の中途で変更することになりますので、この場合の手続としては、Aさんからお母さんを控除対象扶養親族から取り消す旨の「給与所得者の扶養控除等異動申告書」を提出していただきます。

　　　その後、Bさんが、お母さんを新たに控除対象扶養親族とする旨の「給与所得者の扶養控除等異動申告書」を勤務先の会社に提出すればよいことになります。

　　　なお、このような場合には、AさんとBさんのそれぞれの扶養控除等申告書の「他の所得者が控除を受ける扶養親族等」の各欄に氏名等をそれぞれ記載しなければなりませんので注意してください。

109　継母と扶養控除

〔問〕　当社の従業員Aは父と継母（実父の後妻）の３人で生活をしており、父、継母とも所得がないことから、Aの控除対象扶養親族としていました。

　　　ところが、本年10月にAの父が死亡しました。

　　　この場合、継母は控除対象扶養親族のままでよいのでしょうか。

〔答〕　Aさんの父が死亡した場合であっても、継母の姻族関係を終了させる届出を行わない限りその姻族関係は継続します。したがって、問107と同様に、継母は、血のつながりはありませんが一親等の姻族となりますので、扶養親族としての他の要件を満たしていれば控除対象扶養親族になります。

　　　このため、継母が控除対象扶養親族に該当するかどうかの判定に当たっては、この届出の有無を確認することが必要となります。

110　所得者等以外の人と同居している特別障害者の同居特別障害者の判定

〔問〕　私は人事異動により大阪支店勤務を命じられ、妻と一緒に大阪に転居することになりまし

416 付録10　年末調整の質問260に答える

た。

　　　なお、東京の自宅には私の母と特別障害者に該当する12歳になる長男の二人が住んでおり、二人の生活費を送金しています。

　　　この場合、私は長男を同居特別障害者である扶養親族とすることができるでしょうか。

〔答〕　同居特別障害者である扶養親族に該当するかどうかは、その年の12月31日の現況において、給与の支払を受ける人、その配偶者又は給与の支払を受ける人と生計を一にするその他の親族のいずれかと同居を常況としているかどうかにより判定することになっています。

　　　ご質問の場合、たとえあなた方ご夫妻とあなたの長男とは別居していても、生活費の送金を受けあなたと生計を一にする親族であるお母さんがあなたの長男と同居していますので、あなたの長男を同居特別障害者である扶養親族とすることができます。

　　（注）　年齢16歳未満の扶養親族（年少扶養親族）は扶養控除の対象になりませんが、障害者控除は年少扶養親族も対象になりますので、長男は特別障害者として障害者控除の対象となります。

111　入院している父の同居老親等の判定

　　〔問〕　当社の従業員Aは、Aの父を同居老親等として「給与所得者の扶養控除等申告書」を提出しましたが、Aの父は10月に入院し、本年中に退院の見込みはありません。

　　　　この場合、Aの父はAと同居していないことから、同居老親等に該当しないことになるのでしょうか。

〔答〕　同居老親等とは、老人扶養親族のうち、給与の支払を受ける人又はその配偶者の直系尊属（父母、祖父母など）で、給与の支払を受ける人又はその配偶者のいずれかとの同居を常況としている人をいいます。

　　　この同居を常況としている人には、病気などの治療のため入院していることにより、一時的に所得者等と別居している人も含まれることになっています。

　　　したがって、Aさんの父親は、これまでどおり同居老親等に該当します。

112　同居老親等の「同居」の判定基準

　　〔問〕　同居老親等について、「同居」といえる一時的入院の期間はどのくらいまでですか。

　　　　また、自宅療養を繰り返すような長期入院についても「同居」といえますか。

〔答〕　入院期間の長短は判定の基準とはなりません。それが疾病等の加療のための入院であり、その原因が解消された場合には同居の常況に復するのであれば、仮に入院が長期間であっても「同

付録10　年末調整の質問260に答える　417

居」に該当することになります。

113　同居老親等の範囲

〔問〕　次の施設に入寮している人は、同居老親等に該当しますか。
  (1)　病気、ケガ等のリハビリのための老人介護施設
  (2)　病気、ケガ等のリハビリを行い、医者が週3回程投薬のために来療する老人介護施設
  (3)　老人ホーム（医療行為は行わない）

〔答〕　同居老親等とは、老人扶養親族のうち給与の支払を受ける人又はその配偶者の直系尊属（父母、祖父母など）で、その給与の支払を受ける人又はその配偶者のいずれかとの同居を常況としている人をいいます。

したがって、(1)及び(2)のように治療等のために一時的に別居している場合は、同居として取り扱われ、同居老親等に該当しますが、(3)の場合は、治療等のために一時的に起居をともにしていないというよりも、老親の住所（生活の本拠）が老人ホームに移動したものと考えられますので、同居老親等には該当しません。

114　老人扶養親族と特別障害者の「同居」の判定

〔問〕　Aは、いわゆる「寝たきり老人」で常に介護を要する状況にある父親と、東京の自宅で同居していましたが、今年の春の人事異動で札幌支店勤務となり、東京の自宅には父母と子供を残し、配偶者と一緒に札幌に転居しました。

この場合、Aは父と同居していないこととなるので、同居を要件とする割増を受けられなくなるのでしょうか。なお、Aの父母と子供はすべてAの扶養親族に該当します。

〔答〕　同居老親等は、所得者又はその配偶者のいずれかと同居を常況としている必要がありますが、同居特別障害者は、所得者、その配偶者又は所得者と生計を一にするその他の親族のいずれかと同居を常況としていることが要件となります。

ご質問の場合、Aさんの父親は、Aさん又はAさんの配偶者と同居していませんので同居老親等には該当しませんが、Aさんと生計を一にする母親等と同居していますので同居特別障害者には該当することとなります。

115　同一生計配偶者に該当しない配偶者と同居している場合の同居老親等の判定

〔問〕　私は7月に東京本社から大阪支店に単身赴任しました。

418　付録10　年末調整の質問260に答える

東京の自宅には妻と85歳になる母がいます。母には収入がありませんが、妻は250万円ほどの給与収入があるため同一生計配偶者に該当しません。

私は昨年まで母を同居老親等として会社へ申告してきましたが、今年も母を私の同居老親等として申告することができるのでしょうか。

〔答〕　老人扶養親族のうち同居老親等に該当する人とは、その年の12月31日の現況において、給与の支払を受ける人又はその配偶者の直系尊属（父母、祖父母など）で、給与の支払を受ける人又はその配偶者のいずれかとの同居を常況としている人をいいます。ここでいう配偶者は、同一生計配偶者や控除対象配偶者であるかどうかを問いません。

したがって、あなたの場合、配偶者がお母さんと同居していますから、お母さんをあなたの同居老親等とすることができます。

なお、配偶者に所得があるとのことですが、仮に配偶者がお母さんを同居老親等として勤務先に申告をして控除を受ける場合には、重複してあなたの所得から控除を受けることはできませんので、注意してください。

116　転勤により別居している老人扶養親族の同居老親等の判定

〔問〕　私は5月の人事異動で北海道支社勤務となり、妻と二人で転居しました。

東京の自宅には高校生の長男と80歳になる母が住んでおり、生活費は北海道から送金しています。なお、母には所得がありませんので、私の老人扶養親族となっています。

今年の年末調整の際、私は母を同居老親等とすることができるのでしょうか。

〔答〕　老人扶養親族が同居老親等に該当するかどうかは、その年の12月31日の現況において、給与の支払を受ける人又はその配偶者のいずれかとの同居を常況としているかどうかにより判定することになっています。

ご質問の場合、あなたのお母さんは、老人扶養親族には該当しますが、あなた方ご夫妻とは別居していますので、たとえあなたの子供さんと同居していても、同居老親等には該当しません。

117　平日別居している老人扶養親族の同居老親等の判定

〔問〕　当社の従業員Aは山梨県の実家で80歳の母親と二人で暮らしながら、東京本社に勤務していました。しかし、本年4月の異動により勤務時間が変更になり、実家からの通勤が困難となったため、5月から都内のマンションを借りて一人で生活しています。週末には実家に帰宅し、母親の生活費も以前と同じようにAが負担しているそうですが、この場合、Aの母親をAの同居老親等とすることができるのでしょうか。

付録10　年末調整の質問260に答える　419

〔答〕　老人扶養親族が同居老親等に該当するかどうかは、その年の12月31日の現況において、給与の支払を受ける人又はその配偶者のいずれかとの同居を常況としているかどうかにより判定することになっています。

　　ご質問の場合、従業員Aは週末に起居を共にしているとしても、平日に別居していることから判断しますと、同居を常況としているとはいえないため、同居老親等には該当しません。

　　なお、Aさんは母親の生活費を負担しているとのことですが、Aさんの母親の合計所得金額が48万円以下であれば、老人扶養親族に該当します。

118　留学中の子供の扶養親族の判定

〔問〕　当社の従業員Aの長女は、本年9月から2年間の予定で、米国の大学へ留学しました。Aは、生活費及び学資金として毎月10万円を送金しているそうです。

　　また、Aの長女は、米国でアルバイトをしており、ある程度の収入があるようです。このように国外に所得がある場合、扶養親族の判定はどのようにするのでしょうか。

〔答〕　給与の支払を受ける人と生計を一にする親族（配偶者を除きます。）で、合計所得金額が48万円以下である人は扶養親族に該当することになります。

　　ご質問のAさんの長女は、2年間の予定で出国していることから非居住者に該当しますが、毎月の生活費及び学資金を送金しているとのことであれば生計を一にしていると認められます。また、所得金額の要件については、あくまでも国内源泉所得である合計所得金額で判定しますので、国外源泉所得である米国での収入は含まれません。

　　したがって、ご質問のような場合には、Aさんの長女は扶養親族に該当するものと思われます。

　　ただし、アルバイト収入が極めて多額であり、Aさんの送金が生活費及び学資金等に充てるものとはいえないような場合には、生計を一にしているとは認められないということもあります。

　　(注)　非居住者（国内に住所を有せず、かつ、現在まで引き続いて1年以上所を有しない個人をいいます。）である親族に係る扶養控除、配偶者控除等の適用を受ける場合には、親族関係書類及び送金関係書類を提出する必要があります。詳しくは付録5「国外居住親族に係る扶養控除等の適用」をご確認ください。

119　特定扶養親族の範囲

〔問〕　次のような人も特定扶養親族に該当しますか。
　　①　高校卒業後、就職活動中で無職の子の場合
　　②　大学を休学し働いている子の場合

420　付録10　年末調整の質問260に答える

〔答〕　特定扶養親族とは、扶養親族に該当する人のうち、年齢が19歳以上23歳未満の人をいうものとされています。

　　　したがって、学生であるか、無職であるか又は休学中であるか等は判定の要件とされていませんから、合計所得金額が48万円以下で扶養親族に該当し、かつ、年齢が19歳から22歳までであれば、特定扶養親族に該当することとなります。

120　特定扶養親族の判定に当たっての生年月日

〔問〕　特定扶養親族とは、扶養親族のうち年齢19歳以上23歳未満の人をいうこととされていますが、この年齢の判定に当たっての生年月日は、なぜ「平成11年1月2日から平成15年1月1日」までとなっているのでしょうか。

〔答〕　扶養親族等の判定は、12月31日の現況によることとされています。

　　　ところで、年齢に関する期間計算に当たっては、年齢計算ニ関スル法律第2項及び民法第143条により、起算日（誕生日）の応当日の前日をもって期間が満了することとされています。

　　　したがって、1月1日が誕生日の人は、その前日（12月31日）で1歳年をとるということになりますので、令和3年の年齢の判定に当たっては、「平成11年1月2日から平成15年1月1日」までの間に生まれた方が、19歳以上23歳未満となります。

121　23歳に達する前に死亡した子に係る扶養控除

〔問〕　当社の従業員Aは、今年の10月で23歳になる子を一般の扶養親族として申告していましたが、23歳に達する前の8月に病気により死亡してしまいました。

　　　このような場合には、特定扶養親族に該当するのでしょうか。

〔答〕　特定扶養親族に該当するかどうかの判定は、原則としてその年の12月31日の現況によることとされていますが、その判定の対象となる人がその前に死亡している場合には、その死亡の時の現況によることとされています。

　　　したがって、ご質問の場合は、死亡の時点では22歳ですので、特定扶養親族に該当することになります。

122　年少扶養親族が障害者に該当する場合

〔問〕　従業員Aの12歳になる長男は不慮の事故により身体に障害が残り、障害の程度を3級とする身体障害者手帳の交付を受けております。

付録10　年末調整の質問260に答える　421

　　　　年齢16歳未満の扶養親族については扶養控除の対象とならないということですので、この
　　　Aさんの長男は控除が受けられないということでよろしいでしょうか。

〔答〕　年齢16歳未満の扶養親族（注1）（年少扶養親族）は扶養控除の対象となりませんが、扶養親族のう
　　ち身体に障害をお持ちの方がいらっしゃる場合には、その障害の程度に応じ、障害者控除（一人
　　につき27万円）、特別障害者控除（一人につき40万円）又は同居特別障害者控除（一人につき75万円）
　　のいずれかが適用されます（注2）。
　　　ご質問のAさんのお子さんの場合は、障害の程度が3級ということですので、障害者控除（27
　　万円）の適用を受けることができます。
　　　（注）1　扶養親族とは、所得者と生計を一にする親族（配偶者、青色事業専従者として給与の支払を受
　　　　　　ける人及び白色事業専従者を除きます。）で、合計所得金額が48万円以下の人をいいます。
　　　　　2　障害者控除の詳細については、110ページを参照してください。

123　非課税所得（遺族年金）と扶養親族の判定

〔問〕　本年の年末調整の準備のため、従業員の「給与所得者の扶養控除等申告書」の内容を確認
　　　していたところ、従業員Aの申告書で扶養親族とされている母親の収入内訳は、①パートの
　　　収入70万円、②遺族年金80万円であることが判明しました。
　　　扶養親族の判定上、この遺族年金はどのように取り扱われるでしょうか。

〔答〕　扶養親族や同一生計配偶者に該当するかどうかを判定する場合の合計所得金額には、所得税法
　　やその他の法令の規定によって非課税とされる所得は含まれないことになっています。
　　　遺族の受ける年金（死亡した人の生前の勤務に基づいて支給されるものに限ります。）は非課税所
　　得に該当するので、遺族年金を除いたところで扶養親族の判定をすることになります。Aさんの
　　母親の場合はパート収入の70万円だけを基に判定することとなり、給与所得控除額55万円を控除
　　した後の合計所得金額は15万円となりますので、扶養親族に該当することになります。

124　公的年金等がある人の扶養親族の判定

〔問〕　当社の従業員Aは、72歳になる父親と同居し生計を一にしています。父親には厚生年金保
　　　険法による老齢厚生年金の収入が150万円ありますが、他に所得はありません。
　　　この場合、Aは父親を老人扶養親族とすることができるでしょうか。

〔答〕　公的年金等に係る雑所得の金額は、その年中の公的年金等の収入金額から受給者の年齢や公的
　　年金等の収入金額に応じた公的年金等控除額を控除した残額とされています。

422　付録10　年末調整の質問260に答える

　なお、この公的年金等控除額は、次の表のとおりです。

　Aさんの父親の場合、公的年金等に係る雑所得の金額は、下記の計算式によると150万円－110万円で40万円となりますので、老人扶養親族とすることができます。

〔公的年金等控除額の表〕

受給者の区分		公的年金等の収入金額（A）	公的年金等に係る雑所得以外の所得に係る合計所得金額	1,000万円以下	1,000万円超 2,000万円以下	2,000万円超
受給者の区分	年齢65歳以上の人	330万円以下		110万円	100万円	90万円
		330万円超　410万円以下		(A)×25%＋27万5,000円	(A)×25%＋17万5,000円	(A)×25%＋7万5,000円
		410万円超　770万円以下		(A)×15%＋68万5,000円	(A)×15%＋58万5,000円	(A)×15%＋48万5,000円
		770万円超　1,000万円以下		(A)×5%＋145万5,000円	(A)×5%＋135万5,000円	(A)×5%＋125万5,000円
		1,000万円超		195万5,000円	185万5,000円	175万5,000円
	年齢65歳未満の人	130万円以下		60万円	50万円	40万円
		130万円超　410万円以下		(A)×25%＋27万5,000円	(A)×25%＋17万5,000円	(A)×25%＋7万5,000円
		410万円超　770万円以下		(A)×15%＋68万5,000円	(A)×15%＋58万5,000円	(A)×15%＋48万5,000円
		770万円超　1,000万円以下		(A)×5%＋145万5,000円	(A)×5%＋135万5,000円	(A)×5%＋125万5,000円
		1,000万円超		195万5,000円	185万5,000円	175万5,000円

（注）1　受給者の年齢が65歳未満であるかどうかの判定は、その年の12月31日における年齢により判定することとされています。
　　　2　ここにいう「公的年金等に係る雑所得以外の所得に係る合計所得金額」とは、公的年金等の収入金額がないものとして計算した場合における合計所得金額をいいます。

125　他の勤務先からの扶養親族の移替え

〔問〕　当社の役員Aは、他社からも給与の支払を受けており、今までは、本人の選択により扶養親族を2か所に分けて控除していました。
　　　この度、当社からの給与が大幅に増えることになりましたので、他社の給与から控除を受けている扶養親族を当社へ移し替えたいとの申出がありましたが、差し支えないでしょうか。

〔答〕　従たる給与から控除を受けている扶養親族は、年の中途で主たる給与の方へ移し替えることはできません。このため、移し替えるとした場合でも翌年からとなります。これは、通常、主たる

付録10　年末調整の質問260に答える　423

給与については年末調整が行われますので、年の中途で、従たる給与において扶養親族等として控除を受けていた者を主たる給与の扶養親族等に移し替えた場合には、主たる給与の年末調整の際に1年分の控除額の適用を受けることになるため、結果的に従たる給与において扶養控除等を受けていた期間について重複して控除を受けることになることから、このような制約が設けられています。

　これに対し、主たる給与から、従たる給与への扶養親族等の移替えは一定の手続をすることにより認められます。

　なお、2か所以上から給与の支払を受ける場合、「主たる給与等の支払者」をいずれにするかは所得者本人が選択することができます。また、年の中途で退職等により、主たる給与の支払者を変更しようとする場合には、変更後の主たる給与の支払者に「給与所得者の扶養控除等異動申告書」を提出することができます。

○国外居住親族

126　国外居住親族に異動がない場合の親族関係書類の提出

〔問〕　従業員から、国外居住親族がいる旨が記載された「給与所得者の扶養控除等申告書」の提出を受けましたが、昨年提出した内容と変わりがないので、親族関係書類は必要ないのではないかと聞かれました。

　このような場合でも、親族関係書類の提出等を求める必要があるのでしょうか。

〔答〕　「給与所得者の扶養控除等申告書」に記載された国外居住親族が従業員の親族に該当するかどうかは、その申告書が提出される日の現況により判定する必要がありますので、基本的には「給与所得者の扶養控除等申告書」を提出する都度、その国外居住親族に係る「親族関係書類」を提出又は提示してもらう必要があります。

　なお、その国外居住親族の親族関係や住所等に異動がない場合には、前年以前に提示した「親族関係書類」を再度提示することも可能ですが、その場合には、給与支払者は「給与所得者の扶養控除等申告書」の提出を受ける際に、その国外居住親族との親族関係について前年と変更がないかを従業員の方に確認していただくのがよいと思われます。

127　親族関係書類の期限後提出

〔問〕　従業員Aから、国外居住親族がいる旨の記載がされた「給与所得者の扶養控除等申告書」の提出を受けましたが、親族関係書類の提出等がありませんでした。従業員Aによると、これから、外国政府に証明書類の発行を申請する予定であり、発行されるまでに数か月かかるとのことです。

424　付録10　年末調整の質問260に答える

　　　このように、親族関係書類の提出等が見込まれる場合には、国外居住親族に係る扶養控除等を適用することはできますか。

〔答〕　「給与所得者の扶養控除等申告書」に記載された国外居住親族の扶養控除等の適用については、その国外居住親族に係る親族関係書類が提出等された後、最初に支払われる給与から扶養控除等を適用して、源泉徴収税額を計算することになります。

　　　したがって、Aさんから親族関係書類の提出等を受けるまでは、その国外居住親族に係る扶養控除等を適用することはできません。

128　留学している子

〔問〕　従業員Aは長男を控除対象扶養親族としていますが、その子が9月から海外に半年間留学することとなりました。
　　　今年の年末調整において、その子は国外居住親族に該当するのでしょうか。

〔答〕　扶養親族が留学する場合、その留学が継続して1年以上国外に居住することを通常必要とするものでなければ、その扶養親族は国外居住親族には該当しません。

　　　したがって、その扶養親族が国外居住親族に該当しない場合には、「親族関係書類」や「送金関係書類」の提出又は提示については必要ありませんが、別居している扶養親族を控除対象扶養親族とする場合には、送金等を行っていることが分かる書類等で生計を一にしていることをご確認ください。

129　国外居住親族の対象範囲

〔問〕　従業員から、国外居住親族がいる旨が記載された「給与所得者の扶養控除等申告書」の提出を受けましたが、甥の関係にある者を控除対象扶養親族としています。
　　　国外居住親族として認められるのでしょうか。

〔答〕　国外居住親族の対象となる親族の範囲は、民法の規定による親族と同じですので、6親等以内の血族、配偶者、3親等内の姻族が対象になります。

　　　したがって、甥の関係にある方も、その方を扶養しているのであれば、国外居住親族に該当することになります。

　　　なお、年齢が16歳未満の方の場合には、国外居住親族であっても扶養控除の対象になりませんのでご注意願います。

130 「生計を一にする事実」欄の記載

〔問〕 従業員から、国外居住親族がいる旨が記載された「給与所得者の扶養控除等申告書」の提出を受けているのですが、当初提出された「給与所得者の扶養控除等申告書」には、「生計を一にする事実」欄に、送金額等の記載がされていません。

年末調整の際に、改めて、送金額等を記載した「給与所得者の扶養控除等申告書」の提出を受ける必要がありますか。

〔答〕 「給与所得者の扶養控除等申告書」の「生計を一にする事実」欄には、国外居住親族に送金等を行っている場合には、送金等をした額の総額を記載することとされています。

この欄は、年末調整の際に記載することとされているため、当初に「給与所得者の扶養控除等申告書」の提出を受けた際には記載されていないものと思われます。

したがって、年末調整の際に、次のいずれかの方法により、「生計を一にする事実」欄の記載がされた「給与所得者の扶養控除等申告書」の提出を受ける必要があります。

① 当初提出された「給与所得者の扶養控除等申告書」を従業員に返却して、国外居住親族への送金等の総額を追記して再度提出していただく方法

② 国外居住親族への送金等の総額を記載した「給与所得者の扶養控除等申告書」を別途提出していただく方法

131 親族関係書類等の翻訳文の添付

〔問〕 従業員から、国外居住親族がいる旨が記載された「給与所得者の扶養控除等申告書」とその親族関係書類の写しの提出を受けているのですが、親族関係書類が外国語で記載されているので、内容がよく分かりません。

従業員に、親族関係書類の翻訳文の提出を求めることは可能ですか。

〔答〕 「親族関係書類」や「送金関係書類」が外国語で作成されている場合には、法令により、その翻訳文も提出又は提示することとされています。

したがって、「親族関係書類」や「送金関係書類」が提出又は提示された場合には、従業員の方にその翻訳を求めることが可能です。

翻訳文を別途作成して提出してもらうか、「親族関係書類」や「送金関係書類」に訳文を付記してもらうなどの方法により、これらの書類の記載内容が分かるようにしてください。

426 付録10 年末調整の質問260に答える

132 親族関係書類等の原本性

〔問〕 従業員から、親族関係書類の写しが提出されたのですが、原本でなくても問題ありません
か。

〔答〕「親族関係書類」については、国外居住親族の方の旅券（パスポート）の写しの場合を除き、原
本の提出又は提示が必要となります。
　なお、「送金関係書類」については、原本に限らずその写しの提出又は提示も認められていま
す。

133 親族関係書類等の保存

〔問〕 従業員から提出された「親族関係書類」や「送金関係書類」については、「給与所得者の
扶養控除等申告書」と併せて保存する必要がありますか。

〔答〕「親族関係書類」や「送金関係書類」については、「給与所得者の扶養控除等申告書」とは違っ
て、法令上は、保存義務を定めた規定はありませんが、「給与所得者の扶養控除等申告書」に記
載された内容を確認するための書類ですので、「給与所得者の扶養控除等申告書」と併せて7年
間保存していただくのがよいと思われます。

134 親族関係書類の有効期限

〔問〕 従業員から提出された「親族関係書類」について、発行日付が1年以上前の日付になって
いるのですが、「親族関係書類」として取り扱っても問題ありませんか。

〔答〕「親族関係書類」については、法令上、書類の発行日に関する規定はありませんので、書類の
提出日より1年以上前に発行されたものであったとしても、「親族関係書類」として取り扱って
差し支えありません。
　ただし、発行日以降に、国外居住親族の方が結婚や離婚などの事情により、国外居住親族に該
当しなくなることも考えられますので、書類の提出日より相当前に発行されている場合には、そ
の国外居住親族の親族関係に異動がないか従業員の方に確認していただくのがよいと思われます。

135 親族関係書類の種類(1)

〔問〕 従業員から「親族関係書類」として、外国の公的機関が発行した運転免許証の写しが提出

付録10　年末調整の質問260に答える　427

されたのですが、「親族関係書類」として取り扱っても問題ありませんか。

〔答〕　運転免許証などの外国の公的機関が発行した身分証明書は、一般的には、国外居住親族の方が本人であることの身分を明らかにするものであり、従業員の方との親族関係を明らかにするものではないため、運転免許証の写しだけでは「親族関係書類」に該当しないことになります。

　　(注)　「親族関係書類」とは、次の①又は②のいずれかの書類で、国外居住親族が居住者の親族であることを証するものをいいます（その書類が外国語で作成されている場合には、その翻訳文を含みます。）
　　　①　戸籍の附票の写しその他の国又は地方公共団体が発行した書類及び国外居住親族の旅券（パスポート）の写し
　　　②　外国政府又は外国の地方公共団体が発行した書類（国外居住親族の氏名、生年月日及び住所又は居所の記載があるものに限ります。）

136　親族関係書類の種類(2)

〔問〕　従業員から「親族関係書類」として、旅券の写しが提出されたのですが、「親族関係書類」として取り扱っても問題ありませんか。

〔答〕　旅券の写しは、「親族関係書類」の一部として取り扱うことが可能ですが、旅券の写しだけでは「親族関係書類」には該当しません。旅券の写しと併せて、戸籍の附票やその他の国又は地方団体が発行した書類が必要になります。

　　なお、旅券の写しについては、国外居住親族の方の氏名、生年月日などが記載されている身分事項のページの写しを提出してもらうようにしてください。

137　親族関係書類の種類(3)

〔問〕　「親族関係書類」について、外国政府又は外国の地方公共団体が発行した書類とは具体的にどのような書類ですか。

〔答〕　外国政府又は外国の地方公共団体が発行した書類とは、国外居住親族の氏名、生年月日又は住所又は居所が記載されている書類で、国外居住親族が居住者の親族であることを証するものですが、具体的には次のような書類が該当します。
　①　戸籍謄本その他これに類する書類
　②　出生証明書
　③　婚姻証明書

138　複数の親族関係書類の提出

〔問〕　国外居住親族として記載のある方のうち、従業員の叔父や叔母に該当する方がいるのですが、従業員からは、これらの方々が従業員の親族であることを証明できる書類がないとの申立てがありました。親族関係を証明する書類の提出がないので、これらの者に係る扶養控除等は適用できないのでしょうか。

〔答〕　外国政府等が発行する書類の記載項目は様々であり、特に、叔父や叔母などの姻族関係にある親族の場合、一つの「親族関係書類」だけで居住者の親族であることを証明することができないことも考えられます。

　　　したがって、従業員の方の親族関係にあることが証明できない限り、これらの者に係る扶養控除等は適用できないことになりますが、例えば、複数の書類を組み合わせることにより、国外居住親族が従業員の方の親族であることの確認ができるのであれば、国外居住親族に係る扶養控除等を適用することはできます。

139　生活費等を現金で手渡ししている場合

〔問〕　従業員Ａから、親族関係書類が添付された「給与所得者の扶養控除等申告書」の提出を受けました。しかし、従業員Ａによると、国外居住親族に対して生活費等を送金することはなく、必要な生活費等は知人を通じて、現金で手渡ししているそうです。

　　　このような場合であっても、その国外居住親族に係る扶養控除等の適用を受けることができますか。なお、従業員Ａからは、生活費等を手渡ししている旨等を記載した申立書の提出を受ける予定です。

〔答〕　毎月の給与や賞与に係る源泉徴収税額を算出するに当たっては、国外居住親族がいる旨が記載された「給与所得者の扶養控除等申告書」と併せて、親族関係書類が提出等されていれば、その国外居住親族を扶養親族等の数に加えて、源泉徴収税額を算出することができます。

　　　しかし、年末調整において、国外居住親族に係る扶養控除等の適用を受けようとする場合には、送金関係書類の提出等が必要となります。

　　　このため、年末調整の際には、従業員Ａさんから送金関係書類の提出等を受ける必要がありますが、この送金関係書類には、ご質問の「申立書」は含まれないため、他に送金関係書類がない限り、年末調整においては、その国外居住親族については扶養控除等の適用はないものとして、年調年税額を計算することになります。

付録10　年末調整の質問260に答える　429

140　複数年分の送金をまとめて行った場合

〔問〕　国外居住親族に対する送金を、昨年12月に１年分まとめて行いました。この送金に係る外国送金依頼書の控えを本年分の送金関係書類とすることはできますか。

〔答〕　送金関係書類とは、法令上、その年において国外居住親族の生活費等に充てるための支払を必要の都度、各人に行ったことを明らかにするものをいうこととされています。

したがって、本年分の送金関係書類とは、本年中に送金等をしたことを証する一定の書類をいいますので、ご質問のように、昨年12月に送金した外国送金依頼書の控えは、本年分の送金関係書類とすることはできません。

141　代表者にまとめて送金等をした場合

〔問〕　従業員Aには、海外に留学している長男及び次男（いずれも国外居住親族に該当）がいるため、２人分の生活費等をまとめて長男名義の口座に送金しています。この送金に係る外国送金依頼書の控えを長男及び次男２人分の送金関係書類として、年末調整の際に扶養控除等の適用を受けることができますか。

〔答〕　送金関係書類とは、法令上、その年において国外居住親族の生活費等に充てるための支払を必要の都度、各人に行ったことを明らかにするものをいうこととされています。

したがって、ご質問のように、生活費等を長男にまとめて送金をしている場合、その外国送金依頼書の控えは、長男の送金関係書類にはなりますが、次男の送金関係書類とすることはできません。

142　複数の送金関係書類の提出

〔問〕　従業員Aは、国外に居住している親族に対して、毎月、生活費として送金しているとのことですが、この場合、「送金関係書類」は送金した全ての書類の写しが必要になるのですか。

〔答〕　「送金関係書類」については、その年において国外居住親族の生活費又は教育費に充てるための支払を必要の都度、各人に行ったことを明らかにするものとされています。

したがって、その年において扶養控除等の適用を受けようとする国外居住親族に対し、その年において複数回の送金等を行っている場合は、原則として、全ての「送金関係書類」を提出又は提示してもらう必要があります。

なお、同一の国外居住親族への送金等が年３回以上となる場合には、一定の事項を記載した明

430　付録10　年末調整の質問260に答える

細書の提出と各々の国外居住親族のその年最初と最後に送金等した際の「送金関係書類」の提出
又は提示をすることにより、それ以外の「送金関係書類」の提出又は提示を省略することができ
ます。

ただし、提出又は提示を省略した「送金関係書類」については、従業員の方が保管する必要が
あります。

143　送金関係書類の送金基準

〔問〕　従業員Aは、国外に居住している親族に対して、毎月、1万円を生活費として送金してい
るとのことですが、扶養控除等の適用を判定する場合に、送金額の金額基準のようなものは
あるのですか。

〔答〕　国外居住親族に係る扶養控除等を適用する場合の送金額の基準は特に定められていません。
なお、「送金関係書類」については、国外居住親族と生計を一にすることを明らかにする書類
として、国外居住親族の生活費又は教育費に充てるための支払を必要の都度、各人に行ったこと
を明らかにするものであることが必要になりますので、年間の送金額が少額であると考えられる
場合には、従業員の方に、送金の目的（生活費又は教育費に充てるためのものか）を確認していた
だくのがよいと思われます。

144　送金関係書類の種類(1)

〔問〕　従業員Aから、「送金関係書類」として、通帳の写しが提出されましたが、「送金関係書
類」として取り扱って問題ありませんか。

〔答〕　「送金関係書類」については、送金者の氏名、送金受領者の氏名、送金日及び送金額の記載が
あり、生活費又は教育費に充てるための支払を必要の都度行ったことを確認できるものであれば、
通帳の写しであっても「送金関係書類」に該当します。

145　送金関係書類の種類(2)

〔問〕　従業員Aから、「送金関係書類」として、クレジットカード発行会社の利用明細書が提示
されましたが、「送金関係書類」として取り扱って問題ありませんか。

〔答〕　クレジットカード発行会社の利用明細書は「送金関係書類」として取り扱って差し支えありま
せん。

なお、クレジットカード発行会社の利用明細書については、クレジットカードの名義人の氏名、利用日、利用内容及び利用代金の支払者がＡさんであることを確認していただく必要があります。

146　送金関係書類における送金の時期

〔問〕　従業員Ａから、「送金関係書類」として、クレジットカード発行会社の利用明細書が提示されましたが、決済日が年明けとなっています。この場合、本年中の「送金関係書類」として取り扱って問題ありませんか。

〔答〕　クレジットカード等の利用に係る「送金関係書類」の提出又は提示があった場合、その「送金関係書類」は、国外居住親族の物品の販売業者やサービスの提供業者に、そのクレジットカード等を提示又は通知した日（いわゆる利用日）における「送金関係書類」として取り扱うことになります。

したがって、決済日が年明けであっても、利用日が年内であるならば、本年中の「送金関係書類」として取り扱って差し支えありません。

147　送金関係書類の期限後提出

〔問〕　従業員Ａから、国外居住親族がいる旨が記載された「給与所得者の扶養控除等申告書」の提出を受けていますが、年末調整の際に、国外居住親族に係る「送金関係書類」の提出等がありませんでした。従業員Ａによると、送金した際の外国送金依頼書の控えを紛失してしまったので、提出できないとのことです。

この場合、国外居住親族に係る扶養控除等を適用することはできますか。

〔答〕　年末調整の際に、「送金関係書類」の提出又は提示がない場合は、扶養控除等を適用することはできませんので、その国外居住親族については控除対象扶養親族等に含めることなく年末調整の計算を行うことになります。

なお、年末調整後その年分の源泉徴収票が作成されるまでの間に、その国外居住親族に係る「送金関係書類」の提出等がされた場合には、その国外居住親族について扶養控除等を適用して年末調整の再計算をしても差し支えありません。

また、源泉徴収票を作成した後に、「送金関係書類」の提出等がされた場合には、Ａさんに、確定申告で精算するよう説明してください。

432　付録10　年末調整の質問260に答える

○障害者控除・勤労学生控除・ひとり親控除

148　身体障害者手帳の交付手続がとれない人の障害者控除

〔問〕　当社の従業員Ａは、11月に通勤途中に交通事故に遭い、片足を切断し、現在入院加療中です。

　なお、入院加療中のため、身体障害者手帳の交付申請や障害者控除を受けるための「給与所得者の扶養控除等申告書」の異動申告を行っていませんが、本年の年末調整で障害者控除の適用を受けられるのでしょうか。

〔答〕　障害者控除の適用を受けるためには、原則として身体障害者手帳の交付を受けており、かつ、「給与所得者の扶養控除等申告書」に障害者に該当する旨の記載がなければなりません。

　しかし、障害者に該当する程度の障害がありながら、身体障害者手帳の交付を受けていないことを理由として障害者控除の適用が受けられないとすると実情に即さない場合もありますので、次に掲げる要件のいずれにも該当する人は、障害者として取り扱うこととされています。

①　その年の「給与所得者の扶養控除等申告書」を提出する時において、身体障害者手帳の交付を申請中であるか、又はその交付を受けるための身体障害者福祉法第15条第1項に規定する医師の診断書を有していること

②　その年の12月31日又はその他障害者であるかどうかを判定すべき時の現況において、明らかに身体障害者手帳に記載される程度の障害があると認められること

　したがって、ご質問の場合には、入院先の医師から身体障害者福祉法第15条第1項に規定する医師の診断書の交付を受け、「給与所得者の扶養控除等申告書」の異動申告を行えば、障害者控除の適用が受けられます。

149　認知症と障害者控除

〔問〕　当社の社員Ａは、父親を扶養しており、老人扶養親族として控除を受けていますが、先日、この父親について、認知症であれば障害者に当たるのではないかと質問を受けましたがいかがでしょう。

〔答〕　障害者に該当するかどうかは、認知症の症状等から客観的に判断することとなり、次のいずれかにあてはまれば障害者として認められます。

①　精神上の障害により事理を弁識する能力を欠く常況にある人

②　常に就床を要し、複雑な介護を要する人

　「精神上の障害により事理を弁識する能力を欠く常況にある人」とは、通常の人と同様の運動能力はあっても、活動能力を欠き、常に介護を必要とする状況にある人等であり、また、「常に

就床を要し、複雑な介護を要する人」とは、いわゆる寝たきり状態の方等をいうものとされています。

　したがって、Aさんの父親が上記①、②のいずれかにあてはまれば、障害者に該当することになります。

150　療育手帳を受けている人の障害者控除

〔問〕　当社の従業員の中で、療育手帳の交付を受けている扶養親族を有する人がいます。
　　　この場合、障害者控除を受けることができるのでしょうか。

〔答〕　療育手帳の交付を受けている人は、障害者に該当しますので、障害者に該当する旨の申告（「給与所得者の扶養控除等申告書」によります。）をすることにより障害者控除を受けることができます。

　なお、療育手帳制度とは、都道府県知事又は政令指定都市の長が、知的障害者又はその保護者からの申請に基づいて手帳を交付し、その交付を受けた知的障害者に対し、各種の援護措置を講ずることを目的として設けられている制度です。

　この手帳の交付を受けている人については、手帳の「判定記録」の「障害の程度」欄に「A」と表示されていれば特別障害者に、「B」又は「C」と表示されていれば一般の障害者に該当するものとして取り扱われます。

　　(注)　「療育手帳」は、「愛の手帳」や「みどりの手帳」など各自治体によって別の名称で呼ばれていることがあります。

151　特別障害者の定義

〔問〕　特別障害者に該当する人の例として「常に就床を要し、複雑な介護を要する人」というのがありますが、どのような人をいうのでしょうか。

〔答〕　引き続き6か月以上にわたり身体の障害により就床を要し、介護を受けなければ自ら排便等をすることができない程度の状態にあると認められる人をいいます。

152　特別障害者の判定

〔問〕　私の父は高齢で、今年の10月から寝たきりとなり介護を必要とする状況となりました。
　　　ところで、特別障害者の「常に就床を要し、複雑な介護を要する人」とは、引き続き6か月以上にわたり就床を要する状況をいうとのことですが、私の父は寝たきりとなってから今年

434　付録10　年末調整の質問260に答える

の12月31日現在では6か月を経過していないことから、今年の年末調整においては特別障害
者には該当しないこととなるのでしょうか。

〔答〕　引き続き6か月以上にわたり身体の障害により就床を要するとは、就床を要する期間が継続し
て6か月以上に及ぶ程度の状態にあるかどうかということであり、実際に6か月以上経過したか
どうかということではありません。

　　ご質問の場合、あなたの父親は高齢で寝たきりの状態になったとのことですから、今年の12月
31日現在において、今後も引き続き長期間にわたって就床を要すると見込まれるのであれば、今
年から特別障害者に該当することとなります。

153　勤労学生に該当する学校の判定

〔問〕　勤労学生控除の確認に当たって、控除の対象となる学校教育法第1条に規定する学校であ
るかどうかの判定は、どのようにしたらよいのでしょうか。

〔答〕　その学校の名称に大学、高等専門学校、中等教育学校、高等学校、中学校、義務教育学校、小
学校、特別支援学校の名称を使っているかどうかによって判定します。

　　これは、学校教育法第1条に掲げる学校以外の各種学校などの教育施設には、同法第1条に掲
げるこれらの名称を用いてはならないこととされているからです。

154　経理学校の生徒の勤労学生控除

〔問〕　当社の従業員Aは、夜間の経理学校に通っています。
　　この場合、Aは、勤労学生控除を受けることができるでしょうか。

〔答〕　経理学校、タイピスト学校、洋裁学校のような各種学校の生徒は、次の(1)〜(4)に掲げる課程を
履修する人について勤労学生控除の対象となります。
(1)　職業に必要な技術を教授すること
(2)　修業期間（普通科、専攻科その他これらに類する区別された課程があり、それぞれ修業期間が1年
以上であって、これらの課程が継続する場合には、その通算した修業期間）が2年以上であること
(3)　1年間の授業時間数（普通科、専攻科等の課程がある場合には、それぞれの課程の授業時間数）
が680時間以上であること
(4)　授業が年2回を超えない一定の時期に開始され、しかも、その終期が明確に定められているこ
と

　　なお、各種学校の生徒が勤労学生控除を受けようとするときは、勤労学生に該当する旨を証す

付録10 年末調整の質問260に答える　435

るため、在学する学校から文部科学大臣の証明書の写しと学校長の証明書の交付を受け、これを「給与所得者の扶養控除等申告書」に添付しなければなりません。

155 亡夫の控除対象配偶者となっていた人のひとり親控除

〔問〕　私は、5月に夫と死別し、7月からある会社に就職しました。生前、夫は私を源泉控除対象配偶者として申告し、控除の適用を受けていました。

この場合、私は年末調整において、ひとり親控除を受けることができるのでしょうか。

なお、私は、年齢が38歳で、給与以外に所得がなく、今年の給与収入は280万円でした。

また、小学生の長女を扶養しており、事実上婚姻関係と同様の事情にある者はいません。

〔答〕　ひとり親控除の適用が受けられるかどうかは、12月31日の現況により判定しますが、そのひとり親となった者が死別した夫の控除対象配偶者に該当するかどうかは、その夫の死亡の時の現況により判定することとされています。

ご質問の場合には、あなたは死別されたご主人の源泉控除対象配偶者とされていたわけですが、12月31日の現況ではひとり親の要件に該当しますので、ひとり親控除の適用が受けられます。

156 配偶者が死別した年の配偶者控除とひとり親控除

〔問〕　私の妻は今年の3月に亡くなり、今は小学生の息子と二人で生活しています。私の年間所得は500万円以下ですので、私はひとり親に該当すると思いますが、ひとり親控除を受けると配偶者控除を受けることができなくなるのでしょうか。

なお、私には事実上婚姻関係と同様の事情にある者はいません。

〔答〕　控除の対象となるかどうかは、原則としてその年の12月31日現在の現況によるものとされますが、控除対象配偶者が死亡した場合には、その死亡時の現況で判断することとなりますので、あなたの場合には、ひとり親控除と今年に限り配偶者控除の両方が受けられることとなります。

157 離婚した人の寡婦控除

〔問〕　当社の女子従業員Aは、3月に夫と離婚し、その後再婚をしていません。また、事実上婚姻関係と同様の事情にある者はいません。

Aには、扶養親族がありませんが、年末調整で寡婦控除を受けることができるでしょうか。

なお、Aには、当社からの給与以外に所得がなく、本年中の給与支給総額は350万円です。

436　付録10　年末調整の質問260に答える

〔答〕　ご質問の場合、Aさんは、死別ではなく離婚したということですから、扶養親族がいない限り、たとえ本年中の合計所得金額が500万円以下であっても寡婦控除の対象となる寡婦には該当しないことになります。

158　父の控除対象扶養親族となっている妻が死亡した場合のひとり親控除

〔問〕　私は、7月に妻を病気で亡くしましたが、これまで妻を私の控除対象配偶者としないで、父の控除対象扶養親族として申告していました。
　　　　この場合、私はひとり親控除を受けることができるでしょうか。
　　　　なお、私は35歳で扶養親族には小学3年生になる長男がおり、事実上婚姻関係と同様の事情にある者はいません。
　　　　また、給与以外に所得がなく、本年中の給与収入は600万円です。

〔答〕　ご質問の場合、あなたは、12月31日の現況でひとり親の要件に該当しますので、亡くなられた配偶者が他の所得者の控除対象扶養親族となっていたかどうかにかかわらず、ひとり親控除の適用が受けられます。

○基礎控除
159　基礎控除額を算出する際の合計所得金額の見積額の計算方法(1)（2か所からの給与収入がある場合）

〔問〕　私はA社から支払われる主たる給与600万円とB社から支払われる従たる給与300万円があり、20歳の子（扶養親族に該当）がいます。また、給与以外の収入はありません。基礎控除を受けるためには基礎控除申告書を提出する必要があると聞きましたが、基礎控除申告書の合計所得金額の見積額はどのように計算したらよいでしょうか。

〔答〕　ご質問の場合、以下のとおりの手順で合計所得金額の見積額を計算します。
　　1　給与収入を合算します
　　　　主たる給与等（600万円）＋従たる給与等（300万円）＝給与収入（900万円）
　　2　1で求めた給与収入から給与所得を算出します
　　　　900万円－195万円＝705万円
　　3　1で合算した給与収入から所得金額調整控除の額を算出します
　　　　（900万円－850万円）×10％＝5万円
　　4　2で求めた給与所得から3で求めた所得金額調整控除の額を差し引いて、調整後の給与所得を算出します

付録10　年末調整の質問260に答える　437

705万円－5万円＝700万円（給与所得の所得金額）

　A社及びB社以外からの収入はないとのことですので、4で求めた給与の所得金額700万円があなたの合計所得金額の見積額となります。

　なお、この場合あなたの合計所得金額の見積額は900万円以下となりますので、あなたの基礎控除額は48万円となります。

160　基礎控除額を算出する際の合計所得金額の見積額の計算方法(2)（給与収入と年金収入がある場合）

〔問〕　私は63歳で、C社から支払われる給与900万円と200万円の年金収入があり、同一生計配偶者で特別障害者である妻がいます。基礎控除を受けるためには基礎控除申告書を提出する必要があると聞きましたが、基礎控除申告書の合計所得金額の見積額はどのように計算したらよいでしょうか。

〔答〕　ご質問の場合、以下のとおりの手順で合計所得金額の見積額を計算します。

1　給与収入から給与所得を算出します

900万円－195万円＝705万円

2　給与収入から所得金額調整控除の額を算出します

（900万円－850万円）×10％＝5万円

3　1で求めた給与所得から2で求めた所得金額調整控除の額を差し引いて、調整後の給与所得を算出します

705万円－5万円＝700万円

4　公的年金等に係る雑所得を算出します

200万円×25％＋27万5,000円＝77万5,000円（公的年金等控除額）

200万円－77万5,000円＝122万5,000円（公的年金等に係る雑所得）

5　3で求めた給与所得と4で求めた公的年金等に係る雑所得が10万円を超える場合は、給与所得（※）及び公的年金等に係る雑所得（※）の合計額から10万円を控除して所得金額調整控除の額を算出します。（※10万円を超える場合は10万円）

給与所得　　　　　　　700万円＞10万円　となるため、10万円

公的年金等に係る雑所得　122万5,000円＞10万円　となるため、10万円

10万円＋10万円－10万円＝10万円（所得金額調整控除の額）

6　5で求めた所得金額調整控除の額10万円を3で求めた給与所得700万円から差し引いて、調整後の給与所得を算出します

700万円－10万円＝690万円（給与所得の所得金額）

7　6で求めた給与所得と4で求めた公的年金等に係る雑所得を合計して本年中の合計所得金額

438 付録10 年末調整の質問260に答える

の見積額を算出します。

690万円＋122万5,000円＝812万5,000円

なお、この場合あなたの合計所得金額の見積額は900万円以下となりますので、あなたの基礎
控除額は48万円となります。

161 基礎控除額を算出する際の合計所得金額の見積額の計算方法(3) (給与収入と不動産収入がある場合)

〔問〕 私にはD社からの給与収入2,000万円のほか、不動産所得（収入金額から必要経費を差し引いた後の金額）700万円があり、18歳の子（扶養親族に該当）がいます。基礎控除を受けるためには基礎控除申告書を提出する必要があると聞きましたが、基礎控除申告書の合計所得金額の見積額はどのように計算したらよいでしょうか。

〔答〕 ご質問の場合、以下のとおりの手順で合計所得金額の見積額を計算します。

1 給与収入から給与所得を算出します

2,000万円－195万円＝1,805万円

2 給与収入から所得金額調整控除の額を算出します

2,000万円＞1,000万円のため、1,000万円

（1,000万円－850万円）×10％＝15万円

3 1で求めた給与所得から2で求めた所得金額調整控除の額を差し引いて、調整後の給与所得を算出します

1,805万円－15万円＝1,790万円（給与所得の所得金額）

4 3で求めた給与所得1,790万円と不動産所得700万円を合算して本年中の合計所得金額の見積額を算出します。

1,790万円＋700万円＝2,490万円

なお、この場合あなたの合計所得金額の見積額は2,450万円を超え、2,500万円以下となりますので、あなたの基礎控除額は16万円となります。

○所得金額調整控除
162 所得金額調整控除の概要

〔問〕 所得金額調整控除には2種類あると聞きましたが、これについて教えてください。

〔答〕 所得金額調整控除には、次のとおり①子ども・特別障害者等を有する者等の所得金額調整控除と②給与所得と年金所得の双方を有する者に対する所得金額調整控除があります。いずれも給与

付録10　年末調整の質問260に答える　439

所得の金額から一定の金額を控除するものですが、年末調整の際に給与の支払を受ける人が「所得金額調整控除申告書」を提出することにより控除を受けることができるのは①のみで、②の控除については、給与及び公的年金等の支払を受ける人が確定申告をすることで適用を受けることができます。

①　子ども・特別障害者等を有する者等の所得金額調整控除

　　その年の給与の収入金額が850万円を超える居住者で、次に掲げる者の総所得金額を計算する場合には、給与の収入金額(注)から850万円を控除した金額の10％に相当する金額が、給与所得の金額から控除されることとなります。

　イ　本人が特別障害者に該当する者

　ロ　年齢23歳未満の扶養親族を有する者

　ハ　特別障害者である同一生計配偶者を有する者

　ニ　特別障害者である扶養親族を有する者

　(注)　その給与の収入金額が1,000万円を超える場合には、1,000万円

②　給与所得と年金所得の双方を有する者に対する所得金額調整控除

　　その年の給与所得控除後の給与の金額及び公的年金等に係る雑所得の金額がある居住者で、給与所得控除後の給与の金額及び公的年金等に係る雑所得の金額の合計額が10万円を超える者の総所得金額を計算する場合には、給与所得控除後の給与の金額(注1)及び公的年金等に係る雑所得の金額(注2)の合計額から10万円を控除した残額が、給与所得の金額(注3)から控除されることとなります。

　(注)1　その給与所得控除後の給与の金額が10万円を超える場合には、10万円
　　　2　その公的年金等に係る雑所得の金額が10万円を超える場合には、10万円
　　　3　上記①の所得金額調整控除の適用がある場合には、その適用後の金額

163　所得金額調整控除の趣旨

〔問〕　所得金額調整控除が創設された趣旨を教えてください。

〔答〕　所得金額調整控除の制度創設の趣旨は、次のとおりです。

①　子ども・特別障害者等を有する者等の所得金額調整控除

　　平成30年度税制改正において、給与所得控除の見直しが行われ、給与収入が850万円を超える場合の給与所得控除額が引き下げられましたが、子育て等の負担がある者については経済的余裕が必ずしも十二分とは考えられないことから、年齢23歳未満の扶養親族を有する者や特別障害者控除の対象である扶養親族等を有する者等については、給与所得控除の見直しにより負担増が生じないようにするため、「子ども・特別障害者等を有する者等の所得金額調整控除」（以下「所得金額調整控除（子ども等）」といいます。）が措置されました。

440 付録10 年末調整の質問260に答える

② 給与所得と年金所得の双方を有する者に対する所得金額調整控除

　　平成30年度税制改正において、給与所得控除、公的年金等控除及び基礎控除の見直しが行われ、給与所得控除額及び公的年金等控除額が10万円引き下げられるとともに、基礎控除の額が10万円引き上げられることとされたため、給与所得、年金所得のいずれかを有する者については、基礎控除との控除額の振替により負担増は生じなくなります。しかし、給与所得、年金所得の両方を有する者については、給与所得控除額及び公的年金等控除額の両方が10万円引き下げられることから、基礎控除の額が10万円引き上げられたとしても、給与所得、年金所得の金額によっては、給与所得控除額及び公的年金等控除額の合計額が10万円を超えて減額となり、負担増が生じるケースがあり得ることとなります。このような場合の負担増が生じないようにするために、「給与所得と年金所得の双方を有する者に対する所得金額調整控除」（以下「所得金額調整控除（年金等）」といいます。）が措置されました。

164　給与の収入金額が850万円を超えるかどうかの判定

〔問〕　２か所以上から給与の支払を受けている場合、給与の収入金額が850万円を超えるかどうかについて、それら全ての給与を合計した金額により判定するのでしょうか。

〔答〕　所得金額調整控除（子ども等）の適用を受ける場合、その年の給与の収入金額が850万円を超えることが要件とされていますが、年末調整において、所得金額調整控除（子ども等）の適用を受ける場合の給与の収入金額が850万円を超えるかどうかについては、年末調整の対象となる主たる給与（「給与所得者の扶養控除等申告書」を提出している人に支払う給与をいいます。以下同じです。）により判定することとなります。したがって、年末調整の対象とならない従たる給与（主たる給与の支払者以外の給与の支払者が支払う給与をいいます。以下同じです。）は含めずに判定することとなります。

　　(注)　確定申告において、所得金額調整控除（子ども等）の適用を受ける場合の給与の収入金額が850万円を超えるかどうかについては、２か所以上から給与の支払を受けている場合、それら全ての給与を合計した金額により判定することとなります。

165　年末調整における所得金額調整控除（子ども等）の適用要件の判定時期

〔問〕　年末調整において、所得金額調整控除（子ども等）の適用を受けようとする場合、各要件に該当するかはどの時点で判定するのですか。

〔答〕　年末調整において、所得金額調整控除（子ども等）の適用を受けようとする場合は、その年最後に給与の支払を受ける日の前日までに「所得金額調整控除申告書」を給与の支払者に提出する

付録10　年末調整の質問260に答える　441

必要があります。

　この場合、年齢23歳未満の扶養親族を有するかどうかなどの判定は、「所得金額調整控除申告書」を提出する日の現況により判定することとなります。

　なお、その判定の要素となる所得金額については、その申告書を提出する日の現況により見積もったその年の合計所得金額によることとなり、その判定の要素となる年齢については、その年12月31日（その申告書を提出する時までに死亡した者については、その死亡の時）の現況によることとなります。

　　(注)　確定申告において、所得金額調整控除（子ども等）の適用を受ける場合、年齢23歳未満の扶養親族を有するかどうかなどの判定は、その年12月31日（その居住者がその年の中途において死亡し、又は出国をする場合には、その死亡又は出国の時）の現況によることとされています。ただし、その判定に係る者がその当時死亡している場合は、その死亡の時の現況によることとされています。

166　共働き世帯における所得金額調整控除（子ども等）の適用

　〔問〕　いわゆる共働きの世帯で、扶養親族に該当する20歳の子がいる場合、扶養控除の適用については夫婦のいずれかで受けることとなりますが、所得金額調整控除（子ども等）の適用についても夫婦のいずれかで受けることとなるのでしょうか。

　〔答〕　同じ世帯に所得者が2人以上いる場合、これらの者の扶養親族に該当する人については、これらの者のうちいずれか一の者の扶養親族にのみ該当するものとみなされるため、いわゆる共働きの世帯の場合、一の扶養親族に係る扶養控除の適用については、夫婦のいずれかで受けることとなります。

　　他方、所得金額調整控除（子ども等）の適用については、扶養控除と異なり、いずれか一の者の扶養親族にのみ該当するものとみなされませんので、これらの者はいずれも扶養親族を有することとなります。そのため、いわゆる共働きの世帯で、扶養親族に該当する年齢23歳未満の子がいる場合、夫婦の双方で所得金額調整控除（子ども等）の適用を受けることができます。

167　「所得金額調整控除申告書」の提出省略の可否

　〔問〕　「給与所得者の扶養控除等申告書」の「控除対象扶養親族」欄等に、扶養親族の氏名等を記載して給与の支払者に提出していれば、「所得金額調整控除申告書」を提出しなくても、年末調整において所得金額調整控除（子ども等）の適用を受けることができますか。

　〔答〕　年末調整において、所得金額調整控除（子ども等）の適用を受けるためには、「所得金額調整控除申告書」をその年最後に給与の支払を受ける日の前日までに給与等の支払者に提出する必要

442 付録10 年末調整の質問260に答える

があります。そのため、「給与所得者の扶養控除等申告書」の「控除対象扶養親族」欄等への記載の有無にかかわらず、「所得金額調整控除申告書」の提出がなければ、所得金額調整控除（子ども等）の適用を受けることはできません。

(注) 国税庁ホームページ【https://www.nta.go.jp】に掲載されている「所得金額調整控除申告書」は、「給与所得者の基礎控除申告書」及び「給与所得者の配偶者控除等申告書」との3様式の兼用様式となっています。これらの申告書は、それぞれ基礎控除や配偶者控除等の適用を受けるために提出する必要がありますので、これらの控除の適用を受けようとする場合は、兼用様式に必要事項を記載し、給与の支払者に提出してください。

168 給与収入が850万円を超えていない場合の「所得金額調整控除申告書」の提出の可否

〔問〕 給与の支払者に「所得金額調整控除申告書」を提出する日において、本年の給与の収入金額が850万円を超えるかどうかが明らかではありません。給与の収入金額が850万円を超える場合は所得金額調整控除（子ども等）の適用を受けたいのですが、この場合、「所得金額調整控除申告書」の提出はどのようにすればよいのでしょうか。

〔答〕 「所得金額調整控除申告書」は、所得金額調整控除（子ども等）の適用を受けようとする旨等を記載するものであるため、給与の収入金額が850万円を超えるかどうかが明らかではない場合であっても、年末調整において、所得金額調整控除（子ども等）の適用を受けようとするときは、「所得金額調整控除申告書」に必要事項を記載し、給与の支払者に提出してください。

なお、その年の年末調整の対象となる給与の収入金額が850万円を超えなかった場合は、「所得金額調整控除申告書」の提出をしたとしても、年末調整において所得金額調整控除（子ども等）が適用されることはありません。

169 「所得金額調整控除申告書」における所得金額調整控除の額の記載

〔問〕 「所得金額調整控除申告書」には「所得金額調整控除額」欄がありませんが、提出する際に控除額を記載する必要はないのでしょうか。

〔答〕 所得金額調整控除の額については、「所得金額調整控除申告書」の記載すべき事項として法令で定められていませんので、「所得金額調整控除申告書」に「所得金額調整控除額」欄は設けられていません。

そのため、年末調整における所得金額調整控除の額については、従業員等が「所得金額調整控除申告書」を提出する際に計算するのではなく、給与の支払者が年末調整において計算することとなります。

付録10　年末調整の質問260に答える　443

具体的には、次の計算式のとおりです。

（計算式）

所得金額調整控除の額＝（給与等の収入金額－850万円）×10%　　※　最高15万円

なお、国税庁ホームページ【https://www.nta.go.jp】に掲載されている「給与所得に対する源泉徴収簿」（以下「源泉徴収簿」といいます。）には、給与の支払者が年末調整において所得金額調整控除（子ども等）の控除額の計算が可能となるよう、「所得金額調整控除額」欄が設けられています。

170　年末調整における所得金額調整控除の額の注意事項

〔問〕　「所得金額調整控除申告書」には所得金額調整控除の額を記載する必要がないようですが、年末調整における所得金額調整控除の額の計算において、注意する事項はありますか。

〔答〕　従業員等が①2か所以上から給与の支払を受けている場合や②公的年金等の支払を受けている場合については、年末調整の際に給与の支払者が源泉徴収簿において算出する所得金額調整控除の額と、従業員等が「給与所得者の基礎控除申告書」等で合計所得金額の見積額の計算において給与所得の所得金額を求める際の所得金額調整控除の額とが、異なる場合がありますので、注意する必要があります。

具体的には、年末調整の際に給与の支払者が源泉徴収簿において算出する所得金額調整控除の額については、従たる給与を含めずに年末調整の対象となる主たる給与により計算することとなります。他方、従業員等が「給与所得者の基礎控除申告書」等で合計所得金額の見積額の計算において給与所得の所得金額を求める際の所得金額調整控除の額については、上記①の場合、従たる給与を含めた本年中の全ての給与により計算することとなり、上記②の場合、所得金額調整控除（子ども等）と所得金額調整控除（年金等）の両方を考慮して計算することとなります。

171　年末調整後に扶養親族の異動があった場合の所得金額調整控除（子ども等）の再調整

〔問〕　年末調整を終えた後に、従業員Aから12月31日に子が生まれたとの申出がありました。この生まれた子については、扶養控除の対象にはならないと聞きましたが、Aの給与の収入金額が850万円を超える場合、所得金額調整控除（子ども等）の要件の対象とし、年末調整をやり直してもよいのでしょうか。

〔答〕　年齢16歳未満の扶養親族は扶養控除の対象とはなりませんが、所得金額調整控除（子ども等）においては、年齢23歳未満の扶養親族を有することが要件の一つとされているため、年末に子が

444　付録10　年末調整の質問260に答える

生まれた場合、この要件を満たすこととなります。

　年末調整において所得金額調整控除（子ども等）の適用を受けようとする場合、年齢23歳未満の扶養親族を有するかどうかなどの判定は、「所得金額調整控除申告書」を提出する日の現況により判定することとなりますが、年末調整後、その年12月31日までの間に従業員等に子が生まれ、所得金額調整控除（子ども等）の適用要件を満たし年末調整による年税額が減少することとなる場合、その年分の源泉徴収票を給与の支払者が作成するまでに、その異動があったことについて従業員等からその異動に関する申出があったときは、年末調整の再計算の方法でその減少することとなる税額を還付してもよいこととされています。

　したがって、翌年1月の「給与所得の源泉徴収票」を交付する時まで年末調整の再調整を行うことができます。この場合においても「所得金額調整控除申告書」の提出は必要ですので、ご注意ください。

　なお、年末調整の再調整によらず、従業員等が確定申告をすることによって、その減少することとなる税額の還付を受けることもできます。

172　年末調整後に扶養親族の判定に誤りがあった場合の所得金額調整控除（子ども等）の再調整

> 〔問〕　年末調整を終えた後に、従業員Bから20歳の子のアルバイト収入が、当初の見積額よりも多かったため、その子の合計所得金額が48万円を超えることとなったとの申出がありました。この場合、その子については、扶養控除の対象にはならないため、扶養控除等異動申告書により異動事項を申告する必要があると聞きましたが、Bの給与の収入金額が850万円を超えることから、その子を23歳未満の扶養親族に該当するものとして所得金額調整控除（子ども等）の適用を受けていた場合、所得金額調整控除（子ども等）についてはどのように訂正したらよいのでしょうか。

〔答〕　従業員等の親族が控除対象扶養親族や年齢23歳未満の扶養親族に該当するかどうかは、原則としてその年12月31日の現況により判定することとされていますが、「給与所得者の扶養控除等申告書」や「所得金額調整控除申告書」は、それより早く提出されるため、その提出の日の現況に基づいて見積りによりその判定を行う必要があります。

　しかしながら、その見積りに誤りがあり、その従業員等の親族が控除対象扶養親族や年齢23歳未満の扶養親族に該当しない場合は、扶養控除や所得金額調整控除（子ども等）は適用されないこととなります。

　ご質問の場合においては、「給与所得者の扶養控除等申告書」については異動事項の申告を受け、また、「所得金額調整控除申告書」についても記載内容の訂正を依頼するなどして、年末調整の再計算を行ってください。

付録10 年末調整の質問260に答える 445

なお、「所得金額調整控除申告書」について、その従業員等が他の年齢23歳未満の扶養親族を有するなど所得金額調整控除（子ども等）の適用要件を満たしている場合に、当初申告された子以外の要件に該当する者に関する内容に訂正されるのであれば、所得金額調整控除（子ども等）については年末調整の再計算を行う必要はありません。

○住宅借入金等特別控除
173 住宅借入金等特別控除

〔問〕 私は、銀行及び住宅金融支援機構から借入れを受け、住宅を新築取得し、昨年4月から住んでいます。本年3月の確定申告によって1年目の住宅借入金等特別控除を受け、2年目である本年は、年末調整で控除を受けたいと思いますが、どのような手続をすればよいのでしょうか。

〔答〕 住宅借入金等特別控除は、最初の年分については確定申告によってのみ控除が受けられることになっていますが、2年目の令和3年分については、税務署長が発行する「令和3年分 年末調整のための住宅借入金等特別控除証明書」と同一の用紙に印刷された「令和3年分 給与所得者の（特定増改築等）住宅借入金等特別控除申告書」を年末調整の時までに、給与の支払者に提出することによって、年末調整で控除を受けることができます。

　この控除を受ける場合には、このほか、銀行等の発行する「住宅取得資金に係る借入金の年末残高等証明書」の交付を受け「令和3年分 給与所得者の（特定増改築等）住宅借入金等特別控除申告書」に必ず添付してください。

　なお、年末調整で控除を受けなかった場合には、確定申告をすることにより控除を受けることができます。

(注)1 平成22年以前に住宅を居住の用に供した場合の手続は、136ページの「(ロ) 平成22年以前に住宅を居住の用に供した場合」を参照してください。
　　2 平成31年／令和元年以降に入居し、最初の年分で確定申告により控除を受けた方については、その確定申告の際に要望することにより、「令和3年分年末調整のための住宅借入金等特別控除証明書」をデータで取得することができます。

174 住宅借入金等特別控除を受ける人の所得制限

〔問〕 私は平成29年4月に新築住宅を取得し、翌年3月の確定申告により1年目の住宅借入金等特別控除を受けました。

　5年目の本年は給与所得のほかに譲渡所得があり、合計所得金額が3,000万円を超えることになります。

　この場合、本年も住宅借入金等特別控除を受けることができるのでしょうか。

446 付録10 年末調整の質問260に答える

〔答〕 住宅借入金等特別控除の適用を受けようとする各年の合計所得金額が3,000万円を超えるとき
は、この特別控除の適用がないこととされています。

したがって、あなたは、本年の合計所得金額が3,000万円を超えるため、本年分の住宅借入金
等特別控除の適用を受けることはできません。

なお、あなたの来年（居住の用に供した年から6年目）の合計所得金額が3,000万円以下となる
場合には、来年分の住宅借入金等特別控除は受けることができます。

175 転勤のため居住の用に供しなくなった住宅に再入居する場合の住宅借入金等特別控除

〔問〕 私は、平成26年6月に住宅を取得し、平成26年分は確定申告により住宅借入金等特別控除
の適用を受けました。その後、令和3年9月から2年間の地方転勤を命じられ、家族ととも
に引越し、住宅は空家となる予定です。

この場合、令和3年分の住宅借入金等特別控除の適用はあるのでしょうか。また、令和5
年に転勤から戻り、再び居住の用に供した場合はどうでしょうか。

〔答〕 住宅借入金等特別控除を受けるためには、所得者本人が取得した家屋を居住の用に供すること
が要件とされています。

あなたの場合は、転勤により家族とともに転居して空き家になっていますから、居住の用に供
していないので令和3年分の住宅借入金等特別控除の適用はありません。

しかし、その家屋を居住の用に供しなくなる日までに、税務署長に「転任の命令等により居住
しないこととなる旨の届出書」の提出をしていること等の一定の要件の下で、その後再び居住の
用に供した年以後は住宅借入金等特別控除の再適用を受けることができます。

なお、再居住し、再び住宅借入金等特別控除を受けようとする最初の年分については確定申告
をする必要があります。詳しくは138ページを参照してください。

176 海外に単身赴任等した人の住宅借入金等特別控除

〔問〕 当社の従業員Aは、昨年5月に新築住宅を取得し、今年3月の確定申告により住宅借入金
等特別控除を受けましたが、今年の6月からロンドン支店に2年間の予定で転勤し、単身赴
任しました。住宅には家族が引き続き居住していますが、本年についても住宅借入金等特別
控除を受けることができますか。

〔答〕 住宅借入金等特別控除は、原則として、個人が、各年の12月31日まで引き続きその家屋を居住
の用に供している場合に適用されることとされていますが、平成28年4月1日以後に住宅の取得

付録10　年末調整の質問260に答える　447

等をした人が海外転勤等のやむを得ない事情により海外に転出し、配偶者、扶養親族その他生計を一にする親族と日常の起居を共にしない場合において、その住宅の取得等の日から6か月以内にその家屋にこれらの親族が入居し、その後も引き続き居住しており、そのやむを得ない事情が解消した後は、その家屋の所有者が共にその家屋に居住することと認められるときは、その家屋の所有者が入居し、その後もその家屋の所有者が引き続き居住しているものとして取り扱われ、この住宅借入金等特別控除を受けることができます。

177　離婚により追加取得した共有持分の住宅借入金等特別控除

〔問〕　私は配偶者と共有（1/2ずつ）でマンションを取得し、住宅借入金等特別控除をそれぞれが適用していましたが、本年離婚したため配偶者の持分であった1/2を財産分与により取得しました。その際、私は財産分与部分に対応する借入金の新規融資を受け、引き続き居住しています。

　　　この場合、購入当初から所有していた共有持分と本年財産分与を受けた共有持分の両方について住宅借入金等特別控除を適用することができるのでしょうか。

〔答〕　購入当初から所有していた共有持分と財産分与により追加取得した共有持分のいずれについても住宅借入金等特別控除が適用されます。

　　　この場合、新たに別の家屋を有することとなったのではなく、既に居住の用に供する家屋の持分を追加取得したことにすぎず、家屋を二以上有することにはなりません。

　　　なお、この場合は、年末調整ではなく、確定申告をする必要があります。

178　住宅ローンを借り換えた場合の住宅借入金等の年末残高

〔問〕　私は、平成28年に自宅を購入し、金融機関Aからの住宅ローンがあったため、平成28年分については確定申告により、その後は年末調整により住宅借入金等特別控除の適用を受けていました。

　　　この度、金融機関Aから別の金融機関Bに借り換えをしたのですが、本年の年末調整の住宅借入金等特別控除の計算は、今までと同様でよいのでしょうか。

〔答〕　住宅借入金等特別控除の対象となる借入金は、住宅の新築や増改築等のために直接必要な借入金でなければなりませんので、住宅ローンの借り換えによる新しい借入金は、原則として住宅借入金等特別控除の対象とはなりません。

　　　しかし、次の全ての要件を満たす場合には、住宅借入金等特別控除の対象となる借入金として取り扱われます。

448　付録10　年末調整の質問260に答える

① 新しい借入金が当初の住宅ローンの返済のためのものであることが明らかであること

② 新しい借入金が10年以上の償還期間であることなど住宅借入金等特別控除の対象となる要件に当てはまること

　ご質問の場合、この要件を満たしているのであれば、本年も年末調整において住宅借入金等特別控除の対象である借入金として取り扱われますが、借り換えによる新たな借入金の金額が、借り換え直前の当初の住宅ローンの金額を上回っている場合には、次により計算した金額が住宅借入金等の年末残高となりますので注意してください。

$$本年の住宅借入金等の年末残高 \times \frac{借換え直前の当初住宅借入金等残高}{借換えによる新たな住宅借入金等当初金額}$$

179　繰上返済により借入期間が10年未満となった場合

〔問〕　住宅ローンを繰上返済したことにより、償還期間が10年未満となりました。この場合、過去に遡って住宅借入金等特別控除が受けられなくなるのでしょうか。

〔答〕　住宅借入金等特別控除の対象となる住宅借入金等は、契約において償還期間が10年以上で割賦払の方法により返済することが要件となっています。

　繰上返済を行うことにより、償還期間が10年未満となる場合は、その年以後の住宅借入金等特別控除は受けられないことになります。

　したがって、過去に遡って住宅借入金等特別控除が受けられなくなることはありません。

180　借入金等の額が連帯債務になっている場合の住宅借入金等特別控除

〔問〕　私は、平成29年に住宅ローンで新築住宅を購入し、翌年３月の確定申告によって住宅借入金等特別控除の適用を受けました。

　住宅取得に際しての借入金は配偶者との連帯債務となっていますが、この場合の控除額の計算はどうなりますか。

〔答〕　住宅借入金等が、連帯債務となっている場合には、既に確定申告によって住宅借入金等特別控除を受けた際に、その控除額の計算の基礎とした住宅借入金等の額からその基礎とした住宅借入金等への返済に充てられた金額を差し引いた本年12月31日現在の残高に基づいて記入します。

　平成30年以前に住宅を取得し居住を開始した人が連帯債務による住宅借入金等を有する場合には、「給与所得者の（特定増改築等）住宅借入金等特別控除申告書」の「備考」欄に、他の連帯債務者から、「私は、連帯債務者として、住宅借入金等の残高〇〇〇円のうち〇〇〇円を負担することとしています。」等の文言、住所及び氏名の記載を受けることとされています。

付録10　年末調整の質問260に答える　449

　なお、その人が給与所得者である場合には、その勤務先の所在地及び名称も併せて記載を受けてください。

　また、平成31年以降に住宅を取得し居住を開始した人に税務署から送付される控除証明書には、控除を受けるべき人が負担すべき割合が記載されていますので、この控除証明書の添付をする場合には、「住宅借入金等特別控除申告書」の「備考」欄への連帯債務者に関する事項の記載は不要です。

181　「住宅借入金等特別控除申告書」の交付等

〔問〕　当社の従業員から照会があったのですが、「給与所得者の（特定増改築等）住宅借入金等特別控除申告書」は、どのように交付を受けるのですか。
　また「給与所得者の（特定増改築等）住宅借入金等特別控除申告書」を紛失してしまった場合は、どうしたらよいのですか。

〔答〕　住宅借入金等特別控除は、原則として居住した年以後10年間にわたって控除が受けられますが、最初の年分については確定申告により、その後の年分（適用2年目以降分）については年末調整を行う時までに必要な事項を記載した「給与所得者の（特定増改築等）住宅借入金等特別控除申告書」及び金融機関等から交付された「住宅取得資金に係る借入金の年末残高等証明書」を給与の支払者に提出することにより、年末調整で控除を受けることができることとされています。

　ところで、この「給与所得者の（特定増改築等）住宅借入金等特別控除申告書」は、適用2年目以降の各年分の申告書が一括して、給与所得者本人に所轄税務署から直接送付されますので、その年分以外の年分の申告書についても、大切に保存しておく必要があります(注)。

　なお、この「給与所得者の（特定増改築等）住宅借入金等特別控除申告書」を紛失してしまった場合には、その給与所得者自身がその所轄税務署に対して再交付の申請を行って再度の交付を受ける必要があります。

　(注)　平成31年／令和元年以降に入居し、最初の年分で確定申告により控除を受けられた方については、その確定申告の際に要望することにより、「給与所得者の（特定増改築等）住宅借入金等特別控除申告書」に付属している「年末調整のための住宅借入金等特別控除証明書」をデータで取得することができます。

182　給与の支払者が変わった場合の住宅借入金等特別控除

〔問〕　中途入社した従業員から、「給与所得者の住宅借入金等特別控除申告書」が提出されたので、そのまま年末調整の計算をしていいでしょうか。

〔答〕　給与の支払者が前年以前に「給与所得者の住宅借入金等特別控除申告書」を提出した給与の支

450 付録10 年末調整の質問260に答える

払者と異なることとなった場合において、その従業員が平成22年以前に住宅を居住の用に供した場合には、所轄税務署に申請をして「年末調整のための住宅借入金等特別控除証明書」の交付を受け、これを貴社に提出する「給与所得者の住宅借入金等特別控除申告書」に添付しなければ、年末調整において住宅借入金等特別控除の適用を受けることは出来ませんが、その従業員が平成23年以後に住宅を居住の用に供した場合には、「給与所得者の住宅借入金等特別控除申告書」の用紙の下の部分が「年末調整のための住宅借入金等特別控除証明書」になっていますから、従業員から提出された「給与所得者の住宅借入金等特別控除申告書」により、年末調整の計算を行います。

183 源泉徴収票に記載する（特定増改築等）住宅借入金等特別控除額

〔問〕 当社の従業員について、年末調整で（特定増改築等）住宅借入金等特別控除を適用したところ源泉徴収税額が0円となりました。この従業員は、当社からの給与の他に収入があることから、確定申告をしなければならないということです。当社がこの従業員に源泉徴収票を発行する場合、「住宅借入金等特別控除額」欄は「控除した額」ではなく「控除できる額」を記載することとしてよろしいですか。

〔答〕 源泉徴収票の「住宅借入金等特別控除額」欄には、年末調整で控除した額（算出所得税額を超える場合は算出所得税額を限度とします。）を記入することとされています。

したがって、お尋ねのように、住宅借入金等特別控除額が算出所得税額を超えるため年末調整で控除しきれない控除額がある場合には、源泉徴収票の「住宅借入金等特別控除可能額」欄に、「給与所得者の住宅借入金等特別控除申告書」に基づいて計算した住宅借入金等特別控除の金額を記入します。

○その他
184 ふるさと納税についての寄附金控除

〔問〕 ふるさと納税をした従業員から、寄附金控除を受けたいとの申出がありました。寄附金控除はどのように行えばよいのでしょうか。

〔答〕 ふるさと納税を行った場合については、給与の支払者が年末調整により寄附金控除を行うことはできませんので、従業員の方が確定申告により寄附金控除を行っていただく必要があります（「ふるさと納税ワンストップ特例制度」の適用を受ける場合を除きます。）。

付録10　年末調整の質問260に答える　451

〔年末調整及び再調整〕

185　本年最後に支払う給与に対する税額計算の省略

〔問〕　年末調整を行う際の本年最後に支払う給与については、通常の月分としての税額計算を省略して、年末調整で一括計算してもよいのでしょうか。

〔答〕　年末調整を行う際の本年最後に支払う給与については、通常の月分の給与としての税額計算を省略して差し支えありません。

　したがって、例えば12月24日に本年最後の給与を支給する場合には、この給与に対する税額を「０」として年末調整を行うことができます。

　この場合、所得税徴収高計算書（納付書）の俸給、給料等の税額欄には、「０」と記載することになります。

　なお、年末調整による不足額が多額なため本年中にその全額を徴収することなく、翌年に繰り延べて徴収する場合（税務署長の承認が必要です。）には、本年最後の給与に対する税額計算を省略することはできません。

186　年末調整後に給与を追加支給する場合の税額計算

〔問〕　当社では、12月10日に賞与を支払い、12月24日支給の給与で年末調整を行いました。

　ところが、賞与支給率について組合と交渉の結果、12月の賞与から支給率のアップが決まり、差額分を12月28日に支払うことになりました。

　年末調整は既に終わっていますが、この差額についてはどのような税額計算をしたらよいのでしょうか。

〔答〕　給与規程等の改訂による差額で支給日が定められているものについては、その支給日において支払が確定したことになりますので、12月28日に支払う差額は本年分の給与となります。

　したがって、ご質問の場合には、差額支給分を加えたところで年末調整の再計算を行い、不足税額を徴収する必要があります。

187　年末調整後に子が生まれた場合

〔問〕　当社では、12月分の給与を12月15日に支給し、その際に年末調整を終えました。その後、12月30日に従業員Ａに長女が生まれました。

452　付録10　年末調整の質問260に答える

この場合、Aはこの長女の扶養控除を年末調整で受けることができますか。

〔答〕　年齢16歳未満の扶養親族（年少扶養親族）は扶養控除の対象となりませんので、ご質問の場合には、年末調整においても控除を受けることができません。

　　(注)　「給与所得者の扶養控除等（異動）申告書」の「住民税に関する事項」欄には、Aさんの長女について所定の事項を記載する必要があります。

　　　　したがって、翌年分以降の「給与所得者の扶養控除等（異動）申告書」はもとより、既に年末調整が終了した本年分の「給与所得者の扶養控除等（異動）申告書」についても「住民税に関する事項」欄に所定の事項を記載する必要がありますので、記載漏れがないようにしてください。

188　年末調整後に支払った生命保険料

〔問〕　当社では、12月15日に本年最後の給料の支給をし、その際年末調整も終わっていますが、従業員Aは、12月22日に生命保険の契約を結び、同日に1年分の保険料を支払ったそうです。

　　　この保険料については、生命保険料控除を受けられるのでしょうか。

〔答〕　生命保険料控除はその年に実際に支払った保険料について行いますから、ご質問の保険料のうち本年中に払込期限が到来したものについては、本年分の所得から生命保険料控除を受けることができます。

　　ご質問の場合、年末調整はその年最後の給与の支払を受ける日の前日までに提出された「保険料控除申告書」に基づいて行うことになっており、年末調整は終わっていますが、翌年1月の「給与所得の源泉徴収票」を交付する時までに改めて「給与所得者の保険料控除申告書」と「生命保険料の証明書類」の提出を受け、年末調整の再調整を行っても差し支えありません。

189　生命保険料の払込見込額と実際の払込額が相違する場合

〔問〕　当社の従業員の中に、「給与所得者の保険料控除申告書」を提出した後、年内に保険料控除の対象とした生命保険を解約したため、同申告書に記載した生命保険料の金額（見込額）と、実際に本年中に支払った額が相違することとなった者がいます。

　　　この場合、どのようにすればよいのでしょうか。

〔答〕　生命保険料控除については、一般的に、保険会社から送付されてくる保険料の金額等を証する書類に基づき、その年の年末までに保険料を継続して支払ったとした場合の見込額で保険料控除額を計算することが多いため、保険会社から保険料の金額等を証する書類が送付された後にその保険契約を解約・変更した場合などは、保険料の払込見込額と実際の払込額が相違することになります。

付録10　年末調整の質問260に答える　453

このような場合は、確定した実際の払込額に基づいて生命保険料控除額を再計算し、年末調整の再調整を行うことになります。

190　責任開始日が翌年の地震保険料

〔問〕　従業員Aは、損害保険会社と住宅地震保険の契約を結び、令和３年中に地震保険料を支払いました。この損害保険契約による責任開始日は令和４年１月１日となっています。
　　この場合、この地震保険料についても年末調整の再調整をして控除できるでしょうか。

〔答〕　損害保険契約に基づく責任開始日（保険会社において損害について、塡補責任を生ずる日をいいます。）前に支払ったその地震保険料については、現実の支払の日によらず、その責任開始日において支払ったものとされますので本年の年末調整では控除できません。
　　したがって、ご質問の地震保険料については、今年の年末調整により控除するのではなく、翌年分（令和４年）の年末調整の際に「給与所得者の保険料控除申告書」により申告して控除を受けることになります。

191　中途採用者の年調過納額

〔問〕　当社の従業員Aは中途採用者であり、年末調整をしたところ、年調過納額が当社で徴収したその者の税額を上回りましたが、どうしたらよいのでしょうか。

〔答〕　Aさんの年末調整による過納額が、貴社で徴収したAさんに対する税額を上回っていても、その過納額の全額を貴社で還付処理をすることになります。

192　配偶者のパート収入の金額が見積額を超過した場合

〔問〕　年末調整後に、従業員から配偶者特別控除の適用を受けた配偶者のパート収入金額の見積りを誤り、その見積額である150万円を超過していたと申出がありましたが、どのようにすればよろしいでしょうか。

〔答〕　配偶者の確定した所得金額により配偶者特別控除の適用を見直し再年末調整を行い、当初の年調年税額との差額を精算する必要があります。

454　付録10　年末調整の質問260に答える

193　再年末調整をすべき範囲

〔問〕　従業員から扶養控除等申告書の提出を受けて年末調整を行いましたが、次の①から③のように計算終了後に控除対象扶養親族が異動した場合、必ず再計算を行わなければならないでしょうか。また、従業員本人が確定申告により精算することは可能でしょうか。

① 年調計算終了後、源泉徴収票作成前に分かった場合

② 源泉徴収票交付後に分かった場合

③ 市民税の特別徴収変更通知や税務署からの扶養控除等の見直し依頼により分かった場合

〔答〕　年末調整の際における所得控除は、その年最後の給与等の支払をする時の現況により行うのであって、その年の12月31日の現況によるものではありませんから、年末調整後に異動した所得控除については、確定申告により精算することができることとされています。しかし、年末調整後その年12月31日までの間においてその控除に異動があり年末調整による年税額が減少することとなる場合であっても、その年分の源泉徴収票を給与の支払者が作成するまでにその異動があったことについて所得者本人から申告書が提出された場合には、年末調整の再計算の方法でその減少することとなる税額を還付してもよいこととされています。

　したがって、①については、年末調整の再計算を行うことで税額を還付する方法又は本人が確定申告により還付を受ける方法から選択できます。

　②については、源泉徴収票が作成された後に所得控除の異動が申告されていますので、所得者本人が確定申告により精算することになります。

　給与の支払者は、その提出を受けた所得控除に係る申告書の記載事項に誤りがあったことによる徴収不足額があることを知った場合には、直ちにその不足税額を徴収し、納付することとされているため、③については、源泉徴収義務者が扶養控除等の見直しにより記載誤りを知ることとなるので、再年末調整を行い、不足税額を納付することになります。

194　「給与所得者の配偶者控除等申告書」に記載された「あなたの合計所得金額（見積額）」欄の給与所得の収入金額に誤りがあった場合

〔問〕　年末調整時に従業員から提出された「給与所得者の配偶者控除等申告書」の「あなたの合計所得金額（見積額）」欄に記載された給与所得の収入金額よりも、本年中にその従業員に支払った給与の金額の方が多かったため、その従業員に「給与所得者の配偶者控除等申告書」の記載内容の再確認を依頼したところ、その給与所得の収入金額や「配偶者控除の額（配偶者特別控除の額）」欄の金額に誤りがあることが判明しました。どのように処理すればよろしいですか。

付録10　年末調整の質問260に答える　455

〔答〕　従業員から提出された「給与所得者の配偶者控除等申告書」の「あなたの合計所得金額（見積額）」欄に記載された給与所得の収入金額などに誤りがある場合、給与の支払者は、その従業員の方に「給与所得者の配偶者控除等申告書」の記載内容の訂正を依頼するなどして、適正な配偶者控除額又は配偶者特別控除額により、年末調整を行ってください。

　　　⒛　「給与所得者の配偶者控除等申告書」は、「給与所得者の基礎控除申告書」、「所得金額調整控除申告書」との３様式の兼用様式となっています。このため、「あなたの合計所得金額（見積額）」は、兼用様式の「給与所得者の基礎控除申告書」の所定の欄に記載することになっています。

195　「給与所得者の配偶者控除等申告書」に記載した配偶者の合計所得金額の見積額とその確定額に差が生じた場合

　〔問〕　年末調整を終えた後に、従業員から、当初提出していた「給与所得者の配偶者控除等申告書」に記載した配偶者の合計所得金額の見積額とその確定額に差が生じたため、適用を受ける配偶者特別控除額が増加するとの申出があったのですが、いつまで年末調整をやり直すことができますか。

〔答〕　年末調整後、その年の12月31日までの間において、配偶者の合計所得金額の見積額に異動が生じ、配偶者特別控除額が増加し年末調整による年税額が減少することとなる場合に、その年分の源泉徴収票を給与等の支払者が作成するまでに、その異動があったことについて給与所得者からその異動に関する申出があったときは、年末調整の再計算の方法でその減少することとなる税額を還付してもよいこととされています。

　　したがって、翌年１月の「給与所得の源泉徴収票」を交付する時まで年末調整の再調整を行うことができます。

　　なお、年末調整の再調整によらず、従業員が確定申告をすることによって、その減少することとなる税額の還付を受けることもできます。

※　年末調整後、その年の12月31日までの間において、配偶者の合計所得金額の見積額に異動が生じ、配偶者特別控除額が減少し年末調整による年税額が増加することとなる場合も同様に、翌年１月の「給与所得の源泉徴収票」を交付する時まで年末調整の再調整を行うことができます。

〔過納額の還付〕

196　年末調整の過納額に充てることができる税額

　〔問〕　当社では、12月25日の本年最後の給与の支払の際に年末調整を行いました。

　　この年末調整により生じた還付税額は503,187円となっていますが、12月に徴収した税額

456 付録10 年末調整の質問260に答える

は次のとおりとなっています。

　　この場合、還付に充てることができる税額はいくらでしょうか。

　① 給料に対する税額……………………………191,420円

　② 賞与に対する税額……………………………221,440円

　③ パート、アルバイトに対する税額………… 21,640円

　④ 税理士報酬に対する税額…………………… 33,333円

　⑤ 退職手当に対する税額……………………… 31,700円

　⑥ 原稿料に対する税額………………………… 60,000円

〔答〕 年末調整により生じた超過額の還付に充てることができる税額は、給与に対する税額（年末調
　　整により生じた徴収不足額を含みます。）及び退職所得に対する税額並びに報酬・料金のうち弁護
　　士、税理士、建築士などに対する税額（所得税法第204条第1項第2号に規定されている報酬・料金
　　に対する税額）に限られています。

　　　したがって、ご質問の場合には、①から⑤までの税額の合計499,533円が対象になりますので
　　還付税額の503,187円のうち、12月分に還付に充てることができる金額（499,533円）を超える部
　　分の金額（3,654円）については、翌年1月以後の上記の税額から還付することになります。

　　　なお、納付する税額がない場合であっても、所得税徴収高計算書（納付書）は、所轄の税務署
　　に提出することとされています（問206参照）。

197 納期の特例を受けている場合の過納額の還付

〔問〕 本年の年末調整を行ったところ多額の過納額が生じました。

　　　当社は納期の特例の承認を受けており、本年の7月から11月までの間に徴収した税額はま
　　だ納めておりませんので、この過納額を徴収した税額のうちから還付したいと考えています
　　が、差し支えないでしょうか。

〔答〕 納期の特例の承認を受けている場合は、7月から12月までの間に徴収した税額から還付して差
　　し支えありません。

198 年末調整による過納額の還付

〔問〕 年末調整の結果、過納額が発生しました。

　　　しかし、12月の源泉徴収税額及び1月以降の各月の源泉徴収税額が少ないため、過納額の
　　全額を還付し終わるまでには3か月以上かかる見込みです。

　　　このような場合、過納額を早く還付する方法はありませんか。

付録10　年末調整の質問260に答える　457

〔答〕　給与の支払者が年末調整による過納額を還付する場合において、その過納額を還付することと
　　なった月の翌月から2か月を経過してもなお還付しきれない場合（年末調整による過納額が通常納
　　付すべき税額よりも著しく過大であるため、その過納額を翌年2月末日までに還付することが困難であ
　　ると見込まれる場合等を含みます。）には、給与の支払者が「年末調整過納額還付請求書兼残存過
　　納額明細書」、「国税還付金支払内訳書」及び還付対象となる受給者各人からの「委任状」に、そ
　　の各人の「源泉徴収簿」の写しを添えて所轄の税務署に提出すれば、その還付しきれない金額は
　　税務署から給与の支払者を通じて還付されます。

　　（注）　給与の受給者本人が税務署から直接還付を受けることとする場合には、「年末調整過納額還付請求
　　　　書兼残存過納額明細書」を各人別に作成し、その各人の「源泉徴収簿」を添付して給与の支払者の
　　　　所轄の税務署に提出する必要があります。

199　年末調整による不足額を誤って過大に計算し、納付した場合

〔問〕　当社では、年末調整の際に計算違いにより従業員甲の不足額が過大となり、その税額をそ
　　のまま徴収、納付しました。その後、「給与所得の源泉徴収票」を本人に交付したところ、
　　本人から申出があり、誤りが判明しましたので、再計算した上で正当額との差額を本人に支
　　払いました。
　　　誤って納付した税額はどうなるのでしょうか。

〔答〕　貴社が誤って過大に納付した金額は、国に納付された日に過誤納金が生じたものとして、所轄
　　税務署長が貴社に還付することになります。この過誤納金について還付を受ける方法としては、
　　所轄税務署に「源泉所得税及び復興特別所得税の誤納額還付請求書」を提出して直接還付を受け
　　る方法又は「源泉所得税及び復興特別所得税の誤納額充当届出書」を提出して、その過誤納金が
　　生じた日以降納付することとなる給与に対する源泉徴収税額から控除する方法がありますので、
　　いずれかの方法を選択してください。

200　年末調整で不足額が発生した場合の徴収時期

〔問〕　年末調整を行ったところ、不足額が生じました。
　　　この不足額の徴収及び納付は、いつ行えばよいのでしょうか。

〔答〕　年末調整により不足額が発生した場合は、その年最後の給与の支払をする際に徴収します。
　　　また、不足額がその年最後に支給される給与の支払額よりも多額な場合は、その翌年において
　　給与の支払をする際順次徴収することになります。
　　　したがって、12月分の給与の支給があれば、その際に不足額を徴収し、翌月10日までに納付す

458　付録10　年末調整の質問260に答える

ることになりますが、その不足額が給与の支給額を超えている場合は、翌年1月以降支給の給与から順次徴収していくことになります。

　なお、一定の要件を満たし、かつ、「年末調整による不足額徴収繰延承認申請書」を提出して所轄税務署長の承認を受けたときには、不足額が支払額を超えない場合であっても、徴収の繰延べを受けることが可能です。

201　年の中途で退職した人の税額の精算

〔問〕　私は今年の3月に会社を退職しました。退職後は所得がありませんが、中途退職者については年末調整は行われないと聞いております。

　このような場合、3月までに源泉徴収された所得税及び復興特別所得税はそのままになるのでしょうか。

〔答〕　ご質問のように、中途退職者については、死亡退職者など特別な人の場合を除き、年末調整は行われません。あなたのような場合には、納めすぎた税額の還付を受けるために確定申告を行うことができますので、来年1月以降、あなたの住所地の所轄税務署に確定申告をして税額の還付を受けてください（還付申告は、確定申告期間以外にも行うことができます。）。

〔その他〕

202　過去の年分の残業手当を一括して支給した場合の取扱い

〔問〕　当社では、労働基準監督署から行政指導を受け、このほど、過去3年間の実労働時間に基づく残業手当と実際に支給した残業手当との差額を一括して支給することとしました。

　この一括支給した残業手当は、本年分の所得として年末調整を行ってよろしいでしょうか。

〔答〕　ご質問の場合の一括支給した残業手当は、本来、各支給日に支払われるべき残業手当が一括して支払われたものと認められますので、本来の支給日の属する年分の給与所得となります。

　したがって、例えば、令和元年（平成31年）中に本来の支給日が属する未払残業手当10万円、令和2年中に本来の支給日が属する未払残業手当10万円の合計20万円を令和3年中に一括して支払った場合、その20万円は、令和3年分の給与所得ではなく、それぞれ、令和元年分・令和2年分の給与所得となります。

　この場合、それぞれの年分の課税給与所得が増加することになりますので、それぞれの年分の年末調整の再計算を行う必要があります。

付録10　年末調整の質問260に答える　459

203　退職者に給与のベースアップ差額を支給した場合の給与所得の源泉徴収票

〔問〕　本年の6月に退職した人に給与所得の源泉徴収票を交付してありますが、その後4月にさ
かのぼってベースアップがあり、差額を11月に支給しました。
　　この場合、給与所得の源泉徴収票をどのように記載して交付すればよいでしょうか。

〔答〕　今回支給したベースアップ差額の支払金額及び源泉徴収税額と既に交付した源泉徴収票に記載し
た支払金額及び源泉徴収税額とを合算した源泉徴収票を作成し、「摘要」欄に「再交付」と表示します。
　　なお、後日のトラブル回避のためにも、再交付の際には、既に交付している源泉徴収票を回収す
ることが望ましいでしょう。

204　留守宅払給与についての源泉徴収と還付請求

〔問〕　当社では、本年4月に2年間の予定で海外支店へ転勤し、非居住者となった従業員に対し
支払っていたいわゆる留守宅払いの給与について源泉所得税及び復興特別所得税を徴収し、
納付していました。
　　年末調整の要否について検討していたところ、非居住者になった者に対して支払う留守宅
払いの給与については、源泉徴収をする必要がないのではないかと気付きましたが、いかが
でしょうか。
　　また、仮に、源泉徴収の必要がない場合には、既に徴収して納付した源泉所得税及び復興
特別所得税について還付を受けることができるのでしょうか。

〔答〕　我が国の所得税法における居住者、非居住者の課税所得の範囲については、おおむね次表のと
おりとなっています。

	国内源泉所得	国外源泉所得
居　住　者	○	○
非居住者	○	×

(注)　○：課税対象　　×：課税対象外

　　この場合、給与が国内源泉所得とされるか、あるいは国外源泉所得とされるかは、所得の支払
地のいかんにかかわらず、原則としてその給与についての役務を提供した地が国内であるか国外
であるかにより判定します。

　　また、支払者は、居住者又は非居住者に対しこの課税対象所得を支払う際に、国内において支
払うものについてのみ源泉徴収を要することとされています（非居住者に対して国外において源泉

460 付録10 年末調整の質問260に答える

徴収の対象とされる国内源泉所得の支払をする者が、国内に事務所等を有する場合には、国内において支払うものとみなすものとされています。)。

したがって、ご質問の留守宅払給与については、非居住者の受ける国外源泉所得に該当し我が国において課税対象とはされませんから、源泉徴収の必要はありません。

なお、誤って納付された源泉所得税及び復興特別所得税については、所轄の税務署に「源泉所得税及び復興特別所得税の誤納額還付請求書」を提出して還付を受け、その従業員の方に還付してください。この場合、還付請求をすることのできる期間は、誤納の事実が生じた日、すなわち実際に納付した日から5年間とされています。

205 死亡後に確定した賞与の給与所得の源泉徴収票

〔問〕 当社の役員Aは、決算期直前に急死しましたが、Aの死亡後に行われた株主総会でAに対し賞与の支給が決定しました。
　この賞与は、給与所得の源泉徴収票の支給金額等に含めて提出する必要があるでしょうか。

〔答〕 本人の死亡後に支給額の確定した賞与は相続税の課税価格計算に算入され、所得税は課されないことになっています。したがって、給与所得の源泉徴収票は、その金額を除いて記入します。

206 納付する税額がない場合の所得税徴収高計算書（納付書）の提出

〔問〕 年末調整で超過額が多かったので1月に納付する税額が0円となりました。
　この場合、所得税徴収高計算書（納付書）は税務署に提出しなくてよいのでしょうか。

〔答〕 たとえ、1月に納付する税額がなくても、所得税徴収高計算書（納付書）は、所要事項を記入して1月10日（納期の特例の承認を受けている場合には1月20日、また、その日が日曜日、祝日などの休日に当たる場合や、土曜日に当たる場合にはその休日明けの日）までに税務署に提出するようにしてください。

なお、納付税額がない所得税徴収高計算書（納付書）は金融機関では取り扱いませんので、国税電子申告・納税システム（e-Tax）により送信するか、直接税務署へ持参又は送付する必要があります。

207 源泉徴収簿の作成

〔問〕 当社では、このたび給与の計算を電子計算機により処理することになりました。当社のシステムによりアウトプットされた給与の支払明細書をそのまま給与台帳としたいと考えてい

付録10　年末調整の質問260に答える　461

ますが、その場合、源泉徴収簿を併せて備えておかなければならないのでしょうか。

〔答〕　源泉徴収簿は、毎月の源泉徴収税額の記録や年末調整に使用するなど源泉徴収事務の便宜のために使用するものですから、税務署から配布される様式と異なるものであっても差し支えありません。

　　したがって、ご質問の場合のように、アウトプットされた給与の支払明細書であっても、毎月の源泉徴収の記録が正確に記載され年末調整にも使用することができるのであれば、源泉徴収簿に代えて使用しても問題ありません。

208　扶養控除等申告書の様式

〔問〕　当社では、このたび「給与所得者の扶養控除等申告書」について、事務の迅速化・簡素化を図るため電算機で処理することを予定しています。つきましては、様式を一部変更したいと考えております。変更内容は各記載欄の配列の入れ替えと、新たに扶養手当と通勤費の管理欄の追加ですが、この場合、税務署へ届け出る必要があるでしょうか。

〔答〕　「給与所得者の扶養控除等申告書」は、本人の源泉所得税の計算に必要不可欠のもので、給与の支払者が保管しておかなければならないものですが、国税庁ホームページ【https://www.nta.go.jp】に掲載されている様式と同じ法令上の必要な事項が記載できるようになっているものであれば、ご質問の場合のように扶養手当や通勤費の管理欄等を付け加えた様式で国税庁ホームページ【https://www.nta.go.jp】に掲載されている様式と異なるものであっても差し支えありません。

209　扶養控除等申告書の記載

〔問〕　扶養親族が住民票の所在地に居住していませんが、「給与所得者の扶養控除等申告書」には、住民登録地と居住地のいずれの住所を記載するのですか。

〔答〕　「給与所得者の扶養控除等申告書」には、扶養親族の住所（国内に住所を有しない場合には居所）を記載することとなっています。「住所」とは、生活の本拠をいいますので、本来は住民票の所在地と住所地とは一致するものと考えられます。

　　しかし、住民票の所在地に居住しておらず、居住地が生活の本拠となっているのであれば、「給与所得者の扶養控除等申告書」の住所は、居住地の住所を記載してください。

462　付録10　年末調整の質問260に答える

210　源泉控除対象配偶者(1)

〔問〕　「給与所得者の扶養控除等申告書」に記載する「源泉控除対象配偶者」とは、どのような人をいうのでしょうか。

〔答〕　「源泉控除対象配偶者」とは、給与所得者（合計所得金額が900万円（給与所得だけの場合は給与等の収入金額が1,095万円（所得金額調整控除の適用がある場合は、1,110万円））以下の人に限ります。）と生計を一にする配偶者（青色事業専従者として給与の支払を受ける人及び白色事業専従者を除きます。）で、合計所得金額が95万円（給与所得だけの場合は給与の収入金額が150万）以下の人をいいます。

211　源泉控除対象配偶者(2)

〔問〕　配偶者が源泉控除対象配偶者に該当しない場合には、「給与所得者の扶養控除等申告書」の「源泉控除対象配偶者」欄への記載は不要となるのでしょうか。

〔答〕　「給与所得者の扶養控除等申告書」の「源泉控除対象配偶者」欄には、配偶者が源泉控除対象配偶者に該当する場合に、その氏名、個人番号、生年月日、住所、その年の合計所得金額の見積額などを記載することとされています。

　　　したがって、配偶者がいる場合であっても、その配偶者が源泉控除対象配偶者に該当しないときは、「源泉控除対象配偶者」欄への記載は不要となります。

212　源泉控除対象配偶者(3)

〔問〕　「給与所得者の扶養控除等申告書」を提出するに当たり、配偶者が源泉控除対象配偶者に該当するかどうかは、どの時点で判定するのでしょうか。

〔答〕　「給与所得者の扶養控除等申告書」を提出する際に、配偶者が源泉控除対象配偶者に該当するかどうかは、「給与所得者の扶養控除等申告書」を提出する日の現況により判定します。この場合、その判定の要素となるその年の合計所得金額の見積額については、例えば、直近の源泉徴収票や給与明細書を参考にして見積もった合計所得金額により判定することとなります。

213　源泉控除対象配偶者に該当することになった場合

〔問〕　年の中途で、給与所得者の合計所得金額の見積額又は配偶者の合計所得金額の見積額に異

付録10　年末調整の質問260に答える　463

動があり、その配偶者が源泉控除対象配偶者に該当することになった場合は、どうすればよいのでしょうか。

〔答〕　年の中途で、給与所得者の合計所得金額の見積額又は配偶者の合計所得金額の見積額に異動があり、その配偶者が源泉控除対象配偶者に該当することになった場合には、給与所得者は、給与所得者の合計所得金額の見積額又は配偶者の合計所得金額の見積額に異動があった日以後最初に給与の支払を受ける日の前日までに「給与所得者の扶養控除等異動申告書」を給与の支払者へ提出することとなります。

　なお、提出を受けた給与の支払者は、給与所得者から「給与所得者の扶養控除等異動申告書」の提出があった日以後、扶養親族等の数に１人を加えて源泉徴収税額を算定することとなります。

　(注)　既に源泉徴収を行った月分の源泉徴収税額については、遡って修正することはできませんので年末調整により精算することとなります。

214　源泉控除対象配偶者に該当しないことになった場合

〔問〕　年の中途で、給与所得者の合計所得金額の見積額又は配偶者の合計所得金額の見積額に異動があり、その配偶者が源泉控除対象配偶者に該当しないことになった場合には、どうすればよいのでしょうか。

〔答〕　年の中途で、給与所得者の合計所得金額の見積額又は配偶者の合計所得金額の見積額に異動があり、その配偶者が源泉控除対象配偶者に該当しないことになった場合には、給与所得者は、給与所得者の合計所得金額の見積額又は配偶者の合計所得金額の見積額に異動があった日以後最初に給与の支払を受ける日の前日までに「給与所得者の扶養控除等異動申告書」を給与の支払者へ提出することとなります。

　なお、提出を受けた給与の支払者は、給与所得者から「給与所得者の扶養控除等異動申告書」の提出があった日以後、扶養親族等の数から１人を減らして源泉徴収税額を算定することとなります。

　(注)　既に源泉徴収を行った月分の源泉徴収税額については、遡って修正することはできませんので年末調整により精算することとなります。

215　同一生計配偶者

〔問〕　「給与所得者の扶養控除等申告書」の記載欄にある「同一生計配偶者」とは、どのような人をいうのでしょうか。

〔答〕　「同一生計配偶者」とは、給与所得者と生計を一にする配偶者（青色事業専従者として給与の支

464　付録10　年末調整の質問260に答える

払を受ける人及び白色事業専従者を除きます。）で、合計所得金額が48万円（給与所得だけの場合は給与の収入金額が103万円）以下の人をいいます。

216　同一生計配偶者である障害者

〔問〕　同一生計配偶者で一般の障害者に該当する人がいる場合には、「給与所得者の扶養控除等申告書」にどのように記載すればよいのでしょうか。

〔答〕　同一生計配偶者で一般の障害者に該当する人がいる場合には、「給与所得者の扶養控除等申告書」の「障害者、寡婦、ひとり親又は勤労学生」欄の「障害者」の項目及び「同一生計配偶者」（一般の障害者）欄にチェックを付けるとともに、「障害者又は勤労学生の内容」欄に次の事項を記載します。

①　障害の状態又は交付を受けている手帳などの種類と交付年月日、障害の程度（障害の等級）などの障害者に該当する事実

②　同一生計配偶者の氏名、マイナンバー（個人番号）、住所、生年月日及びその年の合計所得金額の見積額

　　（注）1　上記の場合で、同一生計配偶者が非居住者である場合には、その旨及びその年中にその同一生計配偶者に送金等をした金額の合計額を記載します（送金等をした金額の合計額は、年末調整時に記載します。）。
　　　　　　なお、上記②の事項のうち「給与所得者の扶養控除等申告書」の「源泉控除対象配偶者」欄に記載している事項については、氏名を除き、記載を省略できます。
　　　　　　また、同一生計配偶者のマイナンバー（個人番号）について、一定の要件の下で、記載をしなくてもよい場合があります（詳細については、問242の「給与の支払者が一定の帳簿を備え付けている場合のマイナンバー（個人番号）の記載について」を参照してください。）。
　　　　　2　「給与所得者の扶養控除等申告書」を提出する際に、同一生計配偶者に該当するかどうかは、「給与所得者の扶養控除等申告書」を提出する日の現況により判定します。この場合、その判定の要素となるその年の合計所得金額の見積額については、例えば、直近の源泉徴収票や給与明細書を参考にして見積もった合計所得金額により判定することとなります。

217　配偶者に係る扶養親族等の数の計算方法

〔問〕　給与に対する源泉徴収税額を求める際の配偶者に係る扶養親族等の数の計算方法について教えてください。

〔答〕　給与を支払う際に源泉徴収する税額は「給与所得の源泉徴収税額表」によって求めるところ、この「給与所得の源泉徴収税額表」の甲欄を適用する場合には、「給与所得者の扶養控除申告書」に基づいて、扶養親族等の数を算定する必要があります。

　　給与に対する源泉徴収税額を求める際の扶養親族等の数の算定に当たっては、配偶者が源泉控

付録10　年末調整の質問260に答える　465

除対象配偶者に該当する場合には、扶養親族等の数に1人を加えて計算します。

　　また、同一生計配偶者が一般の障害者や特別障害者に該当する場合には、扶養親族等の数に1人を加えて、同一生計配偶者が同居特別障害者に該当する場合には2人を加えて計算します。

　　したがって、配偶者が、源泉控除対象配偶者に該当するとともに、同一生計配偶者である一般の障害者や特別障害者にも該当する場合には、扶養親族等の数に2人を加えて計算します。また、配偶者が源泉控除対象配偶者に該当するとともに、同一生計配偶者である同居特別障害者にも該当する場合には、扶養親族等の数に3人を加えて計算します。

　　㊟　「給与所得の源泉徴収税額表」の甲欄を適用する場合の扶養親族等の数は、配偶者に係る扶養親族等の数と、配偶者以外の扶養親族等の数とを合計した数となります。

218　扶養親族等のない者についての扶養控除等申告書の様式

〔問〕　当社は毎年、「給与所得者の扶養控除等申告書」により従業員の扶養状況の申告をさせていますが、アルバイト、パートタイマー等の出入りが激しく、又、それらの者のほとんどは扶養親族がありません。申告書の枚数も大量となり、保管場所に困っています。何かよい方法はないでしょうか。

〔答〕　「給与所得者の扶養控除等申告書」を提出すべき者が、扶養親族等の控除を受けないため、給与の支払者に関する事項だけを申告する場合には、連記式その他の簡易な方法により申告することができます。

219　各種申告書の提出

〔問〕　年末調整において各種の控除を受けるための申告書は、税務署に提出するのですか。

〔答〕　給与の支払を受ける者から受理した「給与所得者の扶養控除等申告書」、「給与所得者の基礎控除申告書兼給与所得者の配偶者控除等申告書兼所得金額調整控除申告書」、「給与所得者の保険料控除申告書」、「給与所得者の住宅借入金等特別控除申告書」等については、税務署長が給与の支払者に対して提出を求めるまでの間は、給与の支払者が7年間保存することとされていますので、支払者において、これらの書類を確実に整理・保管しておいてください。

220　扶養控除等申告書等の電磁的方法による提供

〔問〕　扶養控除等申告書等を書面による提出に代えて電磁的方法による提供ができると聞きましたが、どのような手続が必要でしょうか。

466　付録10　年末調整の質問260に答える

〔答〕　給与の支払を受ける者（受給者）が給与の支払者（源泉徴収義務者）に対して提出する扶養控除
等申告書などの源泉徴収に関する申告書は、原則として書面によることとされています。

　　ただし、給与の支払者が、受給者からこれら源泉徴収に関する申告書に記載すべき事項に関し
電磁的提供を受けるための必要な措置を講じる等、一定の要件を満たしている場合には、その受
給者は、書面による申告書の提出に代えて、電磁的方法により申告書に記載すべき事項の提供を
行うことができます。

　　なお、受給者が扶養控除等申告書等を電磁的に作成するためのソフトウェア「年調ソフト」が
国税庁から無償で提供されています。詳しくは付録7「年末調整の電子化」をご確認ください。

221　源泉徴収票等を電磁的に提供する場合の事前承諾の方法

〔問〕　給与所得の源泉徴収票や給与の支払明細書について、電磁的方法により提供する場合には、
　　口頭で本人の承諾をもらっておけばよいのでしょうか。

〔答〕　給与の支払をする者は、その支払を受ける人に対して給与所得の源泉徴収票や給与の支払明細
書を交付しなければならないこととされています。

　　この場合、給与の支払をする者は、その支払を受ける人の承諾を得て、書面による給与所得の
源泉徴収票等の交付に代えて、電磁的方法により提供することができることとされていますが、
この事前の承諾については、その用いる電磁的方法の種類及び内容を示し、書面又は電磁的方法
によって承諾を得る必要があるとされています。

　　（注）　退職所得の源泉徴収票・支払明細書及び公的年金等の源泉徴収票・支払明細書についても電磁的
　　　　方法による提供が可能となっています。

〔マイナンバー制度〕

222　扶養控除等申告書等へのマイナンバー（個人番号）の記載

〔問〕　当社は例年、11月下旬に従業員から翌年分の「給与所得者の扶養控除等申告書」の提出を
　　受けています。昨年11月に、「令和3年分　給与所得者の扶養控除等申告書」の提出を受け
　　た際に、従業員及び扶養親族等のマイナンバー（個人番号）を記載してもらっています。

　　この場合に、今年の11月に提出を受ける「令和4年分　給与所得者の扶養控除等申告書」
　　にも従業員等のマイナンバー（個人番号）を記載してもらう必要があるのでしょうか。

〔答〕　「給与所得者の扶養控除等申告書」には、従業員本人、控除対象となる配偶者及び控除対象扶養

付録10　年末調整の質問260に答える　467

親族等のマイナンバー（個人番号）の記載が必要です。

　このマイナンバー（個人番号）の記載については、「給与所得者の扶養控除等申告書」を提出の都度、その申告書に記載していただく必要がありますので、「令和3年分　給与所得者の扶養控除等申告書」にマイナンバー（個人番号）が記載されている場合であっても、「令和4年分　給与所得者の扶養控除等申告書」にも従業員等のマイナンバー（個人番号）を記載してもらう必要があります。

　ただし、給与支払者が一定の帳簿を備え付けしている場合には、その帳簿に記載されている方のマイナンバー（個人番号）は記載しなくてよいこととされています。

> （注）　一定の帳簿とは、給与支払者が扶養控除等申告書に記載されるべき従業員本人、控除対象となる配偶者又は控除対象扶養親族等の氏名及びマイナンバー（個人番号）等を記載した帳簿であり、その帳簿が次の申告書の提出を受けて作成されたものに限ることとされています。
> ①　給与所得者の扶養控除等申告書
> ②　従たる給与についての扶養控除等申告書
> ③　給与所得者の配偶者控除等申告書
> ④　退職所得の受給に関する申告書
> ⑤　公的年金等の受給者の扶養親族等申告書
> ⑥　所得金額調整控除申告書

223　マイナンバー（個人番号）の記載を省略するための帳簿の備付け

〔問〕　当社では、従業員から提出された扶養控除等申告書は、年度別に綴って保管しているのですが、この綴りを帳簿と位置付けて、「令和4年分　給与所得者の扶養控除等申告書」には従業員等のマイナンバー（個人番号）を省略することは可能ですか。

〔答〕「給与所得者の扶養控除等申告書」へのマイナンバー（個人番号）の記載を不要とするための帳簿には、次の①～③の事項を記載する必要があります。

①　「給与所得者の扶養控除等申告書」に記載されるべき提出者本人、控除対象となる配偶者、控除対象扶養親族等の氏名、住所及びマイナンバー（個人番号）

②　帳簿の作成に当たり提出を受けた申告書の名称

③　②の申告書の提出年月

　したがって、例えば、各従業員から提出を受けた扶養控除等申告書の綴りの表紙などに申告書の提出年月及び申告書の名称を記載するなどして、これらの記載事項を満たしている状態で保存しているのであれば、その綴りをマイナンバー（個人番号）の記載を不要とするための帳簿として用いることは可能です。

　なお、帳簿に記載された従業員等の氏名、住所又はマイナンバー（個人番号）に変更があったときは、従業員の方は、遅滞なく、給与支払者に対して変更前の氏名、住所又はマイナンバー（個人番号）及び変更後の氏名、住所又はマイナンバー（個人番号）を記載した届出書を提出する

468　付録10　年末調整の質問260に答える

必要があり、給与支払者はその届出書に基づき帳簿を訂正する必要があります。

224　マイナンバー（個人番号）の記載を省略するための帳簿の電磁的方法による備付け

〔問〕　「給与所得者の扶養控除等申告書」への従業員等のマイナンバー（個人番号）の記載を省略するための帳簿について、書面ではなく、電磁的記録による帳簿の備付けでできると聞きましたが、どのような手続が必要でしょうか。

〔答〕　「給与所得者の扶養控除等申告書」へのマイナンバー（個人番号）の記載を不要とするために備える帳簿については、電磁的記録による帳簿も認められています。

　なお、電磁的記録による帳簿を備え付ける場合には、あらかじめ給与支払者の所在地の所轄税務署長に対して、「国税関係帳簿の電磁的記録等による保存等の承認申請書」を提出し、承認を受けることが必要です。また、この申請書は、備付けを開始する日の３か月前までに提出する必要があります。ただし、令和４年１月以後に備付けを開始するものについては、この事前承認は不要とされます。

225　マイナンバー（個人番号）に係る本人確認

〔問〕　従業員からマイナンバー（個人番号）の記載された「給与所得者の扶養控除等申告書」の提出を受ける際には、毎年、必ず、マイナンバーカード等で本人確認を行う必要がありますか。

〔答〕　本人からマイナンバー（個人番号）の提供を受ける場合には、提供を受ける都度、本人確認を行う必要があります。

　ただし、本人確認のうち番号確認（提供を受ける番号が正しい番号であることの確認）については、確認書類の提示を受けることが困難な場合には、確認書類の提示を受けることに代えて、過去に本人確認を行って作成した特定個人情報ファイル（マイナンバー（個人番号）をその内容に含む個人情報ファイル）を参照することによって実施することができます。

　また、本人確認のうち身元確認（番号の提供を行う者が番号の正しい持ち主であることの確認）については、雇用契約成立時等に本人確認を行っている従業員等であって、対面で確認することにより、マイナンバー（個人番号）の提供を行う者が本人であることが明らかな場合には確認書類の提示を受ける必要がありません。

226 扶養親族のマイナンバー（個人番号）に係る本人確認

〔問〕 従業員から「給与所得者の扶養控除等申告書」の提出を受けた場合、その申告書に記載された扶養親族等のマイナンバー（個人番号）の本人確認も当社が行わなければならないのでしょうか。

〔答〕「給与所得者の扶養控除等申告書」に記載される源泉控除対象配偶者や控除対象扶養親族等のマイナンバー（個人番号）の本人確認は、従業員自身が行うことになります。

　　したがって、貴社が、従業員の扶養親族等についてマイナンバー（個人番号）の本人確認を行う必要はありません。

227 16歳未満の扶養親族のマイナンバー（個人番号）の記載

〔問〕「給与所得者の扶養控除等申告書」には16歳未満の扶養親族のマイナンバー（個人番号）も記載する必要がありますか。

〔答〕 16歳未満の扶養親族（障害者である扶養親族を除きます。）のマイナンバー（個人番号）は、所得税法上、「給与所得者の扶養控除等申告書」に記載する必要はありませんが、この申告書は、地方税法上の「給与所得者の扶養親族申告書」を兼ねており、地方税法の規定において16歳未満の扶養親族のマイナンバー（個人番号）についても記載項目とされているため、記載する必要があります。

　　なお、16歳未満の扶養親族が障害者であり、障害者控除の適用を受けるのであれば、所得税法上、16歳未満であってもその扶養親族のマイナンバー（個人番号）を記載する必要があります。

228 マイナンバー（個人番号）の記載を拒まれた場合

〔問〕 従業員から「給与所得者の扶養控除等申告書」の提出を受ける際に、従業員がマイナンバー（個人番号）の記載を拒んだ場合はどうすればよいですか。

〔答〕 まずは従業員に対し、マイナンバー（個人番号）の記載は、法律で定められた義務であることを説明し、マイナンバー（個人番号）を記載することへの理解を求めていただく必要があると考えられます。

　　それでもなお、記載してもらえない場合は、記載されていないことが単なる義務違反でないことを明確にするため、記載を求めた経過等を記録、保存するなどしておくことをおすすめします。

　　また、「給与所得者の扶養控除等申告書」に従業員等のマイナンバー（個人番号）の記載がな

470 付録10 年末調整の質問260に答える

い場合であっても、扶養控除等の適用の可否を判断するために必要な事項が記載されていれば、申告書が提出されたものとして税額計算を行って差し支えありません。

229 所得税徴収高計算書（納付書）への番号記載

〔問〕 所得税徴収高計算書（納付書）には、当社の法人番号を記載する必要がありますか。

〔答〕 所得税徴収高計算書（納付書）には、給与支払者のマイナンバー（個人番号）や法人番号は記載する必要がありません。

230 外国人労働者のマイナンバー（個人番号）

〔問〕 外国人労働者が「給与所得者の扶養控除等申告書」を提出する場合にも、その申告書にマイナンバー（個人番号）を記載してもらう必要がありますか。

〔答〕 マイナンバー（個人番号）は住民票を有する方に指定されますので、外国籍の方であっても、住民票を有する中長期在留者や特別永住者等の方には、マイナンバー（個人番号）が通知されます。

したがって、雇用している外国籍の方が、住民票を有するかどうかをご確認いただき、住民票を有しているためマイナンバー（個人番号）の通知を受けている場合には、そのマイナンバー（個人番号）の記載を求めていただくことになります。

（注） 外国人労働者の方が非居住者に該当する場合には、「給与所得者の扶養控除等申告書」の提出は必要ありません。

231 短期のアルバイトのマイナンバー（個人番号）

〔問〕 当社では、年末・年始の短期間だけアルバイトを雇用していますが、アルバイトについても、「給与所得者の扶養控除等申告書」にマイナンバー（個人番号）を記載してもらう必要がありますか。

〔答〕 ご質問のケースでは、アルバイトの雇用期間が短期間（2月未満）であるため、給与に係る源泉徴収税額の計算を日額表（丙欄）で計算するケースに該当する場合には、「給与所得者の扶養控除等申告書」の提出は必要ありません。

また、アルバイトの方であっても、「給与所得者の扶養控除等申告書」の提出を受けて、給与に係る源泉徴収税額の計算を行う場合には、「給与所得者の扶養控除等申告書」にはマイナンバ

ー（個人番号）の記載が必要となります。

232　給与支払者のマイナンバー（個人番号）の記載

〔問〕　従業員から「給与所得者の扶養控除等申告書」の提出を受けた後、給与支払者のマイナンバー（個人番号）又は法人番号はいつまでに申告書に付記すればよいのでしょうか。

〔答〕　給与支払者のマイナンバー（個人番号）又は法人番号については、「給与所得者の扶養控除等申告書」の提出を受けた後に付記する必要がありますが、税務署長からその扶養控除等申告書の提出を求められるまでの間は、給与支払者のマイナンバー（個人番号）又は法人番号を付記しなくても差し支えありません。

233　扶養控除等申告書以外の年末調整関係書類へのマイナンバー（個人番号）の記載

〔問〕　従業員から「給与所得者の保険料控除申告書」が提出されましたが、従業員等のマイナンバー（個人番号）は記載しなくてもよいのでしょうか。

〔答〕　年末調整関係書類のうち、「給与所得者の保険料控除申告書」、「給与所得者の基礎控除申告書」及び「給与所得者の（特定増改築等）住宅借入金等特別控除申告書」については、マイナンバー（個人番号）の記載は不要とされています。

　なお、「給与所得者の配偶者控除等申告書」には、配偶者のマイナンバー（個人番号）を、「所得金額調整控除申告書」には、配偶者又は扶養親族のマイナンバー（個人番号）をそれぞれ記載する必要があります（給与支払者がこれらの申告書に記載されるべき配偶者又は扶養親族の氏名及びマイナンバー（個人番号）等を記載した一定の帳簿を備え付けている場合には、その配偶者又は扶養親族のマイナンバー（個人番号）を記載する必要はありません。）。

　また、これらの申告書については、給与支払者のマイナンバー（個人番号）についても付記する必要はありませんが、給与支払者が法人である場合には、法人番号を付記する必要があります。

（注）　平成26年中に住宅を取得等して入居された方で、平成26年分の確定申告で住宅借入金等特別控除の適用を受けた方については、税務署から個人番号欄のある「給与所得者の（特定増改築等）住宅借入金等特別控除申告書」が送付されていますが、税制改正により、「給与所得者の（特定増改築等）住宅借入金等特別控除申告書」にはマイナンバー（個人番号）の記載が不要となりましたのでご注意ください。仮に、従業員の方が誤ってマイナンバー（個人番号）を記載した「給与所得者の（特定増改築等）住宅借入金等特別控除申告書」を提出した場合には、マイナンバー（個人番号）をマスキングするなどの対応が必要となります。

472　付録10　年末調整の質問260に答える

234　扶養控除等申告書に記載されたマイナンバー（個人番号）のマスキング

〔問〕　従業員から、マイナンバー（個人番号）が記載された「給与所得者の扶養控除等申告書」が提出されましたが、マイナンバー（個人番号）が記載された状態で書類を保管したくないので、「給与所得の源泉徴収票」を作成した後は、「給与所得者の扶養控除等申告書」に記載されたマイナンバー（個人番号）をマスキングしてもよろしいですか。

　　また、例えば、退職した従業員から提出された「給与所得者の扶養控除等申告書」についても、退社後にマイナンバー（個人番号）部分をマスキングしてもよろしいですか。

〔答〕　「給与所得者の扶養控除等申告書」は、法令によりその原本を7年間保存することとされていますので、従業員の方が退社した場合であっても、申告書の提出期限の属する年の翌年1月10日の翌日から7年間は保存する必要があります。

　　また、この場合において、提出された「給与所得者の扶養控除等申告書」の記載事項の一部にマスキングをした場合、原本を保存しているとはいえないため、「給与所得者の扶養控除等申告書」のマイナンバー（個人番号）部分をマスキングした上で保存することはできません。

235　給与支払事務を本店で一括して行っている場合のマイナンバー（個人番号）の本人確認

〔問〕　当社では、給与支払事務を本店で一括して行っていますが、支店等の従業員が「給与所得者の扶養控除等申告書」を提出する際のマイナンバー（個人番号）の本人確認は誰が行えばよいのでしょうか。

〔答〕　多数の支店等を有する場合に、「給与所得者の扶養控除等申告書」に記載された従業員等のマイナンバー（個人番号）に係る本人確認を誰が行うかは、事業者の方の判断によるところになります。

　　その方法としては、例えば、

①　支店等に勤務する従業員についても、本店に「給与所得者の扶養控除等申告書」と本人確認用の添付資料を郵送等することにより、本店で一括して本人確認を行う方法

②　支店等の責任者をマイナンバー（個人番号）の取扱者とし、その支店等に勤務する従業員の「給与所得者の扶養控除等申告書」の取りまとめ、本人確認を行わせる方法

③　支店等の各部署の責任者をマイナンバー（個人番号）の取扱者とし、その部署に勤務する従業員の「給与所得者の扶養控除等申告書」の取りまとめ、本人確認を行わせる方法

などが考えられます。

　　なお、これらのいずれの方法をとる場合であっても、その方法に適した安全管理措置（組織的

安全管理措置、人的安全管理措置等）を適切に講じる必要があります。

236　マイナンバーカード等の写しの保管

〔問〕　従業員から「給与所得者の扶養控除等申告書」の提出を受ける際に、マイナンバーカードの提示がありましたが、この場合、マイナンバーカードの写しを作成して保管する必要がありますか。

〔答〕　マイナンバーカード等の本人確認書類の提示があった場合には、その写しを作成して保管する義務はありませんが、本人確認の記録を残すために、本人に了解の上、マイナンバーカード等の写しを作成して保管することはできます。

　なお、仮に、本人確認書類の写しを保管する場合には、安全管理措置を適切に講じる必要があります。

237　マイナンバー（個人番号）記載書類の第三者への保管委託

〔問〕　当社では、提出された「給与所得者の扶養控除等申告書」の保管を外部業者に委託したいと考えていますが、そのよう対応をとることは可能でしょうか。

〔答〕　マイナンバー（個人番号）が記載された「給与所得者の扶養控除等申告書」の保管を外部業者に委託することは問題ありません。

　ただし、「給与所得者の扶養控除等申告書」の保管を第三者に委託した場合、委託を受けた第三者は、「個人番号関係事務実施者」として安全管理措置を講ずる必要があります。

　また、「給与所得者の扶養控除等申告書」の委託元である事業者は、委託先において適切な安全管理措置が図られるよう、委託先に対して必要かつ適切な監督をする義務があります。

238　マイナンバー（個人番号）記載書類が漏えいした場合の罰則

〔問〕　当社では、従業員等から提出されたマイナンバー（個人番号）が記載された「給与所得者の扶養控除等申告書」が盗難にあってしまいました。この場合、従業員等のマイナンバー（個人番号）が漏えいしたことになりますが、何か罰せられるのでしょうか。

〔答〕　特定個人情報（マイナンバー（個人番号）を含む個人情報）が漏えいした場合の罰則適用は故意犯を想定したものとなっており、意図せずに特定個人情報が漏えいしたとしても、特定個人情報を取り扱う者に対して、直ちに罰則が適用されることはないとされています。

474 付録10 年末調整の質問260に答える

同様に、従業員に対する監督・教育を行うなど、事業者が安全管理措置を適切に講じていれば、意図せずに特定個人情報が漏えいしたとしても、事業者に対し直ちに罰則が適用されることはないとされています。

なお、特定個人情報を取り扱う者が正当な理由なく故意にマイナンバー（個人番号）を含む個人情報を漏えいした場合には、刑事罰が課されることになります。

(注) 適切な安全管理措置の講じ方については、個人情報保護委員会のホームページをご確認ください。

239 給与所得の源泉徴収票のマイナンバー（個人番号）の記載

〔問〕 当社は、毎年1月末に、給与所得の源泉徴収票を税務署に提出していますが、その源泉徴収票にマイナンバー（個人番号）を記載する必要がありますか。

〔答〕 給与所得の源泉徴収票には、マイナンバー（個人番号）を記載する必要があります。

240 本人交付用の源泉徴収票のマイナンバー（個人番号）の記載

〔問〕 給与所得の源泉徴収票は、毎年、従業員にも交付しているのですが、この従業員に交付する源泉徴収票についてもマイナンバー（個人番号）の記載が必要になりますか。

〔答〕 給与の支払を受ける従業員の方に交付する源泉徴収票については、マイナンバー（個人番号）の記載は必要ありません。

なお、税務署に提出する源泉徴収票及び市区町村に提出する給与支払報告書にはマイナンバー（個人番号）の記載が必要になりますのでご注意ください。

241 「給与所得者の配偶者控除等申告書」等に記載すべきマイナンバー（個人番号）について

〔問〕 「給与所得者の配偶者控除等申告書」等の余白に「給与支払者に提供済みのマイナンバー（個人番号）と相違ない」旨の記載をすることで、マイナンバー（個人番号）の記載に代えることはできますか。

〔答〕 「給与所得者の配偶者控除等申告書」等には、控除対象となる配偶者等のマイナンバー（個人番号）を記載する必要がありますので、原則として、マイナンバー（個人番号）の記載を省略することはできません。

しかしながら、給与の支払者と従業員との間での合意に基づき、従業員が「給与所得者の配偶

付録10　年末調整の質問260に答える　475

者控除等申告書」等の余白に「マイナンバー（個人番号）については給与支払者に提供済みのマ
イナンバー（個人番号）と相違ない」旨を記載した上で、給与の支払者において、既に提供を受
けている控除対象となる配偶者等のマイナンバー（個人番号）を確認し、確認した旨を「給与所
得者の配偶者控除等申告書」等に表示するのであれば、「給与所得者の配偶者控除等申告書」等
の提出時に控除対象となる配偶者等のマイナンバー（個人番号）を記載しなくても差し支えあり
ません。

　なお、給与の支払者において保有しているマイナンバー（個人番号）とマイナンバー（個人番
号）の記載が省略された者に係る「給与所得者の配偶者控除等申告書」等については、適切かつ
容易に紐付けられるよう管理しておく必要があります。

242　給与の支払者が一定の帳簿を備え付けている場合のマイナンバー（個人番号）の記載について

> 〔問〕　平成28年分の「給与所得者の扶養控除等申告書」を基に、一定の帳簿⑪を作成し備え付け
> ているため、従業員が作成する平成29年分の「給与所得者の扶養控除等申告書」には控除対
> 象配偶者のマイナンバー（個人番号）の記載を不要としていましたが、平成30年分以後の
> 「給与所得者の扶養控除等申告書」や「給与所得者の配偶者控除等申告書」又は「所得金額
> 調整控除申告書」に記載する源泉控除対象配偶者や障害者控除の対象となる同一生計配偶者
> などについては、配偶者などのマイナンバー（個人番号）を記載しないといけないのですか。

〔答〕　平成30年分以後の「給与所得者の扶養控除等申告書」、「給与所得者の配偶者控除等申告書」又
は「所得金額調整控除申告書」においては、源泉控除対象配偶者又は障害者控除の対象となる同
一生計配偶者など、配偶者などのマイナンバー（個人番号）を記載することとされましたが、平
成30年分以後の「給与所得者の扶養控除等申告書」、「給与所得者の配偶者控除等申告書」又は
「所得金額調整控除申告書」に記載されるべき配偶者などのマイナンバー（個人番号）その他の
記載事項を記載した帳簿を給与の支払者が備え付けている場合には、その配偶者などのマイナン
バー（個人番号）の記載を不要とすることができます。

　このため、例えば、当該帳簿に記載されている配偶者のマイナンバー（個人番号）等に変更が
なければ、平成29年分以前は控除対象配偶者であった者が、平成30年分以後に源泉控除対象配偶
者や障害者控除の対象となる同一生計配偶者になったとしても、配偶者のマイナンバー（個人番
号）の記載を不要とすることができます。

　　(注)　一定の帳簿とは、所得税法第198条第6項に規定する帳簿をいい、給与の支払者が次の①から⑥ま
　　　での申告書に記載されるべき本人、控除対象となる配偶者（源泉控除対象配偶者、控除対象配偶者
　　　及び配偶者特別控除の対象となる生計を一にする配偶者）又は控除対象扶養親族等のマイナンバー
　　　（個人番号）その他の事項を記載した帳簿（次の①から⑥の申告書の提出前に、これらの申告書の提
　　　出を受けて作成された帳簿に限ります。）をいいます。

476 付録10 年末調整の質問260に答える

① 給与所得者の扶養控除等申告書
② 従たる給与についての扶養控除等申告書
③ 給与所得者の配偶者控除等申告書
④ 退職所得の受給に関する申告書
⑤ 公的年金等の受給者の扶養親族等申告書
⑥ 所得金額調整控除申告書

243 国税庁が提供している「年調ソフト」におけるマイナンバー（個人番号）の扱いについて

〔問〕 国税庁が提供している年末調整控除申告書作成用ソフトウェア（年調ソフト）においては、マイナンバー（個人番号）の扱いはどのようになっていますか。

〔答〕 国税庁が提供している「年調ソフト」では、年末調整関係書類の項目の入力の最後に本人、配偶者、扶養親族などのマイナンバー（個人番号）を入力します。したがって作成中のデータには個人番号（マイナンバー）は含まれません。

また、個人番号（マイナンバー）の記載を省略することができる場合は、入力時に「マイナンバーは提供済みである」を選択することで、マイナンバーを含まない控除申告書データを作成することができます。

なお、「年調ソフト」等については詳しくは付録7「年末調整手続の電子化」をご確認ください。

〔年末調整手続の電子化〕

244 年末調整手続の電子化の概要

〔問〕 年末調整手続の電子化とは何ですか。

〔答〕 年末調整手続の電子化とは、以下の2つを実施することにより、年末調整手続をデータ処理することです。

① 給与所得者（以下「従業員」といいます。）が控除証明書等[注1]を電子データで取得し、それを利用して年末調整申告書[注2]データを作成すること
② 給与等の支払者（以下「勤務先」といいます。）が従業員から①の年末調整申告書データ及び控除証明書等データの提供を受け、これを利用して年税額等の計算を行うこと

注1 生命保険料控除証明書、地震保険料控除証明書、年末調整のための（特定増改築等）住宅借入金等特別控除証明書及び住宅取得資金に係る借入金の年末残高等証明書をいいます（以下同じです。）。

付録10　年末調整の質問260に答える　477

　　2　給与所得者の扶養控除等申告書、給与所得者の保険料控除申告書、給与所得者の配偶者控除等
　申告書、給与所得者の（特定増改築等）住宅借入金等特別控除申告書、給与所得者の基礎控除申
　告書及び所得金額調整控除申告書をいいます（以下同じです。）。

245　年末調整手続の電子化の対象となる書類

〔問〕　年末調整手続において電子化できる書類は何ですか。

〔答〕　年末調整関係書類の電子データによる提供の対象となる書類は以下のとおりです。
　〔年末調整申告書関係〕
　①　給与所得者の扶養控除等申告書
　②　給与所得者の配偶者控除等申告書
　③　給与所得者の保険料控除申告書
　④　給与所得者の（特定増改築等）住宅借入金等特別控除申告書
　　（以下「住宅借入金等特別控除申告書」といいます。）
　⑤　給与所得者の基礎控除申告書
　⑥　所得金額調整控除申告書
　〔控除証明書等関係〕
　⑦　保険料控除証明書（生命保険料、個人年金保険料、介護医療保険料及び地震保険料に限ります。）
　⑧　年末調整のための（特定増改築等）住宅借入金等特別控除証明書
　⑨　住宅取得資金に係る借入金の年末残高等証明書

246　住宅借入金等特別控除申告書の電子データ提供

〔問〕　住宅借入金等特別控除について、2年目以降は年末調整の際に控除を受けることができま
　すが、その際に使用する「住宅借入金等特別控除申告書」、「年末調整のための（特定増改築
　等）住宅借入金等特別控除証明書」及び「住宅取得資金に係る借入金の年末残高等証明書」
　を従業員は電子データで勤務先に提供することはできますか。

〔答〕　「住宅借入金等特別控除申告書」については、令和2年10月以降提出するものについて電子化
　の対象となっていますので、従業員は勤務先に電子データで提供することができます。
　　「年末調整のための（特定増改築等）住宅借入金等特別控除証明書」及び「住宅取得資金に係る
　借入金の年末残高等証明書」については、家屋の居住年が平成31年（令和元年）以後の場合にの
　み電子データで提供することができます。
　※　居住年が平成30年以前の場合には、「年末調整のための（特定増改築等）住宅借入金等特別控除証明
　　書」及び「住宅取得資金に係る借入金の年末残高等証明書」を電子データにより提供することはでき
　　ず、従来通り書面で、従業員は勤務先に提出する必要があります。

478　付録10　年末調整の質問260に答える

247　年末調整手続を電子化するための手順等

〔問〕　年末調整手続を電子化するために何をすればよいですか。

〔答〕　年末調整手続を電子化の手順は、おおむね以下のとおりです。

　【勤務先の準備】

　①　電子化の実施方法の検討

　②　従業員への周知

　③　給与システムの改修等

　【従業員の準備】

　①　年末調整申告書作成用のソフトウェア等の取得

　②　控除証明書等データの取得（マイナポータル連携を利用しない場合）

　※　マイナポータル連携を利用して全ての控除証明書等データを取得する場合は、事前にマイナポータルからの取得のための設定をしておくことで、年末調整申告書データの作成中に、民間送達サービスに送達された複数の控除証明書等データについてマイナポータルを通じて一括取得することが可能となります（②の手続は不要となります。）。

248　年末調整手続を電子化するための税務署への申請の要否

〔問〕　年末調整手続を電子化するためには、税務署への申請が必要ですか。

〔答〕　年末調整手続を電子化する場合、従業員から提供される年末調整申告書を電子データで受領することとなりますが、電子データを受領するに当たっては、令和３年３月末までは事前に税務署へ「源泉徴収に関する申告書に記載すべき事項の電磁的方法による提供の承認申請書」を提出し、承認を受ける必要がありましたが、令和３年４月１日以降に従業員からデータで年末調整申告書を受領する場合は、申請が不要となりました。

249　年末調整関係書類のデータ提供と従業員の承諾の要否

〔問〕　従業員から年末調整関係書類を電子データで提供してもらうためには、事前に従業員の承諾等を受けておく必要はありますか。

〔答〕　年末調整関係書類の電子データ提供に当たって、事前に従業員の承諾等を受ける必要はありません。

　（参考）

　　源泉徴収票や給与支払明細書を電子データにより交付する場合は、事前に従業員の承諾を受ける必要があります。

付録10　年末調整の質問260に答える　479

250　電子データにより提供を受けた年末調整関係書類の保存期間

〔問〕　電子データにより提供を受けた年末調整関係書類はいつまで保存する必要がありますか。

〔答〕　電子データにより提供を受けた年末調整関係書類は、書面によるものと同様、その提出期限の属する年の翌年1月10日から7年間保存する必要があります。

251　マイナポータルの概要

〔問〕　マイナポータルとは何ですか。

〔答〕　マイナポータルは、政府が運営するオンラインサービスです。子育てに関する行政手続がワンストップでできたり、行政機関からのお知らせを必要な時に確認できたりします。

252　マイナポータル連携の概要

〔問〕　マイナポータル連携とは何ですか。

〔答〕　マイナポータル連携とは、従業員が年末調整申告書データの作成中に保険料控除等で使用する控除証明書等データを、マイナポータルから自動取得する機能のことです。

マイナポータル連携により控除証明書等データを取得することにより、
・　マイナポータルにアクセスし、複数の控除証明書等データをまとめて自動取得すること
・　自動取得した控除証明書等データの内容を年末調整申告書に自動入力し、控除額を自動計算するため、効率的に年末調整申告書を作成すること
が可能となります

253　マイナポータル連携のための準備

〔問〕　控除証明書等データをマイナポータル連携で取得するために準備が必要ですか。

〔答〕　マイナポータル連携により、控除証明書等データを自動取得するためには以下の準備が必要となります（②から④の登録手続等は、翌年以降は不要です。）。

480　付録10　年末調整の質問260に答える

① マイナンバーカードの取得及び読み取り機器の準備
② マイナポータルの開設（ICカードリーダライタ又は対応スマートフォンを利用）
③ マイナポータルと民間送達サービスの連携
④ 保険会社等と民間送達サービスの連携設定

254　民間送達サービスの概要

〔問〕　民間送達サービスとはどのようなものですか。

〔答〕　民間送達サービスとは、民間企業が提供している、インターネット上に自分専用のポストを作り、自分宛のメッセージやレターを受け取ることができるサービスのことです。

　あらかじめ受取人が本人確認を行い、差出人を登録して特定のお知らせを受け取ることができます。

　利用者は、自身が利用するマイナポータルと民間送達サービスを連携させることで、マイナポータルを窓口として民間の送達サービスを利用することができます。

※　民間送達サービスは、マイナポータルの「もっとつながる」から開設することができます。
※　保険会社等への登録方法については、保険会社等や民間送達サービス事業者により異なります。保険会社等や民間送達サービス事業者のホームページ等をご確認ください。

255　民間送達サービスの開設

〔問〕　民間送達サービスは２社あるのですが、どちらを開設すればよいのですか。

〔答〕　令和３年９月現在、民間送達サービスは日本郵便株式会社の「MyPost」と株式会社野村総合研究所の「e-私書箱」があり、保険会社等によって利用している民間送達サービスが異なります。

※　国税庁ホームページに、マイナポータル連携に対応する保険会社等の一覧と、その保険会社等が利用している民間送達サービスが掲載されています。
https://www.nta.go.jp/taxes/tetsuzuki/mynumberinfo/list.htm

256　年末調整手続を電子化するためのソフトウェア（年調ソフト）

〔問〕　年末調整手続を電子化するためには、国税庁が提供している「年調ソフト」を利用することが必須となるのでしょうか。

〔答〕　年調ソフトとは、年末調整申告書について、従業員が控除証明書等データを活用して簡便に作成し、勤務先に提出する電子データ又は書面を作成する機能を持つ、国税庁ホームページ等にお

付録10　年末調整の質問260に答える　481

いて無償で提供している年末調整申告書作成用のソフトウェアをいいます。

　年調ソフトは年末調整手続の電子化のためのツールのひとつです。年調ソフト以外の民間のソフトウェア会社等が提供している年末調整申告書作成用のソフトウェア（年末調整手続の電子化に対応しているものに限ります。）を導入すれば、年末調整手続を電子化することができます。

※　年調ソフトは、以下の場所からそれぞれダウンロード可能です。
　　Windows版：国税庁ホームページ及びMicrosoft Store
　　Mac版：国税庁ホームページ及びAppStore
　　Android版：Google Play
　　iOS版：AppStore

257　年調ソフトの従業員への一括配付

〔問〕　パソコン版の年調ソフトを従業員に利用させる場合、勤務先が一括で国税庁ホームページからダウンロードし、各従業員へ配付することは可能ですか。

〔答〕　パソコン版の年調ソフトの従業員への配付方法としては、各従業員が国税庁ホームページ等からダウンロードする方法のほか、勤務先が、はじめにダウンロードし、その後、各従業員に資源配付する方法も可能です。

※　パソコン版の年調ソフトには、「管理者メニュー」があり、「管理者メニュー」から、「給与の支払者の名称」、「給与の支払者の法人番号」及び「給与の支払者の所在地」を設定したファイルを作成することができます。そのファイルを各従業員に配付すれば、上記項目についての各従業員の入力事務を省略することができます。

258　年調ソフトから印刷した年末調整申告書

〔問〕　国税庁が提供している年調ソフトから印刷した年末調整申告書について、国税庁ホームページに掲載している様式と大きく異なるのですが、紙を原本とした場合に、この印刷した申告書を保存すればよいのでしょうか。

〔答〕　年調ソフトで作成した年末調整申告書をＰＤＦで出力すると、国税庁が公表している様式とは異なる形式で印刷されます。

　しかし、年調ソフトから出力された年末調整申告書についても、法律で定められた記載事項を網羅していますので、これを保管していれば問題は生じません。

482　付録10　年末調整の質問260に答える

〔令和４年からの改正事項〕

259　令和４年からの改正事項（短期退職手当等に係る退職所得金額の計算方法）

〔問〕　令和４年１月からの源泉徴収事務に当たって、何か注意すべきことはありますか。

〔答〕　月々支払う給与などの源泉徴収税額の計算方法や各種控除額などについては、令和３年と異なるような法令等の改正は予定されていません（令和３年10月１日現在）。

　　　ただし、退職手当等に係る源泉徴収税額の計算に当たっては、令和４年分の所得税から、勤続年数が５年以下である役員等⁽注⁾に該当しない人に対して支払う退職手当等は「短期退職手当等」と分類され、退職所得金額の計算方法がこれまでと異なることとされていますので、注意が必要です。

　　　具体的には、短期退職手当等に係る退職所得金額は、次のように計算します。

　　　【短期退職手当等の収入金額－退職所得控除額≦300万円の場合】

　　　　（短期退職手当等の収入金額－退職所得控除額）×１／２

　　　【短期退職手当等の収入金額－退職所得控除額＞300万円の場合】

　　　　150万円＋｛短期退職手当等の収入金額－（300万円＋退職所得控除額）｝

　　　なお、一の年中に、短期退職手当等のほか、特定役員退職手当等やその他の退職手当等（一般退職手当等）の支払がある場合の退職所得金額の計算は、別途、これまでと異なる方法により行う必要がありますので、注意してください。

　　⁽注⁾　「役員等」とは、①法人税法第２条第15号に規定する役員、②国会議員及び地方公共団体の議会の議員、③国家公務員及び地方公務員をいいます。

260　令和４年からの改正事項（短期退職手当等に関する改正の適用開始時期）

〔問〕　令和４年分の所得税から、短期退職手当に該当する退職所得金額の計算方法が改正されたとのことですが、例えば、令和３年12月31日に退職をした従業員（勤続年数５年以下、役員等に該当しない人）に対して、令和４年１月20日に退職手当等を支給する場合、この改正の影響を受けることになりますか。

〔答〕　この改正は、令和４年分以後の所得税について適用されますので、退職手当等の「収入すべきことが確定した日」が、令和４年１月１日以後のものについて、改正の影響を受けることになります。

　　　この「収入すべきことが確定した日」とは、原則として、その退職手当等の支給の基因となっ

た「退職の日」をいいます。

　したがって、お尋ねのように、令和3年12月31日以前に退職をした従業員に対して支払う退職手当等については、その支払日が令和4年1月1日以降であったとしても、改正前の方法で退職所得金額を算出し、源泉徴収をすることになります。

〔編者・執筆者一覧〕

谷本　雄一

川瀬　智広

松江　孝文

播本　裕美

━━━━ 令和3年版　年末調整のしかた ━━━━

令和3年10月8日　印刷
令和3年11月1日　発行

| 不　許 |
| 複　製 |

編者　谷　本　雄　一

発行者　（一財）大蔵財務協会理事長

木　村　幸　俊

発行所　一般財団法人　大　蔵　財　務　協　会
〔郵便番号　130-8585〕
東京都墨田区東駒形1丁目14番1号
電話（販売部）03（3829）4141　　FAX（販売部）03（3829）4001
　　（出版編集部）03（3829）4142　　　　（出版編集部）03（3829）4005
http://www.zaikyo.or.jp

乱丁、落丁の場合は、お取替えいたします。

ISBN978-4-7547-2944-8

印刷　三松堂 ㈱